本书是一本经典的电子商务著作，分导论、战略与应用、实施三个部分介绍了电子商务的具体知识，内容翔实，案例丰富，角度新颖。全书共十章，分别为电子商务概述、数字商务与电子商务的机遇分析、管理数字商务基础设施、电子商务环境、数字商务战略、供应链与需求分析、数字营销、客户关系管理、客户体验与服务设计、数字商务转型和增长黑客。

本书从全球各行业不同规模的公司收集了许多真实的案例，这些案例使电子商务理论变得生动起来，也让读者了解到电子商务的应用空间。本书还包含许多关于电子商务的新话题，如社交网络、远程学习、电子政务、数字战略、网络支撑的供应链、数字商务转型、移动商务、云计算、网络众包、增长黑客等，从理论视角和应用视角全方位呈现互联网新生事物。

戴夫·查菲（Dave Chaffey）

Smart Insights 公司联合创始人，主要为网络营销人员和电子商务经理就实践和产业发展提供建议和预测，为全球各种规模的公司（例如 3M、汇丰银行、梅赛德斯 – 奔驰等）提供网络营销和商业战略方面的咨询，曾在多所大学（包括伯明翰大学、华威大学等）担任电子商务课程的讲座教授，撰写的《电子商务管理：战略、执行与实务》《网络营销：战略、实施与实践》等多部畅销书被翻译为多种语言出版。

工商管理经典译丛　BUSINESS ADMINISTRATION CLASSICS

DIGITAL BUSINESS AND
E-COMMERCE MANAGEMENT
SEVENTH EDITION

电子商务

管理与数字化转型

第**7**版

戴夫·查菲 (Dave Chaffey)

［英］　　塔尼娅·亨普希尔 (Tanya Hemphill)　　　编著

戴维·埃德蒙森－伯德 (David Edmundson-Bird)

傅诗轩　程絮森　杨　波　王刊良　译

中国人民大学出版社

· 北京 ·

工商管理经典译丛
出 版 说 明

随着中国改革开放的深入发展，中国经济高速增长，为中国企业带来了勃勃生机，也为中国管理人才提供了成长和一显身手的广阔天地。时代呼唤能够在国际市场上搏击的中国企业家，时代呼唤谙熟国际市场规则的职业经理人。中国的工商管理教育事业也迎来了快速发展的良机。中国人民大学出版社正是为了适应这样一种时代的需要，从1997年开始就组织策划"工商管理经典译丛"，这是国内第一套与国际管理教育全面接轨的引进版工商管理类丛书，该套丛书凝聚着100多位管理学专家学者的心血，一经推出，立即受到了国内管理学界和企业界读者们的一致好评和普遍欢迎，并持续畅销数年。全国人民代表大会常务委员会副委员长、国家自然科学基金会管理科学部主任成思危先生，以及全国MBA教育指导委员会的专家们，都对这套丛书给予了很高的评价，认为这套译丛为中国工商管理教育事业做了开创性的工作，为国内管理专业教学首次系统地引进了优秀的范本，并为广大管理专业教师提高教材甄选和编写水平发挥了很大的作用。其中《人力资源管理》（第六版）获第十二届"中国图书奖"；《管理学》（第四版）获全国优秀畅销书奖。

进入21世纪后，随着经济全球化和信息化的发展，国际MBA教育在课程体系上进行了重大的改革，从20世纪80年代以行为科学为基础，注重营销管理、运营管理、财务管理到战略管理等方面的研究，到开始重视沟通、创业、公共关系和商业伦理等人文类内容，并且增加了基于网络的电子商务、技术管理、业务流程重组和统计学等技术类内容。另外，管理教育的国际化趋势也越来越明显，主要表现在师资的国际化、生源的国际化和教材的国际化方面。近年来，随着我国MBA和工商管理教育事业的快速发展，国内管理类引进版图书的品种越来越多，出版和更新的周期也在明显加快。为此，我们这套"工商管理经典译丛"也适时更新版本，增加新的内容，同时还将陆续推出新的系列和配套参考书，以顺应国际管理教育发展的大趋势。

本译丛选入的书目，都是世界著名的权威出版机构畅销全球的工商管理图书，被世界各国和地区的著名大学商学院和管理学院所普遍选用，是国际工商管理教育界最具影响力的教学用书。本丛书的作者，皆为管理学界享有盛誉的著名教授，他们的这些著作，经过了世界各地数千所大学和管理学院教学实践的检验，被证明是论述精辟、视野开阔、资料丰富、通俗易懂，又具有生动性、启发性和可操作性的经典之作。本译丛的译者，大多是国内各著名大学的优秀中青年学术骨干，他们不仅在长期的教学研究和社会实践中积累了丰富的经验，而且具有较高的翻译水平。

本丛书的引进和运作过程，从市场调研与选题策划、每本书的推荐与论证、对译者翻译水平的考察与甄选、翻译规程与交稿要求的制定、对翻译质量的严格把关和控制，到版式、封面和插图的设计等各方面，都坚持高水平和高标准的原则，力图奉献给读者一套译文准确、文字流畅、从内容到形式都保持原著风格的工商管理精品图书。

本丛书参考了国际上通行的 MBA 和工商管理专业核心课程的设置，充分兼顾了我国管理各专业现行通开课与专业课程设置，以及企业管理培训的要求，故适应面较广，既可用于管理各专业不同层次的教学参考，又可供各类管理人员培训和自学使用。

为了本丛书的出版，我们成立了由中国人民大学、北京大学、中国社会科学院等单位专家学者组成的编辑委员会，这些专家学者给了我们强有力的支持，使本丛书得以在管理学界和企业界产生较大的影响。许多我国留美学者和国内管理学界著名专家教授，参与了原著的推荐、论证和翻译工作，原我社编辑闻洁女士在这套书的总体策划中付出了很多心血。在此，谨向他们致以崇高的敬意并表示衷心的感谢。

愿这套丛书为我国 MBA 和工商管理教育事业的发展，为中国企业管理水平的不断提升继续做出应有的贡献。

中国人民大学出版社

译者序

关于未来，我们唯一知道的事情是它将不断变化。

——彼得·德鲁克

  管理学大师彼得·德鲁克一言道出了商业世界不断变化的本质。在快速发展变化的信息化社会中，无论是传统企业还是新兴创业企业，均面临数字化技术所带来的机遇与挑战。运用数字化技术推动企业发展战略、市场战略的不断革新已经成为企业家们的必谈话题。有的企业能运用新兴技术提升各部门的协作效率，提升管理效能，抑或能及时响应市场需求，打造风靡社交媒体的爆款产品，而有的企业花费大量的时间与金钱却收效甚微，甚至新技术被搁置一旁无法发挥作用。企业如何根据自身特征抢抓数字化转型机遇，有效运用电子商务提升管理效率、及时把握商机？

  《电子商务：管理与数字化转型》将带领读者深入探索电子商务和企业数字化转型这两个具有无限潜力的领域，为读者呈现电子商务管理及企业数字化转型的核心概念、最佳实践以及成功要素。本书的作者戴夫·查菲博士是著名数字化咨询公司 Smart Insights 的联合创始人，同时也是华威大学等多所院校的客座讲师。戴夫·查菲将多年来对于电子商务及企业数字化转型的实践经验浓缩于本书，旨在帮助读者全面了解电子商务的本质。电子商务在快速发展和不断变化，本书结合最新的研究、案例和实践为读者剖析数字化发展趋势。希望本书为那些正在从事或有兴趣涉足电子商务及企业数字化转型的读者提供实用的指导和见解。

  本书分为三个部分。第 1 部分（第 1～4 章）从电子商务、数字化转型的起源和发展历程开始，讲解电子商务、数字化转型的演变及其对商业模式的巨大影响。第 2 部分（第 5～8 章）深入探讨了电子商务的不同模式的运作机制及不同类型企业所适用的电子商务战略。此部分还深入探讨了企业如何根据所处的行业环境、组织内部特征推动数字化转型。第 3 部分（第 9～10 章）聚焦于电子商务及数字化转型的实施。在数字化时代，企业必须关注客户的在线体验并理解客户的购买决策过程。基于此，第 3 部分分享关于用户界面设计、个性化推荐和客户关系管理等方面的最佳实践，帮助企业提升客户忠诚度。

  本书的翻译工作从 2020 年 6 月开始，耗时三年，翻译过程离不开前辈们的支持，也离不开团队成员们的通力合作。感谢中国人民大学商学院王刊良教授提供术语翻译指导，并用心把关本书翻译的总体思路。感谢中国人民大学信息学院程絮森教授，他花费了大量精力校对本书，每次总能快速回应本书的修改需求。感谢中国人民大学信息学院杨波副教授，他在电子商务和企业数字化转型方面的丰富经验极大地提升了本书的翻译质量。感谢中国人民大学出版社的各位老师为本书所耗费的心血。感谢征笑江、黎柯、薛凤蛟、藏天锴、赵润迪、周益冰、谭圃蕙、韩瑞雪、邵景龙等同学的支持。

　　希望本书能为读者提供启示和帮助，愿本书成为读者探索电子商务及企业数字化转型之旅的良伴。翻译不当之处，敬请读者批评指正。

傅诗轩

前　言

当今时代技术不断更新，对于企业而言，把握数字化发展趋势，优化企业业务以满足多样化的消费需求变得愈发重要。然而，数字商务的开发和运营工作并不是一帆风顺的，企业需要制定合适的数字化发展战略以求在激烈的竞争中抢占市场先机。基于对市场案例的充分调研，本书认为，在市场中取得突破的企业通常能迅速响应市场需求，及时做出关于数字技术、数字营销和供应链管理的正确战略决策。基于此，本书为管理者、实践者提供实用的知识和实践技巧，帮助组织朝数字化方向发展。

本书借鉴了来自信息系统、战略、市场营销、供应链管理、运营和人力资源管理等学科的方法和模型，旨在充分识别和审视组织数字化转型所需的关键管理决策，并优化组织的决策流程。本书关注的主要问题包括：企业如何根据自身业务及发展状况决定采取哪种数字商务战略？企业需要在数字商务上投资多少？哪些流程应该成为企业数字化转型的优先事项？企业应该采用新的商业模式吗？企业进行数字化转型会发生怎样的变化？

基于企业面临的数字化发展相关问题，本书的总体结构遵循以下逻辑顺序：第 1 部分为导论；第 2 部分为战略与应用；第 3 部分为实施。

什么是数字商务管理

正如第 1 章所述，数字商务旨在通过在整个组织内部和外部部署创新的数字技术，与合作伙伴和客户进行联系并通过数字媒体进行推广，提升组织的竞争力。它不仅涉及使用技术实现现有流程自动化，还涉及通过应用技术来改变这些流程，为企业及其客户增加价值，实现数字化转型。要成功地实现数字商务管理，需要对价值链上的不同业务流程和活动有广泛的了解，例如市场营销和销售、新产品开发、制造以及出库物流和入库物流。组织还需要通过管理系统来管理新流程和技术所需的变革。

可以看出，数字商务涉及利用数字技术来优化组织供应链管理和组织价值链的各个方面，强调连接公司供给侧和需求侧的不同增值活动，并对一系列相互关联的价值链或价值网络进行管理。

什么是电子商务管理

本书中提到了"数字商务"和"电子商务"两个概念。不同企业对这两个概念有多种不同的解释。在本书中，"电子商务"指代组织和利益相关者之间的所有类型的电子交易，无论是金融交易还是信息交流或其他服务的交换。电子商务涉及的管理问题在本书的第 2 部分予以介绍。"数字商务"则是一个含义更广泛的术语，既包括电子商务，也包括组织内所有基于数字化平台的互动。

电子商务管理需要同时考虑买方和卖方的活动，企业应制订计划并配置资源以促进买方和卖方交易。交易过程中买卖双方都会面临众多风险，例如平台难以使用、实用功能较少或平台速度过慢，这些问题往往反映了企业管理的疏漏。对于企业来说，把握电子商务生态、综合考虑不同的新技术和营销方法并有侧重地发展是一个不小的挑战。

谁应该阅读本书

首先，本书可以作为修读数字商务、电子商务或数字营销等专业课程的本科生和研究生的学习用书。具体包括：

- 修读商科课程的学生；
- 修读数字营销、市场营销专业的学生；
- 修读行政管理和工商管理的学生；
- 选择将数字化作为毕业设计或论文的主题的学生；
- 参与涉及数字商务（比如管理数字资源或数字通信）的实习的学生；
- 修读电子商务、数字商务或数字营销等专业硕士学位、MBA 以及涉及电子商务和数字营销的管理学学位的学生。

其次，本书为教授这些课程的老师们提供了一个综合教学指南。

本书涵盖了在组织中部署数字商务和电子商务的各个方面。本书在基本理论和概念的基础上，根据大量企业案例验证理论和模型的有效性，引用了与数字商务、电子商务和数字营销相关的高质量文献。因此，本书可以在多个教学模块中使用。本书中有丰富的案例研究、活动和练习，以支持老师们的教学工作。

最后，本书可作为专业人士的参考用书，包括：

- 寻求应用正确的数字商务和电子商务方法使组织受益的高级经理和董事；
- 正在开发和实施数字商务和电子商务战略的数字化经理；
- 负责制定数字营销战略并实施及维护数字通信渠道的市场营销经理；
- 希望了解如何在供应链管理中使用电子商务的供应链、物流和采购经理；
- 希望了解构建数字资源体系的技术细节，但对业务或营销基础知识了解有限的技术项目经理。

目　录

第 2 部分　战略与应用

■第1部分

导　论

Introduction

▶▶ 第 1 章

■ 电子商务概述

■ Introduction to digital business

学习目标

完成本章的学习后，读者应该能够：

- 掌握电子商务的定义和范围以及辨别电子商务同数字商务的区别
- 总结出形成数字商务的主要原因以及可能会限制其发展的障碍
- 概括一个企业，尤其是初创技术企业在管理数字商务的过程中面临的问题

1.1 本章介绍

自从蒂姆・伯纳斯-李（Tim Berners-Lee）在 1911 年创建了第一个网站（http://info. cern. ch）以来，越来越多的企业基于互联网（Internet）、万维网（world wide web）和移动通信（mobile communications）这三种方式来进行业务转型。这些颠覆性数字技术（disruptive digital technologies）为创新企业服务转型和结构转型提供了机会。表 1 - 1 介绍了一些知名的案例，在活动 1 - 1 中，你可以探索这些公司成功的原因。

表 1 - 1 以时间轴介绍创新及商业模式的类别

成立时间	企业/网站	创新及商业模式的类别
1994 年	亚马逊（Amazon）	零售商
1995 年	雅虎（Yahoo!）	目录和门户网站
1995 年	eBay	线上拍卖平台
1995 年	AltaVista	搜索引擎
1996 年	Hotmail，1997 年被微软收购	电子邮件服务 病毒式营销（利用电子邮件来推销服务）
1998 年	GoTo. com，2001 年后变为 Overture，2003 年被雅虎收购	点击付费搜索营销
1998 年	谷歌（Google）	搜索引擎
1999 年	博客（Blogger），2003 年被谷歌收购	发布网络日志的平台
1999 年	阿里巴巴（Alibaba）	B2B 电子交易市场
1999 年	MySpace，前身是 eUniverse，2005 年被新闻集团（News Corp.）收购	社交网络
2001 年	维基百科（Wikipedia）	开放的线上百科
2002 年	Last. fm	英国的互联网广播及音乐社区网站

续表

成立时间	企业/网站	创新及商业模式的类别
2003 年	Skype，2005 年被 eBay 收购	点对点的互联网电话 VoIP——基于 IP 的语音传输
2003 年	第二人生（Second Life）	沉浸式虚拟世界
2004 年	脸书（Facebook）	社交网络应用软件
2005 年	油管（YouTube）	视频分享及评分
2006 年	Spotify	流媒体音乐服务平台
2009 年	Foursquare	基于位置定位的社交媒体网站，专为手机移动访问而设计
2011 年	Pinterest	提供图片分享服务的社交网站
2013 年	Slack	团队协作工具
2014 年	谷歌眼镜（Google Glass）	可穿戴智能设备
2015 年	苹果眼镜（Apple Glass）	可穿戴智能设备
2016 年	宝可梦，出发（Pokémon Go）	基于增强现实（AR）的游戏
2018 年	IBM Watson	机器学习

在数字商务（digital business）中，我们将探索管理者可用于评估不同数字技术之间相关性的方法，然后制定和实施战略来利用这些数字技术。我们还将研究如何管理在实践中遇到的风险，例如提供令人满意的客户服务体验、保护客户隐私和管理系统安全。在本章，我们将从介绍数字商务的范畴开始，进而评估数字商务的主要机遇和风险，并介绍驱动其应用的动力和阻碍其应用的因素。

数字商务是一个生机勃勃的领域，每年、每月甚至每天都会出现许多新的机遇和挑战。随着新技术、新商业模式和新通信方式的持续引入，创新的发生是理所当然的。例如，谷歌孜孜不倦地持续创新，自 1998 年以来，其服务发展已经走过很长的路，数十亿个网页被索引，网络邮件、按点击付费的广告、数据分析、购物服务、社交网络和人工智能等服务，全都是谷歌服务的一部分。

活动 1-1 创新的数字化业务

目的

阐释商务模式和传播方式的创新。

问题

1. 在使用移动设备的过程中，你已经见证了创新表现。你认为有哪些主要的商业模式对改变人们的消遣时间或在线购买方式起了作用？

2. 对于一个初创企业来说，什么是成功？一个初创企业何时不再处于"初创"的状态？

3. 你认为成功的商业模式具有哪些共性？

1.2 数字通信对传统商业的影响

成熟企业的经理必须决定如何应用新的数字通信技术来进行组织结构转型。正如我们将在本章接下来的内容中看到的，现有企业已经过一系列阶段，优化了其经营电子商务的方法。随着新技术、新商业模式和新通信方式的不断引入，创新是持续不断的。所以，所有企业必须审查评估新的数字通信方式，以发现它们提高商业竞争力的潜力，并管理存在的风险，如安全性和性能。举个例子来说，许多企业都在回顾它们最近实施的电子商务技术的收益、成本和风险，并将其作为数字化转型（digital transformation）项目的一部分。

目前有三个关键的数字化转型机会在向大多数的企业开放，这就是我们将在本章重点介绍的集客营销、社交媒体营销和移动商务。企业应该决定优先发展哪一个或者同步发展。

1.2.1　集客营销

在数字世界中，通常是客户使用企业组织的数字产品，通过搜索信息来主动发起联系。换句话说，这是一个"拉引式"机制。一直以来，当客户在搜索引擎中输入与公司产品或服务相关的关键词时，其产品或服务具有良好的可见性尤为重要，同时企业也需确保其在社交媒体环境中的可见性。这种强大的营销方法在营销专业人士中广为流传，现在通常被称为集客营销（inbound marketing）（Shah and Halligan，2009）。谷歌（Lecinski，2012）将这种在访问零售商前作出的消费决策称为"零时真相"（zero moment of truth，ZMOT），如图 1-1 所示。这描述了多渠道因素整合起来对购买产生的影响。

刺激因素　　关键的决策瞬间　　第二关键时刻

ZMOT

图 1-1　零时真相

资料来源：Google，Lecinski（2012）.

集客营销是强大的，它帮助减少了营销浪费。搜索营销、内容营销和社交媒体营销将有明确需求的潜在客户作为目标。但这也是个缺陷，因为相较于传统的方式，集客营销中的卖主可能拥有更少的控制权，因为传统的方式可以将信息推送给明确的受众，并帮助他们产生相关的意识和需求。达梅什·沙阿（Dharmesh Shah）和布莱恩·哈利根（Brian Halligan）等集客营销的拥护者认为，内容营销、社交媒体营销和搜索营销在产生需求方面确实可以发挥作用。

1.2.2　社交媒体营销

社交媒体（social media）的日益普及是电子商务的一大趋势，尤其是脸书、推特等社交网站（social network sites，SNS），还有针对 B2B 用户的领英和 RSS feeds。在过去几年里，像 WhatsApp 和 Snapchat 这样更加私人的网络也兴起了。有些社交媒体可能还包括游戏元素，如社交媒体网站"我的世界"（Minecraft）。此外，许多个人和企业创建的博客也是一股重要力量，随着博主从制作简单的文本内容转向开发更丰富、通常是基于视频的内容，这些博客变得更加多样化。社交媒体的重点也转向"移动环境"——创作和消费都集中在移动设备上。社交媒体营销还体现在专业社交网络，如 YouTube 等在线视频网站和互动应用程序这样的富媒体（rich media）上。

对于企业来说，了解当今主要社交网站和平台的商业模式和盈利模式是非常重要的，因为这些社交网站和平台有足够的影响力来塑造人们对品牌的看法。图 1-2 为社交媒体市场营销雷达，总结了企业需要考虑的主要社交网站类型。

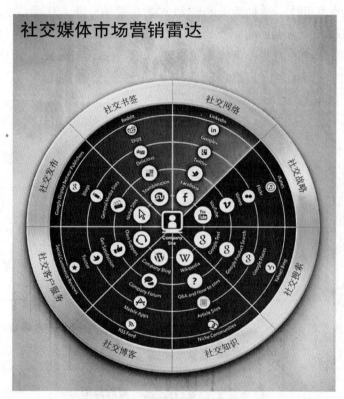

图 1-2 社交媒体市场营销雷达

资料来源：Smart Insights（www. smartinsights. com）.

由于社交网站的类型如此之多，因此对它们进行分门别类可以更好地管理它们。为此，我们将其分为以下六个类别（Weinderg，2010）。

1. 社交网络——强调倾听客户的声音和分享有吸引力的内容。脸书往往对消费者受众很重要，领英对商务受众很重要。WhatsApp 和 Snapchat 等平台也变得越来越重要。

2. 社交知识——一些信息性社交网络，如 Quora，在这里你可以帮助受众解决他们的问题，并巧妙地展示你的产品是如何帮助其他人的。Reddit 是该类别中的另一个网站，但在此网站中选择受众时，必须格外注意。

3. 社交分享——社交书签网站，如 Delicious，对于理解某一类具有很强吸引力的内容非常有用。

4. 社交新闻——推特是最知名的例子。

5. 社交流媒体——用于分享照片、视频以及音频的富媒体和流媒体社交网站，如 Spoti-fy。

6. 由企业用户生成的内容和社区——与其他类型的社交展示不同，此类别是企业自己的社交空间，可以集成到产品内容（评论及评级）、客户支持社区或博客中。

案例研究 1-1 研究了提供打车服务的公司优步（Uber），请思考一下它的成长过程。

案例研究 1-1

优步的商业模式

背景

这个案例介绍的是出租车租赁应用软件公司优步——该公司几乎家喻户晓。它一开始是作为一个小规模应用软件为在加利福尼亚州的旅行者提供出租车搭乘服务。这是一个很好的研究案例，因为它显示了启动新的数字商务所需的一些成功因素，也显示了当一些问题没有使用特定的、能满足广泛利益相关者的方式处理时，存在的疏远客户、司机和广大群众的风险。目前，优步已经拥有 800 万活跃的用户以及成百上千名签约司机，但只有极少量实际雇用的雇员。读者需要牢记的是，公司及其所处的环境都是在快速变化的，新的问题和因素在作者的写作过程中、书的发行过程中以及读者的阅读过程中，可能已经出现了，但不会改变的是其历史和基础。与此书中的其他案例研究一样，此案例研究使用商业模式画布的主要类别（将在第 2 章的"电子商务的商业模式"部分介绍）总结特点。

价值定位

2016 年，优步给自己确定的使命是"优步朝着世界前进的方向发展，以我们的应用软件为平台，通过无缝联结乘客与司机，让地点更容易抵达，展示给乘客更多可能、给司机更多业务"。

消费者的价值定位

与传统的在街上打出租车或者打电话给本地出租车公司安排一次接送都不一样，优步的用户通过一个应用软件呼叫出租车。付款是通过与应用程序绑定的信用卡或借记卡进行的，所以不需要随身带钱来付车费。很多时候，为了促销，行程是免费的或者有折扣的。使用优步总的来说比乘坐出租车便宜，而且优步在某些情况下会收取固定的车费，例如涉及特定目的地的交易，像机场。优步应用程序可以在全球许多地方使用，消费者无须再费力查找当地的出租车供应商。

司机的价值定位

优步的司机不是企业的雇员（这在一些国家是一个风险因素，我们稍后会讨论），优步将每个司机视作自由签约的承包人，这种关系的确切性质因国家和地区而异。优步给司机提供了更好的待遇——它支付给他们相比于本地竞争对手支付给其司机更多的薪资（无论是自由承包司机还是协议雇用的司机）。这是一个相对容易的任务，因为大多数出租车司机的工资都很低。优步提供更高的薪资，因此许多司机会注册。在此基础上，优步鼓励司机在高峰时段出行，并支付更高的工资（称为"峰时价格"）。优步公司可以通过优步应用程序为司机提供总体上更高的收入，因为他们提供持续的供应。最终，由司机决定自己什么时候工作，他们的决定往往是由自身利益驱使的。

盈利模式

优步的投资几乎都用于在全球范围内提高品牌知名度，以及向当地受众和当地司机社群宣传其企业理念，提高品牌认同度。优步没有自己的出租车车队，而是依靠私家车车主提供车辆，这和许多当地的提供司乘服务的公司是有些共同之处的。优步还投资支持管理私家车的技术性基础设施建设。不管怎么说，优步将绝大多数资金用于发展和维系其市场，因而在当地出租车经济中占据了很高的市场份额。

通常，优步需要收取一趟行程价格的 20%～30% 的费用，这具体取决于当地情况。当需求旺盛时，优步会引入"峰时价格"（在打车应用程序中，在建议价格和最终价格的基础上乘以倍数），"峰时价格"会吸引更多的司机进入需求大但司机少的地区。但这也造成了一种情况，即对价格敏感的客户会推迟行程，直到暴涨的价格下降。

优步在特定市场中对不同品质的车辆也有不同的定价策略。当客户订购非普通车辆（如小巴或行政豪华轿车）时，会收取溢价。

优步的战略

优步的战略是数字创新。出租车行业是一个标准很少的行业，围绕价格有广泛的竞争。与其他一些开拓性的业务一样，优步不拥有硬件——它只需连接拥有车辆的司机，并为他们提供使用出车基础设施的机会。它还拥有一个发展完备的评价系统（此系统提供给消费者和司机双方使用）。一个新的定位需要投入大量的营销精力来获取和留住客户。这主要包括为新加入应用程序的客户提供许多免费出行，以及为来自其他出租车公司的司机加入优步提供极大的经济激励，其目标是获取巨大的市场份额，使优步成为本地市场的最大参与者。此时，优步开始对价格和支付给司机的薪资结构进行改变。弱小的竞争对手使优步扩大市场份额的任务变得简单。优步庞大的资金库能支持它向新市场的新司机提供有吸引力的薪资，从而从现有的出租车公司挖走司机。

优步的竞争对手

优步在不同地区运营时有不同的竞争对手。通常来说在特定的城市或地区优步与当地出租车租赁公司之间存在竞争（尽管并非总是如此），在世界范围内优步还存在更多的基于应用程序的竞争对手：Lyft（在美国和亚洲的一些国家）、Curb（在美国）、滴滴出行（在中国）、Grab（在一些亚洲国家）和印度的 Ola。在中国市场的竞争最终导致优步在 2016 年初将其在中国的业务出售给滴滴出行。让事情变得更加复杂的是，许多类似的亚洲竞争对手在不同地区联合各方力量，直接与优步竞争。

风险因素

基本每天都有对优步的批评性评论或对其法律和道德行为的讨论。在英国，优步被认为违反了雇佣法，法庭认定优步应该将司机视为雇员而不是自由承包者。在本书出版之前，优步计划对该裁决提出上诉，但如果该裁决得到支持，可能会对公司组织其劳动力的方式产生极大的影响。

在许多城市，优步发现自己处于出租车司机举行有组织的抗议活动的不利局面中，尤其是在伦敦，出租车司机举行了数次抗议和罢工，在亚洲和南美洲也爆发了愤怒的抗议活动，其中一些抗议活动演变成了暴力活动。在欧洲，优步因藐视当地有关无证司机的法律法规而被罚款。在不需要注册出租车司机的司法管辖区，当乘客安全的担忧引起关注时，优步也面临严肃的批评。

优步要考虑的最大风险因素之一是自动驾驶汽车。优步开始在美国等多个国家试用其自动驾驶版本的乘车服务。自动驾驶汽车给公司带来了一个有趣的两难境地，即它减少了公司对司机的需求（从道德层面来说是一个问题），但是它要求公司实际投资于自动驾驶汽车的硬件将影响企业资本的使用。现实的问题是自动驾驶汽车在未来的社会和交通中将扮演什么角色？一种可能是，汽车制造商将作为自动驾驶出租车服务的提供商在多样化的市场中参与竞争。自动驾驶汽车的私人所有者可能自己通过其他不属于优步的共享汽车技术，提供私人租车服务。优步的最大障碍是它向新司机支付优厚薪资的优势，在面对自动驾驶汽车时就消失了。优步有必要在企业发展方向上作出重大改变。

资料来源：http://nextjuggernaut.com/blog/how-uber-works-business-model-revenue-uber-insights/. http://newsroom.uber.com/.

问题

1. 作为优步等数字商务的投资者，你会使用哪些经济上和客户相关的指标来评估和衡量此公司当前业务的成功和未来的增长潜力？

2. 完成对优步的形势分析。重点评估可能会损害优步未来增长潜力的主要商务风险。

3. 对于问题2发现的优步的主要商务风险，提出与优步类似的企业可以将这些风险降至最低的方法。

1.2.3 移动商务

凯鹏华盈（Kleiner Perkins Caufield Byers）的分析师玛丽·米克尔（Mary Meeker）在名为"互联网趋势"的演讲中分享了她对互联网当前状态的富有洞察力的想法，在她的预测中，移动商务和移动业务（mobile commerce and mobile business）的潜能是非常清晰的。米克尔在2008年最大胆的预测之一是，到2014年移动网络的使用量将超过固定网络的使用量，这当然已经被证明是真的。

移动通信的一个重要发展是移动应用程序的普及（见第3章），它们可从苹果应用商店、谷歌安卓应用商店、微软应用商店和其他手机厂商的应用商店中下载。雅虎（Flurry，2014）发布了智能手机和平板电脑的应用类别摘要，结果显示，人们90%的时间是通过移动设备而不是浏览器使用应用程序的。

基于位置的移动设备使用是另一个重要发展，例如，用户可能在购物时使用应用程序或浏览器（参见迷你案例1-1），和这个行为相关的是，用可基于位置的功能可以追踪到商品，还可以列出从制造到仓储再到运输的整个过程的详细清单。

迷你案例1-1

谷歌的本地结果和反馈

移动设备的普及对人们使用谷歌等搜索引擎的方式产生了重大影响。人们使用搜索工具的情景，以及他们搜索的地点等信息，都意味着搜索引擎在过去几年里有了巨大的飞跃。

谷歌搜索引擎的算法考虑了多种因素来决定显示的结果，例如移动设备的使用和位置，以及搜索的主题，对显示的结果会产生很大的影响。

例如，在移动设备上用关键词"中餐馆"进行搜索的客户将得到一系列选项，这些选项主要是针对搜索时的定位，即使原始搜索词中未提及该位置。谷歌使用移动设备的定位和情景来假设用户想要的结果类型——在这种情况下，用户可能正在寻找一家本地餐厅，最后搜索结果中往往显示评价很高的本地餐厅。

环境、位置和其他因素的结合使得谷歌搜索的结果对用户而言是高度相关的，这也让谷歌得以保持在这一领域的主导地位。

活动 1-2 **当今最流行的应用软件**

比较不同品牌手机的流行应用软件——此活动可以单独完成，或作为小组活动。使用手机应用商店或来自信息提供商（如 Flurry、comScore 或尼尔森（Nielsen））的结果，评估当今最流行的应用软件。

问题

1. 从前 10 个或前 20 个受欢迎的应用程序中找出最受欢迎的应用程序，包括谷歌浏览器（Chrome）或苹果浏览器（Safari）。

2. 讨论与通过网页浏览器提供服务的移动网站相比，公司使用应用软件推广其品牌或服务面临的机遇。

1.3　电子商务同数字商务有什么区别

随着技术的飞速发展及其在商务中的应用，一系列新的术语和行话出现，如电子客户关系管理、多渠道零售和数字化电子采购。这些术语是否需要引起重视呢？答案是否定的。穆加耶（Mougayer，1998）指出，理解数字技术会给客户带来什么服务、给企业带来什么商业利益才是重要的。但是，术语标签可以方便地标记出基于数字通信的组织内部的变化情况。组织的管理者需要认同数字技术带来的数字化转型的价值并向员工、客户和合作伙伴传递数字技术带来的变革的信息。

1.3.1　电子商务的定义

电子商务的范围要比数字商务更窄。人们通常简单地认为，电子商务（electronic commerce，e-commerce）是指使用互联网进行买卖，例如消费者从亚马逊等公司购买商品的行为。电子商务可被视为企业与任何第三方之间的电子化媒介交易。根据这一定义，客户支持服务和信息咨询等非金融交易的服务项目也将被视为电子商务的一部分。

卡拉科塔和温斯顿（Kalakota and Whinston，1997）从不同角度提及了一系列关于电子商务的定义，这些定义至今仍然适用：

1. 传播角度——以电子途径传递信息、提供产品和服务并进行支付。
2. 业务流程角度——将技术应用到业务交易和工作流的自动化中。
3. 服务角度——在提高服务交付的速度和质量的同时实现成本削减。
4. 线上角度——产品或信息的线上买卖。

这些定义表明，电子商务不仅局限于产品的实际购买和销售，还包括整个供应链的售前和售后活动。

在电子商务交易过程中，买方和卖方对于交易系统的功能需求不同（见图 1-3）。因此在评估电子商务对组织的战略影响时，我们可以分别从买方和卖方的角度发现商机以满足不同的交易需求。

辩论 1-1 **数字商务与信息技术有什么不同？**

"数字商务只是一个新的标签，其作用与传统信息技术没有什么区别。"

数字业务

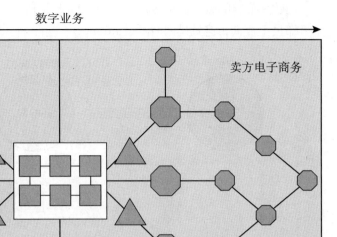

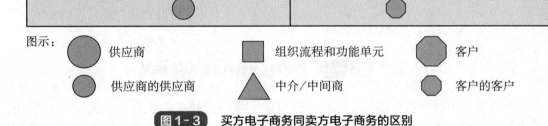

图示：　⬤ 供应商　　　■ 组织流程和功能单元　　⬟ 客户

　　　　● 供应商的供应商　　▲ 中介/中间商　　　　⬢ 客户的客户

图1-3　买方电子商务同卖方电子商务的区别

　　买方电子商务（buy-side e-commerce）是指从供应商那里采购企业所需资源的交易。卖方电子商务（sell-side e-commerce）是指组织向客户销售产品的交易。

　　对于网站所有者来说，社交电子商务（social media commerce）越来越成为电子商务的重要部分。因为社交电子商务将评论、评分和其他社交媒体互动整合到网站中，并链接到社交网站，这有助于了解客户的需求，并增加对销售的转化。社交电子商务还可以包括团购模式，如高朋网（Groupon）等。

1.3.2　数字商务的定义

　　数字商务（digital business）的范围比电子商务更广。它类似于 IBM 于 1997 年首次提出的"电子业务"（e-business），该术语意为：通过使用互联网技术对关键业务流程转型。

　　在本书的第 6 版（和之前的版本）中，我们使用"数字商务"来代替"电子业务"这一术语，因为它反映了当前数字技术在业界的应用和学术界对数字技术对商业影响的研究进展。

　　图1-3 中，关键的电子商务流程是图中心的组织流程和功能单元，其中包括研发、营销、制造和进出境物流。与供应商的买方电子商务以及与客户的卖方电子商务也可以被视为关键的数字商务流程。

1.3.3　内联网和外联网

　　大多数互联网服务可供任何能够访问互联网的公司或消费者使用。但是，许多需要访问公司敏感信息的电子商务应用程序将访问者限制于有权限的个人或合作伙伴。如果信息仅限企业内部员工查询，这就是内联网（intranet）。内联网、外联网及互联网的关系如图 1-4 所示。

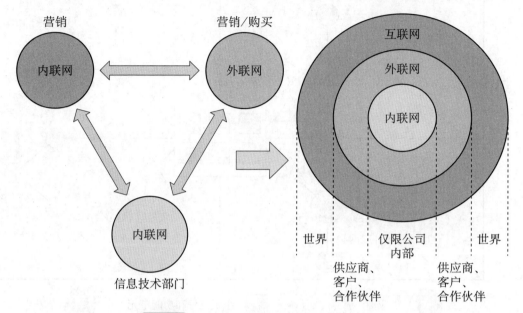

营销　　　　　　　　　营销/购买

图 1-4　内联网、外联网及互联网的关系

今天，内联网这个词仍在使用，但类似于推特和脸书的软件正在公司内部应用，以实现类似内联网的信息共享和协作的目标。迷你案例 1-2 展示了一个此类企业社交媒体软件（enterprise social media software）工具的示例。

如果将组织 Web 服务的访问权限扩展到更多人，但不是组织以外的所有人都能访问，这就是一个外联网（extranet）。每当你登录到互联网（如电子零售商或在线新闻网站）时，这实际上就是一种外联网访问方式。我们将在第 3 章中讨论内联网和外联网的问题。

迷你案例 1-2

Slack

Slack 是一个帮助人们像面对面一样轻松地在线工作的协作中心。

Slack 中的团队合作通过在线渠道展开，对话按主题、项目或位置进行组织，确保将正确的人员包括在内，将相关的信息存储在同一个位置。

一个公司使用 Slack 越多，Slack 提供的价值也越高——在 Slack 中的对话和信息是容易搜索的，并且可跨部门共享，帮助团队跨办公地点、跨时区或跨功能进行协作。

Slack 还与数千个其他应用集成（包括谷歌云端硬盘），以便文件可以直接从渠道共享。

Slack 使工作生活更简单、更愉快、更有效率。

资料来源：Slack 2018 www. slack. com.

1.3.4　不同类别的卖方电子商务

卖方电子商务不仅包括在线销售产品，还包括使用一系列数字技术来营销服务（我们将在第 7 章和第 8 章中探讨）。并不是每个产品都适合在线销售，因此网站销售产品的方式会有所不同。本书将卖方电子商务分为 5 种类型，分析这 5 种类型对于分析卖方电子商务是有帮助的。这 5 种类型的每一种都有相应的目标，适合不同的市场。但这些不是一刀切的网站分类，因为任何公司都可能将这些类型组合起来，侧重于某些特点，以服务它们的市场。在浏览网站时，请注意相关的功能。

1. 交易型电商网站。此类网站支持在线购买产品。此类网站的主要业务贡献也在于销售产品。除此之外，此类网站还能通过为喜欢线下购买产品的消费者提供产品信息来支持线下业务。此类网站包括零售网站、旅游网站和网上银行。

2. 服务导向的关系构建网站。此类网站通过提供信息以刺激购买并建立关系。特别是当某些产品不适合线上销售时，这类网站提供产品信息，为消费者的购买决策提供参考。此类网站的主要业务贡献是促进离线销售、促进客户咨询或引导潜在客户，也被称为销路拓展。

3. 品牌塑造网站。此类网站提供品牌的线上体验。产品通常不可在线购买。此类网站的重点是通过开发品牌的线上体验来为品牌提供支持。这类网站适用于低价值、大批量、变化快的消费品牌（快消品牌）。

4. 门户或媒体网站。此类网站提供一系列主题信息、新闻或娱乐，既可以是在本网站上，也可以链接到其他网站上。媒体网站有多种创收选项，包括广告、基于佣金的销售和出售客户数据等。

5. 社交网络。社交网络可以被视为前一类网站，因为它们往往得到广告的支持，但脸书、领英和推特等社交网络对公司和客户沟通的影响表明它们形成了一个单独的类别。但具有讽刺意味的是，脸书已经开始将自己视为一个门户平台了。

数字营销（digital marketing）是另一个与电子商务密切相关的领域，在第 7 章和第 8 章中会对其进行更为详细的探讨。

我们如何理解"数字营销"这个词？这个词中的"数字"描述了一系列营销人员用于建立和发展与客户关系的在线渠道的接入平台和通信工具。在第 10 章中，我们将更深入地探究"数字"一词的哲学含义。

通过一系列不同的在线通信工具或媒体渠道，各种在线平台保证内容传递和人际交互。这些耳熟能详的技术工具包括网站、搜索引擎、电子邮件、社交媒体和短信等。在数字媒体领域工作最令人兴奋的事情之一是引进新的工具和技术，这些工具和技术必须用于与之相关的特定营销活动。

最近有一些基于"暗社交"（dark social）系统的创新模式（我们将在第 7 章和第 8 章中进一步讨论），如 WhatsApp 和 Snapchat 等。博伊德和埃里森（Boyd and Ellison, 2007）记录了社交网络的发展，并且将一个社交网站描述成：

> 促进简易的创作和与联系人共享内容的网站，可以上传文本、音频和视频并与联系人（以及更广阔的世界）共享；其他人上传和共享的内容也能被评论和分享。社交网站通常依赖于在网站拥有公开或半公开个人资料的用户，以及此类用户与其他用户之间不断增长的和维系的联系。

1.3.5　企业接触数字受众的途径

企业要想在数字通信中取得成功，必须决定如何将时间和预算投入令人眼花缭乱的线上通信工具。在第8章和第9章中，我们会详细评估这些工具，以下是对主要投资选项的总结。

自有媒体、免费媒体以及付费媒体的选择

为了帮助营销人员制定战略，以接触和影响潜在的数字受众，如今普遍认为有三种主要的媒体渠道是营销人员需要考虑的（见图1-5）：

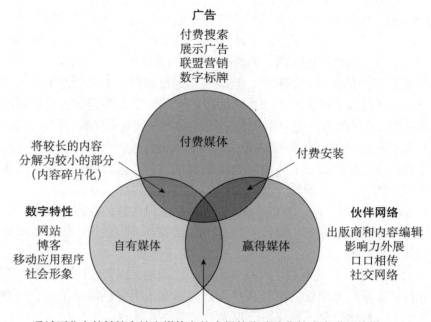

图1-5 线上媒体投资的三种主要选项

1. 付费媒体。这是一种需要购买的媒体，访问者需要付费以获取访问资格，付费媒体通过搜索触达用户或完成用户转换，进而发布广告或进行其他附属的营销。但是线下的、传统的媒体（如出版和电视广告以及直邮）依然重要，在付费媒体花费中占很大比例。

2. 赢得媒体。传统意义上，赢得媒体是指通过公关宣传提高对品牌认识的一种宣传手段。现在，赢得媒体还包括通过病毒式营销和社交媒体营销来获得品牌口碑，也包括在社交网络、博客和其他社区的互动。将赢得媒体视为通过不同类型的合作伙伴，如出版商、博客作者和其他有影响力的人（包括客户的倡导者）来发展推广是一种有用的思路。另一种思路是，将赢得媒体视作消费者和企业之间不同形式的对话，既可能发生在线上，又可能发生在线下。

3. 自有媒体。这是一种品牌自有的媒体。线上形式展现为公司自己的网站、博客、移动应用程序或者公司在脸书，领英或推特上的社交形象。线下形式展现为宣传册或实体零售商店。相较于投资其他媒体平台，组织同样可以考虑投资于自有媒体平台，这有助于组织掌握媒体资源并促进产品推广。基于此，任何组织都应该考虑建立多渠道媒体矩阵。

在图1-5中可以看到，三种不同类型的媒体之间有所重叠。必须注意到这一点，因为若想实现这种重叠，需要整合活动、资源和基础设施。网站上的内容可以由项目和数据交换应用程序接口（例如脸书的应用程序接口）提供支持的小组件（widget）并在其他类型媒体之间共享。

数字媒体渠道的六种主要类型

有些在线通信技术是营销人员在制定数字商务沟通战略或规划在线营销活动时必须考虑的。为了帮助规划，查菲和史密斯（Chaffey and Smith，2012）总结了六种数字媒体渠道（digital media channels），以获取受众，数字通信和线下通信技术的类型，如图1-6所示。请注意，还应考虑线下通信技术在推动访问者访问公司网站或者在社交网络形象方面扮演的角色。

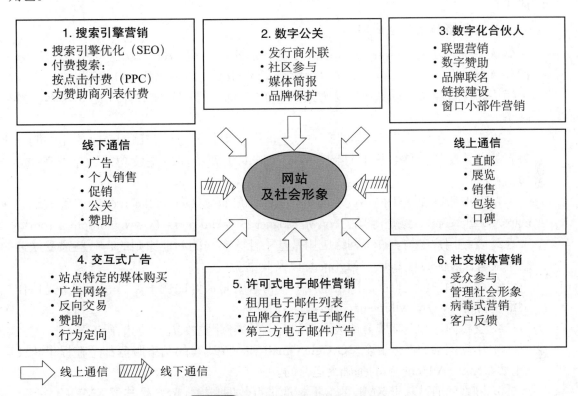

图 1-6　数字通信和线下通信技术

1. 搜索引擎营销。在搜索引擎上放置消息，以鼓励用户在输入关键词（短语）时单击网站。搜索引擎营销有两个关键技术：一是按点击付费（pay-per-click，PPC）的广告或赞助链接；二是在自然或组织化的搜索结果列表中进行搜索引擎优化（search engine optimization，SEO）。

2. 数字公关。针对目标受众经常访问的第三方网站，如社交网络和博客，最大化公司品牌、产品或网站的正面曝光和互动。此外，企业还可以通过在线平台回应负面言论。

3. 数字化合伙人。在第三方网站上或者通过电子邮件来创建和管理推广在线服务的长期安排。合作伙伴关系包括：链接建设、联盟营销、聚合器，如价格比较网站 Money Super Market（www.moneysupermarket.com），以及数字赞助和品牌联名等。

4. 交互式广告。使用横幅和富媒体之类的数字广告来提高品牌知名度，并鼓励客户点击目标网站。

5. 许可式电子邮件营销。通过租用电子邮件列表、在第三方电子邮件上放置广告、使用机构内部电子邮件列表来吸引并留住消费者。

6. 社交媒体营销。社交媒体营销是数字营销的一个重要范畴，它包括鼓励客户访问企业的官方网站、脸书或推特等社交网站，或在专业出版商网站、博客和论坛上进行交流。社交媒体营销可以作为一种传统的广播媒体应用，例如，企业可以使用脸书或推特向有意愿加入的客户或合作伙伴发送消息。同时也需要认识到，充分利用社交媒体的优势，参与客户对话是很重要的。对话会涉及产品、促销以及客户服务。通过对话，企业可以更好地了解客户并提供支持，从而优化客户感知到的企业形象（在第9章中，我们确定了社交媒体的六个主要应用）。

社交网络与用户生成内容

从2004年开始，网站所有者和开发者都开始关注 Web 2.0 这一概念。蒂姆·奥赖利（Tim O'Reilly，2005）在一篇文章中解释了 Web 2.0 的主要技术和原理。在 "Web 2.0" 这个标签的背后隐藏着一系列让人眼花缭乱的互动工具和社交技术，比如博客、播客和社交网络。

Web 2.0 还参考以标准格式在站点之间交换数据的方法，例如商家使用的购物比较网站对有关产品及其价格数据的订阅。Web 2.0 的主要特征也是成功的数字品牌的关键特征，包括：

1. Web 服务或基于网络的交互式应用，如 Flickr（www. flickr. com）、谷歌地图（http://maps. google. com），或是博客服务，如 Blogger 或 Word press（www. wordpress. com）。

2. 支持用户参与。许多网络应用是基于社区参与的利他原则的，一些最受欢迎的社交网络中最有代表性的有 Bebo、MySpace 以及脸书。

3. 鼓励用户创建自己的网络空间——博客就是最好的例子。另一个例子是协作式百科全书维基百科（www. wikipedia. org）。

4. 支持内容和数字服务评级。例如对电子零售网站实施社交电子商务。

5. 中立网站的广告资金。Google Gmail 和一些博客的网络服务都是在提供相关广告服务（比如 Google AdSense）的基础上运营的。

6. 网站间通过基于 XML 的数据标准进行数据交换。RSS 是基于 XML 的，但是它使用了较少的语义标记来描述内容。数据也可以通过标准的微格式（microformats），如 hCalendar 和 hReview 将其他网站的数据合并提交至 Google 列表中（从 www. microformats. org 查看细节）。用户可以定义新的内容类别，并创建混搭网站（mashups）。

7. 使用富媒体或创建富互联网应用程序（RIA），提供更具沉浸感的交互式体验。这些程序可以集成到 Web 浏览器中，也可以是像第二人生（www. secondlife. com）这样单独的应用程序。

8. 通过使用交互式技术进行应用程序开发。著名的应用实例是 AJAX（Asynchronous Java and XLML），它与谷歌地图相结合，因其在显示地图时不需要用户自己进行更新而受到大量用户的追捧。

图1-7总结了网络技术的发展。请注意，Web 2.0、Web 3.0 和 Web 4.0 这三个术语并不是当今常用的术语，但是对于理解 Web 2.0 的原理是非常有用的，因为它们对于创建交互式、集成的桌面和移动体验非常重要。许多网站没有这些特点。

供应链管理

当区分买方的和卖方的电子商务时，我们着眼于组织供应链管理的不同方面。供应链管理（supply chain management，SCM）是组织从产品采购到产品交付间的所有协调活动（第 6 章更详细地描述了利用电子商务来开展企业流线化管理和供应链重建的过程）。价值链（value chain）是一个相关的概念，它描述了连接企业供应侧和需求侧的不同增值活动，分为企业的内部价值链和企业与外界相关活动的外部价值链。请注意，在数字商务时代，一家企业将管理许多相互关联的价值链，因此我们也考虑价值网络（value network）的概念（见第 6 章）。

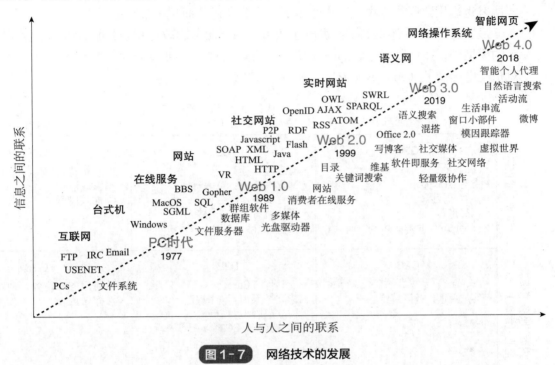

图 1-7 网络技术的发展

资料来源：Adapted from Spivack（2009）。

1.3.6 电子商务交易的商业模式或消费者模式

通常用企业电子商务交易的对象描述电子商务的类型，如交易对象为消费者的电子商务（business-to-consumer，B2C）和交易对象为其他企业的电子商务（business-to-business，B2B）。

图 1-8 给出了一些 B2C 和 B2B 电子商务的实例。通常，像英国石油（BP）或戴尔（Dell）这样的企业，其产品既能吸引消费者，也能吸引企业，因此它们的网站针对不同的对象有不同的内容。如图 1-8 所示，这些著名的数字化公司主要专注于 B2C 市场。然而，B2B 的沟通对这些公司也很重要，因为 B2B 的业务交易也能带来收入。

B2B 对许多企业仍然很重要，例如 eBay Business（http://business.ebay.com/rpp/ebay-business-supply），并且 B2B 交易可以持续通过广告提供 B2C 服务。例如，谷歌的收入主要来自其 B2B AdWords（http://aswords.google.com/）和广告服务，而基于广告的收入对油管和脸书等网站也很重要。

图 1-8 还显示了另外两种类型的交易，一种是消费者之间的电子商务（consumer-to-consumer，C2C），另一种是消费者面向企业的电子商务（consumer-to-business，C2B）。这两种模式的应用并不是很广泛，但是它们很明显地体现了电子商务与以前的商务模式有所不同。消费者与消费者（也称为个人与个人）之间的交互活动在过去非常少见，但是在现在的社交

网络中很常见。

霍夫曼和诺瓦克（Hoffman and Novak, 1996）认为，C2C 交易是互联网的一项关键特征，企业需要重视这一发展趋势。近年来，在线宽带和移动接入网络的增长使得这一发展已成为现实，并且十分受欢迎。C2C 交易也是一些电子商务交易网站如 Craigslist、Gumtree 和亚马逊（请参见案例研究 1 - 2）的主要商业模式基础，它们仍在其业务基础上运行。还有一些博客也运用此运营方式，这些博客不是由公司运营而是由个人运营。

最后，图 1 - 8 还提到了提供电子政务、数字服务的政府和公共服务机构。除了图 1 - 8 所示的模型外，还可以通过联部网的使用，将雇员视为一种单独的消费者类型，这被称为员工对员工电子商务（employee-to-employee, E2E）。

	从：内容/服务提供者		
	消费者或市民	企业（组织）	政府
消费者或市民	**C2C** • eBay • 点对点(Skype) • 博客和社区 • 产品推荐 • 社交网络：Instagram 和 Snapchat	**B2C** • 交易型：亚马逊 • 建立关系型：英国石油 • 树立品牌：联合 • 媒体所有者：新闻集团 • 比较媒介：Kelkoo，Pricerunner	**G2C** • 政府机构：税务 • 国家政府信息 • 本地政府服务
至：内容/服务消费者 企业（组织）	**C2B** • Priceline（一家欧洲在线旅行社） • 客户反馈，社区宣传	**B2B** • 交易性：Euroffice • 建立关系型：英国石油 • 树立品牌型：Emap • B2B市场：EC21	**G2B** • 政府服务和税务 • 法律法规
政府	**C2G** • 舆论或个人对政府的反馈	**B2G** • 非政府组织对政府的反馈	**G2G** • 政府内部服务 • 信息交换

图 1 - 8　交易对象分别为消费者、企业和政府时电子商务不同的应用内容

迷你案例 1 - 3

交易网站 Craigslist 和 Gumtree

消费者之间的电子商务（C2C）现在已非常常见。实际上，eBay 可能是这种模式中最受认可的应用，然而，随着时间的推移，eBay 同样会成为许多商家出售产品的平台，并不会局限于买家间的交易。然而，也确实存在其他基于 C2C 模式的平台。交易网站 Craigslist 和 Gumtree 采用 C2C 模式的时间可能会更长。

2000 年，Gumtree 在英国作为一个简单的分类广告网站起步，它最初是为移居伦敦的需要工作、住宿、社交且会说英语的外国人提供便利。它于 2005 年被 eBay 收购，但保留了其独特的品牌形象，并扩展到有大量的英国侨民群体的欧洲其他地区和海外。

在 Gumtree 上用户可以免费发布广告，也可以付费"推广"特定的广告。最近，Gumtree 已经开始允许企业，特别是汽车经销商，在网站上做广告。

Craigslist 也有类似的历史。Craigslist 于 20 世纪 90 年代末诞生于加利福尼亚州，随着时间的推移，它的业务扩展到许多其他国家，也采用了英语以外的语言。该网站在发展社交关系方面享有独特的声誉，但有时也颇具争议。Craigslist 依赖于社区来监管用户的广告，网站的大部分收入都来自求职信息发布。

Gumtree 和 Craigslist 具备网络社区的特性，这提升了用户的归属感和平台的趣味性。它们本土化的 C2C 特性吸引了广告商和消费者，这一优势是亚马逊和 eBay 所不具备的。

电子政府的定义

电子政府（Dot Gov）指的是将电子商务技术应用于政府和公共服务，类似于客户（公民）、供应商和内部机构或人员之间的交易。电子政府的应用范围包括：

市民——在地方或国家层面上发布信息和提供在线服务。例如，在本地可以查询市政局何时清除垃圾废物，在国家层面上可以查询纳税申报表。

供应商——政府部门拥有庞大的供应商网络。电子供应链管理和电子采购（见第 6 章和第 7 章）的潜在利益和缺陷对政府而言都具有现实意义。

内部沟通——旨在提升政府部门内部的工作效率，包括信息收集和分发、电子邮件和工作流程系统。

目前很多国家都非常重视电子政府。欧盟已经制订了"i2010"（European Information Society in 2010）计划，其目标是：在欧盟范围内，为信息化社会和视听政策提供一种整合方法，该方法涵盖监管、研究、部署及文化多样性的促进（eEurope，2005）。

1.4　数字商务的机遇

数字商务为大大小小的企业在全球市场上的竞争带来了新的机遇。正如我们在本章开头所提到的，许多学者指出，数字商务带来的最大变化之一是把信息传输和处理转化为竞争优势。专栏 1 - 1 对数字商务的破坏性和变革性作了重要评论。

互联网为许多企业提供了与现有的数字化客户和供应商建立密切关系的重要机会。鼓励客户和供应商使用数字商务服务，可以显著降低成本，同时也为企业采购和客户服务提供了一个新的、方便的渠道。通过提供高质量的数字化服务，企业可以与利益相关者建立长期的合作关系。虽然有人说"你的客户与你的竞争者只有一个鼠标的距离"，但这只是一种简化的说法，鼓励企业使用数字化服务有助于实现"软锁定"（soft lock-in），这意味着客户或供应商将会继续使用这项服务，因为他们认为该服务很有价值，他们已经投入时间和精力学习掌握这种服务，若要切换至其他网站则需花费一些成本。在各种目的不同的数字化服务间来回切换非常麻烦。当然，理想的网站服务能够满足客户的需要，为客户带来所需的价值，让客户满意，使其没有切换服务的想法。

企业采用数字技术意味着，企业需要评估数字商务对市场和组织的影响。改变消费者和商业行为的驱动因素是什么？我们应该如何回应？我们需要投资多少？我们的优先事项是什么？我们需要多快采取行动？这些问题的答案是制定数字商务战略和数字营销战略的重要组成部分（第 2 部分将更详细地讨论），为了回答这些问题，需要进行营销研究（如第 2 章至第 4 章所述）以确定当前我们的客户和竞争对手在不同活动中应用互联网的水平。

专栏 1-1　　　　　埃文斯和沃斯特阐述颠覆性互联网技术的影响

1997 年，哈佛大学的埃文斯（Evans）和沃斯特（Wurster）在他们的经典文章《信息的战略和新经济学》（*Strategies and the New Economics of Information*）中提到了互联网承载信息的三个特性。如果这些特性与颠覆性的互联网技术结合起来，将会对市场产生重大影响。承载信息的三个特性分别为市场潜量、丰富性和协作性。

1. 市场潜量（reach）。通常来说，市场潜量指的是可以与企业产生互动的潜在客户数量。互联网可以通过搜索引擎提供内容，从而以较低的成本在国内和国际范围内扩大企业的市场潜量。市场潜量还指消费者界面（如商店、目录或网站）可以覆盖的不同类别和产品的数量。可以看到亚马逊、eBay 和 Kelkoo 利用数量庞大的产品打造市场潜量，易捷航空（easyJet.com）和特易购（Tesco.com）都利用网络来扩大产品覆盖面。

2. 丰富性（richness）。丰富性是信息本身的特征。互联网使得产品、价格等详细信息更方便地被获取，也使得交互性和定制化成为可能，进而提升顾客的参与度并提供最新的信息。埃文斯和武斯特指出，丰富性受到带宽（在给定时间内使用通信链路传输的信息量）、信息的准确性或可靠性以及信息安全的限制。

3. 协作性（affiliation）。这是指与合作伙伴建立联系的有效性。在数字化环境下，一个与其他兼容组织拥有最多和最丰富联系的组织将能够获得更大的影响力。eBay、谷歌和雅虎这样的电商已成功建立合作伙伴关系或收购其他公司，以提供新的多元化信息服务，如社交网络、地图、语音通信和数字摄影等。

对于市场而言，汽车销售已经转型为网络营销，如何改善市场潜量、丰富性和协作性至关重要。这并不是因为很多人网购汽车，而是因为人们能够在线搜索到制造商、型号和供应商。

电子商务和数字商务的采用是由企业不同部门的利益驱动的。首先，也是最重要的一点是，企业关心的是数字商务的好处将如何影响企业的盈利能力、如何创造价值。实现这一目标的两个主要方法是：

- 通过发展客户、培养客户的忠实度和提高客户"回头率"实现潜在的收入增长。
- 通过数字技术降低成本，包括人力成本、运输成本和材料成本（如纸张）。

在数字技术应用的早期，一份政府报告（DTI，2000）指出了两大类驱动因素，它们至今仍与引入新技术相关。

1. 成本/效率驱动因素：

（1）提高供应速度；

（2）提高发货速度；

（3）降低销售和采购成本；

（4）降低运营成本。

2. 竞争力驱动因素：

（1）客户需求；

（2）改善所提供服务的范围和质量；

（3）避免失去已经应用了电子商务的市场份额。

在采访一家澳大利亚企业的负责人时，佩罗特（Perrott，2005）指出了推动绩效提升的四个关键领域：成本效益、竞争压力、市场优势和价值增值，即在建立牢固关系的同时提高客户满意度。

在评估潜在利益时，同时识别有形利益（可以通过资金结余或收入得以确认）和无形利益（很难通过财务指标来衡量）是有用的。表 1-2 总结了无形利益的类型。

多尔特等（Doherty et al.，2013）对零售商采纳数字技术的驱动因素和阻碍因素展开调研，发现了其中最重要的因素。表 1-3 总结了不同阶段中影响数字技术采纳的重要因素，从商品宣传册（brochureware）（A），到包含产品信息的动态网站（B），再到能够进行交易的商务网站（C），并根据它们的重要程度进行了排序。可以看到，与数字技术采纳相关的两个最重要的因素是：①互联网目标分解，即市场中客户是数字技术的典型采纳者；②互联网战略，即把采纳数字技术提升到企业战略的高度。这表明，正如预期的那样，企业战略如果不与数字商务或电子商务战略相配合，就不太可能使用高水平的互联网服务。很多对电子商务已经做出响应的企业，建立了独立的电子商务规划和独立支持电子商务实施的资源。本书将会详细阐述如何制定这样的规划和实施规划应该考虑的问题。

案例研究 1-2 揭示了亚马逊进行数字化运营的好处，强调了管理数字商务的一些挑战，并强调企业需要继续投资来完善数字化服务，需要必要的营销推广来吸引客户。

表 1-2　电子商务和数字商务的有形利益和无形利益

有形利益	无形利益
· 通过新的销售线索增加销售额，从而增加收入： —新客户、新市场 —老客户（交叉销售） · 通过以下方式降低营销成本： —节省客户服务时间 —在线销售 —降低打印和分发的营销成本 · 通过以下方式降低供应链成本： —减少存货 —缩短订单处理周期 · 通过简化招聘、发票报销、批准员工假期等日常行政流程降低行政成本	· 企业形象传播 · 强化品牌 · 响应更快的营销沟通，包括公关 · 更快的产品更新速度以应对市场需求的快速变化 · 改善客户服务 · 学习应对未来 · 满足客户对于网站的需求 · 寻找新的合作伙伴，更好地与目前的伙伴合作 · 更好地管理市场和客户信息 · 客户对产品的反馈

表 1-3　影响数字技术采纳的重要因素总结

影响采纳的因素	A	B	C
互联网目标分解	3	2	1

续表

影响采纳的因素	A	B	C
互联网战略	1	1	6
互联网市场	4	5	2
基础设施和发展能力	2	3	5
互联网通信	5	6	4
互联网交易成本	8	9	10
互联网机会成本	6	8	7
市场开发机会	7	4	3
担忧	9	10	9
消费者偏好	10	7	8
A＝商品宣传册（静态网站）；B＝动态网站；C＝商务网站（交易网站）			

资料来源：Based on a compilation from separate tables in Doherty et al.（2003）.

1.5　实施数字商务的风险和障碍

在引入数字商务时要善于权衡机会和风险，风险包括战略风险和实施风险。其中主要的战略风险之一是在数字商务投资中做出错误的决策。在每一个商业领域，都有一些企业利用数字商务获得了竞争优势，但也有一些企业投资了数字商务并没有获得预期的回报，要么是执行计划时出了问题，要么是采取的策略与市场本身不协调。互联网和技术的影响因行业而异。英特尔（Intel）的董事长安迪·格罗夫（Andy Grove）是最早的电子商务实施者，他曾说每一个企业都需要问自己这样的问题：

> 互联网到底是台风，还是十级台风，抑或只是微风？它是不是一股可以为我们的行业带来颠覆性改变的力量？（Grove，1996）

这句话意在阐明管理者必须对不同的数字技术做出回应。随着时间的推移，数字技术对一些公司的影响微乎其微，对另一些公司却会产生巨大影响，不论影响多大，所有公司都应作出回应。进入 21 世纪的第二个十年，对任何一个企业来说，都有一个至关重要的准则，即管理者必须在其广泛的利益相关者网络提出要求时，应对他们所面临的数字化挑战。

企业仍需管理存在的实际风险，如果忽视这些风险，可能会导致糟糕的客户体验，从而损害企业的声誉。在 1.4 节"数字商务的机遇"中，我们提到了"软锁定"的概念，如果客户对某项服务的体验非常差，他们将停止使用该服务，转而使用其他在线服务。糟糕的在线服务体验如：

- 因高峰时段播出电视广告后访问量激增而难以访问的网站；
- 黑客破坏系统的安全防护，并窃取信用卡信息；
- 一家企业在没有得到客户许可的情况下向客户发送电子邮件，给客户带来麻烦，并违反隐私和数据保护法律；
- 在线订单履行出现问题，致使订单缺失或发货不及时；
- 通过电子邮件、联系表格和社交媒体进行的客户服务咨询无法联系到合适的人，因此客户需求被忽略。

对这些风险的不敏感可能导致许多企业对数字商务有限的采纳，中小企业尤其如此。（我们将在第 4 章进一步研究这类业务的采纳水平和驱动因素。）

另一种可以有效地对数字化经营战略问题进行评价的方法是麦肯锡（McKinsey）的 7S 战略体系（Waterman et al., 1980）。

辩论 1-2 **中小企业对数字商务的有限采纳**

成熟的中小企业对数字商务的采纳一般少于大型企业，这主要是因为中小企业的执行董事和首席执行官对信息和通信技术所带来的商业利益持消极、不信任的态度。

1.5.1　评估企业的数字商务能力

评估一个企业现有的数字商务能力是制定其未来数字商务发展战略的起点。我们将在第 5 章中展示如何使用不同形式的阶段模型（stage models）来评估数字商务能力。图 1-9 展示了一个卖方和买方数字商务能力的基本阶段模型。它展示了企业如何引入更复杂的技术，并扩展支持数字商务的流程范围。

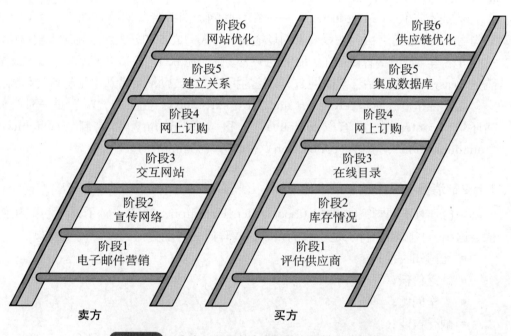

图 1-9　卖方和买方数字商务能力的基本阶段模型

消费者技术采纳的驱动因素

为了确定对卖方电子商务的投资，管理者需要评估如何采纳新的服务，如网络、移动和互动电视以及博客、社交网络等特定服务（在第 4 章中，我们将看到这种需求分析是如何以结构化的方式进行的）。

我们将了解（在第 5 章数字商务战略中）提供数字商务服务的企业创建一个明确的数字价值主张（digital valuc proposition, DVP）的重要性，以此鼓励客户使用特定的数字商务。"6C"概括了数字商务的典型优势，这有助于理解数字商务所提供的不同类型的客户价值。

1. 内容（content）——20 世纪 90 年代中期"内容为王"备受推崇，至今仍然颇具价值。这意味着信息需要更详细、更深入地支持交易流程，建立关系，提升品牌、网站体验，鼓励使用快消品牌产品。

2. 定制（customization）——内容的大量定制化，无论是网页（如"Amazon recommends"）还是电子邮件提醒，就是通常所说的"个性化"服务。

3. 社区（community）——互联网的诞生使消费者能够在论坛、聊天室和博客畅所欲言（我们将在第 5 章对这一内容进行更多探索）。

4. 便捷（convenience）——消费者可以从电脑端选择、购买及在某种情况下使用产品，网站提供的是 7 天 24 小时 365 天的全天候服务。当然，产品的在线使用仅限于数字产品，如音乐软件或其他数据服务。亚马逊在线下发布了一则创意广告，展示了人们在圣诞节狂风横扫的街道上奋勇争夺购物袋的场面，以强调网购所提供的方便。

5. 选择（choice）——与传统的分销渠道相比，网络提供了更广泛的产品和供应商选择。Kelkoo（www. kelkoo. com）和 Reevoo（www. reevoo. com）这样的数字媒介的成功就是例证。同样，特易购平台（Tesco.com）为消费者提供了更广泛的产品选择（金融、旅游、货物），也提供了比实体店更详细的信息。

6. 成本降低（cost reduction）——在互联网上消费者普遍精打细算。通常，消费者认为网络购物的成本较低，因为在线商家的场地成本、人力成本和分销成本相对于实体店较低。显而易见的价格差异是消费者使用在线服务的一大动因。在 20 世纪 90 年代后期，低成本航空公司易捷航空（easyJet）为网站订票提供 2.5 英镑的折扣，以鼓励消费者从电话订票转移到在线订票。

瑞波特和贾沃斯基（Rayport and Jaworski，2003）提出的"7C"是一种类似的框架，包括环境（context）、内容（content）、社区（community）、定制（customization）、沟通（communication）、链接（connection）和商务（commerce）。

1.5.2　消费者采用数字技术的障碍

一份针对不同国家的调查（Booz Allen Hamilton，2002）显示，互联网在使用过程中同样会遇到一些障碍，特别是在线消费时这些障碍更为明显。这些障碍主要包括：

- 无感知收益；
- 缺乏信任；
- 安全问题；
- 缺乏技能；
- 成本。

消费者采用数字技术的障碍在各个国家均存在，因而，在每个国家预测未来的需求时必须考虑这一点。

在本章的最后，请阅读案例研究 1 - 2，了解全球最大的数字化企业之一——亚马逊的关键成功因素。

案例研究 1 - 2

亚马逊——全球最大的数字商务公司

本案例总结了亚马逊在互联网数字世界中提高消费者参与度的战略方法。案例概述了亚马逊的目标、战略和主张，以及亚马逊面临的问题和风险。你会发现，亚马逊的许多成功因素与其他数字化企业相似，尤其是数字商务领域的企业。

情境

亚马逊在互联网出现之初就进入了人们的视野。公司 1994 年成立时名为 Cadabra，是创始人杰夫·贝索斯（Jeff Bezos）从华尔街离职后创办的。据报道，贝索斯列出了一份包含 20 种产品的清单，清单上的产品可以在互联网上零售。在最终决定售卖书籍之前，他选择专注销售其中的 5 种产品——这项业务在他的车库里开始（和案例研究中其他著名的美国初创企业如出一辙）。2015 年，公司公布的年收入为 1 070 亿美元，几乎比整个沃尔玛的市值还要高。2016 年，公司的市值仅次于苹果、谷歌和微软。

使命

亚马逊将自己的使命描述为：将顾客视为这个星球的上帝，成为全球最关心顾客的组织，任何人都可以在此购买到心想之物。虽然仅凭字面无法领略到企业使命的精髓，但它仍然能够帮助我们对这家公司有所了解。

亚马逊提供产品零售、平台服务、内容订阅和流媒体服务。

● 产品零售——亚马逊为大多数人所熟悉的业务也是它的起步业务——书籍、音乐、视频、食品杂货、日用品和电子产品等。

● 平台服务——亚马逊平台作为电子商务平台向其他零售商和个人推销新产品和二手商品。

● 联营——一个联盟营销系统，亚马逊能够在其他用户的网站上展开广告宣传，并根据营销效果给予站点所有者相应的报酬。

分公司包括但不限于以下：

● A9. com——负责管理和开发亚马逊搜索和广告业务的技术部门；

● Amazon Web Services——提供云计算、按需计算服务；

● Alexa. com Analytics——提供网络流量和数据分析；

● Audible——专注于可下载内容业务，如播客、有声读物和教育音频内容；

● Goodreads——提供社会化编目服务及其他服务，允许用户对书籍进行书评分享以及对部分阅读材料进行注释以供分享；

● IMDB——一个包含电影、电视和视频游戏信息的网站；

● Zappos——在线鞋履和服装零售商。

产品包括：

● Amazon Appstore——安卓应用商店的替代；

● Amazon Video（在不同的地理区域）——一家流媒体视频服务企业，与亚马逊工作室一起；负责制作亚马逊原创内容；

● Kindle——广义的平板硬件，由最初的简单电子阅读器发展为功能复杂的平板设备；

● Twitch. tv——一个实时流媒体平台，展示视频游戏和音乐内容；

● Echo——"物联网"语音设备，可用于播放流媒体内容，并作为家庭自动化系统的一部分控制其他物联网设备。

收益模型

亚马逊的收入来源多种多样，这些收入可以清晰地分为 4 个方面：

1. 零售收入。

● 商品零售，作为一种销售收入模式，为企业提供了最大的收入来源。

2. 亚马逊平台——可以分为：

● 亚马逊技术平台（通过 AWS 产品），利用率极高，数千家家喻户晓的企业（如 Dropbox 和爱彼迎（Airbnb））将其作为云计算平台使用；

● 零售平台，个人和零售商通过零售平台（作为 eBay 等网站的替代品）进行交易活动。

3. 内容业务。

● 流媒体或可下载内容的出售或出租。

4. 订阅业务。

● Prime Business：订阅 Amazon Prime，允许在某些国家免费快速交付，以及优先访问 Amazon Prime 的数字内容，如音乐、视频、电视、电影和游戏。

业务主张

● 亚马逊的零售业务范围不断扩大，几乎可以满足现代消费者的任何需求。其核心主张是让客户能够以最便宜、最便利的方式购买并收到自己的心爱之物。

亚马逊的 AWS 产品的核心主张是降低成本、提高速度，并快速启用云应用程序。

这里突出的两个核心关键概念是降低成本和提高速度。

风险

亚马逊的业务面临一系列问题和风险。

竞争环境

零售业内部的竞争是激烈的，亚马逊在当今这个多渠道销售的世界中面临着与其他零售从业者同样的风险。亚马逊以相对较低的成本进入数字市场并从中获得了好处，其他企业也可能采取同样的方式进入市场，成为亚马逊的竞争对手。

全球化和产品拓展

全球化对任何企业都会产生影响而不仅仅是亚马逊。随着亚马逊扩大它的全球影响力并不断提供新产品和服务，其资源不可避免地受到影响。每当在一个新的城市开设公司，都会出现需要解决的新的法律问题，而当新产品和服务与现有产品和服务争夺有限资源时，必然会出现一种内在的紧张关系。亚马逊需要在扩大新客户群的同时保留现有客户群，在争取新客户群时有可能会忽视与现有客户的联系，而老客户可能对亚马逊的新产品有浓厚兴趣。

管理库存、履行和技术基础设施

与任何企业一样，管理库存本身也存在风险。虽然在某种程度上说计划是可执行的，但亚马逊和其他任何企业一样，很难完全预测人们想要什么、会买什么。随着全球市场的不断发展和产品种类的日益丰富，这成为一个更大的问题。如果企业的预测不正确，就会面临供过于求或供不应求的风险。对商品和服务的需求波动会使亚马逊很难按时交货，使得它第二天交货的承诺难以兑现，尤其在圣诞节和"黑色星期五"等季节性购物节期间，客户需求变化更令人难以捉摸。依赖于公共数字网络基础设施很难确保流媒体或下载的内容可靠地交付。

数字安全

与其他数字商务公司一样，亚马逊也面临着一系列数字化的潜在风险。客户数据（包括银行详细信息等）的安全可能会遭到破坏。像这样的事件可能会导致企业的信誉度下降甚至完全丧失，客户极有可能结束与公司的合作，暂停使用企业的产品。

亚马逊平台上的第三方非法活动

其他企业利用亚马逊的方式有两种：通过现有的零售平台进行零售，或者通过 AWS 业务系统管理自己的业务。零售平台上的非法零售活动可能会严重影响亚马逊的声誉——在许多案例中，亚马逊没有受到惩罚，而第三方零售商确实在亚马逊平台上销售了假冒或有问题的产品。这种行为已经明显影响到亚马逊的声誉，因此亚马逊不得不迅速采取行动来应对。数百万种产品和成千上万的零售商都有可能出现产品问题，亚马逊很难对其进行监管。

稳定的变革

亚马逊的特点是不断创新。亚马逊这种永远处于变化中的状态，加上外部世界的不断变化——特别是不同国家不同的法律环境，以及高度复杂的处境和难以管理的局面，这些在公司内部造成了波动。同时，还没有被纳入法律范畴的创新导致了巨大的未知。在撰写本文时，其中一个领域是在产品交付中使用无人机。当法律环境中有许多未知因素时，很难计划新服务。

竞争

在零售领域，亚马逊面对着无数的竞争对手。没有一家企业像亚马逊那样庞大，拥有如此多的库存，库存有如此繁多的种类。这带来了自身的问题，也使识别竞争对手变得困难。竞争可能出现在特定的垂直领域（如音乐和书籍、可下载的内容或流媒体内容）或非常特定的产品中。竞争对手本身可能是专业的运营商，瞄准非常具体的产品线。从这个意义上说，亚马逊的规模可能会使其在某些领域难以盈利。相反，小企业的规模使它们更能消化短期成本问题。

亚马逊经常回顾其 1997 年给股东的信，以确定哪些因素使其能够与竞争对手抗衡——这些因素包括着眼于长期而非短期的胜利，明确客户至上原则，着眼于长期投资和开发技术基础设施以支持业务。可以说，这些因素使得亚马逊在其运营的市场中拥有独特的地位——无论是在其传统零售业务、内容服务业务还是 AWS 业务中。

目标和战略

亚马逊一再回顾 1997 年的一些基本规则，这些规则指导着亚马逊的长期业务：

● 坚持不懈地关注我们的客户；

● 根据长期的考虑而不是短期盈利能力的考虑，做出大胆的投资决策；

● 关注现金流；

● 努力节约开支，保持精益文化；

● 专注于雇用多才多艺、才华横溢的员工，并将股权纳入他们的薪酬中。

亚马逊的增长战略

亚马逊的高光部分：

● 可持续性——更有效地利用现有能源，增加其自身可再生能源的可持续利用；以可持续包装的形式减少包装的使用量，并降低与不适当包装相关的运输和物流成本。

● 广泛的产品和服务使亚马逊能够降低其在任何一个市场或垂直市场的风险。

● 一个持续的成本降低计划，并实施使现有价值最大化的持续计划。

问题

评估数字化的特点以及管理团队的战略决策，讨论如何支持亚马逊的持续增长。

1.6   本章小结

1. 传统电子商务指的是以互联网为媒介的买卖活动。

2. 卖方电子商务或数字营销是指组织销售产品给客户的交易。买方电子商务是指组织从其供应商处采购所需资源发生的交易。社交电子商务通过促进客户间的互动提高销量。

3. 数字商务即广义电子商务，是一个较宽泛的概念，指的是运用技术使所有内部业务流程受益并使第三方的交互受益。这包括买方和卖方的电子商务以及内部价值链。

4. 数字营销指的是在搜索引擎营销、在线公关和社交媒体、合作伙伴关系、展示广告、电子邮件营销和病毒式营销六个主要数字营销媒体渠道中，对付费、自有和赢得媒体的投资。集客营销描述了使用集成的内容、社交媒体和搜索营销来影响消费者选择产品，有时也被称为"零时真相"（zero moment of truth）。

5. Web 2.0 指的是帮助 Web 用户与网站进行交互以创建用户生成的内容，并鼓励诸如社区或社会网络参与、混搭网站、内容评级、使用小部件和标记等行为的 Web 服务。

6. 引入电子商务和数字商务的主要驱动力是为企业增加收入和降低成本，电子商务也可以通过改善客户服务和企业形象带来其他收益。

7. 由于缺乏必要性和对访问成本和安全的担忧，消费者对数字技术的采纳受到限制。企业对数字技术的采纳往往受到投资成本的限制，认为投资回报难以量化。

8. 对于电子商务的成功引入而言，采用新技术远不是全部。清晰的目标、企业文化的调整、技术的调整、参与者和组织结构等更为重要。

练习

自我评估

1. 区分电子商务和数字商务。
2. 解释买方电子商务和卖方电子商务的含义。
3. 选择一个机构来解释社交媒体和社交商务的范围和收益。
4. 总结你所在国家的消费者和企业采用电子商务的水平。其采用电子商务的主要障碍是什么？
5. 分析总结企业采用电子商务的原因。
6. B2B 和 B2C 电子商务的主要区别是什么。
7. 分析总结组织采纳或引入数字商务对各个方面的影响。
8. 中介或有影响力的网站与 B2C 公司有什么关联？

问题讨论

1. 企业如何评估数字技术对其业务的影响？互联网是一时的流行，还是会产生重大影响？
2. 解释社交媒体和社交电子商务的概念，以及它们如何帮助企业实现目标。
3. 讨论"对于 B2B 和 B2C 而言，采用卖方电子商务的利弊是不相上下的"。
4. 评估社交媒体营销技术是如何在一个组织和其利益相关者中应用的。
5. 讨论"不管是公司运作的哪个部门，公司的数字化应用都拥有相似的目标"。

测试题

1. 解释电子商务和数字商务概念之间的联系。

2. 举例说明卖方电子商务和买方电子商务的区别。

3. 总结一家企业希望引入电子商务的三个原因。

4. 描述消费者采用电子商务的三个主要障碍，并指出企业如何应对这些障碍。

5. 概述企业在引入数字商务时可能需要进行的内部变革。

6. 总结将社交媒体营销方法应用于企业的好处。

7. 列举一家企业引入买方电子商务的三大风险。

8. 列举一家企业引入卖方电子商务的三大风险。

第2章
数字商务与电子商务的机遇分析
■ Opportunity analysis of digital business and e-commerce

学习目标

完成本章的学习后，读者应该能够：

- 完成在线交易市场分析，并评估竞争者、消费者和中介作为战略发展的一部分对数字技术和媒介的使用行为
- 识别数字通信和商业中的主要商业模式
- 评估在线业务（尤其是数字初创业务）的商务模式/盈利模式的有效性

2.1 本章介绍

在 2.2 节我们将介绍公司如何评估其在数字交易市场（digital marketplace）中的现状，并通过不同客户的接触点来提高公司的知名度。自从人们的购买意图被越来越多的接触点影响，购买路径（path to purchase）就变得更加多样化（见图 2-1）。例如，当传统通信渠道中加入通过固定网络和移动网络访问的社交媒体网站时，人们的决策就会受到影响。越来越多的设备现在能够同时播放同一内容，例如，当人们想看电视时，可以使用智能手机或者平板电脑放映，这个过程被称为多屏（multi screening）互动。

购买路径（从开始到结束）很少会是一个直线性的路径——有时，客户对想要购买的产品的一个搜索会让他产生新的想法，或改变之前的想法。图 2-1 显示的客户购买路径是一个典型的搜索路径，客户通过平板电脑、智能手机、笔记本电脑和电视展开搜索。

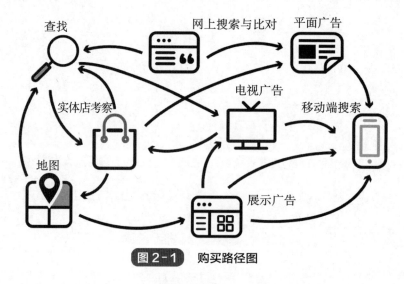

图 2-1 购买路径图

微软曾经做过一项以美国成年人为样本的研究，这些人对购买有决策权，他们希望在未来

30～90 天内购买一款至少 100 美元的消费类电子设备（Cosley，2015）。他们需要回答的问题是：

- 在决策中是否会从互联网世界跨越到现实世界，或是从现实世界进入互联网世界？
- 哪些因素对他们影响最大？
- 在决策中，令其不悦的因素是什么？最能引起他们共鸣的又是什么？

在图 2-1 这张典型的客户购买路径图中，可以看到大多数客户在购买电子设备时遵循的是一个相当一致的模式，他们倾向于从功能、价格和商店位置开始搜索，从产品制造商那里寻找商品信息。

客户掌握了一些基本信息后，有购买意愿的人就会从商家的博客、亚马逊和其他零售商店中搜索买家评论。这个时候，消费者通常会到实体店进一步考察，然后比对价格，在网上或店内完成购买。

需要综合考虑多方面因素才能够判断出何种方式能够有效影响客户的决策。企业必须收集和回顾有助于其消费者行为的深刻见解，然后提高它们在不同渠道上的知名度，改进沟通技巧。一个 B2B 企业通常通过分销商网络销售产品，随着电子商务的出现，它现在有机会绕过分销商，通过目的地网站（destination site）直接与客户进行交易，也有机会通过博客和 B2B 平台等新型在线网站接触客户。同样，对于电子零售目的地网站等 B2C 企业来说，它们有机会通过在线中介机构（online intermediaries）（如搜索引擎、价格比较网站、社交网络、博客和其他网站）或有影响力的人来营销其产品。我们将向你展示如何使用不同的信息源来评估不同类型中介机构的客户情况。然后，我们来看看数字通信如何促进数字交易市场成员之间关系的重组——这是电子商务的一个关键特征。

电子商务业务的收入模式

数字通信的兴起催生了许多新的业务和收入模式，2.4 节将对这些模式进行评估。我们将使用商业模式画布为大家进行介绍，商业模式画布是一个非常好的框架模型，用于评估网络初创企业和现有企业这两类企业正在开发的新商业模式是否可行。本章中我们主要讨论的是电子商务中的卖方因素，而不是将数字商务作为一个整体进行讨论。（在第 6 章我们会讨论整个供应链。）

案例研究 2-1 介绍了成功的英国服装零售商博登（Boden）背后的故事，并举例说明了一个管理良好、以客户为中心的在线企业能够提供的服务。

案例研究 2-1

博登是如何从一个只有 8 种男装产品的品牌，成长为销售额超过 3 亿英镑的国际品牌的

本案例研究的是一家全球性的服装邮购和电子商务公司，该公司主要服务于中等收入客户。案例讨论了如何建立全渠道业务，以及获取客户方面的关键问题。

博登的背景

网络服装零售商博登公司成立于 1991 年，逐渐成长为一家成功的公司。2015 年，该公司创造了价值 23 亿美元的销售额，其中约 55% 来自海外贸易。在美国市场中，博登（其于 2002 年在美国建立公司）是第二大英国服装品牌，在英国拥有超过 800 名员工。全球大约有 150 万人穿博登服装。在英国，喜欢穿博登的人的家庭收入一般在 6 万～7 万英镑。该品牌的目标女性客户年龄在 25～50 岁之间，核心客户是 35 岁的女性，因为她们通常有孩子，并且在寻找适合自己的衣服。

品牌历史

约翰尼·博登是博登服装公司的创始人。大卫·卡梅伦（David Cameron）和米歇尔·奥巴马（Michelle Obama）都是该品牌的忠实拥护者。但是，其最初的邮购业务和互联网创业经历了 10 年的"坎坷之旅"。

约翰尼大学毕业后到纽约做股票经纪人，但他自己也承认不太擅长这项工作，后来他在工作时注意到他的许多同事都通过邮购目录购买衣服。1991 年，约翰尼的叔叔给他留下了一笔遗产，于是他决定创办一家邮购服装公司。最初，他只提供 8 种男装产品——在细分市场售卖基本经典款。但是，博登很快意识到，男装市场很小，因为男人在服装上的开销并不大。因此，他紧跟市场，一年后推出了女装系列，并于 1996 年推出了"迷你博登"系列——一条童装产品线。

为了给下一阶段的发展提供资金，博登分别于 1999 年和 2003 年从派珀私募股权公司（Piper Drvate Equity）筹集资金。因为很难判断企业发展的重点，所以当时尝试了很多不同的方案。女装市场也在不断发展，比如，现在的女性不再想穿符合自己年龄的衣服，她们想有所创新。服装公司永远不能沾沾自喜。从本质上讲，商业是竞争性的，博登认为"不能停留在上一个季度"。2001 年，约翰尼终于可以分得红利，公司出现了转折。当派珀私募股权公司在 2007 年退出时，博登得到的回报是投资的 30 倍。约翰尼的坚持得到了回报，他荣登《泰晤士报》富豪榜，个人资产约为 2.15 亿英镑。

主要销售渠道

博登最初的销售渠道是邮购目录，并在 1999 年推出了它的第一个网站。即使是现在，邮购目录仍然是公司营销战略的重要组成部分。尽管博登 80% 的销售额是线上销售实现的，但 60%～70% 的销售额可以归因于作为购买过程一部分的邮购目录（通过关键代码/报价代码进行跟踪）。约翰尼的观点是："对于大多数人来说，收到邮购目录是他们生活中最不重要的事情，所以你必须使用手头上可利用的设备来吸引他们的注意力。"

在早期，博登获取客户的主要渠道是：

- 租用邮寄名单；
- 广告；
- 公关；
- 朋友推荐；
- 与《乡村生活》（Country Living）和《红》（Red）等出版物签订促销协议。

公司发现，没有一个渠道的业绩能够一枝独秀，远超其他渠道。博登建议尝试多种不同的活动，不要过于专注于一个营销传播渠道，否则盈利将受到影响。"朋友推荐"一直是最好的营销策略，而使用租用的邮寄名单可以让公司持续不断地获得客户。约翰尼认为，一家公司应该相信数据，如果一个渠道运作不好，就停止使用它。

博登品牌

博登将自己定位为一家"生活方式"公司，拥有独特的品位。

公司品牌定位的主要特征包括：

- 私人事务：客户更倾向于真诚的交流。这家公司采用直白的交流方式——希望与人们产生情感上的沟通。所有的信件/电子邮件都由约翰尼亲自撰写，尽管公司有文案组，但他还是会亲自过目所有文件。公司认为，品牌传播应该是信息丰富且令人振奋的，做到这一点的唯一办法就是雇用与公司价值观相同的人。

- 公关：公关通常针对产品和营销报价。所有的公关工作都是在公司内部完成的（过去，公关公司无法很好地运营品牌——它们总是控制信息的传递）。

- 摄影：拥有一个伟大的产品是最重要的，而摄影是第二重要的。博登的宣传准则是："一张好的照片看起来就像家里相册中的一张佳作。"

- 品牌建设：确定品牌主张很重要。但是，除非有回报，否则不要花钱。公司的产品目录和网站都是品牌的一部分。

- 免费退货：这是每一个消费者的心声，博登将其作为一种战术手段。提供免费退货对于提升销售额非常有效（尽管邮资和包装必须包含在产品利润中）。博登通过使用分段数据库来测试和比较不同的优惠活动。公司还认为，提供免费退货是一种很好的销售策略——如果商品很容易退回，就表明品牌方对产品有信心。

约翰尼的创业秘诀

公司应始终专注于核心业务。博登曾在 2000 年开了几家店，并将大量资金投入线下零售。然而，公司根据在商店里收集到的客户数据意识到相互竞争的现象非常严重——只有 40% 的销售额来自新客户，大部分销售额来自博登现有的客户。公司逐渐意识到，应该通过拓展市场来提升销售额，而不是拓宽渠道。随后它进入了美国和德国市场，在第一年有 200 万美元的销售额来自德国，美国是一个更难进入的市场，而在英国相对容易实现目标销售额。

约翰尼对想要开展在线服装业务的人的建议是：

- 清楚你在市场上的定位（客户有很多选择，比如普通款式和时尚款式）。提供的服装需要在激烈的竞争中脱颖而出。

- 倾听你的客户的意见。很多错误都来自盲目相信直觉而忽略了倾听客户的意见。你必须足够理智，及时停止做无用功。

- 雇用优秀的员工。不要为向好员工支付高薪而斤斤计较，确保招聘时足够用心。

- 重视数据。使用定量和定性研究来协助决策。

资料来源：Johnnie Boden-Interview at ECMOD2010：www. youtube. com/watch? v=Jj59htgaQ8o.

www. youtube. com/watch? v=Ah2ukPYK9Vk.

www. youtube. com/watch? v=iCnClFt1zA0.

www. youtube. com/watch? v=3EcSnF422jQ.

High50-www. youtube. com/watch? v=3fFCJyFKUeQ.

www. bbc. co. uk/news/business-26334330.

http：//startups. co. uk/10-secrets-of-clothing-brand-bodens-success/.

2.2　数字交易市场分析

了解影响一个企业的线上环境因素是数字商务战略发展形势分析（situation analysis）的关键部分，如图 2-2 所示。同时，还需要对过程进行持续监控，这通常被称为环境扫描和分析（environmental scanning and analysis）。

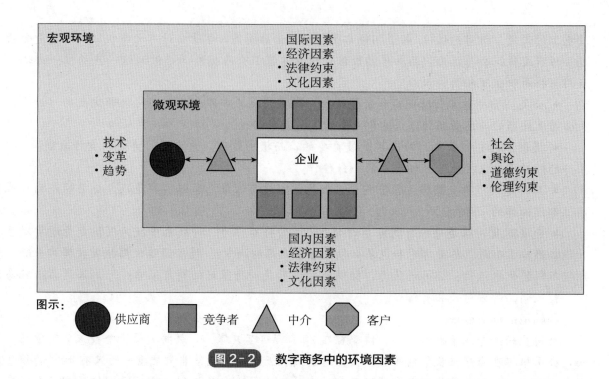

图 2-2 数字商务中的环境因素

　　了解市场变化中的机会和威胁，对于制定商业、营销和信息系统战略（我们将在第 5 章中介绍）来说至关重要。本章中，我们将介绍一些分析微观市场的框架。

　　在制定电子商务战略时，最重要的影响因素是由客户需求塑造的微观市场，以及服务是如何通过竞争对手、中间商和上游供应商提供给客户的。（在第 4 章中，我们更详细地研究了更广泛的电子商务环境问题，以及使用 SLEPT 框架来研究社会、法律和道德、经济、政治、技术和文化因素。）

战略敏捷性

　　应对环境机会和威胁的能力通常被称为战略敏捷性。战略敏捷性（strategic agility）是一个与知识管理理论密切相关的概念，企业应基于已有翔实可靠的决策机制评估市场的机会和威胁，然后选择适当的战略。

案例研究 2-2

联合利华的战略敏捷性

　　有消息称，联合利华（Unilever）在 2016 年 7 月以 10 亿美元收购了男士互联网定制个人护理品牌 Dollar Shave Club，这家初创公司每月以固定价格邮寄销售剃须刀。数据显示，当时这家公司在美国在线剃须刀市场占有 54% 的份额。Dollar Shave Club 打乱了由吉列公司（宝洁控股）主导的剃须刀市场，吉列在剃须刀市场的总体份额从 2010 年的 71% 下降到 2015 年的 59%。Dollar Shave Club 每月的订购服务还扩展到其他产品类别，包括发胶和沐浴露。联合利华称，此次收购是为了"拥抱颠覆"，这家初创公司直接面向客户的商业模式为联合利华提供了相关数据。由通过第三方零售商销售单一产品，到通过订购服务直接瞄准消费者，联合利华正在成为一家面向客户的服务公司，建立良好的客户关系和培养客户忠诚度有助于公司的收入长期稳定。

通过与消费者建立更直接的关系来改变供应链模式，联合利华将不再依赖于一条通往市场的途径（通过零售商），而是可以交叉销售和捆绑销售个人护理产品。

这种直接面向客户的模式，扯下了品牌和零售商之间权力斗争的遮羞布。此前联合利华将一些家居产品的价格提高了 10%，以减小英国"脱欧"后英镑贬值的影响，食品巨头特易购（Tesco）就下架了联合利华多个品牌的产品。

自 2010 年以来，随着全球经济发展放缓，宝洁公司一直在努力实现可持续增长。该公司进行了战略转型，剥离了近 100 个品牌。据该公司首席执行官戴维·泰勒（David Taylor）称，为了"重启"增长，宝洁需要"重新让客户了解自己的产品，并宣传产品优势"。宝洁试图从 Dollar Shave Club 夺回市场份额的一种方式是在 2015 年 6 月推出在线订购服务"吉列剃须俱乐部"（Gillette Shave Club）。该公司还为旗下的 Tide Pods 洗衣品牌推出了一项订购服务，试图减少其运营的其他市场受到在线初创企业的影响。

宝洁一直将它的资源和投资转移到数字（尤其是移动）领域，以充分利用电子商务——有报道称，该公司的电子商务业务正以每年高达 180% 的速度增长，业务价值约 1 亿美元，业务遍布其 8 个主要市场中的 6 个市场。

联合利华看到了电子商务的重要性，其电子商务在全球以每年 20% 的速度增长，在英国和爱尔兰的电子商务增长率在 15% 左右。在线交易令联合利华与客户的沟通方式和客户的购物方式发生重大变化。

多年来，联合利华认识到数字化创新的必要性，于 2014 年在英国推出了 Unilever Foundry，这是一家初创企业加速器，旨在指导和投资数字营销初创企业，并进一步洞察新技术和新趋势。Unilever Foundry 还成立了一个全球众包社区，鼓励人们参与。

联合利华还进行了其他形式的创新，例如每年在伦敦举行的黑客马拉松，参与者将收到多份简报，突出公司及其零售合作伙伴面临的挑战，例如：

- 我们怎样才能在 60 分钟内或更短的时间内为杂货店送货，同时还能提高利润？
- 品牌和零售商可以通过语音、虚拟现实、传感器和基于手势的技术创造什么样的商业模式来增加销售额？
- 技术如何帮助提高在线零售供应链的运作效率，从而提高盈利能力？
- 无论是在网上、店内、手机上、电视上还是其他渠道购物，技术要如何实现无缝衔接的品牌购物体验？

战略敏捷性和通过创业公司来整合创新似乎是联合利华业务的核心，而宝洁则稍显落后，并在努力追赶中。

2.3　数字交易市场分析的过程

分析数字交易市场对于制订长期数字商务计划或开展短期数字营销活动都是非常重要的。完成一项市场分析有助于定义在线形象的主要类型，这也是"线上生态系统"（online ecosystem）的一部分，该生态系统描述了客户在搜索引擎、媒体网站、其他中介机构与组织及其竞争对手之间的切换使用过程。在线市场中的潜在客户和现有客户自然会转向搜索引擎来寻找产品、服务、品牌和娱乐。搜索引擎作为一个分配系统，扮演了一个将客户的搜索关键词与相应的中间商网站链接起来的角色，市场部门必须了解客户访问量在不同网站变化的原因。

脸书、谷歌和 Salesforce 都开发了进行数据交换的网络基础设施和线上生态系统，改善了用户体验并且拓宽了业务领域。例如，脸书开发了自己的 API 来实现网站和应用程序（包括移动应用程序）之间的数据交换。其他网站的拥有者可以把消费者在脸书及其应用程序上面的一些信息整合到自己的网站中来拓展自己的业务范围，并在整个脸书生态系统中共享社交对象，以扩大影响力。谷歌开发了自己的搜索营销生态系统和安卓移动系统。作为市场分析的一部分，公司必须评估这些生态系统的相对重要性，并将这些资源整合到在线服务中，以制订计划。现在，大多数零售商采取多渠道战略（multichannel strategy）或全渠道战略（omnichannel strategy），如表 2-1 所示。案例研究 2-3 着重介绍了梅西百货如何使用全渠道增长战略来帮助改善客户体验。

如今，分析不同的生态系统对消费者行为或客户旅程的重要性不亚于分析消费者在现实世界的行为。

表 2-1　多渠道战略和全渠道战略

	多渠道战略	全渠道战略
概念	渠道划分	整合所有渠道
整合度	部分	全部
渠道范围	商店、网站、移动渠道	商店、网站、移动渠道、社交媒体、客户接触点
客户关系重点：品牌 vs. 渠道	关注客户零售渠道	关注客户零售渠道和品牌
目标	渠道目标（每个渠道的销售额及经验）	所有渠道通力合作，提供全面的客户体验
渠道管理	单一渠道管理 管理渠道和客户接触点，以优化每个渠道和客户接触点的体验 感知与渠道的互动	跨渠道管理 渠道和客户接触点的协同管理，旨在优化整体体验 感知与品牌的互动
客户	不可能触发客户间的相互作用	可触发客户间的相互作用
零售商	无法控制所有渠道的集成	控制所有渠道的完全集成
销售员	无须改变销售行为	根据每个客户的需求和对产品的了解，来调整销售行为

活动 2-1　数字生态系统

目的

探讨通过在线平台和服务提供商促进沟通的重要性。

活动内容

在小组中讨论并记笔记，以确定消费者使用的主要平台（如脸书）和工具（如移动电话），这些对评估平台现状非常重要。一旦你确定了主要的平台或服务类型，就可以将它们放在一起，评估它们的整体重要性。

案例研究 2-3

梅西百货利用全渠道增长战略改善客户体验

梅西百货（Macy's）被称为"最伟大的美国百货公司"，于 1858 年开业，如今享誉全球。公司旗下拥有 887 家商店，包括布鲁明戴尔百货（Bloomingdale's）和蓝水星百货（Blue Mercury）。

梅西百货是通过内部增长与收购相结合的方式发展起来的。最近，该公司在积极扩展其跨渠道的数字功能和服务，同时定期更新其商品组合。

尽管业内专家预测"百货公司将走向衰败"，但梅西百货的销售额已经连续多年保持增长。公司紧跟时代趋势，基于新兴的数字商务改进销售渠道，并称自己为"美国的全渠道商店"——梅西百货通过采用"数字混合"模式，为客户量身定制购物体验。

系统开发与支持服务部高级副总裁布莱恩·莱因巴赫（Brian Leinbech）表示："（梅西百货）90％的客户偶尔会在到店购买前进行在线调研。"因此，这家零售商推出并不断完善"我的梅西百货"活动，重点是成为当地消费者的购买指南，包括从面向客户的智能试衣间到 RFID 试点项目的各种倡议和技术。梅西百货采用的一些数字化举措包括：

- 梅西百货和布鲁明戴尔百货均可采用苹果支付；
- 通过移动应用程序推出梅西/布鲁明戴尔钱包，方便存钱和获取优惠；
- 将网上下单与店内提货相结合（"点击-提货"）；
- 完成门店和配送中心的订单；
- 测试通过在线网站或移动应用程序购买的商品的当天交付；
- 在 Ideas 实验室开发新技术；
- 手持 POS 设备与客户接触并管理库存；
- 梅西百货制定了"三板斧"的客户参与战略（见图 2-3），在商店运用 Shop Beacon 技术提高销量，为 Shop kick 应用程序的用户提供个性化的服务。

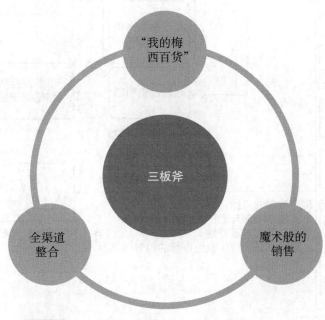

图 2-3　梅西百货制定了"三板斧"客户参与策略

- "我的梅西百货"——在每个地点提供满足当地客户需求的商品购物体验。
- 全渠道整合——为客户创造无缝链接的体验。
- 魔术般的销售——选择满足特定消费者需求的产品。

梅西公司将技术作为一个实现手段，帮助客户体验不同的购物渠道。例如，它的 shop Beacon 程序涉及 iBeacon 技术与 Shopkick 应用程序的集成。shopBeacon 通过智能手机向 Shop kick 的用户提供个性化折扣、产品推荐和奖励。当购物者进入梅西百货商店时，shopBeacon 就会提醒允许打开应用程序并选择接收通知的 Shopkick 用户。

资料来源：www. slideshare. net/DwightHill/macys-omnichannel-innovationscase-study. http：//marketingland. com/macys-100162.

图 2-4 显示了数字交易市场的主要元素，这些元素作为市场分析过程的一部分应该被学习研究。

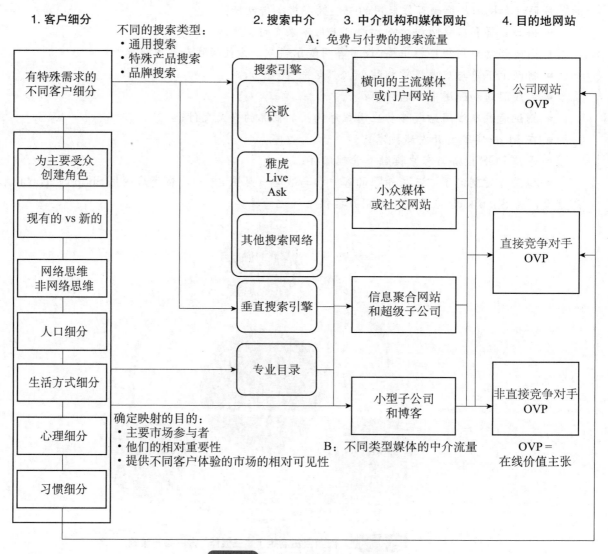

图 2-4　数字交易市场示意图

客户细分

市场分析应是通过总结在线业务的不同目标市场来细分市场，以便了解客户的在线媒体消费、买方行为以及他们将从中介机构和公司网站寻找的内容和体验。（我们将在第 8 章进一步介绍客户细分。）

搜索中介

总的来说，谷歌、必应（Bing）和雅虎是大部分国家主要的搜索引擎，但也有一些重要的其他搜索引擎，如中国的百度、俄罗斯的 Yandex 和韩国的 Naver 等。你可以使用专栏 2-1 中的来自不同零售商的受众面板数据，了解它们在不同国家/地区的相对重要性。Google Trends 是一个免费的工具，用于评估网站的受欢迎程度和用来查找网站的搜索结果，以及它们的季度变化情况。图 2-5 显示了客户对五个社交网络的相对偏好。

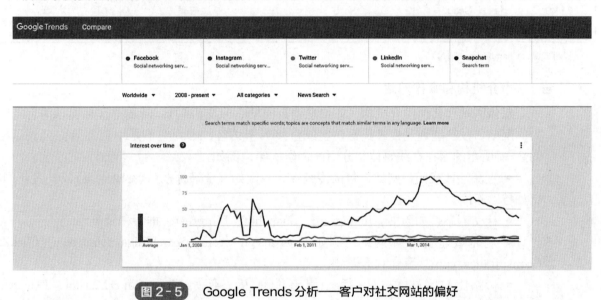

图 2-5　Google Trends 分析——客户对社交网站的偏好

资料来源：www. google. com/trends.

研究指出 Google Trends 的数据可能有助于预测目前的情况，或者"即时播报"（Choi and Variam，2011）。该研究认为，6 月第二周的汽车销售查询量可能有助于预测 6 月的汽车销售报告，该报告将于 7 月晚些时候发布。同时他们发现，如果客户在实际购买之前就开始计划（研究阶段），那么 Google Trends 的数据可以作为消费者购买的参考指标。

公司需要知道哪些网站在利用搜索流量方面是有效的，或者与它们合作，或者通过搜索引擎营销和关联营销技术获得搜索流量的份额（将会在第 7 章解释）。知名的、值得信赖的品牌已经有了很高的客户忠诚度，在网上很有可能取得成功，因为客户通常会搜索品牌或网址。Hit wise 提供了这种类型的洞察力，如表 2-2 所示。通过评估在特定市场中搜索产品所用搜索词的类型和数量，就可以计算出一家公司的潜在机会和目前在市场中所处的位置。搜索词可以从公司网站的网络分析报告中得到，这些报告指出了访问者实际访问某个网站时所使用的精确关键短语。

表2-2	搜索词				
搜索词	食品零售商	相对于顶级搜索项的搜索量	纺织服装、鞋类及配饰类	相对于顶级搜索项的搜索量
1（顶级搜索项）	Tesco	100	鞋类	100
2	ASDA	50	靴类	75
3	Tesco direct	15	裙类	55
4	Morrisons	10	服装类	45
5	Sainsbury's	10	童装类	40
6	Aldi	5	裙类	35
7	Clubcard	5	运动服装类	35
8	George ASDA	5	连衣裙类	35
9	Ocado	5	表类	35
10	Sainsbury	5	时常服装类	30

资料来源：Chamberlin (2010).

中介机构和媒体网站

媒体网站和其他中介机构（如信息聚合网站、分支机构），以及博客和视频博客等有影响力的网站，往往能通过搜索获得访客或直接吸引访客，因为它们是主流品牌。公司需要评估图 2-4 所示的潜在在线媒体和分销商合作伙伴，例如：

- 主流媒体或门户网站，包括传统媒体，例如《金融时报》《泰晤士报》，或者新闻网站，比如谷歌新闻。
- 社交网站，如脸书、Instagram、Snapchat、Pinterest、推特和领英。
- 利基或垂直媒体网站，例如 Smartinsights. com、SearchEngineLand. com、ClickZ. com、Econsultancx. com，涵盖 B2B 营销。
- 价格比较网站（也是一种信息汇集网站），例如 MoneySuperMarket、PriceRunner、Comparethemarket、uSwitch。
- 超级联盟，通过基于销售额比例或固定金额的佣金安排，从它们关联的商家那里获得收入，它们在零售市场中所占份额较大，达到 10%。
- 网红或博主，通常是个人，但他们的影响力不可小觑。例如，在英国，MoneySavingExpert. com 公司的马丁·刘易斯每个月都有数百万的访问量，而分享生活的 vlog 博主 Zoella 的 YouTube 订阅量明显多于 BBC，小型联盟和博客都可以发挥重要作用。

可以使用专栏 2-1 中总结的服务来评估这些站点类型的相对重要性。

目的地网站

无论是交易性网站，如零售商、金融服务或旅游公司的网站，还是制造商或品牌的网站，都是市场营销人员试图吸引访问者的网站，图 2-4 指的在线价值主张（OVP）是网站独特功能的总结（见第 4 章和第 7 章）。OVP 是市场分析中需要考虑的一个关键因素，市场部的人应将其 OVP 与竞争对手的进行比较，作为竞争对手分析的一部分，并考虑如何改进，以形成独特的在线体验。（竞争对手分析包含在第 7 章中。）

专栏 2-1   **用于分析在线市场的资源**

战略专家可以根据大量关于当前互联网使用情况和未来趋势的研究来了解市场。在表 2-3 中，我们总结了一系列免费服务和付费服务，这些服务可用于在线市场分析，以评估搜索信息的人数以及不同类型网站的受欢迎程度（由独立访客数量衡量）。

表 2-3 评估数字交易市场的研究工具

服务	使用
1. 谷歌工具。主要包括广告词服务（http://adwords.google.com）	谷歌是最佳的市场分析工具，包括： ● Display Planner（这个 AdWords 工具生成目标观点、印象估计和历史成本分析）——用于运行 Google Display 的一个插件 ● Keyword Planner——在 AdWords 中提供了额外的细节（需要登录） ● Google Trends——各个国家不同时间的搜索量变化（不需要登录） ● Think with Google（thinkwithgoogle.com）——市场调查和数字趋势
2. Alexa（www.alexa.com）。免费工具，但不基于代表性样本，另请参见网址 www.similarweb.com	亚马逊免费提供个人网站与所有网站的流量排名。最适合排名前 10 万的网站，如依赖于 Alexa 工具栏的用户
3. Connexity（www.connexity.com）。付费工具，但在其"资源"部分提供免费研究成果	提供给某些国家的付费服务，用于比较受众规模、搜索和网站使用情况。通过 ISP 监控不同站点的 IP 流量
4. Nielsen（www.nielsen.com）。付费工具，有关搜索引擎和中介的免费数据可从"洞察"部分获得	世界卫生组织和专家组支持根据用户家中的网络服务跟踪他们的软件使用情况，列举了几个国家最受欢迎的网站
5. ComScore（www.comscore.com）。付费工具，提供搜索引擎，"见解"部分有中介的免费数据	提供类似尼尔森公司（Nielsen）的面板服务，但主要集中在美国和英国，是媒体策划人最喜欢的工具
6. Google Analytics	提供对网站受众行为的观察的免费和付费服务
7. Forrester（www.Forrester.com）。一个提供有偿研究服务的平台，平台中"Research"部分中一些评论和分析是免费的	提供互联网使用情况报告和不同垂直行业，如金融服务、零售和旅游行业的最佳实践。免费研究摘要可在媒体资源部分（www.forrester.com/mediaresources）及其营销博客网站（blogs.forrester.com）获取
8. Smart Insight 数字营销统计（http://bit.ly/smartstatistics）	定期更新的统计资料汇编，包括最受好评的十个统计资料来源
9. 互联网/互动广告局（IAB） 美国：www.iab.com 英国：iabuk.net 欧洲：www.iabeurope.eu	重点研究不同数字媒体渠道的投资，特别是广告展示、加盟营销和搜索营销
10. 零售集团网络媒体（IMRG）（www.imrg.org）	IMRG 收集了在线电子商务的支出和英国最受欢迎零售商的数据
11. YouGov Profiles。免费观众分析工具（today.yougov.com/profileslite）并提供专业服务（yougov.com）	除了英国媒体策划和品牌受众细分工具，还提供免费及付费的受众分析工具 BrandIndex，用来衡量品牌认知和定制的研究服务

独立访客

独立访客指的是网站请求页面的单个访问者，通过用户正在浏览的单个计算机或设备上的 cookie 或 IP 地址进行测量。

经济咨询网站提供了这些来源的大部分最新研究的摘要，以及它自己的报告，如互联网统计概要。该网页的作者戴夫·查菲（Dave Chaffey）还策划了一个关于在线消费者行为的最新来源的链接。

2.4 电子商务市场

传统市场有一个物理位置，但互联网市场是一个虚拟市场，没有物理位置，这影响了市场中不同参与者之间的关系。

数字交易市场有许多可供选择的虚拟地点，企业需要在这些地点给自己定位，以便与客户进行沟通和销售。管理者需要了解不同类型的网站、客户和业务交互以及信息流的相对重要性。在本节中，我们将介绍如何评估市场渠道结构、交易的场所和全渠道营销模式，从而为数字商务战略提供信息。最后，我们将介绍交易的商业安排。

2.4.1 市场渠道结构

市场渠道结构描述了制造商或企业向其客户交付产品和服务的方式。企业、供应商和客户之间的典型渠道结构如图 2-6 所示。

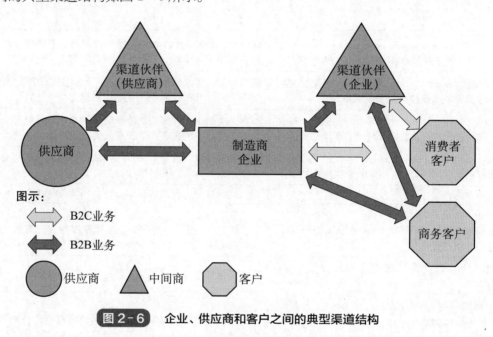

图 2-6 企业、供应商和客户之间的典型渠道结构

分销渠道有一个或多个中间商，如批发商和零售商。图 2-6 所示的企业与其渠道合作伙伴之间的关系会因互联网提供的机会而发生巨大变化。

图 2-6 中互联网提供了绕过某些渠道合作伙伴的方式，这个过程被称为去中介化（disintermediation）或"切断中介"。例如，现在一家音乐公司可以直接向 iTunes 和 Spotify 等网站发布数字曲目，这是它们渠道战略的重大改变，导致了许多音乐商店关闭。

许多科技公司正在颠覆传统的商业模式——例如刚起步的一些独角兽公司（unicorns），它们的实物资产并不多。例如，优步是全球最大的出租车公司，但它没有自己的车辆。爱彼迎是世界上最大的住宿供应商，但它没有房产。脸书是世界上最受欢迎的媒体所有者，但它不创造内容。

图 2-7 说明了简化零售渠道的去中介化。在电子商务市场中，可能会出现更多的中间商，例如额外的分销商。图 2-7（a）显示了前一种情况，即一家公司通过销售渠道"推销"产

品。图2-7（b）和图2-7（c）展示了两种不同的去中介化，图2-7（b）中的批发商以及图2-7（c）中的批发商和零售商被绕过，允许生产者直接向零售商或消费者销售和促销（直接面向消费者的模式见案例研究2-2）。去中介化对生产商的好处是显而易见的，能够消除通过渠道销售的成本和基础设施成本。本杰明和韦根（Benjamin and Weigand，1995）通过计算得出，以销售优质衬衫为例，在图2-7（b）和图2-7（c）情况下可以节省28％的成本，其中一些成本的节约可以使客户受益。

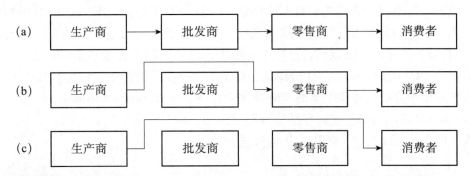

图2-7 三种分销渠道：（a）是最初的模式；（b）是省去批发商的去中介化模式；（c）是省去批发商和零售商的去中介化模式

虽然已经存在去中介化，但再中介化（reintermediation）也许是数字传播产生的一种更重要的现象，图2-8表明了这一现象。图2-8（a）显示了通过中介比如汽车协会（www.theaa.co.uk）进行销售的传统商务模式。

有了去中介化（见图2-8（b））就有了直接销售的机会，最初是通过呼叫中心，然后是交易网站，例如，Direct Line（www.directline.co.uk）。产品购买者在选择产品时仍然需要帮助，这导致了新型中介的产生，这一过程被称为再中介化（见图2-8（c））。

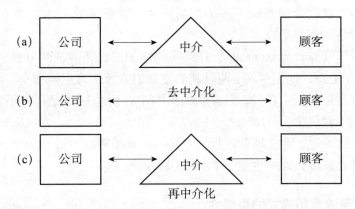

图2-8 从最初模式（a）到去中介化模式（b）和再中介化模式（c）

这种模式的例子有：
- 使用新的电子媒介，如AdWords进行数字营销；
- 使用新的电子市场，如阿里巴巴进行电子采购（买方的角度）、营销和销售（卖方的角度）；
- 使用新的电子中介进行支付（PayPal）或身份验证（Verisign）。

企业需要这些新的中介机构来使在线业务正常运作，它们不同于零售店等其他传统中介机构。

在英国，MoneySuperMarket 公司以及 Conflued 公司都是中介机构，它们为人们提供的选择合适平价在线保险的易保网（Esuronce.com）以及保险网（Insurance.com）都是很好的例子。

再中介化对电子商务管理人员有何影响？第一，电子商务管理人员有必要确保公司作为一个供应商在所选市场领域内相关的新的中介机构的网站上。这意味着需要将包含价格信息的数据库与不同中介机构的数据库集成。与竞争对手相比，与一些中介机构建立合作伙伴关系或建立赞助关系可以提高在线知名度。第二，重要的是监测其他供应商的价格（可使用中介网站）。第三，可以创建自己的中介机构，例如，DIY 连锁店 B&Q 建立了自己的中介机构来帮助 DIY 用户，这种中介机构是独立于 DIY 连锁店的，它可以为 DIY 连锁店培养客户群。这种利用中介机构重构的策略有时被称为反中介化（countermediation）。另一个例子是 Opodo（www.opodo.com），它由包括英国航空公司、荷兰皇家航空公司与汉斯航空公司在内的九家欧洲航空公司联合建立的中介机构来进行分销。

2.4.2　电子商务交易的场所

辩论 2.1　反中介化

电子商务的出现意味着营销人员不能依赖现有的中介机构，而是必须创建自己的在线中介机构。另一个关于电子商务市场配置的观点与市场中不同参与者的交易地位和相对优势有关。

贝里曼等（Berryman et al.，1998）为此建立了一个有效框架，确定了三种不同类型的定位。卖家主导的网站是该公司的主页，可以进行电子商务。买方主导的网站是由买方来启动市场的媒介，购买者可以通过采购单来确定具体要买什么。在采购单中，购买者指定他们想要购买什么，然后通过电子邮件将消息发送给在系统中注册的供应商，等待其报价。聚合器是指一些购买者联合起来购买多个产品，从而降低采购成本。中立网站是独立的评估中介，可以进行价格和产品比较。

贝里曼等（Berryman et al.，1998）的框架已由麦克唐纳和威尔逊（McDonald and Wilson，2002）更新，他们引入了两种新的交易模式即买方主导和卖方主导。

我们将在第 6 章中看到，最成功的采购中介机构往往是那些不独立，以卖方为导向或由卖方控制的中介机构。

如第 1 章所述，埃文斯和武斯特（Evans and Wurster，1999）认为有三个方面是实现在线竞争优势的关键，即可达性、丰富性和从属关系。

2.4.3　全渠道营销模式的重要性

在线购买者通常使用多种渠道来跟踪客户旅程（customer journey）。当他们选择产品并与品牌互动时，他们不会仅使用一种数字通信渠道，而是共同使用多种数字通信渠道，如同时使用印刷品、电视、邮购和户外广告。因此，有效使用数字通信渠道是全渠道营销战略的一部分。在使用不同的营销渠道时，企业应思考如何在提案开发、跨渠道和设备的无缝衔接方面相互集成和支持。

开发渠道链来帮助我们理解全渠道行为是麦克唐纳和威尔逊（2002）推荐的一种分析互

联网带来的市场变化的强大技术。渠道链显示了具有不同渠道偏好的客户的备选客户旅程，可用于评估不同客户旅程的现状和未来。图2-9是消费者选择代理商进行房产购买的渠道链地图。渠道链地图可以显示制造商或服务提供商及其客户与中介机构和新型中介机构之间的收入流。托马斯和沙利文（Thomas and Sullivan，2005）以一家美国全渠道零售商为例，通过为每个客户分配一个唯一标识符来计算渠道偏好，从而跟踪计算出渠道采购的渠道选择比例：63%的客户选择实体店零售商，12.4%的客户选择互联网，11.9%的客户选择目录，11.9%的客户选择双渠道和1%的客户选择三渠道。

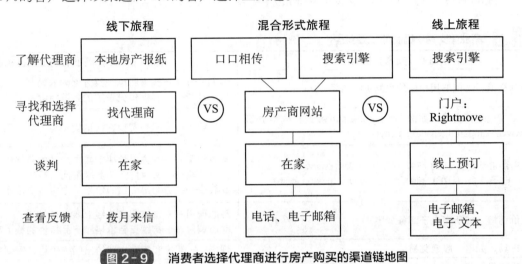

图2-9　消费者选择代理商进行房产购买的渠道链地图

胡安妮达·阿延萨等（Juaneda-Ayensa et al.，2016）相信个人创新性，即一个人更愿意尝试新的和不同的产品/渠道，并寻求不同程度的新体验，这会影响全渠道的购买意愿。表2-4总结了消费者的动机及其态度/行为。研究人员在研究了服装零售商Zara的消费者购买行为后发现，努力期望和绩效期望是影响消费者购买意愿的显著因素。

表2-4　消费者的动机及其态度/行为

动机	消费者的态度/行为
享乐	● 消费者能够在整个旅程中使用多种渠道，感到愉悦轻松
效果期望	● 消费者能够在整个旅程中使用多个渠道 ● 允许消费者快速购买 ● 使消费者的生活更轻松
付出期望	● 消费者能够对比该品牌的不同在线平台并找到方便使用的（比如网站和移动应用程序）
社会影响	● 社会主流认为消费者应该使用不同的渠道，在任何给定时间选择最方便的渠道 ● 用户价值观倾向于使用不同渠道（或自己使用不同渠道）
习惯	● 在整个消费者旅程中使用不同的渠道（如实体店、网站、手机应用程序）已经成为一种习惯
安全	● 使用信用卡通过互联网购物是安全的 ● 为在线业务提供个人详细信息似乎很安全
革新	● 当消费者听说新技术时，他们会寻找一种尝试它的方法 ● 在测试一个新产品或品牌之前，消费者会征求已经尝试过的人的意见 ● 消费者喜欢尝试新技术

资料来源：Juaneda-Ayensa et al. （2016）.

辩论 2.2 创新型商业模式

"事实上，所谓与网络时代联结的新商业模式其实是现有商业模式在线上环境中的体现。商业模式和盈利模式并没有改变。"

2.4.4 电子商务的商业活动

我们也可以从另一个角度理解市场，市场是一种用于买卖双方在商品和价格方面达成一致的商业活动。商业（交易）机制的主要类型见表2-5。

表2-5 商业（交易）机制的主要类型

商业（交易）机制	Nunes（2000）提出的线上交易机制
1. 谈判交易，如能够用相似的机制进行拍卖	谈判——单一卖方和单一买方之间的谈判 持续补货——根据预先设定的条款持续补充货品，履行订单
2. 经纪（代理）交易，如像 Comparethemarket 这样的中介机构（www.comparethemarket.com）	通过线上中介机构实现在线拍卖和纯市场交易
3. 拍卖，如消费者间电子商务（C2C）：eBay（www.ebay.com）；企业间电子商务（B2B）：阿里巴巴（www.alibaba.com）	卖方拍卖——买方出价决定卖方产品的最终价格 买方拍卖——买家向多个卖家询问价格 反转——买方给出心仪的价格，由卖方决定接受与否
4. 定价销售，如所有电子商务零售商	静态调用——价格固定的线上商品目录 动态调用——持续更新价格和产品特性的线上商品目录
5. 纯市场，如电子股票交易	现场——买家和卖家立即给出明确价格，瞬间完成交易
6. 易货交易，如 www.bartercard.co.uk	易货——买方与卖方交换货品

资料来源：The All-In-One-Market，Harvard Business Review，pp. 2-3（Nunes，P.，Kambil，A. and Wilson，D. 2000）.

这些商业活动都与传统活动类似。虽然不能认为其机制原理已经改变，但是人们普遍认为只是随着互联网的发展，选择的重点发生了改变而已。由于互联网能够迅速发布新的订单和价格信息，拍卖已成为线上交易的一种重要手段。eBay 通过提供汽车和古董等物品的线上拍卖，已经达成了数十亿美元的营业额。

2.4.5 不同类型的线上中介

正如图2-8所示，识别不同类型的在线中介，将它们视为潜在的合作伙伴，以促进电子商务交易是市场分析的关键部分。在本节中，我们会更深入地了解不同类型的中介机构及其采用的商业模式和盈利模式。

萨卡尔等（Sarkar et al.，1996）归纳总结了许多我们今天仍然认同的不同类型的中介（主要从"企业对消费者电子商务"（B2C）的角度来看，并稍微作了一些调整）：

- 检索目录（例如，雅虎、Excite）；
- 搜索引擎（例如，谷歌、必应、雅虎）；
- 购物聚合器（FarFetch.com，Lyst.co.uk）；
- 虚拟经销商（自有库存和直接销售，例如，亚马逊）；
- 金融中介（提供电子现金和支票支付服务，如 PayPal）；
- 论坛、粉丝网页以及用户群体（虚拟社区）；
- 点评网站（进行服务评估或比较的网站）。

2.4.6　中介机构的类型

中介机构在大小和提供的服务方面各不相同，因此自然而然地，有不同的术语来描述不同类型的中介机构。表 2-6 中列出了主要的中介机构类型。对市场经营者来说，了解这些中介机构类型可以帮助我们在各类中介机构和媒体渠道上有效地宣传公司。

表 2-6　不同类型的线上中介机构

中介机构类型	特点	实例
入口门户	与 ISP 或者移动服务供应商相关	● BT（www.bt.com） ● MSN（www.msn.com）
博客	按时间更新内容，典型的是文本型内容，也可以包括音频和视频（如视频博主——vloggers/YouTubers）	● 博主（www.blogger.com）有许多博客内容 ● 很多公司的博客是运用 WordPress（www.wordpress.com）创作的 ● 视频博客一般发布在 YouTube 上
检索目录	分类列出网站以及业务内容	● Business.com（www.business.com），Yell（www.yell.com）
地理位置型门户（地区、国家、本地）	可能是： ● 横向的 ● 纵向的	● 谷歌国家版 ● 雅虎国家和城市版 ● Craigslist（www.craigslist.com）
水平型或功能型门户	服务范围：搜索引擎、检索目录、新闻、招聘信息、个人信息管理、购物等	● 雅虎（www.yahoo.com） ● MSN（www.msn.com） ● 谷歌（www.google.com）（有很长一段时期仅仅专注于搜索）
市场或拍卖网站	可能是： ● 横向的 ● 纵向的 ● 地理相关的	● EC21（www.ec21.com） ● eBay（www.ebay.com）
价格比较网站或聚合器	基于不同标准（如价格），比较各类商品或服务	● PriceRunner（www.pricerunner.com） ● Shopping.com（www.shopping.com）
发行商网站	重点是消费者、商业新闻或娱乐	● BBC（www.bbc.co.uk） ● Guardian（www.guardian.co.uk） ● Information Week（www.informationweek.com）
搜索引擎	重点是搜索	● 谷歌（www.google.com） ● 必应（www.bing.com） ● 百度（www.baidu.com） ● Naver（www.naver.com）
媒体类型	可能是： ● 声音（音频博客） ● 视频（视频形式的网络直播） 由流媒体或文件下载传递	● 音频博客，例如 Apple iTunes ● 视频，例如 YouTube（www.youtube.com） ● 多媒体发行商，例如 BBC iPlayer（www.bbc.co.uk/iplayer）
纵向型中介机构	利用新闻和其他服务覆盖特定的市场或利基受众，如建筑行业	● Build UK（www.builduk.org） ● Phaidon Atlas of Architecture（www.phaidonatlas.com）

2.4.7 搜索引擎的重要性

如今搜索引擎是查找公司及其产品信息的主要途径，搜索引擎成了企业在线营销服务的关键中介类型。Search Engine Watch 的研究表明，超过 90％的网民表示他们会使用搜索引擎在线查找信息。表 2-3 说明了搜索引擎的重要作用。我们将在第 7 章中更详细地展示如何使用搜索引擎进行营销。作为市场分析的一部分，利用 Google Trends 和关键词搜索这种类型的工具分析不同国家/地区的产品和品牌偏好是非常有用的（见图 2-5）。

2.5 电子商务的商业模式

对于从事线上业务的创业公司而言，定义一个清晰的线上商业模式（online business model）是至关重要的。对于现有企业来说，考虑改进其商业模式或根据互联网带来的新机会为其产品添加新服务也是很重要的。奥斯特瓦尔德和皮尼厄（Osterwald and Pigneur, 2010）开发的商业模式画布是总结线上商业模式的宝贵框架。这个框架一开始是一个合作项目，该项目涉及来自 45 个国家的 470 名从业人员。这个框架在 Strategyzer 网站上可作为应用程序和模板下载。

用符合逻辑的顺序来看，画布的主要部分包括：

1. 价值定位。这是企业向受众提供的核心，也是成功的必要条件。

2. 客户细分。不同的价值主张将吸引不同的目标受众。在商业模式画布中，推荐的替代方案是大众市场、利基市场、细分（进一步细分）市场或一系列不同的细分市场。

3. 客户关系。形成的关系可能有自助服务、自动化服务、社区服务或更私人的协助。共同创建内容可能也是一种关系。

4. 渠道。企业提供服务和获取受众的途径。

5. 关键伙伴。开发线上和线下的价值网络，形成合作伙伴关系以扩大覆盖面，利用企业和线上影响者现有的优势（此时企业和影响者已经拥有一定的受众）。

6. 关键活动。为传递价值主张和盈利而开展的主要活动。

7. 关键资源。不同类型的流程和人员完成活动，以创造和传递价值主张。

8. 成本结构。由不同的成本要素组成，应针对活动和资源检查这些成本要素。成本通常分为固定成本、可变成本。

9. 盈利流/收入来源。这是企业获得收入的方法。常见的线上收入渠道包括：广告收入、订阅费、实物或虚拟商品销售、附属品销售、许可和租赁。

图 2-10 显示了商业模式画布的九个不同元素。这是一个很好的框架，但值得思考的是，这个框架缺失什么元素？可以说，它缺少一种能用于评估商业模式性能的关键绩效指标（KPI）的方法。

我们建议在其中增加一些相关元素。商业模式画布并不涉及不同形式的竞争对手，为了弥补这一点，尝试思考如何将现有市场中成功的公司（竞争对手）加入其中会很有帮助。（我们将在第 5 章和第 7 章中进一步研究如何定义商业模式的元素，如价值主张和价值目标。）

北卡罗来纳州立大学教授迈克尔·拉帕（Michael Rappa）提供了线上商业模式的例子。拉帕教授还指出了数字服务实用程序的提供者（例如我们将在第 3 章中讨论的互联网服务提供商和托管公司）。

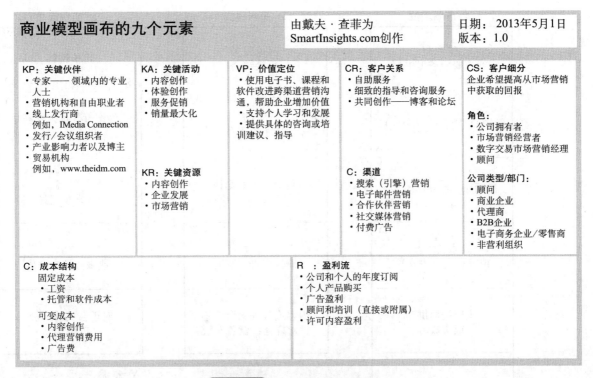

商业模型画布的九个元素

由戴夫·查菲为 SmartInsights.com创作

日期：2013年5月1日
版本：1.0

KP：关键伙伴
- 专家——领域内的专业人士
- 营销机构和自由职业者
- 线上发行商
  例如，IMedia Connection
- 发行/会议组织者
- 产业影响力者以及博主
- 贸易机构
  例如，www.theidm.com

KA：关键活动
- 内容创作
- 体验创作
- 服务促销
- 销量最大化

KR：关键资源
- 内容创作
- 企业发展
- 市场营销

VP：价值定位
- 使用电子书、课程和软件改进跨渠道营销沟通，帮助企业增加价值
- 支持个人学习和发展
- 提供具体的咨询或培训建议、指导

CR：客户关系
- 自助服务
- 细致的指导和咨询服务
- 共同创作——博客和论坛

C：渠道
- 搜索（引擎）营销
- 电子邮件营销
- 合作伙伴营销
- 社交媒体营销
- 付费广告

CS：客户细分
企业希望提高从市场营销中获取的回报

角色：
- 公司拥有者
- 市场营销经营者
- 数字交易市场营销经理
- 顾问

公司类型/部门：
- 顾问
- 商业企业
- 代理商
- B2B企业
- 电子商务企业/零售商
- 非营利组织

C：成本结构
固定成本
- 工资
- 托管和软件成本

可变成本
- 内容创作
- 代理营销费用
- 广告费

R：盈利流
- 公司和个人的年度订阅
- 个人产品购买
- 广告盈利
- 顾问和培训（直接或附属）
- 许可内容盈利

图 2-10 商业模式画布实例

资料来源：Smart Insights.

图 2-11 为评估不同的商业模式提供了三种不同的视角，任何一个公司都可以在不同的类别中运作，但大多数公司侧重于在每个视角的单个类别中动作。这种商业模式的分类可以作为制定数字商务战略的一种工具。这三种视角包括：

1. 市场定位。这里的图书出版商是生产商，亚马逊是零售商，雅虎既是零售商也是市场中介。

2. 盈利模式。图书出版商可以使用网络直接销售，而雅虎和亚马逊则可以采取基于佣金的销售方式。雅虎也将广告作为盈利模式。

3. 商业模式。这三家公司都提供定价销售，雅虎作为市场中介，也提供其他选择。

2.5.1 盈利模式

盈利模式（revenue model）具体描述了不同的盈利方法。对于现有公司来说，主要基于产品或服务的销售来盈利。可以是制造商或供应商销售，或者通过中介机构进行销售，而中介机构会从销售额中抽取部分利润。这两种盈利模式在当今线上交易中仍然至关重要。公司还有其他盈利方法，如制造商可以销售广告空间或销售以前不可能实现的数字服务。

2.5.2 线上发行商和在线中介机构的盈利模式

对于发行商来说，有很多网上收入来源，例如广告和在线付费服务。这些收入来源，尤其是以下盈利模式中的前四项也可以应用于其他类型的业务，如价格比较网站、信息集合平台、社交网络和目的地网站，这些网站也可以通过投放广告来获得收入。主要的在线盈利模

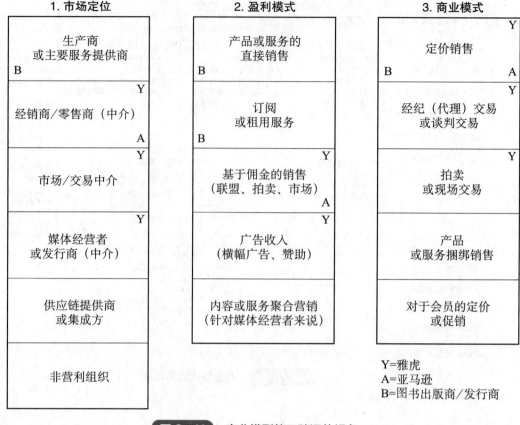

图 2-11　商业模型的三种评估视角

式包括：

1. CPM 在线广告。CPM（cost-per-thousand）代表"每千人成本"，其中 M 表示"mille"（法语，"千"）。这是网站所有者收取广告费用的传统方法。网站所有者根据向网站访问者投放广告的数量，向广告客户收取费用（例如，CPM 为 50 英镑）。广告可能由网站所有者自己提供，更常见的是通过第三方广告网络服务商如 Double Click（谷歌旗下）提供。

2. CPC 在线广告（按点击付费的文字广告）。CPC（cost-per-click）代表"每次点击的成本"。广告客户不仅根据广告的展示时间付费，还根据广告的点击次数付费。比较典型的是通过搜索引擎如谷歌（www. google. com）投放的文本广告。谷歌为发布商提供 AdSense 计划（http://adsense. google. com），以 CPC 提供基于文本或图像的广告，也可以选择在 CPM 的基础上投放广告，但每次点击的成本可能高得惊人，价格在 0.1～5 英镑，有时某些类别的广告（如人寿保险）高达 40 英镑。搜索引擎和出版商从这些来源能获得很高的收益，谷歌（由 Alphabet 公司所有）发布的年度报告（http://investor. google. com）显示这占谷歌收入的 1/4 到 1/3。

3. 网站版面或内容类型的赞助（通常固定时段有固定费用）。公司可以付费宣传其网站频道或某版面。例如，汇丰银行曾经赞助"橙色宽带"提供商门户网站上的"资金"版面，现在称为"ee"（www. ee. co. uk）。这种类型的交易通常每年以固定金额进行。它也可能成为互惠措施的一部分，有时称为对应式交易，因为哪一方都不需要付费。

4. 联合盈利（CPA，同时也可能是 CPC）。联合盈利是基于委托的销售，例如亚马逊将销售的书籍展示在戴夫·查菲（Dave Chaffey）的网站 Smart Insights（smartinsights. com）上，戴夫就可以从亚马逊获得约 5% 的书籍价格的广告费。这种方式称为每获客成本（CPA，cost-per-acquisition）。这种方式越来越多地取代 CPM 或 CPC 方式，因为它使广告发布商有更多的谈判空间。例如，联合利华与线上发布商洽谈 CPA 交易，但它们并没有采用传统的 CPM 交易方式。采用何种方式最终取决于发布商，通常 CPM 交易会使它们获得更多收入。

5. 交易费用盈利。公司根据达成的交易收取费用。例如 eBay 和 PayPal 收取买家和卖家之间交易费用的一部分。

6. 内容订阅或服务。可以在固定一段时间从发行商那里访问一系列文档，这通常称为网站上的高级服务。

7. 按次计费。每访问一次文件就会产生一次付费，可以下载文档、视频或音乐片段。一般由密码或数字版权管理（digital rights management，DRM）保护可访问的文件，也可能文件不受保护。例如，Smart Insights 从 Marketing Sherpa 网站购买了访问详细的互联网营销最佳实践指南的权限（www. marketingsherpa. com）。

8. 借助订阅者信息进行电子邮件营销。网站拥有的客户数据也具有潜在价值，如果客户已表示他们乐于接收来自发布商或第三方的电子邮件，则网站可以向其客户发送不同形式的电子邮件。网站所有者可以对在电子邮件中投放的广告收费，也可以代表广告客户（有时称为"列表租赁"（list rental））单独发送消息。一个类似的方法是对网站客户进行市场调查。

计算电子商务业务的收益

网站所有者可以根据四个主要盈利模式来开发盈利组合（见图 2-11）。

网站所有者的哪些能力对于实现收入最大化或站点"资本化"来说是重要的？站点流量、浏览页面数，以及与不同类型的广告单元的交互，这些因素可以应用在表 2-7 中进行建模。

- 广告单元的数量和大小。在每个网站上广告单元的数量有一个微妙的平衡，太多显眼的广告单元可能会给网站用户带来糟糕的体验，广告太少则会减少收入。表 2-7 给出了每种广告单元的数量参数和每种类型广告收入的参数。广告发布商知道广告所产生的最大回报存在一种张力，当广告数量足够多且广告位置突出时，就能获得最大的广告效应。更准确的盈利模型将基于主页和不同的页面类型（如资金或交通部分）计算收益。

- 销售广告的能力。表 2-7 中有每个类别广告的库存服务百分比，例如，对于展示广告，只能售出 40% 的库存。这就是为什么你可能会看到广告发布商网站上有它们自己的"主页广告"——这表明它们已经无法出售它们所有的广告空间。使用 Google AdSense 加入广告联盟的一个好处是可以将广告空间全部售出。

- 为不同的广告模式确定相应的费用水平。这通常取决于市场竞争水平或者市场对广告空间的需求。对于"按绩效付费"的广告方式（如 CPC 和 CPA 方式），通常也取决于响应效果。在 CPC 情况下，网站所有者仅在广告被点击时获得收入；在 CPA 情况下，网站所有者仅在广告被点击并且产品在目标商家网站上被购买时获得收入。

表 2-7   用于计算网站盈利的表格示例

广告盈利选项	衡量方法	站点
展示广告 （CPM）	送达页面	100 000
	CPM（每千人成本）	2 英镑
	库存服务百分比	40%
	平均点击率（CTR,%）	0.10%
	每页广告单元	2
	点击——CPM 广告	80
	收入——展示广告	160 英镑
	每百次点击收入	200.0 英镑
	eCPM——展示广告	1.60 英镑
固定赞助商的 运行广告	库存服务百分比	100%
	平均点击率（CTR,%）	0.30%
	每页广告单元	1
	点击——固定赞助	300
	收入——固定赞助	3 000 英镑
	每百次点击收入	1 000.0 英镑
	eCPM——固定赞助	30.0 英镑
文本广告 （CPC）	库存服务百分比	100%
	平均点击率（CTR,%）	1.00%
	平均每次点击成本	0.30 英镑
	每页广告单元	1
	点击——CPC 广告	1 000
	收入——CPC 广告	300 英镑
	每百次点击收入	30.0 英镑
	eCPM——CPC 广告	3 英镑
联合授权/委托 （联盟）	库存服务百分比	100%
	平均点击率（CTR,%）	0.50%
	每页广告单元	1
	点击——联盟	500
	服务转化率	3%
	平均订单金额	100 英镑
	佣金	10%
	收入——联盟	150 英镑
	每百次点击收入	30.0 英镑
	eCPM——联盟	1.50 英镑
对于网站总的 衡量标准	点击——总和	1 880
	盈利——总和	3 610 英镑
	每百次点击收入——总和	192.02 英镑
	eCPM——总和	36.10 英镑

注：可在 www.smartinsights.com/conversion-model-spreadsheets 上下载。

- 流量。通过提供更多的网页曝光度（这有助于使用基于 CPM 的广告）或更多来自第三方站点的点击数（这有助于从 CPC 和 CPA 交易中产生收入）来创造更多收入。

• 访问者参与指数。访问者在网站上停留的时间越长，页面浏览量就会越多。这为广告提供了更多的盈利机会。对于目标网站而言，每次访问的页面浏览量一般在 5～10 个，但对于社交网络、媒体网站或网络社区来说，这个数字可能大于 30。考虑所有这些盈利的方法，网站所有者能够寻求这些方法的最佳组合，以最大限度地提高收入。表 2-7 展示了这些方法。

网站所有者可以使用两种方法来评估不同页面如何有效地使用这些技术使他们的收益最大化。

第一种是 eCPM，即"每千人有效成本"。这是对每个页面或网站可以收取的费用总额。通过增加每个页面上的广告单元数，eCPM 值将增加。评估页面或网站盈利效果的另一种方法是每次点击收入（revenue per click, RPC; earning per click, EPC），收入可以通过每 1 000 名网站访问者的广告收入来计算。这对于联盟营销人员尤其重要，当他们的访问者点击第三方零售网站，然后在那里购买时，联盟营销才能获利。

2.6 聚焦：数字初创公司

总体来说，本部分我们将评估数字初创公司的潜力。根据谷歌委托国家经济和社会研究院进行的研究（Nathan, 2013），英国数字经济相关企业至少有 27 万家。这些数字公司的收入增长速度比非数字公司快 25%，雇用的员工也比非数字公司多 15%。

数字产业往往有较低的进入门槛，例如与传统公司（拥有更多实物资产）相比，交易和劳动力成本较低。技术变革呈指数级增长，人们正利用技术变革来颠覆大多数行业，采用以前不可能采用的替代商业模式。斯诺（Snow, 2014）称，赚取 10 亿美元，石油大亨约翰·洛克菲勒（John D. Rockefelert）花了 46 年时间，而迈克尔·戴尔（Michael Dell）花了 14 年时间，比尔·盖茨（Bill Gates）花了 12 年时间，雅虎创始人花了 4 年时间，eBay 创始人花了 3 年时间，Groupon 创始人只花了 2 年时间。在第 10 章中，我们会讲到这些企业获得成长的一些方式。

2.6.1 评估数字商务公司

和所有新公司一样，投资者很难评估初创公司的长期可持续发展潜力。有许多方法可用于评估这些公司的成功和可持续性。有许多例子表明，那些热衷于从投资中快速获得回报的投资者往往高估了网络公司的价值。如果将传统公司与数字初创公司进行比较，就会发现一些明显的不同。

2.6.2 评估数字初创公司

哈德逊（Hudson, 2015）指出，对一家试营业的公司的估值通常是天使投资和企业家之间的第一个争议点——企业家希望估值尽可能高，而天使投资公司希望估值低一些。对各种专家访谈后，我们发现有四种估值模型对评估初创公司有效：

1. 风险投资法，该方法根据退出时的期待回报率计算估值。
2. Berkus 法，将一系列货币价值增长归因于创业者在商业活动方面取得的进展。
3. 计分卡估价法，根据公司的 7 个特征，调整特定地理区域以及纵向整合目标业务中的种子/初创公司交易的资金的中位数。这 7 个特征是：企业家和团队的实力、机会规模、产品/技术、竞争环境、营销/销售/伙伴关系、额外投资需求以及其他因素（即客户的早期反馈）。

4. 风险因子求和法，该方法将目标公司的 12 个特征与可投资的初创公司的预期结果进行对比。这 12 个特征是：管理、业务阶段、合法/政治风险、生产风险、销售和营销风险、融资/资本风险、竞争风险、技术风险、诉讼风险、国际风险、声誉风险和潜在的利润流失。

许多公司一开始通过天使投资来筹集资金，例如优步。根据英国商业天使协会（UK-BAA）的规定，如果一个初创公司可以达到以下考量标准，就更有可能吸引到天使投资。

1. 解决市场问题。产品、技术或服务是否解决了市场或社会的真正问题，这个公司正在解决的市场痛点是什么？

2. 冲击力。它能否在市场上产生真正的影响，或建立一个新的利基市场？

3. 受保护的产权。产品或技术是否具有被认可的知识产权？这可能是可申请专利，或者可能以版权、品牌或其他无形资产的形式存在。你能确认所有权吗？

4. 竞争力。是否有站得住脚的市场地位？是否还有其他企业在与这个项目竞争？比较起来这个项目如何？什么是这个项目独特的卖点或优势？这个项目有先行者优势吗？

5. 盈利。这个业务是怎样盈利的？是否有明确的可识别的盈利流？是否有良好的毛利润/净利润？

6. 延展性。是否有可扩展的商业模式？能否实现爆炸性增长？

7. 经过验证的经营模型。在市场上有过什么样的验证？是否已经开始销售，或者是否已经与潜在客户进行了测试？能否展示市场测试/调查的结果？

8. 市场。市场规模有多大？能否获得潜在市场份额？

9. 税收减免的可能。EIS/SEIS 交易是否合格，是否具有提前许可？

10. 退出策略。是否想要退出或者是否有退出策略？

11. 是否愿意将股份作为投资的回报，并将投资者列为董事会中的一员？

正如预期的那样，使用这些标准进行建模表明，对于那些每个客户的收入、边际贡献和广告成本相似的公司来说，流失率（churn rate）将影响公司长期的成功。换句话说，鉴于新公司获得客户的成本很高，能否留住客户进行重复购买将决定公司能否获得长期成功。这就迫使在线零售商以低价和低利润竞争，以留住客户。

Bain 管理咨询公司与《今日管理》（*Management Today*）杂志合作，对英国数字初创公司的成功和可持续性进行了结构化评估（Gwyther, 1999）。当今，用于评估公司的 6 项标准仍然适用。

1. 理念。这描述的是公司商业模式的实力。包括：
● 创收的潜力，包括目标市场的规模；
● 高端客户价值，即是否提供区别于其他竞争者的差异化服务；
● 作为"先行者"的优势（当今更难取得）。

2. 创新。此标准着眼于商务概念的另一个方面，即公司的商业模式模仿现有商业模式的程度。请注意，如果将类似的商业模式用于不同的市场或者受众，进而使客户获得优越的体验，并且产生积极的口碑，则模仿不一定是问题。最终，成功的数字初创公司会进入它们原本所处的市场，即它们为客户的需求/问题提供了更好且更快的解决方案。这也称为数字化颠覆（digital disruption）。

埃森哲（Accenture）原首席执行官皮埃尔·南佩德（Pierre Nanterme，2016）表示："自 2000 年以来，数字化是一半公司从《财富》500 强公司中消失的主要原因。"科德龙和彼德海姆（Caudron and Peteghem，2016）发现数字化颠覆的背后实际是 10 种新商业模式：

- 订阅模式（Netflix、Dollar Shave Club、Apple Music）：通过"锁定"（lock-in）来颠覆以传统方式购买的产品或服务，通过收取继续访问产品/服务的订阅费来锁定用户。
- 免费增值模式（Spotify、领英、Dropbox）：基于数字抽样的模式，用户通过出售他们使用的数据或时间（而不是金钱）来支付基本的服务或产品，用户若要升级到完整的服务就需要付款。如果分销的边际成本低于广告收入或个人数据的销售收入，这个商业模式就是合适的。
- 免费模式（谷歌、脸书）：该模式通过向消费者提供"免费"产品或服务来获取他们的数据和注意力资源，然后销售消费者数据和注意力资源获利。
- 市场模式（eBay、iTunes、App Store、优步、爱彼迎）：提供数字交易市场，将买家和卖家直接聚集在一起，以收取费用或佣金。
- 访问所有权模式（Zipcar、Peer buy、爱彼迎）：提供传统上只能通过购买才能使用的商品和服务的临时访问权，包括"共享经济"，公司通过向租借人提供资产（房屋、汽车、资本）获得租金。
- 大卖场模式（亚马逊、苹果）：通常以低于成本的价格出售，利用强大的市场力量和规模来进行"品牌轰炸"，进而打破市场竞争。
- 体验模式（特斯托、苹果）：给有意愿购买的人提供卓越的产品体验。
- 金字塔模式（亚马逊、微软、Dropbox）：以佣金模式招募经销商及联盟伙伴。
- 按需模式（优步、Operator、TaskRabbit）：通过将时间货币化和高价出售即时访问来进行破坏式创新，包括从那些时间少但有钱的人那里获得佣金，这些人乐于从那些有时间但没有钱的人那里购买相关产品/服务。
- 生态系统模式（苹果、谷歌）：通过销售一套相互关联和相互依赖的产品和服务获利，随着消费者购买更多产品而产生价值增长，并使消费者产生依赖性。

3. 执行。当然一个好的商业模式也无法保证成功。如果在实现方面有问题，那么这个初创企业很有可能会失败。对于某些公司来说，可以被视为失败的举措包括：

- 获取市场吸引力（market traction）方面——线上或线下市场营销技巧不足以吸引足够的网站访问者。
- 性能、可用性和安全性方面——无法快速访问网站或者存在技术问题导致提供的服务不可用或不安全。由于网站及其基础设施的创建出现延误，一些网站无法进行大规模营销活动。
- 完成度——网站本身可能有效，但如果产品不正确或没有及时发货，会给客户服务和品牌形象带来不利影响。

4. 流量。流量通过访问者数量、访问页数以及在线广告收入来衡量。网页展示次数或访问次数并不一定是成功的标志，成功主要取决于商业模式。在商业模式可行的情况下，如何推广它，可以说是初创公司最重要的方面。对于大多数公司来说，要想收回投资，就需要有一定数量的忠实、带来盈利的用户。

初创公司在未知的市场上获得新客户是困难和昂贵的。其中一个重要的方面就是在促销上的投资，如何恰当地投资在线促销和离线促销至关重要。初创公司通常由于资源限制，需要快速、低成本地获得关注，这就是为什么增长黑客（见第 10 章）在初创公司的生态系统中变得越来越重要。例如保险价格比较网站 GoCompare 会花费大量资金在电视广告上，以使品牌脱颖而出。它请来歌剧歌手，使销售额增长了 60%，品牌知名度提高了 450%。然而，许多初创公司（如 Moonpig、Mumsnet 和 Zopa）并没有资金投资电视广告，它们通过其他营销方法，如公关（媒体的口碑和媒体曝光率）、伙伴关系和搜索引擎营销等实现有机增长。

5. 融资。这描述了一个公司吸引种子投资/风险资本或其他资金来帮助公司实现蓝图的能力。鉴于推广新概念的成本，这一点特别重要。

6. 画像。这是指公司在其目标市场中进行公共宣传和提高产品知名度的能力。

这 6 个标准可以与本章前面讨论的商务模式和盈利模式的要素进行比较。案例研究 2 - 4 介绍了一个专业旅游和教育公司是如何发展成为全球企业的。

案例研究 2 - 4

"i-to-i"——一个初创公司的全球市场

这个案例是关于一家专业旅游和教育公司，其专注于在线 TEFL（Teaching English as Foreign Language，将英语作为外语教学）课程。这个案例说明了市场分析的重要性。

"i-to-i" 的背景

"i-to-i"（www.i-to-i.com）是一家在英国、美国和澳大利亚设有办事处的国际企业。两万人选择了 "i-to-i" 来支持他们在世界各地的创业，其中包括 500 个有价值的项目，"i-to-i" 还培训了 80 000 人作为 TEFL 教师。

"i-to-i" 的历史

"i-to-i" 的创立者迪尔德丽·邦兹（Deirdre Bounds）在她的事业中断期间前往日本、中国和希腊教英语以及在悉尼驾驶背包客巴士这些经历给了她创建公司的启发。公司最初只开设 TEFL 课程，最终发展成志愿者项目。

自 2003 年以来，公司一直支持 "i-to-i" 基金会，这是一个注册的慈善机构，致力于为 "i-to-i" 组织中最需要帮助的社区和生态项目提供资金。2007 年，"i-to-i" 成为 TUI 旅行联盟的一员。

主张

"i-to-i" 的 TEFL 教育主张有以下几个特点：

● 国际认可："i-to-i" 获得了 ODLQC 的外部认证，以确保其课程受到严格监控，并始终符合最高的行业标准。

● 世界级的声誉："i-to-i" 在世界各地拥有 4 个办事处，在 TEFL 教学方面拥有 12 年以上的经验。

● 合作伙伴关系："i-to-i" 是 STA 旅行、Opodo 和 Lonely Planet TEFL 课程的首选提供商。

● 完整的学生资助体系：学生会获得关于如何在国外工作、如何最好地做时间方面的准备以及关于当前工作机会的及时建议。

● 经验丰富的导师：所有 "i-to-i" 的老师都有至少 3 年的海外教学经验。

为了支持这些主张，以下是 "i-to-i" TEFL 课程对大众的承诺：

● 我们能够以 1.5 倍的成效击败任何类似和更便宜的课程；

- 如果您在学习 7 天后不太满意，我们将为您全额退款；
- 我们的经验、高学术水平以及课程质量使得 "i-to-i" TEFL 证书得到全球数千所语言学校的认可。

除此之外，"i-to-i" 能够帮助学生找到海外 TEFL 教学工作。

受众细分

"i-to-i" 的主要市场是按地理位置划分的：英国、北美州、欧洲、澳大利亚、新西兰以及世界其他地方。每个地理区域提供不同的宣传手册。

有关潜在客户的年龄和状态的信息也以可选的方式收集，尽管这不用于电子邮件定位。状态信息包括：学生、在职人员、个体户、事业中断中、无业、退休。

由于供选择的信息对特定的用户是保密的，所以它不能用来进行电子邮件定位，weekend TEFL 用城市所在地的邮编来寻找潜在顾客。

竞争对手

在线 TEFL 课程的主要竞争对手位于英国和澳大利亚，包括：www. cactustefl. com、www. teflonline. com、www. eslbase. com。

在美国、英国和其他国家/地区运营的竞争对手有：www. teflcorp. com、ITTP（International TEFL and Tesol Training，国际 TEFL 及 TESOL 教育）(http://teflonline. net/about-itti)。

媒介组合

"i-to-i" 结合了以下数字媒体渠道来吸引潜在客户访问和销售：

- 每点击付费（PPC）（主要是 Google AdWords）；
- 利用脸书，推特还有 "i-to-i" 自有的旅行者社区来进行社交媒体营销；
- 自然搜索（SEO）；
- 联盟营销；
- 展示广告；
- 电子邮件营销。

转化过程

从付费搜索及其相关网站无法直接跳转到具体的登录页面，会跳转到网站销售产品的主页。

许多设备可以生成线索，包括宣传册、"TEFL 尝试者"、电子邮件指南和促销活动（如免费获得一次课程体验）。

此类线索通常在一系列欢迎电子邮件中，但电子邮件不会主动跟进。由于产品的价值相对较低，因此没有电话跟踪，但会鼓励网站访问者拨打电话，这通常会获得更高的转化率。

市场挑战

"i-to-i" 面临的主要的市场挑战有：

- 在不同地区的竞争市场中提高其存在感和转化效率：

——"i-to-i" 在英国的主要市场拥有较高的曝光度，但市场经营杂乱无章，只有价格是主要优势（产品相似、竞争对手同样成熟等）。

——研究表明，"i-to-i" 在美国有很好的发展机会，但曝光度有限，因为按点击付费广告的成本以及自然搜索的存在有利于其在美国发展。

——世界其他地区（英国、美国、加拿大、欧洲、澳大利亚、新西兰以外）的销售额正在增加，这是一个不断增长的市场。"i-to-i" 寻求以最具有成本效益且不会分散对主要市场的注意力的方式打入这些市场。

● 接触那些不知道 TEFL 课程及不知道如何获取 TEFL 课程的人，以增加需求。例如，那些在其他国家从事临时工作但不知道 TEFL 课程的人。

问题

1. 选择一个有 "i-to-i" 运营的国家/地区，并绘图总结其主要的网站类型和商业模式。

2. 概述 "i-to-i" 需要评估的不同因素，以衡量其线上形象在不同地区市场的商业有效性。

资料来源：Smart Insights (2012) i-to-i case study. Written by Dave Chaffey and Dan Bosomworth with agreement from the company.

2.7 本章小结

1. 所有企业都应关注不断变化的数字商业环境，以便能够对社会、法律、经济、政治和技术因素，以及客户需求、竞争对手和中介机构的变化作出及时响应。

2. 电子商务市场涉及的交易类型有企业对消费者电子商务（B2C）、企业间电子商务（B2B）、消费者间电子商务（C2C）和消费者对企业（C2B）电子商务。

3. 互联网使企业实现了去中介化销售，即越过了销售渠道合作者，如批发商或零售商。另外，互联网实现了再中介化，起不同作用的新的中介机构把虚拟市场中的买者和卖者及市场空间连在了一起。评估这些变化的影响和实施替代性的 "反中介战略" 对企业策略的制定很重要。

4. 市场交易类型有卖方导向（卖方市场）、买方导向（买方市场）和中介市场。

5. 商业模式是一个公司如何获得收入的框架，它确定了公司产品、增值服务、收入来源和目标客户。扩大互联网上的商业模式范围对现有的公司以及初创公司都很重要。

6. 互联网也提供了新的收入/盈利模式，如委托其他网站销售或做广告。

7. 企业家们应该考虑新的商业贸易机会，包括谈判交易、代理（经纪）交易、拍卖、定价销售和现货市场，还有易货交易。

8. 数字初创公司的成功主要依靠它们的商业模式、盈利模式以及在管理上的创新实践。

练 习 //////////////////////////

自我评估

1. 列出企业和消费者之间交易的主要方式。

2. 解释一个特定行业中去中介化和再中介化的概念以及它们对该行业运营有何影响。

3. 描述电子商务交易的三个主要场所。

4. 基于互联网或传统贸易进行的商业贸易主要有哪些类型？

5. 数字商务需要重新评估价值链，通过数字商务，价值链可以引入哪些类型的新变革？

6. 列出蒂默尔斯（Timmers, 1999）发现的几种不同的商业模式。

7. 描述杂志发行商网站可用的一些盈利模式。

8. 以图表的形式概括不同的线上市场类型。

问题讨论

1. 讨论"在一个给定的市场里，去中介化和再中介化是同时发生的"这个观点。

2. 找一个你熟悉的企业，考察它在互联网上可以选择的商业模式和盈利模式，并评估其电子商务的类型和选择定位。

3. 选择一个生产商或零售商，分析它们如何在与门户网站合作和自己的网站提供服务之间取得平衡。

4. 比较 B2B 和 B2C 拍卖的市场潜力。

5. 选择一个中介网站并研究其如何利用互联网上的商业模式和盈利模式。

测试题

1. 举例说明去中介化和再中介化。

2. 描述一个门户网站，例如雅虎的三种不同盈利模式。

3. 什么是买方电子商务、卖方电子商务和基于市场的电子商务？

4. 在线拍卖有哪些不同的机制？

5. 描述两种利用电子商务改变企业价值链的方式。

6. 结合一个主要从事互联网业务的公司来解释什么是商业模式。

7. 概述一个组织的商业环境要素，并解释它与该组织的相关性。

8. 给出行业市场可以提供的三种不同的交易类型，以促进买家和供应商之间的交易。

▶▶ 第3章

■ 管理数字商务基础设施
■ Managing digital business infrastructure

学习目标

完成本章学习后，读者应该能够：

- 列出一系列公司及其合作伙伴用于搭建其数字商务基础设施的数字技术
- 评估数字平台为保证服务质量所需的管理措施

3.1 本章介绍

对于所有初创公司和向数字商务转型的公司，建设适当的数字商务基础设施至关重要。不同类型的数字商务基础设施和技术支持的速度和响应能力不同，它将直接影响用户对系统服务质量的体验。企业能够提供的数字服务范围也决定了其在市场中脱颖而出的竞争实力。在撰写本书时，乔治乌（Georgiou，2016），Code Computerlove 公司（MediaCom 公司的子公司）的管理经理，认为技术正在成为每一个企业的主流项目——不仅仅是那些为自己打上技术或数字标签的公司，不积极拥抱数字技术会使企业陷入困境。他说：

> 预测（和响应）趋势无疑能够为品牌提供竞争优势。了解即将出现的事物，并运用这种洞察力来帮助制定战略，可以帮助企业超越消费者的期望，提供能够推动积极评价和建议的客户体验，以及保证未来整体的业务运营。那些不能融入变革或不采用"实验和学习"的心态的品牌，往往可能处于市场的边缘。

数字商务基础设施（digital business infrastructure）是指服务器、客户端台式计算机、移动设备等硬件，用于连接此硬件的网络以及为企业员工、合作伙伴和客户提供服务的软件应用程序三者的组合。数字商务基础设施还包括网络、硬件和软件的搭建结构及位置。数字商务基础设施也被认为包括发布数据的方法以及通过应用程序访问的文档。管理数字商务基础设施的关键是了解哪些因素位于公司内部，哪些由外部管理。渐渐地，我们将看到其中许多要素是由外部在进行管理。

通过了解潜在的基础设施问题，企业管理者可以与合作伙伴合作，确保向使用数字商务基础设施的内部和外部人员提供高水平的服务。为了凸显基础设施管理不恰当时可能出现的问题，请完成活动3-1。

活动 3-1 数字商务基础设施风险评估

目的

向客户、合作伙伴以及企业员工指出，如果数字商务基础设施没有得到正确的管理，数字商务将面临的潜在问题。

活动

列出线上零售商的客户面临的潜在技术问题。思考企业内部或外部数字商务应用程序的用户所面临的问题。请结合你的个人经历和在网站上遇到过的问题给出答案，这些问题可能是关于网络条件、硬件和软件故障和数据质量的。

本章重点介绍的是创建有效的技术基础设施所涉及的管理决策，而不是详细解释技术。本书中对于技术的介绍将通过引用其他来源和其他的在线资料进行。对本书用户的研究和反馈表明，这些知识通常存在于其他课程、模块或工作中，因此没有必要再重复，现在更需要详细了解部署技术的管理问题，如表 3-1 所示。

表 3-1　数字商务基础设施的关键管理问题

主要问题	详细内容	书中哪部分介绍
我们应该支持何种数字访问平台	智能手机等移动平台更为重要，因此需要在这方面做出正确的投资决策。用于提供服务的其他数据交换方法（如订阅源和 API）也需要考虑	在本章的开始，我们介绍了消费者访问平台和数据交换的关键类型，以及移动营销的机会
为新的数字服务选择服务范围	许多管理者需要参与新的数字服务的引进，他们必须为访问和存储数据选择一个平台、供应商和模型	在面向客户的数字服务部分将介绍这些管理决策，包括域的选择、托管提供商和云服务的使用
我们如何在数字服务中取得较高的服务质量	要求包括：业务拟合、安全性、速度、可用性和错误级别	本章中的 ISPs 部分以及第 9 章会涉及
我们在哪里发布应用程序	内部或外部采购和托管	本章中关于创建面向客户的新数字服务的管理问题部分
应用程序融合	数字商务解决方案同以下结合： —旧系统 —合作伙伴系统 —B2B 交互和中介	在技术标准部分介绍
我们要如何发布和管理内容及提高数据质量	内容和数据应该如何更新，才能使它们能够同步、准确、易于查找和易于理解	在本章中介绍
我们要如何管理员工接入互联网	员工有可能在互联网上浪费工作时间或者进行违法行为	在第 4 章中介绍
我们要如何保证数据的安全	内容和数据有可能被错误地或恶意地删除	在第 4 章中介绍

在对 Royal Mail 的吉姆·康宁（Jim Conning）的一次采访中，他给我们提供了一个很好的关于服务与网站融合帮助获得更好的服务的例子。

◎ 现实世界中的数字商务

市场营销人员如何掌握客户数据的使用方法
——Smart Insights 采访吉姆·康宁（Royal Mail 的首席数据服务师）

问：基于客户生活事件的个性化信息传递，是消除传递噪声并通过对客户有意义的方式来接触客户的一种很好的方式。您能给出市场营销人员实现这种信息传递所需的能力吗？

首先，也是最重要的，市场营销人员需要了解客户生活事件的价值，以及哪些生活事件与你的业务和产品相关。例如，搬家对家用设备提供商来说是一个机会，因为大约 65% 的客户会在搬家时更换供应商。一旦了解了生活事件，企业需要通过将数据分析科学与相关的、有意义的沟通技巧结合在一起，来实践这种洞察力。

为实现这个目标，市场营销人员需要从值得信赖的第三方数据提供商那里直接获取最新的、准确的以及授权的客户生活事件数据。如果想充分利用这些数据，企业需要灵活的系统、流程和技术，使它们能够根据客户生活事件采取动态的行动，并制定、研究数据保护策略，以确保动态的行动能够进行。此外，它们还应有能力、资源和工具进行闭环营销。市场营销人员应不断衡量客户生活事件的投资回报率和有效性，并将营销活动应用于未来的行动。

问：只有1/3的市场营销人员意识到，生活事件会增加客户转向新公司的机会，从而为公司提供新的客户获取机会。您认为为什么只有如此低比例的市场营销人员意识到这一点？

这是过度依赖静态客户数据的表现。静态客户数据概括和着眼于消费者的历史事件，而不是目前发生在他们个人生活中的事件。大多数市场营销人员没有意识到如何利用和开发客户的生活事件，并难以跟上客户变化无常的购买行为。

现在有相当一部分营销人员正在寻找更好的方法来使用客户数据，但他们仍需要帮助，以理解如何将内部持有的客户数据与第三方提供的客户数据关联起来。对此类以客户为中心、以数据为导向的营销策略和技术的价值，仍需要进行更多的推广，因为那些对生活事件进行营销的公司的收益和转化率正肉眼可见地增长。

问：市场营销人员将数据的质量视为影响营销效果最重要的因素，影响程度远远高于创意设计或营销活动的时机。您认为为什么数据质量如此重要？

数据质量是任何成功的营销活动的基石。除非你使用的数据尽可能准确和干净，否则不会进行出色的创意设计、数据细分、分析或个性化营销。如果你使用的基本信息不准确，那么所有取巧的东西都没什么用。

问：如果说数据质量对于营销成功如此重要，那么企业能采取什么关键举措提高收集的数据的质量？

企业要能够在捕获信息时——无论是在线上、店内还是通过电话——自动验证及检查联系人和地址数据。重要的是，验证过程不能仅止于此，公司需要确保拥有相关系统和流程，以确保客户数据得到连续的、自动化的清理和更新，而不是一次性处理，然而目前的情况往往如此。在收集客户数据时，确保将正确的权限附加到单个记录中也是至关重要的。

问：市场营销人员把电子邮件地址的变化看得很重要，您能解释一下这是为什么吗？

在过去的十年中，电子邮件是许多营销人员的热门营销渠道，许多公司把它当作一种低成本的接触现有客户和潜在客户的方式。因此，电子邮件地址的更改意味着可能丢失向客户发送电子邮件的路径。然而，营销人员越来越意识到，电子邮件并不是获取信息或解决客户关系管理（CRM）问题的唯一方案。

事实上，最近的研究报告显示，67%的市场营销人员认为邮政地址数据才是一种对营销十分重要的数据类型。这并不奇怪，毕竟，不可能把新沙发送到电子邮箱中！

问：一些公司专注于通过自己的渠道收集数据，而另一些公司则与第三方信息提供商合作。您认为哪种方法更好，还是两者的组合最佳？

为了获得真实的营销效果，公司必须挖掘自己的客户数据以进行分析，然后将其与来自第三方信息提供商的信息和情报结合。内部持有的第一手详细信息（例如，电子邮件地址和购买历史记录）可以让公司取得一定成果，但第三方数据（所有数据都取决于获得相关权限）通过提供"为什么""什么时候""怎么做"等因素，帮助公司取得更强大的营销效果。

公司还必须考虑客户是否愿意分享个人信息。例如，如果您正在购买一件新家具，您会很乐意提供您的姓名、地址、电子邮箱和手机号码。这一决定往往取决于价值交换和客户能得到的回报。

问：收集数据和从这些数据中获取信息，可能会导致两种截然不同的操作步骤。您会建议公司采取什么行动，以确保它们的数据是可操作的？

第一步始终是确保客户数据是最新的、准确的、正确授权的和完整的。如果你的数据不符合这些标准，那么基于这些数据所采取的任何操作都不会完全成功。一旦有了符合以上标准的数据，就需要建立必要的敏捷系统和流程，以及时执行营销行动。你还需要评估第三方数据以使现有数据更具可操作性。

问：只有 15% 的营销人员认为数据安全是数据驱动营销的障碍，只有 7% 的营销人员认为数据安全是一个障碍。您认为他们是否低估了这个问题，还是说关于这个问题的法律法规很容易遵守？

营销人员并没有低估这个问题，但他们也不应认为这是一个障碍，因为在大多数情况下，他们能够意识到需要确保数据收集、使用和管理程序符合新的法规。换句话说，他们应认为守法遵约是一种给定的前提，而不是一个障碍。然而，正如研究报告显示的，技术仍然是数据驱动营销的主要障碍。

问：您认为许可营销成为一种法律要求会对整个行业有利吗？

任何新的立法都提供了新的机会。这对整个行业是积极的，它已经不强调如果营销人员想提供成功的客户体验，需要如何运用适当的、相关的和有意义的营销方式。这项立法可以帮助营销人员重新关注一些问题，多想想"我的客户想要或需要我做什么，他们希望我如何参与"，而不是"我必须要卖给他们什么"。

问：您能用一句话总结一下数据对于市场营销人员的重要性吗？

当你能够接触到那些活跃在市场中，消费你的产品和服务的人群，营销投资回报率有可能提高时，你会忽略这个机会吗？

3.1.1　支持不断扩增的数字商务技术平台

如果你思考以数字形式联系客户和合作伙伴且与他们互动的方式，你会发现这些互动往往都是通过桌面软件和浏览器进行的。台式机和笔记本电脑多年来一直占据主导地位，至今仍非常重要，但移动访问量自 2016 年末以来已经超过了台式机的访问量（StatCounter，2016），这些可用的移动平台的扩增，主要受苹果的 iOS 系统和谷歌的安卓系统的支持。结合这些硬件平台，市场营销人员可以通过内容营销或广告来接触受众并与之互动。因此，让我们看看可用的选项有哪些。

台式机和笔记本电脑

1. 基于桌面浏览器的平台。消费者可以选择浏览器进行传统网络访问，例如，通过 Internet Explorer、Google Chrome 或 Apple Safari。

2. 桌面应用程序。我们不常看到对这类平台的讨论，但苹果用户常在桌面通过苹果应用商店获取付费和免费应用程序，这能够为品牌提供新的参与机会。

3. 电子邮件平台。虽然传统上电子邮件不被视为一个平台，但它确实提供了一个不同于浏览器和应用程序的选项，来与潜在客户或现有客户沟通。电子邮件被广泛应用于营销中。

4. 基于访问源和 API 数据交互的平台。许多用户仍然通过 RSS 源使用数据，推特和脸书的状态更新可被视为一种可以插入广告的源或流的形式。

5. 视频营销平台。流视频通常通过上述几种平台提供，特别是通过浏览器和插件，但它仍代表一种单独的平台。

可以说，社交网络也提供了一种平台形式，例如脸书、领英和推特。

迷你案例 3-1

基于位置的营销

基于位置的营销并不是一个新事物。移动电话制造商爱立信（Ericsson）发布于 1998 年的一项专利，就描述了一个将营销系统连接到移动电话用户在移动电话网络中的位置的系统（Rouhol-lah-zadeh et al.，2001）。

在撰写本书之时，存在几种思考"基于位置的营销"的方法/角度。

首先，有一种众所周知且较为成熟的地理定位法，即通过用户的 IP 地址、ISP 或者在注册时提供的位置（邮政编码或真实的邮寄地址）确定用户的位置。然后，用该定位确定市场营销相关的用户的位置。谷歌在 2012 年提出，本地搜索结果往往依赖于 IP 地址，或在搜索查询时使用的关键短语（例如"赫尔辛基的中餐馆"）所表明的用户位置（Google，2017）。在脸书等平台和移动应用上展示的广告，同样可以利用用户位置来提供相关的内容。在日常使用互联网时，你会接触到许多内容，并且各种移动应用程序和企业都会使用这种营销策略。

当我们探究用于支持"基于位置的营销"的其他技术时，事情就变得更加有趣了，其中一种技术是地理围栏。

地理围栏技术是使用移动设备上的功能（如 GPS）或特定应用的权限，对目标受众进行有效的物理位置隔离。当具有该技术（享有必要权限）的用户在环围栏区域内移动时，营销人员可以使用位置相关的通信技术定位该用户。这类环围栏区域通常被称为"地理围栏"。

达美乐比萨使用基于位置的营销方法，其目标群体是在特定软件上查询佛罗里达州的酒店客房的用户，因为许多连锁酒店都让客人在入住期间使用移动应用程序进入客房。达美乐比萨希望为使用这些应用程序的用户提供比萨。达美乐比萨在各种酒店都设置了地理围栏，以瞄准不同地点的不同酒店的客人。当使用酒店应用程序的客人在地理围栏之内时，特定的达美乐比萨广告会显示给客人，鼓励他们将达美乐比萨的订购应用程序下载到其电子设备上，并最终订购比萨（Thumbvista，2015）。

另一种开始大量使用的技术是信标（Lewis，2016）。信标是一类小物体，可以放置或留在特定的物理位置，只有非常小的范围。它们通常使用一种基于蓝牙的技术，这种技术只需很少的电就能工作。你能够通过 Tile App（www.thetileapp.com）等应用程序熟悉该技术。信标技术依赖于用户打开蓝牙。蓝牙打开时，用户可以通过此技术接收特定的营销信息（Proxybook，2017）。

MLB，一家美国体育联盟企业，将信标技术与官方应用程序关联起来。信标被放置在不同棒球场的不同位置。结合信标，应用程序能够让棒球迷在体育场内不同地点获得特定的优惠，例如使用停车场的优惠、发现附近销售点和订购食品的折扣和优惠。

基于位置的营销也遭受了批评。2013 年，美国零售商诺德斯特龙（Nordstrom）就因通过手机跟踪消费者现实生活中的行为而饱受批评。诺德斯特龙随后向顾客公开承认了这个事实。尽管网上的购物者似乎都意识到自己的数字行为被跟踪，但他们似乎不太喜欢在现实生活中也被零售商跟踪。诺德斯特龙坦白说，它不久后就停止了跟踪客户（Hardy，2013）。

资料来源：Google（2012）'Search quality highlights：40 changes for February'. Available at https://search. googleblog. com/2012/02/search-quality-highlights-40-changes. html；Clifford, S. and Hardy, Q.（2013）'Attention, shoppers：store is tracking your cell'；Lewis, P.（2016）'How beacons can reshape retail marketing：@ ThinkGoogleUK'. Available at：https://www. thinkwithgoogle. com/_ qs/documents/1079/retail-marketing-beacon-technology-uk _ Ajustes. pdf；MLB. com 'The Official Ballpark App'. Available at：http://mlb. mlb. com/mobile/ballpark；Proxybook（2017）'Proximity marketing in retail'. Available at：https://unacast. s3. amazonaws. com/Proximity _ Marketing _ in _ Retail _-_ Proxbook _ Report. pdf；Rouhollahzadeh, B. and Bhatia, R.（2001）'System and method for location-based marketing to mobile stations within a cellular network' Thumbvista（2015）'Geofencing case study Domino's-geofences for mobile ads'. Available at：www. thumbvista. com/2015/10/geofencing-case-staudy-dominos-geofences-for-mobile-ads-around-hotels.

手机和平板电脑

不论是对娱乐、社交还是购买决策来说，移动设备的使用改变了消费者访问线上内容和服务的方式。移动设备上的选项在许多方面与电脑能提供的选项是相似的。由于移动设备可以在不同地点使用，因此需要通过移动营销（mobile marketing）和基于位置的营销（location-based marketing）来获取新的机会，吸引消费者。我们将在第 9 章中介绍设计、创建移动体验面临的挑战，其中将回顾响应式 Web 设计的选项。专栏 3-1 介绍了其中的一些挑战。

专栏 3-1	对比采用移动应用程序与移动网站的决策

对于许多数字企业来说，需要考虑的重要决策是，它们是否应该围绕移动应用程序或移动网站来提出自己的主张。了解二者构建的差异和动机也很重要。经常影响决策的因素是预算，但如果最后结果不佳，预算可能不应该影响决策。

在谷歌网站最近的变化中我们发现，对移动登录友好的网站，在搜索结果中的排名高于那些不允许移动登录的网站。一些搜索引擎营销专家认为谷歌专有的 AMP（加速移动页面）技术在网页中更受青睐。AMP 技术旨在使页面到达移动设备的速度比普通 HTML 网页更快。基于 AMP 技术的页面实际上是网页的精简版，因此"更小"且下载速度更快。随着移动设备的流量以指数级增长，更多的网站也变得更具移动响应能力。

应用程序是下载到移动设备上使用的特定应用软件。应用程序可能会从远程位置（如公司服务器）收集数据，但所有处理和操作都还是在移动设备上进行。在许多情况下，应用程序可以在没有数据连接时使用（这取决于应用程序的类型）。

正是人们从应用程序或网站能寻求到的结果（以及终端用户想要什么结果），决定了人们选择移动网站还是移动应用程序。几乎每个应用程序的所有者都有移动网站，但所提供的服务的复杂性通常会决定是向应用程序还是向网站发展。

移动网站的优势有哪些？

- 即时可用性。

移动网站可通过移动浏览器进行永久即时访问，而应用程序需要通过应用商店下载，这有可能降低用户参与度。

- 兼容性。

网站与所有设备都能兼容，而每个应用程序都要有自己的移动应用程序开发技术。应用程序存在疏远用户的风险。

- 即刻更新性。

最新的服务和数据可通过网站获得，而应用程序需要不断更新。

- 搜索可视化。

移动网站在搜索引擎中按正常方式编制索引（在某些情况下比普通网站更有利），而应用程序可能不是。

- 易于分享。

移动网站上的内容可以通过链接和社交媒体轻松分享。应用程序必须具有内容共享功能才能分享。

- 保质期长。

移动网站会随时间的推移而发展，而应用程序一般保持不变，除非用户定期更新。移动用户常有删除他们不经常使用的或严重过时的应用程序的习惯。

- 能够"模拟"应用程序。

移动网站可以在操作和外观方面设计成像应用程序一样。

- 成本。

与应用程序相比，开发一个移动网站可能成本更低，需要的技术操作也少得多。

- 维护。

移动网站的维护可能要容易得多，而且可以逐步完成。与维护移动网站相比，维护应用程序（尤其是跨平台的应用）的工作量是巨大的。

应用程序的优势有哪些？

- 服务多样性。

应用程序可以提供比网页和网站更复杂多样的用户体验。应用程序是由复杂的程序组成的，充分利用计算机设备的计算能力，而移动页面和网站在提供一些功能上有局限。

- 个性化服务。

应用程序能够实现个性化，个人数据可以保存到移动设备上。与简单的个性化网站相比，这改善了服务的性能。

- 处理能力。

应用程序可以充分利用移动设备的处理能力，而移动设备的处理能力与桌面计算机的能力越来越相近。这允许在移动设备中提供大量的服务，且纯粹是为了单个用户。移动网站依赖于共享和远程处理能力，而此能力是由数千个并发用户共享的。

- 离线功能。

应用程序可以离线使用，因此可以在没有数据连接的情况下长时间运行。在没有可用的网络连接时，自主使用应用程序也是可能的。移动网站就其本质而言，依赖于持久的数据连接。

越来越多的公司使用专用移动应用程序（mobile App）和移动网站的组合来满足客户的需求。不存在"一刀切"的方法，任何企业都必须针对目标，确定最佳移动战略。

资料来源：https://www.ampproject.org/learn/about-amp/.

主要的移动平台有：

1. 移动操作系统和浏览器。与操作系统紧密集成的移动浏览器。

2. 基于移动设备的应用程序，移动操作系统的专有应用程序。相同的应用程序经常被转换，以提供给不同的移动平台使用，例如提供给苹果的 iOS 系统或者谷歌的安卓系统。（在编写本书时，还有其他非常小的操作系统，例如 RIM 和微软。）企业需要决定是否通过浏览器和/或特定应用程序提供内容和体验，从而优化体验。

随着消费者对移动平台使用量的增长，评估对比消费者使用企业的移动平台与桌面平台是否相似或性能有所提高是需要采取的重要举措。表 3 - 2 显示了移动平台的目标，以及使用第 5 章中介绍的战略制定方法制定实现目标的战略。

表 3 - 2　移动平台的目标和用于实现目标的战略

目标	证实（例如）	用于实现目标的战略	关键性能指标（成功的关键因素）
1. 制定目标 每年传送 2 000 000 个移动网站访问者	当前站点上移动部分堆外增长加上其他数字渠道推广的 25％ 的增量	开始投资谷歌广告，用于移动设备和移动显示网络； 使用设备检测访问移动站点； 店内促销	AdWords 提供的特定移动广告活动和共享展示次数的点击率
2. 采取行动 在移动设备中获得 4％ 的加入购物车的访问转化率	此转化率约为桌面站点转化率的 2/3，与报告的行业示例一致	开发移动站点专用的搜索； 移动网站销售	移动网站搜索率和添加到购物车的概率； 促销点击率
3. 转化目标 移动端平均订单价值（AOV）= 35 英镑 移动访问的销售转化率＝2％	此转化率约为桌面站点转化率的 2/3，与报告的行业示例一致	初步实现数字支付，这将在未来的几年中得到优化	结账流程中的微步转换； 新客户的注册流程
4. 参与目标 客户对移动体验的满意度评分达到线下的 80％。评论率和回头客转化率达到线下的 80％	一般新的移动网站的满意度评分和重复购买率会略低，但这仍是未知的。我们需要检查电子邮件是否仍然能成功地生成评论	战略组合： 针对移动网站购买者的电子邮件和移动消息； 移动优惠券	评估率（％）

资料来源：Thurner and Chaffey，2016.

移动连接给用户提供的好处是无处不在的（可从任何地方接入访问）、可访问的（即使用户在不常用位置时，也可以连接）和便利的（不需要电源或固定线路连接）。移动连接还提供安全性——每个用户都可以进行身份验证，因为每个移动设备都有唯一的标识码；其位置可用于定制内容；相较于台式电脑，它们还保证了一定程度的私密性。移动连接可以即时访问或者持续在线。表 3 - 3 概述了移动接入对消费者的主张。与基于个人电脑（PC）的互联网访问相比，它具有相当大的优势，但在显示方面有不足。

表 3-3　移动接入对消费者的主张

主张元素	评估
无固定位置	用户无须从桌面接入，在移动时也可以接入
基于位置的服务	移动设备能够提供基于地理位置的服务，例如，在特定购物中心提供优惠；许多移动设备内置 GPS
即时接入/便利性	最新的 4G 和 5G 服务始终打开
隐私性	手机访问比桌面访问更私密，更适合社交用途或某些活动，例如寻找新工作
个性化	与个人电脑访问一样，用户可以请求个人信息和服务，尽管这些通常需要通过个人电脑访问进行设置
安全性	手机已经成为"移动钱包"（例如，安卓支付和苹果支付等服务），但手机失窃是一件令人担忧的事情

3.1.2　其他硬件平台

除了桌面和移动访问之外，还有许多其他平台可以供客户进行交流。例如：

1. 游戏平台。无论是 Play Station、任天堂（Nintendo）还是 Xbox，各种游戏平台都可以提供在游戏内投放广告或获取展示位置的选择，以接触作为潜在客户的游戏玩家。

2. 室内和室外展台。例如，使用互动展台和虚拟现实技术与消费者互动。

3. 互动标牌。与展台应用密切联系的互动标牌，可以与不同的方法融合，如触摸屏、蓝牙、NFC 或二维码，以鼓励互动。

3.1.3　增强现实

增强现实（augmented reality，AR）是令人振奋的概念，它可以帮助公司改善客户体验。通过示例解释如下。

1. Lacoste 使用增强现实技术，允许购物者在商店里"试穿"运动鞋，但实际上无须穿上真正的鞋子，并且可以在社交网络上分享体验。

2. 特易购允许客户在自己家中使用应用增强现实技术的"家庭书"目录工具，查看主打的产品。

3. 宜家（Ikea）创建了一个应用程序，用户通过扫描纸质目录中的标志，就能看到宜家家具在自己的房间里的效果。

迷你案例 3-2 通过引入实体商店，介绍增强现实的概念。

迷你案例 3-2

亚马逊开线下实体杂货店

2016 年底，亚马逊在美国和英国线上杂货市场的强大推力下，在西雅图开了一家线下实体杂货店。这是个有趣的举动——一个数字企业正在考虑进入非数字市场，尽管亚马逊之前在许多购物中心和商场开设了实体书店和快闪商店。

这个实体杂货店不同于其他实体零售店，这里没有结账台。客户不用把物品放在购物篮里，甚至也不是自助结账，而仅仅是简单地把物品放在包里，然后离开就行——看起来似乎不用付钱，但实际上，货架上的传感器、摄像机和其他技术可以检测已移走且未被放回的物品，客户在离开商店时支付电子账单即可（Dastin，2016）。

这个实体杂货店存在一些小问题，最值得注意的是，由于杂货店很难处理跟踪大量的客户，所以一段时间内，只能允许一小部分人在杂货店里购物（Hartmans，2017）。

资料来源：Medhora, N. and Dastin, J. (2016) 'Amazon opens line-free grocery store in challenge to supermarkets.' Hartmans, A. (2017) 'Technical issues are forcing Amazon to delay the public launch of its cashier-less grocery store.'

3.2　数字商务基础设施组成要素

图 3-1 总结了本章所提及的数字商务基础设施的五层模型，我们可以抽象地把它们理解成上下层对接的层次，数字商务系统的用户执行某项操作时体现为各个层次之间的相互配合。不同的层次可以通过数字商务用户执行的典型任务来理解。比如，一位员工想要提前申请一个假期，他可以打开人力资源管理应用程序（见图 3-1 中的第 I 层），然后选择假期申请的选项。在填写完成假期申请表后，该应用程序会把假期申请表的信息存入系统并且把它传送给企业管理者和人力资源部门等待批准。要进入假期申请应用程序的界面，员工需要使用一个类似于微软浏览器的软件，及 Windows XP 或 Apple Osx 操作系统（见图 3-1 中的第 II 层）。应用程序将会通过网络连接，也就是传输层（见图 3-1 中的第 III 层）来传送员工的假期请求。信息会存储在 Web 服务器的存储器内或长久保存在存储介质中（见图 3-1 中的第 IV 层）。然后，员工浏览的网页或内容信息本身以及有关他们假期请求的数据会显示为一个单独的层（见图 3-1 中的第 V 层），这一层也可视为数字商务基础设施中的第一层或第二层。坎帕斯（Kampas，2000）把互联网框架称为"信息系统功能链"，并认为它的基础设施模型有以下五个等级：

	例子
I 数字商务服务 ——应用层	CRM、供应链管理、 数据挖掘、内容管理系统
II 系统软件层	网络浏览器、服务软件、标准、 网络软件和基础数据管理系统
III 传输或网络层	物理网络和TCP/IP
IV 固件或物理层	Web服务器上的永久磁性存储 或RAM
V 内容或数据层	企业内部、外部网站的网页内容， 消费者数据，交易数据，点击数据

图 3-1　数字商务基础设施的五层模型

第一级：物理存储。内存和磁盘硬件组件（相当于图 3-1 中的第Ⅳ层）。

第二级：处理过程。信息处理器的运算和逻辑处理过程（相当于图 3-1 中的第Ⅳ层）。

第三级：基础设施。这主要指的是互联网系统的用户接口和外部接口，也包括由连接设备组成的整个网络（相当于图 3-1 中的第Ⅲ层，尽管其中没有提及用户接口和外部接口）。

第四级：应用程序。主要指应用程序把数据转化为信息的过程（相当于图 3-1 中的第Ⅴ层）。

第五级：智能。互联网系统的逻辑能力能够把信息转化为能为人所用的知识（相当于图 3-1 中的第Ⅰ层）。

上述基础设施模型的每个等级或部分都有与之相对应的管理问题，后面的章节中会对它们进行单独讨论。

3.3　数字技术简介

众所周知，互联网让全球数百万的电脑使用者能相互交流，它是如何实现数据的无障碍传递的呢？用户通过客户端发出请求信息，移动设备的使用者通过服务器接收请求信息。因此，我们可以把互联网看作一个大型的客户端-服务器（client-server）系统。

图 3-2 展示了家庭和企业的电脑如何通过互联网供应商（Internet service provider，ISP）连接至互联网。互联网供应商在连接这些电脑时，还与其上层更高级别的互联网供应商进行高速连接，从而间接地把这些电脑连在互联网基础设施的骨干网络（backbones）上。这些高速连接可以看作"信息高速公路"，而那些由互联网供应商提供的与客户之间的连接，则犹如乡间的公路。

从全球角度来看，海底电缆组成了国家间的主干网，这些电缆是十分容易损坏的。例如，2016 年 2 月，一次海底地震损坏了数条水下光纤数据电缆，给新加坡部分企业造成了影响。地震活动也给东南亚附近的海底电缆网带来了许多问题。

3.4　创建新的面向客户的数字服务

本节我们将考虑管理者在提供服务时需要注意的一些问题，包括：

- 域名选择；
- 托管服务选择，包括云计算供应商；
- 附加的软件服务平台选择。

3.4.1　域名选择

管理者需要了解一些基本术语，我们从相对简单的域名选择开始介绍。企业一般提供许多数字服务，这些服务有不同的域名，尤其是那些在不同的国家的企业。网络上所用的域名指的是网络服务器的名字。一般企业都会选择企业的名称作为网站的域名，拓展名会表明企业的类别。拓展名通常是通用顶级域名，常用的通用顶级域名有：

- .com 代表全球性的公司，比如 www.amazon.com。
- .org 代表非营利组织，比如 www.greenpeace.org。
- .mobi 是为代表移动电话配置的网站而引入的。

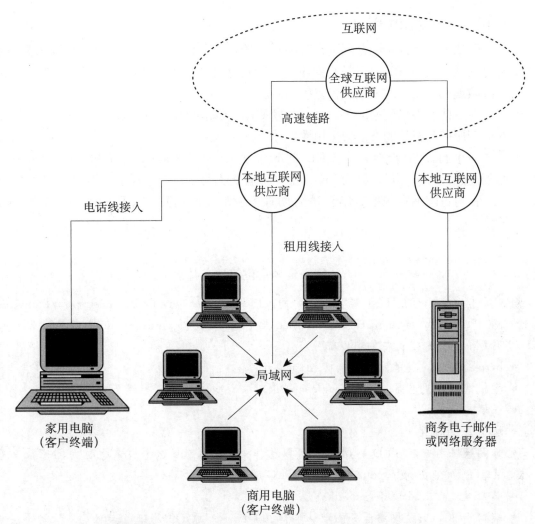

图3-2　互联网（图3-1的第Ⅲ、Ⅳ层）物理和网络设施

- .net 代表网络供应商，比如 www.demon.net。
- .edu 代表教育机构。

还有一些特殊的国家顶级域名：

- .co.uk 表示在英国建立的公司，比如 www.thomascook.co.uk。
- .au，.ca，.de，.es，.fi，.fr，.it，.nl，等等，代表了其他国家。
- .ac.uk 代表英国的大学或者更高级的教育机构，比如 www.mencap.org.uk。
- org.uk 代表一个国家的非营利组织，比如 www.mencap.org.uk。

网址中的"文件名.html"指的是单个网页的名称，比如"product.html"指的就是一个归集了公司产品信息的网页。

值得注意的是，在过去的几年中，新的通用顶级域名迅速增加，涵盖了所有的业务类型（如银行），甚至包括特定的产品（如路虎汽车）。这些新的通用顶级域名还支持非拉丁字符，如阿拉伯语或中文。

3.4.2 统一资源定位

网络上的网址指的是网页在服务器上的地址，定位每个网页地址的技术称为统一资源定位符（URL）。URL 可以被想象成定位网页地址的标准，用邮递服务作比喻，它相当于邮局的邮政编码，便于对网页进行直接访问。

在一些有很多网站的大公司，开发 URL 策略（URL strategy）是十分重要的，因此通用的标记服务和资源的方法应运用性。

一个符合要求的简洁 URL 是 http://www.domain.com/folder-name/document-name。必须注意大小写字母，因为 Linux 服务器解析大写字母与小写字母不同。

在讨论网站实施或数字营销活动时，经常需要用到与 URL 相关的术语，如专栏 3-2 所示。

专栏 3-2　　　　　统一资源定位符里有什么

IBM 提供了一个了解 URL 组件的很好的入门教程——www.ibm.com/support/knowledgecenter/en/SSGMCP_5.1.0/com.ibm.cics.ts.internet.doc/topics/dfhtl_uricomp.html（IBM，2017）。

以下是统一资源定位符的组成部分：

- http 是协议。其他的协议包括 https，ftp 等。
- 主机或者主机名是 video.google.co.uk。
- 子域是 video。
- 域名是 google.co.uk。
- 最高级域名或者 TLD 是 uk（也可以称作 gTLD）。uk 这个域名也称为国家最高级域名或者 ccTLD。例如在 google.com 中，它的 TLD 就是 com。
- 第二级域名（SLD）是 co.uk。
- 端口是 80，它是网络服务的默认端口（在统一资源定位符中，当它是默认时不会被经常使用，但所有的网络服务器传播都依靠端口进行）。
- 路径是/videoplay。路径通常会连接到一个文件或网络服务器的位置，例如/directory/file.html。
- 统一资源定位符的参数值是 7246927612831078230。它通常被称为"名字，赋值"。统一资源定位符还有许多其他参数。参数通常以一个问号（?）开始，并用和符号（&）与其他部分分开。
- 节点或者分片是"#00h02m30s"。

3.4.3 域名注册

多数公司有多个域名，分别对应不同的产品线、国家或特定的市场活动。当一个个体或者公司想注册一个域名时，另一个公司宣称它也有权注册该域名或者已经注册了该域名，这就产生了域名争议，有时我们称为域名抢注。

管理者或代理商一般都请托管公司负责定期检查其网站域名及更新（如今大多数公司都

是如此)。如果不这么做，公司就有丧失域名的潜在风险，一旦域名失效，其他公司就可以注册。2016 年，TP-Link 没有重新注册用户用来访问其路由器管理软件的两个域名，如果这两个域名中用户的详细信息被黑客窃取，可能会导致用户受到损害。

迷你案例 3-3 展示了一个关于域名价值以及域名是否值得购买的例子。

迷你案例 3-3

域名真的值钱吗

每个网站都需要一个域名。在获取客户的过程中，一个难忘的域名能够给人留下深刻的印象。一个域名可以与许多东西相匹配，如商业品牌、某一产品或产品的特性。一个数字企业可能会同时生成域名和品牌名，作为其身份的一部分。

无论选择特定域名的原因是什么，围绕域名和搜索引擎营销都存在一些问题。有一种流行的精确匹配域名（EMD）的做法，其中域名与搜索查询内容相同，比如购买域名"bestchickenrecipes.com"，因为你想吸引那些搜索"最好的鸡肉食谱是什么"的人。有一些观点认为，EMD 不再是谷歌用来标记站点相关性算法的一部分，因为它提供了不公平的优势，而且通常只是垃圾站点。许多搜索引擎营销人员将 EMD 视为黑帽优化实践。谷歌曾多次表示，将对在竞争激烈的市场上使用 EMD 的低质量网站进行处罚。

这就引出了一个问题——为一个非常具体的域名付费是否值得？2014 年 Gannet 花费 18 亿美元买下了汽车网，包括与域名相关的资产，比如一个网站（Sherman，2014）。仅就一个域名而言，2010 年 Quinstreet 为"carinsurance.com"支付了近 5 000 万美元，为"insurance.com"支付了超过 3 500 万美元（Titcomb，2015）。人们可能会认为，这么做一定有充分的理由，比如它会带来预期的回报或流量。但是，这个行为也面临着可能被谷歌进行 EMD 处罚以及移动应用程序可能造成网站用户流失的风险，这是一个极难处理的问题。

3.4.4　硬件及系统软件的管理

对基础设施进行管理，即要对图 3-1 中第 Ⅱ 层做出管理决策。

第 Ⅱ 层——系统软件层的主要管理决策是对整个企业实施标准化管理。标准化管理有利于减少用于企业管理系统支持和维护的费用，并且能够有效地降低采购价格。在客户端方面，管理决策可能涉及采用何种浏览器软件和插件。在操作系统的选择上，不一定要使用微软公司的产品，企业可以根据自己的需要进行选择，比如 Linux 也是可选的对象。在考虑服务器软件时，要注意一个全球性企业应该有多个服务器，它们既可用于互联网，又可用于内联网和外联网。使用类似于 Apache 标准化网络服务器将有利于公司网络的维护和管理，也需要一些其他相关的网络软件进行辅助。

3.4.5　管理数字商务应用基础设施

数字商务应用基础设施（digital business applications infrastructure）关注的是如何把恰当的应用程序分配给所有数字商务服务的使用者，也可以称之为遍及整个公司的数据和应用程序的分配。信息系统管理者长期以来一直关注这个问题。传统企业一般需要什么服务就购买安装什么软件，结果发展成信息孤岛或者应用软件集，如图 3-3（a）所示。这种软件体系可能发展成以下三种不同的水平：（1）在不同的功能领域可能采取不同的技术设施；（2）在不同的功能领域可能有不同的应用程序和独立的数据库；（3）在不同的功能领域的处理过程和形式也是不一样的。

这种软件体系通常导致企业信息管理系统的控制薄弱，原因可能是其太过分散，也可能是由于不同的管理人员从不同的软件供应商处购买不同的软件，从相互独立的供应商处购买应用软件通常要花费更高的成本，而且会增加软件维护和更新的成本，更糟糕的是，这些相互独立、功能分散的应用系统常常会导致各个功能中心相互孤立。例如，一个客户致电一个B2B公司查询一个定制的项目，虽然公司负责客户服务的人员可以接触到该客户的个人详细资料，但是他们没有客户所定制项目的细节，因为这些数据存储在另外一个关于生产单元的信息系统中。问题还可能出现在企业的战略和战术层面上。

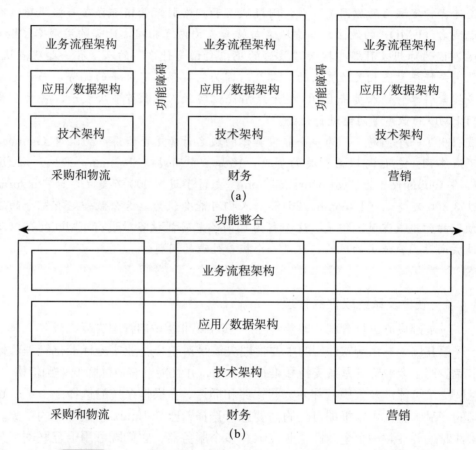

图 3-3　（a）分散的应用基础架构和（b）集成的应用基础架构

资料来源：Hasselbring（2000）.

比如，一个公司正试图分析某个客户的重要性，也许是要评估他的客户终身价值（customer lifetime value），然而该客户的历史消费数据可能存储在市场信息系统，而客户消费支出的数据则存储在公司的另一个信息系统，比如财务信息系统。要从这些不同的信息系统调用数据和协调管理通常是比较困难的。

为解决上述应用系统分散所带来的一系列问题，在整个20世纪90年代企业都在对整个信息系统进行整合，如图 3-3（b）所示。为了达到整合的目的，很多公司（如 SAP、Baan、Peoplesoft 和甲骨文）的管理者都把目光投向了 ERP（企业资源计划）的供应商。

　　由于电子商务应用体系包括对公司供应链和价值链的整合，所以通过 ERP 对公司不同应用系统进行整合可以全面保证电子商务原则的一致性和连续性。值得注意的是，许多 ERP 供应商，如 SAP，已经重新定位为数字商务解决方案的供应商！对于那些管理数字商务基础设施的人来说，困难在于不能从一个供应商那里得到单一的组件解决方案。例如，为了获得竞争优势，公司可能需要求助于创新者提供的解决方案，比如，支持 WAP 等新渠道，或知识管理解决方案、销售管理解决方案。如果这些软件不能从公司目前合作良好的供应商处获得，那么是等到这些组件可用，还是将新软件集成到应用程序中？电子商务公司的管理者必须在标准化其信息管理系统时，注意保持公司的核心产品与信息技术之间的平衡，图 3-3 解释了这种困境，它表明应该如何使不同种类的应用系统在不同领域保持优势地位。

　　ERP 系统最初的重点是实现运作层面的组织整合。其他解决方案，如数据库和数据挖掘形式的商业智能，往往侧重基于 ERP 系统内部访问操作数据的战术决策。知识管理软件也倾向于跨越不同层次的管理。图 3-4 只展示了一些类型的应用程序，展示了 ERP 应用程序和提供相同功能的更专业的应用程序的管理层次。

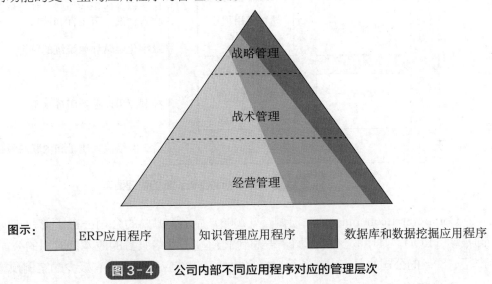

图 3-4　公司内部不同应用程序对应的管理层次

　　图 3-5 基于本节介绍的分层体系结构总结了一些管理要素。

3.5　聚焦：客户体验和数字服务的发展

　　网络服务（web services）或者软件即服务（SaaS），是数字商业时代管理软件和数据的一个非常重要的模型。网络服务包含通过使用网络服务器来处理和参与各种形式的商业活动的过程，而不是传统意义上的在用户自己的电脑上安装软件的工作。

3.5.1　网络服务或 SaaS 的优势

　　网络服务通常需要通过支付进行订阅，它既能开启也能关闭，根据不同的使用情况来付费，因此它也被称为即期付费软件。这些系统的主要商业价值就是它的安装和维护都是外委的。因为供应商的软件和数据库都是外委的，客户服务端软件通常由浏览器传输或者通过网站进行单独的应用程序传输，所以供应商和客户都能节省一部分费用。

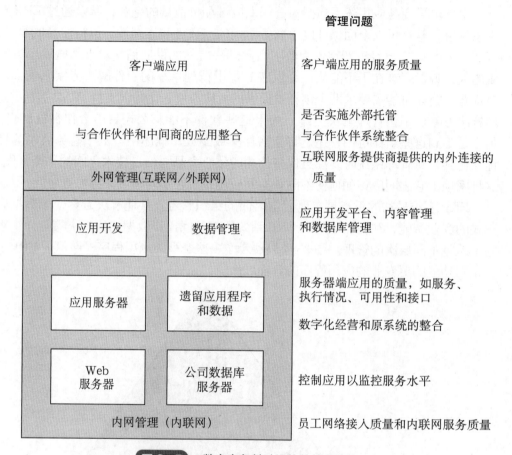

图 3-5　数字商务基础设施的管理要素

Computer Economics 的一项调查（2006）显示，91％的公司公布了第一年网络服务的投资回报率（ROI）。其中57％的公司获得的利润超过了网络服务的成本，37％的公司在第一年就破产了，80％的公司的总支出在预算内或者更低。传统应用程序只有极少的案例预算与支出一样。

应用程序接口（APIs）

一般公司为了安全会用防火墙保护信息和知识产权，但是在互联网领域，这种战略会限制增加服务价值的机会，也会限制与其他公司共享信息的能力，网络服务会扩大潜在接触面。出版商和软件公司有时认为应用程序接口是"网页项目"，是用来增强竞争优势的，下面有一些详细信息：

* 亚马逊网页服务。例如 AWS 允许附属机构、开发者和网络出版商使用 Amazon Product Discovery，这使得其他网站能够整合亚马逊的产品和定价的数据。

* 脸书和推特的应用程序能够帮助其他网站嵌入社交内容。

* 《卫报》开放平台（www.guardian.co.uk/open-platform）便于人们分享它的报道内容和统计资料。

* 谷歌应用程序接口可以满足很多服务需求，尤其是谷歌地图，调查显示这个由应用程

序创造的插件是最受欢迎的程序之一。谷歌分析应用程序接口让很多企业和第三方软件开发者能够看到更专业的网络程序数据。

- Kayak 是一个聚合模块，它能够让第三方网站把自己的网站、桌面程序和移动程序与 Kayak.com 的研究成果整合到一起。

3.5.2　部署 SaaS 的挑战

虽然部署 SaaS 可以降低成本，但是也有挑战，它显然不能像定制系统一样精确地满足各种商业需求。

部署 SaaS 最大的挑战在于：使用 SaaS 要依赖第三方的网络传播。其中有以下几点明显的不足：

- 如果网络连接出现问题或者托管的服务器出现问题，就会造成停机或不能连接。
- 比本地数据库的性能差。尽管谷歌和微软的电子邮箱都能够使用，但它们的性能不如自带的电子邮箱。
- 降低了数据的安全性。由于一般情况下数据都会保存在内部系统中，SaaS 的存在使数据的安全性大大降低。由于系统不可避免地会出现崩溃的情况，使用网络服务的公司需要清楚备份和恢复管理是如何实现的，如何用来处理问题，这在服务级别协议中有所定义。（第 9 章将会详细介绍数据保护。）
- 数据保护。客户的数据存储位置不尽相同，因此，充足的安全保障、始终如一的数据保护以及第 4 章将要讨论的隐私法都是数据保护的基本要求。

专栏 3-3　我的 SaaS 是多租户网络服务还是单租户网络服务

多租户网络服务和单租户网络服务争论的关键在于这个数字经营业务打算在网络服务上投入多少，以及网络服务提供商对于多租户网络服务的抵制程度。多租户网络服务具有较强的可拓展性和较高的运营效率。网络服务供需双方的商业驱动力不能只是技术。在提供服务时，网络服务提供商需要明确其提供多租户网络服务的商业增益。人们对多租户网络服务越喜欢，提供多租户部署就越可行（Murphy，2017）。

选择网络服务时对潜在的问题需要具体分析。软件瘫痪后的恢复十分重要。管理者需要评估服务等级，因为对各种客户的服务都是通过来自一个服务器的共享程序实现的。这类似于我们之前讨论过的关于虚拟主机的共享服务器或专属服务器的问题。

文字处理软件是消费者网络服务的典型例子，其中包含网页访问程序，它不必像本地的微软文字处理软件一样，需要文字处理软件的应用程序才能打开，如 Word.exe 或者 Apple Write。谷歌和微软都为运行 Office 类型的应用程序（文字处理、电子表格等）提供服务，Google Docs 和 Microsoft Office 365 允许用户在线和离线查看和编辑文档。

一个与之相关的网页服务概念是效用计算（utility computing）。效用计算包括对信息技术的所有方面都像对待日用品（例如水、燃气或者电力）一样，根据使用情况收费。这种订阅一般按月付费，根据不同种类的用量、使用者数目、数据存储的体积和宽频耗费来付费，软件可按使用次数付费，类似于主机代管这样的硬件服务也是如此。

　　图 3-6 显示了大型软件即服务公司，也被称为效用提供商的 Salesforce 的网站。在这个网站上每个客户都要根据设备使用情况按月付费。这项服务通过 Salesforce 的服务器用 15 种语言向超过 15 万个企业客户提供。Salesforce 通过收购其他软件即服务提供商增加新服务——仅在 2016 年，它就收购了 11 家其他软件即服务公司，其中许多公司的收购金额未披露。

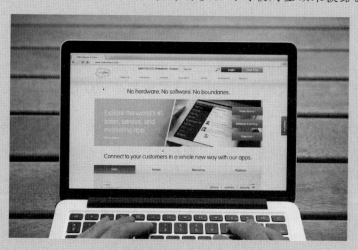

图 3-6　Salesforce 的网站

3.5.3　云计算

　　在对网页服务的描述中，你可能会对"云"这一概念感到困惑，或者你可能会见到"云计算"（cloud computing）这个术语。通常情况下，"云"指的是公司外部托管的网络和数据存储硬件和软件的组合，通常在通过互联网访问的许多独立或分布式服务器之间共享。例如，谷歌文档将被存储在"云端"的某个地方，但是不知道它在哪里，也不知道它是如何管理的，因为谷歌将数据存储在许多服务器上。当然，你可以从任何位置访问该文档。对于在云端存储的数据，有一些问题需要考虑：它是否安全，是否已备份，是否始终可用？谷歌云的规模难以评估，2017 年 3 月谷歌透露，它在全球各地的数据中心花费了近 300 亿美元。Gartner 在 2016 年的报告中称，它估计谷歌拥有大约 250 万台服务器（Knowledge，2017）。

云计算网络服务示例

　　思考一下你个人或者企业使用的网络服务，很快就会发现它们对个人和业务应用程序有多么重要。示例包括：

- 网络邮件阅读器。
- 电子商务账户和采购管理设施，如亚马逊网站。
- 谷歌提供的许多服务，如谷歌地图、Gmail、Picasa 和 Google Analytics。
- 微软的 Office 应用程序解决方案和 Office 365。
- Salesforce. com 网站上的客户关系管理应用程序以及 Siebel/甲骨文。
- SAP 和甲骨文的供应链管理问题。
- 社交服务，例如脸书、推特、Instagram、Google＋、Pinterest、Tumblr 和领英。

活动 3-2　B2B 公司使用云服务的机会

目的

强调云服务的优势和劣势。

问题

为管理者开发一个案例来解释云服务，并总结其优点和缺点。

从 IT 基础设施管理的角度来说，这些变化都是巨大的，因为传统的公司已经拥有自己的信息技术支持工具（电子邮件就是这样一种工具），并能够用其处理各种商业事务，在客户电脑和服务器上更新、配置软件的花费会大幅减少。

正如我们在迷你案例 3-4 中看到的一样，一些小公司和初创公司以相对较低的成本将云计算服务作为网络服务的基础，这种办法可以灵活地满足短期（需求高峰）或长期的使用。

迷你案例 3-4

亚马逊 AWS 上的公司

Amazon Web Services（AWS）是亚马逊的全球按需云服务。目前，它已为数字商务客户提供了 70 多种不同的服务。

亚马逊对新兴的数字公司有特别的吸引力，与其他规模更大、历史更悠久的公司不同，它们没有遗留系统。在某种程度上，这造成了一个不均衡的竞争环境，在这个竞争环境中，较小的新兴公司可以拥有 AWS 的相对实力和规模，而大型公司可能无法获得上述条件（Donnelly，2015）。

Slack 是一家很有意思的公司，它使用 AWS 进行研究。最初，Slack 被设计成供母公司使用的工具，但 Slack 本身成了主导产品。如果想要快速增长并提供免费增值产品，使用自有数据中心和专有平台不可能做到。像所有基于"云"的应用程序一样，快速增长和以惊人的速度扩展的能力是人们关注的焦点。AWS 的全球影响力使该组织正在以十年前不可能实现的方式发展。单一的资源会抑制经济增长。事实上，AWS 已经成为许多初创企业的重要设备管理者，拥有全球化平台的能力（Amazon，2017）。

虚拟化

虚拟化（virtualization）是另一种能够有效管理 IT 资源的方法，但是它主要部署在一个组织中。VMware 是虚拟化的先行者之一，它可以提供虚拟化服务，以下是详细解释（VMWare，2017）。

虚拟计算机系统也被称为"虚拟机"（VM），是一个严格独立的软件容器，里面有操作系统和应用程序。每台计算机上自带的虚拟机都是独立运作的。将多个虚拟机放在一台计算机上，可以使多个操作系统和应用程序只在一个物理服务器或"主机"上运行。

一个称被为虚拟机监视器的软件将虚拟机与主机分离，并根据计算的资源动态分配给每个虚拟机。

以上从根本上解释了虚拟化，它通过在多个环境中共享一台计算机的资源，能够让一台计算机做多台计算机才能做的工作。虚拟的服务器和虚拟的桌面让使用者能够管理多个操作系统和各种软件。

因此，虚拟化有如下优点：

- 在一台机器上运行多个操作系统的能力；
- 可以在多个虚拟机之间拆分单个系统资源；
- 在硬件级别阻止故障和安全漏洞；
- 维护系统性能；
- 可以保存虚拟机的当前状态供以后使用；
- 虚拟机可以像移动和复制文件一样方便地移动和重新使用；
- 任何虚拟机都可以移动到真正的服务器上。

迷你案例 3-5

你真的需要线下办公吗？虚拟化商业的未来

工业化和城市化的发展，史无前例地带来了办公室工作岗位的大量增加，办公场所和工厂往往集中在同一地方。人们奔波于通勤路上，每天都要到工作所在地的市中心上班。

人们要问的最大问题是，为什么还要继续到办公室上班。如果我们抛开人性和社会学的考虑（它们解释了与人共事的必要性），那么肯定有很多理由能阐释线上办公的意义。

虚拟化办公已经在全球各地兴起，这类公司可以让员工在任何地方生活并正常工作，同时与公司及其系统进行交互。

其中一个这样的公司是 Basecamp（Fried and Hansson）。该公司最初的名字是 37Signals，它有一个总部，但它的许多员工并不在传统的办公室办公。Basecamp 的理念是人们需要在效率最高的地方工作。这意味着它需要一套工作系统，允许任何地方的员工以相同的方式访问和使用与办公室员工相同的系统。弗里德（Fried）认为，人们在家工作的工作效果更好。管理者不应该看人们在工作上花了多长时间，而应该看工作成果如何。要做到这一点，像 Basecamp 这样的公司就要依靠系统，并形成虚拟化办公的文化。这些系统还涉及利用现有技术实现远程工作的流程和实践，这与要求员工线下实地办公的公司使用的系统有很大不同（Fried，2016）。

资料来源：Fried, J.（2016）'How we structure our work and teams at Basecamp-Signal v. Noise'. Vol. 2017：Basecamp；Fried, J. and Hansson, D. H.（2013）*Remote：Office Not Repuired*. Vermilion, London.

服务导向体系

服务导向体系（service-orientated architecture，SOA）是指前面述及的用于建设网络服务的技术体系，是企业根据需求安排和布局且相互联系的一系列应用体系。

SOA 主要通过提供某项具体的功能来为用户服务，其功能通常有以下三个特征：

1. 具备一个独立于平台的服务界面（不依赖于某一特定类型的软件和硬件）。该接口可以通过 Java 等应用程序开发软件访问，也可以通过简单对象访问协议（SOAP）等协议访问，SOAP 用于 XML 格式的消息。

2. 服务于动态应用的定位和引用，即一项服务可以通过目录查询提供另一项服务。例如利用电子商务服务，我们可以查询某公司是否存在信用卡授权服务。

3. 服务具有自我调控能力。一项服务不会受到其他服务的影响，而是一个回复结果对应一个服务请求。在不同的网络服务之间，信息和数据交换通常满足 XML 标准。

前面提及网络服务的例子中用户和网络服务之间是可以互动的。有了正确的业务规则和可遵循的模式,即便没有人干预,不同的应用程序和数据库之间也可以实时沟通。许多银行都有不易替换的遗留系统,它们依赖于引入 SOA 连接到更现代的银行系统。之前提到的语义网的概念以及 CRM、SCM 和 ebXML 等网络服务的业务应用也基于 SOA 方法。

3.5.4　选择托管服务供应商

虽然公司可以通过在办公室内设置网络服务器来管理自己的服务,或者使用其他公司的 ISP,但通常的做法是选择专业的托管服务供应商(hosting provider)来管理自己的服务。托管服务供应商和提供其他服务的组织差别并不大,例如云服务或 SoaS-Amazon。

3.5.5　选择网络服务和云托管供应商时需要考虑其服务质量

服务供应商通常指的是 ISP,也就是互联网服务供应商。互联网服务供应商也可以向公司提供管理网站内容的服务。很多公司选择独立的托管服务器,方便管理公司网站和客户及合作伙伴访问的电子商务网站,例如外联网。因此,选择一个合适的托管服务器十分重要。

3.5.6　ISP 连接方式

图 3-2 展示了公司或家庭用户连接互联网的方法。这个图是极简化的,因为 ISP 有很多层。用户可以连接到一个 ISP,这个 ISP 能够把请求传送到另一个连接着互联网主干的 ISP。

高速宽带取代了以前的拨号上网(dial-up connection)方式,成为家庭用户主要的网络连接方式。

然而,企业应该意识到,仍然有大量用户采用速度较慢的拨号上网方式。

宽带(broadband)通常使用的技术是非对称数字用户线路(ADSL),这种称为 ADSL 的连接方式使得传统电话线也可用于数字数据传输。之所以把这种技术称为非对称技术,是因为它把普通的电话线分成了电话、上行和下行三个相对独立的信道,从而避免了相互之间的干扰,并且它的数据下载速度要远快于数据的上传速度。相对来说,中小型企业获得了更好、更快、更持续的连接方式。

宽带技术不仅带来了高速的网络连接,还改变了互联网的传统使用方式,实现了互联网的永续连接。这样用户使用互联网就变得更加频繁了,用户可在互联网上获得更加丰富的内容(如数字视频),操作性上也有增强。

ISP 关系管理要点和托管关系

在商业中,管理 ISP 和托管服务器的要点就是要保证以合理的价格获得安全有效的服务。因为客户和企业越来越依赖于网络服务,所以停机时间应尽量缩短。但是严重的停机问题依然会出现,像专栏 3-4 展示的那样,服务供应商应尽力避免或解决这些问题。

专栏 3-4　人们会为下载等待多久呢

有一种观点认为,自从实现了互联网的广泛使用,人们变得越来越没有耐心,越来越不愿意等待内容下载。用户经常抱怨视频或音频内容的缓冲时间太长。研究表明,一个人等待视频下载的时间越长,他们观看视频的可能性就越小。

Akamai 和马萨诸塞大学（University of Massachusetts）进行的一项研究（Krishnan and Sit-araman，2012）表明，如果下载时间超过 2 秒，用户就会放弃下载。下载时间每增加一秒钟，等待的用户数就会减少近 6%，这意味着如果视频内容呈现需要 10 秒，可能就会损失近一半的观众。因此，较短的下载时间对于越来越习惯于生活中即时满足的观众来说是十分必要的。

谷歌非常重视这一现象，并且认为加载速度决定了自然搜索结果中的展示排名。事实上，谷歌越来越强调其专有的 AMP 技术，因为现在的用户都追求在移动设备上更快地下载内容。

连接速度

如果不能为用户提供一个可接受的下载速度，网站或数字商务服务就是失败的。在宽带环境下，连接速度仍然很重要，因为电子商务应用程序越来越复杂，媒体网站的内容也越来越丰富。可接受的连接速度在什么范围内呢？

研究表明，如果网站内容无法在 2 秒钟内加载完成，网站体验就会受到影响（Krishnan and Sitaraman，2012）。同时，用户也更倾向于考虑产品价格、运输成本和运输问题。与使用台式机或笔记本电脑的零售商相比，使用移动设备的零售商会更加没有耐心（Akamai，2017）。

2010 年，谷歌提出把连接速度作为网站算法排序的标准之一，通过降低网站的展示排名有效地惩罚低速网站。不过这只会影响 1% 的网站（Google，2010）。Akamai 最近的研究成果是：对于电子商务网站的使用者而言，低于 2 秒的下载时间是可以接受的。由于谷歌把网页下载速度计算在内，当给一些特别慢的网站定等级时，还会与其他网站比较网页权重或者膨胀情况。

访问网站服务的速度由服务器的速度和服务器的网络连接速度决定。访问网站服务的速度是指网站对终端用户信息请求的响应速度，取决于网站所依附的服务器的速度以及服务器处理信息的速度。如果服务器只有小部分的用户接入，用户就不会出现等待网页显示的情况。然而，如果同时有大量的用户对网站信息发出请求，用户就需要等待一段时间，所以网站服务器软硬件的结合也很重要。网站服务器所应用的软件对网络速度的影响不大。服务器的处理速度主要取决于主存储器的容量和磁存储器的速度等，比如内存为 1 024Mb 的服务器的处理速度快于内存为 512Mb 的服务器的处理速度。现在很多搜索引擎网站把它们的数据索引都存储在内存中，这样比存储在硬盘上的读取速度更快一些。公司将根据服务器的性能向互联网服务供应商支付费用。

托管选择重要的一点就是服务器是专用的（dedicated）还是共享的。如果服务器是共享的，那么性能和停机时间都会被其他网站的负载量影响。但是专用服务器的花费是共享服务器的 5～10 倍，所以小公司选择共享的方式时也要采取相应措施来降低操作失灵带来的风险。

对于高速网站而言，服务器可能由很多电脑构成，并由许多处理器来满足负载量。斯平纳德（Spinnrad，1999）总结了托管内容新的分类方式，他认为应该在全球范围内通过对服务器内容的分类提高大的合作网站的网页服务速度，其中被广泛使用的服务是 Akamai（www. akamai. com），其主要被雅虎等热门网站使用。

网站的速度还与网络连接速度有关。通常又把网络连接速度称为"带宽"（bandwidth），网站连接互联网的带宽和客户的电脑连接到互联网的带宽都会影响网页及相关图像到达客户电脑的时间。之所以称为带宽，主要是因为它指的是某个电磁频率或者模拟数字信号在某一特定传输介质中所占的宽度范围。

像专栏 3-5 描述的那样，带宽意味着速度的大小，它可以让数据沿着特定的媒介，如网线或电话线，在网页服务器中传播。简单来说，带宽所传送的数据可以看作一个管道中的信息流，更大的带宽，即更大直径的管道，能以更快的速度把信息传到用户的电脑中。许多 ISP 都有宽带上限，即使在无限制的互联网接入计划中，也为高容量带宽的用户设置了上限。

专栏 3-5　　　　　　　　　　　　　带宽

与下载速度密切相关的一个问题是带宽。带宽影响业务内容的下载和上传速度。企业在考虑内容的大小和访问内容的人数时，需要考虑带宽。

带宽实际上反映了数字企业与外部世界交换信息的水平，它不仅反映了从企业下载单个内容的速度有多快，还反映了可以同时下载的数量。

人们很容易将一段内容的大小（以兆字节和千兆字节为单位，分别是 MB 和 GB）与互联网连接的速度或带宽混淆。带宽通常以兆比特每秒和千兆比特每秒（Mbps 和 Gbps）为单位，一字节是一比特的 8 倍。

例如，一个 60MB 的内容不会在 1 秒内通过 60Mbps 的连接下载——可以下载的是一个比它小 8 倍（7.5MB）的文件。60Mbps 的带宽可以视为 7.5Mbps 的下载连接。

带宽和下载速度会因同时下载的数量而变得复杂。以 6Mbps/7.5Mbps 带宽的连接下载 60MB 的内容为例，一个用户可以在 8 秒内下载完成。如果两个用户同时尝试这样做，下载时间将增加到 16 秒，因为实际上是 120MB 的内容在同时下载。10 个用户同时下载需要 80 秒。

因此，数字企业在获取数据连接时需要考虑几个变量，即它预期共享的内容的大小、预期的同时下载用户数以及其他技术因素，如延迟（数据在数据网络上传输一段距离需要多长时间）、必须纠正的数据传输错误等。

可获得性

通俗来讲可获得性就是用户连接网站的容易程度。理论上讲，可获得性应该是 100%，但有时存在某些技术原因，可获得性达不到 100%，例如，服务器硬件崩溃或者软件升级时。专栏 3-6 介绍了一些潜在的问题和公司常用的应对方法。

专栏 3-6　　　　　　　当业务需求太大时会发生什么

数字商务在很大程度上依赖于一系列相互连接的系统来确保其正常运行，系统包括平台本身、承载平台的环境、数据连接带宽等。繁杂的环境会使故障频发，因此数字企业需要制定一系列应对方案。

许多数字企业将自己的网站在其他位置做一个完全相同的副本（即镜像），以应对主网站的故障，或者在需求大的情况下引导流量。使用全球云服务供应商的数字企业大多已经安排好几个不同位置的镜像网站，用以管理其站点。

处理数据连接故障可能会更困难，而数字企业依赖于连接的供应商来维护服务。

最大的问题可能出现在主机和连接正常工作的情况下，比如，对数字商务内容的需求超过了企业预期的供应能力。

2007 年，一家英国互联网服务供应商发现，它宣布与苹果公司的独家合作伙伴关系后，其网站无法容纳大量试图访问该网站的用户（Collins，2007）。高流量和大量用户同时使用的问题仍然困扰着数字企业。过去几年，See Tickets，一家娱乐场所和活动门票的在线经销商，在著名的格拉斯顿伯里音乐节门票发售之日，其售票网站由于成千上万的客户试图访问而崩溃了。因此，要满足不断增长的需求几乎是不可能的。

资料来源：Collins, B. (2007) 'iPhone rush knocks out O2 website'. http://alphr.com/news/personal-technology/125227/iphone-rush-knocks-out-o2-website.

服务水平合约

为了保证网站具有最佳的可获得性和速度，公司应该在开始为客户提供网络服务时，就拟定一个明确的服务水平合约（service level agreement，SLA），用来表明公司网站的服务可获得性和速度应该保持什么样的水平。当信息由一个节点传送到另一个节点时，SLA 用延迟或网络延迟来定义网络的可获得性。SLA 还应包括当网络服务不能使用时，公司将向客户说明原因，以及网络可重新使用的时间。

安全性

安全性是服务质量的另一个重要问题。第 9 章详细介绍如何控制安全性。

3.6 通过内联网和外联网管理内部数字通信

在第 1 章中我们介绍了内联网和外联网的概念。

3.6.1 内联网应用

内联网被广泛应用于卖方电子商务市场，它的应用有利于形成一个有效的营销网络。除此之外，内联网还应用于供应链管理，这方面的应用与下面对外联网的描述类似。如今，它们通常被部署为基于网页的服务，并辅以通过电子邮件发送消息和警报或在用户登录公司网站时使用。内联网有以下优点：

- 缩短产品生命周期——随着有关产品开发和营销活动的信息完善，我们可以更快地将产品推向市场；
- 通过提高生产力及节省影印费用，降低成本；
- 更好的客户服务——支持反馈和个性化定制，员工通过网络与客户沟通；
- 通过全国性或全球化的远程办公室发布信息。

内联网因含有下列信息得以应用于组织内部市场交流：

- 工作人员电话目录；
- 工作人员的工作流程和质量手册；
- 代理商需要的多种产品信息（如产品规格、产品清单、折扣价格、竞争者信息、工厂作业时间表和存货水平等），这些信息需要经常、及时地更新，企业可能要为此支付较高的费用；

- 工作人员的公告或简讯；
- 培训课程。

内联网的作用远不止发布信息。网页浏览器还为业务应用程序提供了一个访问平台，传统上是使用单独的软件程序访问这些应用程序。这可以帮助降低交付和管理信息系统的总体拥有成本（total cost of ownership，TCO）。通过基于网页的内联网或外联网交付的应用程序维护起来更便宜，因为不需要在终端用户的电脑上安装，升级更容易，用户重新配置软件时问题更少。应用程序包括让工作组在项目上协作的工具、个人服务定制（例如预订假期或安排工作回顾）、金融建模工具和车辆跟踪系统。传统的信息，如竞争情报、公司新闻和制造质量统计数据也可以共享。

内联网需要一种合适的技术，使员工能够创建和管理自己的内容。内容管理系统（content management system，CMS）的功能通过内置到内联网和外联网的系统来实现。例如，微软共享点服务器通常用于内联网管理（http：//sharepoint. microsoft. com）。

实现和维护内联网的管理类似于外联网（Arora，2012）。在下一节中，我们将研究外联网的五个关键管理问题。

专栏 3-7   **"云"能省钱吗**

我们可以为不同业务提供相似的解决方案来满足数字商务的需求。亚马逊、谷歌和微软提供的业务非常不同，微软提供存储、服务和办公软件，亚马逊提供存储和业务流程，而谷歌提供存储、办公软件和流程。为什么人们使用这些服务呢？

最大的问题是"总体拥有成本"（TCO），数字商务需要考虑资本（一次性）支出、运营成本和与问题相关的成本。云服务供应商称，既然它们提供了平台，那么与资本支出相关的成本就不存在了：首先，它们在许多商业客户之间分摊资本支出；其次，它们可以在商业客户之间分摊运营成本，最后，由于平台是它们的主要业务功能，因此它们能够对停机等间接成本采取更强有力的预防措施，并将成本分摊给所有客户。

云服务供应商实际上是专业设备公司，这种模式并不新奇——许多公司在自身没有维持服务的竞争优势时，会将业务的某些方面外包给专业人员。然而，决定将流程外包给云服务供应商可能不仅是为了降低成本，还是为了规避风险。

3.6.2 外联网应用

虽然外联网听起来很复杂，但从用户的角度来看，它是很简单的。如果你在亚马逊买了一本书或 CD，并通过用户名和密码来访问你的账户，那么你就使用了外联网，这是一个消费者外联网。外联网还用于提供仅限于商业客户的在线服务。"外联网"这一术语指的是电子 B2B 通信，正如弗洛斯基等（Vloskyet et al.，2015）指出的：

> 对于外联网的确切定义仍然有些混乱，但最普遍的定义是"通过互联网将商业伙伴联系在一起的网络"。

许多零售和服务机构为它们的客户提供外联网访问服务，你可以在任何一个比较网站上看到类似的简单例子。在英国，MoneySuperMarket，Confused.com，GoCompare 和 CompareTheMarket 这些企业在高度竞争的环境中运营，利润率非常低，但它们提供的产品并不是价格低廉的日常用品，而是保险、能源和金融服务合同。申请保险等事情十分耗时，企业允许你持续访问自己的个人资料，实际上是将你"软锁定"在它们的服务上。比较网站通常基于这个特点来展开业务，还可以增加其他内容保证你与它们的持续互动关系。迷你案例 3 - 6 介绍了英国政府是如何监测英国公民的外联网使用行为的。

迷你案例 3 - 6

数字商务如何与客户共享资源

客户和公司之间的界限变得越来越模糊。网络化公司和网络化客户的发展意味着它们之间的联系不可避免地会打破传统的边界。

当一个公司希望与客户共同作为创业者时，它是在承认客户带来了自己没有的资源和技能（Agrawal and Rahman，2015）。在许多情况下，这些资源就是客户的"时间"和"地点"，允许客户"进入"组织，数字商务就可以利用这些客户的资源。

英国政府采用了"数字优先"战略，在政府机构和英国公民之间提供服务。英国政府认为，在条件允许的情况下，数字化互动与公共服务互动是可行的，且英国公民更倾向于数字化互动。2014 年，负责处理授权书法律安排的公共监护人办公室（Office of the Public Guardian）开始改进收集人们信息的方式，允许人们直接在官方的数字化框架内完成更短的数字表格（并存储和提交），而不是填写复杂的纸质表格。这意味着人们可以自己完成"文书工作"并提交。这样一来，办公室就能让公民有效地使用政府的系统，并与公民共享资源。为了发挥作用，公共监护人办公室必须使整个操作过程比旧的纸质版本更容易、更令人满意（Holloway，2014）。

外联网的优势包括：

- 将在线预订、订单跟踪和库存控制集成在供应链中，可研究亚马逊是如何实现这一点的。
- 降低为终端用户和业务合作伙伴提供订单的成本——现在很多保险公司提供政策文档。
- 允许合作伙伴、供应商和客户之间材料和文件的协作，并促进其快速发展。
- 改善客户体验，为客户提供信息，帮助解决客户的问题——Dropbox 几乎为每一个查询文件的用户都提供了帮助。
- 外界可通过一个单一入口进入组织。
- 确保对外部用户服务的一致性、安全性（尽管在访问安全性方面存在一些问题——这是一个需要处理的标准问题）。
- 提供"仅针对注册用户"的选项，非注册用户及非客户无法选择此选项——许多公司通过仅对客户开放的外联网内容吸引新客户和留住现有客户。
- 由于员工、合作伙伴和客户使用所有资源都不需要"亲临现场"，因此虚拟公司的发展是大势所趋。

管理外联网所涉及的许多问题与管理内联网类似。当评估一个现有的外联网或创建一个新的外联网时，有以下五个关键问题：

1. 外联网的使用程度是否足够高？外联网需要大量的投资，我们需要鼓励客户使用网站，因为我们希望在某种程度上改变客户的行为方式。公司的利益建立在鼓励客户使用、实现投资回报和实现预期的成本效率上。

2. 外联网的使用效率和效果如何？公司必须实施控制，以评估其使用情况，在必要时改进其表现，并评估投资回报。例如，可以衡量不同类型的访问者的水平，并评估不同类型信息的使用水平。计算每个外联网交易所节省的直接成本和间接成本，可以帮助评估其有效性。例如，Viking Direct，一个办公用品批发商，通过外联网连接到它的订购系统，个人可以用信用卡付款，公司采购商（包括文具零售商）可以使用 EDI 发票（www. viking-direct. co. uk），买家可以获得最新的个性化价目表和产品图片等促销信息。与将实物促销材料运送给买方相比，数字化下载都可节省大量资金。

3. 谁拥有外联网的所有权？外联网的功能包括 IT（技术基础设施）、金融（设置付款方式、交换采购订单和发票）、营销（向分销商提供营销材料和销售数据或向客户提供服务）和运营管理（交换有关库存的信息）。显然，公司必须满足这些方面的需要，建立管理控制。

4. 应该提供什么样的客户服务？外联网已经成为公司业务处理至关重要的部分，外联网的速度和有效性若出现问题将给公司带来巨大的损失，因此，外联网比面向公众的网站更重要。

5. 信息的质量如何？信息最重要的是即时更新性和准确性。

在第 6 章将会介绍外联网在供应链管理服务方面的应用，作为一种来自供应商方面的资源，外联网提供了供应商订单、产品和服务。

在任何规模的零售公司中，当通过外联网收到新的客户订单时，会自动触发仓库的调度系统（通过内联网传送）、客户的订单确认以及订单的发货状态。为了使内联网上的不同应用程序能够通信，系统集成商使用中间件（middleware）在组织应用程序之间或供应链的不同成员之间创建链接。例如，在供应链管理系统中，中间件将转换来自外部系统的请求（如销售订单），以便内部系统能够理解它们（相关字段在数据库中更新），然后将触发后续事件来完成订单。

中间件是一个老术语，现在通常被称为企业应用集成（enterprise application integration，EAI）（AIIM，2001）。中间件包括销售订单处理系统和仓储系统，还包括来自不同组织的软件程序。

3.6.3　鼓励使用内联网和外联网

内联网和外联网通常会改变业务人员现有的工作方法，因此鼓励员工使用它们不是一件容易的事。也许公司会积极推出这些系统，但如果并不实用，它们的使用率就会较低。使用内联网和外联网时需要注意的问题如下：

1. 员工对内联网的使用率低，且使用意愿没有增加的趋势；
2. 大部分的网页内容已经过期，或者不完整、不准确；
3. 内联网的内容不具有一致性或连贯性，出现这种情况的原因可能是网络的不同部分由不同部门的管理者管理；
4. 内联网上几乎所有信息都是相关资料，既没有公司新闻，也没有一些最近的更新；
5. 大部分公司有关部门对内联网的使用仅局限在发布公司内部消息。

完成活动 3-3，探索内联网和外联网使用有限的问题的解决方案。

活动 3-3 **解决在 B2B 公司中内联网和外联网使用有限的问题**

目的

阐明内联网和外联网使用有限的问题的解决方案。

活动

一家 B2B 公司发现，员工在对内联网和外联网最初的兴趣消失之后，使用量急剧下降。请为数字商务经理提出能够实现以下目标的建议：

1. 增加使用量；

2. 创造更多动态内容；

3. 鼓励更多客户（使用外联网）订购。

3.6.4 流媒体

流媒体电视或点播电视越来越受欢迎，电视节目和视频能够通过宽带在流媒体电视上播放是近年来最令人兴奋的发展之一。2007 年，基于欧洲受众的 Joost 和服务美国受众的 Hulu（www. hulu. com）等开始推出数百个频道的流媒体观看服务。Netflix、亚马逊视频、Now TV（Sky TV 的流媒体版本）、BBC iPlayer 和 Apple TV 是流媒体电视的代名词。

对于营销人员和广告公司来说，越来越重要的是学习如何开发流媒体电视节目以获取在线受众。

3.6.5 基于 IP 的语音传输

基于 IP 的语音传输（Voice over IP）可通过 LAN 或其他方式传输语音。IP 代表互联网协议，基于 IP 的语音传输（VoIP）能够助力互联网通话的实现。IP 使单个网络能够处理公司所有类型的通信需求，即数据、语音和多媒体信息通信需求。VoIP 越来越受欢迎，因为其已被证实能够降低办公室内部以及办公室之间拨打电话（尤其是国际电话）的成本。VoIP 报告（Vorodi，2017）指出，在初始投资后，管理一个融合的 VoIP 通信系统与管理单独的语音和数据系统相比，成本要低 50%～75%。从长远来看，各大电信公司正在用 IP 网络取代现有的语音网络，专门用于销售和管理 VoIP 网络的新型业务正在萌芽。

VoIP 的其他优点包括：

1. 点击呼叫——用户从显示目录中单击号码即可完成呼叫。

2. 呼叫转接和举行电话会议（针对不同位置的人员）。

3. 整合信息——将所有电子邮件、音频邮件以及传真都整合进单一文件夹。

4. 办公桌共享——无论员工在哪里登录（本地登录还是异地登录），呼叫都能够追踪、传递到。

5. 成本控制——不同业务之间的成本审查和分配更加透明。

还有多个选项可选：

1. 点对点。最著名的点对点解决方案是 Skype 公司提出的，它提供基于互联网连接、启用耳机的电脑之间的免费通话或视频会议（有时称为"软电话"）。与传统方式相比，SkypeOut 提供了以更低成本拨打固定电话或移动电话的服务。这项服务其实只适合小型企业，但也可用于大型企业，适用于一些经常需要绕过公司中央系统审批与国外办公室联系的员工。

2. 托管服务。公司使用许多公司之间共享的大型集中式 IP 系统，可能会降低成本，但一些公司可能对外包其整个电话目录存在担忧。

3. 完全更换所有电话系统。这在短期内可能成本高昂且具有破坏性，但新公司或搬迁的公司可能会发现这是最具成本效益的解决方案。

4. 升级现有电话系统至基于 IP 的语音传输。一般来说，这是现有公司能做的最好的让步。

3.6.6　窗口小部件

窗口小部件（widget）是在网站上或用户桌面上可使用的工具。它们要么提供一些功能，如计算，要么提供实时信息，例如新闻或天气信息。

网站所有者可以鼓励合作伙伴将窗口小部件放在它们的网站上，这将有助于人们了解品牌，也促进生成用于 SEO 目的的反向链接（请参阅第 8 章），还能帮助它们与其他品牌互动，尽管那个品牌的网站上可能没有关于本品牌的内容。窗口小部件通过插件功能或插件内容为合作网站提供了增加访问者价值的机会，或联合其他品牌来提高品牌知名度。

窗口小部件的主要类型包括：

1. 网页窗口小部件。网页窗口小部件已作为联盟营销的一部分使用了很长一段时间，它们变得越来越丰富，能够在网站上进行搜索、查看实时价格更新甚至观看直播视频。

2. 移动窗口小部件。可以在安卓和苹果手机上使用，且能够访问少量应用功能而不必打开应用程序本身。

3. 桌面以及操作系统窗口小部件。微软操作系统和苹果 OS X 系统使创建和启用这些小部件并将它们放在边栏中更加容易。

4. 社交媒体窗口小部件。鼓励网站访问者通过用户的社交媒体配置文件共享来自网站的内容。

5. 脸书应用程序。脸书已经开放其 API（应用程序编程界面），使开发人员能够创建小型交互式程序，用户可以将其添加到自己的空间以实现个性化。

6. 浏览器扩展程序。谷歌允许开发者构建改变或改进谷歌 Chrome 浏览器功能的小型程序。有时候开发者能自行开发出相当完善的程序，并在有 Chrome 浏览器的平台上运行。

3.7　技术标准

构成网站的网页信息、图形和交互型元素统称为内容（content）。对文本、图形和多媒体有不同的技术标准。

3.7.1　XML 应用示例

一个被广泛采用的 XML 应用程序是"都柏林核心元数据倡议"（Dublin Core Metadata Initiative，DCMI）（www.dublincore.org），自 1995 年指导小组首次在都柏林、俄亥俄州会面以来，该组织一直积极参与定义不同形式的元数据，以支持通过互联网访问信息。这一举措的一个重要部分是确定引用网络文档和其他媒体资源的标准方法。如果得到广泛采用，这将提高搜索特定作者在特定日期以特定语言创作的文档的效率。到目前为止，它主要在内容管理系统中应用，以协助对内联网和外联网数据（而不是公共互联网的数据）的知识管理。

XML 可以提升供应链管理水平。例如，微软用于 B2B 应用程序集成的 BizTalk 服务器（www. microsoft. com/en-us/cloud-platform/biztalk）就是基于 XML 的。RosettaNet 是一个由许多世界领先的信息技术、电子元件和半导体制造公司（如英特尔、索尼和诺基亚）联合创建的电子商务数据交换标准（https://resources. gs1us. org/RosettaNet）。微软总结了 Biz-Talk 服务器的好处，即能够与原生应用程序、端到端系统和自定义软件应用程序连接，并与流行的微软业务产品进行连接。

XML 的另一个应用是 ebXML（www. ebxml. org），即电子商务扩展标记语言。它是由结构化信息标准促进组织（OASIS）（www. oasis-open. org）倡导的一个全球性电子商务标准，OASIS 是一个促进电子商务标准建设的非营利性国际化组织，其原始项目旨在使用五个标准来定义电子商务交易：

1. 商务流程。

2. 核心数据组成要素。

3. 合作协议同意书。

4. 通信。

5. 注册与存储。

OASIS 定义了构成商业流程的三种交易：

1. 商业交易。两个合作伙伴之间的单个业务交易，如下订单或装运订单产品。

2. 双向合作——两个合作伙伴进行一系列商业交易，各自扮演一个角色。

3. 多方合作。由多个业务合作伙伴开展的一系列双向合作。

3.7.2 语义网标准

语义网（semantic web）是蒂姆·伯纳斯-李（Tim Berners-Lee）和万维网联盟（www. w3. org）为改进万维网的功能而提出的概念。语义是词汇和语言表达的含义。例如，"父亲"一词的语义元素是男性、人类和父母，"女孩"一词具有女性、人类和年轻的语义元素。语义网可以定义网站内容的含义，以便快速查找相关信息和服务。通过搜索网页查找特定主题的信息往往不准确，因为没有描述网页内容的标准方法。语义网通过 XML、RDF 等标准，使用元数据，帮助用户更容易地找到网页资源。语义网的另一个好处是，它将支持在不同的服务器或客户端计算机上运行的软件代理之间进行数据交换。

代理（agents）是为帮助人们执行任务而创建的软件程序。它们自动从互联网上收集信息，或根据用户提供的参数与其他代理交换数据。

语义网最明显的应用是谷歌的知识图，它用来优化用户通过搜索引擎查询的结果。知识图于 2012 年出现，在搜索结果右侧的面板中提供了称为"知识面板"的信息。谷歌的系统试图使查询更有意义，并提供来自不同来源的有意义的结果。

3.7.3 微格式

微格式（microformats）是语义网发展的一个实际例子。数据可以通过标准微格式（如 h-card、h-calendar 和 h-review）进行交换，这些格式用于将来自其他网站的数据合并到谷歌列表中（详情请参阅 microformats. org）。如果你对电影、酒店或热门产品进行搜索，可以看到谷歌将其纳入其索引网站的微格式示例。

3.8 聚焦：影响数字商务的内外部治理要素

在第 4 章中，我们将简要介绍政府如何通过法律促进和控制其管辖范围内的互联网使用。在本节中，我们将互联网的增长作为一种全球现象，考虑如何设计上一节中描述的标准。互联网与以往所有的传播媒介都大不相同，因为政府要控制并塑造互联网的发展并不容易。想想印刷品、电视、电话和收音机，政府可以对它们进行一定程度的控制。

埃丝特·戴森（Esther Dyson，1998）关于互联网对社会的影响方面的建议一直颇具影响力，她将互联网治理（Internet governance）描述为管理互联网增长并对其使用展开控制。互联网的全球性使得政府控制网络空间变得不那么现实。戴森这样说：

> 现在，随着网络的出现，允许独立于传统政府的组织承担某些政府的监管功能。这些新的国际监管机构将履行政府职能，监管日益全球化的大公司以及能够在全球通过网络运作的个人和小型私人组织。

戴森将政府管辖分为不同层面。它们是：

1. 物理空间，包括本国法律（如税收治理、隐私、贸易和广告标准）。
2. 互联网服务提供商（ISP）——物理世界和虚拟世界之间的连接。

现在有一些成熟的非营利组织在控制互联网的方方面面。因为它们的控制是在政府之外的，这些组织也被称为超政府组织。

3.8.1 网络中立原则

网络中立原则（net（or network）neutrality）是在 20 世纪 80 年代和 90 年代发展起来的。该原则规定平等使用互联网和网页，但这受到两种不同力量的威胁。首先，一些 ISP 希望提供对特定互联网服务的分层访问。ISP 的愿望是根据上游内容供应商支付的费用，向消费者提供不同的服务质量，即传输速度。因此，ISP 可能会向电视频道等公司收取更多费用，因为它们会传输流视频等具有高带宽要求的内容。

在美国，对分层服务的担忧似乎最为强烈，两项拟议法案有助于实现网络中立原则，即 2006 年《互联网自由与不歧视条例》和 2006 年《通信机会、促进和增强条例》，但其最终没有成为法律。ISP 是反对用户从 BitTorrent 访问点对点流量的强烈游说者。在像英国这样的欧洲国家，ISP 以不同的带宽提供不同级别的接入，但这只是一个商业和定价的问题，而不涉及原则或政策问题。

其次，一个不太广泛但同样令人关注的涉及网络中立原则的是一些政府部门或机构希望阻止针对某些服务或内容的访问，例如，经常以提供 VoIP 服务需要本地许可证为由，阻止某些软件，如 Skype 或 Apple Face Time（Business，2014）访问私人信息。

3.8.2 互联网名称与数字地址分配机构（ICANN，www.icann.org）

互联网名称与数字地址分配机构（ICANN）是分配与管理域名和 IP 地址的非营利性国际组织。该组织先前由互联网数字分配机构（IANA）和其他实体控制。

根据 ICANN 事实清单（http://archive.icann.org/en/cctlds/icann-and-the-global-internet-25feb03.pdf）：

　　过去，互联网的许多基本技术协调功能是由美国政府承包商和受赠方以及广泛的志愿者网络临时处理的。这种非正式结构代表了互联网发展研究界的精神和文化。然而，互联网日益具有国际和商业重要性，因此必须建立一个技术管理和政策发展机构，在结构上更加正式、更加透明、更加负责并且更充分地反映世界互联网社区的多样性。

关于该机构的独立性存在几个问题，比如谁资助它，它对谁负责，它受到监管吗？令人难以置信的是，2002 年，ICANN 只有 14 名员工和由 19 名志愿者组成的董事会，由文顿·瑟夫（Vinton Cerf）博士担任主席，许多人认为他是"互联网之父"。资金来源是向商业公司收取的域名注册费用。网站上的政策声明显示，ICANN 政策受各种利益相关者的影响，但主要是由十人组成的独立审查机构控制。

3.8.3　国际互联网协会（ISOC，www.isoc.org）

国际互联网协会是一个专业性的会员制协会，成立于 1992 年。它的目标是："在解决互联网未来面临的问题方面提供指导，负责互联网基础设施标准的团体（包括互联网工程任务组（IETF）和互联网架构委员会（IAB））的组织中心。"

该协会的任务宣言（www.internetsociety.org/who-we-are/mission）是"确保互联网的开放发展、演变和使用，造福于全世界人民"。

它侧重于标准和议定书的技术问题，也考虑了这些将如何影响全球社会。

3.8.4　互联网工程任务组（IETF，www.ietf.org）

这是主要的技术机构之一。它是一个网络设计师、运营商、供应商和研究人员的国际社区，关注互联网设施及其传输协议（如 IP）的发展。重要的子组织包括互联网架构委员会（ISOC 的技术咨询小组），其职责范围很广；还包括和互联网工程指导小组，它负责监督 IETF 的活动和互联网标准流程。

3.8.5　万维网联盟（www.w3.org）

该组织负责网络标准。负责人是蒂姆·伯纳斯-李（Tim Berners-Lee）。它侧重于改进标准，如 HTML 和 XML。该联盟还促进网络的可用性，如为残疾人提供无障碍网络。

3.8.6　电信信息网络体系结构联盟（TINA-C，www.tinac.com）

该组织旨在站在更宏观的视角促进应用程序通信交流。它不定义详细的标准，其原则基于面向对象的方法，以便系统集成。"这些原则的目的是确保软件组件的互操作性、可移植性和再使用性，以及独立于特定技术并在不同的利益相关者（如消费者、服务供应商和连接供应商）之间分担创建和管理复杂系统的重任。"

尽管电信信息网络体系结构联盟早在 20 世纪 90 年代就已成立，但它在寻找"TINA-compliant"的解决方案方面收效甚微。

3.8.7　公司如何影响或控制互联网标准

公司寻求对互联网的控制，以获得竞争优势。例如，微软使用被称为"反竞争"的策略使 IE 浏览器获得了巨大的市场份额。在五年内，它占有了超过 75% 的市场份额，这使得它在电子商务的其他领域获得优势，如通过其门户网站 MSN 获得的广告收入和通过旅游网站 Expedia 获得的零售优势。微软还试图控制诸如 HTML 等标准，并引入竞争对手的标准或其他标准的变体。谷歌成了最受欢迎的搜索引擎，使得谷歌有可能影响商业决策事务。许多公司抱怨谷歌对搜索结果的可见性施加不当影响，尤其是欧洲政府层面也提出了许多法律问题。

全球互联网标准机构的存在意味着一家公司不太可能开发专有标准，尽管微软已经成功使用这种方法很多年了。如今，微软等公司必须游说独立组织以进入 XML 组织框架。企业可以通过游说这些组织、政府或订阅成员，让员工参与标准制定来保护其在互联网上的利益。

许多人仍然担心公司未来对互联网的控制，"最终世界"（World of Ends）运动说明了控制会限制消费者的选择和扼杀创新。但互联网的未来是有保证的，因为"最终世界"的文件中所拥护的三项核心原则仍然适用：

- 没有人真正拥有它。
- 每个人都可以使用它。
- 任何人都可以改进它。

3.8.8　开源软件

选择支持数字商务应用的开源软件（open-source software）对于任何管理公司技术基础设施的人来说都是一个重大决策。目前，开源软件在很多与数字商务相关的类别中都非常重要，包括操作系统、浏览器、网页服务器、办公室应用程序和内容管理系统（包括博客）。开放源代码促进会（OSI，www. opensource.org）将其优势解释如下：

> 开源背后的基本理念非常简单：当程序员能够读取、重新分发和设计一个软件的源代码时，软件就进化了。人们改善它，适应它，修复错误。如果一个人习惯了传统软件开发的缓慢节奏，会发现变化是惊人的。

> 我们在开源社区中了解到，这种快速进化过程产生的软件比传统的封闭模型更好，在封闭模型中，只有少数程序员能看到源代码。

表 3 - 4 总结了开源软件的一些主要优点和缺点。

表 3 - 4　开源软件的优点与缺点

开源软件的优点	不同/相反意见
1. 免费有效购买	从现有系统迁移的费用可能很高，还包括中断费用和员工培训费用
2. 较低的维护成本，因为升级是免费的	没有具体的反驳
3. 灵活性提高	拥有资源的企业可以定制代码可以通过协作开发频繁地修补程序
开源软件的缺点	**不同/相反意见**
1. 相对于商用软件来说功能较少	简单性意味着易用性和更少的错误，许多功能其实未被大多数用户使用
2. 与商用软件相比，更有可能出现错误，因为没有进行商业测试	证据表明情况似乎并非如此，协作开发所需的模块化设计能够独立解决问题
3. 技术支持质量差	拥有该资源的企业可以自己解决问题，因为它们可以访问代码 IBM、SuSe 和 RedHat 等公司确实会向 Linux 提供收费支持 为新兴的开源技术寻找熟练的员工可能有些困难

谷歌创新

背景

谷歌现在仍然是全球很受欢迎的搜索引擎（eBizMBA，2017）。搜索引擎本身仍然是核心产品，这是 20 世纪 90 年代原始创新的结果。但谷歌并没有简单地固守这一产品，而是不断寻找新的业务领域——尽管并非总能获得商业上的成功。谷歌已经成为一家大型的企业，但仍需创新才能繁荣，因此谷歌对企业架构进行调整，创办了一家名为 Alphabet 的"伞形公司"。

谷歌和 Alphabet 的任务

搜索引擎企业谷歌目前的使命是组织全球信息，使其随时可用。除其他事项外，拉里·佩奇（创始人之一）强调雄心壮志、长远视角，鼓励企业家提高透明度，希望谷歌能更好地被关注，从而作为 Alphabet 的一部分改善人们的生活。

谷歌需要成为 Alphabet 的一部分，这反映了一个企业正在从单纯的搜索引擎和许多其他业务中成长起来。谷歌管理的这些业务包括"谷歌细分"（The Google Segment）和"其他投注"（The Other Bets）。谷歌产品是众所周知的，包括熟悉的服务，如搜索、AdWords、谷歌购物、谷歌地图、YouTube、谷歌云、安卓、Chrome 浏览器和应用程序商店 Google Play，也有硬件产品，如谷歌的 Pixel 手机、Google Home、Chromecast 和 Daydream View VR 耳机。

非谷歌细分包括：

- Access/Googls Fiber——在美国部分地区提供 IPTV 和互联网的光纤业务；
- Calico——研究人类老龄化的生物技术企业；
- CapitalG——一个风险投资基金，曾经是谷歌的资产；
- GV——另一项风险投资业务，谷歌以前的风险投资；
- Nest——家庭自动化业务，以 Nest Learning Thermostat 和 Nest Protect 烟雾报警器闻名；
- Verily——一个追踪长期健康数据的生命科学企业；
- Waymo——自动驾驶汽车项目；
- X——空间探索科技企业。

非谷歌细分部分业务展示了创新如何引导远离原来的数字商务业务，而 Alphabet 的形成正是对这一问题的回应。

谷歌的收入来源

谷歌主要有三种收入来源：

- 谷歌的广告收入和盈利；
- 谷歌网络会员的广告收入和盈利；
- 其他杂项收入。

1. 谷歌的广告收入和盈利。

- 在 Google Search AdWords 上产生的广告收入，包括当合作伙伴在浏览器和应用程序中使用谷歌作为默认搜索引擎时，通过搜索分流合作伙伴获取的流量收入。
- 在 Gmail、Google Maps 和 Google Play 等上产生的广告收入。
- 在 YouTube 上产生的广告收入。

2. 谷歌网络会员的广告收入和盈利。

● 来自 AdSense 的搜索和内容部分的广告收入。

● 来自 AdMob 的收入。

● 来自 DoubleClick AdExchange 的收入。

3. 其他杂项收入。

● Google Play 上的应用销售、电影和音乐等数字内容的销售，以及应用内购买等创造的收入。

● 销售 Pixel 手机、Google Home、Chromecast 和 Daydream View VR 耳机等产品的收入。

● 谷歌知识产权对外授权的收入，如给其他网站提供网页服务。

● 来自谷歌云服务的收入。

虽然谷歌细分已经开始增加来自其他杂项的收入，但最重要的收入（和利润）仍然来自广告。SimilarWeb 的研究表明，大约 5% 的谷歌搜索结果为广告（这仅适用于个人电脑），不过会因广告产品种类而异。

风险因素

谷歌在其 2016 年的年度报告中（https://abc.xyz/investor/pdf/20151231 _ alphabet _ 10K.pdf）提出了一系列风险因素。主要包括：

● 不断增加的竞争带来的风险。

● 创新以及创新失误带来的风险：为了应对竞争，需要创新，但创新本身也具有风险。谷歌的历史中就有很多已经发布但没有进一步发展的产品。

● 来源于人们对谷歌的不信任的风险：这既与隐私问题有关，也关系到搜索结果的可靠性。

● 人们不再同谷歌进行广告合作带来的风险：这关系到信任问题，广告商可能不会选择在谷歌上投放太多广告，甚至完全不投放广告。如果广告商觉得广告的回报与其花费不符，这就越来越是个问题。

资料来源：Page, L. (2015) *Introduction Letter to Alphabet*. https://abc.xyz；Top 15 Most Popular Search Engines, April 2017. (2017) *Top 15 Most Popular Search Engines*，April 2017. www.ebizma.com/articles/search-engines；Zand, J. and Cohen, P. (2016) *Global Search Marketing Report* 2016. March 2016. SimilarWeb.

问题

说明谷歌是如何创造收入并利用数字技术领域的创新来识别未来的收入增长机会的。你还应考虑哪些未来创收中的风险因素？

3.9　本章小结

1. 企业需要提供一系列数字商务基础设施。这些设施应该能够支持用户在不同系统的桌面平台和移动平台上使用，并且具有足够的灵活性以适应不同的业务需求。

2. 移动平台决策包括选择瞄准哪些移动操作系统，提供基于移动平台的服务，以及是否需要其他辅助应用。

3. 管理数字商务基础设施的五层模型：第一层是应用层，第二层是系统软件层，第三层是传输或网络层，第四层是固件或物理层，第五层是内容或数据层。

4. 使用云计算（cloud computing）集成不同的网页服务，使得商务软件功能同定制开发组合起来。

5. 软件即服务（SaaS）提供商越来越重要，因为企业希望利用外部托管应用程序和企业外数据来降低基础设施成本并改善服务交付。

练 习 ///////////////////////

自我评估

1. 互联网和万维网的区别是什么？
2. 介绍互联网服务供应商（ISP）的两项主要功能。ISP 与应用服务供应商有何不同？
3. 如何区分内联网、外联网和互联网？
4. 简述由网页服务器向用户的网页浏览器传送网页时所涉及的标准。
5. 允许员工访问网站涉及的管理问题有哪些？
6. 解释以下术语：HTML、HTTP、XML、FTP。
7. 使用 HTML 编写的静态网页内容与使用脚本语言（如 JavaScript）开发的动态内容，两者之间有什么区别？
8. 在家访问互联网需要具备哪些软件和硬件？

问题讨论

1. 针对"如果没有蒂姆·伯纳斯-李开发万维网，互联网不太可能成为商业媒介"这句话谈谈你的看法。
2. 针对"将来，以营销为目的的内联网、外联网和互联网之间的区别可能会消失"这句话谈谈你的看法。
3. 相较于外包给云供应商，将公司数字商务服务放在公司内部的优缺点有哪些？
4. 假设你为一家有意创建电子商务交易网站的小型零售商提供顾问服务。请提供一份指南，介绍创建网站所需的阶段以及所涉及的管理问题。

测试题

1. 你被分配一个任务——为公司的员工设置互联网接入，描述所需的硬件和软件。
2. 如果你的朋友想要访问万维网，你会如何向朋友说明需要购买什么工具？解释所需的硬件和软件。
3. 解释术语"电子数据交换"，它同公司相关吗？
4. 描述公司在经营网站时会如何使用以下工具：HTML、FTP、RSS。
5. HTML 和 HTTP 等标准的存在对于万维网的成功使用有至关重要的作用，解释原因。
6. 相较于 HTML 标准，XML 标准对 B2B 企业有什么好处？
7. 解释为什么数字商务投资者需要研究应用服务供应商。
8. 从数字商务角度解释内联网、外联网和互联网之间的区别。

▶▶ 第4章

■ **电子商务环境**
■ E-business environment

学习目标

完成本章的学习后，读者应该能够：
- 识别组织中影响数字商务和数字营销战略的宏观环境因素
- 评估法律、隐私保护和道德约束因素对公司战略的影响
- 评估宏观环境因素（经济、政府数字商务政策、税务和法律）的作用

4.1 本章介绍

任何数字商务或电子商务战略的出发点都应该是分析企业经营所处的环境，即市场。通常一个企业会处于两个环境中：
- 宏观环境，即企业外部间接影响其运作的因素。
- 微观环境，即直接影响企业的内部因素，如供应商、竞争对手、中介和客户。

宏观环境与微观环境如图 4-1 所示。

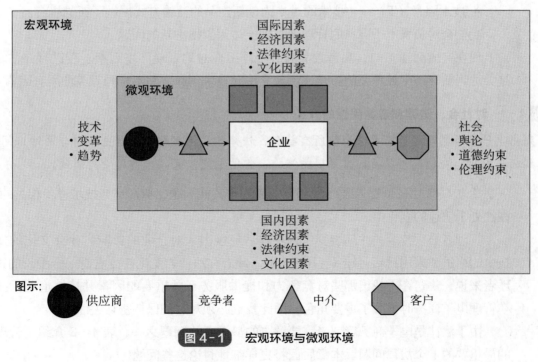

图4-1 宏观环境与微观环境

表 4-1 列出了直接影响企业的市场环境，也就是宏观环境因素和微观环境因素。

表 4-1 影响企业的宏观环境因素与微观环境因素

宏观环境因素	微观环境因素（电子市场）
社会	企业
法律和道德	客户
经济	供应商
政治	竞争者
技术	中介
竞争	群众

在第 2 章中，我们介绍了关注在线市场或微观环境变化的重要性，以及它们对企业的影响。在这一章中，我们使用广为传播的 SLEPT 框架集中讨论宏观环境的作用。在我们所使用的 SLEPT 框架中，宏观环境有助于强调法律在互联网营销实践中的重要性。

SLEPT 框架的要素如下：

- 社会因素（S）——消费者的态度和观点对其互联网活动的影响。

- 法律和道德因素（L）——这些因素决定了产品在线销售的方法。政府代表社会为公民寻求隐私权的保护。

- 经济因素（E）——不同国家和地区的经济差异会影响消费模式和国际贸易。

- 政治因素（P）——在决定互联网未来发展方向、制定互联网管理条例方面，国家政府和跨国组织发挥着重要作用。

- 技术因素（T）——技术的进步为创新产品的营销方式提供了新的机会。

我们会对负责电子商务的管理者根据上述因素提出新的问题。

现在完成活动 4-1，思考数字商务经理所面对的宏观环境因素。在进行评估时，重要的是关注当前环境中最重要的影响，例如立法和技术创新，而不是同等关注所有因素。

活动 4-1 对社会、法律和道德问题的介绍

列出电子商务网站经理需要考虑的所有社会、法律和道德问题，以避免影响与网站访问者的关系，或受到相关起诉。在访问网站时，你可以关注你、你的朋友或家人当前关心的问题。

活动 4-1 中的问题以及经济和竞争压力等其他问题，特别是与技术进步相关的动态因素，往往处于快速的变化中。

管理者必须持续关注环境变化，并评估环境因素对企业的影响。社会文化的发展以及新技术的引进和采用日新月异（见图 4-2）。政府和法律的变化往往需要一个漫长的过程。对管理者来说，诀窍在于找出那些对竞争力和提供服务至关重要的因素并持续追踪。技术和法律在管理电子商务时扮演了重要角色，因此我们必须对它们保持密切关注。

由于法律是电子商务管理者需要解决的最重要的问题之一，表 4-2 介绍了管理者所面对的最重要的七个法律问题。本章后面将更详细地讨论这些问题。

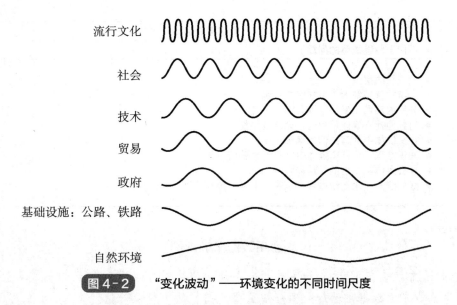

图 4-2 "变化波动"——环境变化的不同时间尺度

表 4-2	数字营销管理者面对的重要法律问题
法律问题	**数字营销活动受到的影响**
1. 数据保护和隐私法	<li>通过在线表单直接收集、存储、使用、编辑个人信息，以及通过网络追踪间接收集个人信息</li><li>电子邮件营销与手机短信营销</li><li>利用病毒式营销来鼓励消费者传播营销信息</li><li>使用 Cookie 和其他技术对内容进行个性化设置和现场跟踪</li><li>使用 Cookie 在站点之间进行跟踪，如广告网络和使用"行为定向广告"（behavioural ad targeting）的公司站点</li><li>使用社交网络中的客户信息</li><li>将安装在用户电脑上的数字资产用于营销，例如工具栏或其他可下载的实用程序。有时被称为"恶意软件"（malware）</li>
2. 残疾法与歧视法	在不同的数字环境中为视障人士提供图像等内容的可访问性：<li>网站</li><li>电子邮件营销</li><li>移动营销</li><li>IPTV</li><li>改进互联网的无障碍设计，使得残疾人（如有听力障碍和运动障碍的人群）也能轻松使用互联网</li>
3. 品牌和商标保护	商标和品牌名称的使用范围：<li>域名</li><li>网站内容（用于搜索引擎优化）</li><li>付费搜索广告活动（如 Google Adwords）</li><li>在第三方网站上的品牌代表，包括合作伙伴、出版商和社交网络</li><li>诽谤雇员</li>
4. 知识产权	<li>通过数字版权管理（DRM）保护数字资产，如文本内容、图像、音频和声音</li>
5. 合同法	电子合同的有效性：<li>取消合同</li><li>退换商品</li><li>定价错误</li><li>远距离销售</li><li>电子商务服务提供者与购买者处于不同的税收制度下而产生的国际税收问题</li>

续表

法律问题	数字营销活动受到的影响
6. 在线广告法	● 类似于传统媒体的问题
7. 社交媒体	● 代理权的提供 ● 病毒式营销等方式引起客户不满 ● 公司内部员工发帖抹黑公司 ● 对其他社交媒体用户进行诽谤或中伤 ● 社交媒体中的客户信息隐私 ● 知识产权——社交媒体中客户信息的所有权 ● 社交媒体网站内的促销和竞争 ● 版权法——未经创作者许可在网上发布照片或视频

专栏 4-1 　　　　　　　　　　　**《通用数据保护条例》**

　　《数据保护法案》是在 1998 年制定的，它不适应当今数字时代和大数据的发展。过去，企业一直在获取尽可能多的数据，然后处理分析这些数据，从中获取价值。

　　新的《通用数据保护条例》（GDPR）

　　"消费者同意"在数字营销和实体营销中都有非常重要的作用，因为数据控制者和处理者必须有一个非常明确的界限。获得"消费者同意"的注意事项包括：

　　● 必须能够证明数据主体是如何同意的，这意味着营销部必须记录"同意"的方式和经手人员。

　　● 数据主体必须能够在任何时候撤回"同意"（拥有反对的权利），撤销"同意"和给予"同意"的操作应一致，且有政策和程序来展示撤回"同意"的过程。

　　● 同意书应涵盖以相同目的进行的所有处理活动。

　　● 如果处理活动是为了达到多种目的，应就所有目的给予"同意"。

　　● 如果数据主体不能真正地或自由地选择，则不应认为"同意"的给予是自由的。

　　● 默许、预先勾选方框或不作为，不构成"同意"。

　　原则上，必须给予数据主体同意的权利，而不能是一个假设。个人数据是指：姓名、身份证号、位置数据、在线标识符或该用户所特有的身体、生理、遗传、心理、经济、文化或社会身份等一个或多个因素。GDPR 中的在线标识符包括 IP 地址、Cookie、移动 IP 甚至搜索引擎。

　　GDPR 被视为 20 年来数据保护领域最大的一次改革。数字商务和市场营销的本质是通过在线跟踪个人信息来监控行为，特别是分析或预测用户个人偏好、兴趣、可靠性、行为、位置或活动等。

　　不监控这些环境因素或对这些环境因素没有充分重视的企业将无法保持竞争力，甚至失败。监测环境的过程通常称为环境扫描（environmental scanning），一般这是一个点对点的过程，如果没有报告机制，管理者可能难以察觉一些重大变化。因此，企业需要进行环境分析并对外界环境变化及时作出反应。

4.2　社会因素

每个国家都有对某些想法、产品/服务和交流持不同态度和看法的人。相关的关键要素包括：

- 文化；
- 人口统计特征，如年龄和性别；
- 社交生活方式；
- 国内结构；
- 财富；
- 宗教。

因为互联网的存在，消费者的购买行为发生了改变。用包装消费品举例，购买行为过去是一个更为线性的过程，"刺激"是某种营销的推动力，大多数决策过程（初时真相）发生在消费者站在超市货架前。二次真相是消费者购买产品，带回家并使用，然后产生看法。

谷歌的 ZMOT（零时真相）是一个反馈循环——消费者现在使用互联网进行购买前研究、独立学习、对比产品和服务。越来越多的消费者开始使用 TripAdvisor 等网站，这使得人们很容易留下影响其他消费者购买行为的在线评论。这从根本上改变了旅游业，世界旅游市场的研究（2013 年 1 月）发现，近 40% 的消费者在预订前会阅读在线评论。

受到电子商务的影响，消费者购买产品的过程正在发生改变。先逛店后网购（showrooming）行为不断增加——消费者在实体零售店里看到产品后决定在线购买。这通常是因为人们希望在网上找到更低的价格。根据哥伦比亚商学院（Columbia Business School）和阿尔米亚（Almia）的研究，21% 的消费者是"移动购物者"，他们在零售店使用移动设备来帮助他们作出购买决策。不仅年轻人有这种行为，74% 的手机购物者年龄超过 29 岁。手机购物者的细分见专栏 4-2。

专栏 4-2　　　　　　　　　　手机购物者的细分

哥伦比亚商学院和艾米娅（2013）根据购买行为将手机购物者分为五个特点鲜明的群体：

1. 开拓者（6%）——这一群体通常选择在线购买，并且会挑选价格最低的商品。他们倾向于带着目的去逛商店，也就是说他只是到店里亲自了解商品，但最终购买在网上完成。在网上购买不仅可以省钱，还能享受免费送货、在线忠诚奖励和在线退货政策。开拓者中女性占比更高，这一群体的收入稍低。

2. 精明懂行者（13%）——这是五个群体中数字化感觉最好的一类人。这一群体热衷于寻找信息，擅长使用商店里的移动设备来比较价格、查看产品的详细信息和寻找用户评论。和"开拓者"一样，他们也是带着目的去逛商店。尽管知道在网上购买的价格更低，他们也可能会直接在零售商店购买。他们愿意参加忠诚度计划，并可能经受不住零售商优惠和奖励的诱惑。这一群体一般在 30 岁以下，男性的占比稍高（占精明懂行者的 58%）。

3. 价格敏感者（19%）——这一群体对价格有很高的敏感度，当他们知道自己可以在网上以同等价格或更低的价格购买商品时，他们绝不会在零售商店花钱。然而，如果线下服务拥有明显优势（如手机优惠券、送货上门、延长保修期等），他们则会选择从商店购买，这一群体中超过29 岁的居多，且男性与女性的占比相当。

4. 传统主义者（30%）——这一群体在线下购买，他们只使用智能手机来了解更多信息，且更愿意发短信或打电话向亲朋好友咨询，而不是查看价格。传统主义者更倾向于在店内购物，而不是在网上寻找更便宜的商品，因为他们更信任实体店，并期望商店有更好的退货政策。这种类型的零售购物者中女性占比较大，通常年龄在 55 岁以上。

5. 追求体验者（32%）——这一群体占比最大。他们认为，令人愉悦的购物体验非常重要，并且愿意在实体店内购买，即使他们知道网上价格更低。这些购物者更有可能被实体店内的体验打动，比如独家销售活动和有名人出席的活动。30 岁以下的人更重视体验，而且经常带着有流量套餐的设备。英国零售商 Debenhams 最近将其门店转变为与朋友约会的"生活方式目的地"，通过提供美容化妆、面部护理、毛发梳理和吹干服务，并提供咖啡和食物，来打入这一细分市场。

4.3　法律和道德因素

法律变更通常会影响商业环境。例如，由于加拿大的版税和版权法，Spotify 在加拿大推出前经过了数年的筹备。需要考虑的一些关键法律因素包括：

- 数据保护和隐私法（特别是关于电子邮件的法律），已被《通用数据保护条例》（GD-PR）取代——于 2018 年 5 月 25 日颁布；
- 残疾法和歧视法；
- 品牌商标保护；
- 知识产权；
- 合同法；
- 网络广告法。

4.4　经济因素

以下因素与经济状况有关：

- 市场增长和就业；
- 通货膨胀率；
- 利率；
- 货币/财政政策；
- 外汇汇率。

在电子商务领域，动态定价是一个影响消费者购买的重要因素。在这一领域，交易性电子商务网站根据不同的市场条件，如竞争对手定价、供求、消费习惯、时间、地点和操作系统，使用算法来更改其产品或服务的价格。例如，一些公司在价格还未固定的情况下，提高了某一商品或服务在 iPad 上显示的价格，因为 iPad 的售价偏高，所以他们默认购买 iPad 的消费者属于高消费的富裕群体。

4.5　政治因素

一个组织需要考虑该国国内和国际的政治局势。需要考虑的因素包括：

- 政府与领导人；
- 政策；
- 税法；
- 互联网治理。

4.6　技术因素

新技术正在改变人们（和企业）做事的方式，改变人们联系的方式和购买产品、服务的途径。硬件和软件的发展是这一变化的关键因素。图 4-3 显示，随着移动设备的发展，台式机正逐步退出历史舞台。这一现象表明，移动优化应该是数字营销战略的一个关键要素。

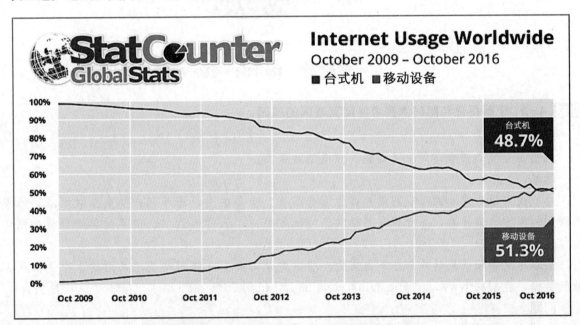

图 4-3　移动设备的使用正在逐步超过台式机

资料来源：http://gs.statcounter.com/press/mobile-and-tablet-internet-usage-exceeds-desktop-for-first-time-worldwide.

4.7　文化因素

从电子商务的角度来看，互联网受到社会和文化的重要影响，因为它们支配着人们对数字服务的需求，影响着人们网购和使用不同类型电子商务服务的倾向。例如，由于 Netflix 等公司的流视频服务的出现和流行，百视达（Blockbuster）的商业模式不再有效。

如今，智能手机正在改变人们与公司、家人和朋友互动的方式，还为用户提供听音乐和拍照的功能，智能手机拍照的创新导致曾经的相机巨头柯达和宝丽来的消亡，以及摄影零售商杰西索普（Jessops）的倒闭。事实上，现在智能手机很少用于通话（见图 4-4）。

完成活动 4-2，并思考与互联网相关的一些社会问题。

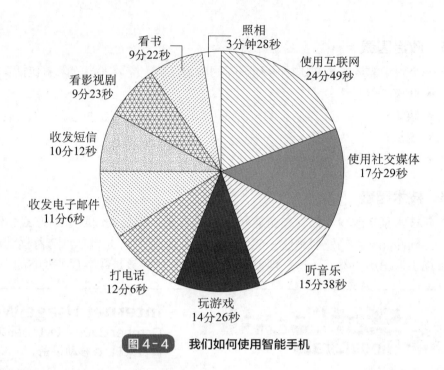

照相
3分钟28秒

看书
9分22秒

看影视剧
9分23秒

使用互联网
24分49秒

收发短信
10分12秒

使用社交媒体
17分29秒

收发电子邮件
11分6秒

听音乐
15分38秒

打电话
12分6秒

玩游戏
14分26秒

图 4-4 我们如何使用智能手机

活动 4-2 了解促进和阻碍消费者使用互联网的原因

目的

找出企业或消费者在网上受到鼓励或抵制的原因。

活动

查找国内最近发布的互联网用户行为调查报告。重要的是，思考客户使用互联网或根本没有使用互联网的原因。请注意，尽管现在互联网已经融入每一个人的生活中，但不同年龄群体的网络活动参与程度不同。

展示所有国家的最新数据是不现实的，所以请使用关于互联网和技术采用的十个关键研究资源的最新数据，我们在 www. smartinsights. com/digital-marketing-statistics 上准备了这些数据。

问题

1. 总结并解释为什么对于不同的网络活动（如信息搜索、帖文发布），人们使用特定媒介（如搜索引擎、社交媒体）的频率不同？

2. 用户持续参与网络活动的促进因素和阻碍因素是什么？组织应该采取哪些行动鼓励用户持续参与在线活动？

或者，设计一个特别的调查，以朋友、家人或同学为调查对象，调查他们对互联网的态度和使用情况。可以包括以下问题：你在网上买了什么？如果没有，不网购的原因是什么呢？你是通过台式机还是手机购买的？商品的价值决定了用来购买它的设备吗？你每月花多少时间上网？你收到或发送了多少封电子邮件？是什么让你没有更多地使用互联网？你关心互联网的哪些方面？

4.8 影响电子商务购买行为的因素

对于电子商务经理来说，了解阻碍人们在线购买的原因是一项重要的工作，这样就可以采取行动解决客户的担忧。常见的客户担忧包括：

1. 信用卡信息被盗。不幸的是，近年来网络犯罪急剧增加。根据卡诺奇（Canocchi，2017）的报告，2016 年，黑客和犯罪分子通过互联网窃取了 1.24 亿英镑。使用真实的电子邮件来防止欺诈信息的传播，并对网站的各个部分进行加密，有助于客户对这项服务建立信心，并防范网络犯罪。

2. 假冒网店。对于一些没有实际地址的虚拟公司，客户在购物时会产生抵触心理，因为他们很有可能被骗。电子商务公司可以通过展示清晰的联系信息（包括公司地址）和提供独立客户评论（如 Trustpilot、Feefo 等）的链接来帮助消除抵触心理。电子商务公司还可以增加所获奖项、"官方合作伙伴"标识等，以建立自己的信誉，并证明自己的真实性。

3. 个人信息被出售。人们普遍担心的是，一旦在网上购物时提供了个人信息，本人就会收到来自第三方的电子邮件、商品目录和报价的狂轰滥炸。为客户提供一个明确的隐私政策，让客户选择他们想要接收的信息，以及多久接收一次，能够帮助他们有效克服抵触心理。

4. 不确定产品的真实属性。许多客户在消费时依赖自己对产品的感官体验，因为他们若不能感觉、触摸甚至闻到产品，就会担心自己作出错误的购买选择。提供产品视频、3D 视图和产品尺寸、材料、重量等详细信息，可以帮助客户有效消除抵触心理。

5. 订单消失。一些网上购物者担心他们的订单会丢失或不能及时送达。越来越多的在线零售商正在提供不同的配送选择和商品的订单跟踪，以帮助客户拥有更好的购物体验。

6. 客户需要售货员的帮助。一般来说，网购时对物品无法做到全面了解，所以有些客户喜欢与销售人员沟通自己的需求，一些电子商务公司使用教学视频和对照表格来提供额外的购买信息。最近，实时客服聊天已经有了很大的发展。根据 BoldChat（Richards，2012）的调查，31% 的美国和英国网购者更倾向于在与客服沟通后购买商品。

欧盟的大多数（68%）网购者表示，他们在网上购物时没有遇到过任何问题。如图 4-5 所示，欧盟网购者最常遇到的问题有以下几种：物流速度比预期慢（17%）；订购或付款时遇到网络技术性故障（14%）、收到损坏的商品或不满意的服务（9%）；难以找到有关保障和其他法律权利的资料（5%）；最终花费比预期高（4%）或发生纠纷后难投诉（3.5%）；无法在本国购买外国零售商的商品（3%），以及欺诈问题（2.8%）（如没有收到商品、商家没有提供相应服务、滥用信用卡信息）。

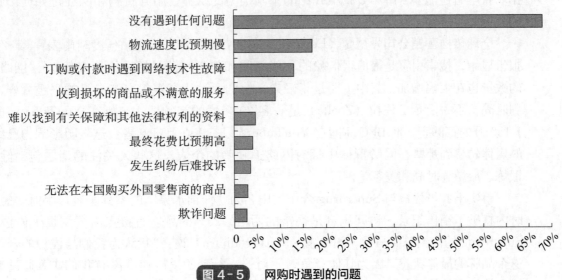

图 4-5 网购时遇到的问题

对互联网的使用程度也因国家而异。例如，欧盟委员会（2015 年）的一份报告显示，欧洲企业在网上提供商品或服务的比例仍然相对较低。2013 年，只有 15% 的欧洲公司拓展了在线销售渠道，其中 9% 的在线销售面向企业或政府部门，10% 面向个人消费者。这表明企业在开拓在线市场时，应针对不同国家的市场需求和网络消费情况选择目标市场。

访问和使用网络的障碍仍然存在，政府担心"社会排斥"，即一些社会部门拥有在线网站的可能性和机会较低。其他障碍包括技术问题，如地理封锁———一些国家会封锁或限制某些访问或内容。

4.8.1 理解用户的访问需求

为充分了解在线客户使用在线服务的倾向，我们还需要考虑用户的访问位置、访问设备和"网络使用者统计资料"。"网络使用者统计资料"是由格罗斯尼克尔和拉斯金（Grossnickle and Raskin，2001）创造的一个术语，包括：

- 使用位置（在家或工作场所）；
- 接入设备（浏览器、电脑平台以及移动设备）；
- 连接速度———宽带与拨号连接；
- ISP；
- 体验水平；
- 使用类型；
- 使用水平。

4.8.2 使用网络渠道对消费者的影响

为了开发有效的在线服务，我们需要了解客户的在线消费行为（online buyer behaviour）和动机（这一主题将在第 7 章与第 8 章深入探究）。在网上寻找商品信息和服务是一种常见的行为，如图 4-6 所示，但企业为了更加了解自己的市场，需要有关购买过程中网络影响的数据。管理者还需要了解第 2 章中介绍的不同类型的媒体、中介机构和网红是如何影响消费者的。例如，博客、社交网络或传统媒体网站更值得信任吗？

全球传播营销公司爱德曼（Edelman）每年都会制作一份《信任度晴雨表》。其 2017 年的报告显示，搜索引擎是最值得信赖的一般新闻和信息来源（超过传统媒体）。"网络影响者"的数量也在大幅增加，其中主要是年轻人，他们通过社交媒体交流自己的兴趣爱好，从饮食到时尚，不一而足。佐拉（Zoella）是一名 20 多岁的视频博主，她在 YouTube 上拥有超过 1 150 万的订阅者，而 BBC 新闻在 YouTube 上只有 130 万订阅者。这表明影响力已经从传统的媒体转移到那些在同龄群体中拥有网络追随者的个人，这些人关注的话题包括健康食品、锻炼、旅游、时尚和美容等。

事实上，当佐拉与 Superdrug 合作推出名为"什锦水果"的系列美容产品时，短短 24 小时内打破了销售纪录，访问流量是往常的两倍，25% 的顾客直接点击了网页上佐拉的板块。Superdrug 的营销总监马特·沃尔本（Matt Walburn）说："我认为我们与佐拉的合作展现了这个品牌的最佳状态，因为其他竞争对手对这一行动的反应速度没有我们快。通过追踪视频博主的流行趋势并将其转化为具体产品，我们的线上商店和实体店的销量得到了极大增加。

我认为我们和佐拉所做的工作在某种程度上改变了我们的业务。我相信，视频博主将是我们未来营销组合的重要组成部分。"

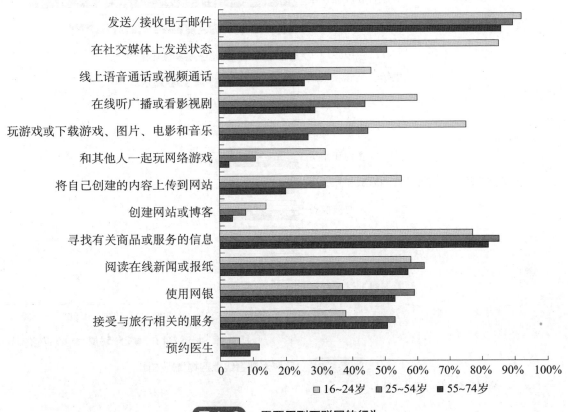

图 4-6 需要用到互联网的行为

资料来源：EuroStat，2012.

产品的类型不同，搜索信息的类型和影响力也有很大的差异，企业需要评估互联网在支持特定市场的购买决策中所扮演的角色。显然，了解一个网站的潜在影响力及其对购买行为的影响，对于制定数字营销预算很重要。

从图 4-7 可以看出，1/3 以上的欧盟网购者购买的大部分商品涉及服装和体育用品（61%）、旅行和度假住宿（52%）、家居用品（44%）、活动门票（38%）以及书籍、杂志和报纸（33%）。不到 1/5 的互联网用户购买了通信设备（18%）、电脑硬件（17%）、药品（13%）和线上学习材料（6%）。

16～24 岁年龄组的欧盟消费者在网上购买服装和体育用品（69%），电子游戏软件、其他软件的原版和升级版（28%）及线上学习材料（8%）。

欧盟网上购物群体中 16～24 岁的人最多（42%），其次是 55～74 岁的人（40%）。年龄在 25～54 岁的人购物更频繁：在调查的三个月里，这个年龄段有 17% 的网购者网购 6～10次，16% 的网购者的网购频率更高。40% 的网购者表示，在调查的三个月中，他们网上购物花费了 100～499 欧元。在网购的金额方面，年龄在 16～24 岁之间的消费者购买的商品价值在 100 欧元以下，25～54 岁和 55～74 岁的消费者购买的商品价值在 100～499 欧元。购买超过 500 欧元在所有年龄组中都占比较少（见图 4-8）。

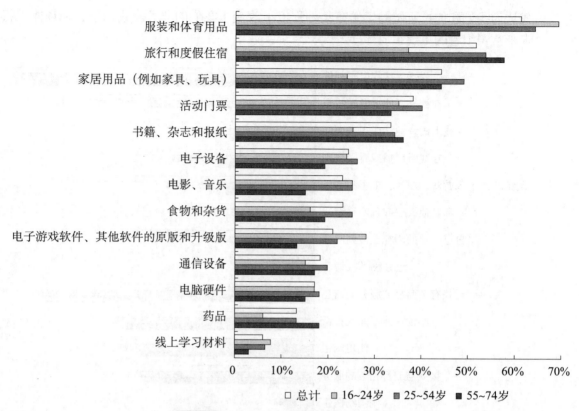

图 4-7 欧盟消费者线上购物类别占比

资料来源：EuroStat，2016.

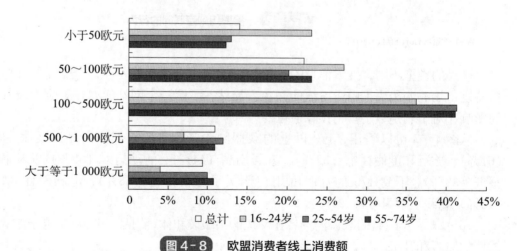

图 4-8 欧盟消费者线上消费额

资料来源：EuroStat，2016.

4.8.3 使用线上服务的动机

营销人员还可以进行心理细分（psychographic segmentation），考虑客户或者潜在客户对品牌、产品或服务的认知、态度、使用目的以及反馈，将他们分成多个群体。一般来说，人口统计数据有助于了解谁是你的消费者，而消费心态统计数据可以帮助了解客户为什么购买。

心理细分包括以下组成部分：

- 场景——客户什么时候会购买、使用或者想要购买一个产品？
- 寻求的利益——他们为什么考虑购买产品？是想解决问题还是想改善生活品质？
- 使用率——大量使用、时不时使用，还是极少使用？
- 使用者性质——他们是产品或服务的非使用者、潜在使用者、初次使用者、日常使用者或者是曾经的使用者？
- 忠诚度状况——他们对产品或服务忠诚吗？还是有可能改变选择？

有多种不同的数据收集方式能够帮助建立典型客户的消费心态画像：

1. 访谈。与那些能广泛代表目标受众的人群交谈。通过深入访谈，收集有用的定性数据，真正了解是什么促使客户进行购买。这种方法可能费用高昂，难以采用。此外，小样本量也可能意味着结果并不代表目标受众。

2. 问卷。问卷可以比访谈接触到更多人，但更难得到有见地的回答。

3. 用户数据。你可能已有客户倾向性数据，例如，来自会员卡或在线购买历史记录的数据。可以使用这些数据深入了解客户感兴趣的产品或品牌，以及他们更有可能购买哪些产品/品牌。例如，打折是否大大增加了购买倾向？

罗杰斯等（Rodgers et al.，2007）提出的修订后的"网络动机目录"（Web Motivation Inventory，WMI）是理解使用网络的不同动机的有用框架。根据对不同文化背景的用户进行调查得出的四个共同的网络使用动机是：研究（信息获取）、交流（社交）、网上冲浪（娱乐）以及购物。进一步细分如下：

1. 社区。
- 认识其他人；
- 加入在线聊天；
- 加入一个团体。

2. 娱乐。
- 取悦自己；
- 放松娱乐；
- 寻找娱乐信息。

3. 产品试用。
- 尝试最新潮流；
- 产品体验；
- 试用产品。

4. 信息。
- 做研究；
- 获取需要的信息；
- 搜索需要的信息。

5. 交易。
- 根据自己的需求购买特定产品；
- 在网络上发现新奇好物；
- 购买时髦产品。

6. 游戏。

- 玩在线游戏；
- 玩网络游戏寻开心；
- 同国外玩家一起玩在线游戏。

7. 调查。

- 研究感兴趣的话题；
- 填写线上问卷；
- 表达自己对问卷的意见。

8. 下载。

- 下载音乐；
- 听音乐；
- 观看在线视频。

9. 互动。

- 和朋友联系；
- 与其他人交流；
- 给认识的人发送即时信息。

10. 搜索。

- 获得某个问题的答案；
- 在靠谱的网站上寻找有价值的信息。

11. 探索。

- 发现有趣的网页；
- 探索新网站；
- 为了乐趣而网上冲浪。

12. 新闻。

- 了解时事和新闻；
- 了解娱乐新闻。

数字广告商和网站所有者可以使用前述框架来评估网站设施是否可以满足这些需求。

从图4-9中可以看到，互联网用户需要更长的时间才敢于在线上购买更昂贵、更复杂的产品。图4-8也证实了这一点，图4-8显示在线购物者不太可能花费超过500欧元在线购买商品（所有年龄组都是如此）。图4-9显示，在线消费者行为因产品价格和复杂性而有巨大差异。

如图4-7所示，大多数欧盟消费者在线购买服装和体育用品，而购买线上学习材料的人较少。公司使用数字技术营销其产品的方式因产品类型而异。例如，对于汽车和复杂的金融产品（如抵押贷款），线上营销主要提供买前调查支持；对于标准化产品，线上营销既支持买前调查也支持在线购买。

FCB介入度网格（参见图4-10）是博达大桥广告公司（Foote Cone & Belding，FCB）开发的一个矩阵，该矩阵比较了消费者的认知因素和情感因素对购买行为的影响。有许多因素导致介入程度的上升或下降，包括价格和使用频率（例如汽车与牙膏）、社交可见度（例如设计师手袋与内衣）、涉及的风险（例如护肤霜与杂志）、保质期（例如冰箱与纸巾）和购买复杂性（例如保险与啤酒）。

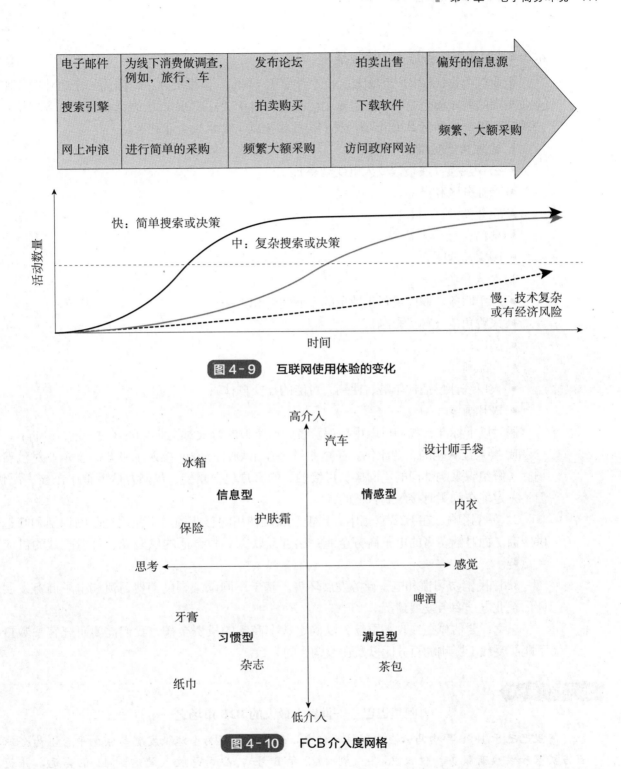

图 4-9 互联网使用体验的变化

图 4-10 FCB 介入度网格

值得注意的是，随着产品处于产品生命周期和创新中不同的阶段，也可能会经历介入度变化。

四个象限被分割成四种购买类型——信息型、情感型、习惯型和满足型。针对不同的购买类型，企业应设计吸睛的广告、选择合适的传播媒介并确定广告投放频率。

4.8.4 对数字商务服务的商业需求

企业对企业（B2B）市场比企业对消费者（B2C）市场更复杂，因为一个企业的需求会因企业类别的差异和企业中人员的变化而改变。对于关注 B2B 市场的企业而言，应根据企业客户的特征进一步细化 B2B 市场。我们需要根据以下要素给企业画像。

1. 企业特征变量。
- 公司规模（雇员数或人事变动率）；
- 产业分区和产品；
- 企业类型；
- 部门；
- 国家及地区。

2. 个人角色。
- 源于职务、职能或员工数量的企业角色和责任；
- 采购角色（购买影响）；
- 部门；
- 产品利润；
- 人口统计特征（年龄、性别、可能的社交群体）；
- B2B 画像。

通过以下标准，我们可以用与消费者画像类似的方式对企业互联网用户进行分析：

1. 接入互联网的企业比例。在企业对企业市场，互联网接入水平要高于企业对消费者市场。了解组织采购部门的不同成员可接触到的客户也很重要。虽然互联网似乎已被广泛使用，但不一定能在购买时接触到合适的人。

2. 在线影响。在 B2B 营销中，重视互联网使用的企业倾向于使用互联网识别和筛选潜在供应商。面对消费者的电子商务企业，通过互联网寻找合适的供应商、打造高效的供应链至关重要。

3. 国民消费习惯和电子商务发展环境。基于不同国家国民消费习惯和电子商务发展环境评估企业电子商务发展情况。

总之，要估算在线收入贡献，以确定数字商务的投资金额，我们需要研究客户数量、线下购买受线上影响的百分比以及在线购买的人数。

迷你案例 4-1

阿里巴巴——世界上最大的 B2B 市场之一

阿里巴巴于 1999 年由马云在中国杭州创立，现已发展成为全球批发贸易领先平台，为全球数百万买家和供应商服务。仅仅 23 年（到 2022 年 9 月），公司总收入就达到 41 亿美元，并获得 4.85 亿美元的盈利。该公司目前拥有超过 24 000 名员工，于 2014 年 9 月在纽约证券交易所首次公开募股（IPO）。

该公司的创始人马云曾是一名学校教师，于 1995 年访问美国，当时他创办了一家翻译公司，希望从中国的出口繁荣中获利。他在美国时，一个朋友向他展示了互联网，马云在网上搜索了一下，发现几乎找不到任何关于中国的信息。当他回国后，建立了一个寻找海外客户的中国公司目录。虽然这个生意失败了，但马云毫不动摇，在 4 年后与另外 18 个人建立了阿里巴巴。

　　该公司的信念是，互联网将创造更自由的竞争环境，使小型企业能够利用创新和技术在国内和全球市场中更有效地成长和竞争。阿里巴巴集团自建立第一个帮助中国小型出口商、制造商和企业家进行国际销售的网站以来，已发展成为在线和移动商务领域的全球领导者。如今，该公司（及其相关组织）打造了领先的批发和电子商务市场，开展云计算、数字媒体、娱乐和创新等方面的业务。

　　资料来源：www. investopedia. com/articles/investing/011215/top-10-largest-global-ipos-all-time. asp；www. alibabagroup. com/en/about/overview.

4.8.5　欧洲的电子商务销售

　　欧盟委员会审查了欧洲各地数字商务的应用情况（EuroStat，2017）。研究发现，2016年，绝大多数（92%）雇用 10 人及 10 人以上的欧盟企业使用固定宽带接入互联网。互联网使用量的增加意味着超过 3/4（77%）的欧盟企业重视在互联网上的曝光度，并拥有一个网站或主页。

　　工作场所广泛使用信息和通信技术使得企业对技术专家的需求增加，这带来了招聘挑战。超过 2/5（41%）的大型企业在 2015 年招聘或试图招聘专业信息技术人员，而 20% 的大型企业的报告显示，它们很难填补专业技术职位的空缺。最近，由于数字设备和通信的爆炸式增长，这种数字技能差距成为一个世界性问题。

　　图 4-11 显示，2015 年，欧盟 20% 的企业进行了电子商务销售，与 2008 年相比增长了 7个百分点。与许多其他企业的 ICT（信息和通信技术）指标一样，在线销售率根据企业规模而变化：2015 年，42% 的大型企业进行电子销售，中型企业占比下降到 28%，小型企业占比下降到 18%。

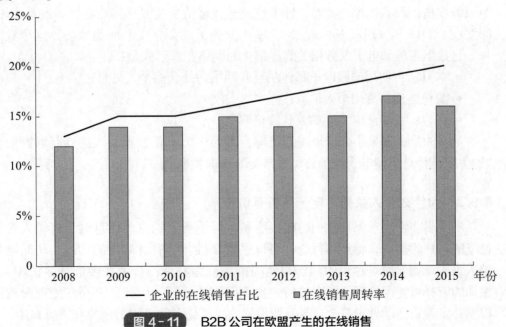

图 4-11　B2B 公司在欧盟产生的在线销售

资料来源：EuroStat，2015.

2015 年，拉脱维亚、保加利亚和罗马尼亚的电子销售企业占比为 10％或更低，而荷兰、比利时、捷克、瑞典、德国和丹麦的电子销售企业占比达到 25％或更高，爱尔兰达到 30％的峰值。

4.9 电子商务中的隐私与信任

道德标准（ethical standard）是判断个人或商业行为是否符合社会道义的准则或原则。营销人员在评估互联网商业环境时，同样应考虑互联网道德标准和相关法律条文。消费者的隐私是影响所有类型组织的关键道德问题，无论企业是否拥有交易性电子商务服务。

为进一步解决道德问题——如为残疾用户提供无障碍的互联网服务，许多国家已颁布法律，还制定了其他法律来管理在线远程销售。

4.9.1 隐私法案

隐私（privacy）是指个人避免第三方干涉其个人事务的道德权利。个人数据隐私（如身份、喜好）是消费者主要关心的问题，尤其身份盗用（identity theft）问题，是许多消费者在使用电子商务服务时的主要担忧。不幸的是，网上欺诈和网络犯罪是英国最常见的犯罪，几乎占到英国所有犯罪的一半。

英国的《政府网络安全战略》（于 2016 年 11 月发布）将网络犯罪定义为：

1. 基于网络的犯罪——通过使用信息和通信技术（ICT）设备实施的犯罪，其中设备既是犯罪的工具，也是犯罪的目标（例如，开发和传播恶意软件以获取经济利益，窃取、破坏信息，扭曲或破坏数据、网络或活动）。

2. 网络增强犯罪——使用计算机、计算机网络或其他形式的通信技术可以扩大传统犯罪的规模或范围（如网络欺诈和数据盗窃）。

《计算机滥用法》（CMA）(1990) 是英国针对计算机系统的犯罪或攻击（如黑客攻击或拒绝服务攻击，后者指攻击者向目标系统发送大量请求或占用其资源，导致系统无法正常运行）的立法。2016 年（BBC News, 2017），1/5 的英国公司受到网络攻击，这个数字每年都在增长。与数字商务和电子商务相关的最常见的网络犯罪形式是：

- "钓鱼"：使用虚假电子邮件从互联网用户处获取个人信息；
- 身份盗用：滥用个人信息；
- 黑客：关闭或滥用网站或计算机网络。

不幸的是，许多小公司也成为目标，因为大公司正在不断改进其互联网安全系统。网络"钓鱼"是针对小型电子商务公司最常见的攻击类型之一。

4.9.2 为什么个人数据对电子商务有价值

消费者非常注意保护他们的在线隐私，但消费者的这些信息对于营销人员非常有用。通过了解客户的需求、特点和行为，可以进行个性化、有针对性的沟通，从而增加销售额。营销人员应该如何应对这种困境？企业的市场行为必须符合消费者信息保护相关法律的规定。法律的解释可能因地区、国家或特定案例而有所不同。因此，公司在处理合规问题时，需要根据特定营销活动做出符合自身商业目标的决策，并降低财务风险和声誉风险。

受道德准则和法律保护的消费者信息包括：

1. 联系信息。指的是名称、邮寄地址、电子邮件地址，对于 B2B 公司来说是网站地址。

2. 用户画像信息。这些信息可用于对消费者进行分类。包括消费者的年龄、性别和社会群体，以及客户的公司行为和个人角色。（第 2 章和第 7 章介绍了特定类型的信息及其使用方式。）沃德等（Ward et al.，2005）的研究发现，如果有适当的激励措施，澳大利亚的消费者愿意提供非财务数据。

3. 平台使用信息。网络分析系统可以收集有关网站用户使用的计算机、浏览器和屏幕分辨率的信息（参见第 9 章）。

4. 行为信息（在单个网站上）。包括购买历史，也包括整个购买过程。网络分析（见第10 章）可用于评估个人访问的网站和电子邮件内容。

5. 行为/偏好信息（在多个网站）。这将显示用户如何访问多个网站并跨网站响应广告。通常此数据是使用基于与个人无关的 Cookie 或 IP 地址的匿名配置文件收集和使用的。

表 4-3 总结了这些不同类型的客户信息是如何收集和使用的。营销人员要考虑的主要问题是如何披露数据收集的过程和收集的数据类型。对于表 4-3 中前两类信息，营销人员应在隐私声明中向用户解释为什么要收集、如何收集以及信息的用途。这通常是法律要求。但是，对于其他类型的信息，用户只有在使用 Cookie 监控软件或者在提供广告的网站看到了隐私声明时才会发现自己的隐私被泄露了。

梅森（Mason，1986）将与个人信息所有权相关的道德问题概括为四个方面：

1. 隐私——关于个人的信息有哪些？

2. 准确性——它准确吗？

3. 拥有权——谁拥有它以及拥有权如何转移？

4. 可用性——谁能够获得这些信息，在什么情况下获得？

弗莱彻（Fletcher，2001）提供了另一种角度，提出了个人和营销人员都关心的问题：

- 透明度——谁收集什么信息，以及信息收集者如何公开数据收集和使用的方式？
- 安全性——一旦信息被某个公司收集起来，信息如何受到保护？
- 可靠性——如果数据被滥用，谁将负责？

这些问题都出现在下一节中，该部分将介绍营销人员为保障用户隐私和获取用户信任而应该采取的行动。

为数据保护立法是为了保护个人隐私并防止滥用个人数据的行为。事实上，欧盟令 95/46/EC（见网址 https://ec.europa.eu/info/privacy-policy_en）的第一条特别提到了个人数据：

成员国应保护自然人的基本权利和自由，特别是他们在个人数据方面的隐私权。

表 4-3 线上收集信息的类型以及相关技术

信息类型	用于捕获和使用信息的途径及技术
1. 联系信息	- 在线表格——链接客户数据库的在线表格 - Cookies——用于记忆特定客户的访问路径
2. 画像信息，包括个人信息	- 在线注册表格收集社交网络和零售网站的数据 - 通过使用 Cookies 技术，可以将 Cookies 与客户数据库中的记录关联起来，通过分析客户网页活动数据识别客户行为偏好，并根据客户数据库记录将客户划分到特定的细分群体中

续表

信息类型	用于捕获和使用信息的途径及技术
3. 访问平台使用情况	● 网络分析系统——基于访问者的网址属性识别计算机类型、操作系统和屏幕特征
4. 在单个网站的行为信息	● 采购历史记录存储在销售订单数据库中。网络分析存储 IP 地址的详细信息，以查看访问网页序列的点击流 ● 电子邮件营销中的网络信标——单像素 GIF 用于评估读者是否打开了电子邮件 ● 第一方 Cookie 还用于在站点访问和后续访问期间监控访问者的行为 ● 恶意软件可以收集其他信息，如密码
5. 在多个网站的行为信息	● 第三方 Cookie 用于评估不同来源（如在线广告网络或联盟网络）的访问量（见第 7 章） ● 谷歌等搜索引擎使用 Cookie 通过 AdWords 的点击付费程序跟踪广告 ● 通过诸如 Hitwise（www.hitwise.com/gb）监控 IP 流量，以评估产品类别中客户组的网站使用情况

欧洲颁布了新的《通用数据保护条例》（GDPR），在专栏 4-1 中对此进行了介绍。它由"GDPR 信息专员"管理，并于 https://ico.gov.uk 中进行了总结。这项法律是许多国家保护个人信息的典型法律。任何在计算机或档案中保存个人数据的公司都必须在数据保护登记簿上注册（尽管有一些例外情况可能排除小型企业），此过程称为通知（notification）。

新的《通用数据保护条例》包括对以下方面的指导：

- 同意书；
- 透明度；
- 分析；
- 高风险运行；
- 证书/认证；
- 行政罚款；
- 违规通知；
- 数据传输。

关于每个关键主题的详细指导，可以在信息专员办公室的网站（https://ico.org.uk）上找到。

4.9.3 全球通用的隐私和电子传播条例

在美国，有一项旨在教育消费者和企业的隐私倡议（www.ftc.gov/site-information/privacy-policy），2004 年 1 月，出台了《反垃圾邮件法案》（CAN-SPAM Act，www.consumer.ftc.gov/articles/0038-spam），以协助控制未经授权的电子邮件。该法案还指出了保护计算机免受网络攻击的方法，以及如何检测和摆脱恶意软件。

其他国家/地区的有关隐私保护的法律和措施如下：

- 澳大利亚从 2018 年 2 月起，实施新的"数据泄露通报计划"（NDB 计划）（www.privacy.gov.au）；
- 加拿大有隐私法案（www.priv.gc.ca/en/privacy-topics/privacy-laws-in-canada/the-privacy-act）；
- 新西兰有隐私管理处（www.privacy.org.nz）；
- 所有国家隐私条例汇总（www.privacyinternational.org，www.spamlaws.com）。

4.9.4　电子邮件病毒式营销

英国的《隐私与电子通信法规》（Privacy and Electronic Communications Regulations, PECR）没有明确涵盖的一项广泛的商业实践是病毒式营销（viral marketing），因为企业不能确定客户是否已经明确同意接收广告推送并愿意向企业提供个人信息（如第 10 章所讨论的）。

一些企业正在积极采取措施，以消除网站用户对个人信息遭受威胁的疑虑。最开始这么做的企业之一是 TrustArc（www. trustarc. com），验证器将审核网站，检查每个网站的隐私声明是否有效。例如，隐私声明将描述：

- 网站如何收集信息；
- 如何使用信息；
- 与谁共享信息；
- 客户如何访问和更正信息；
- 客户可以自主决定在网站上停用自己的个人信息或选择不将信息透露给第三方。

另一种措施是向客户普及如何保护个人隐私，Get Safe Online（www. getsafeonline. org）是一个由英国政府和企业共同创建的网站，旨在教育客户，帮助他们了解和管理自己的在线隐私和安全。

政府同样应该积极采取行动保护用户隐私，并制定相应的法律法规，以确保市场秩序。

我们总结了电子商务公司要遵守的数据和隐私保护法律法规的相关事宜。公司应当：

1. 遵守所有本地市场的隐私和消费者保护指南和法律法规。在可能的情况下，使用本地隐私和安全认证。
2. 在使用客户的信息前告知客户：
- 公司身份；
- 收集、处理及存储哪些个人资料；
- 收集、存储个人资料的目的。
3. 收集敏感个人资料须征得同意，在收集任何类型的数据前，最好都先征得客户同意。
4. 提供明确、有效的隐私声明并明确收集资料的目的，使客户安心。
5. 当使用 Cookies 或其他隐蔽软件收集信息时，让客户知道信息收集的进行状态。
6. 除非非常需要，否则切勿收集或保留个人资料。如果为促销而需要额外信息，则应明确说明，并明确客户可自行决定是否提供这些信息。
7. 修改不正确的数据时告知他人。在网站上提供信息纠错功能。
8. 只有在客户被告知并同意的情况下，才可将数据用于营销（供公司或第三方使用，这是用户可选的）。
9. 提供客户停止接收信息的选项（这是客户可选的）。
10. 使用适当的安全技术保护网站上的客户信息。

4.9.5　其他电子商务法规

斯帕罗（Sparrow, 2000）确定了网络营销者需要关注的八个法律领域。如今相关法律已经渐渐完善，但斯帕罗所确定的法律领域仍然是一个有用的框架。

公司网站相关法律

起初，斯帕罗主要关注公司为自己的网站购买域名（domain name）的过程，但现在还应考虑其他关于网站开发、宣传的法律限制。

1. 域名注册。大多数公司可能拥有几个域名，这些不同的域名可能用于不同的产品线、国家或特定的营销活动。当个人或公司注册了一家公司并声称其有权注册的域名时，就会发生域名纠纷（见第 3 章）。

一个相关的话题是品牌和商标的保护。这涉及使用各种工具来追踪与品牌相关的在线舆论和消费者反馈。一些可用的基础工具包括：

● 谷歌提醒（Google Alerts，www.google.com/alerts）和 Giga 提醒（www.gigaalert.com），当任何包含搜索短语（如公司或品牌名称）的新页面出现时，它们将提醒公司。

● Copyscape（www.copyscape.com），用于定位可能产生抄袭内容的副本。

2. 可访问性法案。反对歧视残疾用户因听觉、视觉或运动障碍而难以使用网站的法律被称为可访问性法案（accessibility legislation），往往包含在残疾和歧视法案中。在英国，相关的法案是 2010 年的《平等法案》。

网站可访问性是指让所有用户都能与网站互动，不管用户是否有残疾，或者使用什么浏览器、平台。视觉障碍或盲人是无障碍网站的主要帮助对象（网页可访问性在网页设计中的要求会在第 9 章涉及）。

根据《平等法案》，许多视障人士使用语音软件阅读网页中的文本。然而，如果网站中的文本没有以 alt 标签的形式内嵌到图像属性中，或网站没有专门提供可供视障用户理解的文本内容，就可能导致视障用户无法访问这些内容，根据该法案，这可能是歧视性的。

互联网标准组织，如万维网联盟，一直以来积极推动制定网页可访问性的指南（www.w3.org/WAI）。W3 站点有关于网站内容可访问性的指南。

2000 年，盲人网民布鲁斯·马奎尔（Bruce Maguire）使用可刷新的盲文显示屏对悉尼奥组委提起诉讼。马奎尔成功地证明了该网站有妨碍他充分使用的缺陷，而这些缺陷并没有得到成功的弥补。受到澳大利亚《1992 年残障歧视法案》的保护，他得到 2 万澳元的赔偿。这是世界上第一个案例，它向所有国家的企业、组织表明，如果不按照可访问性准则设计网站，就可能会被判为歧视残障人士。许多国家正在修订歧视法案，以明确提及网络歧视。

形成电子合同（原产地原则和远程销售法）

我们将讨论形成电子合同的两个方面：原产地原则与远程销售法。

1. 原产地原则。买卖双方在网站上签订的合同将受特定国家法律的约束。在欧洲，许多这样的法律是在区域（欧盟）层面上制定的，但在不同的国家有不同的解释。这就产生了法律适用管辖权的问题——是采取卖方国家的法律，还是买方国家的法律？2002 年，欧盟尝试采用"原产地原则"，即合同的司法管辖权属于卖方所在地。平森特·梅森（Pinsent Mason）律师搭建的 Out-Law 网站提供了更多关于司法管辖权的信息（www.out-law.com/page-479）。

2. 远程销售法。斯帕罗（2000）提出了不同形式的免责声明来保护零售商。例如，如果零售商在价格或者产品细节上出错了，那么零售商没有义务履行合同，因为它只是将产品展示出来，欢迎人们前来购买，而不是确定了要达成交易事项的合同。

曾经有一家数字零售商以 2.99 英镑的单价出售电视机，原因是定价被搞错了（应为 299

英镑）。人们疯狂下单，大量抢购，但是电子商务公司声称客户通过网络渠道预订产品不代表最终签订了产品购买合同，尽管客户并不这么认为！不幸的是，当时并没有针对这种情况的相应法律。

如果网站服务给用户造成损失，比如由于内容错误导致经济损失，免责声明也可以用来限制责任。此外，斯帕罗建议，条款应涉及交付时间和货物损坏或丢失等问题。

《2000 年消费者保护（远程销售）条例》对欧盟的电子商务合同具有直接影响。它最初是为了保护使用邮购（通过邮政或电话购物）的人们而开发的。主要要求电子商务网站必须包含易于访问的内容，并在客户下订单之前清楚说明、提供以下信息：

- 公司名称、联络资料及地址；
- 对其货物或服务的描述；
- 价格，包括所有税费；
- 客户的支付方式；
- 送货安排、费用和货物到达的时间；
- 合同的最短期限和开票期限；
- 终止合同的条件；
- 客户如何取消订单，以及何时失去取消订单的权利；
- 在使用服务后取消，是否仍须支付合理费用；
- 如果用户需要取消订单，网站应向用户提供取消申请表；
- 在何种情况下需要支付定金或进行财务担保；
- 产品数字内容的功能（例如，产品使用的语言或如何更新软件）；
- 使用电话或其他通信工具来完成合约的费用通常比基本价格高。

除了这些关于网上销售的规定外，还有一些额外规定。包括：

- 向客户明确他们必须在下单时付款（例如，"立即付款"按钮）；
- 清楚地展示客户如何付款，包括送货选择和成本；
- 列出客户下订单所需的步骤；
- 采取合理的措施，以便客户能够改正订单中的错误；
- 让客户知道有哪些语言可供选择；
- 确保客户可以存储和复制条款和条件，例如，这些条款和条件可以下载和打印；
- 提供用于联系的电子邮件地址；
- 提供增值税编号（如果你的企业须缴纳增值税）；
- 说明使用电话或其他通信工具完成合约的费用（如果该费用高于基本价格）；
- 描述你的商品、服务或数字内容——请包含尽可能多的信息；
- 给出总价格以及是如何计算得出的；
- 详细说明总交付成本以及是如何计算得出的；
- 告诉客户合同的最短期限；
- 如果合同中没有明确指出终止日期，应向客户指明合同终止的条件。

下了订单后，客户有取消的权利，企业必须告知客户，他们可以在订单送达后 14 天内取消订单（无须提供退货理由）。然而，这条规则对于可下载的数字服务或流媒体的销售（如电脑游戏、电子书籍、手机应用程序、电影、音乐等）是不适用的。在这种情况下，数字商务企业必须：

- 让客户在下载或取得流媒体内容之前知晓他们没有 14 天内取消的权利；
- 在开始下载之前，要让客户同意仅限即时下载；
- 把这些信息和其他签约前的信息一起写进合同确认书中。

如果公司不遵守这些规定，客户将保留 14 天内的取消权，不用为商品付款。Out-Law 网站（www.out-law.com/page-424）还提供了远程销售的相关信息。

支付和接受付款

对于交易型电子商务网站，相关的法律涉及信用卡发行机构、商户和买家之间的责任。商家需要了解它们在不同情况下的责任，比如商家应明晰如何应对客户欺诈交易。

认证通过互联网签订的合同

"认证"指的是确定购买者的身份。例如，为了证明信用卡所有者是有效所有者，许多网站要求提供三位数的身份验证码。这有助于降低购买者（和商家）的风险，例如，更容易发现用信用卡号码进行欺诈交易的行为。使用数字签名是另一种证明购买者（和商家）身份的方法。

电子邮件风险

电子邮件的主要风险之一是侵犯个人隐私。许多国家制定了专门的法律来减少垃圾邮件的数量，这在前面章节已有讲述。

电子邮件的另一个问题是诽谤，即某人发表的声明可能会对其他个人或公司造成潜在的损害。2000 年，英国诺威奇联合医疗公司（Norwich Union Healthcare）的内部电子邮件系统发布了一份声明，错误地指控竞争对手 WPA 正在接受调查，监管机构已迫使其停止开展新业务。这份声明被发布在内部电子邮件系统中，但传播得更广。WPA 起诉诺威奇联合医疗公司诽谤，诺威奇联合医疗公司向 WPA 支付 41.5 万英镑，两个企业达成庭外和解。这种情况相对少见。

保护知识产权

知识产权（intellectual property rights，IPR）保护设计、创意和发明，包括为电子商务网站开发的内容和服务。知识产权法旨在保护作者、制作人、传播方和表演者，确保每次作品被使用时，他们能从中获得一定的回报。欧洲知识产权指令（2001/29/EC）于 2003 年在许多国家生效，涵盖了新技术和方法，比如通过互联网进行流媒体传播。

在网络上，知识产权可能存在两种滥用。首先，一个企业的知识产权可能被滥用：复制网页内容并在另一个网站上重新发布是相对容易的。声誉管理服务可以用来检测一个企业的内容、徽标和商标（trademark）是否被用于其他网站。Copyscape（www.copyscape.com）这样的工具可以用来识别侵权的内容。

其次，企业可能在无意中滥用知识产权内容。一些雇员如果不懂法可能会侵犯知识产权。此外，一些交易方法已经获得专利。例如，亚马逊已经为其"一键下单"购买选项申请了专利。

互联网广告

由独立机构执行的广告标准也适用于互联网环境。传统上，互联网广告受到的监管力度较小，导致网上出现了很多前卫的创意制作，目的是取得病毒式营销效应。Out-Law 网站（www. out-law. com/page-5604）提供了更多信息。

数据保护

数据保护已在前一节中深入讨论过。

4.10 绿色使用互联网

我们的未来是社会广泛关注的问题。有人认为技术对环境有害，也有人认为电子商务和数字通信对环境有利。企业可将自己定位为环境友好型企业并节省成本。

网上购物对环境也有好处。想象一下这样一个情景：我们不再去商店，所有的物品都能高效地送到我们家里或工作的地方。这将大大减少交通量！网上购物的份额正在大幅增长。零售集团互联网媒体（Internet Media in Retail Group，IMRG）的研究（www. imrg. org）显示，电子商务在英国的重要性日益增长，2016 年英国的在线零售额超过 1 300 亿英镑。2007年，IMRG 发起了一项"倡环保，逛线上"（Go Green, Go Online）活动，其中列出了它认为电子商务是绿色活动的六个理由：

1. 更少的汽车里程。在英国，购物是人们开车出行最常见的原因，占所有出行的 20%，占行驶里程的 12%。瑞士在线杂货商"乐购"（LeShop. ch）的一项研究计算出每次客户决定网购而不是开车购物，能减少 3.5 千克的二氧化碳排放。

2. 降低库存要求。网上预售，即在产品生产出来之前接受客户的订单；就像戴尔公司那样，避免生产过时的产品，因为如果产品卖不出去，就必须被处理掉，还会浪费能源和自然资源。

3. 更少的印刷材料。电子版宣传册取代纸质版宣传册，从而节约了纸张，降低了宣传成本。

4. 更少的包装。虽然理论上如果一件商品在网上出售，就不需要花哨的包装，但这种说法不太令人信服，因为大多数商品，如软件或电子产品仍然是有包装的。至少那些音乐曲目不需要任何包装。

5. 更少的浪费。在整个采购、制造和配送的供应链中，互联网可以帮助缩短产品的配送周期。一些人甚至声称易趣和亚马逊的拍卖服务可以促进产品回收和再利用。

6. 无形化。将实体产品转为数字产品，尤其是将软件、音乐、视频产品从物理形式（如光盘、磁带）转化为可供用户下载的数字形式。

网上购物能减少多少温室气体排放呢？芬兰研究人员西卡维尔塔等（Siikavirta et al.，2003）的一项仅限于在线杂货店购物的研究表明，与家庭成员去商店购物相比，从理论上讲，线上购物能够减少 18%～87% 的温室气体排放。研究人员估计，这将使芬兰的温室气体排放量减少 1%，但实际上这一数字要低得多，因为只有 10% 的杂货店有网店。

凯恩斯（Cairns，2005）为英国完成了一项研究，她估计驾车购买食品和其他家庭用品约占英国所有驾车购物的 40%，约占所有汽车使用的 5%。她认为火车出行直接替代汽车出行可以将车辆行驶里程数减少 70% 甚至更多。艾哈迈德和沙尔玛（Ahmed and Sharma，2006）的一项更广泛的研究使用了价值链分析，评估了互联网在改变企业供应链各部分消耗的能源和材料数量方面的作用，但是没有估算出节省了多少。

4.11 税 务

如今，许多政府致力于通过互联网技术优化税务管理方式，以适应全球化的需求。人们担心的是，如果现行法律不体现购买模式在互联网时代的变革，那么很可能会导致国家或地方政府的税收大幅减少。

政府收入通常是受到保护的，以英国为例，当进口非欧盟货物时，消费税与增值税的税率相同。这对空运和海运进口的实物商品适用，但对无实物服务的管理就不那么容易了。此时，必须与单个供应商达成协议。

在欧洲，直布罗陀等税收较少的地区使用网络赌博，导致消费者以前通过赌博场所向政府支付的博彩税减少，政府收入因而减少。威廉·希尔（William Hill）和维克多·钱德勒（Victor Chandler）等英国大型博彩公司正从离岸位置提供网络博彩服务。零售商已经在美国新泽西州建立了零售DVD和CD等商品的商店，这些商品的单价低于18英镑，低于低价值货物减免门槛（LVCR），因此进口至英国不需要支付增值税或消费税。

这种趋势被称为LOCI（location-optimised commerce on the Internet），即"互联网上基于位置优化的电子商务"（Mougayer，1998）。

税收管辖权

税收管辖权决定了哪一个国家从一项交易中获得税收。在早先的国际税收条约体系下，企业取得收入时所在的国家（所在国）和企业收入的来源国同时拥有征税权。2002年，欧盟制定了两项法律（欧盟理事会指令2002/38/EC和欧盟理事会条例（EC）792/2002），这两项法律都是关于如何收取数字服务的增值税的。这些都与1998年在渥太华举行的经济合作与发展组织（OECD）会议上达成的原则一致。原则确定了消费税（如增值税）的规则：应在消费发生的管辖区内征税（上文提到的原产地原则）。这些法律将使欧洲国家在电子商务方面更具竞争力。

自2015年1月1日起，欧盟增值税规则发生了变化。一般规则如下：

- 如果供应商（所在地）和客户（来源地）都在英国，将征收增值税。
- 如果将货物销售给欧盟的私人客户，供应商须根据英国税法或欧盟税法缴纳增值税。
- 欧盟以外的出口将是零税率（但可能对进口征收关税）。
- 根据英国的规定，从欧盟或其他国家进口到英国的产品通过海关进入英国时，可能需要缴纳英国的进口税。此外，如果这些商品属于征收增值税的范畴，英国境内的增值税也适用于这些进口商品（海外供应商需要根据英国相关税法进行税务申报，并确保缴纳相应的进口税和增值税）。
- 根据供应商所在地征收增值税是针对服务产品的一项规定，这与实体产品不同。对在线服务征税应根据供应商所在地的税法规定。实体产品和服务的税收不同可能会导致提供在线服务时出现异常情况。

更多信息请访问：https://www.gov.uk/guidance/the-vat-rules-if-you-supply-digital-services-to-private-consumers。

4.12 限制性自由法规

各国政府都通过立法来保护互联网上的消费者隐私，但一些个人和企业认为，立法可能太严格了。在英国，一项新的电信法案和调查权力监管法案（RIP）花了几年时间才颁布，这部法案赋予了安全部门通过互联网服务供应商对所有通信监控的能力，这导致网络基础设施供应商必须负担高额成本。当然，很多用户和员工都不喜欢被监控。

自由之家（www. freedomhouse. org）是一个旨在减少政府对个人监控的人权组织。它在一份报告（Freedom House，2000）中指出，许多国家，无论是发达国家还是发展中国家的政府，都在不断加强对互联网内容的监控力度。监管措施包括颁布准入许可和监管法律约束，主要是针对互联网上的一些言论和内容进行过滤和审查。美国政府曾在 1996 年试图通过《通信规范法》（Communications Decency Act）来控制某些网站的访问，但没有成功。

4.13　经济及竞争因素

一个国家的经济情况和竞争环境决定了其电子商务的发展潜力。跨国公司倾向于在互联网技术发达的国家开展电子商务。博思·艾伦·汉密尔顿（Booz Allen Hamilcon，2002）开发出一个评估数字经济（electronic economy，e-economy）的全面框架。汉密尔顿将数字经济定义为：

> 一个国家的公民、企业和政府之间利用网络技术获得社会或经济利益的动态互动系统。

本章后面将介绍各国政府如何努力改善数字经济的发展状况。

企业在预测其销售收入时，了解不同国家的经济发展情况是非常重要的。不同国家的经济发展情况可能会对企业在该国的销售产生影响。

可以说，全球化趋势在一定程度上使一家公司免受地区市场波动的影响。当然，这并不能保护公司免受全球衰退的影响。管理人员还可以研究领先国家的电子商务，以帮助预测本国未来的电子商务趋势。

全球化（globalisation）指的是在一个单一的全球市场上进行国际贸易，也指国家之间的社会和文化差异逐渐减少的过程。（我们在第 1 章中看到，无论是中小企业还是大型组织，都通过电子商务在全球市场上增加了自己的份额，获得了更大的发展机遇。）

奎尔奇和克雷恩（Quelch and Klein，1996）指出全球化的一个显而易见的结果就是使得全球范围内的市场竞争成为可能。他们认为，一个企业要参与全球性的市场竞争，必须做到以下几点：

- 24 小时接单和客户服务响应能力；
- 在处理国际业务时熟悉各国法律法规及具有处理国际货运的经验；
- 深入了解国外市场营销环境，评估自身产品和服务的优势。

语言和文化沟通也可能是一个问题，中小企业不太可能拥有资源来开发多语言版本的网站，或雇用具有足够语言技能的员工。奎尔奇和克雷恩注意到，电子商务的发展将加速英语成为商业通用语言的趋势。为某个国家或地区提供电子商务服务称为本土化（localization）。一个网站可能需要对某一类国家的客户定制一系列服务，以满足其：

- 不同的产品需求；
- 语言差异；
- 文化差异。

　　卡门森斯咨询公司（Common Sense Advisory）（2002）的一份报告强调了本土化的重要性。对于许多美国《财富》500强公司来说，海外收入占其全球收入的20%～50%。类似的情况可能也存在于其他国家的跨国组织中。

　　从这些方面来看，公司的网站应该在以下方面作出改变：
- 网站内容的语言；
- 产品的形态和风格；
- 网站设计——某些颜色或图像在某些国家可能不合适或效果较差；
- 产品供应范围；
- 产品定价；
- 货币和支付选项；
- 当地客户服务/联络点；
- 本地格式的日期和时间。

　　促销优惠曾用来获取客户的电子邮件地址（见第8章），但这可能会受到本地数据保护、税收和交易法规的影响。

　　本土化将解决这些问题。为了使营销推广有效，一个网站往往需要的不仅是翻译，因为不同的国家可能需要不同的推广理念。例如，3M公司（www.3m.com）在法国、德国和西班牙等国家呈现当地语言的本土化内容。对于大型跨国公司来说，本土化是电子商务的重要战略。本土化程度要视当地市场的大小和重要性来定，因为公司实施本土化的成本很高，所以可能只有在大的市场上进行本土化投资才能获得可观的回报。

　　辛格和佩雷拉（Singh and Pereira，2005）为本土化水平提供了一个评估框架：

　　1. 标准化网站（非本土化）。一个单一的网站服务于所有的细分客户（国内和国际）。

　　2. 半本土化网站。一个网站服务所有的客户，但是会为国际客户提供国外子公司的联系信息。

　　3. 本土化网站。将网站的语言翻译为特定国家的语言为客户服务。

　　4. 高度本土化网站。带有语言翻译的特定国家网站，还包括时间、日期、邮政编码、货币格式等方面的其他本土化内容。

　　5. 文化定制网站。目标客户的文化完全融入网站设计中。

　　对于管理者来说，决定本土化的程度是一项艰巨的挑战，因为尽管当地偏好很重要，但通常很难平衡成本和可能的增长率或转化率。2008年发表在《多语言》（*Multilingual*）上的一份调查报告中，88%的跨国公司经理表示本土化是一个关键问题，其中76%的人表示本土化对提高国际客户满意度特别重要。然而，超过半数的受访者也承认他们只将总预算的1%～5%用于本土化。

　　基于德国、印度和中国的文化，尼蒂什等（Nitsh et al.，2006）完成了对本土化在不同文化中重要性的说明，他们不仅从内容方面评估本土化网站，还从文化价值观（如集体主义、个人主义、不确定性规避和男子气概）方面评估本土化网站。调查表明，如果没有文化适应，信心或沉浸感就会缺失，从而导致较低的购买意愿。

　　据Translate Media（2013）的报道，斯里·沙尔玛（Sri Sharma）（"网络媒体星球"（Net Media Planet）的总经理）在一场名为"走向全球——通过付费搜索最大化国际业务收入"的讲座中称，当登录页面和广告翻译成当地语言时，转化率会提升20%，当网站完全本土化（所有内容都翻译成当地语言，产品价格以当地的货币形式提供）时转化率会提升 70%。

沙尔玛还说，当他公司的零售客户凯伦·米伦（Karen Millen）想要进行国际扩张时，主要利用本地常用的搜索引擎吸引客流，并在 YouTube 上投放广告。本土化对其他英语国家（如美国）公司的用户转化率的影响非常有趣。报告称，在美国寻求机会的公司如果使用"美式英语"，比如在"specialize"和"organize"这类词中使用"z"而不是"s"，会成功得多。他们发现，简单地将广告中的文字"autumn"（秋天）改成"fall"（美式英语）就能使凯伦·米伦在美国的转化率提高 25%。

这些例子进一步说明了网站本土化对于想要开拓新领域的企业的重要性。

本土化的另一个方面是搜索引擎优化（SEO，见第 8 章），因为本地语言版本的网站会被本地版本的搜索引擎优先显示。

有许多专业公司帮助公司解决这些内容本土化问题，例如，Web Certain 代理维护关于本土化的论坛（http://webcertain.com/solutions/multilingual-seo.html）。

4.14　电子商务对国际 B2B 的意义

哈米尔和格雷戈里（Hamill and Gregory，1997）强调电子商务对企业间国际交易的战略意义。他们指出，随着企业对价格差异的重视，标准化的跨境价格将会越来越流行。他们预测，互联网的直接销售将弱化传统中介机构（例如代理商和分销商）的重要性。

大型企业通常已经在全球市场具备竞争力，也有财力支撑它们进一步发展。但是较小的企业呢？大部分政府都鼓励中小企业利用电子商务开拓国际市场。哈米尔和格雷戈里（1997）找到了阻碍中小企业国际化的因素，如表 4-4 所示。完成活动 4-3，看看可以采取哪些行动来克服这些障碍。

活动 4-3 克服中小企业对国际电子商务的抵触

目的

考虑中小企业在出口方面遇到的阻碍，并列举政府能够采取的措施。

活动

表 4-4 中给出了阻碍中小企业国际化的四个因素，针对每个因素提出管理要点以及政府可以采取的措施。评估我国政府在电子商务管理和宣传方面所做出的努力。

表 4-4　中小企业出口的阻力因素

阻力	管理要点	如何解决问题
心理层面		
实施层面		
组织层面		
产品/市场层面		

资料来源：Barriers from Hamill and Gregory（1997）and Poon and Jevons（1997）.

最近的研究表明，中小企业发展互联网的速度相对较慢。阿诺特和布里奇沃特（Arnott and Bridgewater，2002）的研究评估了中小企业使用互联网的精细化程度（见第 5 章的阶段模型）。他们发现，大多数公司仅使用互联网发布信息，而不会开展互动、建立联系或进行交易。帕维奇等（Pavic et al.，2007）发现，中小企业的所有者和管理者愿意循序渐进地采取措施，当他们认为自己准备充分时，才会逐渐把电子商务纳入现有的战略。尽管他们的研究并没有发现任何可衡量的证据表明电子商务可以为中小企业创造竞争优势，但是深入的案例研究确实表明将互联网纳入总体战略可能会为公司带来竞争优势。

卡罗加罗托和胡塔马基（Karjaluoto and Huhtamaki，2010）开发了一个模型，它展示了中小企业如何应用电子渠道（见图 4－12）。这一模型是为从事零售的中小企业开发的，它显示了电子渠道的四个应用层面——信息层面、沟通层面、交易层面、业务的整合层面。影响因素主要有三个，它们既可能促进也可能阻碍电子商务在企业中的应用。影响因素有：环境因素（包括 SLEPT 分析）；资源相关因素；公司特有的因素。

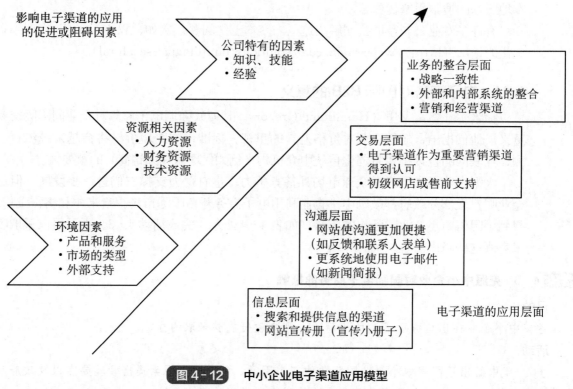

图 4-12　中小企业电子渠道应用模型

资料来源：Karjaluoto and Huhtamäki（2010）.

图 4-13 显示了中小企业采用的电子商务阶梯模型，许多中小企业起初都会积极使用电子邮件进行有效沟通，随后建立网站。一旦企业开始在线销售，就会实施一个初步的电子商务战略。当中小企业进一步整合其线上战略和线下运营时，就演变成一种电子商务模式，使用在线系统积极参与供应链管理活动就是一个很好的例子。最后一个阶段是形成成熟的商业模式，企业也会变得更加虚拟化和网络化。

虽然这个模型提供了中小企业发展数字化战略的一个简单演化过程，但它假设是一个线性过程，并推断所有企业都会遵循相同的路径，而现实中这种情况很少发生。

这种阶梯模型与卡拉戈佐格鲁和林德尔（Karagozoglu and Lindell，2004）的研究一致，他们发现，中小企业的电子商务战略很大程度上建立在它们现有的实体商业模式上。尽管从

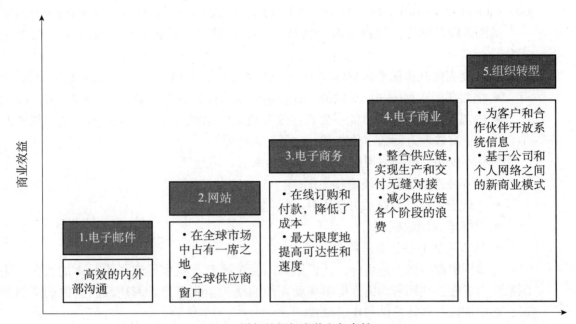

图 4-13　中小企业采用的电子商务阶梯模型

资料来源：Taylor, M., Murphy, A. (2004) "SMEs and e-business", *Journal of Small Business and Enterprise Development*, Vol. 11 Issue: 3, pp. 280–289.

事电子商务的中小企业实现了销售增长，也提高了盈利能力，但在线采购并不那么成功，因为电子商务平台对成本和技术的要求都偏高。

谭等（Tan et al., 2009）研究了美国 55 家小型在线零售商，这些零售商积极发展电子商务，并开发了一种数字化商业管理模式。这些案例突出了决策者对于数字增长战略的重要性（将在第 5 章更详细地讨论）。对于那些寻求此类增长的人来说，一个重要的关注点是需要对产品供应细分，并建立一个充满活力的在线社区来增加销售额和利润。这与那些主要依靠价格竞争的公司形成了对比。

4.15　政府与数字化转型

政治环境主要受到以下因素影响——政府机构的相互作用、公众舆论、消费者维权组织如 CAUCE（反对垃圾邮件联盟，www. cauce. org）。CAUCE 这类组织致力于保护用户隐私安全，防止用户数据被滥用。有一些受行业协会支持的组织如 TrustArc（www. trustarc. com）则致力于监督企业保护用户隐私安全。

政府可以通过以下途径推广互联网使用和强化对互联网环境的管理：

- 宣传采用互联网对消费者和企业的好处，促进国家的经济繁荣；
- 如前文提及的立法保护隐私或控制税收；
- 为组织提供指导方针和法律援助；
- 建立国际机构，与其他国家合作强化对互联网的管理（见第 3 章）。

政府为了提高国家的经济竞争力，参与了许多活动。英国内阁办公室和政府数字服务（GDS）发布了《2017—2020 年政府转型战略》（www. gov. uk /government/publications/

government-transformation-strategy-2017-t0-2020/government-transformation-strategy）。

英国政府是世界上先进的数字化政府之一，其下一阶段的数字化转型有三个主要组成部分：

- 转变为面向市民提供整体服务——继续改善公共部门内公民、企业和用户的体验；
- 全面部门转型——以灵活的方式传递政策目标，改善跨渠道的公民服务，提高效率；
- 内部政府转型，这可能不会直接改变政策结果或面向公民的服务，但果政府要更好地合作、更有效地进行数字化变革，这是至关重要的。

目标不仅包括继续发展世界顶级的数字服务，还包括：

- 培养合适的人员、技能和文化；
- 在政府内部开发高效办公工具、优化行政流程；
- 更好地利用数据；
- 创建共享平台以加速转型。

许多国家都参考上述目标，并根据本国互联网普及程度设定了更具体的目标，比如有的国家致力于在公共场所为民众提供免费无线网络。企业应有效利用政府提供的资源和利好政策，如申请政府科技补贴或申请减税。

欧盟委员会（EC）提供了一些政府组织在促进和规范电子商务方面所起作用的例子。社会包容性信息社会（information society）有以下特点：

- 将有易于使用的公共和个人访问通信渠道，不会严重依赖私人或公共机构作为中介；
- 将确保能够轻易地、免费或以极低的费用获得对日常生活、对社会的充分参与和在需要时提供必不可少的各种资料；
- 将大力投资信息处理和交流。

联合国教科文组织积极推动欠发达国家发展信息社会（http://portal.unesco.org）。

欧盟制订了"i2010"计划，该计划呼吁用信息通信技术的"三大支柱"来支持增长和就业：

1. 将欧盟委员会所掌握的所有监管工具结合起来，这将能够为数字经济创建一个现代的、以市场为导向的监管框架。

2. 将欧盟的研究和开发工具纳入数字化融合战略，并为与私营部门的合作设定优先次序，以稳固创新和技术的领先地位。

3. 利用欧盟委员会现有的工具，在高效快捷的信息通信技术公共服务的支持下，促进包容性的欧洲信息社会发展。

你可以在以下网址了解到更多关于"i2010"计划的信息：http://europa.eu/rapid/press-release _ MEMO-05-184 _ en. htm？ locale＝en。

博思艾伦咨询公司（Booz Allen Hamilton）回顾了政府鼓励人们使用互联网的政策（2002），总结了政策的五大要点：

1. 提高接入设备的普及率。瑞典通过个人电脑税改革使个人电脑进入家庭或者公共场所，像法国一样开发了 7 000 个接入点。法国还提供了一项税收激励计划，公司可以免税赠送个人电脑给员工使用。

2. 提高目标群体的技能和信心。这些政策的目标是可能被忽视的群体，比如法国投资

1.5 亿欧元培训失业者，日本展开 IT 项目培训。

3. 提供国家认可的信息技术领域从业执照。法国、意大利和英国有授予简单 IT 资格的计划，尤其针对低技能群体。

4. 建立信任，减轻恐惧。美国 1998 年的《儿童在线保护法》（Child Online Protection Act）利用各种方案来提供"Kitemark"类型的认证，或安全服务认证。

5. 直销活动。英国通过在线活动直接大规模地向公民营销。

英国政府的"使英国成为世界上发展数字商务最佳地点的数字战略"（2017）概述了以下目标，这为其他国家制定数字经济发展政策提供了参考：

- 技能、基础设施和创新是支持英国世界领先数字经济新战略的核心。
- 建立数字技能合作关系并承诺提供大量的免费数字培训机会。
- 对英国数字行业进行长期投资，包括帮助人工智能公司利用数字创新获得生产效益。
- 作为数字战略的一部分，将创造超过 400 万个免费的数字技能培训机会，以使英国成为全球启动和发展数字商务的最佳地点，并确保数字经济为所有人服务。

英国政府还认识到企业在制定战略方面发挥着重要作用。因此，该计划包括：

- 在新兴市场建立五个国际科技中心，以建立和发展英国公司和当地科技公司之间的伙伴关系。这些国际科技中心将有助于为英国公司增强全球竞争优势，推动在技能创新、技术和研发方面的合作。这些国际科技中心将以英国-以色列科技中心为基础，后者迄今已达成 80 多个合作伙伴关系，交易价值为 6 200 万英镑。
- 一场新的竞争将促进新金融科技（FinTech）产品的开发，这些产品可以帮助那些难以获得金融服务的人，并为消费者提供他们需要的工具以更好地管理他们的财务。这将巩固英国在金融科技领域现有的领先地位（2015 年其价值超过 66 亿英镑），并确保数字经济为所有人服务，而不仅仅为少数人服务。
- 承诺建立一个由国务卿领导的政府和科技界论坛，通过创新和在更广泛的经济中采用数字技术，共同努力促进数字经济的增长。
- 通过文化、传媒及体育部主持的商界连通性论坛，汇聚商界团体。地方当局和通信供应商帮助企业接入快速、实惠、可靠的宽带。
- 确认 10 亿英镑的计划，以保持英国在数字连接方面的领先地位。这笔资金将加速下一代数字基础设施的开发。

互联网治理

互联网治理（Internet governance）描述了为管理互联网的发展及用而实施的控制手段（如第 3 章末尾所讨论的）。

戴森（Dyson，1998）描述了不同的管辖权，包括：

1. 不同国家在本国领土内有权制定和实施适用于本国的法律。
2. 网络服务提供商——连接物理世界和虚拟世界。
3. 域名控制（www. icann. org）和社区。
4. 鼓励建立如 TRUSTe（现在称为 TrustArc（www. trustarc. com））的行业机构。

管理基础设施的组织也在互联网治理中扮演重要角色。

电子政府

电子政府（electronic government）不同于互联网治理。（在第 1 章，我们注意到电子政府是许多国家的主要战略优先事项。）

欧盟委员会发布了《2016—2020 年数字政府行动计划》，以促进数字单一市场的发展。该计划有三个主要目标：

1. 推进公共行政现代化；

2. 实现数字化内部市场；

3. 加强与公民和企业的交流，提供高质量的服务。

该行动计划旨在支持欧盟层面的协调和协作，以提高数字政府服务的可用性和普及程度。要实现这一愿景，有三个主要的政策优先事项：

1. 通过欧洲互联互通基金（Connecting Europe Facility，CEF）、数字服务基础设施（Digital Service Infrastructures，DSIs）等计划开发公民网络电子身份标识（eID）、电子签名（eSignature）、电子传输（eDelivery）等欧盟通用的数字化工具。

2. 促进欧盟各国电子政务系统的互联互通，使得欧盟公民能够在不同欧盟国家间便利通行，企业能在不同欧盟国家内自由开展业务。

3. 促进政府和公民、企业之间的数字互动，以获得高质量的公共服务。

4.16 技术创新与技术评估

管理电子商务的最大挑战之一是需要评估哪些创新技术可以用于获得竞争优势——下一个变革是什么。事实上，没有人能够预测未来，许多公司的产品的未来发展没有清晰的认识：

> 我认为五台电脑就能满足全世界市场的需求。
>
> ——托马斯·沃森（Thomas Watson），IBM 总裁，1943 年
>
> 任何人都没有理由在家中拥有计算机。
>
> ——肯·奥尔森（Ken Olson，数字设备公司总裁，）1977 年

并非所有的组织都有能力（在某些情况下还有预算）进行技术创新。通常组织可以做的最好的事情之一就是分析当前情况并在适当的时候迅速做出响应。布鲁斯·托甘齐（Bruce Toganizzi）提出了略微不同且更具前瞻性的观点，他在苹果成立了人机界面团队，并制定了该公司第一个界面准则（Econsultancy，2007）：

> 成功的技术预测是检测不连续性并预测趋势。

他举了 iPhone 和其他基于手势界面的设备的例子。

除了部署在网站的技术，必须评估吸引网站访问者的新方法是否适合——例如，企业应考虑到底是向搜索引擎付费推广品牌网站，还是投放网页广告，抑或是通过电子邮件推广其品牌（见第 7 章）。（战略决策见第 5 章。）

当引进一项新技术时，经理面临着艰难的决定：

● 如果经理持一种谨慎的观望态度，就会因为太昂贵或没有尝试过而不使用这种技术，或者不相信收益会超过成本；

● 如果经理持一种冒险的态度，就会被天花乱坠的广告宣传迷惑，在没有详细评估的情

况下大胆地采用这种技术；

● 折中的方法是，对该技术进行评估，然后根据评估结果决定是否采用该技术。

这种扩散-采用过程（由图 4 - 14 中的正态分布曲线表示）是由罗杰斯（Rogers，1983）确定的，他将采用新产品的人分为创新者、早期采用者、早期多数跟随者、晚期多数跟随者和落后者。

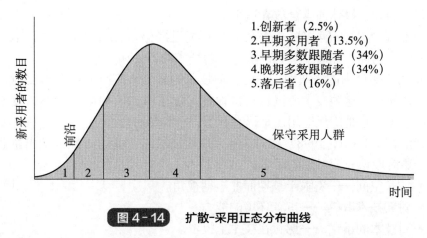

1. 创新者（2.5%）
2. 早期采用者（13.5%）
3. 早期多数跟随者（34%）
4. 晚期多数跟随者（34%）
5. 落后者（16%）

图 4 - 14　扩散-采用正态分布曲线

图 4 - 14 作为分析工具主要有两种用途。首先，它可以用来了解客户在采用技术或任何产品时所达到的阶段。例如，互联网现在是一种成熟的工具，许多发达国家正处于采用的晚期多数跟随者阶段，这表明使用互联网进行营销是至关重要的。其次，管理者可以从组织的角度来看待其他企业对新技术的采用。例如，建筑行业供应商可以查看有多少其他数字企业采用了个性化方案，以评估采用这种技术是否值得。

技术分析公司高德纳（Gartner）开发了另一种创新扩散图表，用于评估特定技术的成熟度、采用情况和业务应用情况（见图 4 - 15）。

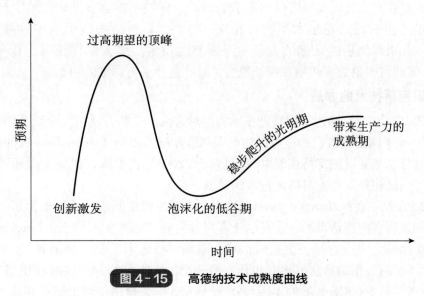

图 4 - 15　高德纳技术成熟度曲线

高德纳（2010）基于技术成熟度曲线指出了不同的创新扩散阶段。基于此曲线，高德纳预测了 2016 年的技术发展趋势（见图 4 - 15）：

1. 创新激发——技术成熟度曲线的第一阶段是技术诞生的激发期或突破期，涉及产品发布或其他能产生重大新闻和兴趣的事件。

2. 过高期望的顶峰——在这一阶段，疯狂的宣传通常会产生过度的热情和不切实际的期望。一项技术可能会有一些成功的应用，但通常也伴随着无数失败。

3. 泡沫化的低谷期——技术进入泡沫化的低谷期，是因为它们没有达到预期，很快变得不流行。因此，媒体通常会放弃这个话题。

4. 稳步爬升的光明期——尽管媒体可能已经停止报道这项技术，但一些企业顺利度过稳步爬升的光明期，并通过实验了解到这项技术的好处和实际应用。

5. 带来生产力的成熟期——当一项技术的好处被广泛证明和接受时，它就会达到带来生产力的成熟期。这项技术变得越来越稳定，并在第二代和第三代不断发展。该技术的巅峰高度取决于该技术是广泛适用还是只有利于一个利基市场。

特洛特（Trott，1998）在对企业采用新技术的态度的研究中指出企业在有效应对技术创新和变革时应该充分考虑的因素：

- 成长空间——着眼于长期而非短期视角。
- 对新技术敏感——审查环境的能力。
- 对技术的承诺——愿意在技术上投资。
- 风险承受能力——愿意承担管理风险。
- 跨职能合作——跨职能领域的协作能力。
- 接受能力——对外部开发的技术作出反应的能力。
- 缓冲期——留出时间来研究新的技术机会。
- 适应性——准备接受改变。
- 多样化的技能——技术、商业技能和经验。

企业如若能成为新技术的早期使用者，通常也能成为该技术相关产业和领域的领导者，但是同时也面临着所有投资付诸东流的风险。新技术将会有缺陷，可能与现有系统整合得很差，也可能市场效益根本不符合预期。当然，有些公司敢于承担这些风险，原因是回报高——如果你使用的是你的竞争对手没有的技术，那么你将获得比竞争对手更大的优势。第 10 章通过讨论数字转型和增长黑客，对此进行了更详细的讨论。

识别新技术的方法

PMP（2008）描述了识别新技术的四种方法，这些方法可能会给公司带来竞争优势。

1. 技术网络。人们通过他们的个人网络和技术侦询（technology scouting）监测趋势，然后通过分享基础设施支持信息共享。PMP（2008）曾披露，诺华公司通过外联网和会面活动促进了内部和外部专家对特定技术的共享。

2. 众包。众包（crowdsourcing）为寻求解决特定问题的公司提供了一个来自客户、合作伙伴和发明者的创意市场。乐高以让客户参与新产品开发而闻名。InnoCentive 是众包最有名的商业案例之一。它是一个在线市场，联系"寻求者"和"解决者"，并管理二者之间的关系。"寻求者"指的是从事研究和开发的公司，为它们的商业挑战和机遇寻找新的解决方案。"解决者"是 InnoCentive 的 17 万名注册会员，他们解决了包括商业和技术在内的各种领域的问题，可以赢得 5 000～100 万美元不等的现金奖励。

3. 技术搜寻。通过分析评估新公司的能力对新技术进行结构化审查。例如，英国电信

(British Telecom）对多达1 000家初创公司进行结构化审查，以评估其对提高自身能力的重要性，最终可能每年仅与5家公司达成正式协议。

4. 技术挖掘。这是基于现有研究识别新技术的发展趋势。例如，德国电信公司（Deutsche Telekom AG）利用自动化技术，通过诸如Autonomy等软件，在专利、文章、期刊、技术报告和趋势研究中搜索潜在技术解决方案。一种更简单的方法是通过免费服务（如Google Alerts（www.google.com/alerts））来设置技术的关键字搜索。

我们建议增加另一种方法：

5. 创业孵化器。一些企业正在建立自己的创业孵化器（start-up incubator），以寻找针对特定市场的创新解决方案。例如，John Lewis已经建立了JLabs，利用物联网（Internet of Things，IoT）和技术实现店内个性化，旨在寻找新的方法来帮助客户跨渠道购物。联合利华推出了"联合利华＋计划"（http://foundry.unilever.com），保乐力加（Pernod Richard）成立了创新孵化器"创新实验室"（Winnovation Lab），而易捷航空拥有"创始人工厂"（http://foundersfactory.com）的股权，以探索旅游技术的新方向。除此之外，在线时尚零售商ASOS与西班牙电话公司（O$_2$/Telefonica）的Wayra加速器（accelerator）合作，寻找能够创新业务并提供竞争优势的时尚科技初创公司。

在考虑是否采用某项新技术时，对新技术推广的速度进行了解也是很有必要的。如果一项新产品或新服务的推广速度很快，我们通常把产品的快速扩张称为"爆炸式蔓延"。互联网的使用就是"爆炸式蔓延"的例子。在发达国家，互联网的推广速度要远远快于电视机，而大家认为推广速度快的手机，比起互联网和电视机又显得慢一些。

因此，电子商务管理者在进行技术创新时应该采取什么措施呢？这方面没有现成的经验和法则，需要企业在实践中摸索，但是企业在这方面绝对不能马虎，因为在放弃某项技术的同时，很可能竞争对手已经从这项技术中获益了，等待别人进行技术创新只能使企业远远落后于他人。

图4-16反映了不同管理者对新技术的选择，图中呈阶梯状的曲线反映的是技术随时间的变化。有些技术可能是在原有基础上小幅变化，例如，在现有操作系统的基础上开发出来的一个新的操作系统，还有一些技术能对消费者的购买方式起到显著的影响。按照对待新技术的态度不同，可以把公司分为三类：A类公司积极采用电子商务新技术，且能较早地采用新技术，甚至能在新技术推广之前就采用它；B类公司通常在A类公司采用新技术之后，在理想的条件下选择采用那些能明显给公司带来积极影响的技术；C类公司是新技术采用的落伍者，往往很晚才会考虑是否要在自己公司应用新技术。

消费者使用移动技术的增长或许是数字媒体发展的显著趋势。多屏（multiscreening）同样是一个趋势，也需要考虑其对消费者的影响。

微软"跨屏互动"研究（2010）是一项分为两个阶段的研究：Flamingo Research和Ipsos OTX分别访问了澳大利亚、巴西、加拿大、英国和美国5个市场的消费者，这些消费者拥有多台设备，每天在不同设备中来回切换。调研者随后通过焦点小组访谈了解了这些消费者的消费观点。

这项研究确定了使用多种设备时的四种消费者行为：

1. 内容浏览：这是消费者与多台设备交互的最常见方式，68％的消费者同时使用两个或更多屏幕来访问不相关的内容。例如，一边看电视节目，一边查电子邮件或发短信。

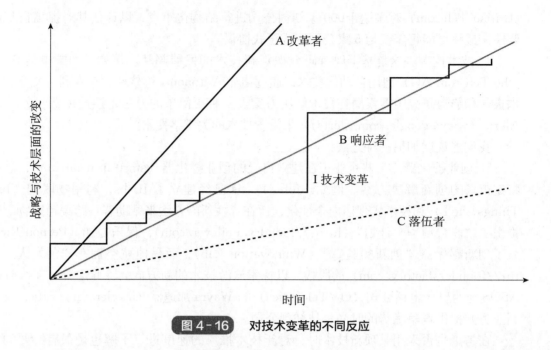

图 4-16 对技术变革的不同反应

2. 跨屏结网：57％的消费者使用一种设备来查找与他们在另一种设备上所做事情相关的信息。例如，他们可能在电视上看电影，然后在平板电脑上查找演员参演的其他电影。

3. 量子之旅：46％的消费者使用多种设备来完成一项任务。例如，在购买前，用手机给一双鞋拍张照片，然后在电脑上查询网上对这双鞋的评论。

4. 社交性结网：这是最不常见的多屏幕使用行为。39％的消费者分享他们在其他设备上完成的活动内容。这方面的一个例子就是通过智能手机或平板电脑分享游戏战绩。

4.17 本章小结

1. 公司应该进行互联网环境观察分析，只有这样才能对互联网环境的变化及时作出反应，并且在法律和道德的约束下开展活动。

2. 第 5 章中讨论的微观环境变量和本章中的宏观环境变量与 SLEPT 框架有关。

3. 社会因素是信息社会发展的动力之一，它包括消费者行为特征，比如消费者接触互联网的途径、消费者对互联网作为交流工具的态度和消费者对网上购物的态度等。

4. 道德因素包括对消费者隐私权的保护和个人信息安全的保护。消费者隐私权包括消费者是否同意分享个人信息、是否同意使用 Cookies 以及是否同意接收商业邮件。

5. 电子商务管理者应该考虑的法律因素包括：可访问性、域名约束、知识产权和数据保护法案。

6. 经济因素对于互联网贸易来说存在很强的地域性，电子商务企业应该考虑不同市场的不同经济条件来决定自己的发展战略。

7. 政治因素包括政府对电子商务发展的鼓励措施，同时也包含政府对电子商务的控制措施。

8. 互联网技术的快速变化要求企业持续关注新技术的发展和竞争者对技术变革的反应。

练　习 ///////////////////////

自我评估

1. 为什么电子商务企业必须对互联网的环境实施监控？

2. 举例说明各个宏观环境因素对电子商务产生的影响。

3. 总结消费者使用互联网的障碍，并且说明电子商务公司应该如何协作以消除这些障碍。

4. 电子商务管理者应该采用什么措施来保护消费者的隐私权和安全？

5. 你所处国家的电子商务活动受到了哪些方面的法律约束？

6. 为什么政府要采取措施对电子活动进行控制？

7. 对国家和地区之间的电子商务合作进行总结。

8. 如何进行创新管理？

问题讨论

1. 假如你在一家银行从事电子商务管理工作，请把与你所在银行网站相关的各种法律和道德因素罗列出来。

2. 电子商务的管理者应该如何监控和应对技术创新？

3. 试举 3～4 个例子，证明旅游、图书、玩具还有服装等行业的网上零售商能够确保客户的隐私安全。

4. 讨论"大多数国家的互联网使用率不可能超过 50%"这一观点。

5. 找一项最近两年才出现的互联网连接技术，谈谈它将来是否会成为人们连接互联网的首选方式。

6. 评估英国数据保护法的八项原则如何与电子商务管理者需要采取的行动联系起来，以确保他们的网站符合法律要求。

测试题

1. 解释互联网治理的不同层次。

2. 总结一个企业需要监控的宏观环境因素。

3. 解释环境监控的目的。

4. 试举 3 个例子说明网站是如何保护使用者个人隐私的。

5. 影响客户使用互联网的三个关键要素是什么？

6. 解释扩散-采用理念对采用新技术的意义：

　　a. 消费者购买技术革新；

　　b. 企业部署技术革新。

7. 为了遵守法律和道德，电子商务管理者应该采取哪些措施？

■ 第 2 部分
战略与应用
Strategy and Applications

第 5 章

数字商务战略
Digital business strategy

完成本章的学习后，读者应该能够：

- 为数字商务选择一个合适的战略流程
- 应用工具来生成和挑选数字商务战略
- 列出实现数字商务目标可能的战略途径

5.1 本章介绍

　　制定数字商务战略需要融合现有的业务、营销、供应链管理和信息系统战略的发展。数字商务的关键驱动力之一是"颠覆式创新"（disruptive innovation）。在产品的情境下，它指的是把一个昂贵的、复杂的、少数人使用的产品，变成价格负担得起和更容易获得的产品（即创造一个全新的市场）。其中一个例子就是便携式音乐设备，20 世纪 80 年代标志性的产品是索尼随身听，2001 年 10 月推出的苹果 iPod 成为它的替代品。索尼随身听是最早进入市场的便携式音乐设备之一，然而它又大又笨重，你必须随身携带盒式磁带或 CD。

　　后来，苹果公司推出了 iPod。这是一款小巧便携的音乐播放器，看起来时髦，而且可以下载 1 000 首歌曲。iPod 建立在将计算机作为中心设备或数字枢纽的基础上，可以用来编辑照片/电影，并且可以管理一个大型音乐库。史蒂夫·乔布斯（Steve Jobs）在产品发布会上说："音乐是每个人生活的一部分，而正因如此……这是一个巨大的世界性目标市场。"

　　服务业提供颠覆式创新的公司也越来越多。它们正利用技术、客户行为和数据的可获得性的变化，创造出传统服务的创新替代品，例如交通领域的优步和酒店及接待服务领域的爱彼迎。

　　根据《麦肯锡季刊》（*Mckinsey Quarterly*）的一篇文章（D'Emidio et al.，2015），服务创新的成功包含三个要素：

　　1. 服务创新与公司对产品研发的关注度相匹配；

　　2. 为客户提供个性化服务的能力，以及帮助客户自助购买的能力；

　　3. 简化服务交付方式（在某些情况下实现自动化）的意愿。

　　为了实现服务创新，公司必须找到更多的合作方式，以确保关注客户本身，而不仅仅关注公司的内部流程。图 5-1 是可以帮助组织提升市场盈利能力的颠覆式创新模型。

　　数字颠覆的一些关键因素有：

　　1. 从以产品为中心到以客户为中心的转变。在过去，大公司会开发一种产品，然后通过广告等营销手段将其"推"到市场上，希望这些产品能够大卖。然而，现在权力已经转移到消费者身上，他们正在积极地寻找可以满足他们特定需求的产品和服务。消费者不再想被"推销"，他们想从真正关心他们需求的公司那里购买产品。这方面的一个例子是Blockbuster 的消亡——人们不再想开车到商店寻找 DVD，然后在第二天还回去，相反，他们希望能够从适合自己的设备（包括平板电脑和智能手机）上全天候播放视频，并能观看各种不同的电影。

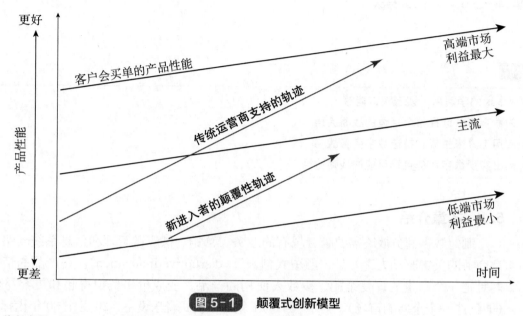

图 5-1 颠覆式创新模型

资料来源：What Is Disruptive Innovation? By Clayton M. Christensen, Michael E. and RaynorRory McDonald from December 2015 issue, https://hbr.org/2015/12/what-is-disruptive-innovation.

2. 从昂贵、高风险、缓慢进入市场转变为便宜、低风险、快速进入市场。过去开发一种新产品/服务是费时、昂贵和有风险的——只有在推出后，公司才能衡量它是成功还是失败，到这个时候，已经支出了研究和开发（R&D）费用和营销成本。然而，现在开发数字工具意味着公司可以生产一个"最小可行产品"（即一个没有任何附加修饰物的基础产品），测试一些客户对它的反馈，然后决定要么采用它要么低成本地迅速撤回这个产品（这个话题将在第10 章详细讨论）。

3. 从首先在利基市场占据一席之地的创新转向快速影响主流。传统的市场营销是昂贵的，公司习惯于首先针对少量受众进行营销，这样成本就会降低。然而，如今公司可以通过社交媒体、博客、搜索引擎营销等方式，快速、轻松地使它们的新产品成为热点话题。这有助于它们更迅速地影响主流市场，触及全球受众。

4. 从漫长的产品开发周期到快速的构思、迭代、交付和优化的转变。市场营销环境已经改变，这要求公司有更短的产品开发时间、不断测试（迭代）和改进产品/服务的能力。许多产品正在数字化，以节省生产成本，并在国际市场上为消费者提供更多的便利（例如，发布适用于 Kindle 设备的电子书可以减少发行纸质书带来的高昂印刷成本和分销成本）。（我们将在第 10 章中详细介绍数字转型。）

5. 从传真机和手机等设备到应用程序、共享经济和众筹的转变。传真机等硬件设备已随着消费者购买行为的变化被取代。越来越多的移动设备应用程序不断被开发出来，同时，越来越多的组织选择在移动应用中发展共享经济，这是为志同道合的群体创建的虚拟社区，用户可以在虚拟社区中与他人进行交易，并获得真实的、个性化的虚拟体验。

以下是四家具有数字颠覆性的公司：

- 优步——基于应用程序的科技公司；
- Netflix——来自多设备的按需流视频点播；
- 爱彼迎——全球（共享）社区，在世界各地提供度假和商务住宿租赁服务；
- Glenigan——B2B 电子商务的范例，通过为客户提供商业对接人信息、商机和行业新闻颠覆了整个英国建筑业。

值得注意的是，数字创新可以连接实体产品/目标和服务。这方面的例子可以在物联网（IoT）领域看到。正如第 4 章提到的，物联网指的是由物理对象（或事物）组成的网络，嵌入了技术（如电子设备、传感器等），使对象能够与连接的设备交换数据。因而，物联网有助于改善系统、流程和用户体验。

谷歌的 Nest 和智能城市

2014 年，谷歌以 32 亿美元收购了 Nest Labs，后者生产智能恒温器、火灾报警器和安全摄像头。该公司最受欢迎的产品是"Nest"，这是一款家用恒温器，旨在让人们的生活更舒适，并减少能源浪费（保护环境，减少家庭开支）。该设备能够监测和记录人们如何使用它，这有助于建立使用概况，然后设备就可以智能地"设置"自己。

谷歌还启动了智能城市项目"人行道实验室"（Sidewalk Labs），开发帮助政府更有效地管理城市的技术。智慧城市项目旨在通过对城市公共基础设施（医疗、公用事业、交通和废物管理）的更有效管理，帮助政府削减成本，提高居民生活质量。

亚马逊的 Dash 按钮

亚马逊宣布向亚马逊 Prime 客户推出 Dash 按钮，其可以放置在用户的家中。这是一个支持 wifi 的按钮，按下这个按钮就可以订购洗衣粉等普通家用产品。一些制造商在 Dash 按钮上增加了自动检测功能，这样当商品存量不足时，就可以从亚马逊重新下单（也可以通过手机取消）。

苹果的手表

苹果公司推出了一款智能手表，该设备与 iPhone 相连，可以用来阅读电子邮件、回电话，还可以访问应用程序。

以上都是技术在日常工作生活、客户服务中实现数字颠覆的例子。

在本章中，我们试图展示如何遵循既定的商业原则，同时通过仔细考虑数字创新和在线渠道的特殊性来构建数字商务战略。简而言之，数字商务不仅定义了"如何在网上做生意"，它还定义了"如何以不同的方式开展业务，通过应用数字技术来提高盈利能力，以及改善面向客户、面向合作伙伴和内部沟通的流程"。在本章的介绍性访谈中，我们会看到一些商业模式的例子，这些商业模式需要根据数字技术和媒体带来的机遇进行开发。

在本章开头，我们介绍了数字商务战略，讨论了适当的战略过程模型作为发展数字商务战略的框架。本章将围绕这一经典的四阶段战略过程模型展开：

- 战略评估；
- 战略目标；

- 战略定位；
- 战略实施。

对于上述每一个阶段，我们都将回顾和分析数字商务战略的相关管理行为。

社交商务的发展

随着越来越多的消费者和企业采用社交媒体（我们将在第 8 章讨论），人们更加关注创建一个以客户需求为中心的社交商务模式。（由于这需要业务结构的转换，我们将在第 10 章中讨论此主题。）

现实世界中的数字商务——智慧视角访谈

罗伯托·霍塔尔谈为什么营销组合在今天仍然重要

罗伯托·霍塔尔（Roberto Hortal）曾担任数字商务主管，拥有多年在不同国家运营不同类型商务的经验。他工作过的企业包括法国电力公司（EDF Energy）、RSA 保险集团（RSA insurance group）、MORE TH>N、易捷航空和诺基亚。在这里，他分享了他通过制定合适的决策呼应营销组合，并有效提高在线推广效率和提升品牌商业价值的经验。

问：我们经常听到有人说营销组合的概念在这个"客户至上"的时代不再那么有用了。您认为它在今天的意义是什么呢？营销组合中有哪些特别的方面可以用于优化线上服务？

罗伯托·霍塔尔：营销组合是一个概念框架，其适用于计划、执行和衡量一系列协调活动从而实现预期的营销结果，因此它很有用。以客户为中心要求企业更好地收集客户意见，并根据客户的意见作出调整，以适应人数日益增长但范围日益缩小的客户群体——达到完全个性化产品的理想状态。随着复杂性呈指数级增长，能够依靠诸如营销组合等久经考验的工具是至关重要的。

我会在日常工作中使用营销组合的基本元素（如 4P），对我来说，营销组合仍然是一个实用的工具。在数字环境中，随着时间的推移，4P 在识别和分析个人消费者并满足他们的需求和愿望方面具有很大的弹性。我的网站是一个渠道还是产品的一个组成部分？当更高效的数字渠道直接影响定价能力时，渠道和价格是否会成为同义词？我们需要有效地管理这种弹性，以避免陷入死板应用模型的陷阱。在数字营销中，我们必须持续挑战数字营销每一种工具的效度，随着业务和客户的发展而添加、修改和舍弃相关维度。所提倡的营销组合概念的演变（如 4C）可能会确保它在今天仍然适用。我个人的观点是，我们距离它的适用寿命结束还有一段时间。

问：您能举例说说您在哪些方面用新方法在线上应用营销组合吗？

罗伯托·霍塔尔：在我看来，最关键的观点是数字媒体可以为营销组合中的每一个元素作出贡献。因此，我们必须避免将数字技术狭隘地归类为仅仅（甚至主要）贡献于营销组合中的某一部分。

虽然我还没有遇到哪个组织从根本上不认同这一观点，但有些组织比其他组织更多地将其付诸实践。我曾在一些公司工作过，营销组合就嵌在企业结构中，包含定价、产品、渠道（地点）和营销（促销）部门。

我对渠道定价展开过实验，因为定价是服务机构促进客户购买和提升业务价值的关键驱动因素。

- 事实证明，直接的在线折扣并不一定有效。在线折扣不被客户看重（在价值比较时代，他们关注的是总价值，而不是其组成部分），而且折扣通常并不真正意味着较低的成本（虽然销售和服务成本降低了，但同时交易数额和用户忠诚度也降低了）。

● 将渠道数据作为定价因素已经被证明是更加成功的。随着历史数据的积累，我们有可能向那些在应用阶段就被认为具有高价值的客户提供具有竞争力的价格。一个精确的价值/倾向性模型可以利用数字访问者提供的丰富信息（地理位置、促进用户访问的策略、营销活动、访问历史、销售记录等）来进行真正个性化的定价。在这个例子中，价格由渠道决定，而价格和促销都反映了单个客户的信息。

我已经成功地将数据驱动的方法扩展到营销组合的其他元素中。动态打包（从模块化的基础产品中提供创建个性化的可能）已被证明是成功的：在英国易捷航空，有一个提供租车建议的产品，输入目的地、季节和团体大小就可以生成预测模型，这显著提高了租车率。最近，我在 RSA 保险集团的中欧和东欧业务中应用了同样的动态打包方法，显著增加了可选保险和附加产品的销售额。

数据驱动的方法可以有效提高首页基础产品的展示效率。例如，在选择能源套餐时，你是更喜欢基础价格低但价格受市场变动影响的 A 套餐，还是基础价格高但不受未来市场影响的固定价格 B 套餐？我们通过你的网页浏览记录了解你的偏好，并推荐相应产品。

问：线上渠道为测试价值主张带来了很大的可能性。您能就测试价值主张的方法给出一些建议吗？

罗伯托·霍塔尔：以下是我使用线上渠道测试价值主张的几种方式：

● 在访客第一次访问时，随机推送销售计划，评估客户对产品的兴趣和他们的购买行为。这时通常会设置一个大型的对照组（提供当前的主要销售计划）进行对比，这样既保护商业结果，又能检测任何可能影响实验结果的外部因素。这种方法可以扩展到网站之外，通过随机分配营销信息等，来衡量一个销售计划的吸引力。测试价值主张的各个方面是很重要的：如果一个非常成功、收益较高的提议不能在一个符合客户期望的水平上定价，那么可能无法转化成实际收益。

● 提供一个模块化的销售计划平台，允许客户组合元素。我们很容易就能分析出受欢迎的产品组合以及产品间的相关性，如客户在配置某种产品组合时偏好添加某种附加产品。根据我们对每个模块的了解，可以得知这些组合对盈利、留存率和宣传的复合影响。

我发现价值主张测试很少完全符合 A/B 场景，因为测试会迅速发展为包含大量变量的复杂的多元实验。重要的是要确保测试有可靠的计划、严格的执行和统计上的显著性。例如谷歌网站优化（Google Website Optimiser）这样的免费工具能测试和优化网站，有助于改善网站使用效果。然而，这些工具并不能阻止设计糟糕的实验得出错误的数据。根据我的经验，确保有效测试和改进业务结果的唯一方法是运用最好的分析人才。当我从零开始组建数字团队时，分析师是我扮演的第一个角色，好的分析非常重要。

问：许多组织现在都在发展社交媒体战略。您如何看待社交媒体在营销组合中扮演的角色，尤其是社交媒体可以明显地影响产品决策和服务？

罗伯托·霍塔尔：如果我有答案……我对社交媒体的观点与许多同行截然不同。大多数人将社交媒体视为品牌的客户服务渠道，而我认为社交媒体最大的潜力在于获取人们的意识、考虑和关注。这并不是说使用社交媒体的最佳方式是做广告。互联网的社会属性要求品牌参与对话，识别并激励"品牌大使"来帮助其扩散信息。

人们普遍接受这一点，但人们又对促进在线交互以提升产品销量这一方式感到担忧。人们倾向于规避风险，尤其是一些糟糕的社交媒体品牌宣传案例导致了消费者对品牌的反感。

　　风险显然是真实存在的，但也有机会做好执行工作，带来大量业务和积极的舆论。我最近与波兰最大的社交网络（Nasza Klassa）合作开展了一场活动。我的波兰团队出色地执行了一个相当简单的人格测试机制，我们的合作伙伴将其称为这个国家在覆盖范围和参与度方面最成功的宣传活动，它带来的销量堪比主流电子营销渠道。

　　社交媒体空间需要建设和维护，但我们不能忘记实体场所也是如此。就像人们喜欢边办理银行业务边和人聊天一样，品牌社交媒体环境有潜力将对话和业务无缝融合在一起，这对消费者和品牌都是更好的主张。

　　问：许多组织现在都在考虑提供新的移动销售计划，关键决策是将其做成手机应用程序还是移动网页来投放。您是如何决定使用哪个平台的呢？

　　罗伯托·霍塔尔：我会从客户的角度出发：

- 他们（客户）为什么采用这个提议？
- 他们会在哪里应用这个提议？
- 他们第一次是如何找到它的，然后呢？
- 他们是否会接受应用程序增加的介入行为（消息提醒、更新提示、固定在主屏幕上的小组件）？

　　我过去使用这种方法的一些场景如下：

- 保险/能源销售。网站——既不是手机应用程序也不是移动网页。在这种情况下，我认为最好的选择是提供一个可用的、可靠的、跨设备的网络销售功能。比起为不同的设备建立不同的站点，我更倾向于优化基础体验——这个原则确保我们不会因客户使用不同的设备而措手不及。我曾管理的 iPhone 销售网站在发布当天运行良好，正是因为它建立在坚实的原则和标准上，适用于各种设备。我确实广泛使用渐进增强的原则，在特定渠道/设备（如电脑浏览器和移动浏览器）上为不同人群提供优质体验。然而，可靠的、可访问的、易于使用的网站基本原则从未让我失望过。

- 常规的/紧急的交易。应用程序——对于一些常规情况（如提交电表读数），或不可预测的事件（如汽车保险索赔），我觉得移动应用程序是理想的选择。常规带来熟悉感，常规事件可以受益于应用程序的特性，如本地存储、透明登录和用户屏幕上的固定位置。这些相同的特征，再加上完全受设备控制、不需要无间断的互联网接入，对于提升应用程序的可用性是至关重要的。HTML 5 可能会让这些区别在技术上变得无关紧要，但我预计客户的行为会明显滞后，因此他们还将使用应用程序一段时间。

- 无缝接入 vs 感知价值。应用程序的安装是一个颠覆性过程：你需要打开应用商店界面，确认证书，找到应用程序，开始有些耗时的下载，在手机上找到它，启动它，看着它初始化（包括可能首次注册需要输入用户名和密码），最后才能真正访问它，从此以后它会与音乐和视频一起，永久地占用你设备上的空间。从可用性的角度来看，这是一个相当"昂贵"的过程。因此，一款应用程序必须具有很高的感知价值才值得安装。如果你想要的是随意使用（特别是与网页搜索/浏览结合在一起），那么移动网站就是最好的解决方案。

- 碎片化是我目前担心的最后一个问题。我们过去不得不与 iPhone 和 iPad 竞争。一个通用的应用程序需要设计两种屏幕尺寸。突然之间，我们有了无数个版本的 iOS、安卓、Windows Phone 和非常多变的设备功能（处理器速度、相机、GPS、NFC 等）。HTML 5 和移动网站正在成为主流选择，而基于特定平台或设备的移动应用程序的重要性正在慢慢降低。更多的服务和功能将通过移动网站来提供，以满足更广泛的用户需求。

5.2　什么是数字商务战略

战略（strategy）定义了一个组织或组织的一部分未来的方向和行动。约翰逊和斯科尔斯（Johnson and Scholes，2017）将企业战略定义为：

> 一个组织长期的方向和范围：通过在变化的环境中配置资源、满足市场的需要和满足利益相关者的期望，实现组织优势。

林奇（Lynch，2000）将战略描述为组织的目标感。然而，他指出，目标本身并不是战略，还需要计划或行动。

数字商务战略与企业、业务和营销战略有很多共通之处。下面这些总结了战略本质的名言适用于每种战略：

- "关注当前市场特征"；
- "定义了我们如何实现目标"；
- "设定资源分配以达到目标"；
- "选择优先的战略决策在市场中竞争"；
- "为组织的发展提供长远计划"；
- "通过发展相对于竞争对手的合适定位来确定竞争优势，并为细分客户定义价值主张。"

约翰逊和斯科尔斯（2017）认为，组织有不同的战略层次，特别是对于规模较大或全球性的组织。图 5-2 总结了组织战略的不同形式。公司战略与公司的总体目标和业务范围有关。业务单元战略定义了如何在一个特定的市场中成功竞争，确定了运营战略。职能战略描述了公司和业务单元战略将如何在不同的职能领域或业务流程中运作。职能战略指的是市场营销、供应链管理、人力资源、财务和信息系统战略。

到底哪个环节适合制定数字商务战略（digital business strategy）？鉴于许多公司都会讨论这个问题，图 5-2 没有显示应该在哪个层次定义数字商务战略。我们可以观察到，有一种趋势——将数字商务战略纳入职能战略，例如纳入营销计划或物流计划中，或作为信息系统（IS）战略的一部分。这种方法的一个风险是，数字商务战略在组织规划中不能得到足够的重视。思科、戴尔、汇丰、易捷航空和通用电气等数字商务领导者都有一个显著特征，那就是数字商务是企业战略发展的一个元素，应优先部署大量资源发展数字平台，并着力促进数字化媒体的转型（我们将在第 10 章进一步讨论数字化转型）。

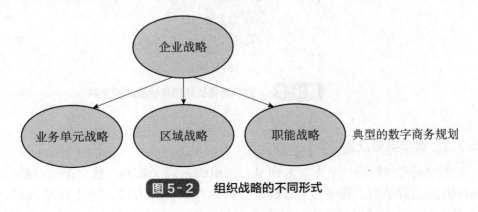

图 5-2　组织战略的不同形式

5.2.1 数字商务战略的必要性

想想如果不能给数字商务战略下明确的定义，那么可能会产生以下结果：

● 由于缺乏对机会的评估或支持数字商务战略的资源不足而错失了机会，这将导致更精明的竞争对手获得竞争优势。

● 数字商务战略方向不正确（例如，目标定义不明确，在买方、卖方或内部流程支持中的侧重点发生错误）。

● 数字商务战略在技术层面整合不够，导致不同系统间形成信息孤岛。

● 数字商务不同功能重复设置，做不到资源共享，造成资源浪费。

为避免这些问题，企业希望数字商务战略以企业目标为基础。正如罗利（Rowley，2002）指出的，数字商务战略应该支持企业战略目标，也应该支持营销和供应链管理战略（关于供应链管理战略的更多信息，请参见第6章）。

企业在制定发展目标时必须考虑在数字网络应用中出现的新机会和威胁，从环境分析中确定目标。如今可以说，数字商务战略不仅应该支持企业战略，还应该影响企业战略。图5-3说明了数字商务战略如何与企业战略和其他战略相关联，它还表明了本书的哪些章介绍了这些主题。

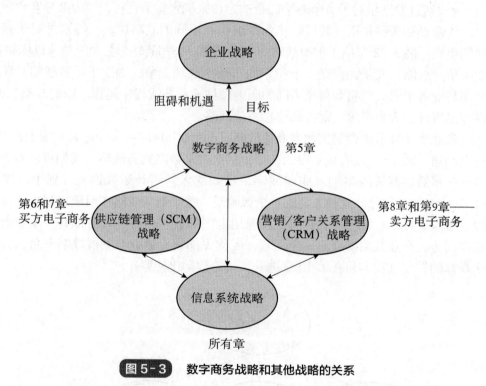

图5-3 数字商务战略和其他战略的关系

5.2.2 数字渠道战略

数字商务战略的一个重要方面是，为组织创造了新的"数字渠道战略"（digital channel strategy）。数字渠道战略为渠道确定了具体的目标和方法，防止简单地通过数字渠道复制现有流程，这能够提高效率，但不能充分发挥公司通过数字商务提高效率的全部潜力。我们之所以使用"数字渠道"这个术语，是因为随着新的数字平台和技术的出现，公司应该制定战略举措并实施。这些战略可能与买方、卖方或内部基础设施相关。数字渠道战略的例子包括：

- 全面的数字渠道、多渠道（multichannel）或全渠道（omnichannel）战略，以及具体的渠道战略；
- 移动商务战略；
- 社交媒体战略；
- 社会化客户关系管理（CRM）战略（详见第 8 章）；
- 供应链或企业资源规划战略（见第 6 章）；
- 电子采购战略（见第 6 章）；
- 平台战略。

在任何时候，都会有很多倡议，这些倡议在财政上或运作上无法同时实现，因此，就像本章末尾所描述的那样，需要制定路线图并决定优先级。

数字渠道战略还需要定义如何将线上渠道与其他渠道结合使用，作为多渠道数字商务战略的一部分。这定义了不同的营销和供应链渠道应该如何根据它们对客户和公司的相对优势，在各自价值主张和沟通方面相互整合和彼此支持。或者，一个组织可以追求全渠道业务战略。这是一种跨渠道的商业模式，组织可以使用它来提供用户/客户体验——它提供了一种横跨线下和线上渠道（即网站、电话通信、实体店、在线聊天、移动应用程序等）的客户体验。

最后，我们还需要记住，数字商务战略也定义了组织如何通过使用数字网络在内部获得价值，例如通过内联网或封闭的社交网络共享员工知识和提高流程效率。迈尔斯等（Myers et al.，2004）提供了多渠道营销的总结。

多渠道（或全渠道）数字商务战略的主要特点是它是一种渠道战略，因此：

1. 需要设定具体的数字商务目标，以确定数字渠道的基准选择。

2. 数字商务战略决定了我们应该如何：
- 传达使用数字渠道的好处；
- 优先考虑采纳数字渠道的受众或合作伙伴；
- 优先通过数字渠道销售或购买产品；
- 完成数字渠道目标。

3. 数字渠道战略的优势在于为交易各方创造不同的价值。

4. 数字渠道并非孤立存在，我们仍需要进行渠道整合，并承认采用数字渠道并不适合所有产品或服务，也不能为所有合作伙伴创造足够的价值。这种选择性地采用在线渠道的方式有时被称为卖方电子商务背景下的"正确渠道"，如表 5-9 所示。"正确通道"可以概括为：

- 通过正确的渠道；
- 提供正确的信息；
- 在正确的时间；
- 接触到正确的客户。

5. 数字商务战略还定义了公司如何通过网络在内部获得价值，例如通过内联网和封闭的社交网络共享员工知识和提高流程效率。

5.2.3　平台战略

这是一种相对新的战略，即进入一个市场，这个市场让平台参与者从其他人的存在中受益（如创建一个社区）。平台本身就是连接不同群体的环境，并从参与平台的人们那里获得收益，例如，谷歌、Etsy、eBay、脸书和视频游戏平台 Steam。这些平台均鼓励用户间的价值共创。平台也依赖于"网络效应"的力量，即随着更多用户入驻，它们会提供更好的体验，并为这些用户提供更多的价值。

平台的崛起由三种主要技术驱动：云计算、社交和移动技术。根据邦切克和乔达里（Bonchek and Choudary，2013）的观点，平台战略的成功取决于三个因素：

1. 连接：他人使用/加入平台、共享/交易是否便捷？
2. 吸引力：平台如何吸引参与者（包括生产者和消费者）？
3. 流量：平台如何促进价值交换和价值共同创造？

其他 B2B 平台的例子包括 InnoCentive（www.innocentive.com），一个开放的创新"拉动"平台，将工程、科学和其他类型的解决方案与专家解决方案连接起来。

根据哈格尔（Hagel，2015）的观点，有三种常见的平台：

1. 聚合平台。这类平台汇集了大量不同的资源，并帮助用户与它们连接。它们往往以事务或任务为中心（也就是找到解决问题的方法，完成交易）。该类平台又分为三个子类：（1）数据/信息聚合平台，如科学数据库；（2）市场/经纪人平台，如 MoneySuperMarket、App Store、eBay 等；（3）竞赛平台，人们可以发布一个问题，并为提出最好的解决方案的用户提供奖励，例如 InnoCentive 和 Kaggle。

2. 社交平台。这个平台能够将许多因为共同兴趣而想要相互交流的人聚集在一起，帮助使用这个平台的参与者建立和加强长期关系。脸书和推特就是很好的例子。

3. 动员平台。这个平台的建立是为了把共同的兴趣推进到行动层面——能够让人们一起行动，完成超越个体参与者的目标。这方面的一个例子是使用众包来资助业务创意或公司扩张等，也称为众筹，相关知名平台包括 Crowdfunder（www.crowdfunder.co.uk）和 Kickstarter（www.kickstarter.com）。

5.2.4　数字商务战略过程模型

在发展任何战略之前，管理团队都需要对生成和实施战略后的过程达成一致。战略过程模型（strategy process model）提供了一个框架，该框架提供了一个逻辑顺序，以确保在实施过程中将数字商务战略开发的所有关键活动包括在内。这个框架有助于改进数字商务战略，促进企业数字商务战略的可持续发展。

辩论 5-1　数字商务责任

每个大中型企业都需要一个人负责特定的数字商务，仅仅让一个非专业经理承担是不够的。

在数字商务出现之前，许多战略过程模型被提出用于制定业务和营销战略。管理团队在多大程度上可以将这些模型应用到数字商务战略开发中？尽管数字商务战略过程模型在重点和术语上有所不同，但它们都有共同的元素。完成活动 5-1，讨论这些共同的元素是什么。

活动 5-1　选择一个数字商务战略过程模型

目的

识别现有战略过程模型对数字商务的适用性。

活动

回顾你遇到过的 3～4 种战略过程模型。可参考表 5-1 给出的几种模型。注意，该表中的"列"是独立的，而"行"在不同的模型中并不相互对应。

问题

1. 每种模型的优势和劣势是什么？
2. 这些模型有哪些共同特点？列出适当的战略过程模型的关键元素。

表 5-1　多种战略过程模型

杰拉西和恩德思（Jelassi and Enders, 2008）数字商务战略框架	约翰逊和斯科尔斯（Johnson and Scholes, 2017）平行企业战略模型	麦克唐纳（McDonald, 1999）连续营销战略模型	史密斯（Smith, 1999）SOSTAC 连续营销战略模型（见第 7 章）
SWOT 用于分析外部环境（例如，市场、客户、竞争对手）和企业内部发展现状（例如，人事、财政和执行）	战略分析（环境、资源、期待、目标和文化）	形势评估（营销审计、SWOT 分析、假设）	形势分析
任务和目标	战略选择（选项产生、选项评估、选项选择）	目标制定（任务、协作目标）	目标制定
通过保持现有竞争优势积极开拓新市场，创造和捕捉价值，促成战略形成	战略实施（资源计划、人员和系统、组织结构）	战略形成（营销目标和战略、预估期待结果、识别可替代方案和组合）	战略
战略实施，包括内部组织、同供应商的互动以及用户/客户		资源分配和监测（预算、初步行动计划）	策略 执行 控制

图 5-4 直观地概括了战略过程模型的关键要素。

常见的要素包括：

1. 对内部资源和外部环境进行观测或分析。为了应对可能的竞争，无论在战略制定阶段还是持续发展阶段都需要进行环境观测分析。随着公司和消费者创建和采用新的数字平台，数字商务需要对机遇和威胁进行持续的审查（见第 4 章）。

2. 一个清晰的愿景和目标。向员工和市场传达清晰的战略意图，因为数字商务需要重大、长期的转型。目标对于检查战略的执行是否步入正轨也至关重要。

3. 战略定义可分为战略选项产生、评估和选择。

4. 战略制定之后，战略实施过程伴随着战略设定。

5. 控制有助于评估未来业务和战略的有效性。通过控制，企业可以相应调整业务部署和发展战略。在数字商务中，可以使用数字分析进行优化（如第 10 章所述），包括使用桌面和移动服务跟踪用户行为，以及通过社交媒体进行定性反馈。这种洞察力对于细化实施非常有用，例如，获得提高电子商务服务的销售转化率的方法。

尽管模型表明这些元素通常是连续的，但实际上它们是迭代的，需要对以前的阶段进行参考。

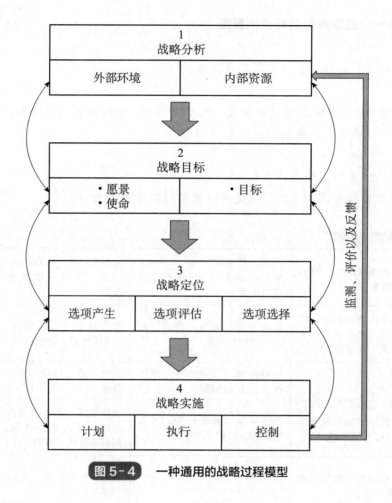

图5-4 一种通用的战略过程模型

杰拉西和恩德思（Jelassi and Enders，2008）认为，定义一个电子商务战略有三个关键维度：

1. 该组织将在何处竞争？（也就是说，企业在外部环境中的市场定位。）

2. 它将创造什么类型的价值？（通过提高收入或降低成本来创造价值的战略选择。）

3. 应该如何设计组织架构，传递价值？（包括内部结构、资源以及与外部公司的接口，如第10章所述。）

图5-4中使用了双向箭头突出战略过程模型应用的特点。参考明茨伯格和奎因（Mintzberg and Quinn，1991）的成果，林奇（Lynch，2000）区分了规范战略（prescriptive strategy）和应急战略（emergent strategy）。在规范战略中，战略分析用于制定战略、实施战略。换句话说，战略是事先制定好的。在应急战略中，战略分析、战略制定和战略实施是相互作用的。

在现实中，大多数组织的战略发展和规划过程都有规范战略和应急战略的元素。传统的规范战略要素是制订和执行年度或半年度的预算计划，或者更长期的三年滚动营销计划。在更短的时间范围内，组织也需要一个应急程序来实现战略敏捷性（见第2章），以及迅速响应市场变化的能力。基于与电子商务从业者的访谈，Econsultancy（2008a）研究了用于支持应急战略或战略敏捷性的方法，见表5-2。

表5-2	用于支持应急战略的各种方法
应急战略的组成部分	**用于支持应急战略的方法**
战略分析	• 鼓励组织中不同部门的员工追踪竞争对手的新动向 • 定期用第三方标准评价竞争对手的新动向 • 组织临时的客户服务小组来评估客户对网站功能的想法 • 以季度为周期，进行可用性测试，完成关键任务 • 订阅受众面板数据（如 comScore, NetRatings, Hitwise），评估目前线上服务热度的变化
战略制定	• 制定灵活的预算分配制度 • 围绕 IT 预算来缩短审查周期 • 每月召开数字渠道战略小组会议，决定采纳哪些新的网络功能
战略实施	• 使用敏捷开发方法，实现快速发展 • 网站中用于展示目前正在试验的新工具的板块（例如，Google X Lab (http://x.company)）将不再存在

资料来源："Econsultancy"（2008a）.

卡拉科塔和罗宾逊（Kalakota and Robinson，2000）推荐了一种针对数字商务的动态应急战略模型，如图 5-5 所示。它在本质上与图 5-4 有相似的特性，但强调了对新应用的持续审查和对优先投资的响应。

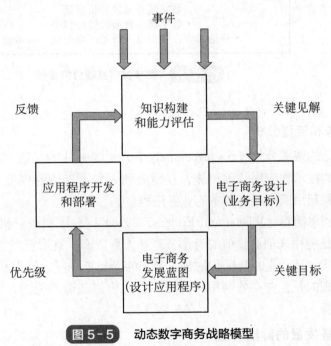

图5-5　动态数字商务战略模型

资料来源：Adapted from bescription in Kalakota and Robinson（2000）.

5.3　战略分析

战略分析（strategic analysis）或形势分析包括以下内容：

• 通过公司内部资源和业务流程评估其数字商务能力，并审查该公司迄今在市场活动中取得的成果。

● 当前的微观竞争环境，包括客户的需求和行为的影响，竞争对手的活动，市场结构，与供应商、合作伙伴的关系（正如第 2 章所提到的）。

● 一个公司所处的宏观环境，其中包括第 4 章提及的社会、法律、经济和政治因素。

图 5-6 归纳了数字商务战略分析的要素。如前所述，为了开展有效且能够对变化作出迅速反应的数字商务，连续进行形势分析或者环境扫描并明确责任是十分必要的。

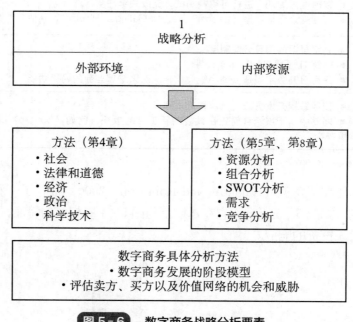

图 5-6 数字商务战略分析要素

5.3.1 资源和流程分析

数字商务的资源分析（resource analysis）主要关注的是数字商务的能力，也就是一个公司对所拥有的技术和应用基础设施，在财力和人力上支持的程度。公司必须对这些资源进行充分的整合和利用以实现高效率的业务流程。

杰拉西和恩德思（Jelassi and Enders，2008）区分了资源分析和能力分析：

● 资源是能用来创造价值的有形资产和无形资产。有形资产包括 IT 框架、实体产业和资本。无形资产包括企业的商标和信誉、员工的受教育程度、证书和专利。

● 能力指的是企业高效利用自身资源进行价值创造的能力，它取决于用于管理数字商务的结构和流程。

数字商务发展的阶段模型

阶段模型有助于我们评价一个公司利用信息与通信技术（ICT）的程度。阶段模型在分析组织的商业信息系统（BIS）的应用中很流行。例如，诺兰（Nolan，1979）的六阶段模型就提到过组织中的信息系统是从最初的简单数据处理开始，一直发展到成熟地采用控制、集成系统。

在评估一个公司现阶段信息与通信技术的使用情况时，分析组织数字商务的技术基础设施和支持结构是具有建设性意义的。奎尔奇和克莱因（Quelch and Klein，1996）针对卖方电子商务的发展提出了一个五阶段模型，这些阶段划分在今天仍然适用。研究表明（见第 1 章和第 4 章），许多公司的数字商务能力仍然有限，处于模型的初级阶段。对于现有的公司，阶段划分如下：

1. 产品信息及形象——在线目录中类似商品宣传册的宣传信息。
2. 信息采集——问卷调查采取在线调查的形式。
3. 客户支持和服务——通过线上论坛提出常见问题，鼓励线上自助服务。
4. 内部支持和服务——用一个营销内网来辅助支持流程。
5. 交易——通过在线销售来进行交易，同时建立一个 eCRM 系统，消费者可以通过外联网获得详细的产品目录和订单信息。

从卖方电子商务的角度考虑，查菲和埃利斯-查德维克（Chaffey and Ellis-Chadwick，2012）指出，一个公司在决定提供市场服务时有六种选择：

- 第 0 级：在互联网上没有网站或网页。
- 第 1 级：公司拥有基本的网页。网页中的链接显示公司的名称，但是此阶段还没有专属网站。
- 第 2 级：简单的静态信息化网站。包含基本的公司和产品信息，有时被称为商品宣传册。
- 第 3 级：简单的交互网站。用户可以在网站上进行搜索，查阅产品供应和价格信息等，并可通过电子邮件提问。
- 第 4 级：交互式网站，支持用户间的交易。该功能根据公司情况的不同而有所差别，通常仅限于网上购买。
- 第 5 级：贯穿整个购买过程的完全交互式网站。为单个用户提供关系营销，为一系列的市场交易提供便利。

阶段模型也被应用于中小企业业务中，利维（Levy）和鲍威尔（Powell）将其细分为四个不同的采纳阶段：发行；互动；交易；整合。

从买方电子商务的角度考虑，相应层次的产品资源采购可被定义为：

- 第 I 级，既没有使用网上采购，也没有与供应商实现电子一体化。
- 第 II 级，利用中介网站、B2B 交易或者供应商网站来对相互竞争的供应商进行评估甄选，用传统的方式下订单。
- 第 III 级，通过电子数据交换（EDI）、中介网站、交易或供应商网站设置电子订单。组织的系统和供应商的系统之间没有进行一体化整合，必要时将订单重新输入采购或会计系统。
- 第 IV 级，以电子方式下订单，订单与公司的采购系统一体化整合。
- 第 V 级，电子订单与公司的采购、生产需求计划和库存控制系统完全整合。

我们应该记住几种典型的阶段模型，比如上面提到的最适合通过电子商务进行在线销售的公司的阶段模型。事实上，阶段模型可发展为一系列不同类型的、具有不同发展目标的在线商业模型。表 5-3 对本节进行了总结，列出了数字商务发展的阶段模型。组织可以在四个阶段中找到自己所处的位置，左边一栏显示了数字商务发展的不同方面。

当公司通过修改战略和战术以实现其目标时，可以参照这个阶段模型明确在未来实现哪一阶段的革新。

表5-3	数字商务发展的阶段模型			
	第一阶段：网页出现	第二阶段：电子商务	第三阶段：一体化电子商务	第四阶段：数字商务
服务	提供商品宣传册或利用产品目录和客户服务进行互动	买方或卖方的交易式电子商务	买卖双方于企业资源计划或传统系统中实现一体化，提供个性化服务	内部组织程序和价值网络所有因素的全面整合
组织范围	独立部门，比如市场部	横跨组织	横跨组织内部	整合组织内外
改革	技术基础设施	采用电子商务技术，明确电子商务的相关职责	内部业务流程和公司结构	改变数字商务文化，与合作伙伴共同执行业务流程
战略	有限	卖方的电子商务战略，但没有与业务战略很好地进行整合	电子商务战略与业务战略通过价值链方式实现一体化	数字商务战略作为业务战略的一部分

应用组合分析

对当前的商务应用组合业务进行分析，可以评估公司现有信息系统的能力，并预知信息系统的未来发展战略。麦克法比尔和麦肯尼（McFarbility and McKenney，1993）提出了一种适用范围较广的框架，沃德（Ward）和格里菲斯（Griffiths）于1996年对其进行了改善。图5-7显示了B2B公司在数字商务环境下应用组合分析的总结。可以看出，目前人力资源、财务管理和生产线管理系统的应用将会继续支持数字商务运作，但并不会成为未来投资的优势。为了获取竞争优势，发展在线客户、在线销售和进行客户购买行为的市场情报收集将变得更为重要。在数字商务环境中，类似于采购和物流的应用将继续发挥重要作用。

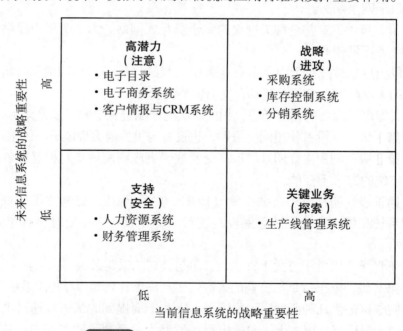

图5-7 B2B企业的应用组合分析总结

组合分析也经常用于选择未来最合适的互联网项目。如今，应用程序多由单一的数字商务软件或企业资源计划推动实施，这是投资组合分析方法的一个缺点。鉴于此，它可能更适合通过部署信息系统来为外部和内部客户提供服务。

在 Econsultancy（2008a）中，本书的作者之一（戴夫·查菲）定义了一种组合分析的形式，作为对当前电子商务能力进行基准测试和确定战略优先级的基础。基准测试的六个方面是：

1. 数字渠道战略。一个清晰的发展战略应该包括形势分析、目标设定、识别关键目标市场和受众，以及研究在线服务发展的优势。

2. 获取在线客户。利用非传统的数字媒体渠道在网络上获得新客户的策略，包括搜索引擎营销、合作伙伴营销和广告展示。

3. 线上客户转换和客户体验。用来提高在线服务水平，提高销售转化率或增加其他在线成果的方法。

4. 客户发展和增长。能够鼓励访客和客户继续使用线上服务的战略，包括电子邮件营销和个性化营销等手段。

5. 跨渠道整合和品牌发展。整合线上和线下渠道可以提高交流效率和优化服务效果。

6. 数字渠道治理。管理电子商务服务的结构和资源，其中包括人力资源和技术基础设施，如推动发展这些应用程序的硬件和网络设施。

组织和信息系统 SWOT 分析

SWOT 分析（SWOT analysis）是一种简单而强有力的分析工具，它能帮助企业分析内部资源优劣势并将其与外部机会和威胁相比较或结合。SWOT 矩阵不仅在分析当前形势时体现出巨大的价值，而且是制定战略的一个重要工具。为实现这一目标，图 5-8 将优势、劣势、机会和威胁等因素放入 SWOT 矩阵进行分析。图 5-8 可用来制定应对威胁和利用机会的战略，然后将其运用于数字商务战略中。

组织	优势（S） 1.现有品牌 2.现有客户基础 3.分配现状	劣势（W） 1.品牌影响力 2.中介使用 3.技术和技能 4.跨渠道支持
机会（O） 1.交叉销售 2.新市场 3.新服务 4.战略联盟	**SO战略** 平衡优势以使机会最大化 **（一种进攻战略）**	**WO战略** 通过挖掘新商机来弥补短处 **（一种为进攻积蓄力量的战略）**
威胁（T） 1.用户选择 2.新竞争者 3.替代品 4.渠道冲突	**ST战略** 平衡优势以减少威胁 **（一种防御战略）**	**WT战略** 控制弱点和威胁 **（一种为防御积蓄力量的战略）**

图 5-8　SWOT 分析

图 5-9 给出了一个使用图 5-8 所示的 SWOT 分析方法的数字营销的例子。

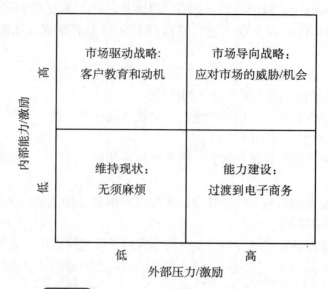

图 5-9 外部能力与内部能力的评价矩阵

人力和财务资源

资源分析需要考虑以下两个因素：

1. 人力资源。为了抓住战略分析中的机遇，数字商务解决方案中所需的资源必须可得。

2. 财务资源。评估信息系统所占用的财务资源通常是公司对新系统进行投资评估和预算编制的一部分，本章稍后将介绍这方面的内容。

对内部资源进行评估的同时也要考虑外部资源。佩罗特（Perrott，2005）为这项分析提供了一个简单的框架（见图 5-9）。他认为数字商务的可接受程度取决于自身资源和外部资源的平衡。图 5-9 建立了一个包括四部分的矩阵。

● 市场驱动战略（market-driving strategy）（自身资源多、外部资源少的情况）：此种情况多见于市场的早期进入者。

● 能力建设（capability building）（自身资源少、外部资源多的情况）：此种情况多见于市场的后进入者。

● 市场导向战略（market-driven strategy）：拥有许多自身资源与外部资源。

● 维持现状（status quo）：由于自身和外部资源都很少，所以没有什么可以改变的。

佩罗特（2005）提出，一个组织在矩阵中的位置将由外部因素的基准决定，这些基准包括：竞争对手以电子商务的形式提供的产品或服务的比例、竞争对手在线上进行客户沟通的比例、不同的消费者群体（或供应商）被电子商务活动吸引的比例。需要评估的内部因素包括：内部或外部 IT 供应商提供的技术能力，敢于废弃遗留系统而创新的能力与意愿，员工能力（知识、技能、态度等）。这里还包括节省的成本与执行成本之间的差异。

阶段模型也可以用来评估公司能力和内部结构。比如 Atos Consulting 咨询公司（2008）（见表 5-4）构造了一个能力成熟度框架模型。这一模型是由卡内基·梅隆软件工程学院（CMMI Institute，http://cmmiinstitute.com）制定的能力成熟度模型改进而来的，目的在于帮助公司加强它们的软件开发实践（第 10 章将介绍在不同阶段进行管理的细节）。

表 5-4　能力成熟度框架模型

卡内基·梅隆软件工程学院设定的成熟度	Atos Consulting 的电子商务能力框架
第一级：最初级的	未规划数字商务。这是一个特别的阶段，企业的数字商务缺乏计划甚至是混乱的。组织缺乏履行承诺的必要能力
第二级：可重复的	形成数字商务意识。基本的数字商务程序已经可以支持早期的业务，但仍算不上规划流程。重点应放在发展组织能力上
第三级：确定的	数字商务成形。通过中央数字商务战略建立了一个集中的过程模型
第四级：管理的	整合的数字商务。数字商务部门化和单元化，详细的绩效指标被收集和使用
第五级：最佳的	发展的电子商务。数字商务成为公司战略的核心，公司可以通过数据反馈实时评估业务状态，并提供创新的观点和技术

5.3.2　竞争环境分析

外部因素也是战略分析的一部分。我们在第 2 章中已经考虑到营销环境中一些外在的机会和威胁，在此我们更加详细地进行需求分析（demand analysis），以便尽早察觉外部竞争与威胁。

需求分析

制定数字商务战略目标的一个关键因素是对客户和合作伙伴现有水平的分析、对将来发展趋势的预测、对数字商务平台和服务的评估，这就是需求分析。需求分析是制订数字营销计划的关键所在（在第 7 章中有更详细的描述）。

即使是一个电子商务公司，也需要考虑其上游供应商提供的电子商务服务，例如有多少供应商提供电子商务服务，以及它们的定位如何（详情见第 6 章）。

5.3.3　评估竞争威胁

迈克尔·波特（Michael Potter）在 1980 年提出经典的五力分析模型，这一模型为公司在数字商务中识别威胁提供了参考。表 5-5 概括了影响互联网的五种竞争力，迈克尔·波特就是通过分析互联网对电子商务的影响总结出了五力分析模型。

表 5-5　影响互联网的五种竞争力

购买者的讨价还价能力	供应商的议价能力	替代产品或服务的威胁	进入壁垒	现存竞争对手之间的竞争
• 在线购买者的议价能力正在不断增强，因为他们有广泛的选择，所以随着消费者知识和价格透明度的增加，价格可能被迫下调 • 对于一个 B2B 公司来说，与客户形成稳定关系，可以加深相互之间的信任，而这会增加转换成本，使得客户不会轻易选择其他产品	• 由于电子商务市场商品增多，供应商的议价能力会由于客户选择范围的广泛性而受到削弱 • 购买方则正好相反	• 替代产品或服务是一个重大的威胁，因为替代产品或服务的进入是不可预测的 • 为了避免市场份额的流失，应谨慎地监控新产品或服务的进入 • 互联网技术使新产品或服务以更快的速度进入 • 与新业务模式带来的威胁有关，将在下一节详细介绍	• 进入壁垒的降低使新的竞争者产生，尤其是那些传统上的零售商和服务企业 • 为了避免市场份额的流失，应谨慎地监控新进入的竞争者 • 互联网服务比传统方式更容易被模仿，因此新技术更容易拥有"紧跟者"	• 互联网鼓励商品化，促使产品同质化 • 产品生命周期的缩短和新产品研发时间的缩短使得竞争更加激烈 • 互联网促进公司向全球市场的转移，较低的行业进入门槛也使竞争对手的数量增加

以数字商务为背景，图 5 - 10 显示了最新的竞争威胁。威胁分为三类：买方（上游供应链）威胁、卖方（下游供应链）威胁以及竞争威胁。该模式与波特（1980）五力模型主要的不同之处在于买卖双方的中介或者合作伙伴的差别。

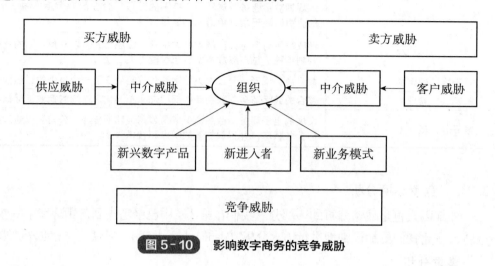

图 5-10　影响数字商务的竞争威胁

竞争威胁

1. 新进入者的威胁。对于传统的实体公司，如出售书籍和提供金融服务的零售商，这是一个共同的威胁。举例来说，欧洲传统的银行已经受到像 Zopa（www. zopa. com）这样新兴的竞争者的威胁。成立于 1991 年的荷兰国际集团公司（ING）总部设在荷兰，是一个金融服务集团，也同样利用互联网促进了市场的发展。这些新加入者在很短的时间内就获得了成功，因为它们没有花费巨额费用开发和维持一个分销网络来销售其产品，而且这些产品不需要生产基地。换句话说，进入市场的壁垒很低。要想成功，新进入的竞争者就必须在市场营销和客户服务方面成为"领头羊"，而实现这个目标的成本很高。这种充满竞争的威胁在制造业或能源业（如石油行业）是不常见的，因为进入这些行业的投资壁垒要高得多。

2. 新兴数字产品的威胁。这种威胁在新老公司里都会出现。互联网作为一种提供基本信息的低成本载体，为数字产品的发展创造了条件。新兴数字产品对诸如报纸、书刊出版商、音乐软件的经销商等的影响是致命的。在相机行业，柯达针对客户对传统胶片需求的减少采取了措施，通过扩大数码相机的销售量增加收入，并为客户提供在线打印和分享数码照片的服务。

3. 新业务模式的威胁。这一威胁同样会在新老公司里出现。这是与新型服务交付有关的竞争威胁。这种威胁会持续存在，并且由于互联网的发展，竞争会变得更激烈，因为现在对商品的比价十分方便，而且竞争者的数字化经营不断创新，如进行新产品开发、引入新的业务和收入模型，这些都能在较短的时间内完成。因此，公司必须持续关注业务环境，第 2 章就以业务的收入模式为例分析了这一威胁。

卖方威胁

1. 客户的议价能力和知识。这也许是对数字交易最大的威胁。当客户在互联网上评估产品和进行价格比较时，他们的议价能力会有极大提升。对于可以通过比价平台进行比较的标准化产品来说尤其如此。B2B 的拍卖活动也会产生类似的压低价格的效果。现在购买者对过去没有被视为普通商品的产品的价格更加敏感，这个过程就称为"商品化"（commoditisation）。电子产品和汽车正成为商品化的产品。我们将在第 7 章讨论网上定价的问题。

在 B2B 领域内，一个更深层次的问题是，数字渠道的发展使得客户更容易在供应商之间进行选择，也就是说，现在转换供应商的成本更低了。

2. 中介的力量。去中介化引起的渠道冲突可能会导致合作伙伴或经销商的流失（参见第 2 章），这是一个来自下游渠道的严重威胁。保险公司 Direct Line（www.directline.com）没有与信息汇集公司 MoneySuperMarket（www.moneysupermarket.com）合作，尽管后者覆盖了 80% 的汽车保险市场，这显示出中间商和信息汇集公司之间的紧张关系，以及这些公司应对这种紧张关系的策略。

另一个下游供应链威胁是买卖双方之间的中介，也就是另一种形式的合作伙伴数量的增加。其中包括诸如 Shopzilla（www.shopzilla.co.uk）之类的消费者门户网站，以及诸如 EC21（www.ec21.com）之类的 B2B 交易所。如果一个公司的竞争对手在某个门户网站上出现，而该公司却没有出现，或者更糟糕的是，竞争对手与该门户网站达成了独家合作协议，那么这可能会导致该公司错失重要的商机和潜在客户。

买方威胁

1. 供应商的议价能力。这可以被视为一种机会，而不是威胁。公司出于降低成本和提高供应链效率的考虑而坚持与其主要供应商使用数字工具联系，如使用电子数据交换（EDI）或互联网 EDI 生成订单。此外，随着 B2B 交易时代的来临，更换供应商的壁垒降低，互联网将削弱供应商的议价能力。但是，如果公司依赖供应商提供的某项专有技术，则更换供应商将带来较高的转换成本。

2. 中介的力量。可以说，来自 B2B 交易平台中买方中介的威胁要少于来自卖方中介的威胁，但应考虑使用这些服务所产生的风险。我们应考虑与这些中介的集成成本，特别是如果每个中介都需要不同的集成标准，可能会增加额外的成本。一旦这些标准建立起来，就可能会增加佣金，从而构成威胁。

根据上面的观点，可以看出这种威胁的大小在很大程度上取决于公司经营市场的特定性。一般来说，对于那些通过零售商销售产品，并且产品可以通过互联网或包裹随时交付给客户的公司来说，威胁似乎最大。

5.3.4 竞争者分析

竞争者分析（competitor analysis）也是数字商务发展环境分析的一个重要环节，由于它也是数字营销计划中的一项重要活动，故本书将其纳入数字商务战略，将在第 7 章进行更详细的阐述。

资源优势描述

公司一旦对外部机会和内部资源进行了评价，就可以针对外部机会对内部优势资源进行规划，如识别竞争者的劣势进行攻击。确定内部优势资源的方法之一就是确定核心竞争力。林奇（Lynch，2000）解释说，核心竞争力（core competencies）就是资源，包括能使消费者获益的知识、技能或技术，或是相对于其他竞争者提升客户价值（customer value）。迪斯等（Deise et al.，2000）对客户价值的定义包括产品质量、服务质量、价格和完成时间的价值。

因此，要理解核心竞争力，我们需要理解公司在这些方面区别于竞争对手的地方。对竞争对手的电子商务服务进行基准测试（如第 7 章所述）很重要，一个公司的成本基础也很重要，较低的生产成本意味着较低的价格。林奇（2000）认为，应该在制定目标和战略时就明确公司数字商务的核心竞争力。

5.4 战略目标

定义和沟通组织的战略目标（strategic objectives）是任何战略过程模型的关键要素，因为：(1) 战略定义和战略实施要素必须指向如何最好地实现目标；(2) 将实际结果与目标进行比较并采取行动改进战略；(3) 明确、现实的目标有助于向员工和合作伙伴传达数字商务计划的目标和意义。通常目标设定是与战略分析并行的——以迭代的方式为数字商务定义愿景和战略。

图 5-11 强调了战略目标设定的一些关键要素，这些要素将在本章战略评估中提及。

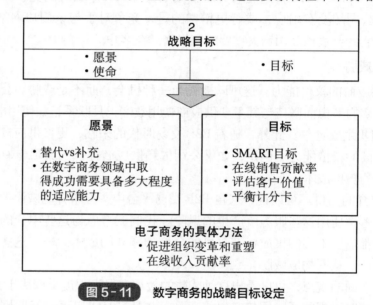

图 5-11 数字商务的战略目标设定

5.4.1 定义使命和愿景

林奇（2000）将公司愿景定义为公司理想状态下的心理形象，明确公司数字商务的发展方向和目标是非常重要的，因为它们将数字商务与公司的业务战略计划（业务一致性）关联起来，有助于长期强调数字商务转型计划。

数字公司的使命或愿景是对未来数字渠道的范围和目标的简要概括，解释数字公司将如何为公司、客户以及合作伙伴的互动作出贡献。杰拉西和恩德思（Jelassi and Enders, 2008）解释道，使命应该提供以下内容：

- 业务范围（在哪里）：市场，包括产品、客户细分和公司想要在网上竞争的地区；
- 独特的能力（如何做到的）：公司在数字商务产品或服务方面如何定位和区分自己；
- 价值观（为什么）：不太常见，这是一个情感元素，可以表明是什么激励了组织或其数字商务计划。

VMOST

对任何业务来说，可以从做 VMOST 分析开始（见图 5-12）。这是一个简单的模型，可以用来概述业务的关键因素并确定战略。

许多公司都有一个使命宣言，用来界定公司的抱负，并强调公司成功的因素。部分例子请见专栏 5-1。

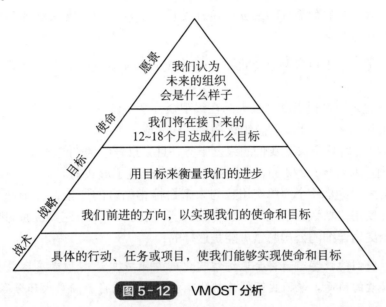

图 5-12　VMOST 分析

（愿景）我们认为未来的组织会是什么样子

（使命）我们将在接下来的 12~18 个月达成什么目标

（目标）用目标来衡量我们的进步

（战略）我们前进的方向，以实现我们的使命和目标

（战术）具体的行动、任务或项目，使我们能够实现使命和目标

专栏 5-1　　　　数字商务中的愿景与使命

这里列举了一些在本书的案例研究中提到的知名数字商务公司，让我们评估一下它们的愿景与使命是否达到了我们探讨的标准。

亚马逊的愿景：做世界上最重视消费者的公司，任何人都能在我们这里找到他们想要的任何东西。

戴尔的愿景：听取客户的意见，并且向客户提供可信任的和有价值的最新技术。

Zappos 的愿景：为客户、员工和供应商传递快乐。它的使命宣言也被 Zappos 的员工称为"口口相传哲学"：尽可能提供最好的客户服务，通过服务实现口口相传。

阿里巴巴的使命：让公司改变营销、销售和运营的方式。它提供基本的技术基础设施和营销手段，帮助商家、品牌和其他企业利用互联网与客户建立联系。

谷歌的使命：收集全世界的信息、普及信息并使这些信息能够派上用场。

我们可以通过愿景来确定一个长期的图景，确定战略重点来描述渠道将如何长期地支持组织。专栏 5-1 展示的简单愿景一般是不够的，愿景应尽可能细致。可采用的方法包括：

- 引用关键的业务战略、行业问题和目标；
- 引用网上客户的获取、转换和保留经验；
- 使用缩略语或记忆法让客户印象深刻；

● 连通目标和战略，并高质量地完成目标。

专栏 5-1 中戴尔的简单愿景可以被扩展为：

我们的核心业务战略是建立直接客户模型、相关的技术和解决方案、高效的制造系统和快捷的物流系统，我们正在通过添加新的分销渠道吸引更多的商业客户和全球的消费者来扩大核心业务战略。我们致力于提供优越的、高价值的和高品质的商品，提供相关技术、定制的系统和服务；通过提供优质的、易于购买和使用的产品和服务让客户拥有最佳体验。

下面是一个来自多渠道企业（multichannel company）的愿景的真实例子。员工称这一愿景为：

● 通过×××提供欧洲最大的在线观众分享平台。
● 通过×××，1/2 的总销售额将在线完成。
● 1/3 的客户会喜欢我们的线上服务并且会推荐给他们的朋友。
● 通过×××，2/3 的客户服务合同将会是电子形式的。

你会发现这是一个简单实用且与未来目标相结合的愿景，优于许多模糊的愿景。大多数公司都在使用"默认数字化""数字化优先""数字 DNA"这类普通的愿景。

一个更为详细的公司愿景可能是这样的：

我们的数字渠道将会通过结构化的营销方式让购物者更容易找到，并比较和选择他们喜欢的商品，从而提高销售转化率。这一措施将会满足大部分客户的需要。

愿景的各个方面可以做如下拓展：

● 数字渠道——由电子邮件和移动信息网站支持。
● 寻找——通过改进网站搜索功能使客户容易找到。
● 比较和选择——使用详细的产品信息、丰富的媒体信息和评级信息。
● 促销和提高销售转化率——通过自动促销设备提供相关的报价，最大限度地提高转化率和平均订单价值。另外，A/B 测试和多变量测试等技术将会被使用。
● 最佳客户体验——定期评估客户满意度，通过与直接竞争对手的比较来促进网站升级。

场景分析（scenario-based analysis）是一种从多种情形中选定目标情形的有效方法。林奇（2000）解释说，场景分析要关注在公司环境中可能出现的情形。他说：

该方法的目的不是预测，而是要探索出一系列可行的方案，根据不同的出发点选择不同的场景。

例如，林奇将基于场景的定性规划和基于需求分析的定量预测区分开来。从数字商务的角度看，可以探索的场景包括：

● 行业中的一位参与者通过使用互联网成为主导者。
● 大多数消费者因为组织壁垒而不能采用电子商务。
● 主要的去中介化现象发生在我们的行业。
● B2B 市场在我们的行业中不一定能成为主导。
● 新兴在线企业或替代产品改变了我们的行业。

通过进行这种类型的分析，可以更好地理解数字商务所带来的长期影响、产生新的战略，并评估战略风险。

从卖方电子商务的角度来看，愿景的一个关键方面是，互联网能否成为公司其他渠道的有力补充，或者互联网能否彻底取代其他渠道。向员工和其他利益相关者传达这一点是很重要的。

数字技术在不同行业的影响是不同的。库玛（Kumar，1999）提出了一种评估影响的方法：

1. 客户访问互联网的频率很高（在许多市场中都是如此）。

2. 互联网可以提供比其他媒体更好的价值主张（即网上购物倾向较高）。

3. 产品可以通过互联网交付（这不是互联网彻底取代其他渠道的必要条件）。

4. 产品可以标准化（用户通常无须查看即可购买）

如果至少满足两个条件，就可能会产生替代效应。例如，在线购买旅游服务符合条件 1、2 和 4，因此，该类产品的实体销售点可能不再可行。满足这些条件的程度会随着时间的推移而变化，例如互联网的普及和在线购物倾向的增加。

类似的愿景还可以拓展到买方活动，如采购。公司可以做一个规划：选择在线采购和电子供应链管理（SCM）作为人工采购的替代或补充（将在第 6 章中讨论）。

5.4.2　数字商务如何创造商业价值

正如查菲和怀特（Chaffey and White，2010）所强调的那样，数字商务所创造的价值大部分来自更有效地利用信息和技术来提供新的增值服务，以及跨价值链流程之间的整合。主要方法有：

1. 价值增值。通过向公司的客户提供更高质量的产品和服务实现收入增加。可以通过信息更好地了解客户的特征和需求，以及他们对服务的满意程度，也可用来感知和回应市场。公司必须监测关于需求趋势、竞争产品和活动的信息，以便能够制定在市场上竞争的战略。例如，所有公司都将使用数据库来存储客户的个人特征和交易历史的详细信息，这些信息显示他们何时购买了不同的产品、何时响应了营销活动、何时使用了不同的在线服务。对这些数据进行分析挖掘可以了解客户的偏好，更好地满足他们的需求。公司可以使用感知和响应通信（sense and respond communications），这方面的经典例子是亚马逊提供的个人推荐。增加移动服务的使用是目前公司创造额外价值的重要途径，公司也需要考虑如何维持现有的收入。脸书和谷歌等依赖广告收入的数字商务公司必须改变其广告服务，以确保随着更多客户访问移动设备，客户平均收入（我们在第 1 章中介绍过）得以维持。其他类型的公司也在利用手机来增加价值。例如，Arriva Bus 最近重新设计了它的移动票务应用程序，收入增加了超过 17%。

2. 降低成本。通过使业务流程更高效来降低信息成本。效率的提高是通过使用比以前更少的资源来获取、创造市场和提供服务实现的。技术的应用减少了文书工作，减少了自动化操作流程所需的人力资源，改善了内部和外部的沟通。

3. 管理风险。这就要求组织内部对信息有良好利用。马钱德（Marchand，1999）注意到风险管理创造了诸如财务、会计、审计和公司绩效管理等职能和专业。

4. 创造新现实。马钱德用"创造新现实"来指利用信息和新技术进行创新，创造开发产品或服务的新方式，这尤其适用于数字商务。

案例研究 5-1

Arriva Bus 重新设计移动票务应用程序使收入增加 17%以上

Arriva Bus 希望改善其移动票务应用程序的整体用户体验，以增加其用户数量并提高应用程序在应用商店的评级，促进用户在应用程序内购买。该公司根据研究结果绘制了最佳用户旅程图，建立了经过市场测试的模型，并根据新的品牌外观重新设计了页面。这款应用程序获得了非常积极的用户反馈，其评级在短短两周内从 1 星上升到 3 星。在推出后的前三个月里，它还额外收获了逾 1 万笔交易。

目标

英国巴士运营商 Arriva Bus 每年为超过 15 亿人次提供巴士出行服务。最近，其业务重点已经显著转向移动端，每月有超过 100 万 Arriva Bus 用户使用移动设备访问移动优化网站和移动订票应用程序。Arriva Bus 意识到其 m-ticket 应用程序的用户体验（UX）设计需要彻底改变。通过移动渠道增加使用量和销售收入，这是重新开发计划的一部分。

Arriva Bus 改进移动票务应用程序的活动目标细分如下：

- 将在 App Store 的评级从 1 星提升至 3 星；
- 提高平均收益；
- 减少购票所需时间；
- 使购票更容易、更快捷；
- 创造新 Arriva Bus 品牌的体验；
- 追加销售更高价值的门票，如周票和年票。

实施、执行和策略

回到最基本的内容，收集真正的用户信息成为应用程序重新设计的核心原则。Arriva Bus 与主要利益相关者举办了角色研讨会，以更好地了解当前应用程序的用户的需求和动机。

重新设计的应用程序参考了这一核心原则，然后经过彻底测试，进一步完善用户旅程和初始设计。

Arriva Bus 减少了整个购买页面的页数，以便在一个页面上展示全部的车票。这有助于突出车票价格，为高价车票提供了追加销售的机会，为用户节省了更多钱。一键式按钮取代了下拉互动，引入了简短的票证描述和离线模式，增加了用户黏性。

Arriva Bus 随后将应用程序与网站的外观进行了调整，以确保直观的用户体验和干净、现代的感觉。

成果

通过研究用户使用 m-ticket 应用程序的原因以及他们需要从中得到什么，Arriva Bus 能够改进用户体验，使更新后的品牌外观和用户的体验一致。

经过这一调整，Arriva Bus 获得了大量用户的积极反馈。与最初的目标一致，这款应用在两周内就获得了 3 星的好评。

到目前为止，Arriva Bus 的总收入增长了 17％以上，交易量增长了 15％以上。

5.4.3 目标设定

一个有效的战略发展进程能够把整体目标、战略、具体目标和绩效管理结合起来。实现这种结合的方式之一就是列表法，如表 5-6 所示。每一项目标都应建立专门的关键绩效指标（KPI），以便与整体目标保持一致。与此同时，每项目标还应有一个实现该目标的时间范围。尽管数字商务是动态的，但其中的一些目标要求设计一个业务流程，不能一蹴而就。优先次序有助于向员工传播数字化经营的发展愿景，也有助于分配资源以实现战略。与其他形式的战略目标一样，数字商务的目标制定应遵循 SMART 原则（见专栏 5-2），注重效率与效果。

表 5-6　一个 B2B 公司的关键绩效指标（KPI）——目标、战略和业绩衡量（按照优先次序排列）

目标	实现目标的战略	关键绩效指标（KPI）
1. 从新开拓的市场获得收益 2. 从零售商的小批量购买中增收 3. 确保留住核心客户 4. 提高原材料采购效率 5. 减少新产品开发的成本和销售时间 6. 确保并提高与分销商及合作伙伴的合作效率	1. 为标准产品创建电子商务设施，并为这些产品的市场分配代理商 2. 为标准产品创建电子商务设施 3. 通过开发外部设施实现"软套牢"，并继续支持销售代理 4. 开发电子采购系统 5. 利用协作和项目管理工具 6. 创建外部联网，使合作伙伴能够以无纸化的方式与公司进行合作	1. 年底实现联合营销收入 100 万元，在线销售贡献率为 70% 2. 两年内，零售商的销售额从占总销售额的 15% 增加到 25%，网上营销收入贡献率达到 30% 3. 保留 5 个重点客户，这 5 个重点客户的网上销售收入贡献率达 100% 4. 年底前降低 5% 的采购成本，下一年降低 10%，实现 80% 的网上销售收入贡献率 5. 主要的 5 个地区市场中每个市场的销售成本降低 30%

专栏 5-2　制定 SMART 目标

SMART 原则可用来评价战略目标是否合理，以驱动不同的战略或改善整个业务流程。
（1）明确性（S）：设定的目标是否充分考虑了现实的问题和机会？
（2）可衡量性（M）：绩效指标可以用数量或质量衡量吗？
（3）可实现性（A）：所提供的信息能否被用来提升绩效？
（4）相关性（R）：所提供的信息能否被用于解决管理者所面对的具体问题？
（5）时限性（T）：绩效目标是否有明确的截止期限？
表 5-6 中的关键绩效指标一列给出了 SMART 数字商务目标的例子。

简单地说，效率（efficiency）就是"正确地做事"——用尽可能少的时间和最少的资源来完成业务。效果（effectiveness）就是"做正确的事"——进行正确的活动，达到预期效果，运用最佳策略取得竞争优势。多数组织为数字商务和电子商务制定目标时，总是倾向于效率尺度，但是这并不能体现整体价值。效果将评估正在使用数字商务服务的客户或合作伙伴的数量以及盈利的增量收益。一家航空公司可以利用其电子化渠道的服务降低成本（增加收益），但可能面临网上订单收益下降的风险。效果，在这里也可以指目标对于在线销售产生收入并改善内部流程或供应链效率的相对重要性。

一个公司任何方面的绩效都需要利用业绩管理系统来监测、分析和改善。第 10 章将介绍如何使用网络分析等系统来实现这一目标。

在线收入贡献

通过考虑需求分析、竞争者分析以及库玛（1999）指出的一些其他因素，公司应该制定一个在线收入贡献（online revenue contribution，ORC）目标。这种目标可以直接反映网上交易的收入占公司总收入的比重。间接网络贡献可以理解为，客户因为线上营销而产生的购买欲，其实际购买还是通过传统渠道进行的。在线收入贡献的目标可以根据产品、客户种类和市场地理位置的不同进行细分。公司还可以通过不同的数字渠道实现营销，比如网站和移动商务。

卖方数字商务的转化模型

有经验的数字商务经理会建立关于网络营销的瀑布模型来辅助预测将来的销量。通过这种方法，可以估计特定市场的在线服务需求，进而可以确定公司在该市场可以获得的份额。营销策略是把尽可能多的潜在客户转化为实际客户，这些实际客户可以带来更多的客户。专栏 5 - 3 提供了更多细节。（第 10 章将更详细地介绍该主题。）

专栏 5 - 3   **转化模型**

转化模型是由伯松等（Berthon et al.，1998）提出的，该模型应用广泛，是基于购买决策过程的产业营销模型和效果层次模型，可应用于营销。在购买决策的不同阶段，该模型可以反映线上和线下的沟通效率。该模型的主要指标有：

1. 知觉效率：目标网络用户人数／全部网络用户人数。
2. 地域或吸引力效率：访问人数／搜索人数。
3. 接触效率：活跃用户人数／访问用户人数。
4. 转化效率：购买人数／活跃用户人数。
5. 保留效率：重复购买人数／购买人数。

这个模型对提高组织内部的网络营销具有指导意义，因为掌握了这些不同类型的转化效率，就能够理解线上和线下营销沟通是如何有效实施的。

为了评估数字渠道的潜在影响，有必要对其进行跟踪或研究，以了解购买过程中不同阶段的跨渠道转化。例如，公司可以通过衡量网上提供的电话热线的拨打次数估计网络渠道的受众数量，进而预测网络渠道的销售数量，如图 5 - 13 所示。这表明，在一定时期内，10 万个独立访问者中会有 5 000 名（约 5%）访客进行线下访问。

数字渠道服务贡献（digital channel service contribution）是指使用数字渠道提供的服务的比例。具体例子有：电子服务（使用互联网自助服务的客户的比例）、电子采购（在线上购买产品的客户的比例）和通过内联网或外联网使用行政管理程序的客户的比例。

ROPO[①] 是谷歌发布的研究成果（2010）中的术语，意思是"线上搜索，线下购买"。谷歌研究的主要内容是沃达丰公司（Vodafone）与实体商店签署移动和宽带合同时，互联网在其中扮演的角色。其中的数据来自 16 000 份网络用户填写的关于业务办理方式的调查问卷。对于办理移动和宽带业务，约 1/3 的调查者选择在线上办理，另有相当一部分人选择在线下办理。图 5 - 14 清晰地展示了一个多渠道行为的框架，它展示了"线上搜索，线下购买"的情况。这种消费行为在消费者购买手机等产品时尤为常见，因为消费者希望能够在网络上提供订单反馈。

---

①   Researching online and buying offline.

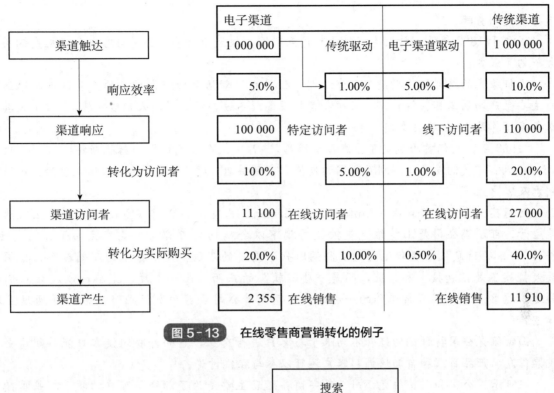

图 5-13　在线零售商营销转化的例子

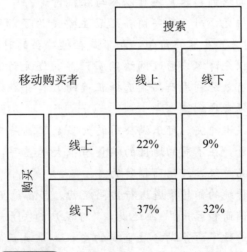

图 5-14　"线上搜索，线下购买"的例子

案例研究 5-2 和活动 5-2 展示了在相对早期阶段，不同行业的公司制定目标的例子。

案例研究 5-2

山特维克钢铁公司的互联网收入贡献

　　山特维克钢铁公司（Sandvik Steel）（以下简称"山特维克"）的产品销往许多国家的市场，它的经验展示了如何利用互联网收入贡献为不同地区的市场设定目标。

　　在互联网热潮达到顶峰的时期，瑞典的山特维克等老牌公司往往会被崛起的新兴公司的光芒掩盖。如今，随着互联网和其他科技股的暴跌，股市和商业竞争的残酷性逐渐显露，许多老牌公司再次受到青睐。

成立于 1862 年的山特维克巧妙地利用互联网，极大地改善了公司与客户和供应商的关系，大大节约了成本。

山特维克的总部位于斯德哥尔摩北部，公司的经营活动似乎离虚拟的互联网世界很遥远。公司主要生产切削工具、特种钢、采矿和建筑设备。不过，该公司向来积极发展 IT 技术，其信息技术年度预算是 10 亿瑞典克朗。

"1969 年，我们首次制定了信息技术战略，"首席执行官克拉克·赫德斯特伦（ClasAke Hedstrom）说，"我们没有预测到互联网的发展，直到最近才将 IT 技术的重心从主要为公司服务转移到惠及客户上。"

阿姆芬·弗雷德里克森（Amfinn Fredriksson）是可乐满公司（Coromant）的互联网业务发展主管，可乐满公司是山特维克钢铁公司旗下以金属切削刀具为主要产品的子公司。他表示，将其 30 年的信息技术经验运用到互联网时代，需要的不仅仅是对技术的深刻理解，公司面临的最大挑战不是信息技术和系统，而是一些"软"的东西，比如态度、见解，以及让人们理解和接受，这些成为他们日常工作的一部分。这意味着公司要努力关注业务需求，并通过互联网大肆宣传。

山特维克公司特种钢的经营不局限于与客户进行交易，它的外联网使客户能够获得全世界的股票信息、产品目录和自助培训，客户还可以参与在线讨论。

在可乐满公司和山特维克公司，数字商务活动主要是为了加强与客户的联系。弗雷德里克森说："我们的产品在使用时才产生客户价值，而不是在被购买的时候。"

因此，可乐满公司不仅允许客户通过网络购买产品，还允许客户在公司设定的参数内设计自己的产品，并帮助他们最有效地利用产品。选择正确的刀具并有效地使用，可以节省约 10% 的生产成本，数字商务战略必须考虑到这一点。

另一点就是必须避免渠道冲突。可乐满公司的大多数工具是直接销售给客户的，但仍有 40% 是通过经销商销售的。此外，在不同的地区的销售有很大的差异：北欧地区 80% 以上的产品是直销，而北美地区大部分产品是经过经销商销售的。

该公司的做法是利用传统的销售渠道进行协同经营。弗雷德里克森说："很多公司试图借此绕开传统渠道，这将失去经销商和客户。"他还说，"与客户的关系——包括向更个性化和国际化的市场扩展，从长期来看，是数字商务战略最重要的支柱，是真正的竞争优势。我们需要做的是把老客户转移到网上，继续赢得新的客户并节省成本，但是其他公司也会这么做。"

目前，可乐满公司只有一小部分订单是在线上交易的。在线上交易这一领域，北欧的公司走在前列——在丹麦，约有 20% 的订单来自线上，在瑞典这一数据是 31%。但是在美国线上交易的比例仅占 3%，因为大部分的业务是通过经销商以及数字商务手段——电子数据交换完成的。

在未来的六个月里，该公司希望将美国境内的网络销售比例提高到 40%，弗雷德里克森希望线上订单的数量能在未来两年内提高到总订单的 40%～50%。

为了提高在线客户服务的质量，可乐满公司计划为每个客户提供个性化的网页。这可以让公司得到有关新产品和提高生产率的建议。培训也是扩展网页的一部分，公司打算今年晚些时候推出这一项目。

对于可乐满公司和山特维克公司来说，网络的关键价值在于加强与客户的关系。在可乐满公司的案例中，有不少客户对公司提供的 25 000 个标准产品进行了小批量购买。但是，对可乐满公司来说，客户批量购买的比例还是较低。

"我们的目标是在 6 月底有 200 个核心客户使用外联网。"山特维克公司的市场经理安妮卡·鲁斯（Annika Roos）说，"在年底，至少 80％ 的核心客户主要使用互联网与我们交易。"

山特维克将互联网作为其业务的核心，旨在深入洞察客户的思想。鲁斯补充说："我们现在正面临着前所未有的挑战，从前我们只是将公司业务进行数字化经营，而现在所有的业务都将转变为数字业务。"

资料来源：Andrew Fisher, Sandvik Steel, 4 June 2001.

问题

1. 根据这篇文章，总结山特维克钢铁公司的数字商务战略。
2. 为什么在不同的国家中山特维克公司线上交易的比例差异较大？

活动 5-2 评估数字渠道的重要性

目的

评估网络对电子商务的重要性。

活动

评估以下每种产品和服务是否适合在互联网上交易，将其填入图 5-15 中，并给出理由。在表 5-7 中估算你们国家不同产品在 2 年内、5 年内和 10 年内的直接和间接在线收入贡献，在每个类别中选择特定的产品（无标准答案）。

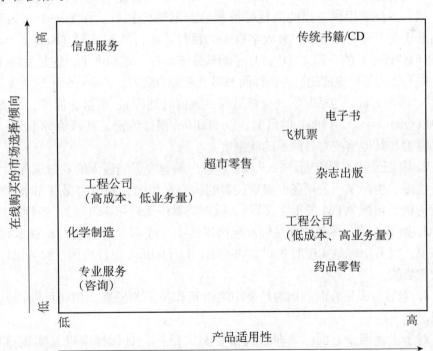

图 5-15 适用于电子商务交易（在线购买）的产品与其市场采用率之间的关系

表5-7	B2B公司在线收入贡献前景			
商品/服务	现在	2年内	5年内	10年内
汽车： 线上直销 线上间接销售	5% 10%	10% 70%	25% 90%	50% 95%
金融服务： 线上直销 线上间接销售				
服装： 线上直销 线上间接销售				
商务办公用品： 线上直销 线上间接销售				

另一个衡量在线收入贡献的指标是在线采购的比例。这一指标又可细分为订货、开发票、交货和付款等在电子交易中的比例（如第6章所述）。迪斯等（Deise et al.，2000）指出，改善供应、减少周转时间和降低采购成本应是物资采购和服务的三个目标，可以为其中的每一个目标分别制定指标。

用平衡计分卡设定目标

平衡计分卡（balanced scorecard）作为一种综合度量的方法，是将组织战略转化为目标的手段，并能够提供一定的度量标准来监督战略的执行。作为一个知名度极高的基准体系，它有助于在下面的类别中定义数字商务的目标。卡普兰和诺顿（Kaplan and Norton，1993）在《哈佛商业评论》的一篇文章中推广平衡计分卡。在一定程度上，这是反映了企业过度依赖营业额和盈利能力等可追溯的财务指标而忽略了未来的潜力。平衡计分卡的主要范畴包括：

1. 客户方面。包括时间（交货时间、报价时间等）、质量、性能、服务和成本。基于奥尔维等（Olve et al.，1999）的研究，以Halifax银行为例，其评价标准为：神秘客户对各网点的满意度和其他客户对各网点的满意度。

2. 内部经营流程方面。应该基于对客户满意度影响最大的业务流程，如时间周期、质量、员工技能、生产率。公司还应确定关键的核心竞争力，并努力保证市场领先地位。以Halifax银行为例，包括ATM可用性（%）、抵押贷款申请转化率（%）、抵押贷款拖欠率（%）。

3. 财务方面。传统的衡量标准包括周转率、成本、盈利能力和资本回报率。对于上市公司来说，财务指标是实现股东利益的关键。以Halifax银行为例，财务指标包括总收入、抵押贷款和贷款。

4. 学习与成长方面。指的是公司的创新和员工的发展，创新可以通过时间价值的变化来衡量。

对于上述四个方面，管理团队都要制定目标、具体标准以及实现这些目标的举措。对于一些公司，如瑞泰人寿保险公司（Skandia Life），平衡计分卡为其整个业务战略过程提供了一个框架。奥尔维等（1999）指出了平衡计分卡的另一个好处：它不仅关注结果，还考虑了对绩效驱动起到积极影响的因素，如在技术和员工培训方面进行投资能够推动并获得多少业绩。

随着平衡计分卡的广泛应用，有人指出它是调整业务和信息系统战略的有效工具。泽和德隆（Zee and de lone, 1999）提供了例子。

表 5-8 概述了如何在 B2B 公司中部署平衡计分卡，以支持其数字商务战略（更详细的例子见第 7 章。）

表 5-8   B2B 公司的数字商务平衡计分卡

平衡计分卡内容	平衡计分卡关注的指标
客户方面	客户获得率（潜在在线客户） 客户保留率（使用线上服务的客户比例） 客户满意指数
内部经营流程方面	新产品开发的平均时间（月） 采购时间 销售周转时间
财务方面	在线收入贡献 网络渠道的利润 使用电子化服务在合作过程中节约的成本
学习与成长方面	每年新产品的数量 每个员工培训的时间：目标是 30 小时/年

5.5 战略定位

战略定位（strategy definition）是由前面提到的目标和愿景驱动的。由于战略是基于愿景和目标制定的，因此有必要经常重新审查和修改。

在这一节中，将考察一个管理团队在开发数字商务时所面临的关键性战略决策。对涉及战略定位的每一个领域，管理人员都会做出不同的选择，这就需要详细全面的审查，如图 5-16 所示。我们先从数字商务的卖方开始分析，然后分析买方。

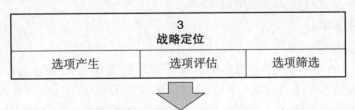

图 5-16   数字商务战略定位的因素

5.5.1　数字商务的战略选择

在分析数字商务的战略选择时，需要评估一系列可能的战略和数字商务服务备选方案。由于资源的限制，只有一部分应用程序可以变为现实。如果一个组织有宣传网站，可实现：

- 电子商务交易设施；
- 在线目录设施；
- 网络客户关系管理系统——领导生成系统；
- 网络客户关系管理系统——客户服务管理；
- 网络客户关系管理系统——用户的个性化服务；
- 办公用品电子采购系统；
- 外联网经销商或代理商合作关系管理；
- 社交网络或用户论坛。

可以用投资组合分析来选择最合适的数字商务项目。丹尼尔等（Daniel et al.，2001）建议，应根据公司的价值而不是交付能力来评估潜在的电子商务机遇。同样，麦克唐纳和威尔逊（McDonald and Wilson，2002）也认为应该根据消费者的喜好矩阵而不是公司的喜好矩阵来进行评估。

特扬（Tjan，2001）提出了一种可行性（投资回报）与适用性（与组织匹配的能力）相匹配的评估矩阵。他提出用于评估每个应用程序可行性的指标，包括以下匹配维度：

- 以核心能力为基准；
- 以其他公司的行动力为基准；
- 与组织结构相适应；
- 与公司文化和价值相适应；
- 易于技术的实施。

在资源可行性层面有：

- 潜在的市场价值（投资回报）；
- 确保投资收益大于投资成本；
- 人才需求；
- 资金需求。

Econsultancy（2008a）报告中推荐了一种投资组合分析方法，这种方法可以用于评价当前数字商务能力和重点战略。相关的评价标准有五项（包括有效性的评分）：

- 业务价值创造（0～50 分）：这一标准应建立在财务利润增值的基础之上，可以根据转化模型中的新访客的估计变化量、转化量和转化结果来获得相关数据，终身价值也应考虑在内。
- 消费者价值创造（0～20 分）：这是一项比较"温和"的标准，用来估计已经施行的计划对消费者心理的影响。他们是否愿意推荐这个站点？是否会增加再次访问或购买的可能性？
- 与业务战略的一致性（0～10 分）：支持现行业务战略的计划会得到额外的加分。
- 与数字商务战略的一致性（0～10 分）：和数字商务战略保持一致。
- 与品牌价值的一致性（0～10 分）：与品牌价值保持一致。

潜在的数字商务规划的成本要素有：内部人力资源、代理资源、设置成本和技术可行性、持续经营成本、商业和实施风险等。

评估数字商务战略备选方案的矩阵见图5-17。

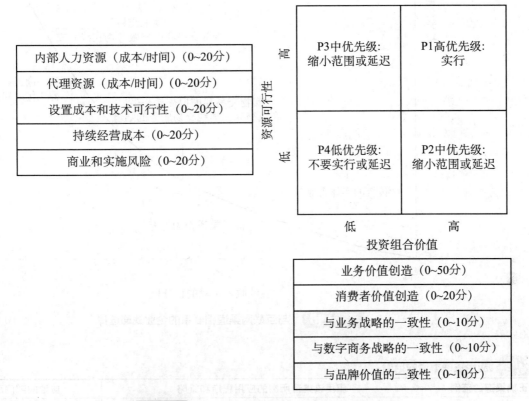

内部人力资源（成本/时间）（0~20分）	
代理资源（成本/时间）（0~20分）	
设置成本和技术可行性（0~20分）	
持续经营成本（0~20分）	
商业和实施风险（0~20分）	

业务价值创造（0~50分）	
消费者价值创造（0~20分）	
与业务战略的一致性（0~10分）	
与数字商务战略的一致性（0~10分）	
与品牌价值的一致性（0~10分）	

图 5-17　评估数字商务战略备选方案的矩阵

资料来源："Econsultancy"（2008a）.

决策1：数字商务渠道优先级

数字商务战略必须根据不同战略目标的优先级来制定。如果优先考虑卖方下游渠道，如表5-6中的目标1至3，那么所有的资源都要为这些目标服务。

对于同时具有实体和在线销售业务等多种渠道的公司，数字商务渠道战略的优先级可以概括为"使线上和线下业务合理融合"。如图5-18所示，图中概括了一个组织对电子商务的投入及其对传统渠道的影响。

如今，问题已经不再是简单地决定在传统渠道还是数字渠道中投资，公司必须在多种数字平台中选择首要的投资和支持性投资（在第1章中介绍过）。公司需要判断消费者（或渠道合作伙伴）使用哪种平台最多，并收获最佳的业务回报（见表5-9）。单独投资是不现实的，也不会带来最佳的收益。下列决策必须优先确定：

● 对移动应用程序的投资和支持；

● 在移动平台方面，投资支持响应式设计的移动站点（如第3章和第4章所述）和兼容特定移动系统的应用程序（如iOS系统的智能手机和平板电脑，安卓和Windows）；

● 投资社交媒体平台，如脸书、领英、推特、Pintèrest、Instagram、Snapchat和其他社交网络。

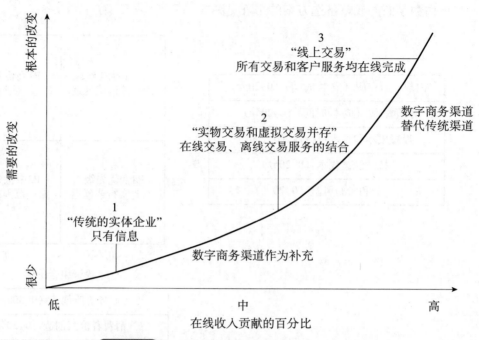

图 5-18 **与互联网渠道相联系的企业战略选择**

表5-9	应用正确渠道的范例	
正确渠道的范例	**应用该渠道所需的应用程序和策略**	**典型的部门和公司**
1. 通过网上渠道给中小公司提供服务和销售	通过外联网向那些无法直接接受财务管理服务的中小公司的客户提供服务与销售。渠道的便利性以及客户的较少选择推动了渠道的采用	B2B。戴尔，提供诸如杀毒、阻挡垃圾邮件、电子邮件管理等软件服务。商业银行如汇丰银行
2. 直接或通过合伙人公司同大型公司建立账户管理关系	通过财务主管用面对面或者电话会议的方式与业务量大的客户联系。通过不同水平的个人服务协调能力来鼓励客户采用合适渠道	B2B。戴尔的大客户财务主管。银行客户关系经理与高收入客户讨论金融管理
3. 鼓励客户通过网上渠道购买	网上购买的客户有更低的购买成本，但是需要承担一定的风险，这种风险是在客户对竞争者的产品进行评估以及很低的转化率中产生的。公司通过提供比离线渠道更低的价格、更多样化的消费选择以及便利性来吸引客户使用该渠道	保险公司，如 DirectLine. com 和 morethan. com。零售商如特易购和 Currys
4. 在销售过程中提供线下销售选项	在消费者网购过程中提供电话回访或者在线聊天服务。通过在网上提供清晰的联系方式来鼓励客户使用该渠道	保险公司，如 DirectLine. com 和 morethan. com
5. 引导客户使用自助服务	鼓励客户用网络管理账户，如电子邮件通知和电子账单，可以降低公司的服务成本。营销活动可以促进电子渠道的采用，由此促使消费者采用适合的渠道	B2B 服务的供应商，如移动电话公司、公共事业单位、银行以及政府部门（纳税申报）
6. 对不同类型的客户提供不同水平的服务	运用客户关系管理系统（第 9 章），公司可以决定客户价值，然后评估其所处的位置或者归属于哪一个呼叫中心	大多数公司在明面上不支持这种渠道，但实际上这种渠道广泛存在于商务服务公司、手机网络供应商以及一些游戏公司

决策 2：市场和产品开发战略

在网络营销中，决定通过数字渠道进入哪类市场来创造最佳价值是一个关键的营销战略。数字商务战略的管理者必须决定是否使用新技术来改变业务范围，以应对新市场和新产品。与决策 1 一样，决策 2 平衡了投资者对过于保守投资的恐惧和对投资回报不佳的恐惧。营销经理仍然可以使用安索夫（Ansoff，1957）的模型来讨论使用数字技术开发市场和产品（第 7 章从数字营销的角度考虑了这一决定）。市场和产品开发矩阵（见图 5 - 19）有助于确定通过改变销售的内容（x 轴）和销售的对象（y 轴）来增加销售量的战略。通过这些战略产生的销售需要设定具体的目标，因此这个决策与目标设定密切相关。

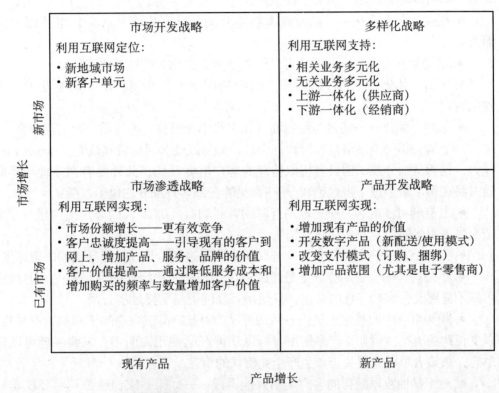

图 5 - 19　利用互联网支持不同的增长战略

1．市场渗透战略。这一战略指的是使用数字渠道向现有市场销售更多产品。可以通过市场渗透战略在现有的基础上实现销售增长。图 5 - 19 展示了市场渗透的一些主要途径：

● 市场份额增长——如果公司的网站能够有效地吸引客户消费，那么它就可以在网上进行更有效的竞争。

● 客户忠诚度提高——公司可以通过发展其在线价值主张来增加现有产品、服务和品牌的价值，从而提高客户忠诚度。

● 客户价值提高——通过降低服务成本来增加客户的利益，同时增加客户购买或使用产品的频率和数量，从而提高客户给公司带来的价值。

2．市场开发战略。在线渠道能用于在新市场销售产品，利用广告的全球性降低成本，而无须在客户所在国设立销售网点。

现有产品通过在线渠道可以销售给新的细分市场或不同类型的客户，互联网将提供更多的机会将产品销售给以前没有涉及的细分市场。许多公司发现，它们网站的受众与传统的受众有很大的不同，这为公司的战略制定提供了信息。

3. 产品开发战略。对于许多公司来说，网络可以用来增加产品价值或扩展现有产品。例如，汽车制造商可以通过网站提供汽车性能和服务的信息。但是真正能够通过互联网提供新产品或服务的只有某些类型的产品，如数字媒体或信息产品。零售商可以扩大其产品范围，并提供在线捆绑销售选项。

4. 多样化战略。开发新产品并在新的市场上销售。互联网本身不能降低这种选择的风险系数，但可以降低成本。相关选择包括：

- 相关业务多元化——如低成本航空公司可以利用网站和客户电子邮件推广相关旅游服务。

- 无关业务多元化——网页可以给消费者提供相关度较低的产品。

- 上游一体化——通过供应商之间的数据交换来实现，使公司能够对供应链有更多的控制。

- 下游一体化——通过与经销商（如在线中介机构）的数据交换实现整合。

一个紧密相关的事情是要回顾一个公司如何改变其目标营销战略（target marketing strategy），这要从细分或识别具有相似特征的客户群体开始，此外要有选择地与不同群体进行交流（将在第 7 章中进一步讨论）。一些常见的在线客户细分的例子包括：

- 最有利可图的客户——利用互联网为利润最高的 20% 的客户提供量身定制服务，这可能会带来更多的重复业务和交叉销售。

- 大型公司——可以建立一个外联网来服务这些客户，并提高他们的忠诚度。

- 小公司——大公司传统上是通过销售代表和客户经理提供服务的，但规模较小的公司可能不需要支付客户经理的费用，且使用互联网更易于接触小公司。

- 购买组合中的特定成员——网站可以为对某产品感兴趣的不同利益群体提供详细信息，以支持购买决策。例如，产品使用者可以获得产品使用说明书，采购经理可以获得购买成本信息，决策者可以获得关于该生产企业信誉的信息。

- 对于其他难以获得的客户使用其他手段——如果一家保险公司希望以年轻司机为目标客户，就可以将在线交流作为一种手段。

- 品牌忠诚的客户——如埃克尔和琼斯塔尔（Aaker and Joachimsthaler, 2000）所建议的，可以提供服务来吸引品牌忠诚客户，以支持他们作为品牌的拥护者。

- 非品牌忠诚的客户——可以利用刺激、促销等手段和良好的服务质量来吸引这类客户。

决策 3：定位和差别化战略

一旦确定了目标市场，组织需要通过竞争对手的四个方面来定位自己的产品，即产品质量、服务质量、价格和履行时间。

查斯顿（Chaston, 2000）指出，在网络市场上一般有四个战略选项可以用来给一个公司定位，在已有的优势基础上，可以通过以下方面提高公司的效益：

- 卓越的产品性能。提供在线产品定制服务，或提供其他用户的使用反馈和详细的产品介绍，例如 AO 网站（www.ao.com），该网站销售家用电器，如洗衣机、冰箱、冰柜等。

- 卓越的性价比。企业提供有竞争力的价格，亚马逊是著名的例子。由于拥有较广泛的受众且缺乏实体店，亚马逊的目标是在价格上具有竞争力。然而，它只在畅销产品上（而不是全部产品上）应用这一手段。在不太受欢迎的产品上并不会提供较有竞争力的价格。

● 卓越的交易。像个性化礼品公司 Getting Personal（www. gettingpersonal. co. uk）这样的网站，通过将个性化的客户评论和价格信息与产品的快速交付相结合，提供卓越的交易服务。

● 卓越的关系。这与创造卓越的品牌体验有关（见第9章），包括情感因素，设计影响因素，基于易用性、内容质量和绩效的理性因素。例如，利用个性化特征来鼓励消费者评价购买的产品、服务，促使他们重复购买，比如 B2B 公司 Euroffice（www. euroffice. co. uk）和RS Components Site（uk. rs-online. com）。这些因素之间是互相影响的，第9章和第10章将讲到通过用户搜索和反馈获取有关消费者体验的重要性。

这些战略定位选项具有相关性，因为它们与波特的成本领先概念、产品差异化概念和创新的竞争战略有很多共同之处（Porter，1980）。波特一直饱受批评，因为许多批评者认为，要想保持竞争力，就必须将所有这些领域的优点结合起来，对于卖方电子商务也是如此，品牌体验尤为重要。这些战略选择不是相互排斥的，反之，它们是成功的先决条件。

客户的评价和反馈可以用于评估在线零售商。表5-10总结了常用于评估零售商的计分卡标准。值得注意的是，在笔者写作本书时，总分较高的零售商，如特易购（杂货零售）、Smile（网上银行）和亚马逊（一般零售商），也被认为是市场的领导者，在计分卡每个类别中都占有很大优势。这些标准最初用于制定客户服务策略。

表5-10 评估零售商的计分卡标准

计分卡种类	计分卡标准
1. 易用性	● 详细的使用说明 ● 简化开设账户和交易的过程 ● 设计和导航的一致性 ● 坚持适当的客户交互原则 ● 为客户提供的信息资料可方便地获取
2. 客户信赖	● 客户服务选项的可得性、深度和广度，包括电话、电子邮件和分支机构 ● 准确、快速地解答客户问题的能力，包括通过电话和电子邮件提出的简单的技术和专业问题 ● 隐私政策、服务保证书、费用和说明 ● 每五分钟监控每个不同等级网页的速度和公共安全方面的可靠性（如果需要的话） ● 财务优势、技术能力和独立性，从事商务活动的年数、在线年数和组织成员关系
3. 网上资源	● 特殊商品的适用性 ● 每种商品网上交易的能力 ● 在线寻找服务的能力
4. 关系服务	● 在线帮助、辅导、汇编、解答 ● 建议 ● 数据个性化 ● 定制网页的能力 ● 客户资料的重复利用以使以后的交易变得容易 ● 支持业务和个人的需要，比如提供发票或者大宗采购折扣 ● 刺激客户重复购买
5. 全部成本	● 一系列典型的服务和销售成本 ● 因为"装运和操作"增加的费用 ● 客户账户内最低余额要求 ● 利息率

普兰特（Plant，2000）还确定了四个不同的数字商务战略方向，即技术领导、服务领导、市场领导和品牌领导，同时指出这些方向不是相互排斥的。有趣的是，他认为价格差异并不重要，他认为品牌和服务对数字商务的成功很重要。

在第7章中，我们将进一步探讨如何将细分、定位和创造差异优势整合到数字商务战略中。我们还可以看到，电子商务服务的差异优势和定位是如何通过基于7P的营销组合（marketing mix）发展在线价值主张（online value proposition，OVP）的。

请完成活动5-3来了解数字商务战略的不同视角，并总结这一节关于数字商务战略的内容。

活动 5-3 B2C 公司的数字商务战略

目的

评估不同数字商务战略的可行性。

引言

许多行业分析机构，如 Gartner Group、Forrester、IDC Research 以及五大咨询公司都在研究数字商务战略。大多数战略没有广泛实行，所以应对报告中的方法进行评估，然后选择合适的方法并使其发挥重要的管理职能。

问题

1. 评估下面 IDC 研究（Picard，2000）推荐的方法。你认为这些战略中的何种因素对 B2C 公司是最重要的？

2. 对于你熟悉的公司，回顾本书的六个战略决策。

数字商务中 IDC 研究的总结

皮卡尔迪（Picardi，2000）为卖方数字商务制定了六个战略。这个方法很有趣，因为其描述了为保持竞争力公司需要作出何种回应的时间表。这六个战略是：

1. 攻击网络零售。顾名思义，这是一种咄咄逼人的竞争方式，公司需要经常与竞争对手的价格进行比较，然后对比自己的价格进行改进。随着客户越来越多地使用购物比价网站，公司需要确保自己的价格定位是有利的。Rakuten. com（www. rakuten. com）和 Travel Republic（www. travelrepublic. co. uk）等购物网站提供其他同类产品的价格以证明它们能提供最低价。这些网站会实时调整价格，根据价格策略算法小幅调整产品售价，这在传统零售业是不可能实现的。

2. 防御网络零售。这是传统公司可以用来应对"攻击网络零售"的战略方法。除了价格，它还涉及品牌等其他方面的差异。皮卡尔迪 2000 年引用的 IDC 研究表明，尽管互联网上商品的平均价格普遍较低，但是消费者从可信来源获得信息，也只有不到一半的消费者能够买到价格最低的商品，也就是说，网上提供的价格信息实际上并不准确。价格最低的商品不一定总是畅销，因为销售与以下因素也相关：

- 使用网页下订单的便利性（例如，亚马逊的"一键通"让消费者使用亚马逊下单比使用其他供应商更便捷）；

- 辅助信息（例如，其他客户提供的书评改善了亚马逊的服务）；

- 售后服务（亚马逊及时、一致的发货和派送通知增加了消费者对网站的信任）；

- 消费者对安全和隐私的信任；

- 亚马逊会员的隔日达服务。

尽管亚马逊的收费高于竞争对手，但因为上述原因，它仍然拥有最大的在线图书销量。综上所述，消费者的信任度区分了不同商家，也展示了消费者对不同商家的忠诚度。

3. E2E（端到端）集成。这是一种利用互联网降低成本、提高产品质量和缩短交货时间的有效战略。这一战略是通过自动化供应链（见第 6 章）和内部价值链来实现的。

4. 市场开拓。皮卡尔迪（2000）将市场开拓定义为"在网络空间提供市场清算和辅助服务的业务，从而打造供应商的综合生态系统"。具体而言，这个战略包含整合和调整诸如 B2B 之间的供应链（见第 6 章）。

5. 客户即设计师。这种战略利用技术使客户能够设计个性化产品，是一个差异化的手段。这种战略尤其适合信息产品，但是客户现在也可以定制汽车这样的产品了。一家围绕这一战略建立业务的在线零售商是 www. contrado. co. uk，客户可以将自己的设计印在定制服装、面料和家居用品上。

6. 开源价值创造。最著名的例子就是 Linux 操作系统的创建和成功，这一系统在全世界有超过 30 万的合作者。皮卡尔迪（2000）认为，组织将通过调动更多的外部资源解决内部出现的问题。

决策 4：业务、服务和盈利模式

在互联网战略制定中，与产品开发密切相关的另一个方面是从新业务和收入模式中审视机会。不断进行服务创新以提高所提供的服务的质量对数字企业也很重要。例如，度假公司途易（www. tui. co. uk）的创新举措——提供目的地旅游指南、目的地和酒店的视频、"打造自己的假期"活动以及使用电子邮件提醒假日优惠。这样的创新可以帮助公司在竞争时更胜一筹，并增加客户对品牌的忠诚度。

评估新的模式和方法是重要的，因为如果公司不抓住机遇创新，那么竞争对手和新兴公司就会夺得先机。英特尔公司的安迪·格鲁夫（Andy Grove）曾说过一句名言"只有偏执狂才能生存"，暗示要不断寻求新的机遇，并时刻留意竞争对手的创新。此外，组织也有必要对新的模式进行测试及检验。戴尔是另一个定期回顾和修改其业务模式的科技公司，如迷你案例 5 - 1 所示。处于技术前沿的公司，如谷歌和脸书，则是通过收购其他公司不断创新。

这些公司还大力投资研发，不断开发和试验新服务。

迷你案例 5 - 1

戴尔业务模式的创新

戴尔在创新业务模式方面为我们提供了一个典范。戴尔是 20 世纪 90 年代第一批在网上销售个人计算机的公司之一，获得了市场领先者的优势。公司的计算机及其他产品的销售额从 20 世纪 90 年代中期的每天 100 万美元增长到 2000 年的每天 500 万美元。以这些成果为基础，公司发现可以用自身品牌效应向已有客户提供新的服务并发展新的客户，这是一种新的业务模式。2000 年 9 月，戴尔宣布了一个计划：公司将与软件供应商方面的企业资源计划专家、系统集成商以及商务咨询公司联合提供互联网咨询服务。这种活动使戴尔最重要的 B2B 用户外部网络与 ERP 系统，比如 SAP 和 Baan 的采购部分实现了一体化，避免了产品重复营销并降低了成本，戴尔的业务方案对它今天的业务仍有重大作用。

戴尔在 2000 年推出 B2B 市场（以前叫戴尔市场），旨在提供折价的办公用品和服务，包括计算机外围设备、软件、文具以及旅游相关产品。后来的发展证明这种战略是行不通的，其仅运营了 4 个月就关闭了卖场，这是戴尔的失败案例。尽管如此，它仍然提供了一个购买戴尔产品的相对低成本的渠道，并支持产品退回和翻新服务。

2007年，戴尔推出了IdeaStorm（www.ideastorm.com），这是一个共同创建的平台，通过让每个人都能够推荐新产品和功能，鼓励用户参与投票。重要的是，戴尔通过名为"Ideas in Action"（创意在行动）的活动向客户反馈已经采取的行动，显示出戴尔对客户意见的重视，并向客户更新该公司采取的行动。除了改进客户服务外，该公司还解释了如何引入非Windows的Linux操作系统，以回应IdeaStorm上客户提出的建议。2008年，戴尔还提供了一系列与客户和其他合作伙伴合作的在线选择。

对影响较小的盈利模式进行微小的改动可能是物超所值的。例如：

- 电子商务交易网站（例如，Tesco.com和lastminute.com）可以在现场或通过电子邮件通信列表销售广告空间、联合品牌促销，引导访问受众前往第三方平台。
- 零售商或媒体所有者可以通过线上途径（如ISP、电子邮件服务或照片共享服务）销售白标服务（white-labelled services）。
- 公司可以通过销售互补产品（与自身产品不冲突、不互为竞争关系的产品）获得佣金。例如，出版商可以通过与线上零售商的附属协议来销售其图书。
- 制造商品牌可以通过整合市场或提供购买链接鼓励消费者购买产品。例如，B2B制造商3M为消费者提供实体商店，但并不包含其全系列的产品；宠物食品品牌皇家卡宁（Royal Canin）提供通过其实体商店网站购买的选择。这些营销系统需要制造商系统和零售商系统之间的深度集成。

决策5：市场重组

我们在第2章中看到，数字通信通过市场内的去中介化、再中介化和反中介化提供了创造新的市场结构的机会。

决策6：供应链管理能力

主要数字商务战略是：

- 我们应如何与供应商更紧密地整合，例如通过创建外联网来降低成本和缩短上市时间？
- 我们应该支持在线采购哪些类型的材料以及如何与供应商互动？
- 我们能否开拓在线销售渠道以降低成本？

线上鞋业零售商Zappos是用以客户为中心的战略提供战略优势的一个很好的例子，尽管它提供的产品与许多其他零售商相同。请阅读案例研究5-3了解详情。

案例研究5-3

Zappos在数字市场的创新

谢家华（Hsieh）年仅24岁就成了千万富翁，当时他以2.65亿美元的价格将由他出资的初创公司LinkExchange出售给了微软。他最初加入线上鞋业零售商Zappos时，是顾问和投资者，后来成为其首席执行官。1999年，这家线上零售商的年销售额为160万美元。谢家华在前十年为此公司制定了两个目标：一是年销售额达到10亿美元，二是入选最值得效力的公司的名单。

一般来说，大多数以客户为导向的线上商务公司侧重于获得而不是保留客户。然而，Zappos 对于留住客户和员工都很重视，其客户保留率达到 75%，员工保留率为 85%。

这些令人印象深刻的保留指标归功于谢家华将公司文化放在第一位，保持客户和员工的激情和兴趣。他认为文化建设是一项投资，提供令客户赞叹的服务是核心部分。Zappos 的员工没有通话脚本或通话时间指标，他们被赋予自主行动的权力，他们在每次通话中发挥所长，让客户满意。Zappos 希望员工代表公司与每位客户建立个人情感联系（personal emotional connection，PEC）。谢家华 2010 年在《哈佛商业评论》上发表的一篇文章写道："虽然听起来很俗套、技术含量低，但电话仍是最好的宣传品牌的手段之一。"

Zappos 的企业文化由以下十大核心价值观塑造：

1. 提供令人赞叹的服务。

2. 拥抱和驾驭变化。

3. 创造乐趣还有一些小怪癖。

4. 敢于冒险、敢于创造、敢于开放。

5. 追求成长，不断学习。

6. 保持沟通，建立开放且真诚的关系。

7. 建立积极的队伍、家庭般的关系。

8. 事半功倍。

9. 热情且坚定。

10. 保持谦虚之心。

Zappos 还有一个独特的招聘流程——应聘者需要进行两次面试，一次是评估他们能否胜任这项工作，另一次则是评估他们与公司文化的契合度。通过的候选人都得参加为期五周的培训课程，包括两周在呼叫中心的电话培训。为了检验候选人对这份工作的渴望程度，Zappos 会为每个人提供 2 000 美元的退出费，但一直以来只有 3% 的人接受。该公司甚至有一本 480 页的企业文化书（可以在 www.zapposinsights.com/culture-book 下载）。

员工可享受免费午餐、免费自动售货机、公司图书馆、午睡室和免费医疗保健服务。Zappos 还乐于让员工的办公环境变得有趣，允许他们有个性化的办公桌。

Zappos 的员工克雷格·阿金斯（Craig Akins）说（摘自 Charlton 2014 年在 Econsultancy 上的报道）："我们最好的客户享受最高的回报率，但他们也是花最多的钱、使我们最有利可图的群体。Zappos 的营销手法不是给购买者提供最便宜的鞋子，而是给他们最好的服务，包括 365 天的退货政策，以及免运输费用。""该公司还拥有'Zappos 实验室'，专注于解决人们的'痛处'，并在所有渠道提供优化的体验。例如，客户可以拍摄在街上看到的物品，通过短信、电子邮件或 Instagram 将图片发送给 Zappos 员工，然后他们将相关链接发回给客户，以便他们在线购买。"

Zappos 的文化使其在 2008 年（公司创立仅十年后）就实现了总销售额达到 10 亿美元的目标。该公司于 2009 年底以 12 亿美元的价格出售给亚马逊。

资料来源：www.ft.com/content/98240e90-39fc-11e0-a441-00144feabdc0；www.zapposinsights.com/about/zappos/our-unique-culture；http://econsultancy.com/blog/65231-ten-lessons-zappos-can-teach-us-about-staff-and-customer-retention；http://www.nunwood.com/excellence-centre/blog/2016/customer-experience-strategy-how-zappos-became-a-2016-us-top-ten-customer-brand/.

决策7：内部知识管理能力

组织应评估其内部数字商务能力，特别是信息共享和流程开发的方式。考虑以下问题：

- 如何扩展我们的内联网，以支持不同的业务流程，如新产品开发、客户管理和供应链管理？
- 如何传播和促进员工之间的信息共享，提高我们的竞争力？

决策8：组织资源和能力

一旦我们描述的数字商务战略决策经过审查和选择，组织就需要对如何进行更改、如何为数字商务设定优先级作出决定。

表5-11显示了组织能力的不同方面。组织应对这些方面进行审查和更改，以提高制定数字商务战略的能力。这些方面包括：

- 战略流程和性能改进。选择、实施和审查数字商务计划。
- 组织结构。体现电子商务在组织中的定位。
- 高级管理层的支持。数字商务战略是变革性的，因此需要高级管理层的支持。
- 营销整合。我们强调通过正确的渠道促进客户和合作伙伴沟通的重要性。负责技术和营销的工作人员需要更紧密地合作以实现这一目标。
- 数字营销的焦点。战略计划将集中于三个核心活动：客户获取（吸引网站访问者）、转化（产生潜在客户和销售）和留存（鼓励客户持续使用数字渠道）。
- 与其他组织合作。有些服务最好通过与其他公司合作来提供。

表5-11　基于 Econsultancy（2008a）调查的电子商务采纳能力成熟度模型

等级	战略流程和性能的改进	组织结构：电子商务在组织中的定位	高级管理层的支持	营销整合	数字营销的焦点
1. 未计划的	**有限的** 线上渠道不属于业务规划流程。收集 Web 分析数据，但不太可能被审查或执行	**初步尝试** 尚未明确整合电子商务资源。主要责任通常在 IT 内部	**有限的支持** 无电子商务相关规划，也很少涉及相应业务	**整合情况差** 一些感兴趣的营销人员可能会尝试电子通信工具	**内容为主** 创建线上宣传册和目录
2. 散漫管理	**低等级的** 线上渠道在规划中，但渠道特定目标是有局限的。由相关工作人员进行宣传分析	**权责不明晰** 存在一个规模较小的中央电子商务团队，或者由一个经理来负责电子商务的管理。营销部门可能控制、指导电子商务业务 组织中存在多个独立的网站和项目，有的部门可能采用营销工具，有的部门可能投放搜索引擎广告。企业划拨给线上营销的预算有限	**有意识的** 管理层意识到线上渠道的潜力	**线上和线下渠道是分开的** 电子通信工具应用有所增加，独立站点和微型网站的增长仍在继续。线下媒体支出仍然占主导地位	**流量为主** 更加强调通过单位点击付费搜索营销和联盟营销来驱使客户访问网站

续表

等级	战略流程和性能的改进	组织结构：电子商务在组织中的定位	高级管理层的支持	营销整合	数字营销的焦点
3. 集中管理	**具体的** 针对不同渠道的特征进行目标设定。尚未整合网络分析能力，无法统一报告活动效果	**集中管理** 企业建立了一个用于内容管理和网络分析的平台供组织内各个部门使用。组织内部形成了一个中央电子商务部门，其独立于其他部门运作，并响应不同业务、产品或品牌的数字营销需求	**直接参与的** 直接参与年度审查，并确保营销、IT、运营和财务领域的高级管理人员参与	**线上和线下渠道保持一定独立性** 独立运作的营销和电子商务部门主要在规划过程中共同合作。高级电子商务团队成员负责在组织中推广数字营销	**客户转化以及客户体验为主** 在现阶段，针对内容管理系统的可用性、可访问性和修订（包括搜索引擎优化）的举措较常见
4. 分散化管理	**优化现有的流程和策略** 电子商务融入营销战略中。每月审查目标和绩效，统一汇报项目进程，并定期组织总结会议	**分散的** 分散化管理中，企业对数字营销技能的发展更为重视，并将电子商务整合到业务计划和执行的各个层面。企业通过电子商务渠道直接面向消费者。企业需要自负电子商务渠道的盈亏，并划拨一定的资金用于线上宣传，包括投放搜索引擎广告、其他合作网站引流、电子邮件营销等	**密切关注** 至少每月进行一次审查	**线上线下渠道相辅相成** 电子商务成为企业推广的重要途径。数字媒体的高投入反映出线上渠道对企业和消费者的重要性	**关注客户回购** 分析客户购买偏好和客户反馈，通过电子邮件等手段进行客户回访。注重管理忠诚驱动因素
5. 整合及优化	**多渠道流程** 清晰了解不同渠道间的互动和各渠道的盈利能力，并相应地优化资源分配	**统筹管理** 大部分数字技能集中在营销部门或电子商务团队。前端系统开发技能通常保留在电子商务团队中，用于开发和维护与电子商务相关的前端系统和网站	**整体把握** 高层人员不会干涉具体的项目执行，主要关注年度规划以及每半年或每季度对项目进行的审查	**高度整合** 营销具有整套的数字营销技能，根据需要从机构或中央电子商务资源中调用专业资源，不受传统预算流程的约束	**优化为主** 密切关注平台和客户体验技术的发展，促进新客户的获取、转化并提升老客户的忠诚度。可能使用临时的跨学科团队来推动绩效提升

5.6　战略实施

战略实施（strategy implementation）包括用于实现战略目标的所有策略。图 5 - 20 对所需的主要战术和行动进行了总结。（第 10 章讨论了管理与数字化转型相关的一些变革方法，以及组织如何变得更加敏捷。）

5.6.1　失败的数字商务战略

很少有公司希望公开自己的错误，但有些失败的案例是众所周知的：Boo（服装零售企业），eToys（零售企业），CDNow（零售企业），Peapod（线上杂货店），VerticalNet（线上 B2B 市场）和 Mondus（B2B 市场）。许多互联网公司已经失败或合并，许多公司投资电子商务，但未能获得令人满意的投资回报。

从这些案例中能学到什么呢？往往是更深层次的问题导致这些公司的失败。米勒（Miller，

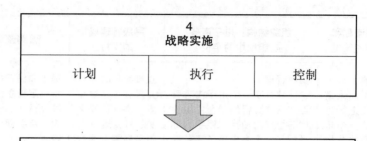

图 5-20 数字商务中战略实施的要素

2003）研究了多个公司的失败分析报告，从中总结它们的错误。他认为，这些公司犯的最大错误是"高估了市场采用 dot.com 创新的速度"。此外，人们还认为，新的创新将迅速取代现有的产品，例如，网上购物将迅速取代传统线下购物。即使是最成功的在线零售商之一特易购，其零售额在互联网上的百分比也很低，这也花费了几年的时间才得以实现。米勒提到的其他原因有：

- 时机错误：例如，在高速宽带互联网接入之前，广泛提供数字娱乐下载服务。对线上产品的需求研究不足是失败的原因。
- 缺乏创新：许多服务直接复制了现有的业务模式或其他线上零售服务。这里失败的原因是，对竞争对手的差异化战略和销售能力认识不足，同时也缺乏对消费者需求的调研。
- 提供免费服务：许多网站提供免费服务，以吸引访问者注册，但难以促进消费者购买升级版的产品或服务。这是一个很难把握的平衡。
- 野心过大：为了在众多竞争公司中实现融资，一些公司夸大了消费者对其产品的需求程度。

除了这些原因之外，我们还可以发现初创公司和现有公司一直犯的典型错误。其中包括：

- 形势分析：对新产品需求和竞争力的调研不够严谨。
- 目标设定：设定不切实际的目标，甚至没有设定明确的目标。
- 战略定义：关于业务和盈利模式、目标市场、产品差异化、定价、分销等的决策不力。
- 战略实施：客户服务质量、基础设施和变更管理方面的问题。

5.6.2 中小公司数字商务战略实施的成功因素

杰夫科特等（Jeffcoate et al.，2002）对中小公司数字商务战略实施的成功因素进行了评估。他们提出了 11 个关键的成功因素，这也可以有效地应用于大型组织：

1. 内容。产品或服务的有效展示。
2. 便利。网站的可用性。
3. 控制。组织进行流程管理的程度。
4. 互动。与单个客户建立关系。

5. 社区。与志趣相投的个人或组织组成的群体建立关系。

6. 价格敏感度。产品或服务在激烈的价格竞争中的敏感度。

7. 品牌形象。建立可信的电子商务品牌的能力。

8. 承诺。使用互联网的强烈动力和创新意愿。

9. 伙伴关系。电子商务公司利用合作伙伴关系（价值链关系）提高在互联网上的影响力和增加业务量。

10. 流程优化。公司能在多大程度上使用自动化工具优化现有流程。

11. 融合。链接各基础 IT 系统，以支持伙伴关系和流程优化环节。

案例研究 5-4 介绍了一家大型数字公司失败的例子，强调了一些关键错误，为了解什么可能导致公司终止交易提供了有用参考。

案例研究 5-4

Boo. com：从欧洲最大的网络公司失败案例中吸取教训

背景

"除非我们在午夜前筹集到 2 000 万美元，否则 Boo.com 就死了。"2000 年 5 月 18 日，Boo.com 的首席执行官恩斯特·马尔姆斯滕（Ernst Malmsten）这样说。他们筹集到了一半，但还是太少、太迟了，在正式创办不到一年后，Boo.com 正式关闭了。第二天的头条新闻报道 Boo.com 的崩溃，称这是欧洲第一个互联网灾难事件。

Boo.com 的案例现今仍然是所有类型业务的宝贵参考，因为它不仅展现了服装零售商管理电子商务的挑战，而且突出了任何类型的组织在电子商务战略和管理方面都可能出现的错误。

公司情况

Boo.com 由三位瑞典企业家恩斯特·马尔姆斯滕、卡伊萨·莱安德（Kajsa Leander）和帕特里克·赫德林（Patrik Hedelin）于 1998 年创立。马尔姆斯滕和莱安德在出版方面有经验，他们曾创建了一家专业出版公司，还创立了一家线上书店 Bokus.com，并于 1997 年成为仅次于亚马逊和巴诺（Barnes & Noble）的世界第三大图书电子零售商。1998 年，卖掉公司后，马尔姆斯滕和莱安德成了百万富翁。到创立 Boo.com 时，帕特里克·赫德林加入，赫德林曾是 Bokus 的财务总监。当时支持他们创业的投资者将他们视为经验丰富的欧洲互联网企业家。

公司愿景

Boo.com 的愿景是成为世界上第一个服务于全球的线上体育零售网站——一个具有全球吸引力的欧洲品牌。你可以把它看作体育和时尚零售版本的亚马逊。在创办时，它期望打开欧洲和美国的虚拟大门，以期将此模块亚马逊化。但请注意，亚马逊并非同时在所有市场推出业务，相反，其在欧洲本地分销之前，先在美国推出了业务。

Boo. com 的品牌名

根据马尔姆斯滕等的说法（2001），Boo.com 的品牌名起源于电影明星波·德里克（Bo Derek）（以她在电影《十全十美》中的角色闻名）。由于域名"bo.com"不可用，在添加"o"后，他们以 2 500 美元的价格从域名经销商处购买了域名"Boo.com"。据 Boo.com 营销总监罗布·塔尔博特（Rob Talbot）说，Boo.com 当时在"寻找一个在所有不同国家都容易拼写且容易记忆的……不需要有什么特别意义的一个名字"。

目标市场

Boo.com 的目标受众是"年轻、富裕且时尚意识强"的 18~24 岁青年，他们可能对 Boo.com 网站上的体育和时尚品牌感兴趣。

人们认为该领域的服装市场非常大，因此 Boo.com 只需占领这个市场的一小部分，就能取得成功。《新媒体时代》（*New Media Age*）（1999）当时发表了对这个市场的规模和成功基础的看法："600 亿美元的行业是由 X 一代主导的，他们在网上根据市场调查，了解市场上有什么、没有什么，以及快速获得此类商品的方式。如果 Boo.com 成为他们追随时尚潮流的地方，并能够提供最新的潮流趋势，那么毫无疑问，Boo.com 就处在一个高利润且利润持续增长的市场。"

零售分析也支持市场的增长，Verdict 预测英国的网上购物将从 1999 年的 6 亿英镑增长到 2005 年的 125 亿英镑。

然而，《新媒体时代》（2005）对潮流市场持观望态度："服装和运动鞋在邮购或家庭购物中回报率很高。20 岁的人可能喜欢上网，也可能拥有一些可支配收入，但他们不是与邮购相关的主要群体。到目前为止，还没有其他公司做类似 Boo.com 正在做的事情。"

Boo.com 的主张

该公司表示，他们的业务理念是成为世界领先的互联网零售商，成为著名的休闲和运动服装品牌。他们列出了 Polo、拉夫劳伦、汤米·希尔费格、耐克、斐乐（Fila）、Lacoste 和阿迪达斯等品牌。这一主张涉及体育和时尚商品，其思想是，运动服装尺寸更标准化，面对精确合身的需求比设计师服装更低。

Boo.com 的所有者希望开发一种易于获得的体验方式，尽可能重现线下购物的体验。作为品牌战略的一部分，他们想开发一个虚拟销售人员，最初称她为"珍妮"，后来确定为"布小姐"（Miss Boo）。她在网站上引导用户，给出使用提示。在选择产品时，用户可以将产品拖拽至模特身上，3D 放大和旋转模特，全方位观察产品。为了实现这一想法，需要从零开始构建模型，同时还要有库存控制和分销软件，技术方面需要大量投资，在推出之前更换了几家供应商，最终导致发布时间比向投资者承诺的晚了六个月。

拍摄时装大片和发行产品目录也十分昂贵。2000 年，Boo.com 在春夏时装秀上花费了大约 600 万美元。拍摄每件产品都要花费 200 美元，每月的费用超过 50 万美元。

虽然 Boo.com 在用户体验方面经常被批评网站速度慢，但它似乎已经拥有能够使投资者感到惊喜的因素。分析师尼克·马戈利斯（Nik Margolis）在《新媒体时代》（1999）上撰文指出："Boo.com 是我在相当长一段时间里看到的最精妙的网站。产品和内容的展示充满了想象力和沉浸感。网站内容在办公室里加载得很快。Boo.com 保证一个页面可以在八秒内加载完成。八秒时间有点长，但等待八秒钟即可享受到 Boo.com 带来的精妙体验是值得的。"

今天，大多数欧洲用户都有宽带，但在 20 世纪 90 年代末，大多数用户都仍在拨号上网，还得下载特定软件才能查看产品目录。

宣传 Boo.com 的主张

早期的宣传计划包括在电视和报纸上进行的广泛的、有较大影响力的营销活动。公共关系很重要，该品牌强调时髦的设计理念和以消费者为本的价值核心。莱安德以前是一个专业的模特，也是马尔姆斯滕的合伙人。此宣传计划最初集中在时尚和运动服装行业，然后推广到目标受众可能阅读的出版物上。宣传计划的成功与否可以通过他们收到的 35 万封预注册电子邮件来判断，来电者纷纷表示愿意收到网站发布的通知。马尔姆斯滕等（2001）解释说："仅凭 2 240 万美元的营销和公关支出，我们成功打造了一个全球品牌。"

为了创造 Boo.com 的品牌价值，他们创建了 *Boom*，一个耗资巨大的线上时尚杂志。该杂志不是直接支持销售的目录，而是一个与时尚杂志竞争的出版物。Boom.com 每月为消费者提供 44 页的"Look Book"栏目，用于展示时髦单品。

数月内创建全球品牌所面临的挑战

马尔姆斯滕等（2001）完成了几个月内打造全球品牌的挑战。在第一轮融资（包括摩根大通、LMVH 投资公司和贝纳通家族的投资）获得约 900 万美元后，创始人计划通过数千项任务来启动项目，其中许多任务都需要招聘工作人员完成。这些任务分为 27 个责任领域，包括办公基础设施、物流、产品信息、定价、前端应用程序、呼叫中心、包装、供应商、设计徽标、广告/公关、法律问题和招聘。在巅峰时期，Boo.com 拥有 350 名员工，在伦敦拥有 100 多名员工，在慕尼黑、纽约、巴黎和斯德哥尔摩设有办事处。最初 Boo.com 提供英式英语、美式英语、德语、瑞典语、丹麦语和芬兰语版本，项目启动后增加了法国、西班牙和意大利的本土化版本，还为个别国家量身定制了使用当地语言和货币的网站。订单完成后货物从两个仓库之一运出：一个在肯塔基州路易斯维尔，另一个在德国科隆。这方面的业务相对成功，按时交货率接近 100%。

Boo.com 存在典型的渠道冲突问题。最初，公司很难让时尚和体育品牌在 Boo.com 平台上提供他们的产品。制造商已经同大型体育和时装零售商以及许多小型零售商建立了完善的分销网络。如果服装品牌允许 Boo.com 以折扣价在网上销售服装，那么这将与零售商的利益相冲突，如果这些品牌的商品处于线上"讨价还价"状态中，也会对其品牌造成负面影响。另一个定价问题是在不同市场中存在本地或区域定价，例如，美国的价格往往低于欧洲，不同的欧洲国家定价也有差异。

向投资者陈述业务案例

今天，投资者有足够的信心在公司投资 1.3 亿美元，而该公司的价值最高为 3.9 亿美元，这似乎令人难以置信。这些投资大部分基于创始人使公司成为全球品牌并建立"先行者优势"的愿景。虽然向投资者展示了对收益的预测，但这些预测并不总是基于对市场潜力的准确详细分析。马尔姆斯滕等解释说，在推出网站之前（2001 年），他与准投资者 Pequot Capital 举行了一次会议，以拉里·莱尼汉（Larry Lenihan）为代表，他在美国在线和雅虎之中成功投资了雅虎！Boo.com 的管理团队能够提供收入预测，但无法回答模拟业务潜力的基本问题，例如你的目标是多少访客？你的目标是多少转化率？每个客户需要花费多少？你的客户获取成本是多少？了解到这些数字后，如果分析师认为它们十分牵强，他们一般会结束会议，并告知："我首先为我的直言不讳道歉，但我想你会在圣诞节前破产。"

当该网站于 1999 年 11 月 3 日推出时，第一天就有约 5 万名访问者，但只有千分之四的访问者下订单（转化率为 0.25%）。这显示了准确对转化率建模的重要性。这种低转化率也反映出技术问题，导致负面公共关系的产生。一位评论者描述了他是如何等待的："等了 11 分钟买一双溢价严重的鞋，并还要等一个星期才能送达。"随着问题的解决，这个比率确实有所提高——截至那个周末，228 848 次访问中共达成 609 份订单，价值 64 000 美元。在推出后的六周内，销售额达到 353 000 美元，转化率在圣诞节前翻了一番多，达到 0.98%。但是，网站需要在六个月内重新启动，以缩短下载时间，并为使用拨号连接的用户引入低带宽版本。在促销时期的转化率接近

3%，但在一些地区的销售结果令人失望，本来预计在美国的销售能达到40%，但事实只有20%。

管理团队认为，需要进一步投入资金，使业务从11月份的18个国家和22个品牌发展到次年春天的31个国家和40个品牌。营业额预计将从2000年1月的1亿美元增加到2003年4月的13.5亿美元，预计到2003年4月其利润为5190万美元。

Boo. com 落幕

Boo. com 于2000年5月18日破产，当时已经无法从投资者那里筹集到足够的资金来应付不断攀升的营销、技术和人工费用。

资料来源：Prepared by Dave Chaffey from original sources, including Malmsten et al. (2001) and *New Media Age* (1999).

问题

1. 哪些战略营销设想和决策最终造成了 Boo. com 的失败？将 Boo. com 的失败与其他 dot. com 时代的幸存者（如 lastminute. com、Egg. com 和 Firebox. com）的决策进行对比。

2. 运用营销组合框架，评价 Boo. com 在产品、定价、渠道、促销、流程、人员和物资等领域的营销策略。

3. 在许多方面，Boo. com 的创始人的愿景是"领先于他们时代的想法"。举例说明 Boo. com 为提升用户体验所采用的技术。

5.7 聚焦：与业务相协调的数字商务战略和对业务产生影响的数字商务战略

任何数字商务战略的一个重要部分都是考虑如何运用信息系统战略支持变革。威尔科克斯和普兰特（Willcocks and Plant, 2000）在一项针对美国、欧洲和澳大利亚58家大公司的研究中发现，行业领头羊都会突出信息和技术的贡献，并分别考虑信息和技术，这凸显了利用信息系统管理数据对数字商务成功的重要性。他们指出，竞争优势不是来自技术，而是来自信息的收集、分析和应用。

信息系统战略发展的一个既定方向是侧重研究信息系统战略对业务的影响。考虑到信息系统与业务战略的关联性，业务协调方法可以确保信息系统的使用能有效支持业务的目标和战略。谈到数字商务战略，潘特和拉维昌德兰（Pant and Ravichandran, 2001）说道：

> 协调模型侧重于将信息系统的计划和优先事项与组织战略和业务目标匹配。

图5-7强调了业务协调的重要性。将信息系统与目标和关键成功因素（critical success factors, CSF）（见表5-6）联系起来是使业务协调的一种方式。另一种方式是使用业务系统规划方法，重点是通过分析现有业务流程来获取数据和应用程序需求。

在对业务产生影响的信息系统战略（business-impacting IS strategy）方面，业务系统规划方法用于评估信息系统的使用产生的影响。信息系统经理实时评估所使用的硬件和软件，并评估使用这些硬件和软件所带来的效益。潘特和拉维昌德兰（2001）说：

> 业务系统规划方法侧重于信息技术对组织任务和流程的潜在影响，并以此为基础部署信息系统。

这种有影响的方法可能还包括重新设计业务流程以与合作伙伴集成。苏丹和罗姆（Sultan and Rohm, 2004）基于对三个组织的研究，确定了协调互联网战略与业务目标的不同形式，其框架确定了这些战略目标：

- 降低成本和提高价值链效率。例如，B2B 供应商 AB Dick 利用互联网销售打印机用品，以减少客户对客服部门的求助或投诉。
- 产生收益。锐步（Reebok）利用互联网销售许可直接销售的产品，如跑步机这类没有强大分销体系的产品。
- 渠道伙伴关系。使用外联网与分销商进行合作。
- 交流与品牌宣传。丰田汽车公司开发了丰田车主平台（www.toyota.com/owners），以增进与客户的关系。

价值链分析（见第 6 章）是能够分析经营影响战略的方法之一。例如，用它来分析电子采购的需求，可以达到降低成本、提高效率的目的。这项技术有优点，它不仅考虑了信息系统的内部使用，还考虑了如何与外部组织信息系统整合，例如与供应商的信息系统整合。

在开发数字商务战略之初，可以采用业务协调方法，以确保信息系统战略支持数字商务战略。业务协调方法也有助于企业了解信息系统带来的新业务机会。例如，管理者可以考虑使用较新的技术，如工作流程管理软件，来提高效率和优化客户服务。

也许使用信息系统影响业务绩效的最终表现形式是重新设计业务流程（在第 9 章中提及）。

在信息系统和商务战略方面，实施影响或协调战略取决于组织对信息系统的重视程度。

5.7.1 信息系统战略的组成要素

沃德和格里菲斯（Ward and Griffiths，1996）指出信息系统战略计划包含三个要素：

1. 商业信息战略。涉及信息将如何支持业务，包括管理特定类型业务的应用程序。
2. 信息系统功能型战略。提供哪些服务？
3. 信息系统/信息技术战略。提供适当的技术、应用和流程基础设施（详见第 3 章）。

数字商务的出现明显提高了组织信息系统资源的战略重要性。然而，制定信息系统战略以实现数字商务目标是复杂的，因为可以从许多不同的角度来看（见表 5-12）。表 5-12 本质上是一份信息系统战略的不同要素的清单，由信息系统经理在数字商务中实施。如表 5-12 所示，其中许多方面是解决业务和技术问题的办法，主要是本书第 2 部分和第 3 部分描述的问题。

表 5-12　信息系统战略的不同要素

信息系统战略的要素	需要明确的内容	协助选定战略的方法（应用）	说明
1. 业务贡献方面（第 5 章）	应用程序如何实现数字商务目标	影响和协调； 画像分析； 投资类型	关键系统的实施
2. 信息管理战略（第 10 章）	集成信息和知识管理战略	审计信息管理和知识管理要求的内部资源和外部资源； 安全审核	委员会规范公司信息； 企业资源计划、知识管理、数据仓储、内联网和外联网项目
3. 应用方面（第 3 章和第 10 章）	应用获取的优先级	画像分析投资评估	同上
4. 流程方面（数字商务中的供应链）（第 6 章）	应用和基础设施如何支持流程和价值链活动？需要新流程吗？	流程映射和分析； 价值链分析	企业资源计划与交易电子商务相结合

续表

信息系统战略的要素	需要明确的内容	协助选定战略的方法（应用）	说明
5. 部门（职能）方面（第 3 章）	哪些应用程序支持不同的部门？	画像分析	应用程序标准化
6. 基础设施方面（第 3 章）	网络容量和服务水平	应用的成本/收益可行性研究	管理所有权总成本；外包
7. 传播方面（第 8 章）	利用技术提高流程效率和客户服务质量	审计通信量和审计复杂性；设置优先级	电子邮件、协同办公和工作流系统；知识管理
8. 用户服务方面（第 8 章）	为内部和外部系统用户提供服务台业务	审计服务级别、对业务的影响，然后确定优先级	外包；查询管理系统
9. 客户和合作伙伴关系管理方面（第 6 章和第 8 章）	对客户关系管理系统和合作伙伴关系管理系统进行投资	客户关系管理和合作伙伴关系管理系统；使用集成标准：EDI（电子数据交换）和 XML（可扩展标记语言）	网站上的客户关系管理设施；整合
10. 资源分配方面（第 9 章）	相关的信息系统技能是如何获得和发展的？	技能审计和行业比较终端用户计算	技术伙伴；外包；招聘策略；电子学习和技能转移
11. 变革管理方面（第 10 章）	组织文化和结构如何改变以实现数字商务管理	应用现有变革管理方法	风险管理；项目管理
12. 内部集成方面（第 3 章和第 6 章）	价值链的整体应用架构	分析信息访问限制，重新键入	企业资源计划
13. 外部集成方面（第 3 章和第 9 章）	如何管理内部应用程序和合作伙伴之间的链接？	分析设置链接的易用性，设置优先级	外包给系统集成商；通过企业资源计划进行标准化；信息系统与买卖双方中介机构的集成
14. 法律限制途径（第 4 章）	我们如何确保公司在国际法律和道德的约束之下？	寻求专家建议	专业律师和隐私声明

5.7.2 投资评估

在数字商务方面，投资评估指的是：

1. 配置信息系统所需成本。
2. 决定投资哪些商务应用程序（投资组合分析）。
3. 评估单个投资申请的成本/收益。

辩论 5-2 信息系统经理的影响力

在数字商务时代，信息系统经理和首席信息官（CIO）应在董事会层面有代表席位和发言权。

商务投资决策

图 5-7 所示的 B2B 公司的应用组合分析，也可通过战略重要性决定申请优先级，以便进一步投资。如果已经为数字商务目标分配了优先级，还可以协助确定不同应用程序的相对优先级和投资额，如表 5-4 所示。

传统上，信息系统投资是根据信息系统的重要性和对组织的贡献进行分类的。例如，罗布森（Robson, 1997）描述了四种类型的业务信息系统投资：

1. 运营价值投资。这些投资对组织日常运行至关重要。此类系统通常对提高效率或降低成本很有价值，但它们不会直接提高公司的绩效。

2. 战略价值投资。战略价值投资将提高公司的业绩，并有助于提高收入。客户关系管理系统将提高客户忠诚度，从而增加现有客户的销售额。

3. 投资阈值。这是公司必须投资国际清算银行才能在公司内运营的投资。该投资可能有负的投资回报，但对于竞争生存是必要的。

4. 基础设施投资。该投资可能是大额投资，能在中长期带来收益。通常包括对内部网络、数字链接和新硬件的投资。

公司可以根据对业务的影响，优先考虑上述类别的潜在信息系统投资。类似的方法是明确形势分析部分中对应用程序组合的描述。现在请完成活动 5-4。

活动 5-4 数字商务投资类型

目的
了解如何投资信息系统的优先级。

问题
1. 参照罗布森（1997）的四种投资类型，分组讨论下列投资应属于哪一类：
- 电子采购系统；
- 交易性电子商务网站；
- 与 ISP 签订合约，托管网络服务器，并为员工提供互联网连接；
- 管理复杂客户订单（例如处理订单）的工作流系统；
- 升级公司网络。
2. 假设你有足够的资金投资其中两种。你会选择哪两个？

生产率悖论

所有关于信息系统投资评估的讨论都应该承认生产率悖论（productivity paradox）的存在。布林约尔弗森（Brynjolfsson, 1993）和斯特拉斯曼（Strassman, 1997）在 20 世纪 80 年代末和 90 年代的研究表明，公司对信息系统的投资与其用盈利或股票回报衡量的业务业绩之间几乎没有或根本没有关联。斯特拉斯曼基于对北美洲和欧洲 468 家主要公司的研究，得出了每个员工的信息技术（IT）支出与股本回报率之间为随机关系的结论。

时至今日，对于生产率悖论仍存在很多争议。卡尔（Carr, 2003）认为，信息技术已经商品化到不再具有竞争优势的地步。卡尔说：

> 是什么使资源真正具有战略意义——是什么赋予它成为持续竞争优势基础的能力？不是无处不在，而是稀缺性。你只有做到竞争对手做不到或不能做的事情，才能获得相对于竞争对手的优势。现在，IT 的核心功能——数据存储、数据处理和数据传输已经成为所有人都可以使用和负担得起的……它们正在成为所有人做生意必须付出的成本，但并不带来区别。

卡尔的观点与生产率悖论的概念一致，尽管 IT 投资可能有助于提高生产率，但如果所有竞争对手都积极进行类似的 IT 投资，就不一定会产生竞争优势。

今天，大多数学者，如布林约尔弗森和希特（Brynjolfsson and Hitt，1998）以及迈克菲和布林约尔弗森（Mcafee and Brynjolfsson，2008），驳斥了生产率悖论，并得出结论，这是误判，是初始投资和回报之间的滞后和信息系统项目管理不善的结果。迈克菲和布林约尔弗森（2008）建议，要使用数字技术支持竞争，准则应该是：

> 部署、创新和宣传：首先，部署一致的技术平台。然后，通过想出更好的工作方法将自己从组合中分离出来。最后，利用平台广泛、可靠地宣传这些业务创新。在这方面，部署 IT 可发挥两种不同的作用，即作为创新理念的催化剂和交付创意的引擎。

进一步的研究越来越多，如瑟卡等（Sircar et al.，2000）证实了布林约尔弗森和希特（1998）的发现。他们说：

> IT 投资和公司其他投资均与销售、资产和权益有着密切的积极关系，但与净收入的关系则不牢固。在雇用信息系统专业员工和相应员工培训方面的支出与公司绩效正相关，甚至比与计算机资本的关联还要紧密。

总的来说，他们想要说明的是：

> 雇用信息系统专业员工和相应员工培训的价值相当高，甚至超过了计算机资本的价值。这证实了几位作者的立场，即 IT 的有效使用远比仅仅在 IT 上的花费更重要。

英国《金融时报》（*Financial Times*）（2003）强调公司在应用信息技术时费用分配不当的问题：

> 布林约尔弗森教授及其同事发现，在企业资源计划（ERP）系统 2 000 万美元的总成本中，只有约 300 万美元支付给了软件供应商，约 100 万美元用于购买新电脑，剩下的 1 600 万美元用在业务流程的重新设计、外部顾问、培训和管理上。IT 投资与此类支持性支出之间的比率因项目和公司而异。但是，在一系列 IT 项目中，布林约尔弗森教授认为 10：1 的比例是合适的。这些投资的回报通常需要 5 年才能兑现。

应用技术只是实现回报的一小部分——开发正确的流程创新方法、业务模式和变革管理更为重要，也可能更加困难，更不容易复制。一些领先的公司已经成功地将数字商务投资与其商务战略匹配起来，以获得这些独特的收益。

例如，戴尔使用本章前面提到的一系列基于 IT 的技术，例如线上订购、戴尔 Premier、专为有大量产品需求的客户提供外联网、供应商管理的库存、自适应供应链，以获得竞争优势。

对生产率悖论的研究突出了在规划和实施数字商务战略时，将信息、人员和技术资源结合起来的重要性。研究表明，只有将流程设计、组织变革管理与创新方面的投资相结合，数字商务的生产率才能得到提高。

5.8 本章小结

1. 数字商务战略过程模型具有以下特点：
   - 需要持续的内部环境和外部环境扫描或分析；

- 需要明确的愿景和目标；
- 战略制定可分为制定和选择，重点是评估数字渠道为公司和利益相关者提供的差异利益，然后为不同的业务活动和伙伴选择最合适的渠道；
- 战略制定后，战略的颁布意味着战略实施；
- 需要控制以发现问题并相应地调整策略；
- 必须对市场的变化作出反应。

2. 本章将四阶段模型用作数字商务战略发展的框架。

3. 战略分析。需要持续扫描组织的微观环境和宏观环境，特别要注意客户不断变化的需求、竞争对手的行动和业务模式以及新技术提供的机会。

4. 战略目标。组织必须清楚地了解数字渠道是否会补充或取代其他通信渠道，以及它们的变革能力，必须明确目标，特别是应确定线上收入贡献的目标。

5. 战略定位。数字商务战略的六个关键因素为：

- 数字商务优先级——对于组织的意义（替换或补充），以及重点是买方还是卖方；
- 需要的重组形式；
- 业务和收入模式；
- 市场重组；
- 市场和产品发展战略；
- 定位和细分战略。

6. 战略实施。详情见第 2 部分和第 3 部分的内容。

7. 信息系统战略应采用影响和协调相结合的方法来管理数字商务战略。信息系统战略可以采取多种角度，侧重于信息或知识管理，以及其与技术和应用基础设施的关联最为重要。

练习 ///////////////

自我评估

1. 数字商务战略模式的关键特征是什么？

2. 选择一家零售商或制造商，描述其形势分析应包括哪些要素。

3. 对于一家零售商或制造商，提出不同的方法和标准来定义数字商务目标。

4. 对于一家零售商或制造商，评估采用数字商务的不同战略选择。

问题讨论

1. 评估现有的实体公司为增加线上收入，转型为实体兼线上公司或仅线上公司的范围。

2. 阐释一家想要成为数字公司的组织的主要战略定位、选择或决策。

3. 1994—1999 年，亚马逊损失了超过 5 亿美元，但在这段时期末，它的估值仍然超过 200 亿美元。2000 年初，亚马逊进行了第一轮裁员，裁掉了 150 名员工，占其全球员工总数的 2%。2000 年晚些时候，其估值跌至不及原来的一半。

写一篇关于亚马逊战略的报告，探索其历史、成功的不同标准和其未来。可以参阅《连线》（Wired）杂志（www. wired. com）的档案资料。

4. 分析 Boo. com 失败的原因。研究和评估 Boohoo. com 新业务模式的可持续性。

5. 现有公司可以从数字组织的业务方法中学到什么？

6. 业务流程再造（business process re-engineering，BPR）和数字商务的概念有何异同？数字商务理念是否会面临与业务流程再造同样的命运？

7. 在你所选择的组织的背景下，讨论平台战略的好处和问题。

8. 对比发展数字商务战略的不同方法。

测试题

1. 定义数字商务战略的主要元素。

2. 你是一家国内航空公司的现任数字商务经理，你会用什么流程来为组织创建目标？提出三个典型的目标以及你将如何衡量它们。

3. 解释生产率悖论及其对管理者的启示。

4. 在实施数字商务时，管理人员在范围和时间框架上有什么选择？

供应链与需求分析
■ Supply chain and demand

完成本章的学习后，读者应该能够：

- 认识供应链管理及电子采购的构成元素
- 评估信息系统支持供应链管理及电子采购的潜力
- 分析采购方法对成本节约的效用

6.1 本章介绍

供应链管理本质上是优化与组织运营相关的物流和信息流。为了管理物流和信息流，数字商务应用在当今是必不可少的。供应链管理在本书作为数字商务的首要应用提出。Elemica 是一家拥有专门管理团队的独立公司，它的网络被设计成一个开放的网络，服务所有正在寻找强大的基础设施、网络和电子商务解决方案以改善核心业务流程的买家和卖家。Elemica 既不是材料采购的聚合方，也不是产品的买方、卖方或所有者，而是交易的促进者。通过应用信息系统，公司可以加强或从根本上改善供应链的许多方面。供应链管理可以通过加强买方电子商务、内部通信，使公司与合作伙伴和卖方电子商务的关系得到改善。数字商务技术使信息流得以重新定义，且可以用低于之前的价格促进合作伙伴之间的信息共享。

供应链管理因其在实现盈利方面的重要性闻名。例如，AMR（2008）的报告指出，耐克（Nike）是一家以营销著称的公司，该公司利用供应链的改进，连续四年保持营业利润率每年 10%~15% 的增长。对于耐克这样不断创新产品的公司来说，选择正确的技术来"协调供应、需求和产品管理团队之间的持续协作，将有利可图的新产品推向市场"非常重要。管理电子商务网站的分销和退货则是进一步的挑战。Clear Returns 估计，英国零售商每年的退货成本为 600 亿英镑，其中 200 亿英镑来自网上购买的商品。英国《金融时报》（Ram，2016）的一份报告称，英国和德国的退货文化正变得越来越成熟，线上时装零售商 ASOS 发现，在德国，订购的商品中约有 70% 被退回，而英国女装的退货率为 25%。毕马威供应链主管伊恩·普林斯（Iain Prince）表示，产品退回供应链的成本是交付产品价格的两倍，这对零售商来说是很高的成本。例如，如果客户在网上购买了一件外套，挑选和交付订单的费用在 3~10 英镑，而退货处理成本则是这一数字的两倍或三倍（Ram，2016）。

案例研究 6-1 强调了供应链管理能力以及用户忠诚度对客户满意度的重要性。

案例研究 6-1

快时尚零售商 ZARA 利用其供应链获得竞争优势

阿曼西奥·奥尔特加（Amancio Ortega）于 1975 年在西班牙创立了 Zara，此后这家快时尚连锁店发展到在全球 86 个国家拥有 1 770 家门店。2012 年，Zara 的年销售收入为 136 亿美元。据报道，这家零售商的成功要归结于其供应链。

该公司每年生产约 4.5 亿件商品，每周向世界各地的商店进行两次批量送货。当时装秀上出现最新设计后，该公司在两周内就可以完成对设计的调整及制造、分销和零售。它拥有自己的供应链，在上市速度方面极具竞争力。

该公司实行准时制生产流程——它保留了大量内部生产，并确保自己的工厂有 85% 的产能可用于季节调整。Zara 通常依赖位于西班牙设计总部周边的市场如西班牙、葡萄牙、土耳其和摩洛哥等进行面料采购、裁剪和缝纫。虽然这些周边市场的工资成本高于其他的发展中国家，但周转要快得多。

在季度开始前，Zara 会确定 50%～60% 固定发售的时装，这意味着多达 50% 的产品会根据该季度市场需求和时尚趋势在季度中期进行设计和制造。

因此，如果某种风格或设计成为新的必买单品，设计师可以在潮流仍然强劲时生产出新的产品并使之快速进入商店。在公司内部，商店经理会收集购物者的喜好和需求。这些信息传递给 Zara 的设计师，他们立即开始起草设计稿。

该公司能灵活应对需求变化，它通常每周满负荷运转四五天，并根据顾客需求调整工作班次或临时雇佣额外的员工提高生产力。这意味着公司可提供更大的出货量，能够全价销售更多的商品。Zara 约 85% 的服装以全价销售，而行业的平均水平为 60%～70%。未售出的货物占其库存不到 10%，而行业平均水平为 17%～20%。

在供应链管理方面，公司运营着一个非常精益的系统：Zara 的仓库中几乎没有多余的存货。每周两次向零售商店交付多少货物由库存优化模型决定。新产品在商店快速流动，并让顾客知道有些商品可能无法补货，这是顾客当场购买的一个诱因，这种方法也确保了不受欢迎的商品的库存不会增加。

Zara 能够在销售季中快速扭转局面的原因是工厂离西班牙的分销总部很近，这意味着如果它追逐最新潮流，就算卖得不好，公司损失也很小（也就是说，即使有些款式遭遇失败，公司也有时间再去尝试不同的风格）。这种敏捷的方法与"增长黑客"的营销概念非常相似（将在第 10 章中介绍）。

与博姿公司类似（见迷你案例 6-1），Zara 物流的集中化有助于创造一个环境，以便高效地作出决策。Zara 还坚持一个可预测且快速的订单完成节奏——每周两次在特定的日子和时间发出订单，服装根据目的地预先标记和定价。这种可预测性也延伸到了 Zara 的顾客身上，他们知道何时去商店购买新款服装。

Zara 强大的分销网络意味着该公司可以在 24 小时内将商品送到欧洲门店，在 40 小时内向美国和亚洲门店交付商品。根据内尔森·弗雷曼（Nelsen Fraiman）的说法，Zara 可以在 15 天内完成从产生新产品概念到在门店上架，而行业标准是 6 个月！

资料来源：www.tradegecko.com/blog/zara-supply-chain-its-secret-to-retail-success，www.telegraph.co.uk/finance/newsbysector/retailandcon-sumer/11172562/How-Inditex-became-the-worlds-biggest-fashion-retailer.html；www.supplychain-forum.com/documents/articles/case%20study%20zara1.pdf.

本章还会介绍电子采购，这已经成为数字公司的一个重要战略，因为其可以节约成本，并直接使客户受益。

值得注意的是，"支付"和"采购"这两个术语有时交替使用，但正如卡拉科塔和罗宾逊（Kalakota and Robinson，2000）指出的，"采购"通常具有更广泛的含义，指从供应商那里获取物品所涉及的所有活动，包括支付，也包括入库物流，如运输、到货以及物品使用前的入库储存。电子采购有时被视为战略采购的一部分，用于为公司带来重要的商业利益。

组织内的主要采购活动和相关信息流见图 6-1。在这一章，我们重点介绍这些采购活动，包括最终用户搜索产品规格、买方购买、账户付款以及仓库内货物的收发。

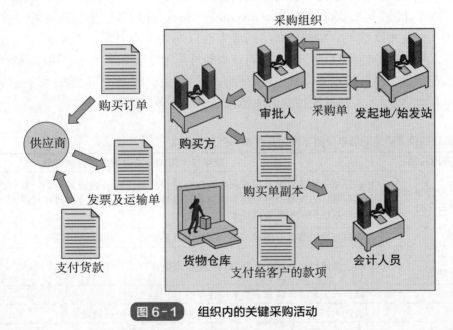

图 6-1 组织内的关键采购活动

电子采购应旨在优化"五项采购权"（Baily et al.，1994）的表现，这意味着采购货品时应：

1. 支付合适的价格。
2. 在合适的时间点送到。
3. 具有合适的质量。
4. 具有合适的数量。
5. 有合适的货源。

电子采购（E-procurement）并不是一个新概念。多年来企业针对电子采购进行了许多尝试，例如通过电子采购系统（EPS）、工作流程系统、与供应商共建的电子数据交换（EDI）提高采购过程的自动化程度。这些尝试涉及各种方法，例如通过网络授权审批和下订单，并使用数据录入表、文档扫描和电子邮件等工具优化工作流程。总体而言，这些早期的尝试均被视为第一代电子采购。

数字商务的大多数优点，都与公司通过提高整个供应链的效率所带来的好处有关。Argos 等公司就受益于多年来一直积极采用技术来管理供应链。

供应链管理的问题

美国商务部定期记录并报告美国各商业部门的供应链库存，以此展示供应链管理面临的挑战。2017 年 7 月，所有类型商业的库存为 1 873 868 美元，细分各部分为：

- 制造商：651 560 美元
- 零售商：619 956 美元
- 批发商：602 352 美元

提高供应链效率涉及减少库存持有量，同时最大限度地提高销售额。报告显示，当时所有公司库存与销售额之比为 1.38。令人惊讶的是，在 2004—2017 年间，库存与销售额之比相对稳定，这表明优化后的系统已尽可能地减少了库存积压，但可能出现库存不足的情况，公司必须避免因库存不足而失去潜在销售额。

在单个公司中，库存周转量（inventory turnover）用于衡量库存在一个时间段如一年内的销售或使用次数。它按销售商品的成本除以平均库存计算。低周转率可能表明库存过剩或难以以可接受的速度销售产品；高周转率则可能意味着库存不足，可能导致业务损失。

使用数字商务技术支持供应链管理有助于避免供应链中可能发生的一些问题（如表 6-1 所示）。这就引入了技术支持的供应链管理中的许多关键概念。

表 6-1　供应链管理问题汇总以及数字商务技术能如何提供帮助

供应链管理问题	数字技术能如何减少供应链管理问题
降低制造成本和分销成本以保持竞争力存在压力	通过电子传输订单、发票和运输票据减少文书工作。通过更好地了解需求，减少必需的库存持有量。缩短整个供应链中的信息和组件供应时间。通过使用在线服务（SaaS）降低供应链管理系统的购买和管理成本
难以预测需求	客户与供应商共享需求，作为有效消费者响应（ECR）的一部分
未能始终如一地按时交付产品或零售商处缺货	供应商通过卖方管理的库存对货品供应负责
产品运输错误	减少人工失误，建立一个制衡性系统
高库存成本	通过更好的需求预测和更快速的库存补充，来控制存货量
开发新产品时间有限	通过线上市场改善有关潜在供应商和组件的信息供应

6.2　什么是供应链管理和电子采购

供应链管理（supply chain management，SCM）涉及企业从其供应商处获得产品和交付产品给其客户的所有供应活动的协调。图 6-2 介绍了供应链中的主要参与者。在图 6-2(a) 中，供应链的主要参与者是制造商和/或提供服务的组织。

对大多数商业组织和非营利组织，我们可以区分上游供应链（upstream supply chain）和下游供应链（downstream supply chain）。上游供应链活动相当于买方电子商务，下游供应链活动相当于卖方电子商务。本章主要侧重于提高上游供应链活动的效率，第 7 章和第 8 章则侧重于改善下游供应链活动的营销手段。

要记住供应链管理不仅包括供应商和客户，还包括供应商的供应商、客户的客户及中介，

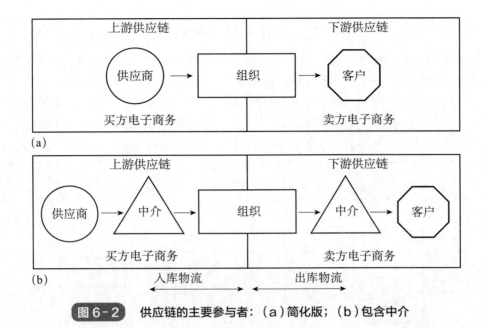

图 6-2　供应链的主要参与者：（a）简化版；（b）包含中介

如图 6-2（b）所示。事实上，有些公司可能拥有一级、二级甚至三级供应商或一级、二级甚至更多级的客户。由于每家公司实际上都拥有许多针对不同产品的单独供应链，因此"供应链"一词并不准确，"供应链网络"（supply chain network）则更准确地反映了组织与其合作伙伴之间的联系。

根据英国食品分销协会（Institute of Grocery Distribution，IGD）2017 年的数据，供应链管理的变化速度在过去几年中明显加快，这主要是由于技术的应用。这意味着数字商务需要不断地自我反思："我们要如何应对不断变化的市场和日益激烈的竞争？"

IGD 还定义了"供应链成功的四大支柱"，即供应链成功的关键要素（IGD，2017）：

1. 以客户为中心。供应链的存在是为了服务其客户，而最好的供应链建立了其上游流程来为终端客户提供卓越的服务。

2. 以人为本。最好的供应链利用员工来增加价值，然而，在某些领域存在着人力技能短缺的问题。这意味着吸引、保留和再培训是供应链管理的重要组成部分。

3. 技术赋能的转型。技术的革新加速了供应链转型，在供应链的关键领域，自动化技术、跨部门协作流程、数据驱动的环境发挥了关键作用。

4. 韧性及响应力。宏观环境（见第 4 章）中干扰因素正在增加，如技术的应用、政治或经济环境的影响等，因此，制订一个计划来认识风险点，是建立有弹性和反应迅速的供应链的第一步。

技术对于供应链管理至关重要，因为管理与客户、供应商和中介的关系是基于信息流和各方之间的交易的。加强供应链管理的主要战略重点是向客户提供卓越的价值主张，其中有效消费者响应（efficient consumer response，ECR）（见专栏 6-1）在零售和包装消费品市场中非常重要。改善客户价值的措施包括提高产品质量和客户服务质量，压缩价格和订单完成时间（如第 5 章所述）。提高从供应商处获取资源的效率，或降低向客户分销产品的运营成本，均能提高盈利能力。

专栏 6-1	有效消费者响应

有效消费者响应（ECR）概念是针对美国食品零售业务提出的，但现已广泛应用于市场营销领域。它最初是由时任 Shaw's 超市董事长的大卫·詹金斯（David Jenkins）提出的，旨在与沃尔玛等其他公司竞争。供应链管理传统上侧重于高效的产品补充，而 ECR 的重点是需求管理，旨在通过优化产品分类策略、促销和新产品介绍来创造和满足客户需求（Legner and Schemm，2008）。图 6-3 显示了引进新产品然后储存的复杂过程和交货时间。ECR 专注于改进这一流程。

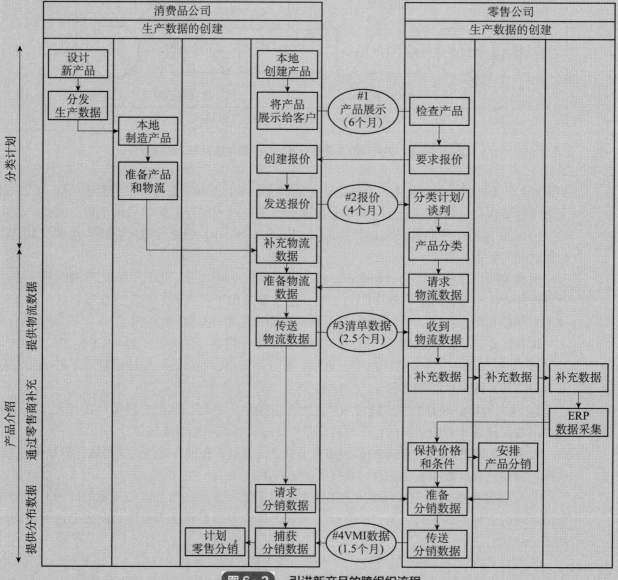

图 6-3 引进新产品的跨组织流程

表 6-2 展示了有效消费者响应产生的一些目标和战略，也适用于商业客户。

表6-2 有效消费者响应的目标和战略	
目标	**战略**
准时、准确、无纸化的信息流	修订由信息系统支持的组织流程
流畅、持续的与消费水平的变化相匹配的产品流	下列战略
最优零售空间及库存	有效的存货分类
最优订单流程的时间及成本	有效的替换
最大化促销效率	将促销活动整合到整个供应链规划中
最大化新产品开发效率	优化新产品开发过程，并与其他合作伙伴进行更好的前瞻性规划

6.2.1 一个简单的供应链模型

从系统的角度来看，组织供应链可以被视为资源（投入）获取及向产品和服务（产出）的转化（流程）。这种观点表明，作为数字商务的一部分，组织可以审查并优化转型流程，以便更高效和成本更低地向客户交付产品。需要注意到供应链管理的系统边界超出了组织范围，它不仅涉及改进内部流程，还涉及与供应商、分销商和客户一起执行的流程。然而，这一流程视角忽略了供应链管理的战略重要性——正如图 6-2 所示，供应链管理也为提高产品性能和为客户提供卓越价值提供了绝佳的机会。因此，供应链管理会对公司的盈利能力产生重大影响。

图 6-4 显示了一家 B2B 公司的供应链。完成活动 6-1，思考修改数字商务供应链所涉及的问题。需要注意，虽然这个例子反映了 B2B 公司的情况，但供应链管理对 B2C 公司和服务公司也至关重要。对于服务公司来说，所管理的资源往往不是实物，而是人力、财力和信息资源。

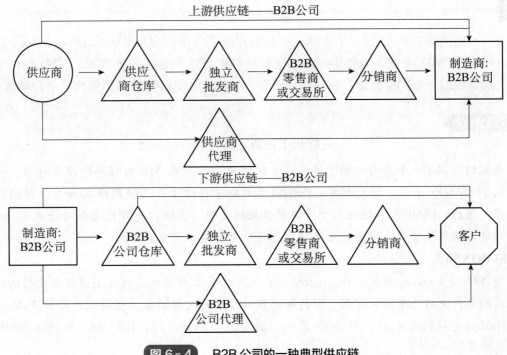

图6-4 B2B 公司的一种典型供应链

活动 6-1 一家典型 B2B 公司的供应链

目的

研究 B2B 供应链的性质及其作为数字商务发展的一部分对信息系统进行改造的潜力。

问题

1. 参照第 2 章和关于去中介化和再中介化的章节，讨论 B2B 公司向数字商务转型过程中重组其供应链的机会，以及重组供应链可能带来的好处。

2. 如何使用信息系统来完成在问题 1 中确定的重组供应链？

迷你案例 6-1

博姿利用技术将供应链效率提高 65%

健康与美容零售商英国联合博姿公司（Alliance Boots）凭借在诺丁汉开发的价值 7 000 万英镑的自动化配送中心赢得了 2010 年欧洲供应链卓越奖。该公司重组了整个供应链网络，将 4 个国家的配送中心和 17 个区域的仓库合并为一个中央配送中心。这项重大投资的主要驱动力之一是零售商线上运营业务的快速增长，这意味着该公司在伯明翰的包装业务（主要是手工操作）已不再能够满足需求。合并后，公司的运营效率和商品供应量均提高了 98% 以上。

该公司的商店服务中心（stores service centre）覆盖 2 500 家商店和 3 万多种不同的产品。新系统每天处理七万多个订单，小订单被批量拣选和手动包装——与以前的手工操作相比，这些改变将效率提高了 65%，还有助于提高订单的可追踪性。

技术在博姿的供应链系统的转型中发挥了关键作用，例如博姿通过自动穿梭式仓储系统管理大部分产品库存。

资料来源：www. logisticshandling. com/articles/2010/09/26/1112-outstanding-awards-for-alliance-boots；www. shdlogistics. com/news/knapp-scoops-prestigious-award-for-boots-handling-system.

案例研究 6-2 显示了壳牌化工公司开发了一个供应商管理库存（vendor-managed inventory，VMI）系统，以便供应品的交付能够更好地满足客户的需求。VMI 是电子供应链和采购管理的一个关键概念，它将库存管理、采购和订单跟踪的日常工作从客户转移到供应商。

案例研究 6-2

壳牌化工重新定义其客户供应链

本案例介绍了一个公司内用于供应链管理的典型数字商务应用程序的演变过程。壳牌化工最初引入了 SIMON 系统。该定制系统能根据客户分享的化学产品使用情况和需求预测的数据来管理库存。随后，SIMON 系统被用于上游的供应链管理。最终，壳牌化工转而使用 Elemica 市场门户网站进行供应链管理，因为这比维护内部系统更具成本效益。

SIMON 简介

壳牌化工（www. shell. com/chemicals）生产许多工业品和消耗品制造商所使用的化学品。壳牌化工的客户使用洗涤剂、溶剂、塑料和环氧树脂生产汽车油漆、塑料瓶等各种产品。

IBM 为壳牌化工开发了 SIMON 系统，据 IBM（1998）称，IBM 和壳牌创建 SIMON 系统的共同愿景是：

使用客户生产计划，以便我们能够保持足够的库存，以尽可能低的成本提供产品可用性，如果客户今天或下周想要产品，我们能够满足客户的需求。[1]

在这样一个组织中，供应链管理对客户满意度和盈利能力有巨大影响。壳牌化工投资了 SIMON 系统，这意味着"壳牌库存及订单管理网络"可用于管理供应链上下游的关系。

最初，SIMON 系统于 1995 年通过 IBM Lotus Notes Domino 应用程序服务器发布，是最早的数字商务应用程序之一，这与使用电子数据交换（EDI）、电话订单和纸质发票的行业标准做法有所不同。EDI 没能给壳牌化工提供必要的灵活性，难以处理异常数据和动态流程的最新信息。

使用 SIMON 系统的好处

最初，壳牌化工使用 SIMON 系统管理其下游供应链流程，包括分销化学产品供客户使用。该系统使壳牌能够代替客户承担库存管理职责。一旦它成功发挥作用，壳牌化工会进一步将此系统投入从供应商那里获取原材料的上游流程。

对客户来说，SIMON 系统的好处是库存管理责任从客户转移到供应商。壳牌化工的客户不需要下订单，而是由 SIMON 系统管理客户生产地点的库存量。

在引入 SIMON 系统之前，有很多依靠人工、耗时的交易，通常由客户发起，需要大量电话和传真交流。客户还存在必需化学品库存耗尽的风险，这样工厂就会损失时间和收入。为了避免这种情况，公司倾向于保持安全库存水平。当库存接近安全库存水平时，就需要再订货。问题是，再补货订单一般至少需要两周时间。因为化学品必须在工厂称重，装上火车，然后发送给客户，客户再为材料称重，将其运入仓库，延迟就发生了。误算和错误也可能发生。

为了使 SIMON 系统能够帮助供应商管理库存，客户需要提供三类信息：当前库存水平，库存预测需求，以及发货细节，如地点、时间和数量。

除了分析库存和消耗量，SIMON 系统还可以生成需求预测、计算库存、跟踪发货状态并生成再补货计划。

我们可以通过考虑 SIMON 系统定期从供应链和物流数据中提取的信息来总结它的好处。这些信息包括：

- 过去 24 小时的产品消耗量；
- 在同一时期运抵和装载的产品数量；
- 当前和预期的生产时间表；
- 这些时间表的已知变化。

基于网络的通信可同步不同地点的信息，因此，这些信息被复制回得克萨斯州休斯敦的客户服务中心，壳牌化工随后自动将其与自己的 SAP 材料需求规划（MRP）系统进行对接。然后壳牌化工的客户服务代表自动向客户提供再补货计划。如果计划表明客户现场的库存水平较低，客户服务代表会完成电子订购单，开始向客户发货。

从客户角度看，改善供应链管理系统的好处包括：

- 减少多余库存，这意味着增加周转资金；
- 促进供应链及时、低成本地重新同步；

---

[1] IBM（1998）. Shell Chemical re-defines supply chain management with notes. A customer case study.

- 确保产品在必要时的库存；
- 确保对不断变化的条件作出更快的反应；
- 降低交易成本；
- 改变不稳定的订单模式；
- 减少订单处理的间接费用；
- 简化财务报表和对接流程。

客户可以了解订单和发货状况、预计抵达日期、发货重量、收货和卸货日期以及当前库存和消耗水平。SIMON 系统为客户提供了一个"对接"标签，用于比较通过计量和计算得出的消耗，还有一个"现场水平协议"标签，用于显示双方商定的库存管理计划。系统每月基于消耗量而非运输量生成一次发票（不是每次发货都生成）。

与 Elemica 市场门户网站的整合

到 2005 年，Elemica 门户网站（www. elemica. com）已成为壳牌化工数字商务战略的重要组成部分。据《壳牌化工杂志》报道，壳牌化工 30％的业务在线上完成，其目标是到 2008 年将这一数字提高至 50％。

Elemica 最初由 22 位全球化学行业领导者于 1999 年创建，到 2005 年拥有 1 800 个行业贸易合作伙伴，因此它具备标准化的优势。

今天，Elemica 覆盖超过 6 500 个行业贸易伙伴，年度交易额约 2 500 亿美元。客户包括BASF、英国石油、大陆集团、陶氏化学、杜邦、固特异、LANXESS、米其林、壳牌化工、索尔维、住友化学和瓦克。Elemica 有一个简单、专注的愿景，那就是：

让客户拥有对其全球供应链完全的控制权。

它的使命为：

作为流程行业的领先供应链运营网络供应商，我们通过集成消息传递、应用程序和分析实现市场驱动的供应链。

Elemica 称其市场（现称供应链运营网络供应商）原则（www. elemica. com/about）如下：

Elemica 用自动化系统和智能业务流程取代复杂的方法，使公司能够实现卓越的运营。Elemica 利用领先技术和深入的流程专业知识，将不同的企业业务系统和流程整合到一个统一的网络中，覆盖所有客户、供应商和第三方服务提供商。

Elemica 的创新业务流程网络（BPN）提供了一个充分连接的业务框架，消除了交易和通信障碍，并使整合全球贸易伙伴之间信息流的流程制度化。通过供应链网络的无缝访问和可见性，企业可以以更少的资源来更有效地完成相同的工作，并在当前流程中释放人员、库存和资产，以弥补当前流程出现的问题。

Elemica 将壳牌化工和其他客户使用的客户管理套件的优势描述为：
- 无接触订单处理；
- 改善日常供应链服务的可靠性；
- 提高完美订单数量；
- 降低错误成本；

- 改善客户服务；
- 减少发票处理错误。

这些好处是在一系列模块中实现的，这些模块涵盖一系列对管理工业流程至关重要的业务流程。在客户管理套件中，这些应用程序包括：

- 销售订单管理；
- 供应商库存（VMI）管理；
- 终端库存管理；
- 重复订单输入；
- 运输车辆装货；
- 送货时间表；
- 发票管理。

Elemica 模块中的其他应用包括物流管理、供应商管理和采购管理。

更深入地了解 Elemica，可以发现三个重要优势：

1. 全球连通性。

其创始成员公司是行业领导者之一，在行业的交易中占很大比例，创造了大量初始流动性。这个基础为 Elemica 提供了财务稳定性和全球影响力，以及被证实的快速扩展的能力。这种组合将继续吸引许多其他买家和卖家，为新客户带来不断增长的潜在联系。

2. 中立性。

Elemica 是一家拥有专门管理团队的独立公司。Elemica 的网络被设计成一个开放的网络，涵盖所有正在寻找强大的基础设施、网络和电子商务解决方案以改善核心业务流程的买家和卖家。Elemica 既不是材料采购的聚合方，也不是产品的买方、卖方或所有者，而是交易的促进者。

3. 安全性。

Elemica 引进了最先进的安全措施，以保障信息的流动和可访问性，不与任何其他公司共享参与者的个人交易数据。Elemica 拥有最先进的安全功能和流程，包括高可见的防火墙和强大的数据保护政策、处理客户数据的保密政策和不受个人用户访问限制的加密技术，以及对这些政策和程序的定期独立审计。

对壳牌化工而言，整合 Elemica 等市场门户（网站）非常重要，这些市场门户（网站）在 SIMON 系统生命周期早期并不存在。使用外部标准化供应链管理系统意味着壳牌化工不必通过 IBM 等系统开发商和集成商创建定制方法，而是可以以更低的成本和更少的需求规范使用更标准的方法。

Elemica 可以提供与 SIMON 系统类似的优势，即

- 通过减少交易的人工投入来降低交易成本；
- 使业务流程标准化；
- 减少误差源；
- 缩短响应时间；
- 通过加快支付速度改善现金流；
- 提高客户满意度。

下面是新系统带来的实际好处。欧洲的一家公司直接从壳牌化工的工厂向客户发货。壳牌化工制造产品，该欧洲公司销售产品，负责从工厂取货和送货给客户。在使用 Elemica 之前，每辆卡车在装货后等待时都需要经历额外的流程：

- 工厂发出出货单；
- 出货单通过传真发送给合作公司；
- 依靠人工手动输入系统；
- 再传真回壳牌化工公司——发货卡车等候的地方。

另一个复杂因素是，该合作伙伴的办公室比壳牌化工物流办公室提前下班。因此，卡车司机可能需要在工厂等上好几个小时，直到文件传真过去！而使用 Elemica 后，其系统能够每天 24 小时自动处理文件。于是，发货卡车平均等待时间从 2 小时缩短到 15 分钟。

除了能创造更好的客户服务的流程优势，壳牌化工从使用 SIMON 系统转向使用 Elemica 进行供应链管理，因为 SIMON 系统需要持续开发和投入维护成本。而 Elemica 作为一种外包解决方案，在成本和开发方面更有利。因为 Elemica 不是仅针对特定的公司，所以 Elemica 还有助于数据交换，实现跨公司格式标准化。

全球定位系统提供了运输化工产品的铁路车辆的详细信息，包括当前位置和预计到达时间，还有与公路运输商的连接。例如，与欧洲最大的公路物流运输供应商之一的 Bertschi AG 建立了联运，每月能够自动发送生成的数千份运输指令，从而减少了传真的使用，降低了出错的可能性。Bertschi 的运输规划经理斯特凡·布赖纳（Stefan Bryner）解释说："这减少了我们的文书工作，使整个过程更加透明，降低了出现错误的可能性，问题更容易解决。"

问题

1. SIMON 系统支持"上游和下游"业务关系，这如何能与图 6-4 联系起来？你认为它是一个电子商务系统还是数字商务系统？

2. 画一个表格，总结壳牌化工及其下游客户在采取行动前后的角色。

3. 本例中对于 SIMON 系统的描述是从壳牌化工公司的角度进行的。请根据你对问题 2 的回答，说明你认为客户真正受益，还是壳牌化工将其部分工作量转移给了客户。

4. 访问壳牌化工的网站（www.shell.com/chemicals），它们是如何阐述这些优势的？

6.2.2 什么是物流

物流是一个与供应链管理紧密联系的概念。根据物流和运输科研机构（www.ciltuk.org.uk）的定义：

物流是与时间相关联的资源定位。本质上讲这是一个确保商品或服务符合以下条件的过程：

- 在正确的地；
- 在正确的时间；
- 以正确的数量；
- 以恰当的质量；
- 以适当的价格。

"物流"一词的定义很宽泛，反映出它与供应链的关系。在更多情况下，物流涉及的并不是所有供应链的活动，而是特别强调物流管理、入库物流（inbound logistics）和出库物流（outbound logistics），如图 6-2 所示。物流对于提高供应链管理的效率十分重要。

越来越多的线上零售商和多渠道零售商已经开始试点和运营当日送达和次日送达的模式，为客户提供更多商品，并助力竞争优势提升。这些运营模式需要创新的负担得起的物流解决方案，由于线上零售份额不断增加，"最后一英里"（即对客户的最终交付步骤）变得更加重要。其他增长领域包括替代取货和送货的方式，如分布于火车站、大学、邮局、公寓楼等各处的亚马逊包裹储存柜，以及本地便利店/加油站的包裹收集处。

当日送达服务主要在电子商务发达的城市提供，供应链方面的发展由三个关键参与者驱动：物流供应商、快递服务商和零售商。霍斯曼等（Hausmann et al.）在 2014 年的一篇关于麦肯锡公司的文章中写道：

当日送达是所有零售商提升服务水平的绝佳机会，但具有高度的复杂性。零售商必须克服重大挑战，如跨仓库产品的实时可视性、非常短的履约准备时间和灵活的"最后一英里"交付，同时将成本维持在消费者愿意支付的水平。有较大 B2C 发货量的大型零售商可以在人口密集地区将当日送达制度化，除了拥有足够数量的线上购物者，还需要一个运营成本可负担、可延展、可访问和标准化的分销网络。

零售商将从提供当日送达服务中获得额外收益。亚马逊的经验表明，仅是当日送达一项服务，实际上就将结账过程中的购买增加了 20%～30%，尽管只有少数客户实际选择了当日送达。调查结果也证实：如果向超过一半的受访者提供当日送达选项，他们会更频繁地进行线上购物。

霍斯曼等（Hausmann et al.，2014）相信只有技术先进的零售商和物流供应商才能提供当日送达服务。一般来说，进入这一阶段有四个先决条件：

1. 产品需要本地可提货。在大多数情况下，多渠道零售商能够做到，因为已经建立起商店网络，而线上零售商在一开始必须投资建立本地城市仓库网络（或利用现有网络，如"亚马逊物流"）。

2. 零售商需要对库存情况有实时的了解。这是为了在结账过程中确定当天要交付的货物可用。物流供应商还需要通过实时界面了解在哪里和何时取货。许多零售商仍在努力应对这一挑战，这需要对其信息技术基础设施进行更多投资。

3. 捡货装货够快。亚马逊的案例研究表明，需要对物流基础设施进行有意义的投资，以减少准备时间。

4. 足够灵活，可以全天或多次临时接单送货。此时，地理围栏等技术可以进行动态道路规划，并使物流供应商能够对订单做出即时反应。

6.2.3　推式及拉式供应链

供应链思维和营销传播思维的变化是从以销售为主的推式方法到拉式方法，或推拉结合的方法。推式供应链（push supply chain）指的是制造商可能开发一款创新产品，确定合适的目标市场，并创建分销渠道将产品推向市场，如图 6-5(a) 所示。推式方法的典型动机是优化生产流程，以降低成本和提升效率。

与 ECR 一致的替代方法是拉式供应链（pull supply chain），它侧重于客户的需求，首先通过市场调研和与客户及供应商在新产品开发方面的密切合作来分析客户需求，如图 6-5(b) 所示。

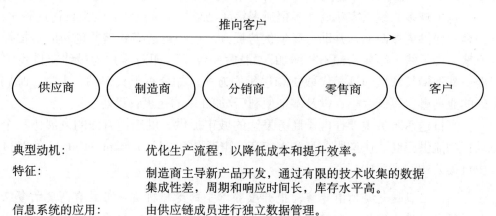

推向客户

| 供应商 | 制造商 | 分销商 | 零售商 | 客户 |

典型动机：   优化生产流程，以降低成本和提升效率。

特征：   制造商主导新产品开发，通过有限的技术收集的数据集成性差，周期和响应时间长，库存水平高。

信息系统的应用： 由供应链成员进行独立数据管理。
EDI 的使用有限。

(a)

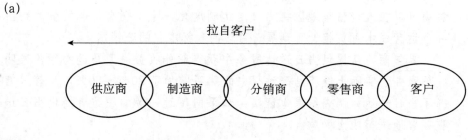

拉自客户

| 供应商 | 制造商 | 分销商 | 零售商 | 客户 |

典型动机：   优化生产流程。

特征：   市场研究驱动，技术用于实现研究和数据集成，周期和响应时间短，库存水平低。

信息系统的应用： 整合内部系统，供应链成员之间的信息共享。
通常通过 B2B 公司和中介广泛使用 EDI 和电子商务。

(b)

图 6-5 推式及拉式供应链管理

在这里，供应链旨在通过降低成本和提高服务质量为客户提供价值。图 6-5(b) 显示了如何通过使用电子数据交换（EDI）等技术，将供应链要素更紧密地联系起来，以尽量减少文件传输和更新。拉式方法的典型动机是优化客户响应、成本和效率，进而优化生产流程。这种方法也符合管理层对价值链类似概念的思考，如 6.3 节"聚焦：价值链"所示。

6.3 聚焦：价值链

迈克尔·波特（Michael Porter）提出的价值链（value chain，VC）概念，用于考虑一个组织可以开展或管理的关键活动，目的是随着产品和服务在从概念到交付给客户的过程中为客户增加价值（Porter，1980）。价值链是一种将公司供应方与需求方联系起来的增值活动模型。我们可以识别组织边界内的内部价值链和由合作伙伴开展活动的外部价值链。通过分析价值链的不同部分，管理人员可以重新设计内部和外部流程，以提高其效率。通过降低成本和增加价值为客户创造的好处来自：

- 价值链内部的各个要素，包括采购、制造、销售和分销；
- 价值链要素连接部分，包括销售和分销。

由此我们可以导出以下等式：

价值＝（每次价值链活动的收益－成本）＋（价值链各个连接部分活动的收益－成本）

数字通信可以通过提高采购等活动的效率以及实现活动之间的数据集成增强价值链。根据 IBF（2008）的研究，英国电信实施的电子采购使其次级价值链中 95％的办公室相关用品的在线采购的平均交易成本从 56 英镑降至 40 英镑，这在数十万次采购中意义重大。在主价值链中，收益甚至更多。例如，如果零售商以电子方式与供应商共享有关其产品需求的信息，可能会增强双方的价值链，因为订购周期可以缩短，从而减少库存持有量，进而降低成本。案例研究 6-2 说明了这一点。

传统的价值链（见图 6-6(a)）区分了直接为客户提供商品和服务的主要活动和支持活动，支持活动提供了基础设施等投入，使主要活动得以进行。可以说，随着数字商务的出现，支持活动提供的不仅仅是支持，事实上，拥有有效的信息系统和人力资源对主要活动至关重要。迈克尔·波特现在承认了这一点。

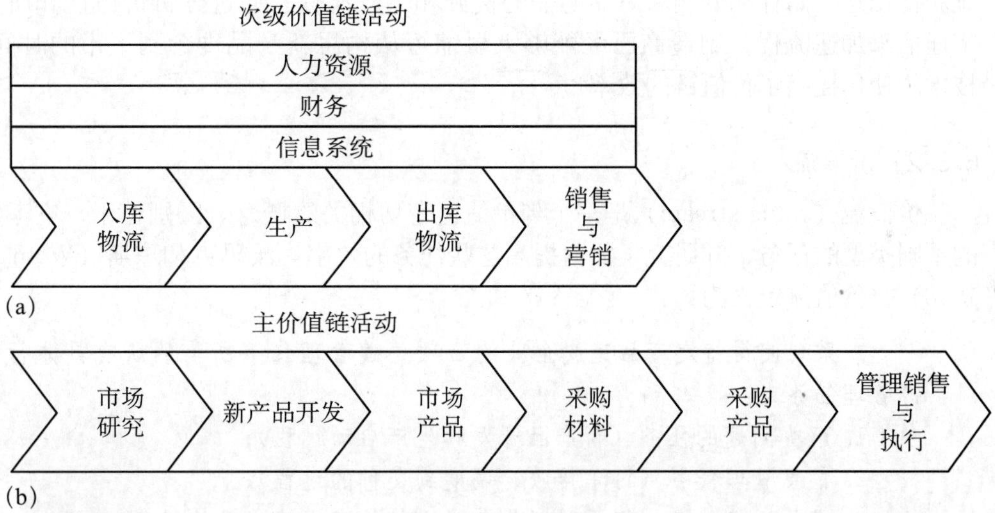

图6-6 **价值链的两种可替代模式：（a）传统价值链模型；（b）改进的价值链模型**

资料来源：Adapted from Deise et al. （2000）Figure 6.4 （b）.

数字技术可以通过增加信息流动来减少生产时间和成本，从而整合不同的价值链活动。雷波特和维奥克拉（Rayport and Sviokla, 1996）认为，互联网通过收集、组织、选择、整合和分发信息来创造价值，并通过模仿物理价值链形成虚拟价值链。虚拟价值链涉及用于调节传统价值链活动的电子商务，如市场研究、采购、物流、制造、营销和分销。流程处理是基于机器或虚拟环境的，而不是基于纸质材料的。许多活动仍然需要人工干预，但随着软件代理越来越多地进行这些活动，价值链的实用性也将增加。

辩论 6-1 新价值链模型

迈克尔·波特的传统价值链模型（见图 6-6（a））作为价值链管理的框架不再有用。相反，

图 6 - 6（b）更合适。

6.3.1 重构内部价值链

随着全球电子通信的出现，人们对传统的价值链模型（见图 6 - 6(a)）进行了重新评估。一般认为，传统价值链模型存在一些关键弱点：

- 该模型适用于分析实物产品的价值链，而无法很好阐释服务型产品的价值链。
- 它是一个单向链条，将产品推送到客户，并不强调理解客户需求的重要性。
- 内部价值链没有强调价值网络的重要性（尽管 1980 年波特制作了一张图表来说明其网络关系）。

戴斯等（Deise et al.，2000）提出了价值链的修订形式，图 6 - 6（b）所呈现的便是该模型的修订版本。这个价值链始于市场研究，强调了分销商通过数字化渠道与买方进行沟通，进而了解市场需求。例如，领先的电子商务公司现在以小时为单位监控客户如何响应其网站上的促销优惠，并查看竞争对手的报价，然后对其促销进行相应调整。同样，思科（Cisco）等公司在其网站上提供反馈表和论坛，从客户那里收集信息，为新产品开发提供素材（见第 10 章中的增长黑客）。随着新产品不断被开发，营销策略将一步步得到完善，同时可以采取措施获得创建、储存和分销新产品所需的资源和生产流程。通过分析价值链和研究如何使用数字通信来加速流程，制造商已经能够大量缩短从构思新产品理念到上市的时间。与此同时，技术的使用提高了价值链的效率。

6.3.2 价值流

价值流（value stream）是一个与价值链密切相关的概念。区别在于，它考虑了涉及增值的不同类型的任务，并研究了如何提高这些任务的效率。沃玛克和琼斯（Womack and Jones，1998）将价值流定义为：

> 一系列使得特定产品完成企业的三项关键管理任务所需的所有具体行动，这三项关键管理任务为：
> 1. 解决问题的任务（新产品开发和生产启动过程）；
> 2. 信息管理任务（订单接收、调度到交付的过程）；
> 3. 实物运输任务（将原材料转化成交付给客户的成品的过程）。
> 任务 2 和任务 3 是传统的价值链活动，如图 6 - 6(a) 所示，但任务 1 不是。

结合下面的公式，从戴斯等（2000）对客户价值的定义我们可以看到，沃玛克和琼斯提出的精益思维方法旨在通过减少这三项管理任务中多余的部分来增加价值。通过降低新产品开发和生产的时间成本，组织可以缩短履约时间或降低价格，提高产品和服务的质量，进而提高客户价值。显然，电子商务在减少市场运作、缩短生产产品的时间、降低生产成本方面发挥着关键作用。

$$客户价值（品牌认知）= \frac{产品质量 \times 服务质量}{价格 \times 履约时间}$$

6.3.3 价值链分析

价值链分析通过分析框架将一个组织的运作过程拆分为若干个活动，并进一步分析每个活动可能产生的附加价值。这样，组织就可以评估资源使用的有效性，也可以使用信息系统来提高价值链中每个要素甚至活动的资源使用效率。

一个组织如何通过投资新的或升级的信息系统对组织的价值链产生积极影响呢？波特和米勒（Porter and Millar，1985）提出了以下 5 个步骤。

步骤 1：评估价值链的信息强度（即每个价值链活动内部和每个活动层次之间的信息水平和使用情况）。信息强度越高，对高质量信息的依赖程度越高，新信息系统的潜在影响就越大。

步骤 2：确定信息系统在行业结构中的作用。必须了解行业内买家和供应商之间的信息联系，它们和竞争对手可能会受到新信息技术怎样的影响以及会如何反应。

步骤 3：确定信息系统可能创造竞争优势的方式并进行排名。企业可以考虑信息系统如何在高成本活动和核心业务领域发挥优势。

步骤 4：调查信息系统如何催生新业务。

步骤 5：制订利用信息系统的计划，需求是业务驱动的，而不是技术驱动的。该计划应将优先级分配给信息系统（当然，应做一个合理的成本效益分析）。

这个过程也可以应用于组织的外部价值链。沃玛克和琼斯（1998）提到了价值流分析，考虑了如何使整个生产和交付过程更有效率。他们建议，公司应记录在产品交付或服务方面发生的每一项活动，然后将其分类为：

1. 创造客户所感知的价值的活动；
2. 不创造价值，但在产品开发或生产系统中不可缺少、不能取消的活动；
3. 不创造价值，应立即取消的活动。

进行此分析后，可以计划取消第 3 类活动，然后减少第 2 类活动，并优化第 1 类活动。沃玛克和琼斯以罐装可乐的价值流为例，介绍了即使是看似简单的产品，如罐装可乐，其生产也涉及几种价值流：生产罐子本身时的价值流，从甜菜田到糖、从玉米田到焦糖的生产中的价值流，以及生产包装时的价值流。

进行价值流分析时先确定生产阶段如下：

1. 开采铝土矿。
2. 还原加工。
3. 冶炼。
4. 热轧。
5. 冷轧。
6. 罐子制造。
7. 灌装。
8. 运送至区域配送中心（RDC）。
9. 零售店储存。
10. 家庭储存。

在价值流分析中，应计算上述每个阶段的效率。例如，在第 7 阶段——灌装（将饮料注入罐子中），沃玛克和琼斯（1998）给定了 4 天的进货储存时间、1 分钟的处理时间、5 周的完成储存时间。整个过程的延迟表明需要进行这种分析，即进货储存时间为 5 个月，完成储存时间为 6 个月，但处理时间仅为 3 个小时。这意味着从矿区到家庭储存的整个周期的时间将近一年。显然，如果可以通过信息管理来减少这些储存时间，那么企业会由于减少了储存量而节省大量成本。对于像特易购这样的零售商来说，这些好处显而易见，它们已经在特易购信息交换所进行了价值流分析并部署了电子商务，以将其在 RDC 和店内的储存时间分别减少到 2 天和 3 天。持续补货系统 24 小时运转。一家特易购商店周一晚上通过 RDC 从供应商那里订货，商品在周三上午商店营业前就能送达。

在实际应用层面，价值链的改进是通过销售和运营规划（S&OP）系统的迭代改进来实现的。克耶尔斯多特和琼森（Kjellsdotter and Jonson，2010）在迭代规划周期的各个阶段都确定了数字商务的好处，如下所述：

1. 创建共识预测。使用统计预测方法、需求规划工具能够整合不同部门和公司，以改善决策支持。

2. 制订初步交付计划。通过应用预测的结果来减少规划工作。

3. 制订初步生产计划。整合多个实体、协调不同功能、使用优化模型寻找最可行的解决方案。

4. 调整交货和生产计划。进行信息的可见性、情景分析，例如对影响资源可用性和客户需求的因素进行分析。

5. 确定交货和生产计划。有形成本的节约带来总体效益，对计划和日程把控的改善带来无形的好处。

6.3.4 价值网络

缩短到达市场的时间和提高客户响应能力并非只是提高内部流程效率和成功部署信息系统的结果，还需要考虑合作伙伴如何参与其中，将一些传统经营中企业内部价值链组成部分的流程外包出去。波特的初始工作不仅考虑了内部价值链，还考虑了外部价值链或价值网络（external value chain or value network）。随着越来越多的公司开展外包业务，管理公司与其合作伙伴之间的关系变得越来越重要。戴斯等（Deise et al.，2000）将价值网络管理描述为：

> 在受约束的、波动的实时环境中有效决定外包什么的过程。

数字通信使创建、管理和监测外包伙伴关系所需的信息传输成为可能。这些联系可以通过被称为"价值链集成商"的中介机构或直接在合作伙伴之间实现。因此，管理合作伙伴价值网络的概念变得司空见惯。

图 6-7 改编自戴斯等（2000）的模型，显示了价值网络中的一些合作伙伴，这些合作伙伴有：

1. 供应链（上游价值链）合作伙伴，如供应商、B2B 交易所、批发商和分销商。

2. 战略核心价值链合作伙伴。在一些公司，入库物流的管理可能会外包，在另一些公司，则可能外包制造过程中的不同环节。在虚拟组织中，所有核心活动都可能外包。

3. 卖方（下游价值链）合作伙伴，如 B2B 交易所、批发商、分销商和客户（图中未显示，因为一般认为客户不同于其他合作伙伴）。

4. 提供内部价值链和外部价值链中介服务的价值链集成商或合作伙伴。这些公司通常可以提供电子基础设施。

图 6 - 7 的价值网络与图 6 - 4 中 B2B 公司的典型供应链之间的相似性显而易见。但价值网络提供了一个不同的视角，旨在强调：

- 合作伙伴和组织之间的数字互联，以及合作伙伴之间的直接互联，这有可能实现合作伙伴之间的实时信息交流。
- 网络的动态性。网络可以根据市场状况或客户需求轻松修改。新合作伙伴可以很容易地引入，并排除其他合作伙伴。
- 不同类型的合作伙伴之间可以形成不同类型的链接。

把业务批量外包给第三方不是公司唯一的选择。后文"合作伙伴管理"部分会对不同的合作关系更加详细地归类。要记住，外包确实意味着降低成本。迈克尔·戴尔（Michael Dell）认为，戴尔公司并不把外包看成不增值流程；相反，把它看作一种"协调其活动，为客户创造最大价值"的方式（Magretta, 1998）。戴尔根据公司的"智能选择"计划，改变了与供应商和分销商合作的方式，根据客户的特定订单生产电脑并在 24 小时内发货，从而改善了客户服务（这是戴尔预先构建的它们认为最流行的方式）。

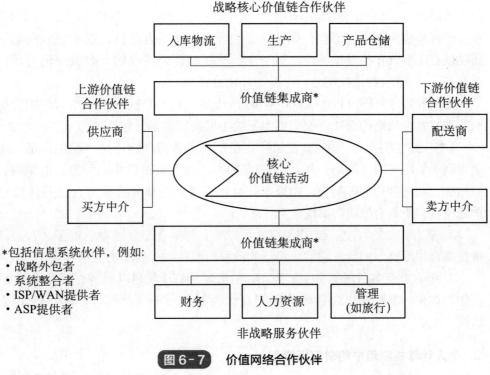

图 6 - 7　价值网络合作伙伴

资料来源：Adapted from Deise et al.（2000）.

6.4　重构供应链的选择

供应链是数字商务战略定义的一部分，管理人员需要考虑如何修改供应链的结构。这些主要选择已经存在许多年，而互联网技术提供了更有效的驱动因素和低成本的通信。

供应链管理选项可视为内部控制（"垂直整合"）和外包外部控制（"虚拟整合"）之间的连续体。中间情况有时被称为"垂直分化"或"供应链分类"。这个连续体如图 6 - 8 所示。

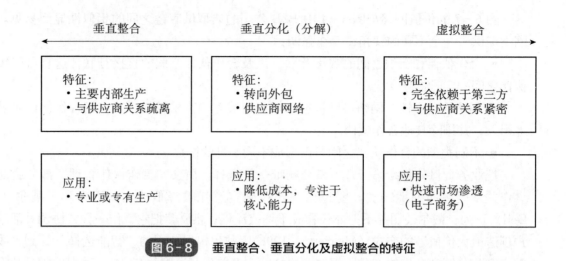

图 6-8 垂直整合、垂直分化及虚拟整合的特征

20 世纪下半叶出现了从垂直整合（vertical integration）到垂直分化再到虚拟整合（virtual integration）的普遍趋势。在汽车制造业，传统的汽车工厂常位于钢铁厂附近，投入原材料，产出成品汽车。汽车的其他部件也由公司制造，营销等其他价值链活动都主要在内部进行。现在已经有越来越多的部件，如灯具、装潢和装饰、发动机，逐步变为向第三方采购。营销活动现在主要外包给营销机构。另一个例子是制药公司收购下游供应链公司，目的是"更接近客户"，同时有利地控制公司自身的药物分销。

海斯和威尔怀特（Hayes and Wheelwright，1994）提供了一个有用的分析框架，总结了组织垂直整合战略的选择。他们指出三项主要决定因素，包括：

1. 扩展的方向。公司应该把目标定在控制上游供应链还是下游供应链。上述制药公司已决定购买供应链的下游部分（下游垂直整合）。这有时被称作一种激进的策略，因为这样做能够增加公司对客户的影响力。如果制药公司购买其他研究实验室，这将是针对上游供应链的垂直整合，更具有战略防御性。

2. 垂直整合的程度。公司应该在下游或上游垂直整合过程中走多远？最初，汽车制造商垂直整合程度高，但最近它们从广泛的流程跨度转向了较窄的流程跨度。

3. 垂直整合各阶段的平衡。公司在供应链的每个阶段以何种程度专注于支持实时供应链？例如，如果一家摩托车制造商的供应商也为其他行业生产部件，那可能会是一种不平衡的情况。

活动 6-2 个人计算机制造中的供应链模型

活动

1. 基于下面阐述的两家公司的方法，思考哪家倾向于垂直整合，哪家倾向于虚拟整合。

2. 制作一张表，总结每种方法的优点和缺点，你认为哪种方法更好？

3. 信息系统能够如何改进每一种方法？

方法 1：20 世纪 80 年代到 90 年代早期的 IBM

IBM 工厂在不同地点制造各类组件，包括 IBM 处理器、IBM 硬盘、IBM 主机和 IBM 显示器，甚至还有 IBM 鼠标。这些组件由 IBM 物流分销给各公司。

方法 2：20 世纪 90 年代到 21 世纪的戴尔

第三方在不同地点制造所有组件，包括英特尔处理器、希捷硬盘、索尼显示器和微软鼠标。第三方用最终产品组装某些组件，例如为每个订单在系统单元中添加适当的显示器。

辩论 6-2 核心流程的虚拟整合和外包

戴尔在外包核心业务流程以及虚拟集成上取得成功，因此建议所有公司都采用这样的模式，以提高竞争力。

结合这些概念，我们可以参考 B2B 公司的典型供应链（见图 6-4）。如果它拥有供应链的大多数上游和下游元素，并且每个元素都专注于支持 B2B 公司的活动，其战略应该是协调上下游方向各个元素的纵向一体化，进而使公司拥有广泛流程跨度和高度的平衡。相反，如果改变战略，仅专注于核心能力，其流程跨度就很窄了。

那么，电子通信如何支持这些战略？通过增加供应链成员之间的信息流动，电子商务可以支持缩小流程跨度的战略。然而，这仍取决于供应链的所有成员是否都进行了电子化。采取激进或保守的策略，公司能够调整位置/姿态，更好地部署电子商务，从而提高供应链的整体效率。正如我们在案例研究 6-2 中看到的那样，壳牌化工等公司通过与客户共享数据库中的信息来帮助启用供应链，提高供应链的效率。

6.5 使用数字商务重建供应链

利用数字通信提高供应链效率依靠的是信息的有效交换和共享。马里诺斯（Marinos，2005）以及孙和严（Sun and Yen，2005）的研究表明，实现标准化数据格式和数据交换的挑战使得对优化信息供应链（information supply chain，ISC）的研究有所进步。马奇等（March et al.，2007）将信息供应链描述为：

以信息为中心的有形和虚拟供应链视图，其中每个实体都以安全的方式在正确的时间向正确的实体提供正确的信息，从而为供应链增值。ISC 通过收集、组织、选择、整合和分发信息为合作实体创造价值。构建 ISC 的挑战主要是组织和技术方面的。内部和组织间业务流程的敏感性和灵活性都可从对 ISC 的技术投资中受益。

这个定义展现了管理 ISC 的范围和挑战。莱格纳和舍姆（Legner and Schemm，2008）的研究表明，零售和消费品行业存在两种不同类型的信息共享和协调问题：一是协调实际需求和供应链（需求信号、预测、订单、发货、通知或发票）的事务性信息流；二是确保零售商和制造商以同样的方式解释数据的背景信息流。他们解释说，一个既有问题是"牛鞭效应"或信息不对称（information asymmetry）导致需求信号放大和供应链库存水平波动。本章前面引入的 ECR 概念可以减少信息不对称。虽然公司可以通过使用 ECR 技术来减少信息不对称，但缺乏标准、专业知识或实施成本等障碍仍会影响信息共享。例如因信息导致的供应链合作伙伴的信任水平和竞争优势等方面的问题也同样重要。

在本节中，我们回顾了优化信息供应链的努力，并介绍了实施信息供应链支持技术的好处。接下来，我们思考公司如何使用技术来支持上下游供应链的管理。

6.5.1 供应链管理的技术选项及标准

第 3 章介绍了一些启用 eSCM 的数据传输选项和标准，包括：

- EDI，一种既定且相对简单的交换订单、送货单和发票的方法；
- 基于 XML 或 XML-EDI 的数据传输，它允许更复杂的一对多数据传输，如向潜在供应商发送订单请求；
- 中间件或软件，用于实时集成或翻译外部系统的请求，以便被内部系统理解，并触发后续事件；
- 手动发送电子邮件下订单或通过传统的基于网络的 B2B 电子商务商店进行线上采购。

这些机制允许公司使用企业资源规划系统从客户端向供应商传输数据，其中包括材料需求规划模块，其可以用于模拟未来产品需求，创建制造产品所需的相关组件的材料清单，然后订购。

就 B2B 公司而言，电子供应链管理的典型好处包括：

1. 提升单个流程的效率。如果 B2B 公司采用电子采购，周期更短，订单的成本更低。

好处：缩短周期，降低单个订单成本。

2. 减少供应链复杂性。这是第 2 章中提到的去中介化的过程。在这里，B2B 公司将直接在其电子商务网站销售，而不是通过分销商或零售商销售。

好处：降低渠道分销成本和销售成本。

3. 改善供应链要素间的数据集成。B2B 公司可以与供应商共享有关其产品需求的信息，以优化供应流程。

好处：降低文书处理成本。

4. 通过外包降低成本。公司可以外包或使用虚拟集成将资产和成本（如库存成本）转让给第三方公司。

好处：通过价格竞争降低成本，减少制造能力使用和库存能力使用。

5. 创新。eSCM 能更灵活地交付更多样化的产品，并缩短上市时间。

好处：可以更好地响应客户。

6.5.2　信息系统支持的上游供应链管理

采购和上游物流是上游供应链管理的主要活动。数字商务中信息系统对于支持采购非常重要，本章稍后将进一步详细介绍。

许多商品零售商已经前瞻性地运用技术来管理上游供应链了。最典型的例子就是特易购开发的信息交换系统，其他的英国零售商也开发了如 "Sainsbury Information Direc" 的类似系统。特易购的信息交换系统（TIE）是与通用电气信息服务（GEIS）联合开发的，这一系统是特易购及其供应商协作交换交易信息的外联网解决方案。通过 TIE 与特易购的主要系统连接，供应商就能够访问最新的相关信息，如电子销售点（EPOS）数据，方便其跟踪销售情况并访问内部电话记录和邮件目录，也方便供应商快速找到合适的联系人。

RFID 和物联网

RFID 已经成为供应链管理中一个革命性的元素，并被广泛应用于物流中。它们可以附在仓库或零售商的单个产品上，对 RFID 进行正确读取后，人们就可以了解库存水平。RFID 阅读器可以通过连接一个系统来将物品的位置和状态上传到互联网，这种方法称为物联网（Internet of Things，IoT）。近年来，因为 RFID 在供应链中展现了显著的优势，越来越多的公司将 RFID 技术融入公司的战略规划中，而将 RFID 应用到供应链和物流运营中所获得的好处，远不止改进产品、货物和资产的识别。

6.5.3　信息系统支持的下游供应链管理

下游供应链管理的关键活动是出库物流及其实现。显然，在 B2B 环境中，下游客户获得的好处与组织通过上游供应链自动化所获得的好处相似。这些问题将在第 7 章中从营销的角度考虑，在本章中，我们将回顾电子商务成功的重要性。

我们还是用商品零售市场来说明供应链管理中数字商务的作用。特易购是下游供应链管理中应用数字商务的先驱之一。特易购的下游供应链涉及直接向客户销售，换句话说就是通过减少它的分销机构实行战略上的内部整合（见第 2 章）。得益于较早采用数字商务，Tesco.com 已经发展为世界上最大的在线销售网站之一。

6.5.4　出库物流管理

出库物流的重要性与网站提供的直接销售的期望有关。简而言之，物流对于在网站上建立服务承诺至关重要。

亚马逊很好地阐释了如何以不同视角看待物流的重要性，以及物流是如何与基层生产线相关联的。菲利普斯（Phillips，2000）认为，履行机制增加了亚马逊的成本，因为在分批装运中，一个订单需要多次运输才能完成交货。这在美国是一个棘手的难题，而亚马逊 86% 的收入来自美国。在这里，人口密集区需要一个由 7 个货运配送中心组成的网络。菲利普斯（2000）解释说，从多个地点运送物品来完成单个订单，增加了邮费以及组合和发送货物的劳动力成本，而在每个分销点配备所有货物在财务上又是行不通的。一些分析师建议，亚马逊应该改变其物流战略，将配送业务作为单独的收入来源，并将其外包以降低成本。

6.5.5　供应链管理的信息系统基础设施

对于那些需要组织供应链信息的参与者，不管他们是组织的员工、供应商、物流服务提供者，还是客户，信息系统应能够提高供应链可见度（supply chain visibility）。客户应当能够根据他们的需要来个性化呈现信息视图，这些需要包括客户想要看到他们的订单状态，供应商想要访问组织的数据库来知道客户什么时候可能下一个大订单。安全性也很重要，如果一家公司针对同样的产品有不同的定价，它不会希望客户看到价格差异。

一个整合供应链数据库可为组织提供供应链信息，并根据组织需求提供个性化信息视图。典型的供应链管理信息系统如图 6-9 所示。可以看出，应用程序可以分为供应链计划系统和供应链执行系统。案例研究 6-3 是一个很好的例子，说明了如何使用新技术来收集数据，以及如何在不同的数据库和应用程序之间传输数据。现代供应链基础设施的一个关键特征是使用中央操作数据库，使信息能够在供应链流程和应用程序之间共享。中央操作数据库通常是企业资源规划系统（如 SAP、Baan 或 Prism）的一部分，并且通常与应用程序一起购买用于供应链的计划和执行。一些计划应用程序，如网络模拟和优化应用程序，则更可能由单独的软件供应商提供。在出现问题时，供应链过程受干扰的信息作为警报被传递，或通过合作伙伴的安全私有内联网或外联网来传递。

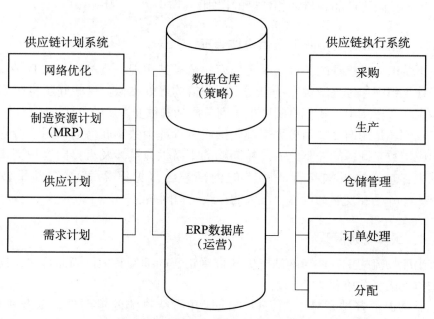

通过内联网或外联网预测、监控和预警

图 6-9　典型的供应链管理信息系统

6.6　供应链管理的实施

由于消费者的联系日益紧密，供应链变得越来越复杂。毕马威的一项报告（2017）指出：

> 从本质上说，任何一个供应链领导者的使命都是始终如一的：在正确的时间以正确的价格将正确的产品提供给正确的消费者。现如今，购物者可以在实体店、网站、手机上购买商品。随着互联网的出现，消费者只需在家里点击一下，就能随时购买自己喜欢的商品。网上购物的发展让领导者的任务变得更加艰巨，就连送货方式也变得多种多样：消费者可能想集中签收，抑或在家里、在工作地点签收，又或者希望快递能送到储物柜。

6.6.1　数据标准化和数据交换

在不兼容的系统之间交换信息是十分困难的，这也一直是限制供应链管理的一个难题。Elemica 能够在化学工业的在线市场中取得成功，是由于它与一部分合作伙伴在垂直领域上进行合作。但对于产品种类更多样化的市场来说，标准化就更难了。

舍姆等（Schemm et al.，2007）指出，标准化对零售商的一些好处包括：

- 下订单和项目管理的效率提高了 50%；
- 结账时排斥优惠券的行为减少了 40%；
- 数据管理工作减少了 30%；
- 货架的可用性提高，缺货商品从 8% 减少到 3%。

然而，新技术——特别是仓库中的机器人和人工智能（AI）正在改变供应链（如迷你案例研究 6-1 所述）。人工智能系统可以设计供应链，并自动选择最有效的供应链。

6.6.2 供应链管理战略过程

供应链管理的战略方法也可以使用 SOSTAC™ 方法来定义（参见第 5 章和第 7 章）。表 6-3 总结了在休斯等（Hughes et al., 1998）的指导下供应链管理战略发展的 SOSTAC™ 方法。但是，正如在第 4 章和第 5 章中指出的，组织、供应商和其他第三方之间需要联合开发一种迭代方法。

表 6-3　供应链管理的 SOSTAC™ 方法

战略要素	供应链管理方法（Hughes et al., 1998）
形势分析	收集数据 ● 现行供应链的内部评估 ● 市场趋势和客户计划的外部分析
目标设定	设定目标 ● 设定财务目标，为股东带来更高回报
战略	建立战略框架 ● 开发实现这些目标的供应链战略
战术	改善策略的优先顺序并快速获胜
行动	实现改变，挑战思维： ● 组织一场供应链战略讨论会来评估现在的需要 ● 价值增值、成本和供应链业务周转时间的分析 ● 专家小组详细查看主要程序 ● 定位业务发展战略以支持执行者
控制	评价结果： ● 在公司范围内评价整合供应链 ● 设立基线以保持在绩效交付上的压力

休斯等（1998）根据变化的范围和变化的速度对供应链改进的战略进行了分类。图 6-10 说明了供应链改进的四个战略选择。"不断完善"和"流程改善"这两个战略的范围相对有限，适用于单个流程，如货物采购或出库，可以看作操作层面上的改进。这些战略通过改进运营层面带来短期利益，同时最大限度地降低激进变革带来的风险。相反，"激进转型"及"流程整合与分解"的范围更广，风险更大，但潜在回报也更多。这些变化包括流程再造或供应链的巨大变化。

6.7　电子供应链管理的目标设定与绩效管理

在之前的部分，我们讨论了应用电子供应链管理的优势。为了高效管理电子供应链，节省时间、降低成本和优化客户服务之类的优势应该被纳入一套绩效管理框架内。桑巴西万等（Sambasivan et al., 2009）整理了其他供应链管理研究者关于绩效管理的研究成果。在他们的测度框架内，有以下类别的标准（就每个标准给出了例子）：

1. 供应链的成本：总成本、经销成本、生产成本、存货成本。
2. 盈利能力：利润率。
3. 客户响应：生产所需时间、及时送达的订单数、生产的单位数量、供给率、缺货率、待发货订单数、缺货数、客户响应时间、平均等待时间、运输错误、客户投诉。
4. 灵活性：产能柔性、运输弹性、组合的灵活性、新产品的灵活性、计划订单的灵活性、

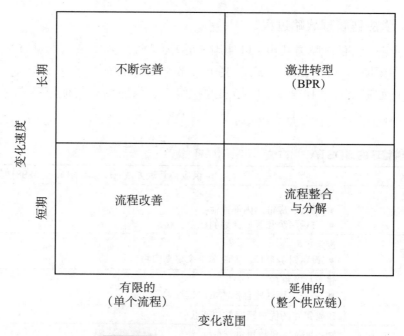

图 6-10　供应链改进的战略选择

订货间隔期、客户订货渠道。

5. 供应合作关系：信息共享的程度、买卖双方节约成本的积极性、相互合作提高质量的程度、解决问题时的合作程度、涉及供应商的实体或平台。

6. 生产水平度量：商品和服务的种类、执行时间表的效率、设备使用率。

7. 交货执行情况：传递请求数据、提交数据、订单交付周期、无错误的发票数、满足客户需求的送货灵活性、总经销成本、运输等待时间。

8. 客户服务和客户满意度：灵活性、客户询问时间、售后服务、客户评价。

9. 供应链金融和物流成本：与资产和利润率相关的成本、总存货成本、现金流动总时间。

10. 成本效益：材料成本、人力成本、能源成本、设备损耗、存货和在产品水平、总产能、直接人工生产力、固定资本生产力、间接劳动生产力、营运资本生产力、附加价值生产力。

11. 内部和外部的时间绩效：营销时间、分销等待时间、运输可靠性、供应商等待时间、供应商可靠性、制造等待时间、标准运行时间、准备时间、等待时间、移动时间、存货周转时间、生成订单时间。

12. 质量绩效：SPC 标准、设备可靠性、返工、质量系统成本、入库质量、客户满意度、技术援助、退货。

13. 客户关系管理：供应商关系管理和订单完成过程。

要想了解电子供应链管理是如何提高绩效的，请完成活动 6-3。

活动 6-3　电子供应链管理的绩效管理框架

目的

突出电子供应链管理的优势，明确绩效的提升和电子供应链的运营管理是如何实现的。

问题

两人一组讨论以下问题：

1. 信息系统是如何帮助提升绩效的？
2. 限制绩效提升的因素有哪些？

6.7.1　合作伙伴管理

供应链重组的一个关键因素是检查与供应商和分销商等合作伙伴的关系形式。随着电子商务的全球化，我们需要审视与合作伙伴的关系形式。在本节中，我们将考虑应该采取何种形式与它们继续合作，以及如何使用技术来促进合作关系的发展。

斯图尔特和麦卡琴（Stuart and McCutcheon，2000）认为，在供应管理中主要是上游供应链管理，低成本通常是合作关系管理的主要驱动力。改进供应链关系通常会采取一种被称为"吸收智慧"的方法，许多从业者正严格遵循这种方法。

该方法要求公司：

1. 关注核心竞争力；
2. 减少供应商的数量；
3. 在共享信息和信任的基础上与其他供应商建立牢固的合作关系。

斯图尔特和麦卡琴（2000）认为，所需的关系类型取决于最终目标。基于此，企业需要根据自己对供应链过程的控制程度对合作关系进行评估。表 6-4 按组织对供应链过程的控制程度列示了合作关系的几种战略选择。相对于选项 1 的完全内部化处理过程，选项 2 至选项 9 则进行了不同程度的外包。风险共担的合作伙伴关系和竞争性采购（利用市场竞争实现最高性价比）之间也存在连续性。值得注意的是，尽管通过外包组织可能对生产过程失去控制，但通过合同约定，仍然可在很大程度上对产品质量进行控制。

表 6-4　合作关系的战略选择

合作关系	技术基础整合	例子
1. 绝对控股（占公司 51% 的股权）	合并公司系统的技术问题	Iceland 公司（零售商）收购了 Booker 公司（分销商）。1993 年以来，思科已经进行了 30 多次并购（并非都与 SCM 相关）
2. 投资关系（少于 49% 的股权）	合并公司系统的技术问题	思科已经完成了 40 多项对软硬件供应商的投资
3. 战略联盟	用于新产品开发的协作工具和组件	英国大东电报局（Cable and Wireless）、康柏（Compaq）和微软的新数字商务解决方法被称为 a-Services
4. 利润分享关系	同上	有时用于信息系统外包
5. 长期合同	同上，强调管理服务水平协议的重要性	ISP 的性能和可用性，其中包含惩罚性条款
6. 优先供应者	与优先合作者建立永久性 EDI 或网络 EDI 连接	特易购的信息交换
7. 竞争性投标	中介或买方网站的投标	买方安排的拍卖（如第 2 章所述）
8. 短期合同	同上	同上
9. 公开市场拍卖	在中介或买方网站上拍卖	B2B 市场。例如：http://bstock.com

从表6-4可以看出，随着合作者之间联系愈发紧密，信息交换的需求量和复杂度都将增加。从长远规划角度，信息交换可能包括：

- 短期订货；
- 中长期的产能约束；
- 长期融资协定和合同契约；
- 产品设计（包括说明书）；
- 行为监控、产品标准和服务质量；
- 物流。

如第3章中提到的EDI购买订单交易中所示，一个短期的合作关系只需要一些简单的信息。

斯图尔特和麦卡琴（2000）提出了一套更简单的合作伙伴关系选择方案。他们建议，合作伙伴关系的选择应取决于核心目标。如果目标是减少成本，那应选择有竞争性的关系（相当于表6-4中的选项6～9）。但是，如果核心目标是提高效益，如提高交付速度、增加设计功能或进一步满足客户的需求，那么选项6～9的方法可能不合适。在这种情况下，他们认为战略联盟或合作伙伴关系是最佳选择。斯图尔特和麦卡琴指出，通过降低成本获得的竞争优势可能是暂时的，因此公司的目标需要转向提高效益。每个供应商都必须考虑哪种类型的合作关系是最合适的。

6.7.2　全球化分销管理

阿诺德（Arnold，2000）提出了制造商在借助互联网进入海外市场时要采取的七种做法：

1. 主动选择分销商，不要陷入被动状态。
2. 寻找能够开拓市场的分销商，而不是那些与新客户有关系的分销商。
3. 把当地的分销商看成长期的合作伙伴，而非帮助自己进入市场的临时工具。
4. 通过投入资金、培训管理人员和树立成熟的营销理念来为进入市场做好准备。
5. 自始至终保持对市场战略的控制。
6. 确保分销商能够提供详细的市场和财务数据。
7. 尽早与全国经销商建立联系。

普华永道（2013）发布的《全球供应链调查》很好地总结了当前通过供应链管理提高竞争力的挑战和机遇。该调查总结了来自欧洲、北美和亚洲多个行业的500名供应链专家的观点。人们对下一代供应链的描述为"高效、快速、量身定制，具有获得成功所需的速度和适应性"。然而，只有45%的参与者同意将供应链视为公司的战略资产。该调查具有参考意义，因为它介绍了不同行业和不同地域的供应链的管理功能。例如，在零售和消费品行业中，供应链的全球和本地管理模式如图6-11所示。在这个行业，公司外包了约7%的计划、采购和授权活动，30%的生产活动，以及10%～55%的交付活动。该行业的领先者拥有最高的存货周转率（18.2），以及比其他行业更好的运输绩效。而行业中其他业绩一般的公司的平均存货周转率为3.3。

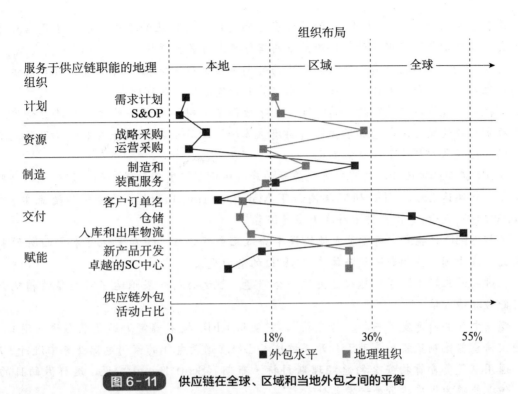

图 6-11 供应链在全球、区域和当地外包之间的平衡

资料来源：PwC（2013）.

案例研究6-3解释了RFID技术的使用如何帮助提高供应链的效率。

案例研究 6-3

RFID——从开始跟踪到快速跟踪

近些年来，人们开发了许多技术来提高供应链的效率，但这些技术经常失败，原因很简单——人们很难获得足够准确的有用信息。无线射频识别（RFID）技术使用无线电标签来跟踪货物在供应链中的移动，解决了这一难题。

自2005年起，美国和欧洲的零售商（最知名的是沃尔玛）以及美国国防部要求大型供应商将RFID标签贴在托盘和箱子上，这些标签的价格在40美分左右。

RFID技术成熟的一个显著标志是诺基亚推出了一款可以将其手机转变为移动RFID阅读器的模块。尽管直到现在RFID才风靡起来，但其并不是一项新技术。它最初在第二次世界大战时被用于识别飞机，这些年还被用来标识家畜、收取过路费和快捷开门，但将RFID用在供应链中却是这项技术的创新。

一种被称为电子产品密码（EPC）的独特数字与RFID硬件的结合，使企业能够从标记中获取丰富的信息。这些信息不仅比条形码更详细，还可以使用RFID阅读器读取和更新。

早期的RFID技术经常出现错误，但是随着技术的不断进步，现在即使包裹的物品在传送带上或被其他东西挡住，标识信息仍然能被读取。

管理咨询公司埃森哲（Accenture）的RFID专家莱尔·金斯伯格（Lyle Ginsburg）表示："RFID可极大地提高生产率，且不需要人工干预，使用效果也比条形码好。"

许多专家认为，RFID 和 EPC 的结合有可能是供应链行业的革命：人们不用盘点库存，也不再丢失或误发货物，不用再估算供应链或商店货架上有多少货物。

美国 IT 公司 Unisys 负责全球实体贸易的副总裁彼得·雷根（Peter Regen）表示，现在只知道商店里有什么、仓库有什么，就可以比以前更清楚地知道存货信息。

可视化是现存供应链中缺少的特性，这导致很多公司持有预防性库存并建造仓库。这虽然降低了存货短缺的风险，却增加了年存货持有成本——储存成本、机会成本以及过时成本——仅仅在美国，该成本就超过了 300 亿美元。

AMR 调查机构估计，约有 3 万亿美元的库存被闲置在美国和欧洲的供应链上，这些供应链的订单误差率高达 20%。IDC 研究集团旗下 Manufacturing Insights 的分析师迈克尔·韦提（Michael Witty）表示："供应链中存在太多的浪费。"

虽然 RFID 只能减少存货量或使错误率降低几个百分点，但在营运资本方面所带来的利益是巨大的。在中国这样的新兴经济体中，RFID 的潜力更大。

在过去的三年里，港口越来越关注安全问题。航运公司如果承运了可疑集装箱就会面临延期并可能被拒绝入境。

通用电气公司开发了一种"智能箱"，它使用 RFID 技术确定海运集装箱进入港口时的位置，并使用传感器检测集装箱是否已打开。该技术已经在通用电气的家用电器业务中进行了测试。

通用电气负责货物安全的总经理斯科特·布朗（Scott Brown）说，这样做的目的是确保安全，但也能够为供应链带来一定益处。

埃森哲的莱尔表示，安全问题影响了大多数 RFID 项目。除非被迫接受 RFID 的授权，否则许多潜在用户宁愿等待。标准仍在不断完善中，技术成本对许多应用来说仍然太高。数据安全是另一个大问题。

美国安全软件公司 RSA 实验室的首席科学家伯特·卡利斯基（Burt Kaliski）担心，窃贼可能很快发现如何破坏或更改 RFID 标签上的信息，而黑客可能会发动"拒绝服务"攻击，给配备 RFID 的供应链造成混乱。

在 RFID 的投资产生回报前，除了授权，还有太多的障碍需要克服。莱尔表示："关于 RFID 的商业案例非常具有挑战性。"

资料来源：Geoffrey Nairn, Keeping track starts its move to a faster track, *Financial Times*, 20 April 2005. Reprinted with permission.

问题

选择一个制造行业，然后评估在该行业应用 RFID 技术的收益和风险。

6.8 什么是电子采购

6.8.1 理解采购流程

在电子采购出现之前，公司的采购流程几十年来基本没有发生变化。表 6-5 展示了基于纸质系统的流程。可以看到，这一流程上终端用户通过搜索来选择产品，然后填写纸质的申请表格并发送给采购部门，通常还需要经过经理的授权，会耽搁一些时间。然后，采购人员填写一个表单并将其发送给供应商。商品交付后，采购人员需要将商品与运货单、订单和发票进行核对，然后付款。采购还包括在公司内部运输、储存和分配收到的货物，这被称为"入库物流"。

表6-5 传统的采购流程分析（典型的循环周期：5.5天）

任务描述	图形符号	时间
搜索产品	●⇨□D▽	1 小时
填写纸质申请表格	●⇨□D▽	10 分钟
发送给采购部门	○→□D▽	1 天
送达采购部门收件箱	○⇨□■▼	半天
采购部门输入订单号	●⇨□D▽	10 分钟
采购部门授权	●⇨□D▽	10 分钟
采购部门打印订单	●⇨□D▽	10 分钟
订单拷贝给供应商和收货部门	○→□D▽	1 天
供应商交付商品	○⇨□■▼	1 天
订单拷贝给会计	○→□D▽	1 天
三方发票核对	●⇨□D▽	1 天
支票付款	●⇨□D▽	10 分钟

注：○处理；⇨运输；□检查；D延误；▽进货。

IFO-Basware（2012）调查了来自美国、英国、瑞典、挪威、德国和芬兰的 908 名金融专业人士，研究了全球市场中各种规模的公司使用电子发票的情况，调查对象平均每月接收和发送约 5 000 张发票。

报告显示，电子发票和自动支付的使用率持续提高，2012 年有 73％的受访者使用过电子发票，而 2011 年这一比例为 59％。67％的受访者认为电子发票有助于实现提高运营效率的目标，而 2011 年这一比例为 50％。电子发票两个最大的优点是发票周期的缩短和发票成本的降低。

然而，实施电子发票解决方案的问题主要体现在对电子文档和人工流程的依赖上，58％的受访者以 PDF 附件的形式接收发票，还有 13％的受访者完全不接收电子发票。目前对发票的扫描和获取还不够重视，53％的受访者仍然通过内部扫描来获取物理发票，26％的受访者则根本不进行发票扫描。从总体上来看，应用自动化电子发票的水平在上升，但仍需要进一步提升。只有 15％的受访者明确表示他们大部分的电子发票是通过电子渠道发送出去的（比 2011 年的 9％有所上涨）。

活动 6-4 解释了电子采购是如何精简采购流程的。

活动 6-4 评估电子采购流程对典型 B2B 公司的好处

目的

强调组织采购涉及的任务，并指出电子采购可能节省的时间。

介绍

表 6-5 使用流程图符号说明了典型的传统采购流程。请注意，此流程适用于不需要高级经理授权的低价值项目。时间安排适用于购买新商品，而不是日常中会重复购买的商品，表 6-6 总结了新的电子采购流程。

表 6-6	新的采购流程分析（典型的循环周期：1.5 天）	

任务描述	图形符号	时间
调研	●⇨□D ▽	20 分钟
网上订购	●⇨□D ▽	10 分钟
供应商交付	○→□D ▽	1 天
生成发票	●⇨□D ▽	10 分钟
支票支付	●⇨□D ▽	10 分钟

注：图形符号的含义同表 6-5。

问题

1. 找出传统采购流程（见表 6-5）中的低效之处。

2. 指出表 6-5 中流程的优势，并评估通过基于电子邮件的工作流程系统实现系统自动化的可能性。

3. 总结表 6-6 中的电子采购流程的高效之处。

6.8.2　采购的类型

为了理解电子采购的好处，并强调引入电子采购的实际考虑，我们需要探究企业采购的商品的类型和采购方式。

让我们从企业购买什么开始。B2B 公司可能会购买制造产品的钢材、辅助加工的器械和钢笔等办公用品。采购分为两大类：与产品制造有关的采购（生产性采购）和支持整个企业运作的经营性或非生产性采购，包括办公用品、家具、信息系统，维护、维修及运营（maintenance，repair & operation，MRO）和从餐饮到旅游的一系列服务，以及咨询和培训等专业服务。生产商品的原材料和 MRO 商品对企业的运营至关重要，在 B2B 公司里包括制造设备、网络电缆和控制整个过程的计算机。

公司倾向于两种采购方式：

● 系统采购——与正规供应商洽谈并签订合同。

● 现货采购——满足即时需求，采购的通常是普通商品，对供应商的信誉要求不高。

举个例子，文具之类的物品经常被重复购买，要么是直接重新购买已经确定的商品，要么是购买一些有些许变动的商品，电子采购系统可以使重复购买更便捷。

6.8.3　不同种类的电子采购参与者

在第 2 章中，我们讲到了不同类型的在线中间商，如比价网站是如何帮助客户进行市场选择的。类似地，了解新的电子采购的潜在参与者也是十分必要的。里金斯和米特拉（Riggins and Mitra，2007）确定了需要考虑的八种类型的中间商，以便理解作为电子采购战略一部分的采购选择的变化：

● 传统制造商，它们生产实体商品并销售给其他公司的客户。

● 直销商，与传统制造商类似，只是直销商绕过中介，通过网页或电话渠道直接向终端客户销售商品，服务类企业也包括在这一类里。对于提供员工航班预订等商业服务的企业来说，直销是一个成本低廉的方案。

● 增值采购合作伙伴，向其他公司销售产品和服务的中间商，比如旅行社和提供办公室解决方案的公司等。

● 网络中心，这是针对特定行业的垂直门户网站，如 Elemica（www. elemica.com）通过 B2B 交易产生收益。

● 知识专家服务，为用户提供信息服务，例如 Econsultancy 和 Hitwise 提供订阅服务、创新预警、最佳实践和网络统计数据。

● 在线信息服务，为最终用户提供独特的信息，这些信息要么是其原创的，要么提供了独特的评论视角。

● 在线零售商，包括初创数字公司和更传统的多渠道零售商。如 Euroffice（www. euroffice. co. uk）是一家以比传统供应商更低的价格提供办公用品的纯互联网服务商。史泰博（www. staples. co. uk）则是在这一领域拥有门店网络的传统零售商。

● 门户社区，寻求将不同的在线信息服务整合为一体的综合性客户体验社区，提供个性化新闻报道、在线账单显示和支付以及社区讨论功能，这些功能和在线信息服务与知识专家服务部分重叠。

克努林（Knudsen，2003）和斯马特（Smart，2010）总结了电子采购的不同类型，主要的类型有：

1. 电子采购。在采购过程的信息收集步骤中，使用互联网来寻找潜在的新供应商。

2. 电子招投标。在筛选供应商的过程中，同时向供应商发出信息请求（RFI）或价格请求（RFP）。

3. 电子通告。对供应商的资格进行确认，不涉及交易，而是处理供应商的质量信息、财务状况或交付能力信息。

4. 电子反拍卖。采购公司通过互联网技术以最低的价格或与其他条件相结合来购买商品和服务。

5. 电子多区域运行和基于网页的 ERP，包括产品购买和供应，是电子采购应用程序的核心。该服务使用软件管理创建和批准采购请求、下订单和接收订购的货物或服务的过程。

6.9 电子采购的驱动因素

斯马特（2010）通过对三家公司的调查，完成了一项关于电子采购驱动因素的研究。通过这项研究，他定义了应用电子采购的五种关键驱动因素：

1. 控制——提升可塑性，实现集中化，提升标准，优化采购和改进审计数据。通过制定合适的规则强化预算控制并限制开支。

2. 成本——通过增强供应商竞争、降低目标成本和交易成本改进采购杠杆。

3. 流程——合理化和标准化的电子采购流程可以缩短采购周期，提升管理过程的可见性和发票结算流程的效率。

4. 个体绩效——知识共享、生产力增值和生产效率的改进。

5. 供应商管理——减少供应商数量，管理、选择和整合供应商。

降低直接成本可以通过提高各过程的效率来实现，如表 6-5 和表 6-6 所示。缩短搜索和订购商品、核对交货和发票的时间可以提高流程的效率。自动确认事先核准的开支预算，同样可以节约成本，用更少的人力和时间完成订单。另外，减少物理材料的成本也可以实现成本的节约，例如减少特殊打印的订购表和发票。

电子采购同样会带来间接收益，表6-5和表6-6展示了如何通过缩短从订购物料到投入使用的周期从而带来收益。另外，电子采购还可以根据价值最大化的原则，从不同的供应商处订购商品，从而增加采购的弹性。这一方法对电子B2B市场尤其适用。电子采购逐步改变着采购部门中采购人员的职责。由于电子采购取代了部分管理工作，如制作订单，将运货单、发票与订单核对一致等，因此采购人员可以将更多的精力投入价值增值活动中，包括与主要的供应商探讨如何改善产品配送以降低成本，或者对公司的购货行为进行分析和控制。

里金斯和米特拉（2007）创造了一个较为实用的框架（见图6-12），可以用来评估电子采购和电子供应链管理所带来的好处，也可以用来评估采购战略，因为它强调了在流程效率、效果方面的潜在利益以及对公司的战略价值。该框架的一些主要价值维度包括：

- 计划——显示电子采购系统在提升质量和宣传电子采购管理信息方面的潜力。
- 开发——电子采购系统也可以用于新的产品研发，以确定生产成本，这有助于加快研发进程。
- 入库——这是无纸交易和更具成本效益的集成采购，或更高效率的电子采购的主要关注点。一个战略优势来自供应商管理库存（vendor-managed inventory, VMI），即由供应链合作伙伴管理部分待售物品的补货，像案例研究6-2中所描述的那样。
- 生产——通过采购系统管理生产系统的整合，确保生产不受零件供应不足的限制。
- 出库——这是对客户的产品进行的管理。它通常不由电子采购系统实施，但要实现有效消费者回应（ECR），就必须把这些系统都整合起来。

维度 \ 价值创造	效率	效果	战略
计划	利用多媒体实现全公司互动	提供在线高管信息系统	促进合作伙伴之间的知识管理
开发	跨功能设计的标准化平台	合作伙伴之间共享信息的详细要求	支持跨虚拟组织并行设计
入库	支持与合作伙伴进行电子交易	通过电子商务枢纽产生供给弹性	取消对合作伙伴的补充责任
生产	整合内部系统	合作伙伴之间交流生产数据	优化利用全球产能
出库	支持与客户进行电子交易	提供定制订单的即时状态	通过物流合作伙伴直接落实

图6-12 数字商务的数字价值网格

资料来源：Riggins and Mitra（2007）.

电子采购的好处实例

案例研究6-4是一个典型的例子，展示了许多公司引入电子采购的原因，其中最主要的驱动因素是高效率和低成本。在许多情况下，采购成本会超过所购买产品的价值。在另一个例子中，英国电信公司 95％的商品与服务都采用电子采购，包括台式电脑、文具、服装、旅行和代理，从而在一年内将平均采购成本从 56 英镑降至 40 英镑（IBF，2008）。

案例研究 6-4

霍尼韦尔通过供应链管理为客户带来了便利

《财富》世界 100 强之一的霍尼韦尔（Honeywell）为消费者和 B2B 领域的客户提供各种消费品、工程服务和航空航天系统。

霍尼韦尔的供应链管理

提高公司的基准绩效需要有效的供应链管理（SCM），即以正确的方式生产正确的产品，并在客户需要时提供给他们。供应链管理和业务的高效优化，需要供应链执行过程与供应链分销过程之间的信息整合。霍尼韦尔的企业资源规划（ERP）产品将 ERP 系统与 Experian 知识系统集成在一起。这为 ERP 系统建立了一个强大的双向链接，使业务系统（如订单录入和财务会计）与加工厂的运营同步。

霍尼韦尔的解决方案将 ERP 和 SCM 系统集成，可实现以下成果：

- 将生产订单直接引入工厂级调度系统，使供应链更加紧密；
- 通过报告更正产品（如液体和气体产品）库存，修正数量，改进计划和财务分析；
- 通过分配供工厂使用的主配方和产品规格，提高产品质量；
- 通过跟踪产品批次以及实验室结果，提高客户满意度；
- 通过准确报告设备运行时间评估维护需求，减少不必要的维护；
- 提高关键业务目标的可视性，如产品准时发货率、过剩库存和产能的利用率。

霍尼韦尔几乎在每个系统中都使用 ERP，从账户维护、促销广告、绩效评估到员工手册的应用。供应链的每一个阶段都由基于 SAP 的 ERP 系统定义和管理，这有助于实时跟踪供应商、库存管理和员工的知识管理。

霍尼韦尔的电子采购系统

霍尼韦尔有一个非常复杂的系统，特别是在电子元件领域，因为这个领域包括集成电路、电阻、二极管、晶体管、放大器、滤波器、继电器等产品。这些零件都非常微小，需要小心处理，而巨大的存货规模使得管理和跟踪库存的工作更加困难。一个团队通常会订购超过 100 件商品，而这些商品的生产商分布在全球多个国家。采购团队需要取回订单，从全球各地的厂商处获取商品，然后将它们打包成一个完整的包裹发送给所需的团队。每个团队都有自己的库存管理部门，每个团队都通过内联网与全球类似的团队相连。该流程包括多个部门之间的许多网上交易，其中订购的每个组件都要经过多个批准步骤，确保订单经过验证，万无一失。

此外，在包装和物流系统中需要更加谨慎，因为相同的物品可能在同一天由多个团队订购，有时商品需要交付到同一地点和部门，但交付给不同的团队。工作人员需要及时包装和交付正确的物品，避免小部件与订单不匹配。有时，一个包裹可能包含数百件物品，必须交付给提交订单的特定人员。如果订购的物品缺货，需要联系供应商以满足要求，这些供应商可以通过外联网登录 ID 访问相同的 ERP。

电子采购系统涉及采购电子物品的各个方面，包括接收、交付、计费、发票处理和装运。在采购系统中使用 ERP 的主要好处包括：

- 提高生产力；

- 有效组织系统，并预测情况；
- 可提前准确预估订单的到货情况；
- 限制冗余数据输入；
- 缩短订单周期；
- 减少库存（降低税收）。

问题

1. 为什么霍尼韦尔的供应链管理和电子采购系统的整合很重要？
2. 鉴于霍尼韦尔采购业务的规模，你认为 ERP 带来了哪些好处？
3. 如何通过电子采购提高公司的效率？

6.10 聚焦：评价电子采购的成本节约效果

计算采购成本的方法很直接。首先计算单次订货的平均采购成本，然后再乘以请购单的平均数量。坦拉米特（Tranmit，1999）的报告提供了一些例子：典型的大中型公司每月请购单的数量为 1 000～5 000 个，每年采购过程花费的成本是 60 万～300 万英镑，每次订货的中间成本为 50 英镑。在一些例外的案例中，请购单的数量为每月 30 000～40 000 个，年购货成本可能高达 1 800 万～4 300 万英镑。

使用下面的公式计算电子采购成本的节约额：

节约额＝请购单的数量×（原始成本－新成本）

辩论 6-3 电子采购的成本节约

电子采购节约成本的好处只停留于理论，因为只有减少采购人员才能在实际过程中节约成本。

节约成本对收益的影响

克鲁格（Kluge，1997）的一项研究表明，电子采购实现的成本节约可能对盈利能力有显著影响。活动 6-5 说明了根据不同公司的购买特征，节约的成本是如何变化的。盈利受成本节约影响最大的通常是制造公司，在这些公司中，采购是一个影响成本的主要因素，有许多相对价值较低的产品请购单。服务业节约成本的潜力较小。行业不同潜在的成本节约空间有很大的差异，如表 6-7 所示。

应该注意一点，许多用于计算节约和投资回报的模型的优劣取决于它们所做的假设。

表6-7 不同行业的采购成本占销售成本的比重列示（Kluge，1997）

行业	采购成本占销售成本的比重
消费类电子产品	60%～70%
小型和个人电脑	50%～70%
消费品	50%～70%
汽车	50%～60%
药品	25%～50%
服务	10%～40%

活动 6-5 采用电子采购的成本节约和收益模型

目的

揭示各组织的不同采购特征与电子采购成本节约的关系。

活动

假设你是一名采购经理，或是信息系统经理，或是顾问，需要向公司高管展示电子采购节约的成本，以便获得对电子采购系统投资的批准。为两个假设的公司分别开发一个电子表格模型，以展示如下情况：

1. 成本节约计算。使用表 6-8 中两家公司的输入参数，开发一个电子表格模型来计算传统采购的总成本、电子采购的总成本、每订单成本变化百分比和总采购成本变化百分比。

2. 盈利能力计算。使用营业额、传统采购成本、其他成本和采购成本降低百分比的输入参数，如表 6-9 所示，开发一个模型，计算引入电子采购前后的盈利能力，并显示盈利能力绝对值（英镑）和百分比的变化。

3. 利用输入参数，分析模型对订单数量和采购价值差异的敏感性（见表 6-8），以及传统采购成本和其他成本如工资之间的平衡（见表 6-9）。向公司高管解释引入电子采购使公司盈利能力发生重大变化的公司的典型特征。

表 6-8 为两个公司的成本节约计算输入参数

参数	公司 A	公司 B
订单数量	25 000	2 500
传统单位订单费用（平均）	50 英镑	50 英镑
新单位订单费用（平均）	10 英镑	10 英镑
订单平均价值	150 英镑	1 500 英镑

表 6-9 为两个公司的收益计算输入参数

参数	公司 A	公司 B
营业额	10 000 000 英镑	10 000 000 英镑
传统采购成本	5 000 000 英镑	1 000 000 英镑
其他成本	4 000 000 英镑	8 000 000 英镑
采购成本降低百分比	20%	20%

6.11 采用电子采购的壁垒和风险

采用电子采购不可避免会遇到一些壁垒。CIPS（2008）为供应商总结了以下几点：

- 竞争问题，如在合作采购的交易中的竞争；
- 供应商可能产生负面看法，例如，由于电子拍卖，它们的利润进一步减少；
- 可能要与有竞争关系的其他交易用户分享协商后的采购利益；
- 对供应商来说，设立目录是一个漫长且花费巨大的项目；

● 组织内的文化风气，比如对改革的抵制。

这些障碍往往出现在组织初步采用电子采购的阶段。还包括第1章和第4章中提到的采用数字商务时的一些障碍，例如实施成本和管理变革。

如果要实现本章前面提到的成本节约，可能需要重新部署工作人员，甚至裁员。裁员或重新部署人员可能会引发人们对电子采购的抵制，这就需要采取管理上的措施。采购经理必须仔细讲解引入新系统的原因，强调公司整体的利益，然后具体讲解怎样灵活地引入新系统。

由于电子采购的成本节约是通过发起人（输入采购单的人员）直接购买物品实现的，因此存一些风险。当订购的物品不必要或太贵时，会发生"单独采购"或"合同外采购"。完成活动6-6以回顾可用于降低该风险的机制。

活动 6-6 避免单独采购

目的

梳理为避免单独采购应采取的措施。

活动

为了避免单独采购的发生，采用电子采购的公司需要对该系统实施必要的保护或限制措施。请思考哪些类型的规则应该写进电子采购系统。

6.12 实施电子采购

实施电子采购将会引发管理上的变化，这种变化涉及所有相关的信息系统。如果直接复制现有的实践，会让事情变得简单，但是会忽视许多优势和新技术。CIPS（2008）曾有力地证明了需要进行一些重新设计：

组织不应简单地将现有的采购流程进行系统自动化处理，而应在实施之前考虑如何改变或重组工作和业务流程以适应电子采购。采购与供应链管理专业人士应该核实既定的采购流程，测试其是否适合纸质系统，以及是否可以更换。CIPS建议，在可能的情况下，应在实施电子采购前对流程进行重新设计。

为了引进电子采购系统，信息系统经理和采购团队必须找到一个有效的解决方案，使订货工作和不同的人员有机结合。图6-13向我们展示了不同类型的信息系统涵盖订货周期的不同部分。

不同类型的信息系统如下：

1. 存货控制系统——该系统主要和与生产相关的订货有关，强调当存货数量低于订货点时要及时地再订购。

2. CD/网络目录——纸质目录被电子表格取代，因为这样可以更快地找到供应商。

3. 电子邮件/工作流程系统——该系统整合了发起人输入订单、经理审批、采购人员安置货物等工序。订单按流程由一个人传到下一个人并在他们的收件箱中等待操作。这种系统可能会延伸到会计系统。

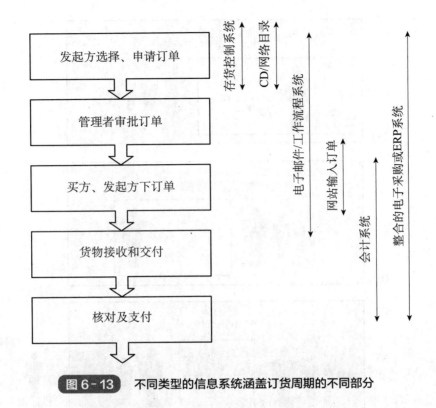

图 6-13 不同类型的信息系统涵盖订货周期的不同部分

4. 网上输入订单——购货方有机会在供应商网站上直接订货，但是这涉及加密问题，并且不能与请购、会计系统整合。

（1）会计系统——使用以网络为基础的会计系统，当采购部门的采购人员输入订单后，会计人员以此为依据在收到发票时进行支付。IFO-Basware 全球电子发票报告（2012）称，自动化仍然是有限的，大约一半的公司通过电子邮件接收发票，大约有一半公司接受 XML 电子发票服务，或者使用服务提供商提供的系统，还有 14％的公司使用自己的系统。

（2）整合的电子采购或 ERP 系统——这些系统旨在对包括供应商系统在内的所有系统进行整合。

公司在面对全循环的电子采购系统时会面临困难的抉择，因为它们可以尝试整合原有系统，也可以购买新的功能相当的系统。购买新系统可能是最简单的技术选择，却比整合原系统要贵得多，而且需要对员工进行新系统的培训。

整合供应链系统和公司原有的系统

成本和周期方面的收益可以通过将公司系统与供应商系统整合来实现。如果公司内部各系统整合都很困难，那么与其他公司的整合将更困难，因为供应商为了整合会采用不同类型的系统和模型。正如第 2 章所解释的，对 B2B 电子商务的定位有三种基本订购模式：基于卖方模式、基于买方模式和基于市场模式。图 6-14 对可供购货方选择的订购模式进行了总结，表 6-10 对购货方采用不同订购模式进行了评价。

图 6-14　可供买方选择的三种基本订购模式

表 6-10　对购货方采用不同订购模式的评价

采购模式	买方优势	买方劣势
基于卖方 例如基于目录的 B2B 供应商 www. rsw-ww. com	● 搜索 ● 供应商维护数据	● 不同的供应商网站有不同的界面 ● 选择限制 ● ERP/电子采购整合不充分 ● 限购控制
基于买方 私有交易信息被生产商和供应商存储 例如解决方案提供者 www. opentext. com 和 ERP 供应商 SAP、甲骨文	● 简化——单一界面 ● 相对于卖方有更多选择，如供应商、产品和价格 ● ERP/电子采购整合 ● 良好的采购控制	● 买方负责网站维护 ● 软件版权费用 ● 再培训
基于市场 例如 www. ec21. com	● 简化——单一界面 ● 相对于卖方有更多选择，如供应商、产品和价格 ● 常有合并条款和条件	● 困难的市场选择（横向和纵向） ● 采购控制困难 ● 服务水平未知，订单格式不熟悉 ● 市场数据界面不清 ● ERP 整合困难

　　第 2 章提到过，公司供应商品或提供服务时必须决定采用哪种模式来配送商品或提供服务。从购货方的角度来看，供应商采用的模式会影响购货方的选择。

　　图 6-15 展示了买方将内部系统（如 ERP 系统）与外部系统整合的选择。采用特定的电子采购软件对于与 ERP 系统的融合是有必要的，此类软件可以是特定电子采购应用程序，也可以是与 ERP 系统中的电子采购部分进行融合的中介软件。电子采购系统可以通过两种方法获取价格目录：一种是将来自不同供应商的电子目录存储在具有防火墙的公司内部。这种方法的优势是数据可以存储在公司内部以便随时使用。然而，需要防火墙外的电子链接来更新目录，或者有时需通过交付带有更新目录的 CD 来实现。另一种方法就是打包产品目录（punchout catalogue），通过防火墙获得供应商网站或中介网站上的目录。与中介网站建立链接（如进行 B2B 交易）的一个优点是，中介网站已经收集了来自不同供应商的数据，并建立了永久性的表格。

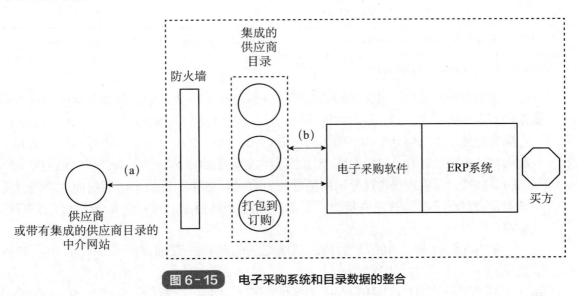

图 6-15　电子采购系统和目录数据的整合

6.13　聚焦：B2B 市场

　　2000 年之前，B2B 市场被认为是 B2B 采购的转变。但是，许多公司在形成可持续的商业模式方面遇到了困难，尽管在化工行业的垂直行业中有一些成功的例子，如 Elemica（www. elemica. com）。

　　B2B 电子商务市场（B2B electronic marketplaces）也被称为"市场、交易所或枢纽"。通常，它们是再中介化现象里的中介，独立于买家和供应商存在。

　　在过去的几年里，许多 B2B 专有电子交易（private B2B exchanges）已经发展起来。这种交易通常是由单个制造商或供应商创建的，包括有"围墙花园"的供应商，也就是说，每个人都必须获得批准成为成员。尽管注册为供应商以响应特定报价请求（RFQ）进行投标或参与反向拍卖的表格对所有人开放，但每个表格都需要经过审查，以避免竞争对手参与。

市场的类型

　　卡普兰和索内（Kaplan and Sawhney, 2000）通过应用现有的企业采购分类，即企业如何买（系统采购或现货采购）和企业买什么（经营资源或生产资源），开发了 B2B 市场的分类方法。他们所定义的四种市场见表 6-11。值得注意的是，生产资源市场是垂直市场，为特定的行业如钢铁、建筑和化学品服务；而经营资源市场是横向市场，为不同行业提供一系列产品。

表 6-11 卡普兰和索内（2000）对 B2B 市场进行分类的例子		
如何买	**买什么**	
	经营资源	生产资源
系统采购	MRO 中心 www. ariba. com	Catalogue 中心 www. jaggaer. com
现货采购	Yieldmanagers www. upwork. com	Exchanges www. plasticsnet. com

资料来源：Adapted and reprinted by permission of *Harvard Business Review* from table on p. 99 from 'E-hubs: the new B2B marketplaces', by Kaplan, S. and Sawhney, M., in *Harvard Business Review*, May-June 2000. Copyright © 2000 by the Harvard Business School Publishing Corporation, all rights reserved.

随着市场的变化，卡普兰和索内又对分类进行了一些调整，主要依据市场是否直接存在于购买者和销售者之间，或者依据市场是否存在某种程度上的联合。同样地，对购买者而言，在购买商品时可以结合个体的购买力争取折扣，这一方法对中小型企业也同样适用。卡普兰和索内认为这种联合是"反向联合"，因为它催生了由顾客到供应商的反向供应链。当然也有"正向联合"，即供应链通过分销商按传统方式进行运作。销售不同制造商生产的计算机的分销商，会对不同制造商的供货进行汇总。当整合供应链功能时，市场也可以充当供应链集成商。

索内（Sawhney, 1999）认为，创建交易的公司一般都属于表 6-11 所示的四个市场类别。

不同市场提供服务的范围不同，有些可能超过采购范围，提供一系列整合供应链的服务。索内（1999）将这种市场称为"元中介"（metamediaries），例如，Plastics Net（www. plasticsnet. com）提供供应商评估、订购、追踪、市场信息、鉴定监督、拍卖和目录等服务。

辩论 6-4 **独立 B2B 市场的未来**

独立 B2B 市场没有未来，除非是那些由行业卖家赞助的市场。

6.14 电子采购的未来

有些人认为，未来寻找供应商和产品的任务可能会由软件（智能）代理（software (intelligent) agents）来完成，这种软件代理已经定义了相关规则，或具有一定程度的人工智能，能够帮助人类完成工作。在互联网上，软件代理已经可以通过使用许多搜索引擎执行搜索来进行营销调研，将来它们还可以用于搜索产品甚至购买产品。软件代理使用预先确定的规则，或者使用神经网络技术规则工作。这些规则将决定软件代理是否应该购买。

Gartner 公司表示（Van der Meulen, 2017），一些采购应用程序正在使用初级人工智能（AI）或机器学习来自动收集、分类和分析组织的支出，寻找节约成本的新方法，进而提升工作效率。在此基础上，一些采购技术供应商将创建认知采购顾问（CPA）和虚拟个人助理（VPA），来提高自动化水平和效率。

Gartner 公司的研究主管马格努斯·伯格福斯（Magnus Bergfors）表示：

采购 VPA 可以引导人们使用正确的采购工具，改善传统采购工具的最终用户体验，增加管理方面的支出。CPA 可以提供从供应商评估、绩效管理到风险管理和合规性等方方面面的总结、建议和意见。

塔克和琼斯（Tucker and Jones，2000）也发表了关于智能代理在采购中使用的看法。他们认为，智能代理将承担对可供选择的供应商进行评估的工作，而这项评估工作要借助事先定义的量化的选择标准，包括价格、可用性和交货。他们相信这种技术是可行的，实际上，类似的智能代理软件已经在财务市场上用于制定投资策略。但是，这种软件如何评价供应商的可信度、这些供应商能否胜任公司伙伴或合伙人的角色，仍是一个未知数。

6.15 本章小结

1. 供应链管理涉及组织从供应商和合作伙伴到客户的所有供应活动的协调。上游供应链活动（采购和入库物流）相当于买方电子商务，下游供应链活动（销售、出库物流和交付产品）相当于卖方电子商务。

2. 过去的供应链管理方式是基于推式供应链的理念，即企业通过主动推销产品和服务来满足客户需求。然而，现在的供应链管理方式已经发生了变化，强调拉式供应链理念。拉式供应链强调客户的积极参与和合作，通过了解客户需求和参与产品及服务规范的制定，为客户提供更有价值的解决方案。

3. 价值链和供应链管理之间存在密切关联。完善价值链的目的在于增加供应链管理中各个环节的价值，强化供应链整体竞争优势。

4. 供应链和价值链可以通过分解或重新聚合进行重整。分解可能涉及将核心供应链活动外包给外部各方，随着越来越多的活动被外包，公司将逐步虚拟化。

5. 部署数字技术的好处包括：

- 流程执行效率更高、成本更低；
- 降低供应链的复杂性（去中介化）；
- 改进供应链各要素之间的数据整合；
- 通过方便的动态外包降低成本；
- 支持创新和提高客户响应能力。

6. 从供应商处采购物品涉及的采购活动也包括使用物品前的运输、货物入库和仓储，电子采购涉及所有采购活动的线上整合。

7. 电子采购旨在缩短采购周期和节约成本，主要通过缩短采购人员花费的时间和减少库存来实现。

8. 引入电子采购的方法如下：

- 基于卖方电子采购——直接从卖方网站购买，通常不与买方采购系统集成。
- 基于买方电子采购——卖方目录与买方采购系统集成。
- 通过中介与多家供应商进行市场采购交易（可能与买方的采购系统集成，也可能不集成）。

9. 电子采购的应用涉及的组织壁垒包括重新部署人员或裁员，以及客户对供应商的不信任。

练习 //////////////////////////

自我评估

1. 定义供应链管理，它与以下方面有何关系？
- 物流。
- 价值链。
- 价值网络。
2. 价值链的推式理念和拉式理念之间有什么区别？
3. 信息系统如何支持供应链管理？
4. 供应链管理中的关键战略选择有哪些？
5. 概述公司采购物资的两种主要方法以及所需物资的两大分类。
6. 概述电子采购的主要原因。
7. 解释电子采购的基于买方、卖方和市场模式之间的差异。
8. 引入电子采购对组织有何影响？

问题讨论

1. 电子通信如何赋能价值链网络的重组？
2. 讨论此观点——"随着电子商务的出现，线性价值链的概念不再成立"。
3. 选择一个行业，分析 B2B 交易将如何改变供应链。
4. 讨论此观点——"归根结底，业务是供应链与供应链的较量"。
5. 根据你选择的零售商，分析其上下游供应链管理策略。
6. 对于你所选择的行业部门，回顾当前可供信息系统专业人员使用的备选方案和企业对 B2B 市场电子商务的采纳情况，并尝试预测五年内的情况。
7. 严格评估电子采购节约成本和提高盈利能力的作用。
8. 讨论此观点——"完全自动化的端到端采购是不现实的"。

测试题

1. 解释去中介化、再中介化和反中介化的概念如何应用于供应链。
2. 你最近被任命为一家制药公司的供应链经理，总结与供应商沟通时你会考虑的主要数字应用。
3. 电子通信的发展如何促进价值网络的发展？
4. 解释采购商和供应商如何运用信息技术服务其业务。
5. 通过行业示例，总结使用电子商务简化供应链的三大好处。
6. 在上游供应链和下游供应链中使用信息技术的区别和相似之处是什么？
7. 描述电子采购系统的不同要素。
8. 绘制一张图表，总结组织内传统采购流程和电子采购流程的主要差异。
9. 概述电子采购的主要好处。
10. 解释基于买方的电子采购和基于卖方的电子采购之间的差异，为采购公司展示每种类型的优势。
11. 解释如何通过电子采购节约成本。

第 7 章

数字营销
■ Digital marketing

学习目标

完成本章的学习后，读者应该能够：

- 评估独立的数字商务需求和数字营销战略
- 创建数字营销计划的大纲，以实施数字营销战略
- 区分传统媒体和新媒体的营销传播特征

7.1 本章介绍

在第 5 章中，我们探讨了发展数字商务战略的方法。在本章中，我们将对数字营销战略和计划进行单独探讨，这是由于在许多组织中，营销团队或者电子商务团队会开发一个与其他营销计划相结合的独特的数字营销计划。数字营销计划会帮助企业确定特定的数字营销目标，并且设计各种战略，确保部署所需的资源来获得互联网提供的营销机会，并防止其他网络因素带来威胁。数字营销主要关注一家公司及其品牌如何通过网站、其他数字化平台及媒体（例如移动网站和 App）、搜索、社交媒体和电子邮件营销与受众互动，以增加品牌价值，达到营销目标。关于面向消费者开展零售业务的电子商务网站的相关问题，Country Attire 公司作了探讨。

图 7-1 展示了数字营销的运营流程和管理流程，其中运营流程有三个主要方面，它们是：

- 顾客获取。通过搜索引擎和位于其他场所的广告来触达顾客，吸引顾客访问或进行品牌推广。
- 顾客转换。促使网站访问者产生消费行为或产生内容浏览行为。
- 顾客保留和增长。对于交易性网站，鼓励人们使用数字渠道进行重复消费或重复销售。

RACE（详见图 8-3）是一个已经在 Smart Insights 项目中得到开发的框架。本章将帮助营销者提升其所在组织从数字营销中获得的商业价值。在这一章中，我们将主要聚焦开发数字营销战略时遇到的管理问题。数字营销方案应考虑营销目标和电子商务战略目标，以保证它服从组织目标。由图 7-2 可以得知，组织的计划之间存在着等级：公司（商业）计划指导着营销战略，后者又指导着不同市场和品牌的营销计划。通常公司还有单独的营销沟通计划来详细说明营销活动，并通过数字营销计划达到营销目标。

本章结构

本章首先假设读者之前所学习的市场营销知识有限，因此首先介绍市场营销及数字营销

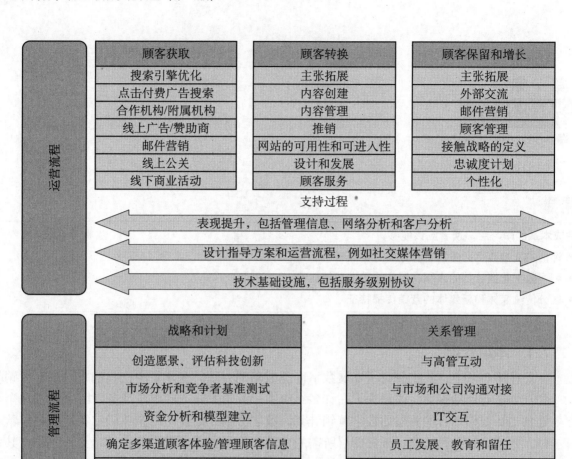

图 7-1 数字营销的运营流程和管理流程

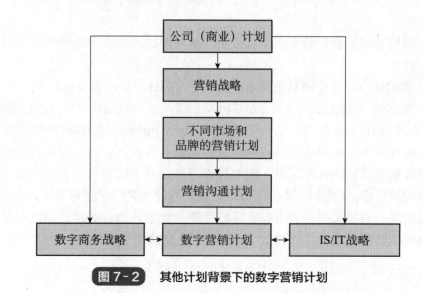

图 7-2 其他计划背景下的数字营销计划

的概念并解释它们与数字商务的关系。随后将介绍开发数字营销计划的结构化方式（与战略流程模型类似，相关介绍在第 5 章）。本章也回顾了目标营销、混合营销和品牌创建等概念，当我们使用数字媒体时，这些概念有不同的含义。

苏丹和罗姆（Sultan and Rohm，2004）提供了三个组织将数字营销战略与业务战略结合起来的典型例子，并根据对三个组织的调查研究，确定了以下战略目标：

- 降低成本并提高价值链效率。例如，B2B 供应商 AB Dick 用互联网销售打印机等产品，以减少客户拨打服务电话的次数。
- 创造收益。例如，锐步（Reebok）利用互联网进行某些产品的直接销售授权。
- 建立合作伙伴关系。使用外联网同分销商建立合作关系。
- 渠道和品牌化。图书出版商企鹅兰登（Penguin Random House）为有抱负的作家提供了一个名为 "Underlined"（www. getunderlined. com）的线上社区。

◎ 现实世界中的数字商业——对 Country Attire 公司的采访

数字化战略在 Country Attire 公司中的发展

Country Attire（www. countryattire. com）是一家独立的线上零售商，销售英国传统品牌，也销售一些当代时尚品牌，例如 Joules、Barbour、Haclett、Woolrich、Hunter、Clarks 以及 Ted Baker。公司成立于 2006 年，由理查德·帕克（Richard Parker）和珍妮·帕克（Jenny Parker）夫妻两人创建，该公司的规模正稳定扩大，已获得许多 Etail 奖，且多次被列入 Sunday Times Fast Track 100 名单之中。该公司目前位于英国斯托克波特，面积达 36 000 平方英尺。

采访内容

问：你们创建数字营销战略的过程是怎样的？

珍妮·帕克：我们面临的挑战之一是我们是一个"多品牌、多品类"的在线公司，这意味着我们的选择受到了库存的制约。这些年来我们的业务已经发展为提供优质的终端到终端服务，同时专注于利润增长。我们的战略是先按品牌看一下投资的水平，然后再按照货品和客户的性别进行区分。最后，按营销渠道查看这些品牌的历史绩效，并分析我们可以使用多少预算。

我们下一步的计划是按品牌对数据进行细分，看看有没有可以利用的线下参与方式。最后，我们着眼于品牌是如何吸引不同顾客的以及顾客的数字行为，以此来努力与顾客的创意和信息获取速度保持一致。我们不断地评估绩效，并努力获得投资回报，而投资回报会因营销渠道的不同而有所不同。

问：你们是如何明确你们的电子商务战略的？

珍妮·帕克：我们非常看重对顾客的调查和分析。我们不断地为顾客制订个性化旅程，量身打造其消费过程，使顾客的体验符合期望。例如，我们已确定了四种主要的英国消费者类型，分别是"讲究穿着的时尚者"、"都市乡村居住者"、"精明的守规矩者"以及"极为活跃的购物者"。

我们的核心竞争力之一是为顾客提供卓越和个性化的服务，可以自豪地讲，基于 32 000 余条评论，我们在 Trustpilot 上获得了 9.7 分的评价（满分为 10 分）。我们为顾客提供的一些其他服务包括：主要合作品牌的独家项目、英国国内免费退货、最晚至下午 4 时的当天派送、可供随时使用的现货。

我们采用线上线下多渠道进行营销，采用的数字渠道包括 PPC 和再销售、SEO、内容生成、社交媒体、社会宣传与电子邮件。我们没有使用许多线下渠道，因为线下渠道往往会演变成当面推销、邮件推销和上门推销。

问：你是如何对转化率的提升以及网站新特色的实施进行管理的？

珍尼·帕克：如前所述，我们不断地对所采用的营销渠道进行绩效评估来保证预算得到有效的使用。我们借助一些关键手段包括A/B和多变量测试（MVT），使用敏捷营销的实验路线图，通过用户旅程分析来记录用户的行为。

问：你们在营销渠道上作出正确投资的过程是怎样的？

珍尼·帕克：我们的方法聚焦于投资回报率（ROI），我们也总是关注每个渠道的单位采购成本（CPA），同时估计顾客终身价值（CLV），因为我们的平均订单价值（AOV）很高，顾客的购买周期很长。我们正在使用新科技帮助我们准确计算以上指标，为未来的提升打下基础。Country Attire主营季节性业务，因此我们很看重敏捷营销。我们也严格控制整体营销支出，以总营业额的9％为上限。

注意：CLV在第8章有更详细的解释，敏捷营销和转化率优化在第10章"数据增长黑客"部分有更详细的解释。

7.2　什么是数字营销

数字营销可以简单地描述为"通过使用数字技术及媒体达到营销目的"（Chaffey and Ellis-Chadwick，2016）。这个简洁的定义提醒我们，决定数字营销投资的应该是数字技术能带来的结果，而不只是为了采用技术而使用数字营销。

营销的定义

为了更深入地了解数字营销所包含的内容，我们需要再看一下营销的初始定义。英国特许营销协会（Chartered Institute of Marketing）对营销这一概念有如下定义：

营销是一种负责识别、预测并满足顾客的需求，从而获得利润的管理过程。

这个定义强调了营销对顾客的关注，同时表明营销需要与其他商业操作连接才能获得利润。在本章与第8章中，我们会关注数字渠道如何被用于实现这个过程：

- 识别——营销调研如何通过互联网发现消费者的需要和欲望？
- 预期——对于数字服务需求（线上收入贡献）的预期是决定数字商业资源分配的关键（见第5章）。
- 满足——数字营销的一个关键问题是如何通过数字渠道使顾客获得满足感。这就引发了一系列问题，比如网站是否易于使用、它的性能能否满足需要、对相关顾客的服务标准是什么，以及如何分派实体产品等。

迷你案例7-1为企业如何利用数字技术实现营销目标提供了一个很好的例子。我们在第4章中介绍了众包的概念，并将其定义为利用顾客或其他合作伙伴网络来获得对新产品或流程创新的见解，并可能有助于品牌推广。

迷你案例 7-1

Firebox 利用众筹平台进入现成的分销网络

主打创新和设计的电子商务公司 Firebox 利用众筹平台 Kickstarter 销售了一款拖鞋。该公司提供了一个 30 双打折拖鞋的"零售套餐"——最先承诺花费 20 英镑支持该活动的人，每人赠送一双该款拖鞋。这种方法为 Firebox 提供了一个测试顾客对其新产品反馈的平台，并提供了一个现成的分销网络。

Firebox 还成功地将公司的信息传递给了一批新的潜在客户。它在 Kickstarter 上的活动如以下文案所示：

我们是 Firebox.com，一家出售新奇物品的商店。

我们是一家创新的、以设计为主导的、独立的在线零售商，总部位于伦敦市中心。我们寻找、创造和销售独家原创的多元化新奇组合产品。这就是为什么我们喜欢 Kickstarter。在过去几年里，我们追踪并支持了数十个 Kickstarter 项目，其中许多产品最终在我们的网站上得以出售。

我们也在内部开发自己的产品，受 Kickstarter 社区的启发，我们决定在这里推出我们的下一个大创意！希望志同道合的人和我们一起踏上这段创新之旅。

公司的融资目标为 7 000 英镑，参与这个融资活动的消费者可以享受众多优惠，包括预购折扣、多次购买折扣以及与 Firebox 其他畅销产品（如盲盒）捆绑销售。

这次活动的融资金额最终超过了 7 000 英镑，601 名支持者提供了总共 20 482 英镑，帮助完成了该项目。

众筹是众包的一种形式，通常是指通过从不同的人那里筹集小额资金来对可能有风险的项目进行投资。然而，一些品牌不仅仅使用众包的方式筹集资金，还利用这些平台推动创新，调查被吸引群体的反馈和想法（例如进行市场调研和确定受众）。

Smart Insights（2010）在网站 http://bit.ly/smartfeedback 上给出了六种不同类型的交互式在线反馈工具，数字企业可以借此理解和识别顾客的需求和看法，并将其作为营销的一部分：

1. 网站反馈工具。网站反馈工具为顾客提供了一个通过页面提示进行反馈的永久性方式。为实现持续的反馈，它们是持续运行的，包括对页面内容以及产品和服务的评级。SmartInsights.com 使用 Kampyle（www.kampyle.com）进行网站反馈。

2. 网站用户满意度调查。这项调查旨在明晰用户希望在网站上做什么和他们实际做了什么。在 iPerceptions（iPerceptions.com）中可以找到例证。

3. 众包产品意见软件。这种方式的适用范围比网站反馈更广，能让顾客对将要推出的新服务进行评论。这是戴尔公司在 Idea Storm（www.ideastorm.com）中使用的方法，类似的论坛可以在 UserVoice（www.uservoice.com）获取。一些顾客还会在论坛上反馈网站体验或线下客户体验，其中最著名的当属 GetSatisfaction（www.getsatisfaction.com）。

4. 简单的页面或概念反馈工具。这也是众包的一种形式，这些工具会在一个在线小组中给出关于页面布局、信息或服务的反馈。公司可以用 Qualaroo（www.qualaroo.com）等工具来询问顾客某些特定问题，以了解顾客希望从公司的服务中获取什么。

5. 常用在线调查工具。这些工具，如 Zoomerang（www. zoomerang. com）和 Survey-Monkey（www. surveymonkey. com）能帮助公司以较低的成本调查顾客的情况。

6. 站点退出意向调查工具。这个工具旨在比较意向（即访问网站的原因）而不是满意度。Iperceptions（www. iperceptions. com/en/4q）和 Dynamic Yield's Exit Intent Survey（www. dynamicyield. com/template/exit-intent-survey/）中的 4Q 等工具比较了网站或移动应用中期望体验与实际体验之间的差距，是一个极有价值的深度观察视角。

网络营销提供了企业应如何将互联网与传统媒体结合来向顾客提供服务的一种外部视角。如今，数字营销（digital marketing）是最常用的术语，它指的是使用相关技术来实现营销目标，其中包含外部和内部两种视角。这更符合数字商务的概念，而此概念包含内部和外部的数字通信。

集客营销

营销专业人士通常将基于数字媒体的营销新方法称为集客营销（inbound marketing）（在第 1 章介绍过）。集客营销是强大的，因为其减少了广告浪费。内容营销和搜索营销可以用来瞄准有明确需求的潜在客户——他们是主动的和自我选择的，但这也是一个弱点，因为与传统的传播方式相比，营销者对信息的控制可能更少。在传统的传播方式中，信息被推送给特定受众的方式可以帮助营销者意识到受众的需求。达梅什·沙哈（Dharmesh Shah）和布赖恩·哈利根（Brian Halligan）等集客营销的支持者认为，内容营销、社交媒体营销和搜索营销在需求产生方面确实发挥了作用。

内容营销

成功的集客营销需要特定的、引人注目的内容来吸引访问者。不同的内容类型，如电子商务网站上的视频和买家指南，可以通过搜索引擎吸引访问者。而且，由于有吸引力的内容更有可能在社交媒体中被分享，这样的内容可以推动访问者访问网站。为了强调内容营销的重要性，以实现网站或社交媒体的电子邮件交流、鼓励分享和持续互动模式的持续推广，内容营销和内容战略已经发展为获得最佳营销实践的方法。今天，我们所说的"内容"指的是网页的静态内容和鼓励互动的动态富媒体内容的结合。视频、播客、用户生成的内容和交互式产品选择器也应该被认为是需要改进并参与问题解决的内容。

可以看出，内容战略面临的挑战是如今有如此多的不同类型的内容，它们以不同的形式在不同的地方、不同的访问平台上传递。因此，让客户参与到社交媒体中变得越来越重要。

以下是需要规划和管理的内容管理元素：

1. 内容参与价值。哪种类型的内容能吸引客户——是简单的产品或服务信息、购买产品的指南还是游戏？管理咨询公司 Bain & Company 的资料显示了一部分需要客户参与的内容示例，这些内容有助于引导客户查询和销售。

2. 内容媒体。例如纯文本、富媒体（如 Flash）、富互联网应用程序或移动应用程序（见第 3 章）、音频（播客）和流媒体视频形式。即使是纯文本也可以提供 HTML 文本、电子书和 PDF 等不同格式。

3. 内容联合。内容可以通过提要、API、微格式或直接通过电子邮件提交到不同类型的站点。内容可以通过显示要传递的信息的小工具嵌入站点中。

4. 内容参与。今天，有效的内容不只是简单地提供静态消费，还应该支持评论、评级和审查。这些也需要在初始地点和其他讨论它们的地点进行监测和管理。

5. 内容访问平台。使用不同的数字访问平台，如不同屏幕分辨率的台式电脑、笔记本电脑和移动设备。纸张也是平面媒体的内容获取平台。

　　为了评估内容如何最好地支持数字营销，本书的作者之一戴夫·查菲与 Smart Insights 的丹·博索姆沃思（Dan Bosomworth）共同绘制了内容营销关系图（见图 7-3）。活动 7-1 解释了如何用其评估和提高内容的有效性。

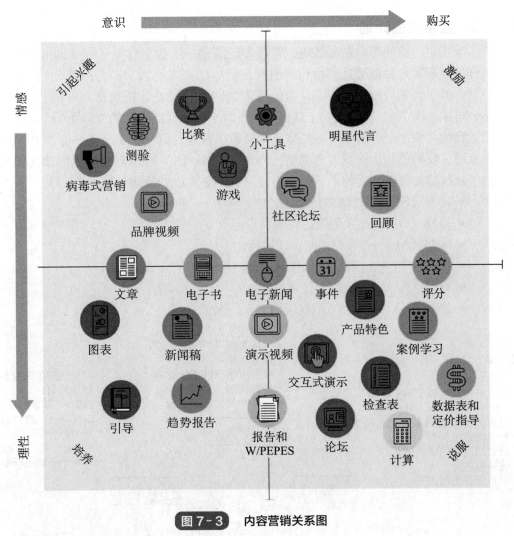

图 7-3　　内容营销关系图

资料来源：Smart Insight（2012）.

活动 7-1　利用内容营销关系图来评估和提高内容有效性

我们推荐将内容营销关系图作为评估当前内容营销的使用以及识别新类型内容的关键技巧。

目的

构建这个关系图是为了帮助决策者根据消费者发现高价值内容的过程以及公司想要达到的目标来进行不同维度的思考。

活动

通过完成这个活动，来评估一个公司为支持营销而使用的不同的内容类型：

1. 通过在网格上绘制不同的内容类型来查看当前公司的内容使用情况。

2. 对 2～3 个（直接的或间接的）竞争对手重复步骤 1，再次在网格上绘图。

3. 对未来可能使用的内容类型进行头脑风暴。

4. 对投资内容的标准进行定义（例如产生影响的范围，帮助转化、保留现有客户）。

5. 使用步骤 4 中的标准，按重要性罗列两种或三种类型的、需要在活动中进行试验的内容。

7.3 数字营销计划

除了更广泛的数字商务战略，管理者还需要一个数字营销计划（digital marketing plan），以详细说明卖方如何通过调研和沟通等营销活动来实现数字商务战略的目标。由于数字营销计划是基于营销战略的，所以计划的要素之间存在重叠，特别是在环境分析、目标设置和战略分析中。图 7-2 显示了数字营销计划及数字商务战略之间的双向影响。

我们将使用一个战略流程模型来阐释数字营销计划（类似于第 5 章所介绍的模型）。在这一章里，我们使用由保罗·史密斯（Paul Smith）创建的 SOSTAC™框架（1999），该框架总结了从战略发展到实现的不同阶段中参与营销应实施的战略（见图 7-4）：

- 形势（S）——我们的现状如何？
- 目标（O）——我们想达到何种目标？
- 战略（S）——我们如何实现目标？
- 战术（T）——我们具体如何实现目标？
- 行动（A）——我们的计划是什么？
- 控制（C）——我们已经实现目标了吗？

我们的现状如何？
- 目标表现（5个S）
- 顾客洞察
- 数字市场SWOT分析
- 品牌认知
- 互联网的功能和资源

我们想达到何种目标？
5个S的目标：
- Sell——顾客的获取和保留
- Service——顾客满意度
- Sizzle——网站吸引力和访问时间
- Speak——三方谈话、顾客参与数
- Save——量化获取效率

我们已经实现目标了吗？
- 5个S+网页分析——KPI
- 可用度检查/假扮顾客进行检查
- 顾客满意度调查
- 网站访问者的资料搜集
- 偏好报告
- 报告和行为的过程

我们的计划是什么？
- 责任及结构
- 互联网资源和技巧
- 外部代理机构

我们如何实现目标？
- 明确划分、明确目标和明确定位
- OVP（网络价值定位）
- 优先顺序（可信性先于可见性）
- 进行整合（相符合的OVP和数据库）
- 使用工具（网络功能、电子邮件和IPTV等）

我们具体如何实现目标？（战略的细节）
- 混合数字营销，包括混合沟通方式、社交网络，当使用以上措施时会发生什么？
- 沟通战略细节
- 电子商务活动方案日程表

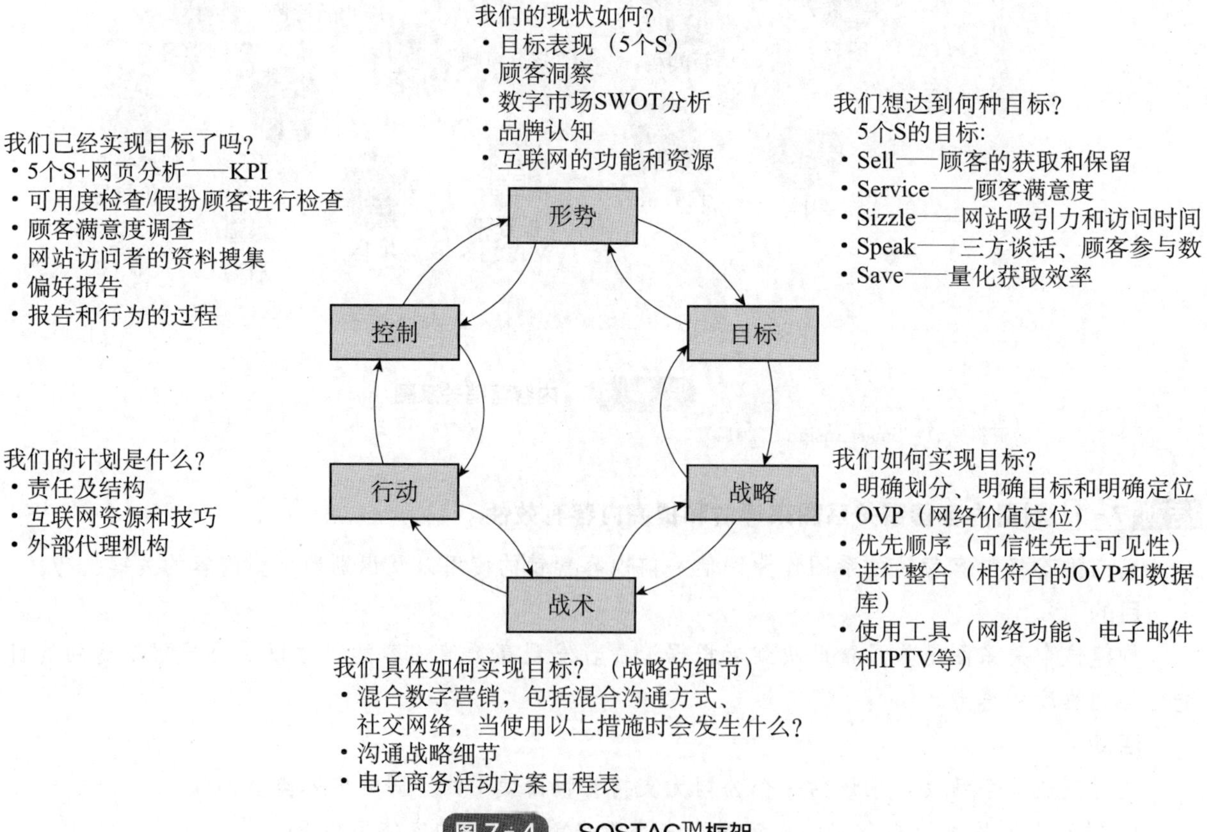

图 7-4　SOSTAC™框架

衡量数字营销的有效性是数字商务战略不可或缺的一部分，其目的是评估目标是否已经实现。我们可以通过网页数据分析（见第 10 章）来进行评估。这些数据作为控制阶段的一部分被收集，并通过改进网站和相关营销方式来持续改进数字营销。

现在我们将回顾 SOSTAC 数字营销规划方法的六个要素。

是否需要单独的数字营销计划

如果有数字营销活动的特定人员，如数字营销或电子商务经理，那么他将负责数字营销计划。

然而，如果和许多中小型组织一样没有明确的数字营销责任，就很可能无法制订出数字营销计划。这通常发生在数字营销经理资源有限或有其他优先事项，且缺乏对独立数字营销计划的价值认识的情况下。

在数字营销没有明确的规划和控制的情况下，以下问题是典型和常见的：

1. 如果没有对在线服务进行研究、资源不足且没有设定在线营销份额的目标（或设定不现实的目标），就会低估客户对在线服务的需求。

2. 如果数字营销的资源不足且没有制定明确的战略，其市场份额将会被现有的和刚起步的竞争对手抢占。

3. 会产生资源的不必要重复投入，例如，营销组织的不同部门购买不同的工具或使用不同的机构执行类似的在线营销任务。

4. 在数字营销计划及其执行上投入的资源不足，可能导致缺乏专门的数字营销技能，难以有效应对竞争威胁。

5. 作为建立关系的一部分，在线收集的客户数据不够，且这些数据没有很好地与现有系统整合。

6. 错过通过网络营销可以提高的效率——例如，在客户获取和保留活动中更低的沟通成本和更高的转化率。

7. 如果使用了错误的资源或营销人员没有使用正确的工具，那么公司将会错过应用在线营销工具（如搜索营销或电子邮件营销）的机会，或者执行效率低下。

8. 不能根据不同的团队对内部 IT 系统变化的要求排出先后次序。

9. 没有充分跟踪网络营销的结果。

10. 高管对数字营销的支持不充分，数字营销不能成为重大战略行动需求。

辩论 7-1 **一个特别的数字营销计划是必需的吗？**

作为营销计划的一部分，把数字营销计划从中分离是不必要的——数字营销能够且应该与已存在的营销相融合。

然而，负责对网站和相关数字营销传播进行大额投资的经理自然希望投资合理有效。出于这些原因，并为了避免上述十个问题，许多电子商务的执行者都有一个独特的或整合的数字营销计划。

对于较小的组织来说，数字营销计划不必详尽——一份包括目标和大体战略结构的两页计划可能就足够了。重要的是设定明确的目标和战略来展示数字的存在是如何促进销售和营销的。可以详细地说明所需的具体举措，如搜索营销、电子邮件营销或重新设计的网站的特点。

从长远来看，一旦一个组织成功地确定了数字营销方法，它很可能就不需要每年都制订单独的数字营销计划，因为数字渠道可以被视为任何其他传播媒介整合到现有的传播计划中。

7.4　形势分析

形势分析（situation analysis）的目的是了解公司当前和未来所处的环境，以便根据市场的情况制定战略目标。图7-5展示了基于形势分析的数字营销计划，主要与公司的外部环境有关。

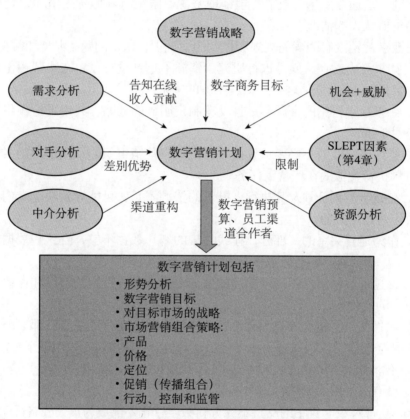

图7-5　基于形势分析的数字营销计划

图2-2已介绍了公司的线上环境因素，包括客户、竞争对手（竞争者）、供应商和中间商（中介）的直接（微观）环境，以及包括社会、法律、政治、经济和技术等特征的更广泛的（宏观）环境。形势分析会涉及上述所有因素，并将成为公司确定目标、战略和战术的基础。这其中一个主要的话题是对 SLEPT 或宏观环境因素的考虑（在第 4 章中涉及）。本章重点关注微观市场分析，包括客户、竞争对手、中介机构和市场结构等，以及对公司资源（如人员、流程和技术）进行的内部评审。

SWOT 分析（在第 5 章中介绍过）可以用来总结本节涵盖的分析范围。图 7-6 给出了一个 SWOT 分析的例子，该分析更深层次地涵盖了各种策略选择（SO/WO/ST 和 WT 策略）。

组织	优势-（S） 1.现有品牌 2.现有客户基础 3.现有分销	劣势-（W） 1.品牌认知 2.中介使用 3.技术/技能（网页体验差） 4.跨渠道支持 5.流失率
机会-（O） 1.交叉销售 2.新市场 3.新服务 4.联盟/品牌联名	SO策略 利用优势实现机会最大化= 进攻策略 例子： 1.客户网络迁移策略 2.在客户生活周期或细分承诺（电子邮件、网络）的过程中完善客户联系策略 3.合作策略（品牌联名、链接） 4.推出新的网络产品或增值体验，例如流视频	WO策略 通过挖掘机会对抗劣势= 建立进攻策略的优势 例子： 1.反调解策略（创建或获取） 2.搜索营销获取策略 3.基于联盟的获取策略 4.完善客户联系策略（电子邮件、网络）
威胁-（T） 1.客户选择（价格） 2.新进入者 3.新竞争产品 4.渠道冲突 5.社交网络	ST策略 利用优势实现威胁最小化= 防御性策略 例子： 1.引进新的互联网专属产品 2.为网络服务增加价值——完善网络价值主张（OVP） 3.与互补品牌合作 4.创建自己的社交网络/客户评论区	WT策略 对抗劣势和威胁= 建立防御策略的优势 例子： 1.差异化在线定价策略 2.获取/创建低成本的单一经营公司 3.采用客户参与策略，提高转换率、平均订单价值和客户终身价值 4.在线声誉管理策略/E-PR

图 7-6　TOWS 分析实例

这种类型的关系图被称为 TOWS 分析。

7.4.1　客户需求分析

推动数字营销和数字商务战略目标的一个关键因素是了解不同细分市场中客户对电子商务服务的需求，并评估这种需求的现阶段发展水平及未来发展前景（见第 5 章）。这将影响客户对在线产品的需求，也可用于管理不同在线渠道资源。需求分析（demand analysis）可以评估不同的目标市场中当前的客户和未来预期的客户对于不同数字渠道和服务的使用需求。它可以通过下列问题分析确定：

- 多大比例的客户在访问互联网？
- 采购人员能够访问互联网的占比是多少？
- 多大比例的客户准备在线购买产品？
- 有多少能上网的客户不准备在网上购买，但受到数字信息的影响后选择线下购买产品？
- Web 2.0、博客、在线社区和视频等不同的客户线上参与方式的流行程度如何？
- 影响不同渠道的客户接受产品的障碍有哪些？我们如何鼓励这种接受产品的行为？

精明的数字营销人员使用谷歌等搜索引擎服务提供的工具，根据搜索者输入不同关键词的次数，评估搜索者对其产品或服务的需求。表 7-1 显示了对这些通用、宽泛的关键词的搜索量。大多数用户还使用"免费"、"便宜"或"比较"等限定词来缩小搜索范围，这让对比网站有机会吸引访客，并通过联合营销获得回扣。在线零售商可以通过 Google AdWords 和必应等将广告信息定向传递给寻找商品的消费者。

表 7-1　单月关键词搜索量

关键词	全球搜索总量	英国谷歌搜索引擎上的搜索总量	单位点击成本（英镑）
samsung tv	201 000	22 200	0.58
television	246 000	14 800	0.65
led tv	165 000	12 100	0.77
lg tv	90 500	9 900	0.53
panasonic tv	40 500	8 100	0.58
flat screen tv	49 500	6 600	0.50
lcd tv	90 500	6 600	0.67
samsung led tv	90 500	4 400	0.68
lcd	135 000	4 400	0.65
plasma tv	33 100	3 600	0.73
hd tv	33 100	3 600	0.67
samsung televisions	8 100	2 400	0.57
samsung tvs	9 900	2 400	0.79
buy tv	6 600	2 400	0.75
cheap led tv	4 400	1 900	0.55
sharp tv	40 500	1 900	0.55
led tvs	6 600	1 600	0.81
blu ray players	6 600	1 600	0.40
compare tv prices	2 400	1 600	0.46
led tv reviews	9 900	1 600	0.54

注：以上测算基于 Google Adwords 工具在 2013 年 6 月发布的与 LCD 相关的精确匹配搜索的关键词数据。

通过评估在特定市场中用于搜索产品的词条量，可以计算出一个公司的潜在机会和当前关键词所占份额。搜索份额可以从公司网站的网络分析报告中获得，这些报告显示了访客使用不同搜索引擎访问某个网站时使用的精确关键词。

因此，作为数字营销计划的一部分，公司必须借助形势分析确定市场接入互联网的程度，以及消费者受互联网影响在线下或线上购买的倾向。在营销环境中，购买倾向是购买者行为的一个方面（见第 8 章）。

图 7-7 总结了数字营销计划制定者对汽车市场进行客户需求分析的内容。对于公司打算开展服务的每个区域市场，研究需要包括以下内容：

1. 用户接入互联网（或使用移动通信工具）的比例；

2. 用户访问网站（选择使用不同类型的服务和渠道，如手机或不同的社交媒体平台的比例）；

3. 受到积极影响的客户的比例；

4. 网上购物客户的比例。

现在，请参考活动 7-2，该活动针对汽车市场进行了上述分析。客户需求会随着目标市场的改变而改变，因此需要对每个目标市场分别进行分析。例如，希望购买豪华车的客户更有可能访问网络，并且比那些寻找小型车的客户有更高的购买倾向。

活动 7-2 本国汽车市场的客户活动

目的

研究如何进行数字营销计划的需求分析，以及需求分析的类型及方法。

活动

就你所在国家的情况，更新图 7-7 以反映当前状况和未来预测：

A. 对于团队客户（即机构市场），为提高效率，有专门人员协调购买并管理公司的汽车：

1. 可上网客户比例。

2. 访问该网站的客户比例。

3. 受到积极影响的客户比例（可能难以确定）。

4. 在线购买的客户比例。

如果可能的话，试着判断这些数字如何根据公司规模和购买单位的不同而变化。

B. 对于个人客户：

1. 可上网客户比例。

2. 通过网络或移动渠道访问网站或社交媒体的客户比例。

3. 受到积极影响的客户比例。

4. 在线购买或使用其他线上服务（如下载宣传册、预订试驾）的客户比例。

如果可能的话，试着衡量这些数字是如何随着年龄、性别和收入水平变化的。

可以通过政府部门和汽车采购行业协会来获得数据。

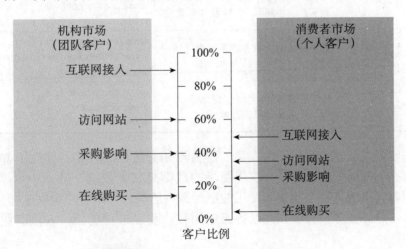

图 7-7 对汽车市场的客户需求分析

采用定性分析展开客户分析

客户分析不应局限于定量需求分析。瓦利亚尼和瓦图里（Variani and Vaturi, 2000）指出，定性研究可以用来制定战略。他们建议使用图表分析，尝试捕捉目标客户的核心特征——不仅包括人口统计数据，还包括客户的需求和态度，以及客户使用互联网时的满意度（在第 9 章中，我们将回顾如何开发客户角色（persona）和场景（scenario）来帮助理解线上买家的行为）。

有些客户洞察可以被组织利用，这种客户洞察的所有分类及其描述如表7-2所示。组织内部的挑战包括选择服务（付费或免费），然后确保花足够的时间来审查和处理数据，提出能增加更多价值的见解。作者的经验表明，组织中通常只有数字化团队会使用这些数据，因此这些数据在整个组织中没有得到充分利用。

表7-2　供应商的数字客户洞察分类和描述

洞察分类	描述	案例出处
客户的声音	客户对在线和多渠道体验的感知，包括净推荐值；在线声誉管理工具	www.iperceptions.com www.opinionlab.com www.foresee.com www.bazaarvoice.com
客户资料数据	客户特征与细分市场	内部数据库
购买行为	交易历史，包括产品类别、时间、频率和花费	内部数据库
通过网络分析获得的访客行为	现场客户旅程和推荐来源；受欢迎的登录页面、内容和产品	www.google.com/analytics www.adobe.com/solutions/digital-analytics.html www.getclicky.com www.Mixpanel.com
客户面板数据	客户数量/第三方网站的覆盖范围和档案	www.experian.com/marketing-services/marketing-services.html www.comscore.com www.nielsen-online.com
竞争对手基准分析	对网站的独立审查以及从独立团队或客户（神秘客户）中获取的信息	www.globalreviews.com www.psyma.com www.emysteryshopper.com
商业活动响应	数字媒体触点组合带来的网站访问和转换；广告网络行为定位	www.conversantmedia.com www.doubleclickbygoogle.com www.lynchpin.com
实验	A/B和多变量测试；现场行为目标、现场营销解决方案	www.maxymiser.com www.optimizely.com www.hotjar.com

一般来说，在大型组织中，员工要么不知道数据的存在，要么不知这些数据的服务提供商，要么不知道处理的方法（这里所指的数据是"大数据"（big data））。个人隐私也是一个重要问题，组织需要在收集和使用数据时保持透明，并给客户提供选择权（如第4章所述）。

除了外部资源，许多在线商务正利用客户观点进行创新。来自商业和消费者领域的著名例子包括：

1. Dell IdeaStorm（www.ideastorm.com）；
2. Starbucks Idea（http://ideas.starbucks.com）；
3. 宝洁公司与Innocentive的紧密合作（www.innocentive.com）；
4. Oracle Communities（www.oracle.com/communities/index.html）。

通过以上例子可以看出，精通数字技术的公司是如何将在线平台作为倾听渠道进行营销调研的。它们利用互联网和电子邮件征求反馈和建议，这有助于公司对未来服务的塑造。

7.4.2　竞争对手分析

由于线上媒体的动态性，对于竞争对手的分析（competitor analysis）或对竞争对手利用电子商务获取、转化和留住客户过程的监控在数字市场中尤为重要。在数字市场中宣传新服务和促销活动比传统印刷方式快得多。这意味着对竞争对手的基准分析不是制定战略时的一次性活动，而必须是持续的活动。

对竞争对手的线上服务和战略进行基准分析是计划活动的关键部分，为应对其新的营销方法（如定价或促销），这项分析应该持续进行。根据查菲等（Chaffey et al.，2009）的说法，对竞争对手的标杆管理具有不同的视角，服务于不同的目的：

1. 内部能力评估：例如资源、结构和流程，与网站面向客户的外部功能对比。

2. 从基于品牌的核心主张到网络价值主张（OVP）：核心主张基于所提供的产品范围、价格和促销手段。OVP 描述了能够增加品牌价值的网络服务类型。我们将在关于 OVP 的章节和本章后面的营销组合中讨论更多内容。

3. 客户生命周期的不同方面的评估：从客户获取到转化再到保留。应针对每个竞争对手的所有数字营销活动，对其能力进行基准分析，如图 7-1 所示。可从不同客户群体或用户画像的角度（可用性）进行评估。搜索引擎（见第 2 章）的性能应该作为客户获取和品牌实力的一个关键方面进行审查。除了可用性之外，公司还应该寻求客户对营销组合不同方面的看法，比如本章后面提到的定价和促销。

4. 从定性到定量的评估：由客户调查和通过专门小组进行定性评估，到由独立审计人员对客户数据进行定量分析，例如：网站访问者数量或市场范围内的获取成本、客户数量、销售额、收入和市场份额、转化率（平均转化率）和留存率（如重复转化率和活跃用户数量）。

5. 行业内和行业外的评估：以行业内类似的网站为基准，找出可以进一步提升的领域，如数字媒体、社交网络和品牌网站。Bowen Craggs & Co（www.bowencraggs.com）等分析网站提供了基准分析服务。它们的基准测试报告如图 7-8 所示。可以看到，这是专家基网站对不同受众的适合度的评估。该方法指出："它不是一个'打钩框'：每一个指标都是根据它的存在、质量和对客户的实用性来判断的，而不是去问'它是否存在'。"

Pos	公司	建设	信息	联系	服务社会	服务投资者	服务媒体	服务求职者	服务顾客	总数	网址	国家
	最高分	60	48	12	32	32	32	32	32	280		
1	西门子	47	40	10	27	21	28	24	24	221	www.siemens.com	德国
2	壳牌	46	41	7	26	22	21	24	22	209	www.shell.com	新西兰
3	BP	41	39	10	28	27	18	19	25	207	www.bp.com	英国
4	诺基亚	44	36	8	26	24	24	16	25	203	www.nokia.com	芬兰
5	阿斯利康	48	33	9	20	20	27	16	27	200	www.astrazeneca.com	英国/瑞典
6	合计	44	39	11	25	27	12	22	21	200	www.total.com	法国
7	IBM	41	36	11	23	26	26	12	24	199	www.ibm.com	美国
8	ING	43	40	8	20	25	21	16	22	197	www.ing.com	新西兰
9	UBS	37	36	6	20	27	22	26	20	194	www.ubs.com	瑞士
10	通用电气	42	37	10	25	17	19	17	24	191	www.ge.com	美国

图 7-8 公司网站基准测试报告

6. 从财务到非财务指标的评估：通过审查竞争情报来源（如公司报告或纳税申报），公司可以通过数字渠道盈利。然而，公司也应该考虑在平衡计分卡测量框架（见第 5 章）中纳入公司能力的其他具有前瞻性的方面，包括资源、创新和学习。

7. 从用户体验到专家评估。基准研究应该采取两个不同的视角，即从实际客户的可用性评估到独立的专家评估。

现在请完成活动 7-3，了解如何对竞争对手的数字商务服务进行基准分析。

活动 7-3 竞争对手基准分析

目的

若想要了解竞争对手网站的服务，可以对其进行基准分析并评估其基准价值。

活动

你受一家大公司委托评估其竞争对手的在线服务的营销效果并与雇主公司进行比较。你必须利用幻灯片在 10 分钟内展示你发现的问题以及改进方法。

选择 B2C 行业，如航空公司、图书零售商、图书出版商、CD 或服装公司，或 B2B 行业，如石油公司、化学公司或建筑公司。

以个人或小组的形式，确定可用的信息类型（以及你将访问网站的哪些部分），这将有助于确定竞争对手的基准。一旦制定了标准，就应该对公司进行基准测试，并总结出你认为最充分利用互联网媒体的公司。

表 5-10 也可能是有帮助的。

7.4.3 中间商或影响者分析

第 2 章强调了网络中介机构（如出版商或媒体网站）对增加公司网站访问量或影响访问者消费的重要性。情况分析还涉及如何确定某市场的相关中介机构，包括不同类型的发行商，如横向和纵向门户网站，可根据广告、公共关系或合作关系对其进行评估。该活动可用于确定战略合作伙伴，也可以由媒体策划者或买家在制作在线广告时执行。

例如，一家在线电子零售商需要分析自己及其竞争对手的聚合器等中介机构。通过对中介机构的分析，可以回答如下两个问题：竞争对手有特殊的赞助安排吗？微型网站是由中介机构创建的吗？对中介机构的情况分析的另一个主要方面是考虑其市场运作的方式。竞争对手在多大程度上使用脱媒或再中介手段？如何改变现有的渠道安排？

7.4.4 内部营销审计

内部审计可以评估公司的人力、流程和技术等资源，并据此比较雇主公司与竞争对手进行数字营销的能力。内部审计还将审查当前网站（或电子商务服务）的运行方式。审计工作包括电子商务网站的下列要素：

1. 业务效率。包括网站对收入、盈利的贡献，网站上与公司使命相关的内容，网站的运行和更新成本（即成本效益分析）。

2. 市场营销效果。包括：
- 引流；
- 销售；
- 获取新客户的成本（即获客成本或 CPA）；
- 客户保留；
- 市场份额；
- 品牌投入和忠诚度；
- 客户服务。

这些方法将对每个产品线进行评估。营销组合要素的运用方式也将得到评估。

3. 网络的有效性。这是用来评估网站使用方式和受众特征的具体措施，包括对专业指标（如通过网络分析收集的独立访客数量和页面浏览量等）的评估以及传统研究技术（如焦点小组及问卷调查等）。从营销的角度来看，也应该针对网站对客户价值主张的有效性进行评估。

7.5　目标设定

有效的数字营销计划基于明确定义的目标，因为这些目标可为战略和战术提供信息，并有助于向员工和投资者传达公司的战略目标。

一般认为，当一个战略支持特定的业务目标时，这种战略是最有效的。将战略和目标从情况分析中提取出来放在一个表格中，是一种较为有用的技术，这一方法为制定战略提供了信息。表 7-3 给出了一个例子，这个例子中展示了客户获取、转化和保留策略同这些战略之间的联系，以及实现这些战略的技巧，如电子邮件营销和搜索引擎营销（将在第 8 章讨论）。

我们还在第 5 章讨论了 SMART 数字商务目标的重要性。针对数字商务目标，我们应制定相应的绩效评估标准。清晰的绩效评估标准可以提高评估效率与效果，我们注意到了使用效率与效果相结合的评估标准的价值，此类标准也可以应用在平衡计分卡中。表 7-4 以这种方式给出了详细的数字营销指标。

表 7-3　B2B 公司的目标、战略和关键绩效指标（按优先级排序）

目标	实体化（通过情况分析或洞察力、案例）	实现目标的战略	关键绩效指标（关键成功因素）
1. 获取目标 本财年获得 50 000 名新在线客户，平均获客成本（CPA）为 30 英镑，平均利润率为 5%	根据每年 40 000 单位的销量增长预测，同时考虑新的联盟计划和 SEO 开发所带来的销量增长	启动联盟营销计划，进行搜索引擎优化。基于点击付费和离线媒体支持显示广告的现有媒体组合	在线销售的整体 CPA；在自然搜索结果页面排名靠前的战略关键词数量
2. 获取（或转化）目标 三年内让 40% 的现有客户使用在线无纸化账单支付服务和电子邮件通信	推断当前自然迁移情况，同时逐渐增加线下直销活动	通过邮件、电话和在线推销等直接营销活动来推进变革	注册使用在线服务的现有客户的数量和百分比；注册后，在不同地点积极使用在线服务的客户数量和百分比
3. 转化目标 将在线销售的平均订单价值（AOV）提高到每位客户 42 英镑	目前 35 英镑以上的 AOV 模型表明 AOV 增长将达到 20%	使用新的促销系统向用户展示不同产品类别的"次优产品"	响应促销/交叉销售信息的网站访问者百分比
4. 转化目标 将网站转化率提高到 3.2%	基于右侧显示的战略，模型显示新客户和现有客户的转化率分别有所增加	战略组合： ● 对放弃结账的新客户进行激励性电子邮件跟进 ● 为畅销产品引入更具竞争力的定价策略 ● 对登录页面进行 A/B 和多变量信息传递改进 ● 改善通过点击付费计划购买的流量的质量	不同产品类别的新客户和现有客户的转化率差异
5. 保留目标 将年度重复新客户转化率提高 20%	商业案例基于有限的个性化优惠，鼓励客户通过电子邮件重复购买	● 通过电子邮件提供个性化产品优惠 ● 5% 的二次购买折扣券	● 提高留存客户的转化率 ● 转化为二次购买的折扣活动
6. 增长目标 每年将朋友推荐的新潜在客户数（通过病毒式营销或"会员推荐会员"方式）增加 10 000 人	根据试验方案，建立预测模型，使得每年有 2% 的客户将品牌推荐给朋友	由直接邮件和电子邮件推荐计划支持	直接邮件活动的回复率

| 表 7-4 | 基于平衡计分卡的数字营销指标 | |

平衡计分卡部门	效率	效果
财务业绩（商业价值）	• 渠道成本 • 渠道盈利能力	• 在线贡献（直接） • 在线贡献（间接） • 贡献的利润
客户价值	• 在线访问量（独立访问量占潜在访问量的百分比） • 获客成本或每笔销售成本（CPA 或 CPS） • 客户满意度评分	• 销售额和每位客户的销售额 • 新客户 • 在线市场份额 • 客户的差评倾向 • 客户忠诚度
操作流程	• 转化率 • 平均订单价值 • 列表大小和质量 • 电子邮件活跃的百分比	• 完成时间 • 支持响应时间
创新和学习（人与知识）	• 测试的新方法 • 内部数字化营销教育 • 内部满意度评分	• 采用新方法 • 绩效评估审查

在第 5 章中，我们还提到了提高在线收入贡献（online revenue contribution）对于实现绩效目标的重要性。图 7-9 给出了一个将在线收入贡献和在线促销贡献结合的示例，作为基于需求分析和竞争对手分析的营销调研的预测。完成案例研究 7-1，回顾易捷航空如何增加其在线收入贡献。

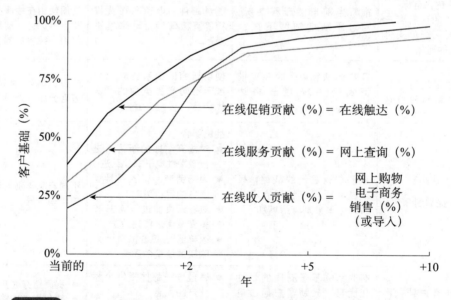

图 7-9　B2B 公司对欧洲产品 A 的未来在线促销贡献和在线收入贡献的评估

案例研究 7-1

易捷航空在线收入贡献的变化

本案例展示了易捷航空网站从 20 世纪 90 年代推出以来，是如何成为易捷航空的主要销售渠道的，还展示了互联网如何用于服务交付和营销传播。本案例之所以一直被保留，是因为它是一个很受欢迎的案例，展现了管理层致力于实施有计划的、资源充足的战略，以帮助发展数字渠道和试用新的在线产品的好处。到 2013 年，易捷航空超过 98% 的座位在网上出售，公司通过为每段航程提供 7.5 英镑的折扣鼓励人们在网上预订。

易捷航空的创始人是哈吉-约安努（Haji-Ioannou），他的父亲是一位希腊航运大亨，据说他曾经很讨厌互联网。据报道，20 世纪 90 年代中期，哈吉-约安努谴责互联网是书呆子才使用的工具，认为互联网对他的生意没有任何帮助。现在情况已经不一样了，因为到 1999 年 8 月，易捷航空网上销售的机票占到了 38%，也就是超过 135 000 个座位。这已经超过了该公司最初设定的到 2000 年互联网贡献的销售额达到 30% 的目标。公司网站自 1998 年 4 月设立以来，已经收到了 80 多万份订单，而最初一周只有两份，一个月只有 1 000 份。2000 年 3 月，易捷航空将其在线折扣提高到单次旅行 2.5 英镑——比其他任何航空公司的永久折扣水平都高。到 2000 年 9 月，该公司互联网销售额达到了总销售额的 85%。从那时起，其在线销售的增长速度已经下降。到 2003 年，超过 90% 的销售是在网上进行的。

这家公司成立于 1994 年。作为一家低成本航空公司，想要与英国航空（British Airways）等传统航空公司竞争，它需要建立一个精简的运营模式。为了实现这一目标，哈吉-约安努决定通过单一的销售渠道来生存，他选择了电话。

在当时，这是开创性的，但创始人受到了 Direct Line 等公司的鼓励，并且他考虑到直销能降低成本。

尽管哈吉-约安努当时没有时间去关注互联网销售模式，但他有足够的适应能力去改变。当一个基本的试运行网站上线时，他密切关注专用信息和预订电话线路的受欢迎程度（在网站上公布一个特定的电话号码，可以用来跟踪网站的用户数）。每周的电话数量都在稳步增加。由于易捷航空业务的增加，该公司的呼叫中心空间不足。哈吉-约安努说："我们要么开始在互联网上销售，要么建一个新的呼叫中心。因此，我们的交易网站花费了 1 000 万英镑。"

虽然易捷航空的成功可以完全归功于创始人的适应性和远见，但其所处的市场和所选择的商业模式——该公司的直接电话销售业务占 100%——功不可没。这意味着将网络整合到中央预订系统中相对容易，与旅行社等中介机构也没有潜在的渠道冲突。该网站完全符合易捷航空的理念，即不需要机票、不需要旅行社、不需要网络合作，也不需要机上用餐。客户在网站上的每一笔订单都有一个密码，当他们到达机场时就会给出密码。

1998 年 4 月，易捷航空开始通过互联网进行销售，尽管当时它的新媒体业务由 Tableau 负责，但几个月后易捷航空就将其收回了。

互联网对易捷航空来说很重要，因为互联网帮助该公司降低了运营成本，这对一个每位乘客只产生 1.5 英镑利润的公司来说很重要。通过在线预订服务易捷航空为每位客户省了至少 1 英镑的费用，这是其在线业务理念的一部分。

易捷航空的老板说："我敢肯定，有些住在偏僻地方的人会说他们无法使用互联网，而选择乘坐瑞安航空公司的飞机。但我更关心如何降低成本、如何找到足够的人来填满我的飞机。我每年只需要 600 万人，而不是全部的 5 600 万人。"

促销

互联网营销大师说"把公司的网址放在任何地方"，易捷航空在其波音 737 飞机机身两侧刷上了醒目的网址。

易捷航空经常通过在报纸上刊登只针对互联网的促销。例如，1999 年 2 月其在《泰晤士报》上进行了首次仅限互联网的促销活动。大约有 5 万个座位提供给读者，其中 2 万个座位在第一天售出，3 天内售出了 4 万个座位。据营销总监托尼·安德森（Tony Anderson）说，如果不在报纸上进行促销，这些座位大多数都是空着的。互联网的可扩展性有助于处理需求，因为每个人都被网站引导，公司不再需要雇用额外的 250 个电话接线员。公司为《泰晤士报》读者建立微型网站（www. times. easyjet. com），避免给易捷航空的主网站带来压力。

安德森说，航空公司的促销活动基本上是为了售出空座。他补充道："如果我们有一架 20 分钟后起飞的飞往尼斯的航班，让额外的乘客登机的成本很低，而且从每位乘客身上我们可以得到 15 英镑。航班促销的目的是避免吸引那些本来就想乘坐易捷航空航班的人，所以先进的预订方案就是为了达到这一目的。"

之后，《泰晤士报》和《星期日泰晤士报》开展了为期五周的促销活动，提供前往易捷航空所有目的地的廉价航班。此次促销活动共售出 10 万个座位，为该航空公司带来了超过 200 万英镑的收益。30% 的座位在网上售出，其余的交易通过电话完成，仅在第一天，就有 13 000 个订单通过互联网完成，网站上的用户一度超过 15 000 人。

该网站还扮演着公关的角色。哈吉-约安努利用网站的即时性让报纸的读者了解到新的促销和优惠。

在竞争激烈的市场中，该网站也被用作一种积极的工具。哈吉-约安努说："当我们的网站吸引了这么多用户时，我问自己：为什么要花钱请公关公司来宣传我们的想法呢？"例如，易捷航空举办了一场比赛，让人们猜英航会在其廉价航空公司 Go 的身上损失多少钱（结果是 2 000 万英镑）。9 月 7 日，结果公布几分钟后，易捷航空网站就从 6.5 万名参与者中选出了 50 名获奖者。与此类似，网站的一个板块被命名为"与瑞士航空的战斗"，因为瑞士航空的负责人正在说服瑞士政府阻止易捷航空获得日内瓦—巴塞罗那航线的经营许可权。易捷航空也称自己为"网络上最受欢迎的航空公司"，这与英航的口号"世界上最受欢迎的航空公司"形成了直接的对比。

创建移动站点

易捷航空营销总监彼得·达菲（Peter Duffy）在采访中强调了移动营销的潜力（*Marketer*, 2013）：

> 移动端显然是一个巨大的增长领域。在一些地中海国家，人们往往选择移动端这种上网方式而不是宽带，所以我们着手去做了易捷航空的移动网站，通过该移动网站，你可以处理任何与航班相关的事务：买票、退票、改签，且支持 6 种语言。我们已经看到了市场对于这款应用程序的巨大需求：目前已被下载 430 万次。如今，易捷航空 5% 的收入来源于移动业务，这对于一家市值 40 亿英镑的公司来说并不算少（甚至可以说是很多了）。

彼得·达菲还介绍了一个转化率优化计划，他说：

> 当我登录网站时，最先看到的就是已经有 4 亿用户访问我们这个网站了，90% 的销售来源于此（通过网站完成了 90% 的销售额）。如果我们能提高转化率，哪怕只有一小部分，都可能是我们所能做的最有效的商业行为。

在任何时候我都可以基于一系列关于公司如何能做得更好的想法开展十几到二十几个试验，这些试验的灵感来源于观察我们的顾客，看看顾客在哪个环节退出了流程，又或是在哪里可以开发一个新的功能，比如分配座位。

一切都很简单

易捷航空使用了"easy"这个词作为 easyGroup（指试用服务）的前缀，试用服务包括：

- EasyHotel（易捷酒店）——每晚仅需 9.99 英镑的经济型酒店；
- EasyCar（易捷租车）——利用自身的规模经济保持低价的全球汽车租赁公司。

如今，大多数度假、汽车租赁和保险等非航班服务都与旅行直接相关（有着极强的关联性），通常由合作伙伴提供。

实施

最初与易捷航空合作的新媒体代理机构 Tableau 的负责人拉塞尔·谢菲尔德（Russell Sheffield），在介绍关于网站初始颜色的选择问题时说："为了阻止易捷航空创始人把自己最喜欢的颜色放在网站的各个角落，我们进行了一场激烈的争论。""网站的初衷是功能性强、设计简洁且没有任何多余的修饰，"拉塞尔·谢菲尔德说，"网站的主页只有四个板块——在线购买、新闻阅读、信息获取以及一个当时的热门话题。另外，相比于其他竞争对手，我们网站的预订系统使用起来更简单。"他补充道："为了使导航更直观，我们付出了很大的心血——例如，用户无须返回主页就可以直接进入预订页面。"

对网站有效性的检测是通过网站上专用电话号码来实现的，这个号码可以准确显示客户致电给网站的次数。网站日志文件分析显示，人们平均一次要花费 8 分钟的时间在网站上。更令人欣喜的是，几乎每个打电话咨询的客户都买了票。而普通的客服电话中只有 1/6 的来电者会购票，因为普通的客服电话不解答客户的问题，只负责卖票。

资料来源：Based on Revolution articles：EasyJet site a success in first month，1 August 1998；EasyJet promotion sells 30 000 seats，1 November 1998；Say hello to Mr e-Everything，13 October 1999. *Marketer*（2013）.

问题：

1. 90％左右的互联网收入贡献在多大程度上是"更靠运气而非判断力"来实现的？
2. 解释针对客户使用互联网的理念，并说出这样做对公司的益处。
3. 解释易捷航空是如何利用其网站改变营销组合的不同元素，并将其作为营销传播工具的。
4. 使用 www.ft.com 等信息资源查看投资者的相关网站，了解易捷航空是如何扩展互联网应用的。

7.6 战 略

数字营销计划的战略要素说明了如何实现数字营销的目标。战略定义须与数字营销过程紧密结合，因为数字营销计划是一个从形势分析到目标设定再到战略定义的迭代过程。（数字商务战略定义的关键决策在第 5 章有描述，此处不再赘述。）本书作者之一戴夫·查菲在"Econsultancy"（2008）的报告中提出了数字营销战略的另一个观点，这份报告解释了数字营销战略的成果的获得往往在于客户获取、转化或保留等关键领域的一系列电子商务战略计划，如表 7-5 所示。这些电子商务战略计划通常会被优先考虑，并且作为长期电子商务"路线图"的一部分，用来确定 18 个月至 3 年的较长时间内的发展目标。

正如目标设定那一部分所讲述的，投资在互联网上的金额应基于互联网带给公司的预期贡献。电子购物测试（见专栏 7-1）是德卡雷-西尔维（de Kare-Sliver，2000）为了评估互联网对于一家公司的战略重要性而开发的，这个测试在今天依然适用，因为不论是线上服务还是线下服务，其驱动因素都是相似的。

表 7-5　电子商务相关的战略举措的重点总结

数字营销战略计划类型	解释	战略实施案例
1. 新客户的建议（产品、渠道和价格）	这些是新的网站功能或其他与提供新产品或服务直接相关的在线交流，可能来自新的地点，将产生收入	● 银行——推出报价不同的新产品 ● 门户网站——推出比价服务 ● 服务公司——推出通过收购公司获得的新服务 ● 杂志或音乐服务提供新的定价选择 ● 另请参见渠道整合计划
2. 客户获取的战略举措	这些举措都是提升网站能力的战略性项目，通过各种在线营销技术持续不断地提供潜在客户。可能涉及对网站本身（如搜索引擎优化）或后端进行投资，与分支机构整合	● 搜索引擎优化 ● PPC ● 联盟营销 ● 聚合器 ● 完善页面（以帮助提高转化率），例如目录或产品登录页面
3. 客户转化和客户体验战略计划	针对网站新客户的特点进行投资，这些投资将以提升转化率和平均订单价值的商业案例为基础，可能包括主要的新功能，例如将一个新的在线商店或多个特定的功能整合到现有的网站，许多战略举措旨在提升品牌的客户体验	● 在线商店/安全支付 ● 引入客户评论和评级 ● 提供量身定制的促销 ● 帮助客户选择产品的互动工具 ● 优化在线搜索引擎 ● 包括详细的产品介绍或多媒体展示（如展示产品的视频）的购买指南
4. 客户开发、增长战略计划	改善现有客户的体验并提供优惠给现有客户	● 为现有客户提供个性化推荐 ● 为线上新客户开发电子邮件欢迎策略，使用个性化网页和电子邮件以及传统方式沟通 ● 引入博客或简易信息聚合源吸引回头客 ● 通过客户社区吸引更多人参与
5. 渠道整合计划	可以参考上述所有战略	● 线下零售店推出"在线预订"服务 ● 实体店内引入数字设备 ● 将移动（手机）营销整合到信件或电子邮件营销活动中
6. 通过改进网站基础设施提高营销能力	通常涉及后端或后台功能，这对网站用户来说作用并不明显，但有助于网站的管理。实施这个战略通常需要提高客户洞察能力	● 客户关系管理或个性化 ● 内容管理系统 ● 性能改进——改善信息管理、网络分析系统，包括多变量和 A/B 测试系统 ● 改善客户反馈或其他客户调查设施 ● 更新开发方法以引入新功能

| 专栏 7-1 | 电子购物测试 |

这个测试是由德卡雷-西尔维开发的，目的是评估消费者使用互联网购买零售产品的可能性。德卡雷-西尔维建议在电子购物测试中考虑以下要素：

1. 产品特性。产品是否需要在购买前进行试用？

2. 熟悉程度和信任程度。考虑消费者对产品和品牌的认可程度和信任程度。

3. 消费者属性。这塑造了买家的消费行为——他们是否愿意使用现有技术手段进行网购，他们是否不再希望在传统零售环境中购买产品？

在德卡雷-西尔维的书中，他提到了一种对产品进行排名的方法。产品特性、熟悉程度和信任程度的满分是 10 分，消费者属性的满分是 30 分。他通过这种方法，对一些产品进行评分的结果如表 7-6 所示。

表 7-6 电子购物测试中的产品得分

产品	产品特性（10 分）	熟悉程度和信任程度（10 分）	消费者属性（30 分）	总分
杂货	4	8	15	27
抵押贷款	10	1	4	15
旅行	10	6	15	31
书籍	8	7	23	38

7.6.1 市场和产品定位

互联网为新市场销售新产品提供了新的机会。现有的战略备选方案可以使用安索夫（Ansoff，1957）率先提出的方法进行评估。市场渗透、市场开发、产品开发以及市场和产品开发（多样化）所涉及的风险各不相同（如图 5-20 所示）。

新的数字产品也可能被选择，包括可以通过网络交付的信息产品。这些产品可能不收费，但会增加现有产品的价值。戈什（Ghosh，1998）建议开发新产品或为客户增加数字价值。他说，公司应该思考以下问题：

1. 我能为现有的客户群提供额外的信息或交易服务吗？

2. 我是否可以通过重新打包当前的信息资产或使用互联网创建新的商业提议来满足新客户群的要求？

3. 我能否利用自己的能力吸引客户群，创造新的收入来源，例如广告或销售互补产品？

4. 我目前的业务是否会因为其他公司提供价值相同的产品而受到重大损害？

此外，戈什（1988）建议公司应该提供免费的数字价值来帮助建立客户群，他把这个过程称为打造"客户磁铁"，现如今我们称之为打造"门户"或"社区"，这一方法在 B2B 公司所服务的专业垂直市场上具有吸引客户的良好潜力。例如，可以为建筑业、农用化学品、生物技术或独立财务顾问开发"客户磁铁"，今天我们称之为内容营销或入站营销。

7.6.2 目标营销战略

公司需要考虑使用数字媒体取得新市场或开拓现有市场。在这两个市场中，需要更详细地分析目标市场，了解其需求和潜力，然后制定满足这些市场的战略，以实现收入最大化。这就是目标营销战略（target marketing strategy），包括图 7 - 10 所示的四个发展阶段。

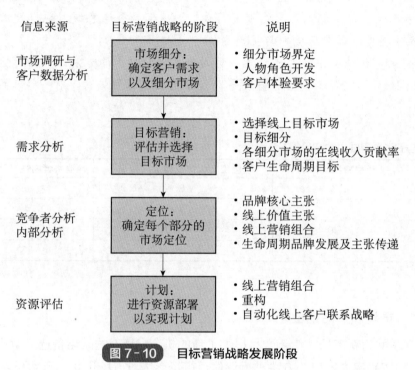

图 7-10 目标营销战略发展阶段

图 7 - 10 中的第一个阶段是市场细分（segmentation），包括了解目标市场中的客户群体、了解客户的需求和可带来的潜在收入，以便制定一个战略来满足这些细分市场的需求并实现收益最大化。迪本等（Dibb et al.，2000）讲道：

市场细分是稳健营销战略发展的关键……它不仅仅是简单地划分客户群体……识别细分群体、定位、瞄准和形成竞争优势是目标营销战略的基础。

在数字营销计划中，我们还需要对细分市场的下列状况进行分析、评估：

1. 公司当前的市场规模或价值、未来预期的市场规模、公司当前和未来在细分市场中所占的份额。

2. 竞争者在细分市场中所占的份额。

3. 各个细分市场的需求，特别是还未满足的需求。

4. 在购买过程的方方面面，公司及竞争者为每个细分市场提供的报价和建议。

用于获取、保留在线客户的目标方法取决于既定市场细分。表 7 - 7 是一系列针对数字活动的定位和细分方法。与传统媒体相比，数字技术的强大之处就在于它能够简捷、低成本地传递有针对性的信息，例如通过网页和电子邮件。

表7-7	一系列针对数字活动的定位和细分方法
目标变量	**细分和潜在在线目标属性的示例**
1. 客户与公司的关系	新客户（潜在客户）、现有客户、流失客户
2. 人群细分	B2C：年龄、性别、社会群体、地理位置 B2B：公司规模、服务行业、决策单位的成员
3. 消费心理细分	购买时对风险以及价值的态度，例如早期采用者、品牌忠诚度或价格意识
4. 价值	对当前价值、历史价值以及未来价值的评估。作为 VIP 或客户俱乐部的一员，有价值的客户可以成为公司的目标，给予他们特殊的促销优惠
5. 生命周期阶段	在生命周期中的位置与价值和行为相关，如首次注册的时间、购买的产品数量、购买的类别
6. 行为	● 输入搜索引擎的搜索词； ● 通过用户在社交网络上分享或点赞的内容找到用户感兴趣的内容，公司可以用这种方法向脸书、领英和推特的用户投放广告； ● 对不同类型的优惠（促销或产品类型）的响应程度； ● 对不同渠道活动的响应程度（渠道偏好）； ● 对不同类别产品的购买历史，包括时间、频率和价格（见第8章）

下面对目标变量进行一些更加深入的探讨：

1. 客户与公司的关系。活动的目的往往是锁定新客户或是现有客户。但要记住，有些沟通可以同时做到这两点。营销人员需要考虑的是，分别与新客户、现有客户、流失客户进行沟通更有效，还是使用不同的内容与三者同时进行沟通更为有效。

2. 人群细分。通常基于年龄、性别或社会群体进行划分，在线人口统计通常用于确定哪些网站可进行广告宣传、哪些站点可租赁邮件列表。人口统计还可以选择重点对哪些群体进行付费搜索广告推广，又或是限制广告不对哪些群体展示。

3. 消费心理细分。包括客户购买时对风险和价值的态度。瞄准消费者的这些属性并不简单，因为基于人口统计的分析更适用于媒体。然而，某些特定的网站可能对有特定心理的客户更为适用。受众的心理特点是报告的重要组成部分，有助于了解特定的信息。

可以收集客户在网站上的态度信息，并将其添加到客户档案中。

4. 价值。价值更高的客户（更高的平均订单价值和更高的客户终身价值）通常需要使用不同的途径进行单独的沟通、宣传。有时，数字渠道并不是与这些客户联系的最佳途径——负责维护客户关系的经理希望与最有价值的客户直接接触，而数字渠道则用于与价值较低的客户进行更具成本效益的沟通和宣传。对价值更高的客户，还应降低对其发送电子邮件的频率。

5. 生命周期阶段。这在客户按照特定顺序购物或使用服务（如在网上商店购物或使用网上银行）时非常有用，可以为这类客户开发自动发送电子邮件的功能（详情请见第8章）。例如 First Direct 银行基于电子邮件和直邮开展了为期 6 个月的宣传活动。对于其他活动，可以通过客户的状态来确定目标——例如，未购买或未使用的客户、只购买过一次的客户、购买过五次以上且处于活跃状态的客户、购买过五次以上却不活跃的客户。

6. 行为。行为目标是数字营销提供的一大机遇。可评估客户过去的以下几种行为：阅读内容、使用在线服务或购买产品方面的行为，然后根据先前行为的倾向，用更相关的信息跟进这些行为。行为目标的在线选择可以通过旅游公司 lastminute.com 的例子来说明：

● 按点击付费的搜索引擎营销。比如 Google AdWords 可以根据潜在客户搜索信息时输入的关键词类型来确定目标，针对潜在客户要寻找的度假目的地展示相关广告。

● 展示广告使行为定位成为可能。Cookie 可用于跟踪跨站点或站点之间的访问者，并显示相关广告。如果网站客户访问网站的旅游板块，那么 lastminute.com 的广告会出现在他们所访问网站的其他板块或是其他网站的版面上。

● 电子邮件营销可以基于客户曾点击的链接所显示的喜好，来有针对性地进行定位。例如，如果客户点击了有关去北美洲度假的链接，则可以发送与此产品或促销相关的目标电子邮件，也可以使用更为复杂的基于 RFM 的分析（见第 8 章）。

在查看用于确定目标的变量的选项时，活动策划人必须记住：选择的目标变量应该是最有可能影响活动响应水平的变量。图 7-11 显示了选用不同类型细分变量在响应程度上的总体情况。旅游公司 Travelocity 在电子邮件营销中使用了这种方法，在 2006 年互联网零售论坛上，该公司讲述了如何集中精力进行内容营销，例如当访问者点击网站上某一特定类型的假日选项时，系统就会向其发送与之相关的邮件。

西博尔德（Seybold，1999）提出了可以帮助制定以客户为中心的数字营销战略的五个问题（在今天仍是适用的且同样适用于市场营销）：

1. 谁是我们的客户？

这涉及识别具有某些特征和需求的目标细分市场。我们在第 4 章介绍了确定细分市场的不同标准，包括 B2C 市场的人口统计特征和地理位置特征、B2B 市场的组织特征和采购部门的员工特征。

2. 客户的需求是如何变化的？

了解不同客户群体在线购买时的需求对于下一阶段，即为客户提供价值的阶段是非常重要的。一些客户原本可能仅仅被价格吸引，但对于在线购买来说，客户服务可能变得更为重要，这和第 8 章将谈到的购买者行为是密切相关的。

3. 我们的目标是什么？

这是数字营销中的一个重要战略决策（我们在第 5 章中对此进行了讨论）。

4. 我们如何增值？

在第 5 章和第 6 章中，我们已经知道了，客户价值主要取决于产品和客户服务质量、价格与时间这三者构成的组合。公司需要决定对于每个细分市场最重要的因素，然后相应地调整这些因素，下一节将对此进行讨论。

5. 如何成为客户的第一选择？

想要解决这个问题，就必须知道我们在市场中相对于竞争对手的产品定位（positioning）。产品定位与消费者如何根据价值要素来了解产品有关，图 7-11 所示为目标营销的“定位”阶段。通常，公司会先制定一个定位报告来概括产品的市场定位，然后，公司需要决定如何突出产品区别于竞争对手的差异化优势（differential advantage）。

对于在线营销来说，有一个清晰、有影响力的产品定位是至关重要的，因为客户在最初选择产品时常常在不同的服务供应商之间进行比较。产品定位对留住客户也很重要，因为客户对品牌的第一次体验将决定是会进行二次购买，还是寻找替代品。

在数字营销环境下（如第 5 章所述），可以通过网络价值主张（online value proposition，OVP）来阐明并传达差异化的优势和定位。OVP 与单独的销售方案是相似的，唯一的差别是

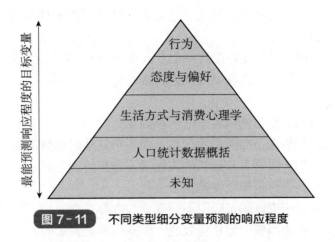

图 7-11 不同类型细分变量预测的响应程度

OVP 是为电子商务服务开发的，它建立在公司服务的核心主张之上。在确定 OVP 时，管理者应该明确：

- 在产品特点或服务质量方面，公司主张与竞争对手主张的明显区别。
- 此主张将会吸引的目标细分市场。
- 如何将主张传达给网站访问者和所有的营销渠道，开发一个宣传语会对此有所帮助。
- 如何在购买进程中的不同部分传达主张。
- 如何通过资源传达和支持主张。

理想情况下，电子商务网站应该有一个附加价值主张，以进一步区分公司的产品或服务。网站的设计也应传达品牌或产品的核心主张。

拥有一个清晰的在线价值主张有如下优势：

- 有助于将电子商务网站与其竞争对手区别开来（这应该是网站设计的目标）；
- 有助于突出市场营销工作的重点，使公司员工更加明确网站的目标；
- 可以用于公关和口碑推荐；
- 它可以链接到公司或其产品的主张。

许多战略性数字营销规划决策都基于 OVP 和公司提供的在线客户体验的质量。交互功能对于交易型网站尤其重要，因为它们可以优化客户体验，从而鼓励客户转化和重复购买。公司通过交互功能开发 OVP 的例子有：客户评论和评级、播客产品评论、博客产品评论、买家指南和视频评论。

内容策略

很明显，一个引人注目的 OVP 需要通过网站和其他线上形式如博客、社交网站和移动端平台为客户提供卓越、引人注目的内容和令人信服的体验。现如今，我们所说的内容，不仅是网页静态内容的组合，还包括鼓励交互的动态富媒体内容。视频、播客、用户生成的内容和交互式产品选择器也应被视为内容并加以改进。

可以看到，内容策略（content strategy）面临挑战，如今有这么多不同类型的内容以不同的形式在不同的访问平台上传递到不同的地方，因此在社交媒体上吸引客户变得越来越重要。

同时，管理高质量内容的生产是一个更广泛的客户参与战略，该战略着眼于在整个客户生命周期中提供有效的内容。因此，它是客户关系管理战略发展的一个组成部分，我们将在下一章详细介绍。

对于很多公司来说，要想提供一个令人信服的 OVP，就需要改变观念。它们需要像出版商那样思考，才能投资于比竞争对手更高质量的内容。

这要求：

- 高质量且引人注目的内容——内容为王！
- 高质量的作者创造高质量的内容，作者可以是内部员工或外部自由作家。
- 利用可编辑的时间表和适当的流程来安排和传递内容。
- 对软件工具进行投资以促进这一进程。
- 投资于客户研究以确定吸引不同受众的内容。
- 仔细追踪调查哪些内容是有效的、哪些内容是无效的。

7.7　聚焦：数字媒体传播的特点

在本节中，我们将探讨电视、印刷品和广播等传统媒体与网站、互动电视和移动商务等新型数字媒体营销传播的主要区别。能够认识到互联网和其他媒体之间的差异对于渠道推广和渠道满意度来说至关重要，是渠道成功以及盈利的关键。

麦克唐纳和威尔逊（McDonald and Wilson，1999）对新媒体和传统媒体之间的差异进行了总结，并将其命名为数字营销的"6I"。"6I"强调了应用于互联网营销的各种实践，例如个性化、直接回应和营销研究，以及产业结构调整和整合渠道传播的战略问题。通过考虑新媒体的各个方面，营销经理可以制定适应新媒体特点的营销计划。"6I"的提出是通过新的例子和图表对以上实践因素进行的新阐释。

7.7.1　互动

戴顿（Deighton，1996）是最早解释这一关键因素的作者之一，互动（interaetivity）使公司能够以一种新的方式与客户沟通。图 7-12(a) 显示了传统的推式媒体，营销信息从公司传播给客户和其他利益相关者，在这个过程中，公司与客户的互动是有限的。而在互联网上，通常是客户主动联系并在网站上查询信息。换句话说，它是一种拉式营销传播（pull marketing communications）（但电子邮件被认为是一种推式营销传播（push marketing communications））。

图 7-14(b) 显示了如何利用互联网实现双向的交流互动，是"直接回应"方法的延伸。例如，雀巢（www.nescafe.co.uk）这样的快速消费品供应商就将它们的网站和社交媒体作为一种互动的渠道，通过比赛和促销等激励措施，鼓励客户提供他们的姓名、地址和个人资料信息，如年龄和性别。

霍夫曼和诺瓦克（Hoffman and Novak，1997）在网络发展的初期就意识到了互动的重要性，可以说他们提出了一种新的营销模式或营销范式。他们认为，互联网设施代表了一个以计算机为媒介的环境，在这个环境中，信息的传递并不是信息的发送者和接收者之间的相互作用，而是与媒介本身的相互作用。

用户直接生成的原创内容可能是商业化的，例如通过 eBay（www.ebay.com）拍卖财产，或者对第三方网站（例如 www.trustpilot.com）或目标网站（www.firebox.com）上的产品或供应商进行评论（第 8 章详细介绍了利用网络互动的更多细节）。

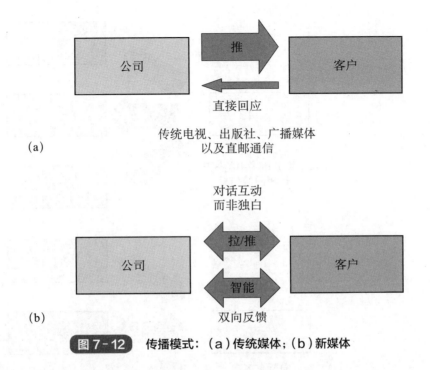

图 7-12　传播模式：（a）传统媒体；（b）新媒体

7.7.2　智能

公司可以将互联网作为一种相对低成本的渠道来进行市场调研，特别是了解客户对产品和服务的看法。上文中，雀巢通过调查问卷收集客户信息并进行分析就体现了这一点。互联网的智能（intelligence）使它可以创造双向的反馈，这在其他媒体中较为少见。

网站本身也提供了海量的市场调研信息，因为用户每次点击链接都会被记录下来，并且通过网络分析工具进行分析（详情见第 10 章）。在某种程度上，公司可以对买家的行为作出实时的反应。例如，汇丰银行（www.hsbc.co.uk）和劳埃德银行（www.lloydsbank.com）使用 Adobe 营销云（www.adobe.com/solutions/digital-marketing.html）来为最有可能进行评价回应的客户提供信息服务。

7.7.3　个性化

互动营销传播的另一个重要特征体现在传统媒体往往向每个客户传播相同的信息（见图 7-13(a)），而互动营销传播可以针对每个人进行私人定制（见图 7-13(b)），定制的过程也被称为个性化（individualisation），是实现在线客户关系管理的一个重要方面。个性化通常是通过外联网实现的，这些外联网是为了管理购买和售后流程而与关键客户一起建立的。戴尔（www.dell.com/premier）为 Abbey 等关键客户提供"戴尔卓越理财"服务，包括特价销售以及个性化定制服务。

个性化的另一个例子是 B2B 在线零售商 RS Components（http://uk.rs-online.com/web），系统会记录并分析每个来访的客户所感兴趣的产品领域以及其对应的产品采购者在采购部门担任的职务信息。当他们下次访问该网站时，网站将自动显示他们感兴趣的产品的相关信息。这就是规模定制的一个例子，即为特定细分市场提供其需要的信息，这些信息不是

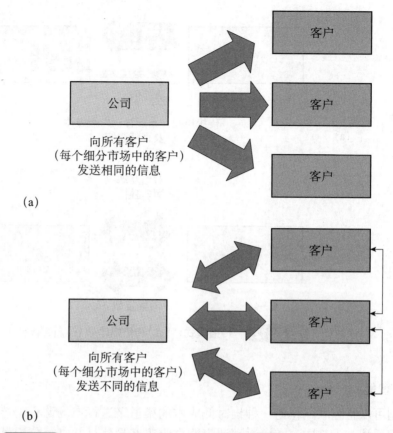

图 7-13 个性化程度概况：（a）传统媒体（相同信息）和（b）新媒体（差异化的信息，可与客户进行更多的信息交流）

个人独有的，而是有共同兴趣的客户共享的。亚马逊（www. amazon. com）就以使用协作筛选方法而闻名，这种方法也称为"买了 X 的客户也买了 Y"。亚马逊还有另外两个个性化功能，即"想买 X 的客户也想买……"和"搜索 X 的客户同时购买了……"

7.7.4　整合

互联网为整合营销传播提供了更多的机遇。图 7-14 显示的只是众多不同媒体渠道中的一个。评估一个网站是否成功的关键在于互联网在与客户以及其他合作伙伴沟通中起到的作用，最好从两个方面来进行考量：一方面，从组织到客户。数字化如何整合其他渠道，向新客户和现有客户传达公司产品和服务的主张，以期产生新的潜在客户并留住现有客户？另一方面，从客户到组织。数字媒体如何整合（integration）其他渠道，向这些客户提供服务？许多公司正在考虑将电子邮件回复和网站回电整合到现有的呼叫中心或客户服务运营中，这可能需要在培训和新软件运用上投入大量资金。Ruler Analytics（www. ruleranalytics. com）提供了一项服务：将呼叫跟踪和实时聊天与 CRM 平台和 Google Analytics 集成在一起，这样公司就可以在整个购买过程中多渠道地跟踪访问者。

图 7-15 和活动 7-4 展示了将互联网用作整合传播工具的实例。

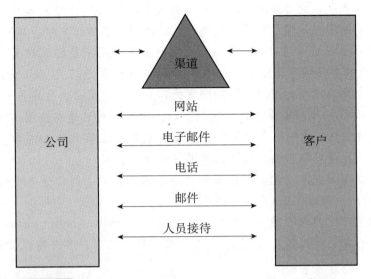

图 7-14　作为整合数字营销战略的一部分需要整合的渠道

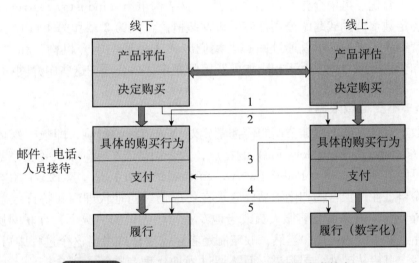

图 7-15　数字营销及混合模式购买需要的渠道整合

活动 7-4

目的

突出使用互联网进行市场营销传播的不同之处，以及将这些传播融入现有渠道的重要性。

活动

列举移动电话供应商和客户在整个产品（如智能手机）生命周期内的信息交流过程，包括使用互联网和传统媒体进行的交流。请参考图 7-15 所示的购买决策中的渠道替代备选方案，确定你的答案。

● 互联网可以作为一种直接的回应工具，使客户能够对其他媒体发布的优惠和促销活动作出回应。例如戴尔使用的 "e-value 代码"（e-value codes），这个代码出现在杂志和线下资料中，可以指导人们通过搜索进入特定的页面。这些代码可以用于评估哪些线下信息传播在推动网站销售方面最有效。

● 网站可以设置一个直接的回应或回拨功能。AA 网站就有这样一个功能：当客户填写了姓名、电话号码以及可以接听电话的时间之后，客户服务人员将通过电话联系客户。近年来，人们使用实时聊天功能的频率呈高速增长趋势，这项功能使网站访问者能够通过文字与客户服务人员实时沟通。

● 即使客户并不是通过网站进行购买的，互联网也可以用来鼓励其购买，这就是图7-15中的备选方案3。在购买过程中从一个渠道改变到另一个渠道称为渠道切换（channel switching），这是设计在线营销传播的一个关键方面，因为我们应该支持客户从一个渠道切换到另一个渠道。巴泽特等（Bazett et al.，2005）举了一个商业街连锁店的例子，该连锁店通过追踪信用卡信息来估计网络收入，发现网站每获得1英镑收入，都有3英镑是客户在网上浏览后在实体店的消费。因此连锁店希望通过商店定位和商店存货信息等功能努力为客户提供更好的服务。

● 网站上提供的客户信息必须与其订单信息的数据库集成，例如呼叫中心的工作人员提供西博尔德（Seybold，1999）所称的"360度客户视图"。

● 互联网可以用来支持客户服务。例如，易捷航空（www. easyJet. com）鼓励客户在通过电话联系客服之前，先查看常见问题列表（FAQ），这是根据以前的客户咨询整理而来的。

7.7.5　产业结构重构

去中介化、再中介化和反中介化是产业结构重组（industry restructuring）的关键概念，任何制定数字营销战略的公司都应考虑这些概念（见第2章和第4章）。对于制定数字营销战略的营销人员来说，可以通过回答"我们应该选择哪些中介机构"和"我们的产品在功能、效益和价格方面与竞争对手相比如何"等问题来评估公司在这些中介网站上的表现。

7.7.6　不受地域限制

数字媒体有助于增强公司的传播营销对全球市场的影响，即数字媒体传播具有不受地域限制（independence of location）的特点，为公司创造在国际市场销售产品的机会，这在过去是不可能实现的。Scott Bader（www. scottbader. com）是一家B2B的化学制品供应商，主要生产涂料工业用聚合物和化学品。它现在可以通过当地代理商和特许经营网络将目标锁定在40多个国家。在未配备客服人员或当地专业销售人员的情况下，互联网使得其向其他国家销售产品这件事成为可能。当然，战略制定者还需要仔细考虑这个过程中可能出现的渠道冲突：如果客户直接从国外公司购买，而不通过当地代理商购买，就会挤压当地代理业务，代理商会因此要求公司对其进行补偿或者转而与公司的竞争者合作。

（在第8章，我们将进一步讨论如何利用新媒体的特点进行有效传播。）

7.8　策　略

营销策略有助于实现企业的战略和目标，它既基于营销组合的要素，也基于在客户关系管理的整个生命周期中吸引客户的模型。在本章中，我们将重点介绍营销组合（在第8章中，我们将回顾基于生命周期的方法）。

市场营销组合（4P）——产品、价格、渠道和促销，最初由杰尔姆·麦卡锡（Jerome McCarthy，1960）提出，至今仍被许多业内人士看作实施营销战略的重要部分。为了能更好地反映客户服务的要素，4P被扩展成7P，新增的3P是人员、过程与有形展示（Booms and Bitner，1981），也有人认为它们原本就包含在4P中。市场营销组合经常在制定营销策略时使用，因为它提供了一个如图7-16所示的框架，可以改变产品的不同要素，从而影响目标市场内的产品需求。例如，为了增加产品的销售量，可以降低价格，也可以改变促销的数量或类型，还可以将这些要素组合起来。

电子商务为营销人员提供了改变营销组合的新契机，艾伦和费梅斯塔德（Allen and Fjermestad，2001）对此进行了具体的概括。

利用互联网改变营销组合						
产品 • 质量 • 图像 • 商标 • 特色 • 变化 • 组合 • 支持 • 客户服务 • 使用场合 • 可用性 • 产品售后	**促销** • 营销传播 • 个人推广 • 销售推广 • 公关 • 品牌化 • 直销	**价格** • 定位 • 清单 • 折扣 • 信用 • 支付方式 • 免费或 　增值服务	**渠道** • 交易渠道 • 销售支持 • 渠道数量 • 细分渠道	**人员** • 促销人员 • 客户联系人员 • 招聘 • 文化/形象 • 培训与技能 • 薪酬	**过程** • 客户焦点 • 业务导向 • IT支持 • 设计特点 • 研发	**有形展示** • 品牌接触体验 • 产品包装 • 线上体验

图 7-16　营销组合的要素

将营销组合作为营销策略的一个单独的工具这一观点受到了一些批判。首先，营销组合是一种推销的表现，并没有明确客户的需求。因此，营销组合的中心往往是产品，而不是客户。劳滕伯恩（Lautenborn，1990）为解决这个问题，提出了4C框架，从客户的角度考虑了4P。在电子商务环境下，4C可以解释为：

• 客户需要和需求（对应4P中的产品）——网站是用来说明产品主张是如何满足这些需要和需求的。

• 客户的花费（对应4P中的价格）——客户可以通过网络将该网站中的价格与其他网站和传统采购来源的价格进行比较。

• 便利性（对应4P中的渠道）——客户在线订货及收货时的体验。

• 沟通（对应4P中的促销）——网站本身以及将客户引入网站的工具，如第8章将会讲到的搜索引擎营销和电子邮件营销。

因此，营销组合的选择，应当基于市场调研收集来的购买者行为详细信息。此外，还应记住，营销组合通常需要依据不同的目标市场或细分市场进行调整。"一对一营销"指的是为特定客户量身定制产品，这也包含在7P框架中。

长尾理论（long-tail concept）对于考虑线上产品、渠道、价格和促销的作用有帮助，如专栏7-2所述。

专栏7-2　　应用长尾理论

安德森（Anderson，2004）的一篇文章中提到了长尾现象，这一现象最早是由哈佛大学语言学教授乔治·金斯利·齐普夫（George Kingsley Zipf）通过对单词使用情况调查（见http://en.wikipedia.org/wiki/Zipf%27s_law）发现的。他发现，如果考虑一种语言中不同单词流行程度的差异，那么使用频率或流行程度就有一个系统的模式：如果一组词语按流行程度排序，那么第二名的流行程度大约是第一名的一半，第三名的流行程度大约是第一名的三分之一，依此类推。一般来说，第 k 个项目的流行程度是第一名的 $1/k$。

观察图 7-17，该图显示了齐普夫定律是如何在词语的相对流行性衰减中起作用的，图中把第一名的词语定义为 1 000 分，第 50 名则有 20 分。

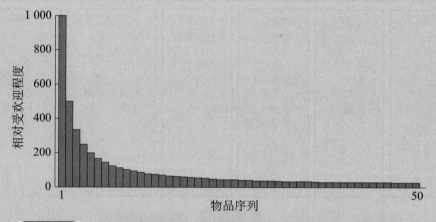

图 7-17 齐普夫定律：显示了有序序列中物品流行程度呈下降的趋势

在网络环境下，这一定律的应用被安德森（2004）称为"长尾"。它可以应用于一组网站或单个网站上的产品，因为它们往往表现出相似的流行模式。有一小部分网站（或网站内的页面）非常受欢迎（可能占总量的 80%），还有一大部分网站和页面不太受欢迎，但总体上仍然很重要。回到产品的语境中，安德森（2004）认为，对于亚马逊这样的公司来说，长尾理论可以用来描述选择或购买书籍、CD、电子产品、旅游或金融服务等不同产品的偏好差异。布林约尔杉等（Brynjolfsson et al.，2003）也发现了这种模式，他们提出了一个通过量化电子市场产品品种的增加显示其对经济的影响的框架。

从另一个角度来看这个问题，他们估计亚马逊上 40% 的图书销量来自排名在 10 万名以后的书（如果你访问亚马逊网站，就可以看到从最受欢迎到最不受欢迎的 100 多万种图书的销量排名）。这表明了长尾效应对亚马逊等在线零售商的重要性，因为 40% 的销售额来自这些不太受欢迎的书籍，而这些书籍无法在传统书店中储存（一家大型的传统书店通常能容纳 10 万本书）。在定价方面，在线零售商的另一个优势是，在现实世界中不太受欢迎的产品是不容易找到的，因此亚马逊可以为这些书定更高的价格。布林约尔杉等（2003）估计，排名前 10 万名的商品在亚马逊的平均价格为 29.26 美元，而排名靠后的商品的平均价格为 41.60 美元。

7.8.1 产品

当一家公司开发其在线营销战略时，有许多不同的可选方案。基于互联网的相关产品决策可以划分为核心产品（core product）决策和延伸产品（extended product）决策。许多公司拥有可供选择的数字信息产品，这些产品通常可以通过网络交付。在某些情况下，核心产品会被这种数字信息产品取代。例如，一家提供石油钻井设备的公司将重点放在分析和传播有关钻井的信息上。在某些情况下，产品的在线版本可能对客户更有价值，因为它可以定期更新。企业名录广告商 BRAD（http://bradinsight.com）已从出版纸质文档更改为提供具有纸质版本所不具备的搜索功能的在线版本。

互联网还为大规模定制（mass customization）提供了机会。李维斯（Levi's）在 1994 年提供了真正的"个性化服务"，当时启动了"私人专属裤子"计划，顾客可以多支付 15 美元来量身定制牛仔裤。

最近，在线产品的"共创模式"（co-creation）越来越流行。在线家具公司 Made.com 就把决定权给了买家，让买家通过其 TalentLab（www.made.com/talentlab）对从设计到生产作出决策。公司还应该考虑如何利用互联网改变产品的范围或组合，"捆绑销售"（bundling）就是一种选择。例如，易捷航空开发了一系列与旅行相关的补充服务，包括航班、套餐和租车。

对于许多公司来说，使用互联网来改变延伸产品更加实际。查菲和史密斯（Chaffey and Smith，2008）给出了几个利用互联网改变延伸产品的示例：

- 认证；
- 奖品；
- 证据；
- 客户名单；
- 客户意见；
- 担保；
- 保证；
- 退款承诺；
- 客户服务（参见"人员、过程和有形展示"的相关内容）；
- 使用产品过程中的辅助工具。

出版商、电视公司和其他能够提供数字产品（如音乐或视频）的公司现在有很大的灵活性，可以以不同的价位提供一系列产品购买选项，包括：

- 订阅。这是一种传统的出版商获得收入的模式，但订阅可能会以不同的价位按不同的时段提供，例如 3 个月、12 个月或 2 年。
- 按次付费。每次下载和浏览都要付费，价格要高于订阅服务。音乐服务提供商 Napster 提供下载代金券，其方式与移动公司的即用即付模式类似。旅游出版商 Lonely Planet 允许用户下载目的地指南简介，价格仅为完整印刷版指南的一小部分。
- 捆绑销售。不同的频道或内容可以作为单个产品提供，也可以捆绑销售，捆绑价格低于单独售价之和。
- 广告支持内容。出版商的主要收入来源是网站上的广告（包括带来固定收入的横幅广告（CPM），以及按点击成本（CPC）收费的广告）。除此以外，还包括在第三方网站上销售或提供的订阅者列表清单。英国最受欢迎的《卫报》网站（www.guardian.co.uk），曾经尝试过一种无广告订阅服务，但目前它和许多在线出版商一样，已经恢复到了采用广告支持内容。

此外，与该组合中的产品元素相关的还有如何利用互联网，通过网站日志、测试新概念、在线调查和焦点小组评估产品需求，帮助开发新产品（见第 10 章）。

奎尔奇和克莱因（Quelch and Klein，1996）还指出，在互联网和全球化的环境下，组织要保持竞争力，就必须更快地向国际市场推出新产品。最近，马尔科姆·格拉德威尔（Malcolm Gladwell）的书《引爆点》（*The Tipping Point*）（2000）显示了口碑传播对新产品采纳率的巨大影响，我们可以认为这种影响会因为互联网而得到增强或促进。引爆点的含义在专栏7-3中讨论。

专栏 7-3　　　　　　　　　　　　**引爆点如何应用于数字营销**

马斯登（Marsden，2004）很好地总结了引爆点（tipping point）对营销人员的影响。他说："参考社会流行病学，《引爆点》这本书解释了三个简单的原则，这些原则支撑着思想、产品和行为在人群中迅速传播。"他建议营销人员为新产品或服务创造一个"引爆点"，引爆点是指多米诺骨牌效应被触发或者社会时尚像病毒一样席卷人群的时刻。

与引爆点相关的主要法则有三条：

1. 少数法则。任何新产品或服务的传播都有赖于最初的使用者，他们通常是社交能手，并通过口碑和模仿行为鼓励身边的人选用该产品或服务。在网络环境中，这些最初使用者可以通过个人博客、电子邮件和播客来传播他们的观点。

2. 黏性因素。黏性指的是我们对电视频道或网站等媒体的依赖程度，但在这里指的是对产品或品牌的特性和属性的依赖程度。格拉德威尔强调了测试和市场调研对产品的重要性。马斯登认为，其他因素也会成为产品成功的关键跨类别驱动因素，他引用了莫里斯和马丁（Morris and Martin，2000）的研究成果，将这些因素总结为：

- 卓越：被视为同类最佳；
- 独特性：具有唯一性；
- 美观：外形美观；
- 联想：生成正面的联想；
- 参与：促进情感参与；
- 表达价值：用户价值的可见标志；
- 功能价值：满足功能需求；
- 怀旧价值：唤起情感联系；
- 个性化：有特点、有个性；
- 成本：对金钱的感知价值。

这些因素对于网站或在线服务同样适用。

3. 环境的力量。格拉德威尔认为，与流行病一样，产品和行为只有在符合它们所处的生理、社会和心理环境时才会传播得快且广。他举了一个例子：在纽约，只需要简单地把涂鸦从火车上清除，并且严厉打击逃票行为，犯罪行为就会大大减少。这说明产品设计应该测试其是否适应它们所处的环境。

案例研究7-2展示了戴尔公司如何通过对客户的深入了解来调整其营销组合。

案例研究 7-2

戴尔通过网络与客户更亲近

戴尔是一家技术公司，提供广泛的产品类别，包括台式电脑、存储器、服务器和网络产品、可移动设备、软件和外部设备以及为大型组织管理 IT 基础设施的服务。戴尔是美国第一大个人电脑系统供应商，也是全球第二大供应商。

戴尔的主张

戴尔的主要产品如下：

1. 台式电脑。戴尔共有五个台式电脑系列以供给不同的市场。例如，OptiPlex 系列通过提供稳定的、安全的产品管理，来帮助企业、政府和机构客户管理其资产总成本。Dimension 系列是为小型企业和家庭用户设计的，他们需要最新的特色功能，来满足效率需求和娱乐需求。XPS 系列和 Alienware 系列的目标客户是那些以高性能游戏体验或高端娱乐体验为需求的客户。2007 年 7 月，戴尔推出了 Vostro 系列，旨在提供技术与服务以满足小型企业的特定需求。

2. 服务器和网络。PowerEdge 系列旨在为客户提供价格合理、可靠、可扩展的服务器。同样，不同的市场有不同的选择，包括面向企业客户的高性能机架式、刀片式和塔式服务器，以及面向小型组织、网络办公室和远程办公室的价格较低的塔式服务器。

3. 存储器。例如，区域网络存储、网络连接存储、直连式存储、光盘和磁带备份系统以及可移动磁盘备份。

4. 可移动设备。笔记本电脑的目标客户需要最高性能的设备保证游戏或娱乐体验。

5. 软件和外部设备。办公软硬件包括打印机、电视机、笔记本电脑配件、网络和无线产品、数码相机、电源适配器、扫描仪等产品。

6. 强化服务。量身定制解决方案，帮助客户降低其服务环境的成本，最大限度地提高系统性能、效率和增加投资回报。其中包括：基础设施咨询服务、安装和集成新系统的部署服务、资产回收和再循环服务、培训服务、企业支持服务和托管生命周期服务（外包 IT 管理）。

7. 金融服务。戴尔通过与 CIT Group 组建合资企业，为美国的客户提供服务。

戴尔的商业战略

戴尔的愿景是：通过提供卓越的价值，高质量的产品、有价值的技术、定制系统、优质的服务和支持，以及易于购买和使用的差异化产品和服务，努力提供最佳的客户体验。

戴尔的商业战略的核心要素在戴尔的营销传播中体现得很明显：

● 我们为客户简化了信息技术。戴尔的传统是提供高质量且价格合理的个人电脑、服务器、存储器及服务。我们致力于让全球数百万客户能够买得起信息技术。由于我们与客户具有直接关系，或者说和客户有亲密的关系，我们最适合简化客户实施和维护信息技术的方式，并为其业务和家庭提供硬件、服务和量身定制的软件。

● 我们为客户提供多种选择。客户可以通过电话、售货亭和我们的官方网站（www.dell.com）购买系统和服务，他们可以通过该网站中进入整个产品线的报价系统，还能够在在线订购系统中追踪从生产到运输的订单。我们最近推出了一项零售计划，并打算增加新的分销渠道，通过全球零售合作伙伴和增值零售商，向更多消费者和小企业推广这一计划。

● 客户可以购买定制产品和定制服务。从历史角度看，按订单制造的流程是灵活的：我们的库存平均每 5 天就可以周转一次，从而降低库存水平，并迅速将最新的技术带给我们的客户。

市场不断演变，我们现在正在探索利用原始设计制造商和新的分销战略更好地满足客户的需求和缩短产品周期。我们的目标是更快地引入最新的相关技术，并迅速将节省下来的组件成本传递给全球范围内更广泛的客户。

● 我们在戴尔产品生命周期的每个阶段都对环境负责。我们致力于在所有业务领域对环境负责。我们将环保纳入戴尔产品生命周期的每个阶段，从开发和设计节能产品，到减少制造和运营的碳足迹，再到客户使用和产品回收。

戴尔的销售和营销

戴尔通过专门的销售代表、电话销售和 www.dell.com 网站直接向客户销售产品和服务。

客户细分为大型企业、政府，以及中小型企业和个人消费者。

戴尔强调其直接商业模式的重要性，它能从客户那里得到直接和持续的客户反馈，以便企业为特定的客户群体开发和完善产品及营销方案。在提交给美国证券交易委员会（SEC）的文件中，戴尔强调了它倾听客户的意见，开发客户信任和重视的相关创新技术和服务。戴尔使用 Web 2.0 使客户可以在戴尔网站的一个名为"戴尔创意风暴"的交互式板块为当前和未来的戴尔产品、服务和运营提供建议。它说："这种持续的沟通，是我们直接商业模式的独特之处，也让我们能够快速评估客户满意度，并锁定新产品或现有产品。"戴尔在世界各地都有面向大型企业和机构客户的销售团队、专门的客户服务团队，包括基于现场的系统工程师和顾问，长期为大客户提供帮助，并为这些客户开发特定的解决方案。

戴尔 Premier

对于大型的组织客户，戴尔提供 Premier（http://premier.dell.com），这是一个安全的、可定制的采购站点，旨在为客户节省时间和金钱。戴尔 Premier 的主要好处是：

● 易于订购——定制的在线商店确保客户可以以满意的价格买到产品。

● 易于跟踪——查看实时订单状态、在线发票和购买历史详情。

● 易于控制——自定义访问，可以定义在 Premier 中看到什么和做什么。

营销传播

戴尔主要通过在电视和互联网上做广告、在各种平面媒体上做广告以及邮寄一系列直接营销出版物（如促销品、目录）来向中小企业和消费者推销其产品和服务。在某些地区，戴尔还经营戴尔商店或售货亭，通常位于购物中心内，允许客户查看产品，并在戴尔专家的帮助下在线购买。

戴尔的线上传播

Econsultancy 公司（2008）展示了客户站点的管理，戴尔有一个三阶段的订单漏斗：

● 站点访问的营销传播；

● 经验性的站点推销；

● 转化式的商店推销。

经理解释了戴尔是如何通过识别一系列因素来理解客户行为并采取行动的：在线广告的质量；通过站点的路径质量；促销/优惠和转换驱动因素，如配置器的易用性；决策支持工具的可访问性；贯穿整个路径的信息一致性。

戴尔将对网站进行战略改进，包括使用新的营销方法，如客户评分和评论、视频以及通过决策支持工具创造的主要路径或客户旅程变化，都能帮助客户选择。还有更多的战术计划可以向每个客户传递正确的信息，包括定制/个性化服务和信息平衡。

大部分策略性促销网站的访问者关注的是价格变动/优化的市场价格定位和产品功能的综合。因此，对网站提供的产品报价也需要斟酌与考量其所包括的内容组合，如：

- 免费送货；
- 现金折扣；
- 免费升级（如内存）；
- 免费配件；
- 提供金融服务；
- 升级服务。

经理还指出，在欧洲各地，促销组合必须有所不同，以反映购买心理的差异。他总结了各国客户之间的主要差异：

- 英国——总关心价格；
- 瑞士——附加价值比价格重要；
- 德国——高端产品的混合搭配；
- 丹麦——便宜就好；
- 挪威——附加价值是关键；
- 法国——为法国人量身定制。

戴尔对数字媒体渠道的使用

戴尔网站在欧洲使用的主要数字媒体渠道有：

- 通过 Google AdWords 等进行付费搜索，通过与搜索的短语相关的限时优惠来提升价值。
- 展示广告——技术网站上的广告对企业市场尤为重要。
- 联盟营销——赋能联盟公司按条款使用"戴尔笔记本电脑"字样及基利客户群，以保护戴尔品牌。
- 电子邮件营销——当现有的客户需要更新硬件时可使用电子邮件与其保持联系，并获得针对性的报价。

戴尔和间接渠道

虽然戴尔的商业战略重点一直是直接向客户销售，但当业务需要时，它也会使用一些间接销售渠道。在美国，它通过第三方解决方案提供商、系统集成商和第三方分销商间接销售产品。2008 年，戴尔开始在零售店提供 Dimension 台式电脑和 Inspiron 笔记本电脑，并宣布与英国、日本和中国的零售商建立合作关系。戴尔说，这些行动是它们实施零售战略的第一步，这将使它们能够扩展业务模式，接触到以前无法触及的客户。

资料来源：Security Exchange Commission filing 10-K for Dell, 2007.

问题： 描述戴尔在其网站设计和推广中为不同类型的在线客户提供相关优惠的方法。

7.8.2　价格

市场营销组合中的价格变量（price variable）指的是一个组织的定价政策，定价政策被用来定义定价模型（pricing model），当然，也用来设定产品和服务的价格。互联网对许多行业的定价有着巨大的影响，在这方面有很多文献。贝克等（Bake et al.，2001）以及邢等（Xing et al.，2006）已经注意到在互联网上通常采用两种定价方法。初创公司倾向于利用较低的价格来获得客户，现有公司则直接将使用中的价格迁移到网上。案例研究 7-1 展示了易捷航空通过在线价格折扣来实现其在线收入目标。在这种情况下，降低价格是可能的，因为与线下相比，在线处理客户交易的开销更低。同样，为了获得客户，网上书店可能会决定对最畅销的 25 种图书提供 50％的折扣，尽管这样做是没有利润的，但同时对"长尾"中不太受欢迎的书提供相对较小的折扣，可以获得利润。

互联网对价格方面的主要影响如下。

1. 增加价格透明度及其对差别定价的影响。奎尔奇和克莱因（Quelch and Klein，1996）描述了互联网对价格的两种相互矛盾的影响，这些影响与价格透明度相关。首先，供应商可以利用互联网技术对不同国家的客户进行差别定价。然而，如果不采取预防措施，客户可能会很快发现价格歧视并产生不满。通过在线零售商销售的标准化商品尤其如此。客户不仅可以访问竞争供应商的网站，还可以访问价格比较网站。如果所有客户都知道这些差别，就很难保持价差。目前，情况可能并非如此。贝克等（Baker et al.，2001）引用的研究表明，只有大约 8％的活跃在线消费者是价格敏感者。此外，他们指出，网上书商的价格平均变化为 33％，CD 零售商的价格平均变化为 25％。

这似乎有两个主要原因：首先，定价只是一个变量——消费者还会根据品牌的其他方面来作出购买决定，如熟悉度、信任度和感知的服务水平。其次，消费者经常表现出满意行为（satisficing behaviour）。"满意"一词是由赫伯特·西蒙（Herbert Simon）在 1957 年创造的，当时他说，人们需要"足够理性"，当他们觉得不再需要理性时，才会放松自己的理性。认知心理学家称之为"有限理性"。换句话说，虽然消费者可能会寻求将某些变量（如价格）最小化，但在选择产品或供应商时，大多数人可能不会付出太多努力。这一观点得到了约翰逊等（Johnson et al.，2004）的研究的支持，他们通过分析 1 万个互联网家庭和三种类似的产品（书籍、CD 和航空旅行服务）的面板数据发现，在线搜索的数量实际上是相当有限的。在一个典型的活跃月份里，平均每个家庭只访问了 1.2 个图书销售网站、1.3 个 CD 销售网站和 1.8 个旅游产品销售网站。

许多公司采用的折中办法是使用差别定价，以较低的价格在互联网上提供它们的一些产品。这是 Currys（www.currys.co.uk）等在线电器零售商、途易（www.tui.co.uk）等旅游公司以及拥有在线储蓄产品的公司所采用的方法。在线定价必须考虑需求价格弹性。这是一种基于经济理论的对消费者行为的测量，它表明对产品或服务的需求随着价格的变化而变化。

需求价格弹性（price elasticity of demand）是由产品的价格、来自替代供应商的替代产品的可用性和消费者收入决定的。如果一种产品的价格有微小的变化，就会使需求大幅增加或减少，这种产品就称为弹性产品。而不具有弹性的产品即使价格波动较大，需求也不会有明显的改变。关于需求价格弹性的更多细节见专栏 7 - 4。

专栏 7 - 4　需求价格弹性

需求价格弹性反映了价格变化对一种产品需求的影响程度。它是用需求量的变化（用百分比表示）除以价格的变化百分比来计算的。不同的产品自然会有不同的需求价格弹性系数，这取决于它们在消费者感知这一连续体中的位置，从相对无差异的商品到奢侈品，在高度差异化的产品中品牌感知是很重要的。

需求价格弹性系数的公式为：

$$需求价格弹性系数 = \frac{需求量变化百分比}{价格变化百分比}$$

产品的价格弹性一般描述为：

● 弹性需求（价格弹性系数大于 1）。这时，需求量变化百分比大于价格变化百分比。在弹性需求中，价格小幅上涨就会导致需求大幅下降，当价格上升时，上涨的价格并不能补偿需求的减少，生产商和零售商收入减少；反之当价格下降时，需求增多，总收入会增加。图 7-18 显示了相对弹性产品（价格弹性＝1.67）的需求曲线。

● 非弹性需求（价格弹性系数小于 1）。这时，需求量变化百分比小于价格变化百分比。在非弹性需求中，需求曲线相对陡峭，价格上涨会导致需求相对小幅下降。总的来说，总体收入随着价格的上涨而增加，随着价格的下跌而减少。图 7-19 显示了相对非弹性产品（价格弹性＝ 0.312 5）的需求曲线。

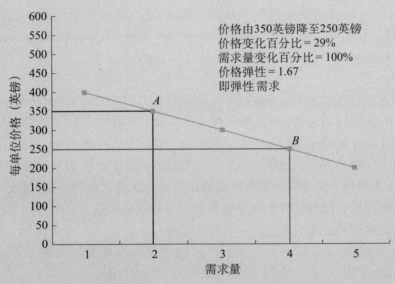

图 7-18 相对弹性产品需求的价格弹性

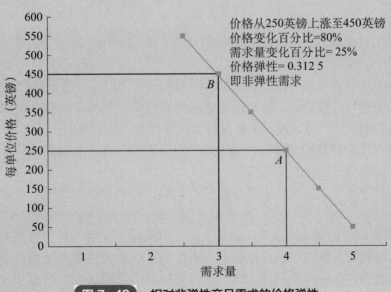

图 7-19 相对非弹性产品需求的价格弹性

2. 迫使价格下降（包括商品化）。对于商业化的商品，B2B 交易中的拍卖也可以有类似的压低价格的效果。客户可能对一些传统上不被认为是大宗商品的产品的价格更加敏感。这一过程称为商品化（commoditisation）。正在商品化的商品包括电器和汽车。

3. 催生新的定价方法（包括动态定价和拍卖）。新的定价方法（包括动态定价和拍卖）的发展推动了采用动态定价（dynamic pricing）的在线公司的增加。据 *Business Insider*（D'Onfro, 2015）报道，亚马逊的算法每小时会多次调整产品价格（相当于每天有数百万次价格变化）。这意味着它在最受欢迎的产品上提供最大的折扣，在不受欢迎的产品上盈利——利用客户对价格预期的心理。但需要注重差别定价，因为如果给新客户很大的折扣，老客户会不高兴。在诸如 www. camelcamelcamel. com 这样的网站上，潜在买家可以监控亚马逊网站上每小时波动的最优购买价格。据报道，酒店公司和航空公司都使用动态或高峰定价策略。IBM Dynamic Pricing（www. ibm. com/us-en/marketplace/dynamic-pricing）、Boomerang Commerce（www. boomerangcommerce. com）等公司为在线零售商提供了价格绩效管理服务。

另一种方法是聚合购买（aggregated buying），这种方法是由 LetsBuyit. com 推广的，但并不可行——为品牌创造知名度和解释概念的成本并不能被每笔交易的收入抵消。

贝耶等（Baye et al. , 2007）报道，欧洲电子在线零售商 Pixmania（www. pixmania. com）使用价格实验来了解其客户的价格敏感性。他们指出，对于一款 PDA，Pixmania 在 14 周的时间里调整了 11 次价格，从 268 英镑调整到 283 英镑，这是一系列小型实验的一部分，以了解其客户的价格敏感性。这种定价策略还带来了额外的战略利益——不可预测性。贝耶等（2007）建议在线零售商在评估在线定价时应问以下问题：

- 在一个时间点上有多少竞争者？他们建议，当竞争对手数量减少时，产品的加价（mark-up）应该增加，当竞争对手数量增加时，产品的加价应该减少。他们还建议，由于在线竞争对手并非传统的线下竞争对手，考虑主要的在线竞争对手十分重要。

- 产品生命周期的定位是什么？一个产品的加价应该在其整个生命周期内或在推出新产品时减少。

- 产品的价格敏感性或价格弹性是怎样的？他们建议不断进行实验，以了解产品价格敏感性的变化。

- 价格设定在什么水平？最优的加价因素应适用于产品，而不是产品类别或公司的层面，应在产品层面进行价格测试。他们还注意到付费搜索引擎和聚合器在类别或产品层面的转化率和点击费用的变化，这使得对价格进行微观管理变得非常重要。

- 竞争对手监控我的价格吗？如果竞争对手在关注你，你就要变得不可预测。如果对手不关注你，你就要利用它的"盲点"。

- 我们"不上不下"吗？中间价格是次优的，特别是当价格可以设定为市场的最低点的时候。

4. 提供新的定价结构或政策。网络上的定价类型可能会不同于传统的定价类型，特别是对于数字的或者可下载的产品。传统上，软件和音乐的销售是为了获得永久使用权。互联网提供了新的选择，如每次使用时付款、每月支付固定的租金或按照租赁合约付费，也可以综合运用这些方法。软件即服务（SaaS）（见第 3 章）的提供者提供网站流量监测等服务，也提供了数量定价的新方法。

因网络而改变的其他定价因素包括：

- 基本价格；
- 折扣；
- 附加和额外的产品和服务；
- 保证和担保；
- 赔偿政策；
- 订单取消条款。

7.8.3 渠 道

艾伦和费梅斯塔德（Allen and Fjermestad，2001）认为互联网对营销组合中的渠道具有很大的影响，因为互联网具有全球影响力。然而，由于国际履约需要成本和时间，以及各国的信任问题和电话支持的可用性问题，大多数产品仍然由本地提供。数字产品是一个例外，因为数字产品没有物理上的限制。事实证明，苹果 iTunes 在全球范围内提供服务是成功的。下面我们将研究互联网对销售渠道的主要作用。

1. 购买地点。在 B2B 环境中，电子商务是在制造商自己的网站、中间商或客户的站点上进行的。

2. 新渠道结构。新渠道结构，如去中介化、再中介化和反中介化（见第 2 章）所带来的变化。

3. 渠道冲突。引入数字渠道带来的一个重大威胁是，尽管非中介化给公司提供了直接销售和提高产品盈利能力的机会，但它也可能威胁现有合作伙伴的分销安排。费雷泽（Frazier，1999）认为这种渠道冲突需要仔细管理。弗雷泽（1999）提出，在某些情况下，互联网只应被用作沟通渠道。在制造商提供独家的或高度选择性的分销方式的情况下尤其如此。举个例子，一家生产价值数千英镑的昂贵手表的公司过去不会直接销售，而是通过批发商或零售商分销手表。如果这个批发商是主要的手表分销商，那么它是强大的，并将反对手表制造商直接销售。批发商甚至可能拒绝作为分销商，并可能威胁分销竞争对手的手表。

进一步的渠道冲突涉及其他利益相关者，包括销售代表和客户。销售代表可能将互联网视为对他们生计的直接威胁。在某些情况下，如雅芳化妆品和百科全书，已经被证明是类似案例。传统销售渠道部分或完全地被互联网 B2B 销售渠道取代，销售代表仍保持类似的基本方法维护客户以支持他们的购买决策。在这里，互联网可以作为销售支持和客户教育的工具。不使用在线渠道的客户也可能会对在线渠道的低价作出负面反应，但这没有其他类型的渠道冲突那么严重。

数字渠道可以采取以下形式：

- 仅作为信息沟通渠道；
- 面向中间商的销售渠道；
- 面向客户的销售渠道；
- 以上渠道的组合。

为了避免渠道冲突，必须找到合适的渠道组合。

当然，数字渠道战略将取决于现有的市场分配。如果一个区域市场是全新的，没有现有的代理商或分销商，就不太可能出现渠道冲突，这时就可以选择仅通过互联网分销，或任命新的代理商支持互联网销售，或将两者结合。中小型公司往往会尝试利用互联网销售产品而不指定代理商，但这种策略只适用于不太需要售前售后支持的零售产品。对于价值较高的产品，如工程设备，则需要熟练的销售人员来支持销售和售后服务，从而不得不指定代理商。对于现有的地理市场，如果一个公司已经有了代理商和分销商的分销机制，情况就更加复杂，存在渠道冲突的威胁。

7.8.4 促 销

具体来说，促销（promotion）通常是传播策略的一部分，包括选择目标市场、定位和整合不同的传播工具。互联网提供了一种新的营销沟通渠道，让客户知道产品的好处，并协助客户做出购买决定。查菲和史密斯（Chaffey and Smith，2008）总结的促销或传播组合的主要元素如表7-8所示。

表7-8　促销组合的主要元素

传播工具	线上实施
1. 广告	互动展示广告、点击付费搜索广告
2. 销售	虚拟销售人员、网站营销、聊天及联盟营销
3. 促销	优惠券、奖励、在线忠诚度计划等激励措施
4. 公共关系	在线编辑、博客、订阅、电子通信、社交网站、链接和病毒式传播活动
5. 赞助	赞助在线活动、网站或服务
6. 直邮	使用电子通信和电子邮件发送许可式邮件（opt-in email）
7. 展览	虚拟展览及白皮书分发
8. 营销	在零售网站发布促销广告、个性化推荐和数字化提示
9. 包装	虚拟体验——在线展示真实的包装过程
10. 口碑	病毒式营销，联盟营销，给亲友发邮件、链接

制定促销策略的一种方法是详细说明在购买的不同阶段所需的沟通技巧。另一种方法是看看互联网如何扩大推广活动的范围，如广告、销售促销、公关和直接营销。（这些方法将在第8章讨论，我们也将讨论如何说服客户未来回到一个网站进行购买。）营销计划中的推广元素也需要做出三个关于投资的重要的决定：

1. 对促销的投资与网站的创建和维护之间的平衡。由于网站的创建、维护和推广通常都有固定的预算，所以数字营销计划应该为每一方面都制定预算，以确保有一个合理的平衡。

2. 在线促销技术上的投资与非在线促销技术上的投资的平衡。与线下促销相比，在线促销必须考虑多种方法。图7-20总结了公司的战术选择。与纯粹的在线公司相比，你认为哪个传播组合是一个成熟公司的最佳选择？

公司及其客户对电子商务的采纳程度不同，其在网络营销工具上的花费自然会有所不同。影响组织在线媒体支出比例的因素包括：

- 传统媒体或数字媒体可以接触到的细分市场中的客户比例；
- 目标市场中在线研究和购买产品的客户比例；

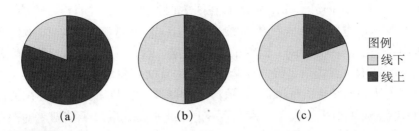

图 7-20　线上线下传播组合的选项：（a）线上＞线下；（b）线上＝线下；
（c）线下＞线上

- 客户使用传统渠道购买产品的倾向；
- 与电视和印刷品等传统媒体相比，不同在线媒体的相对成本效益（见第 8 章）。

鼓励访问者点击一个他们甚少登录的网站可能比较困难，但销售成本会更低，这两者之间有一个微妙的平衡。所有媒体都有其边际报酬开始递减的临界点。当投资达到这个临界点时，再在这个媒体上增加投入，将不会带来收益的增加。许多公司遵循的策略是逐渐增加它们在数字媒体上的投资，因为它们想找到这个临界点。

3. 对不同在线促销手段的投资。例如，横幅广告和在线公关需要支付多少费用、注册搜索引擎要付多少钱。这些和其他与流量构建相关的技术将在第 8 章和第 10 章中介绍。

7.8.5　人员、过程和有形展示

人员、过程和有形展示（people，process and physical evidence）是服务交付中特别重要的变量，由于服务交付是电子商务网站的一个重要方面，在第 8 章和第 9 章都提到了这一点。加强服务也是在线品牌的一个重要元素。有形展示可以应用于现场设计或产品交付时的附带包装，或者可以作为扩展产品的一部分。

查菲和史密斯（2001）提出，在网上，对人员因素的部分考虑是人员可以被取代或他们的工作被自动化。以下是一些选项：

- 自动应答：当客户给组织发送电子邮件或提交在线表单时，这些程序会自动响应。
- 邮件通知：由公司系统自动生成，用于更新客户的订单状态，例如，已接收的订单、现在有库存的商品、已发送的订单。
- 回访功能：客户在表格上填写他们的电话号码，并指定一个方便的联系时间。
- 常见问题：对于这些问题，最重要的是编辑和分类，这样客户就可以很容易地找到问题和有用的答案。
- 站内搜索引擎：它可以帮助客户快速找到他们想要的东西。站点地图是一个相关的功能。
- 虚拟助理/聊天机器人：这些产品的复杂程度各不相同，通常有助于引导客户完成一系列复杂的选择。

7.9　聚焦：数字品牌

一个成功的网络品牌是什么？是一个高流量的电子商务网站吗？是知名度高的品牌吗？是一个盈利的品牌吗？或者是一个销量略低，但客户认为提供了良好服务的网站？虽然只满足其中一些标准的网站通常被描述为成功的品牌，但我们知道，一个成功的品牌取决于许多因素。

埃德姆等（Erdem et al.，2002）在研究品牌可信度对消费者价格敏感性的影响时指出，可信的品牌可通过以下方式产生客户价值：（1）降低感知风险；（2）减少信息搜寻成本；（3）为组织创造一种有利的、值得信赖的感觉。这说明了网络品牌的重要性，因为网站必须给人信任的感觉，并提供良好的体验，以促进首次销售和重复销售。

许多人认为品牌化（branding）只涉及品牌身份识别，比如与公司或产品相关的名称或标识。但品牌大师们似乎都认为，品牌远不止于此——它取决于消费者对产品的心理亲和力。莱斯利·德切纳托尼（Leslie de Chernatony）和马尔科姆·麦克唐纳（Malcolm McDonald）在他们1992 年的经典著作《创造强大的品牌》（*Creating Powerful Brands*）中这样描述品牌：

> 一种可识别的产品或服务，可以帮助购买者或用户感知到最符合他们需求的独特的附加价值。此外，它的成功源于能够在面对竞争时维持这些附加价值。

这一定义强调了一个成功的品牌需要与网络环境相关联的三个基本特征：

- 品牌依赖于客户感知；
- 感知受产品附加价值特征的影响；
- 附加价值特征需要是可持续的。

德切纳托尼（2001）评估了品牌概念的实用性。他还认为，在互联网环境下，品牌价值和品牌战略的要素是相同的。然而，他建议互联网上的消费者成为积极的价值创造者，通过讨论小组提供反馈，为品牌增加价值。德切纳托尼主张一种更宽松的品牌控制形式，在这种形式下，公司促进而不是控制客户的讨论。

杰文斯和贾伯特（Jevons and Gabbot，2000）认为互联网改变品牌的另一种方法是："与品牌感知相比，对品牌的第一手体验是一种更有力的信任保障。"在网络环境中，客户可以更频繁、更深入地体验或与品牌互动。

正如达亚尔等（Dayal et al.，2000）所说，"在万维网上，品牌就是体验，体验就是品牌"。他们建议，要建立成功的网络品牌，组织应该考虑将它们的主张建立在下面这些可能的品牌承诺之上：

- 便利的承诺——让购买比真实世界更方便，或者比竞争对手更方便；
- 成就的承诺——帮助消费者实现他们的目标，例如，支持在线投资者的决策或支持商务人士的日常工作；
- 乐趣和冒险的承诺——这显然与 B2C 服务更相关；
- 自我表达和认可的承诺——由个性化服务提供，如通过 Wix（www.wix.com）消费者可以建立自己的网站；
- 归属感的承诺——由在线社区提供。

德切纳托尼（2001）认为，成功的在线品牌需要传递品牌的三个方面：理性价值、情感价值和承诺体验（基于理性和情感价值）。

另一种观点是由阿克和阿希姆斯塔尔（Aaker and Joachimsthaler，2000）提出的，即"品牌资产"（brand equity），其定义为：

> 与品牌、品牌名称和品牌符号相关的一系列品牌资产和负债，通过增加或减少产品或服务给公司或公司的客户提供价值。

因此，品牌资产是指通过品牌提供给公司或其客户的价值。在网络上评估品牌资产需要考虑计算机媒介环境的独特特征。研究人员开始探索是否需要对品牌资产进行额外的在线衡量方法。根据专家访谈，他们确定了重要的品牌资产在线衡量方法，如表 7 - 9 所示。令人惊讶的是，尽管他们确实提到了内容对网站设计的重要性，而且它也是定制、相关性和整体体验等其他属性的一个关键方面，但内容并没有被单独强调。（他们对理性、情感诉求以及网站承诺的体验的研究如图 9 - 11 所示。）

表 7 - 9　品牌资产的传统衡量方法和在线衡量方法

品牌资产的传统衡量方法 （Aaker and Joachimsthaler, 2000）	品牌资产的在线衡量方法 （Christodoulides and de Chernatony, 2004）
价格溢价	线上品牌体验
满意度/忠诚度	交互性
感知质量	定制
领导流行	相关性
感知价值	网站设计
品牌个性	客户服务
组织协会	订单履行
品牌知名度	品牌关系质量
市场份额	社区
市场价格和分销范围	网站日志（见第 8 章）

7.9.1　品牌标识

阿克和阿希姆斯塔尔（2000）也强调了制订一项计划以传播品牌标识（brand identity）的关键特征和提高品牌知名度的重要性。品牌标识不仅仅是名称，还是一系列与品牌有关的事物的结合，意味着组织对客户的承诺。阅读迷你案例研究 7 - 2，看看品牌标识的不同元素，这是一个许多在线零售商正在寻求实现的有效清单。

迷你案例 7 - 2

Hotel Chocolat 品牌身份标识

阿克和阿希姆斯塔尔（2000）认为，在品牌建设活动开始时，需要定义以下识别特征，然后可以发展营销沟通，创造和加强这种身份标识。这里，我们将它们应用到 Hotel Chocolat（www. hotelchocolat.com）。

● 品牌本质（总结品牌代表什么）。

这未必是一个口号，但 Hotel Chocolat 是一个优质的巧克力供应商，目标是使巧克力变得很有趣。

● 核心身份（主要特性）。

原创性——努力做到新鲜、有创意和创新，包括加勒比的酒店、伦敦的餐厅、咖啡馆和"巧克力学校"。

原真性——产品以在自己的庄园种植的高质量可可豆为原料，产品中含有"更多的可可，更少的糖"。

道德性——公平地支持可可树种植者，包括建立和运行"参与道德"项目。

● 扩展身份。

人格——奢华和关怀，为客户提供100％的快乐保障，在环境方面也有强烈的企业责任感。

个性化——"礼品创造者"，网站访问者可以挑选他们的礼盒/礼品袋，添加他们选择的产品，并改变大小/数量。

社区——在品尝俱乐部可按月预订礼盒。

符号——简洁精致的黑白，"Chocolat"字体优美。

● 价值主张。

功能优势——高可可含量（少糖）、个性化、发现新口味。

情绪优势——从饮食中获得快乐。

自我表达的优势——为你的口味量身定制巧克力，发现新的巧克力类型。

● 关系。

如果一家公司有很高的道德标准，提供高质量的产品，并且想让吃巧克力这件事变得令人兴奋和有趣，客户就会重视并忠诚于这家公司。

里斯等（Ries et al.，2000）提出了两个品牌命名法则。第一个是通用名称法则——"死亡之吻对互联网品牌来说是一个通用名"。他们认为，像 Art. com 或 Advertising. com 这样的名字很差劲，因为它们不够独特。第二个是专有名称法则——"你的名字在网络上是独一无二的，所以你最好取一个好名字"。这表明，专有名称比通用名称更可取，例如：Handbag. com 优于 Woman. com，Moreover. com 优于 Business. com。作者建议最好的名字应该遵循以下八个原则中的大多数：（1）简短；（2）简单；（3）类别暗示；（4）独特；（5）押韵；（6）顺口；（7）震撼；（8）个性化。尽管这些被看作"不可变的准则"，但仍然会有例外！

7.9.2 在线品牌的重要性

互联网对现有品牌来说是一把"双刃剑"。一个了解某品牌的消费者可能更信任它，但忠诚度可能会下降，因为互联网鼓励消费者试用其他品牌。这说明在提高服务质量的同时，以具有成本效益的方式为电子商务服务树立品牌意识的重要性。（在第8章中会进一步描述网上品牌的成功因素。）创造积极的客户体验的关键方面包括：

● 内容质量——客户是否能够轻松地找到相关的最新的内容？内容是否存在错误？
● 有足够的网站基础设施支持可用性和下载速度。
● 易于联系公司以寻求支持。
● 回复电子邮件的质量和履约质量。
● 尊重客户隐私。
● 体现和支持线下品牌的特点。

管理提供服务所需的技术和客户数据库是数字营销的一个关键方面，需要营销人员与IT部门或外部顾问密切互动。

7.10 行　动

数字营销策略的行动部分是指管理者为执行计划而采取的活动。行动时需要解决的问题包括：

- 在数字渠道上投入多少才能提供这些服务？
- 回报是什么？
- 需要对员工进行哪些培训？
- 有效的数字营销需要哪些新的职责？
- 提供基于互联网的服务是否需要改变组织结构？
- 网站的创建和维护涉及哪些活动？

在这一阶段，将最终确定数字营销计划，总结需要采取的行动。专栏 7-5 给出了一个典型的数字营销计划的例子。这也可以作为本章的总结。

专栏 7-5　　　　　　　　　**一个典型的数字营销计划框架**

1. 形势分析

内部审核：
- 对当前互联网进行营销审核（业务、营销、网络营销效果）；
- 用户构成及特点；
- 网站覆盖范围，对销售和盈利能力的贡献；
- 面对竞争，提供在线服务的资源是否合适。

外部审核：
- 宏观经济环境（见第 4 章）；
- 微观环境——新的市场结构、预测的客户活动；
- 竞争——来自现有对手、新服务、新公司和中介的威胁。

评估机会和威胁（SWOT 分析）
- 市场和产品定位；
- 创造数字价值的方法和客户价值主张的详细说明；
- 市场定位（买方、卖方和中立市场）；
- 营销职能范围。

2. 目标声明
- 企业网络营销目标（使命陈述）；
- 详细的目标：有形和无形的利益、具体的关键成功因素；
- 在线营销对促销和销售活动的贡献；
- 在线价值主张。

3. 战略定义
- 对在线渠道的投资和承诺（包括有形和无形的投入）；
- 市场和产品定位——旨在增加覆盖面、新的数字产品、新的业务和收入模式；
- 目标市场战略——明确细分市场的优先次序、在线价值主张和差异化优势，思考是否关注非目标客群。
- 变革管理战略——需要哪些新的流程、结构和职责？

4. 策略

- 产品：为客户开发新的核心产品和延伸产品，并将其并入在线品牌推广；
- 促销：明确线上线下推广方式的平衡，客户关系管理的作用（见第8章）；
- 价格：在线销售折扣，定价选项，新的定价选项，例如拍卖；
- 渠道：去中介和再中介，卖方、买方或中间市场；
- 人员、过程和有形展示：通过支持和网站特点提供在线服务。

5. 行动

详细说明：

- 任务；
- 资源；
- 合作和外包；
- 预算，包括开发、推广和维护的成本；
- 时间进度；
- 人员。

实施：

- 关键开发任务（见第9章）：业务和受众需求分析、基于场景的设计、内容开发、数据库集成、数据迁移、测试和变更；
- 项目和变更管理；
- 团队组织和职责；
- 风险评估（识别风险、应对风险的措施）；
- 法律问题；
- 改进和维护流程。

6. 控制

- 确定度量过程和度量标准（见第10章），包括：
- 业务贡献（渠道盈利能力——收入、成本、投资回报）；
- 营销效果（渠道成果——客户导向、销售额、转化率、渠道满意度）；
- 在线营销效果（渠道行为——页面印象、访客、重复访问、转化率）。

7.11 控 制

数字营销计划的控制元素可以结合传统技术（如市场调研，以获取客户的意见）和新技术（如分析 web-server 日志文件，使用技术来监控目标）来实现。（这些技术将在第10章中详细讨论。）内联网可以用来在一个组织内的营销人员和咨询人员之间共享信息。

7.12 本章小结

1. 数字营销是实现营销目标的技术应用，由英国特许营销协会定义为："负责识别、预测和满足客户需求的管理过程。"

2. 数字营销可以被认为是数字商务的子集，等同于卖方电子商务。

3. 数字营销计划通常是与数字商务战略分开制定的。SOSTAC 框架用于介绍数字营销计划的要素。

4. 形势分析——包括考虑外部环境，强调客户访问互联网的水平、竞争对手和新进入者的基准。

5. 目标设定——一个关键的目标是设定在线收入贡献或在线销售额的百分比。对于那些因为产品的性质而无法进行线下直接销售的公司，公司可能会设定在互联网影响下的营销沟通、客户服务和降低成本的目标。

6. 战略——通过评估产品是否适合直接销售，公司可以定义一个替代战略（适合直接销售的产品，例如机票）或互补战略（不适合直接销售的产品，例如快速消费品或咨询服务）。替代战略可能包括改变分销网络，互补战略包括将互联网作为一个额外的营销传播渠道。

7. 战略——数字营销战略可以通过不同的营销组合元素来评估：价格、渠道、产品、促销、人员、流程和有形展示。

8. 行动——通过确定资源和时间表来规划数字营销战略。

9. 控制——通过网站和传统渠道监控客户满意度和渠道表现来实现控制。

练习

自我评估

1. 解释数字营销和数字商务之间的联系，以及为什么它们可以分开考虑。
2. 概述数字营销战略规划过程的各个阶段，指出每个阶段对数字营销特别重要的两个方面。
3. 互联网的贡献是什么？它与数字营销战略有怎样的相关性？
4. 什么因素决定了特定组织的互联网贡献？
5. 公司为什么要使用在线竞争者标杆分析？怎么使用？
6. 描述什么是替代互联网渠道战略，并给出公司遵循每种特定方法的例子。
7. 总结利用互联网来改变营销组合的新机会。
8. 在战略的控制阶段，线上和线下技术如何运用？

问题讨论

1. 选择一个特定的市场部门，评估过去、现在和未来的客户是否以及如何使用互联网作为选择和购买产品的媒介。
2. 为你熟悉的组织制定一份战略性数字营销计划大纲。
3. 请讨论："考虑到市场活力，传统的战略规划对初创公司没有任何意义。"
4. 评估互联网在设定数字营销目标和其他可能目标中的价值和重要性。
5. 解释数字商务如何利用技术来监控和控制其运营。

测试题

1. 概述制订战略性数字营销计划所涉及的阶段。

2. 解释互联网贡献的含义，并概述公司将如何确定现实的目标。

3. 当通过互联网提供服务时，在什么情况下公司需要改变营销组合中的价格和渠道这两个要素？

4. 什么是互补互联网渠道战略？该战略对哪些公司来说最合适？

5. 在控制数字营销的过程中，应该监控数字营销的哪些不同方面？请举出三个例子，说明如何利用技术来辅助监控。

6. 对于一家目前在单一国家销售其大部分产品的公司，解释其产品和市场定位的可用战略选择。

7. 在营销组合的渠道和促销部分，再中介化和去中介化意味着什么？

8. 进行有效的营销信息传播对电子媒体的战略制定提出了哪些新要求？

第8章

■ 客户关系管理
■ Customer Relationship Management

完成本章的学习后，读者应该能够：

- 概述通过数字媒体接触和获取新客户的不同方法
- 评估在线客户的不同购买行为
- 描述使用数字媒体沟通留住客户和交叉向上销售的技巧

8.1　本章介绍

根据 *CIO* 杂志（Wailgum，2017）的说法，客户关系管理（CRM）系统能够：

> 帮助您更好地了解客户的需求，并在提高底线的同时满足这些需求。可以将不同来源的客户信息连接起来，包括电子邮件、网站、实体店、呼叫中心、移动销售、营销以及广告。CRM 数据在操作系统（如销售和库存系统）和根据特定模式对其进行排序的分析系统之间流动。

一个有效的 CRM 战略可以在以下方面帮助组织增加收入：

- 提供客户真正需要的产品和服务；
- 提供更好的客户服务；
- 更有效地对产品进行交叉销售；
- 帮助销售员工更快地完成交易；
- 保留现有客户并发现新客户。

基于数字技术的客户关系管理是数字商务的关键要素。对任何可持续发展的业务来说，与客户建立长期关系都至关重要。建立关系的失败在很大程度上导致了许多线上公司在客户获取方面产生大量支出（在第 2 章和第 5 章有所阐释）。从第 4 章的相关模型可以得知，公司已经充分意识到客户获取的重要性。但是，赖奇霍尔德和舍费尔（Reichheld and Schefter，2000）的研究表明，零售业获得在线客户的成本非常高昂（比传统企业高 20％～30％），以至于零售业的初创公司可能至少在两到三年内都无法盈利。研究还表明，线上公司只要多留住 5％的客户，就能将利润提高 25％～95％。研究者表示：

> 如果能使客户忠诚，那么线上公司的盈利速度就会比传统公司快得多，为客户提供服务的成本也会更低。

值得注意的是，客户忠诚度和公司盈利能力之间的关系一直饱受质疑，尤其是赖纳茨和库马尔（2002）通过分析四个公司的数据库发现：

几乎或根本没有证据表明，长期稳定地从一家公司购买产品的客户的服务成本必然更低，或者对价格的敏感度更低，或者在引进新业务方面特别有效。

两名学者认为，那些把营销重点放在"忠实客户是最赚钱的"这一简单假设上的公司，将会错失确定其他潜在的可以获得盈利客户的机会。

本章评估了不同的数字通信技术（如搜索和社交媒体营销），以便接触新的客户，然后与他们建立关系。本章围绕经典客户生命周期（customer lifecycle）的不同阶段（选择、获取、保留、扩展）展开，如图 8-1 所示。该图强调了适当跨渠道整合客户关系管理活动的重要性。

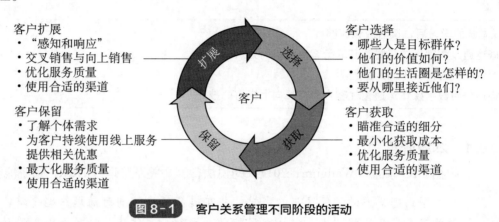

客户扩展
• "感知和响应"
• 交叉销售与向上销售
• 优化服务质量
• 使用合适的渠道

客户保留
• 了解个体需求
• 为客户持续使用线上服务提供相关优惠
• 最大化服务质量
• 使用合适的渠道

客户选择
• 哪些人是目标群体？
• 他们的价值如何？
• 他们的生活圈是怎样的？
• 要从哪里接近他们？

客户获取
• 瞄准合适的细分
• 最小化获取成本
• 优化服务质量
• 使用合适的渠道

图 8-1　客户关系管理不同阶段的活动

构成 CRM 的营销活动包括以下内容：

1. 客户选择。客户选择指的是确定公司要营销的客户类型。这意味着公司需要识别不同的客户群体，为他们开发产品，并在客户的获取、保留和扩展期间确定目标。这个过程综合了对客户按价值进行划分和按具体生命周期进行划分的方法。从数字商业的角度来看（如第 5章），我们希望有选择地针对采用数字渠道的客户。

2. 客户获取。客户获取指的是在与新客户建立关系的同时最大限度地降低获取成本，以高价值客户为目标进行的营销活动。服务质量和针对不同的客户选择恰当的渠道至关重要。

3. 客户保留。客户保留指的是组织为留住现有客户而进行的营销活动。关键是根据客户的个人需求和其在客户生命周期中的位置确定向客户提供的相关产品。

4. 客户扩展。客户扩展指的是增加客户从公司购买产品的深度或广度的过程，又称客户发展。

有一些对线上卖家特别重要的 CRM 的客户扩展技术：

• 再销售。向现有客户销售类似的产品——特别是在 B2B 环境中促使客户再购买或调整后再购买。

• 交叉销售。出售可能和初次销售紧密相关的附加产品。

• 向上销售。包含交叉销售，但一般特指销售更昂贵的产品。

• 再激活。鼓励有一段时间没有购买或购买期限已过的客户再次购买。

• 推荐。通过老客户的推荐来推动销售。

值得注意的是，尽管客户关系管理的概念在当前的营销思维中很流行，并为公司提高客户忠诚度和盈利能力提供了一个有价值的框架，但它未必能准确地反映客户对买卖双方关系的看法。消费者可能只是将他们与某个组织的交易视为一种交换关系，而非其他方面的紧密联系，也就是说，他们可能会说"我不想要一种关系"。奥马莱和泰南（O'Malley and Tynan，2001）注意到，长期关系或伙伴关系的概念可能更容易应用于 B2B 营销范畴，而不是消费者营销范畴。

客户关系管理的营销应用

支持营销活动的 CRM 系统由以下应用程序组成：

1. 销售队伍自动化（SFA）。通过安排和记录客户查询和拜访，支持销售代表进行客户管理和电话销售的工具。

2. 客户服务管理。联络中心的工作代表使用内部网络访问包含客户、产品和历史查询信息在内的数据库响应客户的需求。

3. 销售流程管理。这可以通过电子商务网站实现，或者在 B2B 环境中通过记录销售流程（SFA）来支持销售代表。

4. 活动管理。管理广告、直接邮件、电子邮件和其他活动。

5. 分析。通过数据仓库等技术和数据挖掘等方法（在本章后面介绍），分析客户的特征及其购买行为和活动，以优化营销组合。

案例研究 8-1

Warby Parker 是如何颠覆眼镜行业的

Warby Parker 是由尼尔·布卢门撒尔（Neil Blumenthal）、戴夫·吉尔博（Dave Gilboa）、安迪·亨特（Andy Hunt）和杰夫·赖得（Jeff Raider）在 2010 年创立的，四人在沃顿商学院攻读 MBA 时相识并结下友谊。这家眼镜公司（估值超过 10 亿美元）创立背后的故事是戴夫·吉尔博在开学前的旅行中弄丢了他价值 700 美元的眼镜，他们不禁对"眼镜为什么这么贵？"产生了兴趣。碰巧的是，尼尔·布卢门撒尔用了 5 年的时间经营一个名为 VisionSpring 的非营利组织，该组织旨在培训发展中国家的女性进行视力检查和眼镜销售。他在眼镜市场的经验表明，材料成本不是导致眼镜价格偏高的因素。

然后他们发现，有一家名为 Luxottica 的公司主导了眼镜行业。这家意大利公司控制着该行业 80% 的主要品牌，年收入可达 200 亿美元，这种行业垄断导致了名牌眼镜价格虚高。

Warby Parker 团队决定通过创建一个垂直整合的公司来颠覆眼镜行业，绕过将镜片的价格提高 3.5 倍的零售商和中间商，直接面向消费者，节省消费者的开支。他们决定通过线上销售来实现这一目标。

然而，他们的同学们对这一想法不太感兴趣，认为人们不会通过互联网购买眼镜，最初的反馈也表明，因为线上产品的价格远远低于市场平均水平，消费者可能对其质量持怀疑态度。这一反馈促使该团队创立了一项服务：消费者可以在家中免费试戴五副眼镜框，然后再购买。

在设计第一个系列时，他们精选了 3 种颜色 27 种形状的镜框，推出了带有单视镜片、醋酸纤维镜框的眼镜，一年后推出了太阳镜和处方太阳镜。第二年，他们又推出了钛镜框和混合材料镜框。

发售日：麻烦变成了机会

Warby Parker 的想法产生两年后，GQ 杂志联系了尼尔，希望刊登一篇关于这个公司的故事，杂志创始人表示，虽然当时网站还没有上线，但这一期杂志会在 3 月份出版。当尼尔等人得知杂志将于 2 月 15 日出版时，他们不得不把网站上线日期提前。GQ 称 Warby Parker 是"眼镜界的 Netflix"，在杂志出版后的 48 小时内，网站上 95 美元的眼镜（价格被特意定在 100 美元以下）的订单纷至沓来，他们不得不暂时中止了"家中试戴"服务。

由于仓促投入使用，网站无法对已售完的产品显示"售罄"字样，结果有客户在产品卖光很久之后还在下订单，导致有 2 万人在排队等单。从另一方面来看，Warby Parker 在短短三周内就完成了第一年的销售目标！

尽管这个问题引起了客户的焦虑，但是 Warby Parker 将其转化为提供优质客户服务的机会——他们给等待名单上的每个人都写了个性化的电子邮件，道歉并解释问题，坦诚对待客户。

该公司使用 CRM 系统来帮助追踪和完成其"家中试戴"计划。

品牌建立

尼尔一直认为品牌建设很重要——它有助于真正定义自我、明确目标，也有助于让公司更具防御性。

投资公司 Lerer Hippeau Ventures 的本·勒雷（Ben Lerer）说："他们很快明确了应如何对客户进行体贴服务……他们倾听客户诉求的方式是我从未见过的。"

从识别客户到购后沟通，Warby Parker 的创始人对客户的购买渠道的管理显得有条不紊、一丝不苟。他们能坚持初衷，保证满足客户的需求。客户如何选购眼镜？他们想要一副戴在脸上好看的……因此，公司将自己定位为一个时尚品牌。

Warby Parker 也是一个具有社会意识的品牌——它们打破了行业内大型跨国公司的高价垄断。它们还与 VisionSpring 等非营利组织合作，确保每售出一副眼镜，就会给有需要的人赠送一副。该公司的"买一送一"计划已经送出了超过 300 万副眼镜。

线上销售到线下零售

为了现场试戴眼镜，有客户开始给 Warby Parker 发邮件，询问它们的营业场所。当时，该公司还没有实体店，因此，其中一位创始人邀请客户到他在费城的公寓，将眼镜摆放在厨房的桌子上。客户十分高兴能见到创始人，每一个来参观的人都购买了一副眼镜。

如此高的需求给了该公司开设实体店的信心。它们还推出了"Warby Parker 的春游"项目，将商店设在一辆校车上，周游了 15 个城市。第一家实体店开在纽约 SoHo 区，被设计为图书馆样式，以优化体验。客户体验设计的一部分通过销售点（POS）系统实现的，该系统使得客户可以在线提交他们的眼科处方，在产品送达时（而不是购买时）收费，并为客服代表提供每个店内购物者（线上和线下）与品牌关系的完整历史记录。未来，该系统将向没有购买眼镜的到店客户发送其试戴不同眼镜的照片，为他们的后期购买提供参考。

个性化回应

Warby Parker 喜欢通过所有渠道为客户提供个性化的体验。该公司发现，由于平台的字符限制，在推特上很难回答一些客户的问题（比如关于处方的问题）。因此，该公司的社交媒体团队会制作回答问题的短视频，上传到 YouTube 上，并在推特上推送视频链接。他们发现，有视频的客户服务推文比其他推文的转发量多 65 倍。

公司还推出了一个自动电子邮件服务来协助客户购买产品。电子邮件与购买过程中的步骤一一匹配，包括：

- 确认客户的"家中试戴"订单和所选镜框的大致样式。
- 给出"家中试戴"订单的发货时间和追踪号码。
- 在等待镜框送达时，客户会收到一封有趣的电子邮件，比如对 Warby Parker 团队最受欢迎的镜框的介绍。
- 对"家中试戴"镜框送达的确认。
- 收货一天后，公司会发送一个信息，帮助客户选择和订购眼镜，包括如何获得眼科处方。
- 收货三天后，公司会发送信息来帮助客户挑选镜框，并指导客户通过社交媒体从销售代表处获得反馈。这是一种通过获得反馈来创造"商店体验"的好方法。
- 收货五天后，公司会发送一封电子邮件提醒客户将镜框寄回，并附上清楚的发货指导。
- 收货八天后，公司会发送一封电子邮件告诉客户可以打电话或发电子邮件来咨询任何问题。
- 寄回镜框后，公司会发一封电子邮件来感谢客户的合作，并询问他们的购买意向。

公司还为其电子邮件订阅者提供其他内容，比如一个直达 Spotify 夏季音乐播放列表的链接。这有助于公司以一种新的方式与客户建立联系，并使品牌在新的数字渠道中备受关注。

Warby Parker 擅长利用技术与客户互动，并提供更好的客户体验。例如，当新的 iPhone X 手机上市几天后，公司就发布了一款应用程序，让人们可以利用 iPhone X 的全新面部识别技术，通过面部映射数据获得最适合其脸型的眼镜推荐。

资料来源：www. warbyparker. com/history；www. huffingtonpost. co. uk/entry/warby-parker-founders _ us _ 575710f2e4b0b60682df2107；www. forbes. com/sites/stevedenning/2016/03/23/whats-behind-warby-parkers-success/2/# 6cb81f382cb4；www. inc. com/magazine/201505/graham-winfrey/neil-blumenthal- icons-of-entrepreneurship. html；www. fastcompany. com/3009501/why-warby-parker-invited-20000-customers-to-their-apartment；www. forbes. com/sites/anaswanson/2014/09/10/；meet-the-four-eyed-eight-tentacled-monopoly-that-is-making-your-glasses-so-expensive/# 329804316b66；www. adweek. com/digital/how-warby-parker-created-a-unique-customer-experience/#/；www. forbes. com/sites/jackiehuba/2015/05/11/create-buzz-worthy-moments-with-customers-using-personalized-videos/# 2fe-ec231711a；http://rejoiner. com/resources/case-study/warby-parker-magical-moments-email/.

问题：
简述 Warby Parker 如何与客户建立有效的联系。使用图 8-1 作为框架来说明你的答案。

8.2　电子客户关系管理是什么

网络的互动性和电子邮件通信的使用为发展客户关系提供了一个理想的环境，而数据库为存储有关客户关系的信息提供了基础，并提供了改善的、个性化的服务来加强这种关系。

这种客户关系管理的数字化方法通常被称为"eCRM"，是本章主要探讨的内容。虽然图 8-1 指的是整个客户生命周期，但 eCRM 通常指客户保留和扩展的过程。

由于现今对数字技术和媒体的广泛使用，区分 CRM 的终止点和起始点是很难的。从 21 世纪初开始，字母 e 前缀就被用来突出表示"电子"的含义，以示与更传统的线下客户关系管理模式有所不同。然而，随着数字渠道（主要是互联网和电子邮件）成为主流，eCRM 可以作为术语被使用——现在它也是 CRM 的一种！

根据佩恩（Payne，2008）的说法，eCRM 可以定义为：

> 一种旨在创造、发展和加强与目标客户的关系以提高客户价值和公司盈利能力，从而实现股东价值最大化的商业方法。

我们将在本章中讨论 eCRM 范围内的数字营销活动，包括以下内容：

● 利用网站和在线社交平台开发客户，并通过电子邮件和网络内容来鼓励购买，将潜在客户转化为线上或线下的消费者。

● 管理客户文件信息和电子邮件列表的质量（覆盖电子邮件地址并整合来自其他数据库的客户资料信息以实现目标）。

● 借助手机、电子邮件和社交网络管理客户联系方式，支持追加销售和交叉销售。

● 通过数据挖掘，提高对客户的针对性。

● 提供线上个性化设施或大规模定制功能，自动推荐"次优产品"。

● 提供线上客户服务（如常见问题回答、电话回访及聊天支持）。

● 管理线上服务质量，确保首次购买产品的消费者有良好的购物体验，鼓励他们再次购买。

● 管理多渠道客户体验，因为客户在购买过程中使用不同的媒体平台。这是管理客户生命周期的一部分。

图 8-1 可以帮助理解 eCRM 的范围。根据不同的客户选择、获取和保留活动，数字零售商需要完成不同的营销活动。

8.2.1　从电子客户关系管理到社交客户关系管理

从前面的章节中可以得知，社交媒体在消费者中越来越受欢迎，并且已经成为一种营销技术。自然地，一种新的营销方法——社交客户关系管理已经发展起来，它是一种应用社交媒体来发展客户关系和客户价值的策略。

根据坎贝尔（Campbell，2013）所写的《咨询最佳实践指南》（*Consultancy Best Practice Guide*）一书：

> 社交客户关系管理包括以下内容：某个品牌利用社交媒体来与客户建立更牢固的关系，在所有接触点提供一致和相关的品牌体验，更有效地吸引并连接员工与合作伙伴。对上述目标的尝试将与该品牌的 eCRM 功能相辅相成，使公司能够管理、传播和直接（一对一）地与所有渠道的客户互动。对这两种客户互动类型的整合将会得到巨额的产品销售回报，它们之间的协同效应也可能创造卓越的客户体验。与 eCRM 重叠的领域是客户研究，通过社交媒体识别新客户并通过社交媒体管理客户服务。

沙玛和谢赫（Sharma and Sheth，2004）强调了从大众营销转向现在广为人知的"一对一"或"以客户为中心的市场营销"趋势的重要性。他们指出，电子渠道在以相对较低的成本向客户传递相关信息和优惠政策方面具有优势。电子渠道也可以用来支持产品的定制。在戴尔的例子中，每台电脑都是根据特定客户的需求"按需"制造和配送的。这种转变使得网络营销人员可以在线追踪客户过去和现在的行为，以便定制沟通方式，鼓励未来的购买。这种方法可以被描述为"感觉和反应沟通"，是营销的另一个方面，也是 eCRM 的一个关键概念。这方面的典型例子是亚马逊的个性化功能。公司可以采用电子邮件来推进销售活动，如通过电子邮件为客户提供报价（如保险公司 MORE TH＞N，www. morethan. com 所使用的）或鼓励客户购买添加在购物车中的产品（如零售公司 Tesco. com 所使用的），以鼓励购买。

　　eCRM 和社交 CRM 项目应该成为以客户为中心的整体商业战略的一部分。因此，这两种方法是互补的。然而，理解两者之间的区别也很重要。表 8-1 概述了 eCRM 与社交 CRM 的主要特点。

表 8-1　社交 CRM 对比 eCRM

eCRM 的特点	社交 CRM 的特点
公司决定对话流程与控制	客户决定对话流程与控制
公司聚焦于满足客户需求的产品和服务	公司聚焦于提高客户参与度并赋予客户更多权利的环境和体验
以流程为中心，即区分基于事件或交易的互动	以对话为中心，即持续的参与
公司决定工作时间	客户决定工作时间（24×7）
由中央数据库、营销数据库和交易事件驱动的个性化服务	延伸至社交媒体账号、行为和事件的个性化服务
以销售/交易为主	以互动/传播为主
营销注重具有高度针对性的、具体的、个性化的推式传播	营销注重促进与客户以及公司/品牌之间的持续交流，以满足客户需求的拉式传播
受业务限制的、由内而外的设计流程	真正以客户为中心的、由外而内的设计流程
以联系管理为主	以社区管理为主
界定明确且稳定的	动态和发展的
简单的交易结果	复杂的关系结果
主要是推式传播	主要是拉式传播
技术侧重于销售、营销和服务的操作/交付方面	技术侧重于销售、营销、服务的操作/交付以及社交层面
技术支持品牌对客户（B2C）互动的自动化	技术支持客户与客户（C2C）的互动、内容共享、伙伴社群和对话
数据丰富	内容丰富
私密的、闭环的互动	公共的互动和私密的互动结合
在以客户为中心的商业生态系统中	在客户生态系统中

　　资料来源：Campbell，A.（February 2013），Econsultancy Best Practice Report "Customer Relationship Management in the Social Age"（Econsultancy. com）.

8.2.2 电子客户关系管理的好处

利用互联网进行关系营销可将客户数据库与网站整合，使客户关系更具有针对性，富于个性化。通过这样做，市场营销可以做出如下改进：

● 更有效地定位。传统的目标定位，例如直接发送邮件定位，通常是基于标准的邮政编码，这意味着不是所有能通过此方法联系到的人都属于目标市场。例如，希望获取新的富裕消费者的公司可以利用邮政编码来面向具有特定人口特征的地区，但在邮政区域内的人并非全部符合该特征。目标定位不佳将导致回应率低下，也许不到 1%。使用互联网的好处是，公司可以自己选择或预先确定联系人列表。一家公司的目标是与那些访问过公司的网站并通过注册名字和地址对其产品表达了兴趣的人建立联系。目标客户会有访问和浏览网站的行为。获取新客户并与之建立关系的方法则完全不同，因为它需要吸引客户访问网站，并进行注册。

● 实现市场信息（可能还有产品）的大规模定制。这个调整过程将在后面的部分中描述。技术使得公司能以比直接邮件低得多的成本发送个性化的电子邮件，也可以为更小的客户群体（微型细分市场）提供个性化的网页。

● 增加关系的深度、广度，改变关系的性质。互联网媒体的性质使公司可以根据需要提供更多的信息给客户。因为公司可以更频繁地与客户进行接触，所以这种关系的性质是可以改变的。客户可以决定和公司联系的频率——他们可以随时访问个性化页面，或者由公司决定——公司可以根据客户的沟通偏好通过电子邮件与客户联系。

● 在整个客户生命周期中，公司可以使用不同的工具来实现学习关系。例如，亚马逊和其他零售商的相关工具总结了客户现场购买产品之前的搜索行为；当客户要求提供免费信息时，他们需要填写关于网站或产品的在线反馈表；通过表格或电子邮件询问客户关于客户服务设施的问题；通过网上调查问卷询问客户对产品类别的兴趣和对竞争对手的看法；新产品开发评估——对新产品的原型的评价。

● 降低成本。通过电子邮件或网页与客户联系比使用实体邮件成本更低，但更为重要的是，邮件可以定向发送给那些愿意接收的客户，从而降低了成本。公司一旦购买了个性化技术，很多目标定位和通信都可以自动实现。

客户参与策略

在所有类型的网站上找到获得关注的机会都不容易，这导致了客户参与（customer engagement）概念的出现，这是数字营销的一个关键挑战，日益受到营销人员的关注。cScape（2008）将客户参与描述为：

> 增加客户对一个品牌的情感、心理或物质投资的重复性互动。

海文（Haven, 2007）将其定义为：

> 随着时间的变化，客户对品牌的参与程度、互动程度、亲密程度和影响程度的变化。

可以说，数字媒体和网络的发展给沟通带来的最大不同是，客户的对话是沟通不可或缺的一部分（正如我们在本章前面提到的）。如今，通过社交媒体主动管理消费者的参与已经成为企业的必修课。

8.2.3　许可营销

许可营销（permission marketing）是一种既定的方法，是客户关系管理和在线客户参与的实际基础。"许可营销"是赛斯·戈丁（Seth Godin）创造的一个术语。戈丁（1999）指出，研究表明，过去我们每天会接收大约 500 条营销信息，随着网络和数字电视的出现，这一数字现在已经增加到每天超过 3 000 条！从一个组织的角度来看，这种情况导致有效信息被稀释——公司如何能使其沟通脱颖而出？从客户的角度来看，时间似乎在减少，客户的耐心也在消失，同时，他们也在期待他们付出的关注、时间和信息能有所回报。戈丁将传统方法称为"干扰式营销"（interruption marketing）。尽管社交媒体营销在不断发展，但许可营销仍然是当今数字媒体的核心概念，与社交媒体结合时效果很好。从消费品牌到零售商，从旅游公司到 B2B 创业公司，所有公司都希望它们的网站有访客用邮箱注册，然后通过 eCRM 加深与访客的关系。今天，这种方式称为集客营销（在第 7 章介绍过）：它描述了许可营销如何与搜索引擎优化和社交媒体等数字营销技术相适应。公司应在与客户建立关系之前寻求客户的许可，并提供商品作为交换。经典的交换是基于信息或娱乐的——B2B 网站可以提供免费的报告来换取客户提供他们的电子邮箱，而 B2C 网站可以提供包括高价值内容和优惠的实时信息。

从电子商务的角度来看，当客户在勾选网页表单上的内容，同意接受进一步交流时，他们就同意与公司建立一种关系。这被称为"决定参与"（opt-in）。这比"决定退出"（opt-out）更容易，在后一种情况下客户会自主决定不再进一步接收信息。你可能还记得（第 4 章中），许多国家为了阻止垃圾邮件，已经出台了数据保护相关法律，客户在接收信息之前有权选择是否接受。实际上，法律是强制许可营销的最好实践！

戈丁强调了激励在许可营销中的重要性。他将获取和保留过程比作与客户"约会"。戈丁（1999）认为与客户"约会"包括：

1. 鼓励潜在客户去做志愿者；
2. 利用潜在客户表现出的兴趣提供课程，让客户了解你的产品或服务；
3. 加强激励以确保潜在客户的许可；
4. 提供额外的激励以获得客户更多的许可；
5. 随着时间推移通过这种许可来改变客户的行为以获得利润。

公司应注意各个阶段中激励的重要性。在建立关系的开始阶段和过程中，使用激励是成功的关键。我们将在后面的章节中看到，电子邮件在许可营销中非常重要，因为电子邮件可以维系公司和客户之间的对话。

图 8-2 总结了线上许可营销的有效建立过程。该图展示了如何使用不同方法来促进客户访问网站，然后使用激励措施来激励客户。随后的电子邮件或社交网络通信和直接邮件用于鼓励客户重复访问网站来推动未来的购买或更多地了解客户并增加他们的资料。

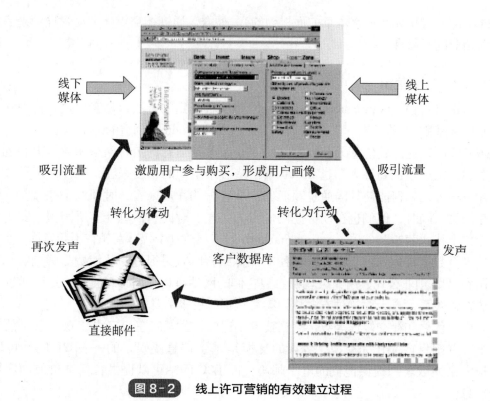

线下媒体 → 吸引流量

← 线上媒体 吸引流量

激励用户参与购买，形成用户画像

再次发声

转化为行动

客户数据库

转化为行动

发声

直接邮件

图 8-2 线上许可营销的有效建立过程

辩论 8-1 许可营销是营销的未来吗？

在未来，无论有无媒体参与，所有的营销交流都是以许可营销为基础的。

8.2.4 客户档案

要使客户参与在线关系，公司需要以在线形式收集的最基础的信息是电子邮件地址。公司，尤其是 B2B 网站真正需要的，是一个合格的线索（qualified lead），为公司提供关于客户的更多信息，帮助公司决定某客户是否值得进行进一步沟通。对于 B2B 网站来说这可能要通过现场销售人员的访问或后续邮件来获得。例如，HubSpot. com 非常擅长利用免费指南、电子书、模板和网络研讨会等资源换取额外的详细信息。

为了继续保持这种关系，公司必须建立客户档案，详细说明每个客户的产品兴趣、人口统计特征或在购买决策中的角色。这将影响在客户保留阶段可以提供的信息和服务的类型。为了让客户提供这些信息，公司必须给予激励，建立信任，展示信誉。数据保护和隐私法限制了可以从客户那里收集的内容（如第 4 章所述）。

佩珀和罗杰斯（Pepper and Rogers，1999）是最早解释如何利用技术建立一对一关系的分析者之一。他们建议将 IDIC 方法作为推动形成网络和建立关系的框架：

1. 客户识别（customer identification）。这强调了在每个客户的首次访问和后续访问中识别他们的必要性。常用的识别方法是使用 Cookie 或要求客户登录到网站。

2. 客户差异化（customer identification）。这指的是建立一个帮助细分客户的档案（区分客户的特征在第 4 章中有介绍）。

3. 客户互动（customer interactions）。这里指的是线下互动，比如提供客户服务或定制产品。

4. 客户定制（customisation）。这指的是根据在获取阶段所实现的细分，对内容或电子邮件进行个性化或大规模定制。个性化的方法在客户保留部分有解释。

值得注意的是，尽管获取注册信息至关重要，但不应该过于"预先"，因为尼尔森（Nielsen，2000）的研究表明，强制要求注册是客户进入网站的障碍。所以，公司应尽可能延迟客户注册。

8.3 转化营销

转化营销是指利用营销沟通，最大限度地将潜在客户转化为实际客户，将现有客户转化为回头客。管理者可利用转化营销（conversion marketing）概念评估和提高 CRM 实施的有效性。在网络环境中，以下内容可以评估营销交流在转化过程中的有效性：

- 从浏览器受众或离线受众转化为网站访客；
- 从网站访客转化为不仅浏览主页还浏览其他内容的互动访客；
- 从互动访客转化为潜在客户（对他们的特点和需求进行分析）；
- 从潜在客户转化为客户；
- 从单次客户转化为回头客。

在图 5-15 中，我们引用了一个基于此方法的高级模型，该模型可以用于规划目的。这显示了获取客户的过程，并展示了不同渠道如何相互支持。在每个转化步骤中，一些访客会根据喜好和营销信息从一个渠道切换到另一个渠道。营销人员面临的困境是，虽然在线渠道的服务成本最低，但其转化率往往低于传统渠道。因此，对公司营销来说，重要的是提供电话、实时聊天或电子邮件等在线渠道，以帮助转化需要更详细的信息或被说服购买的客户。专栏 8-1 展示了如何使用一个涵盖所有营销活动的框架来发展在线关系，从而管理在线客户关系。

专栏 8-1 **使用 RACE 营销价值框架增加销售**

RACE（见图 8-3）是一个旨在帮助营销人员管理和提高其组织从数字营销中获得的商业价值的实用框架。RACE 框架是 REAN（Reach Engage Activate Nurture）框架的进化版本，该框架最初由泽维尔·布兰科（Xavier Blanc）开发，并由史蒂夫·杰克逊（Steve Jackson）在他的书《分析崇拜》（*Cult of Analytics*）中推广。它的目的是创建一个简单的方法来审查在线营销的表现，并采取行动，以提高其有效性。RACE 包括四个旨在帮助潜在客户、客户和品牌粉丝在整个客户生命周期中与品牌建立联系的步骤：

第一步：接触（reach）——在其他网站和线下媒体上提高品牌、产品和服务的知名度，通过增加网站访问量来增加流量。

第二步：行动（act）——通过品牌网站或其他在线形式吸引客户，鼓励他们与公司或其他客户互动。

第三步：转化（convert）——实现转化的营销目标，如获得新的粉丝、线上及线下的潜在客户或销售。

第四步：参与（engage）——逐步建立客户关系，以实现客户保留目标。

RACE 整合

数字渠道与其他渠道整合会取得最好的效果，所以数字渠道应该适时与传统的线下媒体和渠道结合。在整合中要注意，首先，在接触和行动步骤中，利用传统媒体提高人们对网络存在价值的认识。其次，在转化和参与步骤中，客户可能更喜欢与客户代表进行互动。

数字营销——不仅与网站有关

如今，参与社交媒体的行为普遍流行，使得通过社交网络接触、转化客户并与之互动、维持持续的客户参与对品牌的成功至关重要。在 RACE 的每一个步骤，都需要思考社交媒体如何帮助实现目标，以及如何对效果进行衡量。

接触
在其他网站和线下媒体上提高知名度，并为网络形象吸引流量

KPI：
- 特殊访客及粉丝
- 受众分享
- 每次访问的盈利或目标价值

行动
在品牌网站或其他线上平台与受众进行互动

KPI：
- 跳出率
- 每次访问的页面数
- 产品页转化率

转化
实现转化，实现获得网络及线下平台的粉丝、销售线索或销售量等营销目标

KPI：
- 转化率
- 销售线索及销售量
- 收益及边际收益

参与
长时间地建立和维护与客户及粉丝之间的关系，实现客户保留目标

KPI：
- 最低资本回报率
- 粉丝参与
- 重复转化率

图 8-3 接触-行动-转化-参与模型

资料来源：Smart Insights (2010) Introducing RACE: A practical framework to improveyour digital marketing. Dave Chaffey, 15 July. www.smartinsights.com/blog/digitalmarketing-strategy/race-a-practical-framework-to-improve-your-digital-marketing.

阿格拉沃尔等（Agrawal et al.，2001）通过对美国和欧洲数百个电子商务网站的纵向研究，创建了一个有效转化营销的计分卡。计分卡是基于电子商务的绩效驱动力（performance drivers）或关键成功因素建立的，这些因素如获取和保留成本、访客到客户再到回头客的转化率以及流失率。需要注意的是，为了最大化保留率和最小化流失率，公司需要评估基于服务质量的驱动因素。

计分卡有三个主要部分：

1. 吸引力。（如网站）访客的基础规模、访客获取成本和访客广告收入。

2. 转化。客户基础、客户获取成本、客户转化率、每个客户的交易次数、每笔交易收入、每个客户的收入、客户总收入、客户维护成本、客户运营收入、客户流失率、扣除营销支出前的客户运营收入。

3. 客户保留。与客户转化的衡量方法类似。

阿格拉沃尔等（2001）进行的调查显示：公司能够成功地吸引访客到它们的网站，但在让这些访客购买或将偶尔的买家变成经常的买家方面并不成功。阿格拉沃尔等（2001）进行了进一步的分析，模拟了这些绩效驱动因素变化 10% 时，电子商务网站的净现值贡献的变化。以下内容显示了这些驱动因素的相对重要性：

吸引力：
- 访客获取成本：净现值（NPV）变化 0.74%；
- 访客增长：净现值变化 3.09%。

转化：
- 客户转化率：净现值变化 0.84%；
- 每个客户的收益：净现值变化 2.32%。

客户保留：
- 每个回头客的成本：净现值变化 0.69%；
- 每个回头客的收益：净现值变化 5.78%；
- 回头客流失率：净现值变化 6.65%；
- 回头客转化率：净现值变化 9.49%。

这个模型强调了现场营销沟通和服务交付质量在将浏览者转化为买家和将买家转化为回头客方面的重要性。它还强调了平衡获取客户和保留客户之间投资的必要性。许多初创公司都主要在客户获取上进行投资。

8.4　在线购买过程

了解客户如何在购买决策中使用新媒体的公司可以制定整合的传播策略，在购买过程的每个阶段支持客户。考虑混合模式购买是设计数字营销传播的一个关键方面，因为客户在从一个渠道转换到另一个渠道时应当获得支持。

图 8-4 是购买过程的简单模型，对制定在线营销策略来支持购买过程的每个阶段是非常有价值的。

个人使用网络的偏好也会有所不同。刘易斯等（Lewis et al.，1997）根据使用互联网的目的确定了五种不同类型的网络用户，这些用户表现出的不同的搜索行为（searching behaviour）如下所示：

- 直接信息搜索者。寻找产品、市场或休闲信息的搜索者。这类用户往往有使用网络的经验，精通搜索引擎和目录的使用。
- 间接信息搜索者。这些用户通常被称为"冲浪者"，他们喜欢通过超链接浏览网站。这一群体往往是新手用户（但不完全如此），他们更有可能点击横幅广告。图 8-5 显示的研究表明，这种行为现在已经不常见了。
- 定向买家。这些买家在网上购买特定的产品。对于这类用户来说，提供产品特点和价格的经纪人或中间商将是他们访问的重要对象。

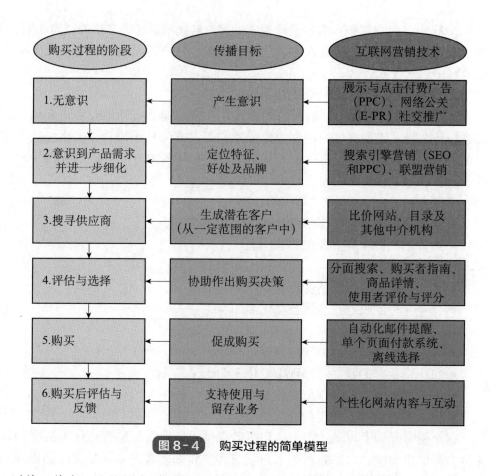

图 8-4 购买过程的简单模型

- 讨价还价者。这些用户希望享有促销活动提供的优惠，如免费样品或奖品。
- 娱乐者。这些用户希望通过参加诸如测验之类的竞赛在网络上进行互动以获得乐趣。

这些不同类型的行为可能由同一个人在不同的网络环境中表现出来，不太可能在同一场景中表现出来。

8.4.1 不同目标市场中客户行为的差异

不同国家的客户访问比例存在很大差异。客户使用互联网的复杂程度不同导致了不同国家或不同细分市场之间的买家行为差异。

8.4.2 B2C 市场和 B2B 市场客户行为的差异

买家行为的主要差异存在于 B2B 市场和 B2C 市场之间，这些差异必须在数字营销传播中加以重视。主要区别有：

1. 市场结构；
2. 购买单位的性质；
3. 购买的种类；
4. 购买决策的种类；
5. 沟通差异。

B2B 市场和 B2C 市场之间的一个主要区别是买家的数量。正如科特勒（Kotler，1997）所指出的，在 B2B 市场中，买家往往在数量上少得多，但在规模上却大得多。这意味着供应商的存在往往是众所周知的，因此，使用横幅广告或搜索引擎列表来推广网站，不如建立消费者品牌重要。

对购买的影响

在数字环境中，购买者缺乏我们在商店购物或打电话购物时所拥有的实体上的保证。欺诈和安全问题的报道增加了这种情况的复杂性。由此可见，客户会在网站上寻找信任的线索，包括品牌熟悉度、网站设计、内容类型、认证和其他客户的推荐。巴特等（Bart et al.，2005）开发了一个有用的、被广泛引用的概念模型，该模型将网站与消费者特征、在线信任和行为联系起来。该模型基于来自 8 个类别（包括零售、旅游、金融服务、门户网站和社区网站等）的 25 个网站的 6 831 名消费者。我们在图 8-5 中总结了 8 个主要的信任驱动因素，并添加了一些关于如何在网站上证实或证明这些因素的细节。

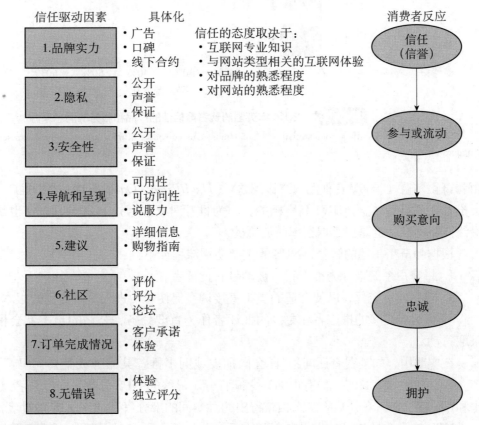

图 8-5 信任驱动因素与消费者反应之间的关系模型（基于 Bart 等的 8 个网站分类）

资料来源：Bart et al. (2005).

巴特等（2005）的模型和类似的模型仅关注一个网站，然而对信任的感知也建立在外部资源之上（包括社会媒体和朋友），这可能对购买产生重大影响，Statista（2017）的研究如图 8-6 所示。

8.4.3 净推荐值

净推荐值（net promoter score，NPS）是一个衡量客户支持程度的指标，这一概念最初

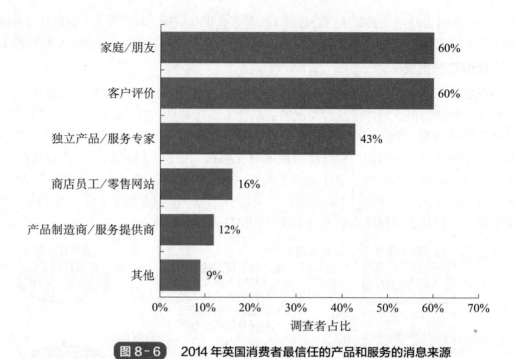

图8-6 2014年英国消费者最信任的产品和服务的消息来源

资料来源：www. statista. com/statistics/324550/most-trusted-source-of-information-on-products-services-in-the-united-kingdom-uk.

由赖奇霍尔德（2006）在他的《终极问题》（*The Illtimate Question*）一书中推广，本质上即"你会推荐我们吗"。它与CRM高度相关，因为推荐对获取客户非常重要，它也是客户满意度的最终衡量标准，这是提高保留率所必需的。

根据赖奇霍尔德的解释，NPS的主要使用流程如下：

1. 将客户系统地分为推广者、被动者和批评者。

2. 建立闭环流程，以便合适的员工直接调查促使客户进入这些类别的根本原因。

3. 把培养更多的推广者和更少的批评者作为首要任务，公司的员工就会根据调查的结果采取行动。

在实践中，向消费者提问："你会向朋友或同事推荐某品牌或某公司吗？"请他们在"0"（完全不可能）到"10"（极有可能）之间打分。最终的NPS分数是由批评者（0～6分）的占比和推动者（9～10分）的占比相减得出的。中间的部分（7～8分）是被动者。

NPS的概念是基于对公司客户群的经济分析给出的。对于戴尔，赖奇霍尔德估计消费者平均价值为210美元（基于未来五年的终身价值的净现值），而批评者花费公司57美元，推广者产生328美元。在网上，戴尔使用OpinionLab（www. opinionlab. com）软件来收集反馈和跟踪客户的负面经历，以减少有负面情绪的批评者的数量。

所以，在调查了尽可能多的客户（使它具有代表性）并表明公司在倾听之后，再反向分析，以确定与一个品牌的互动体验的哪些方面会产生推广者或批评者。一些能被用来管理线上环境中NPS的特定途径有：

1. 促进在线宣传：

● 包含"转发/推荐给朋友"选项的页面模板。

- 包含"转发给朋友"选项的电子邮件模板。
- 通过一个结构化的程序，向客户发送电子邮件，征求他们的意见和 NPS 评价，并使网站所有者能够轻松发表意见，从而促进客户反馈。
- 展示积极的体验，例如，电子零售网站通常包含对产品进行评分和评论的选项。
- 让客户更多地参与你的网络服务和核心产品的形成。
2. 管理在线诋毁者：
- 使用在线声誉管理工具来识别负面（或正面）评论。
- 制定流程并确定资源，以自然和开放的方法快速响应负面评论。
- 评估和管理搜索引擎自然列表中负面评论的影响。
- 实践市场营销的基本原则，倾听客户对产品和服务的意见，纠正错误，赢回局面！

柯比和萨姆森（Kirby and Samson，2008）在实践中批评了 NPS 的使用。例如，他们质疑："有 70% 的推广者和 30% 的批评者与有 40% 的推广者和 0% 的批评者（NPS 均为 40），两者是一样的吗？"他们还引用了库马尔等（Kumar et al.，2007）的研究，该研究表明，尽管约 3/4 的美国电信和金融服务客户可能会在被问及时回答打算做出推荐，但只有 1/3 的客户会真正这样做，而这些推荐中只有约 13% 真正带来了新客户。凯宁汉姆等（Keiningham et al.，2007）评估了作为客户终身价值决定因素的推荐指标的价值，也认为 NPS 的使用可能会产生误导。他们表示，仅仅关注 NPS 的后果是：

> 短视地关注客户的推荐意图，会实施有缺陷的战略，结果导致潜在的客户满意度和忠诚度资源配置不当。

8.5　客户获取管理

在数字环境中，"客户获取"（customer acquisition）有两个含义。首先，它可能意味着利用网站为公司获取新客户，这些客户可被称作潜在客户，公司有望将其完全转化为销售额。其次，这可能意味着鼓励现有客户转向在线购物或在线服务。许多组织专注于前者，但如果客户获取管理良好，公司就会利用活动实现在线转化。例如，American Express 开展了一项"无纸化"活动，劝说客户在网上接收和查看账单，而不是通过邮寄。电话银行 First Direct 利用呼叫中心向客户说明通过网络查看账单的好处，还鼓励员工使用在线服务，以便他们能更好地理解客户的需求。

当然，一个组织在通过其网站上的内容获得客户之前，必须制定营销传播策略来吸引网站访客。

8.6　聚焦：客户获取的营销交流

电子商务经理不断努力提供最有效的传播组合，以推动其电子商务网站的流量增长。不同的技术可以分为传统的离线营销传播（offline marketing communications）或快速发展的数字营销传播（digital marketing communications），后者也称数字媒体渠道（digital media channels）。这些技术通常使用图 1 - 6 总结的各种营销传播技术来增加流量或获取新访客。

8.6.1　交互式营销渠道的特点

为了更好地发挥数字媒体的特点，我们应该了解传统媒体和新媒体的不同传播特性。在本节中，我们将讨论 8 个关键区别。

1. 从推式营销到拉式营销。传统媒体如印刷品、电视、广播都是推式媒体，是一条单行道，信息主要是从公司到客户单向传递的。而网络是拉式媒体的一种，如今更广为人知的叫法是集客营销。这意味着，潜在客户和已有客户只有在具有明确的需求时才会访问一个网站。也就是说，他们是主动的和自我选择的。但是，相较于传统方式（信息被推送给特定的受众），在线方式中营销人员的控制力较弱。拉式媒体的数字营销含义是什么？首先，我们需要提供实体刺激来鼓励人们访问网站，可以通过传统广告、直接邮件或实物提醒的方式进行。其次，我们需要确保网站对搜索引擎进行了优化。最后，电子邮件是一种在线推送媒介，所以网站设计的首要目标应该是获取客户的电子邮件地址，以便使用电子邮件向客户推送相关的和及时的信息。

2. 从独白式营销到对话式营销。通过互动创造对话非常重要。由于互联网是一种数字媒体，通信是由承载网络内容的网络服务器上的软件为媒介进行的，这就提供了与客户双向互动的机会。这是媒介的一个显著特征（Peters，1998）。例如，如果已注册的客户寻求信息或订购特定产品，供应商将来可以通过电子邮件与他们联系，提供与他们特定兴趣相关的报价等细节。网站、互动数字电视和移动电话都能让营销人员与客户进行对话。但数字对话还有一个不那么明显的好处——智能。交互式工具可以帮助公司收集情报——网络分析中记录的点击流分析可以帮助公司有效了解客户偏好，并帮助营销人员"感知和回应"。

3. 从一对多到一对部分再到一对一。电视和印刷品等传统的推送通信是一对多的：从一家公司到多个客户，往往将相同的信息传递给不同的细分市场，而且往往目标不明确。有了一对"部分"的新媒体，进入细分市场或微市场成为可能——电子营销人员可以针对不同细分市场定制信息，甚至可以进行一对一通信以便传递个性化的信息。

4. 从一对多到多对多交流。新媒体也使多对多通信成为可能。霍夫曼和诺瓦克（Hoffman and Novak，1996）指出，新媒体是多对多媒体。在这里，客户可以通过网站或独立社区与其他客户进行互动。eBay 等在线拍卖平台的成功也显示出多对多交流的力量。

5. 客户从"躺平接受"到"俯身参与"。新媒体也是一种高强度媒体，网站通常会吸引访客的全部注意力。这种强度意味着客户想要掌控全局、获得心流体验和得到对他们需求的回应。第一印象非常重要。

6. 媒介改变了传统营销沟通渠道（如广告）的特征。除了提供一对一营销的机会外，互联网可以而且仍然被广泛地用于一对多的广告。在互联网上，来自广告商的整体信息变得不那么重要，用户在寻找详细的信息。网站本身在功能上可以被认为与广告相似（因为它可以告知和提醒客户有关产品的信息，尽管它不像传统广告一样需要付费）。伯瑟恩等（Berthon et al.，1996）认为网站是广告和直销的混合体，因为它也可以用来吸引访客进行对话。传统大众媒体广告的局限，如时间或空间的成本，变得不那么重要了。

彼得斯（Peters，1998）提出，新媒体传播与传统媒体传播有四个不同之处。第一，沟通风格改变了，公司通过在线客户服务可以立即或同步地传递信息。异步通信，即在发送和接收信息之间有一个时间延迟的通信（比如电子邮件）也会发生。第二，如果提供一个标准网页，社交的存在性或交流的社交性、温暖性、个人性和活跃性可能会降低，但可以通过个性化来增强。第三，消费者有更多的控制权。第四，用户可以通过选择个性化设施控制内容。

7. 沟通中介的增加。在传统媒体中广告和公关是通过电视、广播和印刷出版物等媒体所有者实现的。在数字时代，媒体所有者或出版商的可接触范围大大增加，营销人员可以通过这些渠道推广他们的服务，特别是推广他们网站的链接。"出版商"还包括名人、行业评论员、博主和所有积极使用社交媒体的人。传统的广播频道、报纸和印刷出版物已经转移到网上，除此之外，还有大量的纯线上出版商，包括横向门户网站（见第 2 章）、搜索引擎和专业网站（如行业特定网站）。在线营销人员需要选择最合适的网站驱动流量的增长。

8. 整合依然重要。虽然与传统媒体相比新媒体有明显不同的特点，但这并不意味着我们的沟通就一定要仅仅集中在新媒体上。相反，我们应该根据新媒体和传统媒体各自的优势进行整合和融合，实现协同作用——整体大于部分。我们大多数人仍然把大部分时间花在现实世界而不是虚拟世界，所以离线推广网站仍然重要。支持混合购买模式也很重要。

类似地，需要管理客户到公司的入站通信。考虑一下，当客户遇到系统中的错误并需要技术支持时会发生什么？他们可能会先使用诊断包，但这并不能解决问题。然后他们会打电话给客服。如果客服人员能够访问客户在诊断包中输入的问题的详细信息，将提升解决效率。

8.6.2 评估营销渠道的有效性

一项活动达到了获取网站访客和客户的目标才算成功，但实现这一目标的成本太高，通常受到活动预算的制约。对于从不同来源获取访客，以及在他们访问网站期间实现结果，制定特定的成本目标是至关重要的。这就是获客成本（cost per acquisition，CPA）（有时是每次行动成本）。根据网站的背景和市场情况，CPA 可能指向不同的结果，包括获取访客、潜在客户或销售。

为了控制成本，管理者确定一个允许的获客成本（allowable cost per acquisition）非常重要。比如用 30 英镑生成潜在客户，用 50 英镑完成信用卡注册。图 8-7 显示了数字营销人员用于控制沟通支出的各种由简到繁的措施。为了帮助记忆，可使用 VQVC 助记法，它代表互动（如网站访问或社交媒体互动）的数量（volume）、质量（quality）、价值（value）和成本（cost）。

评估数字媒体的常用方法包括：

第零步：访问量或访客数量。访问量或访客数量通常以独立访客的数量来衡量。这比页面浏览量有效，因为这是与个人沟通的机会。更复杂的衡量标准是覆盖率或在线受众份额，只能使用面板数据或受众数据工具（如 www.netratings.com 或 www.hitwise.com）实现。例如，一家网上银行每月有 100 万独立访客。

第一步：质量或行动转化率。这显示了来自不同来源的访客有多大比例会在网络上获得特定的营销结果，如潜在客户、销售或订阅的增加。反弹率（bounce rate）也可以用来评估访客到达的页面的相关性和吸引力。例如：所有线上银行的访客中有 10% 转化成功，比如登录账号或询问产品报价。

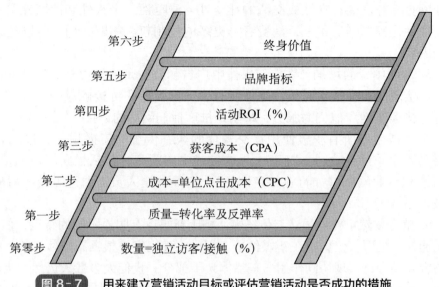

第六步　　　　　　　　终身价值

第五步　　　　　　　　品牌指标

第四步　　　　　　活动ROI（%）

第三步　　　　　获客成本（CPA）

第二步　　　成本=单位点击成本（CPC）

第一步　　质量=转化率及反弹率

第零步　　　　数量=独立访客/接触（%）

图 8-7 用来建立营销活动目标或评估营销活动是否成功的措施

第二步：成本（单位点击成本）。获取访客的成本通常是根据特定的在线营销工具（如付费搜索引擎营销）来衡量的，因为很难对一个有许不同来源的访客的网站所包含的全部内容进行估算。例如，CPC 为 2 英镑。

第三步：成本（每次行动或获客成本）。将访客获取成本与成功转化的成本相结合，这就是获客成本。例如，CPA 为 20 英镑（因为只有 10% 的访客会采取行动）。

第四步：投资回报率（ROI）。投资回报率被用来评估营销活动或投资的盈利能力。ROI 有不同的形式，取决于盈利能力的计算方式。这里我们假设是基于销售价值或基于单位点击成本和转化率。

$$ROI = \frac{访问来源的收益}{访问来源花费的广告成本}$$

一个不考虑盈利能力的相关指标是广告支出回报率（ROAS），其计算方法如下：

$$ROAS = \frac{从访问来源获取的整体销售收入}{访问来源花费的广告成本}$$

第五步：品牌指标。品牌指标往往只与互动广告或赞助有关。它们相当于线下广告指标，如品牌知名度、广告回忆率、品牌好感度和购买意图。可使用品牌分析引擎（如 www. millwardbrowndigital. com）等工具进行记录。

第六步：基于终身价值的 ROI。在这里，客户的价值不仅仅基于最初的购买，还基于与客户相关的生命周期价值（和成本）。这需要更复杂的模型来计算，而这些模型最容易由在线零售商和在线金融服务提供商开发。

例如：一家银行对保险产品使用净现值模型，该模型着眼于 10 年的价值，但主要与 5 年内的以下指标有关：

- 获取成本；
- 转化率；
- 索赔；
- 支出。

这是很有价值的，因为它帮助公司从不同的沟通工具中获得了现实的"每次销售允许的成本"，这是需要在 5 年内收回的。

图 8-8 是一个保险产品的线上广告活动的有效性度量示例。这里的机会或线索是客户需要报价时产生的。注意，虽然获取成本已经很高，但这还不包括在线广告与线下活动的协同效应。

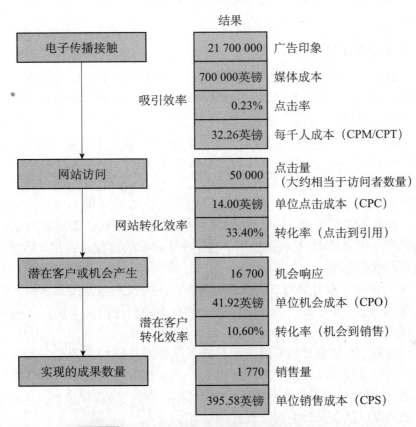

结果

电子传播接触	21 700 000	广告印象
	700 000英镑	媒体成本
吸引效率	0.23%	点击率
	32.26英镑	每千人成本（CPM/CPT）

网站访问	50 000	点击量（大约相当于访问者数量）
	14.00英镑	单位点击成本（CPC）
网站转化效率	33.40%	转化率（点击到引用）

潜在客户或机会产生	16 700	机会响应
	41.92英镑	单位机会成本（CPO）
潜在客户转化效率	10.60%	转化率（机会到销售）

| 实现的成果数量 | 1 770 | 销售量 |
| | 395.58英镑 | 单位销售成本（CPS） |

图 8-8 采取有效措施进行线上广告活动的例子

8.6.3 数字营销传播

在本节及下一节中，我们将回顾使用图 1-6 中从 1 到 6 的不同技术进行在线推广。这些技术通常被结合起来使用，称为"流量建设活动"（traffic-building campaign），这是一种使用不同在线（和离线）技术增加网站访客数量的方法。

公司对图 1-6 中用于获取客户的技术的投资应该基于上一节中讨论的指标。对公司来说，最重要的是将获取成本降到最低。

搜索引擎营销

搜索引擎（search engines）是寻找公司及其产品信息的主要方式（如第 2 章所述）。现在，当我们寻求一种新产品、新服务或新娱乐时，我们都会自然而然地求助于搜索引擎。主要选择包括谷歌、必应或在各个国家流行的搜索引擎，如中国的百度、韩国的 Naver 或俄罗斯的 Yandex。由此可见，如果一个公司在搜索引擎中不突出，就可能失去许多潜在销售额，除非这个公司依赖其品牌和线下沟通的实力来吸引访客访问其网站。

因此，查菲和史密斯（2012）强调了流量建设时机的重要性。他们认为：

> 一些电子营销人员可能认为流量建设是一个持续的过程，但其他人可能认为它是一个具体的活动，可能是启动一个网站或做出一个重大改进。有些方法往往是在连续使用时效果最好，其他方法则是短期性的。短期活动将用于网站的启动或在线贸易展览等活动的举办。

谷歌是如何工作的

学习这一内容可以帮助搜索引擎营销管理者了解谷歌背后的技术，谷歌在许多专利和网站管理员指南中公开了这些技术（www. google. com/webmasters）。图 8 - 9 显示了搜索技术涉及以下主要过程：

1. 爬取。爬取的目的是识别相关的页面进行索引，并评估它们是否已更改。爬取是由机器人（bots）完成的，它们也被称为网页爬虫（spiders）。访问网页和检索网页的参考 URL，可供以后分析和索引。

尽管术语"机器人"和"网页爬虫"给人的印象是某种实体访问网站，但机器人只不过是运行在搜索引擎服务器上的软件程序，它请求打开页面，跟踪页面上包含的链接，从而创建一系列带有相关 URL 的页面引用。这是一个递归的过程，因此，后续的每个链接都会找到其他需要爬行的链接。

2. 索引创建。索引是为了使搜索引擎能够快速找到包含搜索者键入的查询信息的相关的页面。搜索引擎不是在每个页面上搜索一个查询短语，而是"反向"索引，生成包含特定单词的文档查找表。

索引信息由存储在文档中的阶段和描述页面的其他信息组成，如文档标题、元描述、页面级别、信任或权威以及垃圾邮件评级。对于文档中的关键字，额外属性将得到存储，例如语义标记（HTML 中表示的 <h1>、<h2> 标题）、链接锚文本（link anchor text）中的出现频率或密度以及在文档中的位置。

3. 排序。索引过程生成了对查询信息中包含特定单词的所有页面的查找，但它们不是按相关性排序的，还需要进行实时文档排序，以评估在 SERP（搜索引擎结果页面）中返回的最相关的文档集。首先将从特定数据中心的索引的运行版本中检索相关文档，然后根据许多排名因素计算每个文档在 SERP 中的排名。我们将在后面部分重点介绍影响排名的主要因素。

4. 反馈与结果。常见的搜索引擎界面接受搜索者查询的流程是，通过用户的 IP 地址评估用户的位置，然后将查询传递到相关的数据中心进行处理。然后，谷歌对特定查询进行实时排序，以返回相关文档的排序列表，这些列表随后显示在搜索结果页面上。

谷歌表示，它在搜索排名算法中使用了超过 200 个因素或信号。这些因素包括有助于提升排名的积极因素，以及用于从索引中删除搜索引擎垃圾信息的消极因素或过滤器。搜索引擎——land. com、semrush. com 和 Moz. com 都是用于更新谷歌的排名因素和改变算法的网站。

关键字句分析

成功的搜索引擎营销的起点是确定正确的关键字句。注意，这里说的是"关键字句"

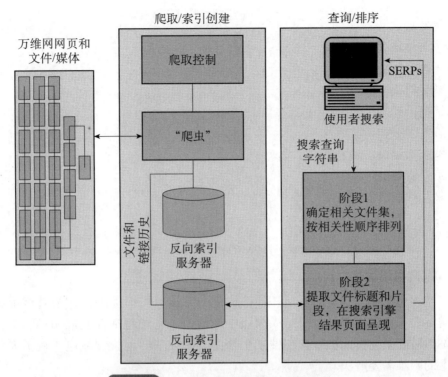

图 8-9 **产出自然搜索引擎名单的步骤**

(keyword phrase)，而不是"关键字"，因为当用户输入的关键字句和页面上的短语之间存在短语匹配时，谷歌等搜索引擎会更具相关性。公司应该完成"差距分析"，它将通过显示每个关键字句的潜在吸引人数与实际排位或访问人数的对比来识别目标关键字句。

识别客户在搜索产品时可能输入关键字句的重要来源包括市场知识、竞争对手的网站、来自网站访客的关键字句（来自网络分析）、内部网站搜索工具和谷歌关键词分析工具。理解客户的搜索行为也很有用（见专栏 8-2）。

专栏 8-2   **我们应该如何搜索**

当搜索结果页面包含自然链接和付费链接时，消费者会作何反应？根据 Smart Insights 的报告，GroupeM 对 2 800 万人进行的一项调查显示，这种行为取决于搜索词中是否包含品牌词。最终，94％的人选择了自然搜索结果，选择付费搜索结果的人仅占 6％。但是请注意，调查涉及的搜索词中有许多是非商业性的，其中一些搜索词可能没有付费结果可供选择。正如研究人员所预料的，如果用户正在寻找一个特定的品牌，那么会有更多的人点击排名靠前的结果。

总体：

排名第一的链接：48％

排名第二的链接：12％

排名第三的链接：8％

其他链接：32％

品牌搜索词：

排名第一的链接：80％

排名第二的链接：6％

排名第三的链接：4％

其他链接：10％

非品牌搜索词：

排名第一的链接：35％

排名第二的链接：15％

排名第三的链接：11％

其他链接：39％

资料来源：Smart Insights（2012）.

搜索引擎优化

搜索引擎优化（SEO）是一种结构化的方法，用于提高公司或其产品在搜索引擎中所选关键字句在自然结果或有机结果列表中的地位。它还包括控制索引包含的内容，或确保一个网站尽可能多的页面被包含在搜索引擎中。在某些内容管理或电子商务系统中，可能存在技术上的困难需要解决。

虽然每个搜索引擎都有自己的进化算法，有几百个权重因子，且只有网站雇用的搜索工程师知道，但好在还有影响搜索引擎排名的共同因素。以下是这些因素按照重要性的大致排序：

1. 内容。根据谷歌搜索质量高级策略师安德烈·利帕特塞夫（Andrey Lipattsev）的说法，内容是影响谷歌排名最重要的因素之一。近年来，人们已经从以关键字为中心的内容转向以自然语言编写为中心的相关内容。在最近的谷歌算法更新中，哈明伯德（Hummingbird，2013）和兰克布雷恩（RankBrain，2015）等着重强调了语义相关性广告的优化。这意味着用简单的字句对一个主题进行深入讨论将比不相关的关键词密集的内容获得更高的排名。搜索引擎还可以通过在标题（<H1>、<H2>）中添加关键短语、在超链接中链接锚文本以及在文档开头使用更高密度的关键词来增加相关性。

2. 入站链接数量（页面排名）。优质网站的链接越多，其排名就越高。评价入站链接或反向链接来确定排名是谷歌搜索得以流行的关键原因之一。谷歌使用一种名为"页面排名"（page rank）的评估方法来提供相关结果。"页面排名"将来自另一个网站的每个链接计算为一票。然而，并不是所有的得票都是平等的——谷歌给那些本身排名高和有相同的上下文或主题内容的页面链接更大的权重。当超链接锚文本或相邻文本包含与关键字相关的文本时，谷歌也会给出权重，即链接页面必须有上下文。

谷歌的网站管理员指南（support. google. com/webmasters/answer/66356）写道：

> 让其他网站为您的网站创建高质量的相关链接的最佳方法是创建独特的相关内容，这些内容自然会在互联网社区中广受欢迎。创造好的内容是有回报的：内容越有用，其他人就越有可能发现该内容对读者有价值并链接到它。

链接的另一个关键方面是网站内部链接的体系结构。不同形式的导航超文本中出现的关键词对于谷歌很重要，它可以指示页面的内容。

3. 移动端优先的用户体验。2016 年谷歌转向了移动优先索引，这意味着它将主要抓取移动版本的网站，而不是 PC 版本的。也就是说，移动端优化是一个非常重要的排名因素。根据 Moz（moz. com/learn/seo/mobile-optimization）的说法，移动搜索引擎优化的最佳实践包括：

- 不阻止 CSS、JavaScript 或图像；
- 手机网站设计——不使用闪光灯或弹出式广告，"适合胖乎乎的手指"的设计（即如果按钮太大、太小或挡在"滚动路径"上，触摸屏导航可能导致意外点击）；
- 优化标题和元描述（使用更小的屏幕空间）；
- 使用 schema. org 结构化数据；
- 优化本地搜索；
- 考虑移动网站配置（谷歌更喜欢响应式设计）。

另一个因素是页面加载速度，这与用户体验有关。一般的经验法则认为，PC 版本网站可以在 3 秒或更短的时间内加载完毕，而移动版本网站可以在 2 秒或更短的时间内加载完毕。

4. 标题 HTML 标签。出现在浏览器窗口顶部的网页标题标签中的关键字在 HTML 代码中由＜ title ＞关键字表示。这在搜索引擎列表中是很重要的，因为如果一个关键字出现在标题中，它比只出现在页面的主体文本中更有可能被列在较高的位置。因此，网站的每个页面都应该有一个特定的标题，给出公司名称和该页面上的产品、服务或提供的特色。标题标签左侧的关键字和那些具有较高密度的关键字将获得更大的权重。标题 HTML 标签在搜索营销中也很重要，因为它通常是在搜索结果页面中划线的文本，形成了一个到网站的超链接。如果出现在搜索结果页面上的标题标签具有相关性，则该标签会得到更多的点击，也就是更多的访问（另外，谷歌将监测网站的点击率，确定内容是否相关，并相应地提高或降低排名）。

5. 元标签。元标签（meta-tags）是 HTML 源文件的一部分，由网页创建者输入，由搜索引擎爬虫或机器人读取。元标签能对用户有效隐藏，但在机器人或爬虫编译索引时会被某些搜索引擎使用。过去，搜索引擎为元标签中包含关键字句的网站分配的相关性比不包含的更高。如今，它们并不那么重要了，但行业专家仍然认为，使用相关且有用的标签优化内容将改善用户体验并有助于提高排名。在 HTML 页面顶部使用 ＜meta name＝ "content＝"＞HTML 关键字指定了两个重要的元标签：

- "keywords" 元标签突出显示了网页上的关键主题。

示例：＜meta name＝ "keywords" content＝ "E - business，E - commerce，E - marketing"＞。

- "描述" 元标签表示将在搜索结果页面显示的信息。所以，描述网站提供的鼓励搜索者点击进入网站的内容是非常重要的。

示例：＜meta name＝ "description" content＝ "Your guide to E - business and Internet marketing - DaveChaffey. com"＞。

6. 可选图形文本。网站不太可能在排名较高的位置列出使用大量图形材料或插件的网站，其页面可以被索引的唯一文本将是标题的关键字。为了改进这一点，图形图像可以包含与其相关联的隐藏文本，用户看不到这些文本（除非图形图像被关闭），但搜索引擎会看到并编入索引。例如，可以使用 "ALT" 标签将有关公司名称和产品的文本分配给公司的徽标，如下所示：＜IMG NAME＝ "Logo" SRC＝ "logo. gif" ALT＝ "Internet marketing links and articles- DaveChaffey. com"＞。再次强调，由于搜索引擎垃圾信息的骚扰，这个因素的相关性比以前低（除非图像也是一个链接），但最好还是使用它，因为它也是法律的要求（盲人和视障人士使用的屏幕阅读器读取通过 ALT 标签指定的文本）。

付费搜索营销

付费搜索营销或付费列表类似于传统广告，当使用搜索引擎的用户键入一个特定的短语时，就会显示一个链接到公司页面的相关文本广告。一系列被标记为赞助链接的文本广告通常显示在自然搜索引擎列表的右边或上边和下边。与传统广告不同的是，当广告被展示出来时，广告商并不支付费用，只有当广告被点击，用户访问广告商的网站时，广告商才会支付费用——因此这通常被称为付费搜索营销。这些付费展示的相对排名通常基于每个关键词的单位点击成本的竞价。图 8‑10 展示了客户对一个搜索竞价管理工具出价金额的变化。

所有行业中广告词的平均单位点击成本(CPC) 在搜索网络上是2.32美元，在展示网络上是0.58美元。

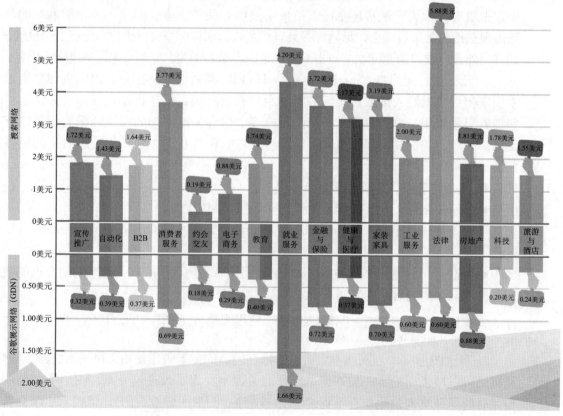

图8-10　谷歌广告词产业基准（平均单位点击成本）

资料来源：www.wordstream.com/cost-per-click.

但这通常并不像想象的那样简单，为单位点击支付最多费用的公司就能占据榜首。在对搜索结果进行排序时，搜索引擎也会考虑相应广告的点击率（排位低的广告一般点击率也较低），于是那些点击次数较少的广告排名就会下降甚至消失。分析点击率（CTR）来确定位置是质量评分（quality score）的一部分，这个概念最初是由谷歌提出的，但现在也被雅虎/必应整合使用。

除了搜索引擎付费搜索广告外，文本广告也显示在第三方网站（例如，www.wired.co.uk）。这形成了一个关联显示网络（contextual "display network"），如在 Google AdSense（http://adsense.google.com）或者必应搜索中相关广告的显示会自动根据内容的类型调整。这些广告通常是按单位点击成本（CPC）支付的，也可以按 CPM 支付。搜索网络和出版商分享的费用占谷歌收入的 30％左右。这些广告使营销人员能够在可选择的第三方网站上接触到更广泛的受众，但他们需要决定如何使用这些网站来传递不同的信息。

脸书的点击付费广告

脸书采用了谷歌的点击付费（pay-per-click，PPC）广告模式来吸引用户。迷你案例 8-1 总结了这样做的好处。该案例研究表明，人们可以有效瞄准脸书，它可以提高服务的知名度，同时通过 CPC 投资限制曝光度。有趣的是，这项内容是针对 B2B 软件的，这表明脸书不仅仅是一个消费者营销渠道！

谨防虚假点击、广告欺诈和测量错误

向营销人员描述 PPC 营销的原则时，他们很快就会灵机一动，问道："我们可以点击竞争对手的广告使它们破产吗？"实际上不行。PPC 广告网络会检测到来自同一台电脑（IP 地址）的多次点击，并将其过滤掉。然而，有一些技术可以模仿不同地点的多次点击，比如虚假点击软件，甚至还有一些服务，你可以付钱给世界各地的一些人让他们来点击这些链接。据估计，在竞争激烈的市场中，1/5 的点击可能是虚假的。虽然虚假点击可以被监控，而且如果被证实的话可以获得退款，但这种行为可能会损害数字媒体行业。

迷你案例 8-1

HubSpot 通过脸书的活动增加了 71％的销售额

HubSpot 在脸书上开展了为期 3 个月的活动，包括每天发布视频和定期进行实时聊天，在这三个月的活动中，该社交媒体平台的销售额增长了 71％。

总结

集客营销专家 HubSpot 的一体化营销软件旨在帮助企业吸引访客，转化潜在客户和亲密客户，全球有超过 10 000 家公司使用该软件。该公司希望在脸书上把自己打造为 B2B 领域的领袖品牌，推动客户参与，并产生更多潜在客户。它开发了一个包含 "Try HubSpot!" 标签的品牌页面，允许人们免费使用 HubSpot 30 天，每天发布视频和提示，并定期进行实时聊天。这得到了脸书广告的支持，强烈呼吁人们采取行动。在这 3 个月里，该活动使得其来自脸书的销售额增长了 71％。

目标和目的

HubSpot 是一个专业的市场营销公司，其营销软件被全球超过 10 000 家企业使用。该软件旨

在帮助企业吸引访客，转化潜在客户和亲密客户。HubSpot 的假设是，"传统营销已经失效"，并指出了一个事实，即打扰营销不再有效，有 2 亿个电话号码出现在"请勿致电"的名单上，44％的直接邮件从未被打开过，86％的人跳过电视广告。Hubspot 的营销方法是吸引客户，这一方法包括创建在社交媒体上分享的网站内容。

HubSpot 希望在脸书上推广自己的品牌，使其成为 B2B 领域的领袖，从而将粉丝引向其品牌页面，并最终让他们接触到其他内容，同时推动客户参与并产生更多潜在客户。

实施、执行和战术

为了提高品牌的知名度，HubSpot 首先创建了一个脸书页面，包括：

- 选择公司的标志作为简介图片，封面照片以充满活力的城市景观和公司名称为特色。
- 开发了一个名为"Try HubSpot!"的标签，让客户可以免费使用 HubSpot 30 天，客户也可以要求演示，看 HubSpot 如何应用于他们的业务。

该公司还通过在脸书上投放广告来推动销售。这涉及：

- 在广告中使用强烈的行动呼吁鼓励人们喜欢它的页面。
- 针对 24～34 岁、35～44 岁、45～54 岁等不同年龄层人群，加上"营销总监""营销经理""营销管理者"等关键词进行偏好和兴趣测试。
- 用吸引眼球的文字来引起注意，比如使用"Attend!"一词并在广告文本中提供 HubSpot 营销会议的信息。

HubSpot 通过以下几种方式提高了其页面的参与度：

- 每天更新营销会议、电子商务技巧以及演示的视频链接。
- 经常提出"手机营销是你们战略的一部分吗"等问题激发粉丝讨论。
- 提供与 HubSpot 的营销专家就闭环营销等特定话题进行实时聊天的链接。

为了吸引更广泛的人群，HubSpot 还通过赞助故事来宣传其品牌，并通过这些故事让人们知道他们的朋友是否喜欢 HubSpot 的页面。

结果

活动结果：

- 在 3 个月的活动中，来自脸书的销售额增长了 71％。
- 在整个活动过程中，来自脸书的 ROI 提高了 15 个百分点。
- 在活动过程中，来自脸书的流量增加了 39％。

HubSpot 的客户开发主管丹·斯拉甘（Dan Slagan）评论道：

> 我们发现，积极地参与脸书的活动可以推动 HubsSpot 和其兴趣群体之间进行有价值的、开放的对话。我们能发布产品更新的通告、新电子书和网络研讨会，直接得到客户的反馈，在产生潜在客户和新客户的同时产生集客营销新想法的灵感。

数字营销行业的另一个问题是广告欺诈——根据美国广告商协会最近的一份报告，超过 70 亿美元的广告投资因为非人类（或机器人）的数字访问而浪费。遗憾的是，这类欺诈行为在过去几年中不断发展，高成本数字视频领域也被渗透。近年来被发现的两大主要欺诈机器人网络是"Methbot"和"Hyphbot"。后者非常复杂，每天能产生 15 亿次虚假广告请求，模仿人类的访问行为。移动行业也有一个担忧——现在有许多新的应用程序欺诈模式，其真正目的是通过广告欺诈盈利。移动广告机器人欺诈行为增加的主要原因之一是跟踪/验证难。广告商需要通过精心的计划及第三方验证来解决这个问题。

此外，脸书曾因一系列测量错误而受到抨击（在 2016—2017 年期间出现了 10 个错误）。例如，2016 年 9 月，据该公司透露，它将用户观看广告的时长夸大了 80%。2017 年 5 月，该公司承认，其视频传送带广告出现测量错误导致了广告商的损失。这需要独立的第三方进行验证，广告商才能确保脸书使用的参数是可靠的，并且能够尽可能高效地花钱。

根据世界广告主联合会（2016）的数据，到 2025 年，广告欺诈每年将给广告生态系统造成高达 500 亿美元的损失。目前，消除广告欺诈是非常困难的，所以在策划和开展数字化广告活动时，人们应重视这一问题。

迷你案例 8-2 提供了一个研究案例，该案例介绍了度假公司 First Choice 如何通过经营内容来增加社交互动和博客流量。

迷你案例 8-2

First Choice 是如何增加社交互动和博客流量的

度假公司（First Choice）的活动理念是创建一个交互式的 HTML5 信息图表空间，人们可以在这里投票选出世界上最美丽的国家。First Choice 委托其搜索引擎优化和内容营销机构 Caliber 针对一个有新闻价值的主题制作一个简单的视觉设计，以帮助其获得媒体报道。投票是通过 Pinterest 进行的，用户生成的内容在信息图表上被解析成特定国家的信息流。推特也是投票渠道。

投票结果会实时更新到互动热图上，用户可以点击某个国家，查看有关该国风景、人物和文化的投票和公告板，以支持该国成为世界上最美丽的国家。这种对话元素引发了世界各地关于人们对特定地方的喜爱的善意辩论。用户也得到了由 First Choice 提供的比赛奖品。

活动开展过程包括：

● 根据 Mashable.com 的编辑偏好开发信息图表（目的是帮助活动病毒式传播）。

● 鼓励人们通过为信息图表投票参与竞赛。

● 在活动发布前与传统媒体记者对话（这些对话表明，网站对线下受众的吸引力较低，因此该活动应侧重于社会推广）。

● 在 Mashable.com 上推出独家功能，可以在推特和脸书上即时分享。为了推动最初的投票上涨，在推特、StumbleUpon 和脸书都开展了付费社交媒体活动，以促进更多的互动。

● 在数字公关的推动下，这种势头持续增长，达到病毒式传播的阶段。这包括联系旅游委员会和有关键影响力的人，鼓励他们激励粉丝为自己的国家投票。结果这张信息图表在拉脱维亚、墨西哥和土耳其的网络社区中疯传，这些国家的许多民众参与了投票。

这项活动的结果如下：

● 该信息图表已在超过 300 个网站刊登，媒体报道载于：*Travel Trade Gazette*（在线和印刷版）、*Mashable*、*Daily Mail*、*Huffington Post* 和 *Gadling*。

● 超过 72 109 次社交互动。

● 脸书上的 16 680 个赞和分享。

● 信息图表相关的 11 439 条推文。

● 通过 StumbleUpon 进行了 3 541 497 次互动。

- 领英上有 654 次分享。
- Google＋有 311 次分享。
- 114 002 个独特的页面视图。
- 推广和病毒式传播产生了 300 多个链接和 5 个可以跳转到谷歌搜索结果首页的关键词。4 月份，First Choice 博客的流量增加了 500％。

TUI UK 的 SEO 经理阿德里亚诺·科梅尼亚（Adriano Comegna）评论道：

> 我们选择开展这项活动，是因为我们认为在英国旅游业中创新很重要。这项活动不仅能够让我们尝试 HTML5/ CSS3 等新兴网页技术，还能够让我们的用户掌握活动的主动权，让他们决定最终结果。市场营销正迅速转向以消费者为中心和消费者参与的模式，我们相信内容和社交分享是品牌下一个真正的战场。

资料来源：Case study posting, 5 January 2013, www. thedrum. com/news/2013/01/04/conflict-pinterest-how-first-choice-used-content-and-social-sharing-increase-blog.

数字公关

英国特许公共关系学会（CIPR，2018）将公关定义为：

> 公共关系是关于声誉的——你做了什么，你说了什么，别人对你说了什么。公共关系是一门维护声誉的学科，其目的是获得客户的理解和支持，并影响他们的看法和行为。它是组织为了与公众建立联系、维持善意、相互理解所做出的有计划的、持续的努力。

数字公关（digital PR）利用了互联网的网络效应。记住，互联网（Internet）是"inter-connected networks"的简称。在其他网站上提到某个品牌/网站，对塑造观点和吸引访客到你的网站很有帮助。数字公关的主要元素是，最大限度地在目标受众可能访问的第三方网站上，对一家机构、品牌、产品或网站进行正面宣传。此外，正如本书在搜索引擎优化相关内容中提到的，从其他网站到你的网站的链接越多，你的网站在搜索引擎的自然列表或有机列表中的排名就会越高。通过在线声誉管理来减少负面的评论也是数字公关的一个方面。数字公关的活动包括：与媒体（记者）在线交流；链接建立；博客和播客；在线社区和社交网络；管理你的品牌在第三方网站上的展示方式；创造轰动效应。

- 与媒体（记者）在线交流。这种活动将互联网作为一种新的渠道，通过电子邮件、现场和第三方网站发布新闻稿（搜索引擎优化）。具体活动包括：在网站上设立新闻发布区；创建关于新闻的提醒电子邮件，以供记者和其他第三方注册；将新闻报道或新闻稿提交到在线新闻信息提要。

- 链接建立。链接建立（link-building）是搜索引擎优化的一个关键活动。它可以被认为是在线公关的一个元素，因为它能够让你的品牌在第三方网站上可见。链接建立需要结构化的努力，与其他网站建立尽可能多的链接（通常包括互惠链接（reciprocal links））将提高网站在搜索引擎结果页面的位置。

麦加芬（McGaffin，2004）很好地介绍了如何建立结构化链接。他说："创造好内容，链接到好内容，好内容就会链接到你。"他指出应该审查自己的网站和竞争对手的网站的现有链接，设定目标，然后主动向合适的网站所有者询问链接。

你可以在谷歌中使用语法"link：site"来查看由谷歌判断的高质量链接的样本，例如"link：www. davechaffey. com"，注意这也包括内部链接。为了获得更全面的链接视图，可以参考搜索营销专家使用的工具，这些工具列在了 http：//bit. ly/smartlinkcheck 上面。

● 博客和播客。"博客"（blogs）（在第 2 章中有过介绍）提供了一种简单的定期发布网页的方法，我们最好将其描述为在线日志、日记、新闻或事件列表。它可能包括来自其他网站或网站贡献者的反馈（回溯）评论。频率可以是每小时、每天、每周或更短的时间，最常见的是每天更新。

播客（podcasts）与博客类似，因为它们都可以由个人或组织生成，以音频（通常是 MP3）或视频的形式表达评论者的意见。英国广播公司（BBC）等媒体机构已经成功地将它们用于电影评论或热门节目以及现场录音。它们也被认为是产生"思想引领"内容和成为 B2B 影响者的好渠道，例如，斯科特·斯特拉滕（Scott Stratten）有一个每周商业播客，名为"Unpodcast：The Business Podcast for the Fed‐Up"，在社交媒体上拥有超过 20 万的粉丝。实现播客可见性的一个巨大挑战是，其内容目前只能通过标签识别，如果不听播客的开头，听众很难评估其质量。随着媒体出版商（如 BBC iPlayer）提供的流媒体服务的增加，播客的受欢迎程度有所下降。

● 在线社区和社交网络。从 20 世纪 90 年代中期开始，互联网在促进点对点互动方面的力量就已经显而易见。然而，这种改变公司和客户互动方式的力量直到最近才显现出来。人们需要社交和分享经验是在线社区和社交网络流行现象背后的真正原因。在大多数国家，由于这种需求，社交网络是最受欢迎的网站之一。因此，营销人员会试图在这种环境下与客户沟通。当然，正如迷你案例 8‐1 所示，在社交网络上做广告是一个机会，但是，如果营销人员仅仅把社交媒体视为一个品牌向被动接收者推送信息的机会，那么就失去了与客户建立更深层次关系的机会。脸书的目标是通过广告来促进这一点，这些广告通常是将受众引向品牌页面或公司页面的链接，且相关人员可以收集反馈。

8.7　聚焦：社交媒体和社交客户关系管理战略

社交媒体营销（social media marketing）是数字营销的一个重要类别，包括鼓励客户在公司自己的网站，脸书、推特等社交网站，或专业出版商网站、博客和论坛上进行交流。它可以作为一种传统的广播媒介应用——例如，公司可以使用脸书或推特向选择加入的客户或合作伙伴发送信息。然而，要想利用社交媒体的好处，开始并参与客户对话是很重要的。这些可以与产品、促销或客户服务有关，目的是更多地了解客户并提供支持，从而改善客户对公司的看法。

博伊德和埃里森（Boyd and Ellison, 2007）将社交网络描述为：

基于网页的服务，允许个人：（1）在一个有限的系统内构建一个公共或半公共的配置文件；（2）阐明与他们共享链接的其他用户的列表；（3）查看和遍历他们的链接列表和系统内其他人的链接列表。

令人惊讶的是，这个定义中并没有提到社交网络发布评论或其他内容的互动功能。

在本书中可以看到，通过社交网站、在线社区和公司网站上的互动与客户交流的机会是如此之多，以至于社交媒体战略已经成为数字商务战略的核心。然而，创建社交媒体或客户参与战略是具有挑战性的，因为公司可能不得不放弃对一些信息的控制，公司需要改变思维方式，才能够与客户有效沟通。从 1999 年的《线车宣言》（Cluetroin Manifesto）一书中可以清楚地看到需要改变思维方式。作者莱文等（Levine et al.，2000）称：

> 人与人之间的对话听起来很人性化，因为它们是在用正常人类的语言交谈。然而，大多数公司只知道如何用舒缓、无趣、单调的使命宣言、营销手册，以及"您的电话对我们很重要"等话语来交谈。同样的语气，同样的谎言。难怪网络市场不尊重这些公司。公司的防火墙总是把聪明的员工和市场拒之门外。拆掉那些墙会有阵痛，但最终将产生一种新型的对话，这种对话将是商界有史以来最令人兴奋的对话。

当然，相关负责人需要的不仅仅是思维方式的改变——还需要高级管理层的支持、投资以及对流程和工具的改变。你可以看到《线车宣言》是对行动的号召，鼓励管理者改变他们的文化，并提供流程和工具，使组织的员工能够以负责任的方式与客户互动并倾听客户需求。

开发社交媒体战略

在制定社交媒体战略时，经理们似乎倾向于直接关注工具——应该从脸书或推特开始，还是应该创建一个博客？这是制定战略最糟糕的方式。事实上，这不是战略，这是战术！社交媒体战略应根据客户渠道的需求分析和该方法的商业潜力来制定。

客户对社交媒体工具的采纳将根据客户细分和市场的不同而有所区别。所以首先要完成市场分析（如第 2 章所述），看看哪些社交工具和参与技巧对目标用户最有效。

接下来，经理们需要评估社交媒体的商业利益，并确定目标。因为现有客户或联系人可以讨论或推荐公司的内容或产品，所以一些营销人员将社交媒体视为获得新客户的方式。对其他人来说，社交媒体的好处可能更多地集中在如何提高推荐、评论和评级的转化率上。公共关系专家会想要倾听关于品牌的正面和负面的对话，然后通过增加正面情绪和控制负面情绪来进行管理。最后，社交媒体可以被视为一种客户参与和客户维系的工具。在这里，社交媒体被用来提供客户服务，或者被用作电子邮件营销的替代渠道，通知客户新产品发布或促销活动。

然而，公司应该确保对客户使用的每一个渠道都提供优质和可衡量的客户服务。这将在专栏 8-3 中进一步讨论。

专栏 8-3　　　　客户想要获得良好的服务，但不喜欢在渠道之间来回切换

一般情况下，当客户向企业查询客户服务时，会通过四个不同的渠道与企业交互。他们在与企业接触时所使用或期望能够使用的渠道类型也在发生变化。对任何企业来说，口碑和在线评论都是最重要的渠道，而客户服务是获得良好结果的关键。现在，提供良好的客户服务需要通过一系列渠道——以一种让它们相互支持和帮助的方式，而不是在不同的目的下。根据微软（2016）的一项研究，研究人员在美国、英国、巴西和日本询问了 4 000 人，97% 的人表示客户服务对他们选择品牌很重要。

最受欢迎的客户服务渠道是什么？

图8-11显示了消费者正在使用的一系列渠道，而且在不同国家之间差别很大——不过电子邮件在美国以外所有国家中都名列前茅。

有趣的是，这五个不同的渠道都比较受欢迎。平均一半以上的用户使用线上支持通道，而在美国，有一半的用户使用搜索引擎进行与客户服务相关的查询，在英国和巴西，这一比例略低于50%。

你经常使用以下哪种客户服务渠道?

美国	英国	巴西	日本
电话（81%）	电话（72%）	电话（84%）	电话（67%）
电子邮件（78%）	电子邮件（82%）	电子邮件（87%）	电子邮件（69%）
实时聊天（64%）	实时聊天（58%）	实时聊天（70%）	实时聊天（4%）
线上支持通道/FAQs（62%）	线上支持通道/FAQs（56%）	线上支持通道/FAQs（64%）	线上支持通道/FAQs（50%）
搜索引擎（51%）	搜索引擎（46%）	搜索引擎（49%）	搜索引擎（38%）

图 8-11　常用的客户服务渠道

资料来源：www.smartinsights.com/customer-relationship-management/customerservice-and-support/new-study-highlights-need-omnichannel-customerservice-strategy.

互动从何处开始

尽管电话在所有国家都很流行，但客户一般都是从网上开始进行查询的。英国引领了这一趋势，64%的英国人在网上开始客户服务互动（见图8-12）。

当参与一个品牌或组织的客户服务时，你们的互动通常是从哪里开始的?

美国			英国			巴西			日本		
57%	35%	8%	64%	28%	8%	56%	41%	2%	56%	43%	1%
网上	电话	面对面	网上	电话	面对面	网上	电话	面对面	网上	电话	面对面

图 8-12　与客户服务交互的开始

资料来源：www.smartinsights.com/customer-relationship-management/customerservice-and-support/new-study-highlights- need-omnichannel-customer-servicestrategy.

为什么提供全方位的客户服务是至关重要的

在除日本外所有接受调查的国家中，相当多的人表示更换品牌是因为糟糕的客户服务体验（见图8-13），所以客户不满意可能会让公司损失大量收入。

该报告清楚地表明，客户希望通过一系列渠道获得良好的客户服务，如果得不到良好的服务，他们愿意把业务转移到其他地方。不同国家的客户一致认为"在代理商之间推诿"是客户服务中最令人沮丧的方面，所以不应该把一个渠道的客户服务方法建立在把责任推到另一个渠道的基础上。

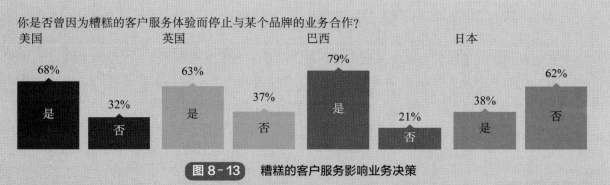

资料来源：www. smartinsights. com/customer-relationship-management/customerservice-and-support/new-study-highlights-need-omnichannel-customer-servicestrategy.

资料来源：Smart lnsights blog. www. smartinsights. com/customer-relationship-management/customer-service-and-support/new-study-highlights-need-omnichannel-customer-service-strategy.

https: //info. microsoft. com/rs/157-GQE-382/images/dynamics365-en-global-state-customer-service. pdf.

正如 Forrester（2007）总结的那样，POST 对于企业来说是一个有用的框架，可以用来帮助它们开发社交媒体战略。POST 是第 7 章中介绍的 SOSTAC 框架的简化版本：

- 人群（people）。了解受众对社交媒体的接受程度是一个重要的起点。
- 目标（objectives）。为不同的选择设定不同的目标，以便在客户生命周期的不同阶段吸引客户，从客户获取到转化再到保留。Forrester 的乔希·伯诺夫（Josh Bernoff）建议："在决定一种技术之前，先确定你的目标，然后想想如何衡量它。"
- 战略（strategy）。如何实现目标？伯诺夫认为，因为社交媒体是一种颠覆性的方式，所以管理者应该想象一下社交媒体将如何支持改变。他说："想象一下，如果你成功了，以后的事情会有什么不同？想象一下终点，你就会知道从哪里开始。"
- 技术（technology）。最后，确定最好的社交媒体平台来实现你的目标。我们会在稍后回顾这部分内容。

实时聊天

网上购物的一个主要问题是，许多客户无法与能够实时回答他们问题的人建立联系。近年来，这一问题推动了提供实时聊天支持的数字企业数量的增长。根据 eDigital Research（2014）的一份报告，在所有客户服务渠道中，在线聊天的满意度最高（73%），相比之下，电子邮件和电话的满意度分别为 61% 和 44%。Forrester（2010）发现：

> 许多在线消费者在网上购物时希望得到真人的帮助。事实上，44% 的在线消费者表示，在网上购物过程中由真人回答问题的功能是网站提供的最重要的功能之一。

在线聊天系统可以让客户立即获得帮助，而且等待时间往往比使用呼叫中心短得多。从商业角度来看，实时聊天软件可以节省成本，特别是：

- 通过降低平均交互成本，降低呼叫中心成本；
- 实时聊天能提高效率，工作人员能同时处理多个聊天，减少对员工的需求。

一些零售商试图通过在实时聊天解决方案中使用语音和视频，来模拟购物者在商店中获得的个人服务。

然而，电话作为客户服务工具仍然很重要。

脸书的即时通信服务 Messenger 现在允许 PayPal 的卖家通过新的扩展程序直接给买家开具发票，该扩展程序包括产品的图片和价格。预计这将对脸书上的业务运作方式产生影响，其买卖群组的月访问量约为 4.5 亿，Messenger 的月用户为 13 亿。这为电子商务公司通过英国最常用的社交媒体渠道之一销售产品提供了一个很好的机会。

社交 CRM 战略

我们已经看到，在组织中应用社交媒体有不同的目标，这构成一个重大挑战，特别是在大型组织中，因为成功需要不同角色和职能的协作。社交客户关系管理（social CRM）是一个术语，定义了跨越客户生命周期和价值链的社交媒体的广泛范围。

对话可以发生在各种类型的网站中（包括脸书和推特等社交网站），也可以发生在公司自己的博客、第三方博客、评论和评级网站或 Get Satisfaction 等中立的网络论坛中。许多公司已经制定了社交媒体治理政策，以确保对话得到倾听和相应的回应。

在图 8-14 中，Altimeter（2010）展示的六个业务应用领域很好地说明了社交 CRM 的范围。每个领域的范围如下：

1. 市场营销。通过社交倾听工具监测、分析和回应客户的对话。不过这份报告忽略了将市场营销整合到其他活动策略（如电子邮件营销）中。

2. 销售。了解潜在客户在哪里讨论对你和竞争对手提供的产品和服务的选择，确定参与对话以影响销售并产生潜在客户的最佳方式。在 B2B 中，领英显然应该被监控。

3. 服务与支持。通过论坛和中立网站进行客户自助服务。

4. 创新。使用对话促进新产品开发或改良在线产品是社交 CRM 最令人兴奋的形式之一。

5. 合作。这是组织内通过内联网和其他软件工具进行的数字商务协作，支持业务流程的所有形式的协作。

6. 客户体验。公司需要使用社交客户关系管理优化客户体验和增加品牌价值。作者提供了一些利用 VIP 项目，为具有共同特征的客户提供合作，以增加价值并进行宣传的例子。

社交 CRM 战略可以通过评估六个业务应用领域中的选项并对其进行优先排序来开发，见图 8-14。

Altimeter（2010）的报告中另一个有用的框架是 5M 框架，可用于审查战略实施情况。这五个 M 是：

1. 监控（monitoring）。回顾社会倾听的方法，并从中得出启示。

2. 描绘（mapping）。利用不同的社交平台，如脸书和推特或电子邮件营销，发现个人客户或客户细分之间的关系。

3. 管理（management）。实施和审查战略的过程。更多关于活动管理报告的细节将会在这里有所帮助。

4. 中间软件（middleware）。用于监控和收集见解的软件工具和 API。

5. 测量（measurement）。用于评估社会营销效果和投资回报率的措施。

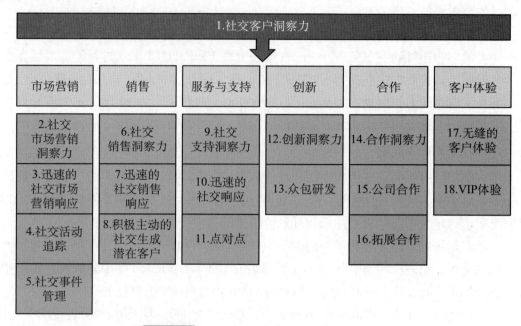

图 8-14 社交客户关系管理的几个方面

资料来源：Altimeter（2010）。

社交媒体的种类

有很多网站和工具为社交媒体提供了环境。活动 8-1 列出了 25 个类别的数百种工具。请完成这个活动，以了解这些工具的种类。

活动 8-1 **理解社交媒体营销平台的范围**

目的

探究社交媒体网站和工具的范围，分类并评估其商业应用性。

活动

访问 Conversation Prism（www.conversationprism.com）或 Smart Insights Digital Marketing Radar（http://bit.ly/smartradar），辨别你和你的同事使用的社交媒体网站的种类。你认为不同种类的 B2B 和 B2C 网站工具的受欢迎程度会有何不同？讨论公司应如何确定最能帮助其实现目标的工具。

一个社交媒体网站不仅仅是一个网站。从技术的角度来看，这些网站中的大多数可以被认为是软件应用程序或网页服务，它们以不同的权限级别向用户提供访问，然后管理和存储不同形式的用户生成内容。信息传递也是许多此类网站，尤其是社交网络的一个重要功能。当与用户的内容或链接相关的新内容发布时，这些网站就会提醒用户。用于与其他网络服务接口交换数据的 API 也是社交网络的一个关键特征，它使社交网络及其成员能够通过与其他网站合并来扩大自己的覆盖范围和影响力。

由于社交类型的多样性，简化管理选项是很有帮助的（正如我们在第 1 章中介绍的）。

公司网站或社交网络中社区的流行意味着公司应有效管理这些社区。但是，为什么社区如此重要？公司如何才能更好地管理它呢？哈格尔和阿姆斯特朗（Hagel and Armstrong, 1997）认为：

在线网络中虚拟社区的兴起引发了一场前所未有的权力从商品和服务的供应商向购买商品和服务的客户的转移。那些理解了这种权力转移并选择通过组织虚拟社区来利用它的供应商将获得巨大的回报，包括无与伦比的客户忠诚度回报和丰厚的经济回报。

根据市场的不同，组织可以选择为 B2C 市场开发不同类型的社区，为 B2B 市场开发目标、处境、兴趣和职业等相关的社区。

1. 目标：正在经历相同过程或试图达到特定目标的人的社区。例如研究汽车的社区，如 Auto Trader (www. autotrader. co. uk)；或者在网上购买股票的社区，如 The Motley Fool (www. fool. co. uk)；以及提供价格或产品比较服务的社区（如 MySimon 和 Kelkoo）。

2. 处境：专门为处于某种境况下的人，如有健康障碍或处于生命的某个阶段的人群设立的社区。例如，育儿网站 Mumsnet (www. mumsnet. com)、www. babycenter. com，为跑步爱好者设立的跑步聊天网站 (www. ukrunchat. co. uk)，为动物主人设立的宠物论坛 (www. petforums. co. uk)。

3. 兴趣：这个社区是为有共同兴趣的人提供的，比如体育社区 (www. football365. com)、音乐社区 (www. musicbanter. com)、休闲社区 (www. walkingworld. com) 或其他兴趣社区 (www. deja. com)。

4. 职业：这对于推广 B2B 服务的公司来说很重要。

许多 B2B 垂直门户网站都是由行业报纸的出版商创建的，例如 Emap Business Communications 为建筑行业创建了 *Construction News*。当然，建筑行业出版物（如 *Building*）也能创建自己的门户网站。

如今，社交网络为公司提供了一种低成本的创建社区的方法。可以注意到，示例中的大多数社区都是独立于特定制造商或零售商的中间网站。在开始建设社区之前，要解决一个关键问题："一个独立于公司的社区，能否更好地服务于客户的利益？"

如果这个问题的答案为"是"，那么最好是创建（或购买）一个区别于母公司品牌的不同社区。例如，Random House 在 2013 年收购了 Figment（即现在的 Underlined，www. getunderlined. com），这是一个面向有志向的年轻小说作家的社区。另一个成本更低的选择是在独立的社区网站或门户网站上通过赞助或联合品牌推广产品，或者参与社区讨论。

另外，公司也可以创建自己的论坛，但是如果客户批评产品，品牌可能会受损，所以成功的例子相对较少，因此，想要这样做的话就需要适度。索尼有一个 PlayStation 论坛 (http://community. eu. playstation. com/t5/English-Forums/ct-p/55)，这表明该品牌在其主网站之外创建了一个社区。它有内部规则和基于系统、游戏和题材的讨论。对话主题包括设备问题（如声音不正常、设备过热等），其他玩家会回答这些问题。

公司主办社区的一个潜在问题是，它可能无法找到足够多的人来为该社区作出贡献。不过软件服务公司 SAP 已经成功地创建了几个小众社区来支持它的业务，有超过 100 万的软件工程师、合作伙伴和商业人士参与其中 (www. sap. com/community)。公司会通过向国际援助慈善机构捐款来对他们的贡献作出奖励。

公司可以使用什么方法来创建社区？帕克（Parker，2000）提出了公司在考虑创建客户社区时应该回答的八个问题：

1. 客户有什么共同的兴趣、需求或激情？

2. 客户希望分享哪些话题或问题？

3. 什么样的信息更有可能吸引到客户的朋友或同事？

4. 在我们涉足的商业领域中，还有什么样的产品或服务可以吸引客户？

5. 如何结合来自两个或多个相关产品的报价来创建套餐或给予优惠？

6. 如果现在的客户把产品推荐给朋友（或同事），我们可以提供什么样的价格、交货方式、融资方式或激励措施？

7. 我能为那些向我推荐朋友（或同事）的客户提供什么样的激励或奖励呢？

8. 我怎样才能最好地追踪来自朋友口口相传的推荐？

处理好这些问题的一个好方法是考虑组织在社区建设工作中可能遇到的困难。典型的困难包括：

1. 无人社区。一个没有人的社区不是社区。需要用到前面提到的增加流量的方法来宣传社区。

2. 安静的社区。一个社区可能有许多注册成员，但是如果对话不多，那么这个社区就不是一个社区。如何让人们参与进来？这里有一些办法：

● 在社区"抛砖"。可以请版主提问，或者由版主撰写每周或每月的问题，或者从客户那里获取信息，也可以请一位常驻独立专家回答问题。

● 让社区有门槛。将社区的使用范围限制在大客户中，或只将其提供给有价值的客户，社区成员更有可能参与进来。

3. 批评性社区。制造商或零售商网站上的许多社区可能对该品牌持批评态度，一些社区因负面评论而关闭。

最后，记住那些潜水者——那些读了信息但不积极发言的人。潜水者和积极参与者的比例可能达到10∶1。社区也可以积极影响这些人并建立品牌。

使用社交媒体平台是建立社区的好方法。有趣的是，人们使用这些平台的动机在过去几年中发生了变化——专栏8-4对此做了更详细的解释。

社区或社交网络的成员与其他人的联系程度不同。最具影响力的社交网络成员与其他人联系较多，与那些联系较少的人相比，他们将与更多人讨论感兴趣的问题。

专栏8-4　　社交网络营销成功的因素

GlobalWebIndex（2016）的研究发现，人们使用社交媒体的方式正在发生变化。在全球范围内使用社交网络的动机中占比最大的是"为了工作"（高达27%），其次是"提高工作效率"（高达17%）。以下列举了人们使用社交媒体的动机（以及相较2014年的变化）：

全球的变化：

● 为了工作（+27%）；

● 提高工作效率（+17%）；

● 确保我没有错过任何信息（+12%）；

● 因为我的朋友都在使用（+10%）；

● 搜索产品并购买（+7%）。

英国的变化：

● 确保我没有错过任何信息（+43%）；

- 因为我的朋友都在使用（＋43％）；
- 搜索产品并购买（＋32％）；
- 链接他人（＋25％）；
- 打发空余时间（＋22％）。

在另一份报告中，拥有脸书部分股权的微软（2007）通过购买广告空间、创建品牌空间或品牌渠道，使得消费者能够与品牌互动或推广品牌。它开发了几种利用社交网络的方法：

1. 了解消费者使用社交网络的动机。如果广告与网络用户的生活或正在讨论的话题相符，那么广告将是最有效的。

2. 用品牌来表达自己。利用网络展示你的品牌的独特之处，但也要考虑如何表达品牌通常不为人知的一面。

3. 创造并保持良好的对话。参与讨论的广告商更有可能与观众产生共鸣，一旦对话开始，就必须跟进到底。

4. 赋予参与者权力。社交网络用户利用他们的空间和博客来表达自己，可以通过提供与品牌相关的内容或工具增强品牌吸引力。

5. 确定线上品牌代言人。使用声誉管理工具来识别已经是品牌倡导者的有影响力的社交网络成员。考虑使用上下文广告，如微软内容广告或 Google AdSense，讨论品牌时在其空间内显示品牌信息。

6. 黄金法则。表现得像一个社交网络用户。这意味着需要：
- 有创造力；
- 诚实、谦虚；
- 独立；
- 敏锐地体察受众的感受；
- 定期更新。

公共关系专业人士普遍认为，与社交明星保持高度联系是非常重要的，因为社区的其他人往往会从社交明星那里寻求建议。但网上关于社交明星的影响有很多讨论。社区互动的研究人员认为，典型的网络成员（被称为"适度连接的大多数网络成员"）之间的集体互动也同样重要。例如，沃茨和多德（Watts and Dodds, 2007）认为，有影响力的假设是未经检验的假设，在大多数情况下与现实世界中的运行方式不匹配。他们评论说："大多数社会变革不是由有影响力的人驱动的，而是由容易受影响的人影响其他容易受影响的人驱动的。"专栏 8-5 解释了微影响者营销的发展。

专栏 8-5　　　　　　　　　微影响者营销

2017 年，开展微影响者活动的公司有所增加。微影响者通常被认为是拥有自然发展的社交渠道的个体，拥有适度但真实的追随者和高参与度的粉丝。他们拥有高质量的、能与受众产生共鸣的小众内容，即利基社区和更高比例的粉丝。

微影响者增多主要是因为随着影响者的成长，他们的影响力会逐渐减弱。这意味着那些追随者较少的人倾向于以一种更独特和个性化的方式推动对话。例如，马克利（Markly，2017）对 200 万名社交媒体影响者进行的一项调查显示，对于无薪发帖，粉丝数少于 1 000 的 Instagram 影响者的点赞率约为 8%，而粉丝数在 1 000～10 000 的影响者的点赞率为 4%。随着粉丝基数的增加，点赞率继续下降。1 万～10 万粉丝的影响者的点赞率为 2.4%，100 万～1 000 万粉丝的影响者的点赞率为 1.7%。行业专业人士通常认为微影响者的追随者不超过 10 万。

根据 Smart Insights（2017）的数据，在付费合作方面，Instagram 每条帖子的平均花费是 800 英镑，扩大营销活动的影响力需要完善的计划、良好的沟通并使用正确的工具。它提供了以下建议：

设定营销目标

确定你想从影响者的活动中获得什么结果，如

- 提高知名度；
- 推动销售；
- 收集潜在客户；
- 实现电子邮件注册；
- 增加你的社交媒体粉丝；
- 得到评论；
- 收集反馈；
- 获得有趣的视频；
- 获得 SEO 链接；
- 获得动人的图片。

筛选平台和形式

根据你的目标，你可以决定活动目标平台和形式。记住，任何影响者营销的最终目标都是创造某种形式的内容，可能是一段 YouTube 上的视频、一篇 Instagram 上的帖子、一枚 Pinterest 上的徽章或一篇博客帖子。

你的目标影响者是谁

一旦你有了想要创造内容的想法，确定了哪些平台最适合你的品牌，你就可以开始为活动定义合适的影响者：

- 有多少追随者？
- 他们谈论什么？
- 他们在哪些平台上具有用户黏性？
- 受众特征：关注者的年龄、性别、位置应与你的目标客户匹配。

一旦你确定了目标和目标影响者，下一阶段（也是最困难的阶段）就是找到这些影响者并说服他们推广你的品牌。通常情况下，我们有三个主要选择：（1）进入影响者市场；（2）建立自己的数据库；（3）与提供全方位服务的营销公司合作。这些方式各有利弊，有各种各样的影响者营销工具可以提供帮助。

进入影响者市场

使用市场的主要优势是速度和效率。一些主要的可用网站包括：

- Famebit.com——为 YouTube 的影响者提供服务；
- Octoly.com——为 YouTube 的影响者提供服务；

- inflenster. com——一个为商品评论者提供服务的购物社区网站；
- Takumi. com——为 Instagram 的影响者提供服务；
- Webfluential. com——为跨多个平台的影响者提供服务；
- Traackr. com——一个专注于影响者营销的 CRM 平台；
- Tapinfluence. com——为跨多个平台的影响者提供服务。

找到有影响力的人

如果你想建立自己的影响者数据库，这里有几个有用的工具：

- Buzzsumo. com——搜索影响者/内容的最流行的工具之一；
- BuzzStream. com——寻找和研究影响者和博主；
- Ahrefs. com——虽然主要提供搜索引擎优化服务，但它有一个有用的内容发现工具，称为"内容浏览器"。

虽然在线用户有明确的在线社交愿望，网站所有者需要记住，当在线用户在不同的网站之间移动时，吸引他们并不是一件简单的事情。迷你案例 8-3 显示，只有相对少数的网站访客会积极参与在线社交。

迷你案例 8-3

关于参与不均衡的尼尔森的 90-9-1 规则：鼓励更多的用户贡献

鼓励在线社区参与是一项挑战，因为社区的大多数用户很少参与或不参与社区活动。可用性专家雅各布·尼尔森（Jakob Nielsen）给出了维基百科（只有 0.2% 的用户是活跃的）和亚马逊（不到 1% 的用户发表评论）参与行为的例子。他解释说：

- 90% 的用户是潜水者（即阅读或观察，但不做贡献）。
- 9% 的用户有时做出贡献，但其他优先事项占据了他们的时间。
- 1% 的用户经常参与评论，并且贡献了大部分内容：他们似乎没有自己的生活，因为他们经常在事件发生几分钟后就发表评论。

- 管理你的品牌在第三方网站上的展示方式。作为数字公关的一部分，提供监测服务是很有用的。作为在线声誉管理的一部分，拥有处理负面公关的资源也是必要的。据称，微软的公关机构有一个快速反应部门，可以对在线公关作出回应。监测服务的例子包括 Google A-lerts（www. google. co. uk/alerts）和 www. smartinsights. com/online-pr/reputation-management-online-pr/上列出的其他在线声誉管理的工具。
- 创造轰动效应——在线病毒式营销。从功能的角度来看，在线病毒式营销通常涉及口碑营销和网站链接（如第 4 章所述），所以它可以被视为数字公关的一部分。

图 8-15 总结了在线公关的类别和活动。

数字化合作人

合作伙伴关系是当今市场营销组合的重要组成部分。史密斯和查菲（2005）说合作伙伴关系是第 8 个"P"（见第 7 章），网络合作伙伴（也叫数字化合作人）关系也是如此。有三种

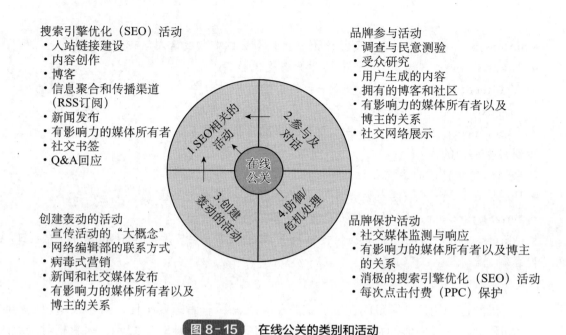

搜索引擎优化（SEO）活动
· 入站链接建设
· 内容创作
· 博客
· 信息聚合和传播渠道
　（RSS订阅）
· 新闻发布
· 有影响力的媒体所有者
· 社交书签
· Q&A回应

品牌参与活动
· 调查与民意测验
· 受众研究
· 用户生成的内容
· 拥有的博客和社区
· 有影响力的媒体所有者以及
　博主的关系
· 社交网络展示

创建轰动的活动
· 宣传活动的"大概念"
· 网络编辑部的联系方式
· 病毒式营销
· 新闻和社交媒体发布
· 有影响力的媒体所有者以及
　博主的关系

品牌保护活动
· 社交媒体监测与响应
· 有影响力的媒体所有者以及博主
　的关系
· 消极的搜索引擎优化（SEO）活动
· 每次点击付费（PPC）保护

图 8-15 在线公关的类别和活动

关键的网络合作伙伴关系类型：链接建设（在前面的部分讲过，也可以被认为是在线公关的一部分）、联盟营销和在线赞助。

（1）联盟营销（affiliate marketing）在电子商务公司中非常流行，因为许多公司通过联盟公司（也称为"聚合器"，因为它们聚合了来自不同供应商的报价）实现了超过 20% 的在线销售。对于在线零售商来说，联盟营销的伟大之处在于，在产品被购买或产生潜在客户之前是不需要付费的。它有时被称为"零风险广告"（见图 8-16）。

亚马逊是最早采用联盟营销的公司之一，现在它有成千上万的联盟。这些联盟通过链接将访客吸引到亚马逊，以换取销售产品的佣金。有消息称，亚马逊的创始人杰夫·贝索斯（Jeff Bezos）在一次鸡尾酒会上与一个想通过他的网站销售图书的人聊天。随后，亚马逊在 1996 年 7 月推出了联合项目，至今仍在蓬勃发展。许多公司为了查找联盟公司、更新产品信息、跟踪点击、支付等过程，使用了 Conversant 的 Affiliate（www.uk.cj.com）、谷歌的 Double Click（www.doubleclickbygoogle.com）、Trade Doubler（www.tradedoubler.com）等联盟公司网络或联盟公司管理器。

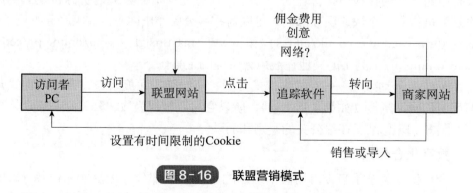

图 8-16 联盟营销模式

（2）在线赞助。尽管在虚拟世界中复制现有的真实世界的赞助安排是一个有效的选择，但在线赞助关系并非如此简单。即使公司没有足够的预算，也可以在网上找到许多赞助机会。

赖安和怀特曼（Ryan and Whiteman, 2000）将网络赞助定义为：

> 将品牌与相关内容或环境相联系，以提高品牌知名度和增强品牌吸引力，其形式与横幅、按钮或其他标准化广告明显不同。

对于广告商来说，在线赞助的好处是，它们的名字与网站访客已经熟悉的在线品牌相关联，赞助建立在这种已有的关系和信任之上。与此密切相关的是在线联合品牌，即两个品牌之间存在关联。

交互式广告

根据 *Marketing Week*（2017）的数据，2016 年英国广告支出在连续 7 年增长后，达到了创纪录的 214 亿英镑。在线广告（交互式广告）继续主导增长，在线广告支出增长了 13.4%（移动广告占增长的 99%）。

在线广告也可以提供媒体乘数效应或晕轮效应（media multiplier or halo effect），这可以提高其他网络媒体的反应率。例如，如果一个网络用户看到了横幅广告，可能会增加他对付费搜索广告反应的可能性，也可能增加他在网站上转化的可能性，因为横幅广告提高了品牌的认知度和信任度。

MAD（2007）对旅游市场的研究报告表明了这一效应，该研究询问受访者对吸引他们的在线广告会作何反应，是点击一下吗？事实上，结果如下：

- 搜索与广告有关的一般术语（31%）；
- 直接访问广告商的网站（29%）；
- 搜索广告商的名字（26%）；
- 点击横幅广告进行回应（26%）；
- 拜访零售商店（4%）。

当然，这种方法显示的未必是实际行为，但仍然值得注意的是，被横幅广告吸引到搜索引擎的人数是直接点击横幅广告的人数的两倍！研究得出的结论是，付费搜索营销需要进行优化以配合横幅广告，公司应预测可能由横幅广告引发的搜索，并确保搜索结果有更高的排名。

亚伯拉罕（Abraham, 2008）也证明了在线广告可以刺激线下销售。对于一家营业额为 150 亿美元的零售商来说，三个月内，在参与了在线搜索营销和展示广告推广的人群中，在线销售额增长了 40%，线下销售额增长了 50%。由于其在实体店的基准销售额大于在互联网的基准销售额，这家零售商从线下获得的销售额增长超过了 40%。

1. 网络广告基础。当广告商付费在另一个网站投放广告内容时，网络广告就产生了。这个过程通常涉及在不同的服务器投放广告（广告可以以类似的方式在目标网站上投放）。

广告可以在一系列网站上投放或者在媒体所有者的网站和目标网站上嵌套广告内容，以便将流量引向组织的目标网站（destination site）或者微型网站（microsite）。

2. 在线广告的目的。罗宾逊等（Robinson et al., 2007）指出，在线展示广告有两个主要目的：第一，将展示广告作为一种营销传播形式，以提高品牌知名度；第二，将在线广告作为一种直接反应媒介，专注于形成反馈信息。卡特利尔等（Catellieri et al., 1997）确定了以下目标：

- 交付内容。这是一种典型的情况，当用户点击了一个横幅广告就会进入一个提供更详细信息的目标网站。

- 促成交易。如果点击链接指向一个商家，如旅游网站或在线书店，则可能直接带来销售。

- 塑造态度。与公司品牌一致的广告可以帮助公司提高品牌知名度。

- 请求回应。广告的目的可能是寻找新的潜在客户或作为双向沟通的开始。在这种情况下，交互式广告可以鼓励客户输入电子邮件地址或其他信息。

- 保留客户。广告可能是对客户的提醒，以免其遗忘公司及其服务，并可能通过抽奖等现场促销活动进行。

3. 在线广告定位选项。在线广告可以通过以下方式投放：

- 在具有特定的访客档案或内容的网站（或网站的子板块）上。因此，汽车制造商可以在 mumsnet.com 的主页上投放广告来吸引年轻妈妈；金融服务提供商可以在网站的货币部分投放广告，以瞄准那些感兴趣的人；要想接触到大量的大众市场受众，可以在 MSN 等大型门户网站的主页上投放广告，MSN 每天有数百万访客。

- 针对注册用户投放广告。商业软件提供商可以在英国《金融时报》上做广告，以定位注册用户中的财务总监和 IT 经理。

- 在一天或一周的特定时间投放广告。

- 在有相关网上行为的地方投放广告。行为广告定位是动态提供相关内容、信息或广告，根据对网站访客的特征的推断，匹配符合他们兴趣的广告。这些推断是通过匿名跟踪网站用户在一次访问或多个会话期间访问的不同类型的页面得出的。也可以通过访客所处环境的其他方面，例如他们的位置、浏览器和操作系统确定。

4. 在线广告形式。除了经典的 468×60 像素旋转 GIF 横幅广告（其受欢迎程度正在下降），媒体所有者现在提供了更多、更丰富、网络用户更容易注意到的格式选择。研究表明，基于 flash 的广告、富媒体广告、更大格式的矩形广告（多用途单元，MPUs）和摩天大楼广告的信息关联效果要强得多。在社交网络中可以使用特定的广告格式，例如 Facebook Engagement 广告、Twitter Promoted Tweets 和 YouTube Promoted 视频。

你看到的在线广告形式包括：插播式广告（interstitials）（在另一个页面出现前的中间广告）；更常见的覆盖视窗（overlays），出现在内容上方；当然，还有弹出窗口，因为它们的入侵属性，现在使用得不那么广泛了。在线广告商面临着与那些使用弹出窗口拦截器或不太常见的广告拦截软件的用户的持续斗争，但在线广告商将坚持在生成内容的地方使用富媒体广告，因为这能获得很多响应。

罗宾逊等（2007）对影响横幅广告点击率的因素进行了研究。他们（以及他们参考的以前的研究）设定的主要变量有：

- 横幅大小；

- 消息长度；

- 促销激励；

- 动画；

- 行动短语（通常指对行动的号召）；

- 公司品牌/商标。

5. 媒体策划——决定线上/线下广告组合。这个决定通常是由媒体策划者做出的。线上和线下支出的组合反映了消费者的媒体消费和每种媒体的成本-响应效果。但是，公司可能会根据所使用的代理机构谨慎行事，将广告支出投入自己熟悉的、从佣金角度来看最有回报的领域——线下媒体。许多跨媒体优化研究（XMOS）表明，低介入产品的最佳在线支出惊人地高，占总支出的 10%～15%。虽然这不是一个很大的数额，但与许多组织之前低于 1% 的支出相比，这是一个很高的比例。

XMOS 的研究旨在帮助营销人员和他们的代理机构回答一个（相当复杂的）问题："对于一个特定的营销活动，从频率、覆盖范围和预算分配方面来说，在不同媒体上投放广告的最佳组合是什么?"

线上和线下支出的组合是多种多样的，目的是最大化品牌知名度和购买意图等活动指标。例如，多芬发现，将在线广告支出增加到 15% 将导致品牌整体收入增加 8%。在线广告所占的比例很小，但请记住，许多公司的在线广告预算不到 1%，这意味着线下广告的投入太多，却可能无法接触到很多消费者。

在媒体组合中使用并增加在线广告的原因与使用任何媒体组合的原因类似，如西索斯和巴伦（Sissors and Baron, 2002）所描述的：

- 扩大覆盖范围（增加未被单一媒体或其他媒体曝光的潜在客户）；
- 均衡出现频率（如果受众观看电视广告的次数太多，就会出现收益递减规律，最好将预算重新分配到其他媒体上）；
- 接触不同类型的受众；
- 根据每种媒介的不同特性，强调不同的好处，提供独特的优势；
- 执行不同的创意；
- 如果其他媒体更具成本效益，可强化总体效果；
- 通过使用不同的创造性刺激来强化信息。

所有这些因素，尤其是前三个因素，解释了为什么 XMOS 表明在网络媒体上投入较多是值得的。

最近，程序化广告有了很大的增长，占美国展示广告支出的近 80%。程序化广告被定义为：

　　在媒体交易中使用自动化技术，程序化广告可以应用于从显示器到移动设备和电视的任何终端。

基本上，品牌或代理机构可以使用需求端平台（DSP）来决定购买哪种广告以及支付多少费用，而出版商可以使用供应端平台（SSP）向品牌出售广告空间。然后，这两个平台将进行实时匹配。程序化广告的主要好处是效率——在自动化这一过程之前，在线广告由广告买家和销售人员进行买卖，人工方式既昂贵又不可靠。此外，数据公司拥有的数据越多，广告就越个性化，让品牌可以"在正确的时间用正确的信息瞄准正确的人"。

然而，程序化广告的透明度仍然存在问题。品牌声誉管理一直是广告的一部分。即使在传统媒体中，也存在广告出现在可能与品牌定位不一致或与周围场景不匹配的地方（例如，航空公司的广告出现在关于飞机失事的报道旁边）。程序化广告的另一个主要问题是广告欺诈问题。

（许可式）电子邮件营销

在制订电子邮件营销计划时，营销人员需要考虑：

- 出站式电子邮件营销（outbound email marketing），电子邮件活动被用作直接营销的一种形式，以鼓励客户尝试和购买，并作为 CRM 对话的一部分。
- 入站式电子邮件营销（inbound email marketing），管理来自客户的电子邮件，如支持查询。如今，这些经常与聊天和共同浏览会话一起管理。

尽管垃圾邮件的数量在增加，以至于绝大多数电子邮件都是垃圾邮件或病毒（估计超过80%），但电子邮件仍然可以带来良好的响应水平。对于公司的客户来说尤其如此，所以通过电子通信或定期的电子邮件来与客户进行沟通是当今公司重要的沟通技术。

评估电子邮件营销的主要措施有：

- 投递率（用非退回率表示）——如果电子邮件地址不再有效或垃圾邮件过滤器阻止电子邮件，邮件将会被退回。因此，网络营销人员会检查它们的可递送性，以确保他们的邮件不会被垃圾邮件过滤软件识别为"垃圾邮件"。基于网络的电子邮件供应商，如 Hotmail 和雅虎的电子邮件已经引入了发件人 ID 和域密钥标准认证技术，这些技术可以确保电子邮件地址正确，不会像许多垃圾邮件那样使用假地址。
- 打开率——通过下载的图像测量 HTML 消息。这是一个表明有多少客户打开电子邮件的指标，但是由于有些客户在他们的电子邮件预览窗格加载信息并最终将其删除，所以这个指标不太精确。还有一些阅读器，比如 Outlook Express 会在某些情况下阻止默认图像下载（这会在一段时间内导致邮件的打开率下降）。
- 点击率——客户点击所收到邮件中链接的比例。你可以看到，回应率相当高，在 10% 左右。

迷你案例 8-4 显示了使用个性化电子邮件定向建立数据库的重要性，通过获取新的订阅者，可以将访客转变为品牌倡导者和长期忠实用户。

迷你案例 8-4

Malibu 针对 Malibutique 活动的 CRM 策略

饮料品牌 Malibu 希望围绕其体验式活动 Malibutique 建立一个大型的、活跃的 eCRM 数据库，其中包括客户偏好。这样做的目的是把精品店的客户变成品牌的拥护者和长期忠实客户。通过基于实时数据的个性化电子邮件定位，Malibu 在 5 个月的时间里增加了 3.1 万名新用户。它的电子邮件打开率直线上升，实施个性化活动后电子邮件拥有 68% 的打开率，远远超过行业平均水平。

目标和目的

Malibu 需要一个数字战略，通过电子邮件和社交渠道支持和宣传为期 4 天的精品店活动 Malibutique。该公司希望建立一个包含客户偏好的大型的、活跃的客户关系关联数据库，把精品店的客户变成品牌的拥护者和长期忠实客户。

活动成功的五个核心目标包括：

1. 将 Malibu 的电子邮件数据库订阅者从 9 000 人增加到 20 000 人。
2. 创建一个自有数据库，防止品牌未来受到禁止在线广告（ATL）立法的影响。
3. 建立 Malibu 产品的专属受众群，收集受众见解以帮助制定整体媒体战略。
4. 在四个地点加强活动的宣传，并丰富内容，以确保活动结束后继续发展合作伙伴关系。
5. 确保每个客户从开始到结束都有一个个性化的旅程，确保尽可能高的参与度。

实施、执行和战术

Malibu 开发了一个定制的 eCRM 系统,在 SmartFocus 的电子邮件 HTML 模板中包括 API 和个性化电子邮件编码。在活动开始前,Malibu 利用现有数据发送邀请,并提高 Malibutique 的知名度,它将 Malibutique 应用程序作为入场门票,把它变成了一个筛选系统。应用程序还可以充当条形码扫描器,为每个受众提供免费赠品。通过记录每个受众的电子邮件地址,Malibu 能够将参与者分配到一个独特的数据库,并记录他们的偏好。受众被鼓励通过应用程序记录旅程的每个阶段,这些信息被直接实时地输入 Malibu 的电子邮件数据库,并附加到地址中。通过测试和优化主题栏与交付时间,Malibu 提高了整个活动的开放率。

结果

● 由于 Malibutique 和 eCRM 活动,Malibu 电子邮件数据库的参与度提高了 416%,高于该行业的平均水平。

● Malibu 的数据库从最初的 9 000 名用户增长到近 4 万名用户(5 个月的时间)。

● 持续的每月电子邮件现在保持了至少 30% 的打开率(高于基准 8.5%)和至少 35% 的点击率(高于基准 21%),退订率平均为 0.2%(比行业基准低 2.1%)。

● 活动后的个性化电子邮件有 68% 的打开率(比行业基准高 46.5%)。

● 活动合作伙伴报告称,活动后电子邮件的客户退订率在 5%~10%。

● 促销鸡尾酒的电子邮件整体打开率为 71%,转化水平较高。

资料来源:Econsultancy Case Study https://econsultancy.com/case-studies/malibu-s-targeted-ecrm-strategy-for-its-malibutique-event-generates-31-000-new-email-subscribers.

获取客户的电子邮件营销活动

为了获得网站的新访客和客户,电子邮件营销有三个主要的选择。从接收者的角度来看,包括:

1. 冷邮件活动。在这种情况下,收件人会收到一封来自某个组织的邀请加入的电子邮件,该组织从客户或电子邮件列表提供商那里租用了一个电子邮件列表。虽然收件人可能同意接收电子邮件,但他们对电子邮件的实际反应比较冷淡。

2. 联合品牌电子邮件。在这种情况下,收件人会收到一封电子邮件,其中包括一家他们相当熟悉的公司提供的优惠。例如,信用卡公司可以与沃达丰(Vodafone)等移动服务提供商合作,向客户(已选择接收第三方电子邮件的客户)发送优惠信息。虽然这可能被认为是一种冷漠的邮件形式,但它相对有温度,因为它与其中一个品牌有更强的关系,主题栏和创意均涉及两个品牌。

3. 第三方电子通信。公司在第三方电子通信中宣传自己,可以是广告、赞助等形式。由于电子通信的接收者倾向于通过浏览标题或在有时间的情况下阅读它,电子通信的投放相对划算。

下一节将讨论的病毒式营销也使用电子邮件作为信息传递方式。电子邮件是最广泛使用的潜在客户转化和客户保留的工具。例如,Lastminute.com 在欧洲建立了一个超过 1 000 万的潜在客户和主要客户名单(house list)。成功的电子邮件营销人员采用战略性的方法来发送电子邮件,并制定联系或接触策略,计划电子邮件沟通的频率和内容(如第 4 章和第 6 章所述）。客户名单的建立是为了留住客户，用电子邮件与现有客户沟通。

社交媒体营销

社交媒体营销（social media marketing）在本章前面的内容中有所介绍。通常可以协助病毒式营销，利用互联网的网络效应，迅速有效地触达大量的人。它实际上是一种有效的网络口碑传播形式。史密斯和查菲（2005）认为，理想情况下病毒式营销是一个聪明的点子、一款游戏、一个令人震惊的想法。它可以是视频、电视广告、卡通、有趣的图片、诗歌、歌曲或新闻。它太神奇了，让人想把它传递下去。这对商业公司来说是一个挑战，因为要想成功，就需要挑战传统，而这可能无法和品牌很好地适配。

通常有三种类型的病毒式营销方式，口碑传播是其中一种类型。

DMC（www.dmc.co.uk）的贾斯汀·柯比（Justin Kirby）认为，要使病毒式营销有效，需要做三件事（Kirby, 2003）：

- 准备创意材料——"病毒体"。包括创造性的信息或提议以及传播形式（文本、图像、视频）。
- 播种。确定网站、博客或发送电子邮件的人，以此开展病毒式营销。
- 跟踪。监测效果和评估播种成本得到的回报。

随着高速宽带在许多国家的广泛采用，丰富的媒体体验越来越多地被用来吸引客户，希望它们能产生病毒式传播效应，也就是说，它们会在线上或线下被讨论，更多的人会了解到品牌活动或与之进行互动。

离线营销通信

线下交流永远不会消失——正如迷你案例 8-5 所示，线下交流可以有效地接触受众，鼓励他们访问网站，可以作为一种产生影响或解释复杂活动的方式。

表 8-2 概述了本章所讨论的不同传播渠道在促进品牌线上业务方面的优势和劣势。

表 8-2　不同传播渠道在促进品牌线上业务方面的优势和劣势

项目	优势	劣势
1a. 搜索引擎优化（SEO）	目标性强，PPC 成本相对较低；如果有效，流量大；搜索者认为是可信的	竞争激烈，可能需要牺牲网站的外观；排名算法变化复杂
1b. 每次点击付费（PPC）营销	高度的针对性和可控的获取成本；通过内容网络扩大影响	在竞争激烈的行业中，成本相对较高，与搜索引擎优化相比流量较少
1c. 可信任接口	随时更新，反映产品系列和价格的变化	成本相对较高，主要适用于电子零售商
2. 数字公关	相对较低的成本和良好的目标定位；可以通过创建反向链接来协助搜索引擎优化	识别在线影响者和建立伙伴关系可能很耗费时间；需要监测第三方网站的评论
3a. 联盟营销	按结果付款（例如，销售的 10% 或潜在客户归推荐网站所有）	向联盟网络支付建立和管理的费用；排名算法的变化可能会影响来自联盟的流量
3b. 线上赞助	最有效的是低成本、具有协同效应的长期联合品牌安排	可能会提高知名度，但不一定能直接促成销售
4. 交互式广告	主要意图是获取访问，即直接反应。但同时也通过媒体的乘数效应为品牌建设发挥作用	由于横幅的盲目性（banner blindness），回应率有所下降

续表

项目	优势	劣势
5. 电子邮件营销	推送媒介——在客户的收件箱中不会被忽视，可用于网站链接的直接回应； 也可作为回应机制与直接邮件整合	需要客户同意接受邮件才能有效保留客户，相对于获取客户，电子邮件营销对于保留客户更有效； 收件箱中信息混乱，易被其他邮件稀释； 送达率有限
6. 社交媒体及病毒式营销	病毒式代理可以有效地以相对较低的成本接触到大量的客户； 社交网络中的影响者意义重大	难以创造强大的病毒性概念和控制目标定位； 有损害品牌的风险
传统的线下广告（电视、印刷品等）	比大多数线上技术的影响范围更广； 可能有更大的创造力、更大的影响	锁定目标没有线上方式那么容易； 通常情况下，获取成本较高

迷你案例 8－5

哈珀·柯林斯如何整合线上和线下活动以获得更大的影响

《字母袖扣谋杀案》是 39 年来出版的第一部协议小说，哈珀·柯林斯出版公司（Harper Collins）与一家综合通信机构合作开展活动，以确保这部小说的出版获得必要的关注。该活动通过数字化和沉浸式剧场的结合，将书中虚构的酒店变成了现实，包括开发酒店品牌，创建专门的网站，使用社交媒体渠道、数字合作伙伴和电子通信。

小说中的 Bloxham 酒店被重新设计，并在小说出版前一晚开业。Secret Escapes 和 Trivago 等品牌合作伙伴在它们的网站上推广了这家虚构的酒店，社交媒体上其他一些有影响力的意见领袖也做了推广。

结果

● 标签♯Monogram Murders 的点击人数超过了 569 000 人。

● 在宣布这一消息的当月，品牌的推文点击数超过 49 900 次。

● Bloxham 酒店的脸书页面在小说出版前的用户参与度达到了 13.82 万的峰值。

● 通过 Bloxham 酒店的网站收集了 1 086 名订阅者的电子通信方式。

资料来源：https://econsultancy.com/six-case-studies-proving-the-effectiveness-of-multichannel-marketing/.

8.8　客户维系管理

对于一个电子商务网站来说，客户维系有两个不同的目标：

1. 保留组织的客户（回头客）；

2. 保持客户使用在线渠道（重复访问）。

这与前面章节中描述的客户获取的两个目标相似。理想情况下，营销沟通应该同时实现这两个目标。维护在线客户关系是很困难的。劳里维·温德姆（Lauriw Windham, 2001）说：

> 这就是维系在线客户的可怕之处。我们赋予客户的权力很大，使得客户越来越没有耐心，他们的注意力持续时间短、选择多、转换障碍小。

为了保持建立在获取、保留和扩展基础上的长期在线客户关系，我们需要分析在线客户满意度的驱动因素，因为满意度驱动忠诚度，忠诚度带来盈利能力。图 8－17 展示了这一关系。市场营销人员的目标是刺激客户沿着曲线向喜爱区移动。然而，值得注意的是，大多数人并不在这一区域，为了实现保留率，营销人员必须理解为什么客户会流失或对品牌无感。

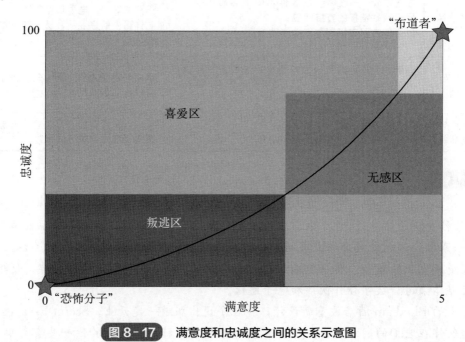

图 8-17　满意度和忠诚度之间的关系示意图

资料来源：Adapted and reprinted by permission of *Harvard Business Review*，from graph onp. 167 from 'Putting the service-profit chain to work,' by Heskett, J., Jones, T., Loveman, G., Sasser, W. and Schlesinger, E, in Harvard Business Review. March-April 1934. Copyright ⓒ 1994 by the Harvard Business School Publishing Corporation，all rights reserved.

从图 8-17 可以看出，我们需要了解影响忠诚度的不同因素。瑞奇赫德和谢弗特（Reich-held and Schefter，2000）强调了可以采取的方法类型。他们的报告说，戴尔公司创建了一个客户体验委员会，该委员会研究了关键的忠诚度驱动因素，确定了研究这些因素的措施，并制定了提高忠诚度的行动计划（见表 8-3）。

表 8-3　忠诚度驱动因素与衡量指标

忠诚度驱动因素	指标
1. 订单完成情况	运送至目的地；准确地按照客户指定的时间送达的百分比
2. 产品性能	初始现场事故率——客户遇到问题的频率
3. 售后服务与支持	准时、首次修复——在承诺时间内到达的服务代表在第一次访问中解决问题的百分比

资料来源：Adapted and reprinted by permission of *Harvard Business Review* from information on pp. 105-13 from 'Your secret weapon on the web', by Reichheld, F. and Schefter, P., in *Harvard Business Review*，July-August 2000. Copyright ⓒ 2000 by the Harvard Business School Publishing Corporation，all rights reserved.

现在让我们考虑一下帮助公司留住客户的关键数字营销工具。重复访问可以通过各种方式产生，例如，头脑风暴会议。通常，这可能只是定期更新市场和产品或技术信息的权宜之计，从而帮助客户完成日常工作。这些信息可以通过外联网（如 Dell Premier）或个性化服务（如 RS Components 描述的服务）提供。帮助人们执行工作的信息是垂直门户（如定位于特定行业的网站）的主张。在线社区在消费者和商业市场中都很受欢迎，因为用户可以讨论热门话题或询问问题的答案。例如，英国网络营销集团（UK Net Marketing Group）在 www. chinwag. com 上讨论了移动商务等新技术的好处，并推荐了互联网服务供应商。许多这样的社区之所以能够运行，是因为它们独立于供应商，所以很难在公司网站上引入这类社区。另外，传统的促销技巧也能很好地在互联网上应用。

8.8.1 个性化和大规模定制

个性化的潜在力量可以通过埃文斯等（Evans et al.，2000）中的例子来说明，他们指出了缺少目标的传统直接邮件的缺点：

不喜欢不请自来的邮件……我没有要求，也不感兴趣。（女性，25～34 岁）

大多数都是不需要的，也不相关，只是在表格中添乱。你必须把邮件分类，才能收到真正有用的邮件。（男性，45～54 岁）

收到你不感兴趣的东西是很烦人的。当他们打电话给你的时候就更烦人了……如果你想要什么，你可以自己去发现它。（女性，45～54 岁）

个性化（personalisation）和大规模定制可以用来定制信息，电子邮件可以用来传递信息以增加价值，同时提醒客户有关产品的信息。从严格意义上讲，个性化指的是在个人层面上对网站客户所需要的信息进行定制。大规模定制（mass customisation）包括为具有相似兴趣的群体提供量身定制的内容。这种方法有时也被称为"协同过滤"（collaborative filtering）。

所有这些个性化技术都利用了网络内容的动态可能性。客户的偏好存储在数据库中，内容取自数据库。

个性化可以基于以下几个动态变量来实现：

- 客户的偏好；
- 日期或时间；
- 特定的事件；
- 位置。

个性化也可以用来提供创新服务。在线图书制作服务提供商"人人之书"（The Book of Everyone）（www. thebookofeveryone. com）允许客户定制一本 50 页的书，书中包含了他们出生那天世界上发生的大事。

更典型的个性化服务是谷歌和 MSN 等门户网站提供的。用户能够设置自己的主页，在上面显示他们最感兴趣的信息：可能是所在地区的天气、足球比赛结果和他们购买的股票的价格。

个性化的消极方面主要有两个。首先是成本，原因在下一节中解释。其次，个性化可能成为用户使用网站的障碍，例如，一些个性化的网站要求用户登录才能浏览，如果用户忘记了密码，那么个性化将不能实现。同样，应用密码可能会使得新访客反感，从而不再使用。有效的个性化可以让新访客在不输入密码的情况下浏览大量内容，比如，使用 Cookie，避免用户主动登录的麻烦。

实现个性化

一般而言，个性化服务分为四类：

1. 通过网络分析实现个性化整合。通过数据分析实现的自动个性化使公司可以根据过去、现在和不断变化的兴趣，向网站访客提供个性化的内容。例如：

- Adobe Target（www. adobe. com/uk/marketing-cloud/target/automated-personalization. html）——最成熟的个性化引擎之一，作为 Test and Target 功能被集成到 Omniture 分析套件中。

- IBM 产品推荐（www. ibm. com/software/products/en/personalized-product-recommendation）——Coremetrics 智能报价系统被零售商广泛使用，但被 IBM 收购以来，它已作为单独的产品提供。

- Google Optimize 360（www. google. com/analytics/optimize）——带有个性化功能的 Optimize 作为 A/B 测试免费提供给 Google Analytics 的所有用户，完整版的个性化选项目前只对企业用户开放。

2. 为电子商务提供个性化软件即服务（SaaS）。这类服务是专门针对电子商务营销的，即利用汇总的行为数据和个人推荐自动植入产品。例如：

- Apptus（www. apptus. com）；
- Barilliance（www. barilliance. com/website-personalization）；
- Bunting（http://bunting. com）；
- Dynamic Yield（www. dynamicyield. com）；
- Emarsys（www. emarsys. com/en-uk/products/true-personalization）；
- Monetate Intelligent Personalisation Engine（www. monetate. com/products/1-to-1-personalization）；
- Omniconvert（www. omniconvert. com）；
- Personyze（www. personyze. com）；
- Optimizely persona lisation（www. optimizely. com/products/personalization）；
- Pure360（www. pure360. com/ecommerce-solution）；
- Pureclarity（www. pureclarity. com）；
- Rich Relevance（www. richrelevance. com）；
- Qubit（www. qubit. com）；
- Yusp（www. yusp. com）。

3. 作为 CMS 或商业管理系统一部分的个性化功能。一些内容管理系统（CMS）有内置的工具，可以根据各种规则对内容进行个性化设置，这些规则包括地理位置、搜索词、推荐人，以及用户行为和个人资料。例如 Episerver（wwwepiserver. com）、Sitecore（www. sitecore. net）和 Kentico（www. kentico. com）。开源电子商务解决方案服务商 Magento 还提供个性化扩展，如"产品个性化"和"商务堆栈"。

4. B2B 营销自动化和发布者网站个性化工具。在一个网站的不同位置，有很多个性化的内容营销服务选择。B2B 个性化或非零售消费者个性化的替代方案有：

- Evergage（www. evergage. com）——推荐最适合这个类别的工具；
- BrightInfo（www. brightinfo. com）——个性价比高的选择；
- Idio（www. idioplatform. com/solutions-overview）——提供企业解决方案；
- Ion Interactive（www. ioninteractive. com/interactive-content-capabilities）——提供企

业解决方案；

- Sitespect（www. sitespect. com/personalization-targeting）——一个中介平台。

外联网

第 3 章介绍了外联网。由于需要用户登录，因此它们通过优质内容显示差异化服务。使用外联网的例子包括使用网页举办在线活动，如研讨会、贸易展览和用户小组会议，通过网络直播邀请嘉宾的虚拟研讨会以及通过网络将参展商、研讨会嘉宾和代表联系起来举办虚拟贸易展览。戴尔公司有一个特别的品牌 Dell Premier，可用于为主要客户提供增值服务。其他传统的客户保留方法，如忠诚度计划和促销活动，也适用于数字环境。

外联网的使用也存在进入障碍，特别是当用户丢失密码时。为了弱化这种障碍，RS 组件会发送邮件提醒用户保存密码。一家荷兰保险公司结合线上和线下技术，利用外联网提供大规模定制服务。现有客户被分成六类，通过直接邮件联系。每类客户有自己的密码。当他们访问外联网时，网站会显示不同版本的内容，提供针对细分市场的产品建议和优惠。外联网提供了良好的可追溯性营销结果和访客标签。在这种情况下，还可以针对不同的细分市场监测电子邮件回复率和销售转化率。

迷你案例 8 - 6 展示了个性化的实施是如何产生更多相关的消息和提高回复率的。

迷你案例 8 - 6

汇丰银行利用个性化提供量身定制的建议

当汇丰银行（HBIB）改进其网站时，它希望使用个性化为不同的客户群体提供特定的优惠和服务，鼓励客户进入更有价值的细分市场。这能够使得一些销售机会不再被错过。《新媒体时代》（2007）报道说，这是一个挑战，因为"每周访问 offshore. hsbc. com 的用户 60％都登录网上银行接受服务，汇丰银行希望当他们在网上银行办理业务时有效地向他们推销，且不使其厌烦"。

汇丰银行成功地实现了目标，结果显示了个性化、有针对性的横幅广告的好处。据《新媒体时代》（2007）报道，个性化横幅比非个性化横幅的点击率平均高了 87.5％，通过网上银行开设的储蓄账户增加了 30％（以改进网站前 6 个月和后 6 个月为基准），升级到 Premier 账户（需要余额有 6 万英镑或更多）的客户数量增加了 86％（基于目标广告投放前后四周的数据计算）。

许可式电子邮件

无论是定期的电子邮件（如时事通信），还是不定期的电子邮件（如产品的详细信息），许可式电子邮件都是提高客户保留率的关键。请记住，电子邮件具有传统推式营销的功能。它可以将有针对性的消息推送到客户那里，通知和提醒他们查看，即使只是删除该消息，也无法忽略它。

尽管电子邮件具有潜在的市场潜力，但由于垃圾邮件（spam）和隐私问题（如第 3 章所述），使用电子邮件进行营销具有负面效果，因此电子邮件营销必须基于许可进行。

一旦收集到电子邮件地址，管理者必须计划发送电子邮件的频率，包括：

- 定期邮件。例如，每天一次，每周一次，每月一次，最好让客户选择频率。
- 与事件相关的邮件。这些信息通常不太固定，可能每 3~6 个月有新产品发布或有特别优惠的消息时就发送一次。

- 系列电子邮件。可以购买发送一系列电子邮件的软件。例如，客户订阅在线杂志试用版后，公司将在第3天、第10天、第25天和第28天发送电子邮件，鼓励客户在试用期结束前订阅。

8.8.2　管理客户价值和活动的方法

一个组织的在线客户对在线服务的使用程度不同。一个很好的例子是银行，一些客户可能每周使用一次在线账户，一些客户不那么频繁地使用，还有一些客户则根本不使用。图8-18显示了网站用户的活跃度细分。

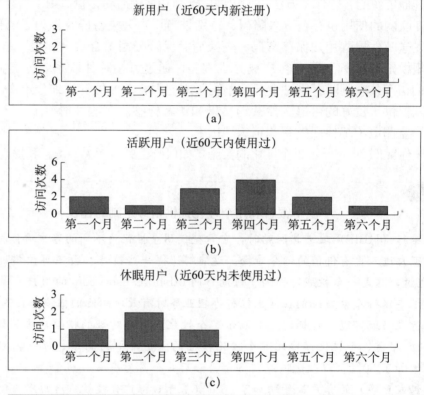

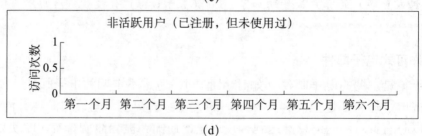

图8-18　网站用户的活跃度细分

为了促进有助于降低成本的"数字自助服务"的应用，公司应制定策略来提高活动应用水平。相应的策略可以设定为：

- 通过推广在线服务，增加每月和每年的新用户数量，进而增加网站访客。
- 增加活跃用户的百分比（可以使用适当的阈值，将其设置为7天、30天或90天）。可以使用直接通信方式，如电子邮件、个性化网站消息、直接邮件和电话通信，向新的、不活跃的用户传达信息，增加活跃用户的百分比。

● 减少休眠用户的百分比，休眠用户就是曾经是新用户或活跃用户（可以是子类别中的），但在一段时间内未使用的用户。

● 减少非活跃用户（或非激活用户）的百分比。这些人注册了一项服务，如网上银行，并获得了用户名，但他们没有使用该服务。

可以看到，应该为每种情况制定相应的策略。

另一个关键指标，实际上是电子商务网站的关键留存指标，也就是回头客。阿格拉瓦尔等（Agrawal et al.，2001）强调了留存指标的重要性。他们提到的对盈利能力有影响的主要留存指标如下：

● 回头客转化率——有多少首次购买的客户第二次购买了产品？

● 回头客基础——重复购买的客户群的比例。

● 每个回头客的交易数量——这表明了客户关系构建的阶段（另一个相似的指标是购买产品的种类和数量）。

● 每笔回头客交易的金额——这是一个代表终身价值的指标，因为它给出了订单平均价值。

8.8.3 终身价值模型

终身价值（lifetime value，LTV）是客户关系管理理论和实践的关键。虽然这个术语经常被使用，但 LTV 的计算并不简单，所以许多公司并不计算。终身价值被定义为：一个客户或一组客户在他们与公司交易的全部关系期内，向公司提供的总净收益。模型基于对每个客户在一定时期内相关的收入和成本的估计，利用整个时期的贴现率计算当前货币条件下的净现值。

计算 LTV 有不同的方法，如图 8-19 所示。象限 1 是计算 LTV 的实用方法或近似方法，但真正的 LTV 是客户在个人层面上的未来价值。细分市场层面的终身价值（象限 4）在营销中至关重要，因为它回答了以下问题：

在获得新客户方面，我能投资多少？

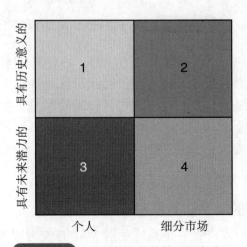

图 8-19 计算终身价值的不同方法

终身价值分析使营销人员能够：
- 计划和衡量客户获取计划的投资；
- 识别和比较关键的目标细分市场；
- 衡量其他客户保留策略的有效性；
- 确定公司客户群的真正价值；
- 对产品和报价做出决策；
- 决定引进新的 eCRM 技术的价值。

图 8-20 给出了如何利用 LTV 为不同客户群制定 CRM 战略的示例。根据客户当前价值和未来潜在价值划分，主要有青铜、白银、黄金和铂金四种类型的客户。不同的客户群（圆圈）根据其当前价值（由当前盈利能力表示）和未来价值（由终身价值表示）确定。

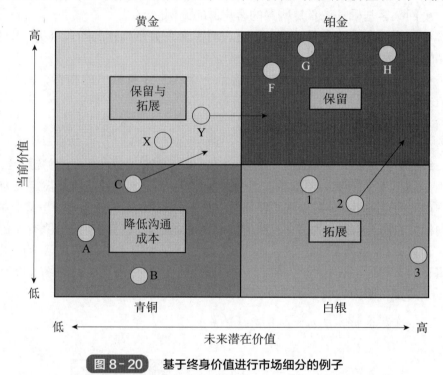

图 8-20　基于终身价值进行市场细分的例子

针对不同的客户群可以制定不同的战略。一些青铜客户，如 A 客户群和 B 客户群，实际上不具备发展潜力，通常无利可图，因此目标是降低沟通成本。一些青铜客户，如 C 客户群可能具有增长潜力，因此对于这些客户的战略是扩大其购买。对于白银客户以客户扩展为目标，尽管黄金客户增长潜力相对较小，但应尽可能进行扩展。铂金客户是最好的客户，了解这些客户的沟通偏好非常重要，不要过度沟通，除非有证据表明他们有流失的风险。

8.9　聚焦：卓越的电子服务质量

在虚拟世界中，客户服务是造成品牌差异的关键因素。特沃恩和加伯特（Tevons and Gabbot, 2000）解释说：品牌的第一手体验是比品牌感知更有力的信任表征。

跨行业的研究表明，服务质量是忠诚度的关键决定因素。费恩伯格等（Feinberg et al.,

2000）的报告中说，考虑客户离开公司的原因，超过 68％的人因服务体验差而离开，价格（10％）和产品问题（17％）等其他问题则不太重要。

提高网络服务质量

在电子商务中提供服务的质量可以通过现有的确定服务质量水平的框架来评估。最常用的是"服务质量差距"的概念，这一概念存在于客户的预期服务水平（来自以往经验和口碑传播）和他们对实际服务质量水平的感知。

帕拉苏拉曼等（Parasuraman et al.，1985）认为，影响客户预期服务水平和实际服务水平的因素有：

- 有形设施——设施的物理外观和视觉吸引力；
- 可靠性——持续且准确地提供服务的能力；
- 响应性——帮助客户并及时提供服务的能力；
- 保障性——员工的知识和礼貌以及他们表达信任和信心的能力；
- 情感投入——提供关怀、个性化的关注。

注意，关于 SERVQUAL 框架（Parasuraman et al.，1985）在确定服务质量方面的有效性存在着很大争议。尽管如此，将这些服务质量维度应用于网络服务质量评估仍然具有指导意义。现在我们分析 SERVQUAL 框架的每个维度。

有形设施

基于网站结构和平面设计，可以认为有形设施维度受易用性和视觉吸引力的影响。Forrester Research 1999 年对 8 600 名美国消费者进行的一项研究表明，用户返回网站的主要原因是高质量的内容（75％）、易用性（66％）、下载速度（58％）和更新频率（54％）。这些是网站质量最重要的方面。

可靠性

可靠性维度取决于网站的可用性，或者说，取决于用户连接到网站的容易程度。

电子邮件回复的可靠性也是一个关键问题。查菲和埃德加（Chaffey and Edgar，2000）对英国不同行业的 361 个网站进行了调查。在这些样本中，331 个网站（92％）在调查时是可以访问的，其中 299 个网站提供了电子邮件联系方式。他们向 299 个网站都发送了电子邮件，但其中 9 个网站无法收到邮件。

响应性

同一项调查显示，这些网站的总体响应性较低：在 290 封成功发送的电子邮件中，62％的回复发生在 28 天内。超过 1/3 的公司没有任何回应！

在做出回应的公司中，回应时间（不包括立即发送的自动回复）存在差异——从 8 分钟到超过 19 个工作日！总体平均值为 2 个工作日 5 小时 11 分钟，各行业的中位数为 1 个工作日34 分钟。这一中位数结果表明，在一个工作日内的响应代表了最佳做法，这一数值会成为消费者期望的基础。

响应性还通过网站的性能显示出来，即页面请求发送到用户浏览器所需的时间。由于 ISP托管的服务器的信息交付和服务质量存在很大差异，公司应谨慎监控这一点，并在服务水平协议（SLA）中指定供应商的质量水平。Zona Research（1999）进行的一项分析表明，由于客户不愿等待信息下载，对客户请求的延时回应可能导致了 43.5 亿美元的损失。报告指出，许多客户可能不愿意等待超过 8 秒。

有效履行也是响应能力的重要组成部分（如第 7 章所述）。

保障性

在电子邮件环境中，保障性被认为最能反映响应的质量。在查菲和埃德加（2000）的报告中，在收到的 180 份回复中，91% 的回复是个性化的回复，9% 的回复是没有针对问题做出的自动回复；40% 的回答涉及所有三个问题，10% 回答两个问题，22% 回答一个问题。总的来说，38% 的回复没有回答提出的任何具体问题！

电子商务网站的另一个保障性问题涉及客户的隐私和安全。遵守 TrustArc（www. trustarc. com）规则的公司要比其他公司更有保障。为了使电子商务网站更有保障，建议采取以下措施：

1. 提供清晰有效的隐私声明；
2. 遵守所有当地市场的隐私保护法律和消费者保护指南；
3. 将客户数据的安全作为优先事项；
4. 使用独立的认证机构；
5. 在所有沟通中强调服务质量的卓越性。

情感投入

虽然人们认为情感投入需要人际接触，但在某些情况下，它仍然可以通过电子邮件实现。查菲和埃德加（2000）的报告说，在收到的回复中，91% 的回复是个性化的，29% 的回复是在他们的组织内传递的。在 53 个问题中，有 23 个问题在 28 天内得到了进一步的答复，有 30 个问题没有得到进一步的答复。

提供个性化服务也表明了网站的同理心，但需要更多的研究来了解客户对动态创建的网页价值的看法，以满足客户的信息需求。

提高电子商务提供服务质量的另一种方法是考虑在购买决策的不同阶段，网站如何提供客户服务。因此，优质服务不仅取决于购买本身的便利程度，还取决于客户选择产品的容易程度和售后服务。爱普生的网站（www. epsonco. uk）说明了如何在客户购买的各个阶段提供帮助：交互式工具可帮助客户选择特定打印机、诊断和解决故障、下载技术手册，还可以就这些服务满足客户需求的程度征求反馈意见。

君和蔡（Jun and Cai, 2001）在一项详细研究中将这些 SERVQUAL 框架的维度应用于网上银行。这支持了原始 SERVQUAL 框架的维度在在线设置中的重要性。例如，它强调了及时、准确响应客户查询的重要性。报告还揭示了在线服务的一个特殊特征，即客户希望看到网站服务的持续改进，不然，客户们的满意度将会降低。

总之，对于希望在电子商务环境中应用 SERVQUAL 框架的管理者，可以分三个阶段管理网站。

1. 理解期望。SERVQUAL 框架可以与其他网站的市场研究和基准测试一起使用，以了解客户需求，如响应性和情感投入。管理者也可以使用情景设计来识别客户对网站服务的期望。

2. 设定并宣传服务承诺。一旦了解了客户期望，就可以使用营销沟通使客户了解网站的服务水平，可以通过客户服务保证或承诺来实现。千万不要许下过高的承诺。一家图书零售商如果在承诺三天交货的情况下在两天内交付图书，这将比承诺当天交货但在两天内交货更能赢得客户的忠诚！明智的公司还可以解释，如果它不履行承诺会怎么样，比如客户会得到补偿。同时必须在公司内部宣传服务承诺并对员工进行培训以保证服务质量。

3. 履行服务承诺。最后，承诺必须通过在线服务、员工支持和实际履行来实现。否则，在线信誉将被破坏，客户可能永远不会回来。

迷你案例 8-7 显示了一家公司如何提高在线服务质量。

迷你案例 8-7

Barclays 的网络自助服务

2005 年，Barclays 部署了网络自助服务"提问"模块，在线回答客户问题，通过"提问"Barclays 每月减少了 10 万个求助电话。Barclays 允许客户就任何主题提问并获得有意义的准确的回答，从信用卡优惠到公司信用评分信息。

在最初的 12 个月里，35 万客户使用了"提问"功能，并解决了 50 多万个问题。只有 8% 的客户转接到呼叫中心，这一举措显著提高了客户满意度，从而提高了呼叫中心的服务效率和质量。2007 年，超过 200 万的客户通过"提问"找到了问题的答案。

"提问"能够了解客户的关注点以及感兴趣的产品，在公司的关键决策过程中提供了宝贵的信息。例如，它发现个人银行客户对外币支付的需求高于 Barclays 此前所认为的水平。该信息被用于了解银行客户的趋势和要求，并创建客户驱动的网站内容。

很明显，通过网络自助服务提问的网站访客不仅仅是随意浏览者，还有有真正购买需求的客户。根据客户的要求，向他们提供正确的信息和产品，有可能提高销售转化率。"提问"还增加了整合广告服务的功能，该功能针对客户通过银行网站提出的问题提供广告和促销服务。这些广告会根据其与客户问题或 Barclays 想要推广的产品和服务的相关性自动调整。例如，当客户询问有关外币账户的问题时，"提问"将提供具体答案，并显示旅游保险、在国外使用借记卡和抵押贷款的广告。除了推广与客户搜索直接相关的产品，广告服务还用于交叉推广相关产品和服务。这些广告为客户提供了有吸引力的行动号召，加快了销售进程并提高了响应率。

产品广告和搜索结果一起产生了很高的转化率，12% 的客户对产品广告做出了回应。"提问"也提高了可用性，客户只需点击或提问就可以访问所有与自己相关的内容。通过将广告服务与"提问"整合在一起，Barclays 已经能够实现高水平的行为定位，而此前只有通过昂贵且复杂的网站分析工具才能实现。由于广告和促销活动都是针对客户的查询提供的，因此系统不需要记录或跟踪大量的历史客户数据来分析和预测客户行为，就能提供有针对性的信息。这减少了传递目标信息的复杂性，增加了销售额。

辩论 8-2 软件会替代人工吗？

一些远程客户服务沟通总是需要人际沟通而不是自动化的电子回复。

8.10　客户拓展

客户拓展（customer extension）的目的是通过鼓励交叉销售来增加客户对公司的终身价

值——例如，可以向 FirstDirect 信用卡客户提供贷款或存款账户的选择。当客户再次访问某个网站时，公司可以宣传相关产品，进行交叉销售。电子邮件也是告知客户其他公司产品的一种很好的方式，它可以通过宣传新内容或促销活动鼓励重复访问。电子邮件对于实现在线客户关系管理至关重要，因为它是一种推送媒介，可以提醒客户为什么应该访问该网站。

许多公司现在只主动向感兴趣的客户进行营销。塞恩·戈丁（Seth Godin, 1999）说："关注客户的份额，而不是市场份额——吸引70%的客户然后看着你的利润增加！"一家英国金融服务提供商分析了高流失率客户的特征，它们会积极劝阻符合这一特征的新客户联系呼叫中心。使用下列技术可以增加客户份额（share of customer）。

在线客户细分和定位方法

电子零售商经常使用最复杂的客户细分和定位方法（见第7章），它们拥有详细的客户特征信息和购买历史数据，因为它们试图通过鼓励随着时间的推移而增加在线服务使用时间来增加客户的终身价值。这种方法的一般原理也可用于其他类型的在线公司。电子零售商使用的客户细分和定位方法基于五个主要因素，实际上这些因素会相互叠加。所考虑的因素的数量以及方法的复杂程度取决于可用资源、技术能力和机会：

1. 确定客户生命周期（见图8-21）。当访客使用在线服务时，他们可能会经历七个或更多阶段。一旦公司定义了这些群体，并建立了客户关系管理基础设施，以这种方式对客户进行分类，公司就可以通过根据不同规则自动触发的电子邮件发送有针对性的信息。

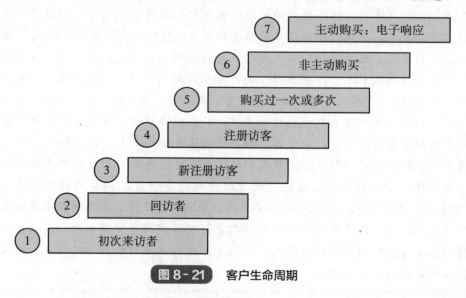

① 初次来访者
② 回访者
③ 新注册访客
④ 注册访客
⑤ 购买过一次或多次
⑥ 非主动购买
⑦ 主动购买：电子响应

图 8-21　客户生命周期

2. 识别客户概况特征。这是基于客户类型的传统细分。对于 B2C 电子零售商，客户概况特征包括年龄、性别和地理位置。对于 B2B 公司，它将包括公司的规模和客户所属的行业或应用程序。

3. 识别响应和购买行为。随着客户在图8-21所示的生命周期中的发展，通过对数据库的分析，公司将能够拥有一个详细的响应和购买历史记录，其中包括客户最近购买产品的次数、频率、货币价值和类别等详细信息。这种方法也称"RFM 或 FRAC 分析"。参考案例研究 8-2，了解特易购是如何触达在线客户的。

4. 识别多渠道行为（渠道偏好）。不管公司对在线渠道的热情如何，一些客户会更喜欢使用在线渠道，而另一些客户会更喜欢传统渠道。在某种程度上，RFM 和响应分析会证实这一点，偏好在线渠道的客户响应更快，并将进行更多的购买。偏好在线渠道的客户主要通过电子邮件等在线通信方式与公司联系；而那些喜欢传统渠道的客户，公司则要使用直接邮件或电话等传统通信方式来锁定。

5. 语气和风格偏好。与渠道偏好类似，客户对不同类型信息的响应也会有所不同。有些人可能更喜欢理性的诉求，在这种情况下，用一封详细的电子邮件解释这一提议的好处可能最有效。有些人则更喜欢基于图像的情感诉求，以及更有温度、不太正式的文案。有经验的公司将在客户身上测试这一点，或利用个人资料特征和行为反应推断这一点，然后相应地开发不同的创造性的处理方法。开展民意调查的公司可能会使用此信息来推断风格偏好。

迷你案例 8-8 说明了这些不同沟通形式的组合。

迷你案例 8-8

Euroffice 使用"触达营销漏斗"方法

办公用品采购商 Euroffice（www.euroffice.co.uk）的目标客户是中小型公司，它的首席执行官乔治·卡里比安（George Karibian）表示，要想让信息传达出去，就必须进行有效的细分，以不同的方式吸引不同的人。他认为，办公行业竞争激烈，忠诚度相对较低，因为公司购买者通常只会考虑价格。有针对性的激励可用于奖励或鼓励买家忠诚度，而不需要为每个细分市场分别制定活动，这非常耗时，Euroffice 主要使用基于自动匹配事件的目标确定方法，该方法基于消费者在生命周期中所处的阶段，即他们购买了多少产品，以及他们购买过的产品类型。卡里比安称之为"触达营销漏斗"方法，即触达策略由客户细分和响应决定。Euroffice 基于客户生命周期确定了三个主要的客户群体，可根据采购类别进一步细分。在此基础上，还可通过买家类型进行细分——是小型家庭用户、中型公司的运营经理还是大型公司的采购经理？每个人都会对不同的促销活动做出不同反应。

第一组是购买过一两次的试用客户，位于漏斗顶部，也是人数最多的一组。对于第一组，Euroffice 认为通过价格促销创造冲动购买是最重要的。第二组是已经购买了 3~8 次的客户。鼓励客户从第 3 次购买到第 4 次购买很关键。卡里比安说："当客户进入第二组时，要提高其购买频率，以确保客户不会忘记你。"Euroffice 将一份印刷目录与它们的商品分别发送给第二组，以提醒客户关注该公司。最后一组是已经下了 9 个或更多订单的客户。这些客户的购物篮中商品的价值也更高。这些人是"王冠上的宝石"，他们平均每笔订单的花费为 135 英镑，而试用客户的平均花费为 55 英镑。他们有 90% 的概率在 6 个月内重新订购。对于这一群体，网站专门开发了工具，使他们购物更方便。公司希望这些客户发现这些工具有助于他们下订单，并依赖它们，从而实现"软锁定"。

资料来源：Adapted from the company website press releases and Rewolution（2005）。

感知、响应、调整——通过监控客户行为进行相关的线上沟通

为了识别客户，我们需要使用表明其过去和当前的购买活动的行为信息来描述他们的特

征。实际行为通常是未来行为的最佳预测，因此我们可以寻求影响未来行为的因素。

数字营销使营销人员能够创造营销周期：

- 监控客户的行动或行为；
- 用适当的信息和提议来鼓励客户作出行为；
- 监控客户对这些信息的回应并持续沟通和监控。

或者，这一过程可简单地表示为：

　　感知→响应→调整

感知是通过使用技术来监控客户对网站上特定内容的访问，可通过观察客户对电子邮件中的特定链接的点击来实现。营销人员还可以监控客户的采购历史，但由于购买信息通常存储在旧式销售系统中，因此必须将其和用于与客户通信的系统集成。营销人员还可以通过现场信息或电子邮件进一步感知和响应。

这种"感知和响应"技术传统上是由 Argos 或 Littlewoods Index 等目录零售商使用 RFM 分析技术完成的。这项技术在零售界之外往往鲜为人知，但电子客户关系管理为其提供了应用到一系列技术中的潜力，因为我们不仅可以使用它分析采购历史，还可以用它访问或登录网站，了解在线服务以及电子邮件通信的响应率。

近期行为、频率、货币价值（RFM）分析

RFM 有时被称为 FRAC，每个大写字母分别代表频率、近期行为、金额（等同于货币价值）、类别（购买的产品类型，不包括在 RFM 中）。现在，我们对在在线营销中如何使用 RFM 方法进行全面的介绍，这也会涉及延迟和预期回报率的概念。

1. 近期行为。近期行为是客户最近的行为，例如三个月前的购买、现场访问、账户访问、电子邮件回复等行为。诺沃（Novo，2004）强调了近期行为的重要性，他说：

客户完成某项操作（购买、登录、下载等）后的天数是客户重复某项操作的最有力的预测指标。你第一次从某公司购买产品后不久就会收到一份来自该公司的目录，就是因为公司了解了你的近期行为。

近期行为可以按时间进行监控，以对客户进行评分。企业应优先选择响应更迅速的客户，从而节约成本。

2. 频率。频率是客户在单位时间内进行购买、访问、回复电子邮件的次数，如每年 5 次购买、每月 5 次访问、每周 5 次登录、每月 5 次打开电子邮箱、每年 5 次单击电子邮件。频率分析往往与近期行为分析相结合。

3. 货币价值。货币价值可以用不同的方式衡量，例如平均订单价值 50 英镑，年总购买价值 5 000 英镑。一般来说，具有较高货币价值的客户往往具有较高的忠诚度和潜在的未来价值，因为他们在历史上购买了更多的商品。一个示例是，如果客户的 RF 分数（通常代表每年的货币价值）表明他们正在积极购买，则将其排除在特殊促销之外，因为购买的产品越多，整体货币价值越高。因此，使用近期行为和频率可以简化分析。

4. 延迟。延迟，即客户生命周期中客户事件之间的平均间隔时间，例如网站访问、第二次和第三次购买以及电子邮件点击之间的平均时间。针对延迟的在线应用包括设置触发器，提醒公司注意异常的客户行为，然后使用电子通信或传统通信手段管理这种行为。B2B 或 B2C 公司会发现，如果某个客户的平均延迟减少，那么他们或许正打算再次购买（他们的近

期行为和频率也可能会增加）。然后，公司可以使用电子邮件、电话或直接邮件，根据客户搜索的内容，向他们提供相关优惠。

5. 预期回报率。根据诺沃（Novo，2004）的观点，预期回报率是指一个群体中完成某项行动的客户的百分比。尽管术语并没有真正描述它的应用，但这是一个有用的概念。它可以用来比较不同群体的参与度，或设定目标以增加在线渠道的参与度。如下所示：

- 20%的客户在过去 6 个月内进行了访问；
- 今年有 5%的客户进行了 3 次或 3 次以上的购买；
- 60%的注册用户在这一年登录了该系统；
- 30%的客户在这一年通过电子邮件点击进入网页。

6. 将客户分为不同的 RFM 类别。在上面的例子中，我们根据近期行为、频率和货币价值分别对客户进行了粗略的划分，以便在每个组中分配大致相同数量的客户。这种方法很有用，因为营销人员可以设置与其对客户的理解相关的价值阈值。

RFM 分析涉及两种客户分组技术：

（1）统计 RFM 分析。利用五分位数（大型数据库也可选择十分位数），将数量相等的客户分配至每个 RFM 组中，如图 8-22 所示。该图还显示了 RFM 分析可以促进公司与客户更有效地使用各种交流渠道。成本较低的电子通信方式可用于与更频繁使用在线服务的客户进行交流，因为他们更喜欢这些渠道；而更昂贵的通信方式可用于与更喜欢传统渠道的客户交流。

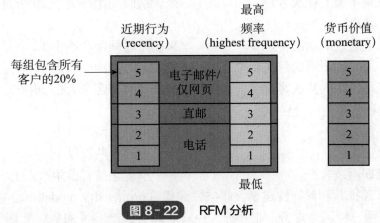

图 8-22　RFM 分析

注：这里的界限是任意的，以便每组分配到的人数相等。

（2）客户数据库分组。这种方法也很有用，因为营销人员可以设置与其对客户的理解相关的价值阈值。

例如，公司可以根据客户与电子商务网站的交互方式，将 RFM 分析应用于使用电子邮件进行定位。每个客户的价值分配如下：

近期行为：

- 超过 12 个月；
- 最近 12 个月内；
- 最近 6 个月内；
- 最近 3 个月内；
- 最近 1 个月内。

频率：

- 每 6 个月少于一次；
- 每 6 个月一次；
- 每 3 个月一次；
- 每 2 个月一次；
- 每月一次。

货币价值：

- 少于 10 英镑；
- 10～50 英镑；
- 50～100 英镑；
- 100～200 英镑；
- 超过 200 英镑。

这种分析的简化版本可以使其更易于应用——例如，一个剧院集团将客户分为 9 类进行直接营销：

一次客户（来剧院一次）：

- 最近来过的一次客户	来剧院时间距今小于 12 个月
- 一段时间不来的一次客户	来剧院时间距今大于 12 个月，小于 36 个月
- 长期不来的一次客户	来剧院时间距今大于 36 个月

两次客户：

- 最近来过的两次客户	来剧院时间距今小于 12 个月
- 一段时间不来的两次客户	来剧院时间距今大于 12 个月，小于 36 个月
- 长期不来的两次客户	来剧院时间距今大于 36 个月

两次以上客户：

- 当前客户	本季度订票两次以上
- 最近客户	上季度订票两次以上
- 长期不来客户	一个季度之前订票两次以上

7. 产品推荐和倾向性建模。倾向性建模（propensity modelling）是一种评估客户特征和行为的方法，特别是营销企业分析客户以前购买的产品或服务，然后为其推荐可能适合的产品。然而，它最广为人知的应用是"向现有客户推荐次优产品"。

与其相关的一种获取客户的方法是瞄准具有类似特征的潜在客户发送直接邮件或电子邮件，或者在类似位置投放在线广告。

范杜因等（van Duyne et al.，2002）给出了下面的建议。

（1）创建自动的产品关系（即次优产品）。一种低技术含量的方法是，对于目标产品，将其与客户以前一起购买的产品组合在一起。然后，对于每种产品，按照客户一起购买的次数对产品进行排名，以找到它们之间的关系。

（2）尽量减少相关产品的实物展示。屏幕上应留有一个区域，用于对次优产品的提示。

（3）使用熟悉的"触发词"。这在其他网站（如亚马逊）上很常见。这些"触发词"包括："相关产品""您的推荐""类似产品""购买过的客户"。

（4）对相关产品进行评论。

（5）允许快速购买相关产品。可在结账时销售相关产品，也可以在交易后的页面，或在一个商品被添加到购物车或客户购买商品后销售相关产品。

请注意，除了非常大的网站之外，这些技术不一定需要昂贵的推荐引擎。

8.11　客户关系管理的技术方案

数据库技术是客户关系管理的核心。通常，员工可通过访问内联网进入数据库，客户或合作伙伴可访问外联网提供的客户关系管理系统界面进入。如今，按需 Web 服务，如 Oracle CRM On Demand（www. oracle. com/us/products/applications/crmondemand/index. html）和 Salesforce（www. salesforce. com）越来越受欢迎。

电子邮件可用于管理电子客户关系管理系统提供的入站、出站和内部通信。使用电子邮件进行通信是电子客户关系管理系统，如 Salesforce（www. salesforce. com）或 Oracle（www. oracle. com）提供的一项服务。小型公司可使用电子邮件营销 ASP 服务，如 MailChimp（www. mailchimp. com）。

公司通常使用工作流程系统实现 CRM 流程的自动化。例如，工作流程系统可以提醒销售代表与客户联系，也可以用于管理服务交付。CRM 数据库中的三种主要客户数据类型包括：

1. 个人资料数据。这些信息包括客户的联系方式和特征，如年龄、性别、业务规模、所处行业和个人在购买决策中的角色。

2. 交易数据。每项采购交易的记录，包括具体的产品、数量、地点、日期和时间以及购买渠道。

3. 通信数据。包括哪些客户是活动的目标客户，以及公司对这些客户的回应（外部沟通）。还包括入站查询记录、销售代表访问记录和报告。

基于交易数据和通信数据公司可以更好地满足目标客户的需求。

在过去几年中，CRM 系统中的营销自动化（marketing automation）有所增加。电子邮件、社交媒体和其他网站操作等会在某些条件下自动触发，向即将用完产品（基于平均使用模式）的客户自动发送电子邮件，向保险单即将到期的客户自动发送营销信息。这使公司能够根据客户关系或以前与客户交互设置的参数，在指定的时间与类似的客户群体或角色（见第 9 章）建立联系。

这种技术背后的基本理念是，在销售过程中实现自动化、优化潜在客户。由于营销团队需要与客户和其他潜在客户进行更频繁的对话，营销自动化软件已迅速成为大多数数字营销团队的主要工具。

公司采用营销自动化的一些主要原因如下：

● 节省时间——可提前安排多个活动，并且可以自动发布，因此工作时间可节省下来用于其他活动。

● 效率——它提供了一个简化的自动操作来替代传统的手动过程，可以减少时间和人力，因此降低了成本。

● CRM 集成——它有助于确保在几次不成功的联系后，潜在客户不会被放弃。

● 数据收集——自动营销提供了一个客户接触点。它可以帮助公司收集特定数据，以改进未来的活动或沟通。

● 多渠道管理——以前管理一个电子邮件渠道可能很容易，但现在由于消费者分布在多个渠道上，跟踪他们变得越来越困难。

● 一致性——将你所有的营销努力整合到一个过程中，可以保持统一的品牌基调。

● 个性化——有助于为客户量身定制体验，创造一种独特的、更具吸引力的体验，这种体验有可能促进客户转化。

一些小型公司的主要营销自动化系统包括 Infusionsoft（www. infusionsoft. com）和 HubSpot（www. hubspot. com/products/marketing/marketing-automation），提供解决方案的公司包括 Marketo（http：//uk. marketo. com）、Salesforce 旗下的 Pardot（www. pardot. com）和 Oracle Eloqua（www. oracle. com/marketingcloud/products/marketing-automation/index. html）。

斯通等（Stone et al.，2001）的研究显示了如何使用 CRM 取得的客户资料进行营销。CRM 系统内用于营销的数据如下：

目标营销	80％
细分	65％
留住合适的客户	47.5％
趋势分析	45％
提高忠诚度	42.5％
定制优惠	32.5％
增加客户份额	27.5％

Hewson 咨询公司（www. hewson. co. uk）指出了 CRM 系统对客户的好处：

● 缩短了对客户信息请求的响应时间；

● 提供满足客户要求的产品；

● 降低购买和使用产品或服务的成本；

● 方便客户了解订单的状态和提供更相关的技术支持。

很明显，虽然客户打电话给客户支持人员，由客户支持人员进入 CRM 系统，也能够获得这些好处，但如果能通过 Web 界面直接获得这些信息，对客户来说会更加方便，并能降低公司的成本，这种方法称为客户自助服务（customer self-service）。

尽管本章描述了 CRM 的许多优点，但必须强调的是，CRM 的失败率依旧很高。Gartner 公司和 Butler 公司在 2000 年的一项独立调查显示，60％～70％的 CRM 项目失败了（Mello，2001）。这并不能证明 CRM 理念存在缺陷，而是实施这样一项复杂的信息系统难度很大，该系统需要对组织流程进行重大更改，并对员工产生重大影响。这样的失败率在许多其他信息系统项目中也存在。除了第 10 章将讨论的管理上的变革，影响管理者选择 CRM 管理系统的关键技术因素有：

● 应用程序的类型；

● 与办公支持系统的整合；

● 选择单一供应商还是多个供应商；

● 数据质量。

8. 11. 1 客户关系管理应用的类型

图 8－23 旨在说明提供 CRM 解决方案的复杂性。CRM 技术的目的是在客户和员工之间

提供一个接口，促进二者直接交互。无论是从客户的角度，还是从员工的角度来看，CRM 系统的最终目标是实现联系，不管客户偏好使用何种沟通渠道，无论是电话、传真等传统渠道，还是新的数字渠道。因此，理想的 CRM 系统应当支持多渠道沟通或客户首选的渠道。无论通过何种渠道，客户都会有不同的需求，这取决于他们在购买过程中所处的阶段。在图 8 - 23 中，我们确定了客户的三个核心需求：评估产品信息、下订单和客户服务查询。公司必须提供应用程序来支持这些需求。同样，员工也需要一些应用程序来支持客户及公司的销售和营销目标。CRM 系统的核心是支持这些应用程序所需的数据库存储。IT 基础设施（如第 3 章所述）如服务器、中间件和网络未在图中显示。

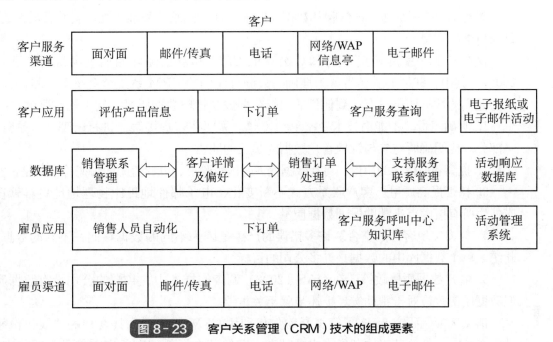

图 8 - 23   客户关系管理（CRM）技术的组成要素

8.11.2 整合后台系统

在引入客户关系管理系统之前，公司一般会投资其他有关键业务功能的系统，如销售订单处理等。图 8 - 23 显示了这些遗留系统的应用程序和数据库水平。放弃这些应用程序在财务上是不可行的，而且与它们的整合对于让组织中的每个人都能看到客户信息并提供客户支持至关重要。因此，遗留系统的整合是决定和实施 CRM 系统的重要部分。

8.11.3 选择单一供应商还是多个供应商

图 8 - 23 强调了决定和设计支持 CRM 系统时的关键问题。理想的情形应当是：

- 单一面向客户和面向员工的应用程序支持所有通信渠道；
- 任何员工都可以访问有关客户的集成数据库，员工可以看到所有访问、销售的历史记录；
- 来自单一供应商，易于实施和支持。

现在想想你熟悉的公司中的现实情况：不同的沟通渠道、不同功能领域的独立数据库、多个供应商有不同的应用程序。电子商务系统通常与传统系统分离。这种分散性使实施和维护此类系统成为管理者的一大难题，并往往会导致客户服务水平低下。许多公司正在寻求解决方案，这一需求一直是 SAP 和甲骨文等公司的 ERP 系统增加的原因。然而，问题是没有一家公司能够在所有领域提供同类最佳的应用程序。为了获得竞争优势，公司可能需要求助于创新者的解决方案。因此，在选择标准化产品或为每个 CRM 功能集成更多领先的系统时，管理者需要谨慎权衡。

8.11.4 数据质量

所有 CRM 系统都严重依赖其数据库的通用性、完整性和准确性。安装后最大的挑战之一是保持数据质量。

这在对 120 家英国大中型 B2C 公司的 CRM 和营销经理的调查中得到了证实（QAS，2002）。其中，86％的受访者认为准确的数据对他们的 CRM 系统至关重要。然而，大多数人认为他们的数据质量没有达到他们的目标。要成功管理数据质量，以下几点很重要：

1. 明确职责。不能由技术专家单独管理，需要在客户接触点进行管理，这是营销职责的一部分。应明确所有参与管理客户数据的员工的职责。

2. 提高获取信息的质量。可在数据输入时内置验证，以检查邮政编码等字段是否完整准确。

3. 持续提高质量。客户联系方式不断变化，电子邮件地址比物理地址更难管理。因此，应使用所有接触点来帮助保证数据质量。

4. 努力实现客户的整合。许多错误的产生是因为不同的数据存储在不同的数据库中，因此统一单个数据库中的数据是许多公司的目标。

5. 制定数据质量政策。在 QAS（2002）调查的样本中，40％的公司没有数据质量政策，但数据质量政策对于帮助实现上述步骤至关重要。

请阅读案例研究 8-2 了解特易购如何利用 CRM 技术提高其客户的"钱包份额"。据估计，在英国，每 8 英镑的杂货支出中就有 1 英镑花在了希望在所有零售品类销售中占据一席之地的特易购上。

案例研究 8-2

特易购增加产品种类并使用触发沟通来支持 CRM

背景

特易购是英国著名的食品零售集团，在欧洲和亚洲都有业务，同时也是网络先锋。

产品范围

Tesco.com 是特易购公司大部分产品的门户，包括各种非食品系列、特易购个人金融和电信业务，以及与专业公司合作提供的服务，如服装、饮食俱乐部、航班和假日、音乐下载、燃气、电力和 DVD 租赁。

竞争对手

就市场份额而言，目前特易购在英国杂货零售商中处于领先地位。以下材料摘自 Hitwise（2005），括号内的数字显示了传统线下零售模式的市场份额。数据来自 Taylor Nelson Sofres Super Panel。

1. Tesco Superstore，27.28%（29%）；
2. ASDA，13.36%；
3. ASDA at Home，10.13%（17.1%）；
4. Sainsbury's，8.42%；
5. Tesco Wine Warehouse，8.19%；
6. Sainsbury's to You，5.86%（15.9%）；
7. Waitrose.com，3.42%（3.6%）；
8. Ocado，3.32%（由 Waitrose 持有，3.6%）；
9. LidI，2.49%（1.8%）；
10. ALDI-UK，2.10%（2.3%）。

部分公司的主网站和在线购物网站是相互分离的。Asda.com 现在似乎以在线与离线整合一致的方式运行。然而，Sainsbury's 的在线销售业绩似乎比传统方式的销售业绩要差得多。一些供应商，如 Ocado，最初仅在伦敦地区运营。值得注意的是，特易购的一些竞争对手没有在 Hitwise 的列表中，因为它们的战略是专注于零售业态。这些公司包括 Morrisons（12.5% 的保留份额）、Somerfield（5.5%）和 Co-op（5.0%）。

推广服务

与其他在线零售商一样，特易购依靠店内广告和市场营销来建立 Clubcard 忠诚度计划的客户群，以说服客户在线购物。《新媒体时代》（2005）引述了特易购营销总监奈杰尔·多德（Nigel Dodd）的话："这些都是非常宝贵的资源，因为我们有如此强大的客户群。"然而，对于非食品类商品，超市确实会在网上使用关键词定向广告。

对于现有客户，用电子邮件和直邮为客户提供特别优惠和促销非常重要。

根据电子零售商 Humby and Hunt（2003）的说法：特易购使用它们所描述的"基于承诺的细分"和"忠诚度阶梯"，基于最近的购买程度、购买频率和价值，确定六个生命周期类别，然后进一步划分沟通目标：

● "已登录"；
● "关注"；
● "发展"；
● "已建立"；
● "专用"；
● "注销"（此时的目标是赢回）。

然后，特易购使用自动事件触发消息来鼓励客户继续购买。例如，Tesco.com 有一种接触战略，包括在客户生命周期中发生不同事件后触发一系列后续沟通。在下面给出的示例中，触发事件 1 之后的沟通旨在将网站访客转化为购买者，触发事件 2 之后的沟通旨在将客户从首次购买者转化为常规购买者，触发事件 3 之后的沟通旨在重新激活"失效"的购买者。

● **触发事件 1**：客户在现场注册（但不购买）。

自动回复（AR）：注册后两天，发送电子邮件，提供电话帮助，首次购买可享受 5 英镑优惠，以鼓励试用。

● **触发事件 2**：客户首次在线购买。

AR1：立即确认订单。

AR2：购买五天后，发送电子邮件，链接至在线客户满意度调查，询问司机和送货人员的服务质量。

AR3：首次购买后两周，提供如何使用服务和下次购买可享受 5 英镑优惠的提示，以鼓励客户重复使用在线服务。

AR4：通用月度电子新闻稿，提供鼓励交叉销售的在线独家优惠。

AR5：每两周提醒一次，为客户提供个性化优惠。

AR6：两个月后，提示客户下单有 5 英镑优惠。

AR7：每季度邮寄优惠券，促进重复销售和交叉销售。

● 触发事件 3：客户长时间不购买。

AR1：休眠检测——发送一封激活电子邮件，调查客户对在线购物服务的态度（以此发现问题），再附加 5 英镑优惠奖励。

AR2：为了鼓励客户再次购买，提供进一步的折扣奖励。

特易购的在线产品战略

《新媒体时代》（2005）刊登了特易购首席执行官劳拉·韦德-格里（Laura Wade-Gery）自 2004 年 1 月以来的经历，以此可以窥探 Tesco.com 在线购物事业的运作。在她任首席执行官的第一年，特易购的总销售额增长了 24%，达到 7.19 亿英镑。韦德-格里现年 40 岁，是一名运动爱好者，曾在牛津大学获得文学硕士学位，并在欧洲工商管理学院获得 MBA 学位；她曾是 Kleinwort Benson 的经理和合伙人、Gemini 咨询公司的经理兼高级顾问，也曾是 Tesco Clubcard 的目标市场总监，以及 Tesco Stores 的战略总监。

在韦德-格里的管理下，特易购的业绩增长较快，究其原因是多种销售举措的结合，产品种类的增加也是其中一个主要原因。早在 2005 年，Tesco.com 每周完成 150 000 份订单。现在它也提供无形产品的订单，比如音乐下载等服务。

韦德-格里也专注于改善客户在线购物的体验——通过对网站的重大修改，将新客户完成第一笔订单所需的时间从一个多小时减少到 35 分钟。

韦德-格里（2005）的策略是使家庭递送业务成为特易购的一部分。她说："我们所提供的是把特易购的服务递送到客户家中——这明显是对家庭递送零售概念的扩展。"到 2005 年 5 月，通过与伙伴公司 Video Island，Tesco.com 已得到 30 000 份 DVD 租借订单。2006 年，韦德-格里的目标是将这一总数增加两倍，同时也将送货上门服务扩展到散装葡萄酒和家用大型电器等。

韦德-格里希望在提供的一系列服务之间实现协同效应。例如，公司与 eDiets 的合作关系可以通过 Tesco Clubcard 忠诚度计划来促进，每年向 1 000 万客户发送邮件。2004 年 7 月，Tesco.com 支付了 2 200 万美元，获得了 eDiets 的独家许可（网址为 www.eDietsUK.com 和 www.eDiets.ie）。也就是说，通过 URL 推广服务，特易购可以利用合作业务来增加特易购的网站服务的使用和店内销售。

为了专注于家庭零售递送，韦德-格里在 2004 年 3 月将女性门户网站 iVillage 卖出了，交易价格未披露。她向《新媒体时代》解释道：

> 我们正在着手的是一种非常不同的产品。在我看来，我们提供的是你所购买的服务和产品，这与提供信息的世界略有不同。

言下之意是，iVillage 的广告销售收入不足，也没有足够的机会推广 Tesco.com 的销售。

韦德-格里还是特易购移动的董事，特易购移动是特易购与 O₂ 的合资企业，主要提供在线服务，但也通过实体店和直邮推广。特易购也提供宽带和拨号网络服务，但其认为互联网电话市场（例如通过 Skype 和 Vonage 提供）还不够发达。Tesco.com 专注于有需求的更传统的服务——例如，特易购电信的固定电话服务在第一年就吸引了超过 100 万客户。

然而，这并不是说 Tesco.com 不会投资于较新的服务。2004 年 11 月，特易购推出了音乐下载服务，仅 6 个月后，韦德-格里估计它们拥有了大约 10% 的市场份额——这是较早推出的好处之一。韦德-格里说：

> 数字技术最令人兴奋的事情是你将来可以把它带到任何地方去。随着技术的发展，我们将能够使 Tesco.com 成为各种数字产品的下载商店，不仅仅可以下载音乐。

但这必须以客户需求分析为基础。韦德-格里说："对我们来说，最重要的是产品是否符合客户的需求，它是否达到了大众市场客户感兴趣的程度？"应该还有进一步精简的余地。《新媒体时代》（2005）指出，特易购是建立在便利和价值的基础之上的。韦德-格里认为，特易购在移动资费、宽带套餐和音乐下载方面所做的一切都很好地说明了这家零售商精简业务的诀窍。她说："实际上，我们已经成功地让那些从未使用过拨号上网服务的人开始使用宽带。"

资料来源：Humby and Hunt（2003），*New Media Age*（2005），Hitwise（2005）. Wikipedia（2005）.

问题

根据本案例和你对特易购的竞争对手的研究，总结出帮助 Tesco.com 获得成功的在线经营战略。

8.12 本章小结

1. 客户关系管理（CRM）的目标是提高客户忠诚度，以提高公司的盈利能力。CRM 旨在全面提高客户服务水平。

2. CRM 战略可以基于公司与客户之间理想关系的获取—保留—扩展模型。

3. 在电子商务环境下，获取是指为公司赢得新客户，并将现有客户转化为在线客户。为了建立在线关系，重要的是了解客户的需求和期望，并使客户加入电子邮件协议以继续对话。

4. 实现客户获取、保留和扩展的营销传播技巧，包括传统的在线大众媒体技术和专业的在线技术，如搜索引擎注册、链接构建、电子邮件营销和横幅广告。

5. 客户保留技术包括使用外联网、在线社区、在线促销和电子邮件营销。

6. 客户扩展包括通过新产品反馈信息来更好地了解客户，并通过提供补充产品来鼓励客户提高购买频率。

7. 了解在线买家的行为，尤其是客户购买决策的不同阶段的需求，可以用来改进客户关系。

8. 客户服务质量对于提高客户忠诚度非常重要，可以使用 SERVQUAL 框架来考虑如何使用互联网来实现这一目标。

9. CRM 的技术解决方案旨在通过多个沟通渠道实现员工和客户之间的交互，将所有客户信息存储在一个数据库中，使得客户信息对于员工具有完整的可见性。

　　10. CRM 的具体技术应用要求是营销自动化和呼叫中心应用程序，这些应用程序将工作流集成到管理查询中，并提供了一个可以查询的知识库。

练 习 //////////////////////

自我评估

1. 在线环境下的客户获取和保留的目标是什么？
2. 概述许可营销和干扰式营销的区别。
3. 总结在线营销传播用于流量建设的主要类型。
4. 解释为什么管理电子商务网站的人需要理解混合购买模式。
5. 解释吸引客户重复访问网站的一系列技巧。
6. 个性化和大规模定制之间有什么区别？
7. 如何使用电子商务网站在 CRM 中实现扩展？
8. 数据管理和 CRM 中的应用程序集成的管理问题是什么？

问题讨论

1. 营销管理者应该在什么基础上决定电子商务网站的沟通组合？
2. 评估在线电子零售商目前的沟通组合，并为未来的沟通提出建议，以实现客户获取和保留。
3. 展示如何通过了解在线购买过程，改善营销沟通。
4. 举例解释 B2B 公司和 B2C 公司流量建设活动的主要区别。
5. 对于纯电子商务网站，研究客户满意度、忠诚度和销售额之间的关系。
6. 研究个性化、社区建设和直接电子邮件的优缺点。选择一家公司，提出如何使用这些在线营销工具。
7. 多供应商战略还是单一（数量有限）供应商战略更有利于电子客户关系管理的实施？
8. 为 B2C 公司推荐一个 CRM 数据和应用程序架构，用来整合现有的相关系统。

测试题

1. 结合纯粹的网上书店，解释混合购买模式的概念。
2. 假设你是一家 B2C 网站的电子商务经理，写一份报告解释说明为什么需要许可营销。
3. 在线用户不同类型的搜索行为对负责网站流量建设的人有什么启示？
4. 对于客户获取和保留，分别指出电子商务网站经理所要求的两个目标。
5. 概述四种增加网站流量的方法。
6. 解释影响一个公司线上和线下网站推广的三个因素。
7. 电子商务网站如何使用营销自动化与客户沟通？
8. 什么是遗留系统？它和 CRM 是什么关系？

第 9 章

客户体验与服务设计

■ Customer experience and service design

学习目标

完成本章的学习后，读者应该能够：

● 总结分析数字商务系统需求的方法

● 评估在线业务的客户体验

● 识别改进电子商务系统接口设计和安全设计方法的关键要素

9.1 本章介绍

本章介绍数字商务系统所需的分析和设计（analysis and design）的新方法，目的不是解释如何遵循成熟的分析和设计技术，如数据流图、信息流图和实体关系图，而是旨在让管理者了解一些数字商务的分析和设计技术，特别是通过台式机和移动平台的六大体验支柱和用户界面设计进行的客户体验管理。

本章分为两部分。在第一部分中，我们回顾了分析技术，特别是用于重新设计的流程分析，这在许多数字商务实现中都很重要，还涉及数据建模和如何管理"大数据"。第二部分介绍了数字商务系统的设计。所述技术旨在提高数字商务系统终端用户的信息质量，确保信息及时、安全，内容准确、完整。关于架构设计的部分介绍了如何集成系统以改进信息流，并实现信息的及时传递。"聚焦：以用户为中心的网站设计与用户体验管理"展示了如何使用用例分析和界面设计指引来生成具有良好信息质量的、可用的卖方或买方电子商务系统。"聚焦：数字商务的安全设计"回顾了数字商务的安全需求和一般的安全方法，最后介绍了电子商务安全技术的当前使用情况。

分析和设计的重要性在于，即使制定了有效的战略，其执行也可能被无效的分析和设计破坏。完成活动 9-1，了解一些糟糕的分析和设计带来的后果。

活动 9-1 糟糕的分析和设计的后果

目的

强调糟糕的分析和设计对客户满意度和业务绩效的影响。

活动

组成一个焦点小组，讨论自己的在线购买体验。你遇到了什么问题和挫折？举一个特别的例子，比如买一本书，你的期望是什么？或者访问 GetSatisfaction.com，查看针对不同品牌的投诉的类型。

9.2 分析数字技术项目

数字系统分析（analysis for digital systems）涉及了解新系统的业务和客户需求。典型的分析活动可以分解为了解当前流程，然后审查实施数字商务解决方案的可能备选方案。在后续章节中，我们将回顾不同的技术。在本节中，我们将重点介绍如何使用图表来演示业务流程。

用户需求捕获技术，有助于确定系统所需的功能，这项技术将在"聚焦：以用户为中心的网站设计与用户体验管理"一节中进行介绍。

分析师们认识到，向员工和合作伙伴提供高质量的信息，或在流程之间交换信息，是构建能够提高效率和改进客户服务的信息系统的关键。潘特和维奇安德兰（Pant and Ravichand-ran，2001）说：

> 信息是协调和控制的代理人，是将组织、特许经营、供应链和分销渠道联系在一起的胶水。除了物流和其他资源流，任何组织都必须有效处理信息流。

我们保留这句话，因为我们喜欢将信息比作"胶水"。这表明，在数字商业时代，分析应作为优化组织内外信息流的工具。在本章中，首先我们了解为什么工作流管理是管理基于时间的信息流的关键。然后，我们将回顾如何使用流程建模来分析信息流以优化业务流程，并通过简要回顾数据建模来说明信息存储分析。

9.3 流程建模

传统的流程分析方法使用已有的系统分析和设计方法，这些方法是结构化系统分析和设计方法（SSADM）的一部分，类似博奇等（Bocij et al.，2008）概述的数据流图技术。这种方法通常使用分层方法来建立：

- 流程及其子流程；
- 流程之间的依赖关系；
- 流程和输出所需的输入（资源）。

流程和子流程本质上是需要业务信息系统执行的活动或任务，因此流程和子流程有时也称为基于活动的流程定义方法（activity-based process definition methods）。流程（process）可以根据业务的主要活动在业务级别上定义。重要的业务流程是价值链的组成部分，这些流程包括入库物流（包括采购）、制造、出库物流或配送以及客户关系管理或销售和营销活动。达文波特（Davenport，1993）指出，即使是大型跨国组织，主要流程的数量也很少超过10个。

请注意，除了此处所示的方法外，后文中还介绍了帮助定义接口需求的用例分析。

9.3.1 流程图

现有业务流程通常与业务的不同功能领域重叠。因此，在确定详细的活动之前，分析人员需要确定组织中流程发生的位置以及谁对其负责。此过程通常称为流程映射（process mapping）。这种流程映射对于识别数字商务系统的潜在用户显然很重要。表9-1显示了B2B公司为新的主要客户准备提案时可能使用的概要流程图。

表9-1　准备提案过程中的概要流程图

过程活动	市场营销	工程	财政	高层管理
1. 成本预估		M		

续表

过程活动	市场营销	工程	财政	高层管理
2. 评估财政风险		m	M	
3. 公共形象	M	m		
4. 评价	M	M	M	m
5. 授权			M	M
M＝功能中的主要角色，m＝功能中的次要角色				

9.3.2　任务分析与任务分解

在设计和实施诸如"准备提案"这样的流程之前，需要更详细的细分。这通常称为任务分析（task analysis）。

诺伊斯和巴伯（Noyes and Baber，1999）指出，这种类型的过程或任务分解的一个困难是，对于不同层次的分解或分解过程的程度没有固定的规则。级别数量和使用的术语根据使用的应用程序及合作的顾问不同而有所不同。乔治库普洛斯等（Georgakoupoulos et al.，1995）谈到将任务分解为子任务的"任务嵌套"，作为基于活动的流程定义方法的一部分。他们给出了采购工作流流程的示例，其中"采购材料"任务被进一步分解为"验证状态"、"获取投标"和"下订单"子任务。柯蒂斯等（Curtis et al.，1992）提供了一个有用的框架，在每个过程层次上引用过程单元或元素，如下所示：

第 1 级　业务流程分解为：
第 2 级　活动，进一步分为：
第 3 级　任务，最后：
第 4 级　子任务。

图 9-1 给出了一个四级任务分解示例。工作流标准和研究组织 e-workflow.org 将工作流定义为：

整个或部分业务流程的自动化，在此过程中，根据一组程序规则，将文档、信息或任务从一个参与者传递给另一个参与者以采取行动。

参与者＝资源（人或机器）

工作流的主要好处是：

● 提高了效率——提高了许多业务流程的自动化程度，从而取消了许多不必要的步骤。

● 改进了过程控制——通过标准化的工作方法和可用的审计跟踪，实现了对业务流程的改进管理。

● 改进了客户服务——流程中客户服务的一致性得到改善，从而提高了对客户响应级别的可预测性。

● 提高了灵活性——公司能够根据不断变化的业务需求对流程的软件控制重新设计。

● 改进了业务流程——将重点放在业务流程上，从而实现业务流程的精简。

阶段1. 业务流程：
获取商品页面

阶段2. 活动
🖥 1. 商户注册
🖥 2. 检查准备
🖥 3. 检查预约
🖥 4a. 跟进检查——取得商品页面指示
🖥 4b. 跟进检查——未取得商品页面指示（例外）
🖥 5. 确保获取商品页面

阶段3. "确保获取商品页面"的任务
📁✏ 1. 准备初始产权详情（48小时）
🕐 2. 提醒谈判人员处理销售事宜，联系供应商
✉ 3. 发送产权详情
✉ 4. 满足《1991年财产虚假描述法》（PMA）草案细节要求的销售说明
🕐✉✏ 5. 联系商户获取PMA详情

阶段4. 子任务
✉ 1. PMA跟进
✉ 2. 土地所有权细节
✉ 3. 修正细节

符号说明：
🕐 需要对谈判人员进行提醒
✏ 记录信息（数据输入）
📁 检索信息（数据输出）
🖥 用于执行活动的IT系统
✉ 产生信件或表格

图 9-1 一家房地产代理的任务分解示例

资料来源：Adapted from Chaffey (1998).

9.3.3 流程依赖性

流程依赖性是根据管理流程的业务规则总结活动发生的顺序。通常情况下，活动按顺序发生并且是连续的，有时活动可能同时发生，这种称为并行活动。数据流程图和流程表是广泛使用的显示流程依赖关系的图表技术。在本节中，我们将回顾三种在数字商务分析中常用的显示依赖关系的技术，分别是流程图、网络图，以及 SAP 产品使用的事件驱动流程链（EPC）模型。

9.3.4 工作流管理

作为工作流管理（workflow management，WFM）的一部分，流程依赖性是分析和修订组织工作流的核心部分，也是许多数字商务应用程序不可或缺的概念。因此，在研究流程分析技术之前，让我们先来看看为什么工作流是数字商务不可或缺的一部分。

工作流管理联盟（WMC，1996）将 WFM 定义为：

工作流管理是整个或部分业务流程的自动化，在此过程中，文档、信息或任务根据一套程序规则从一个参与者传递给另一个参与者以采取行动。

工作流系统通过提供结构化的框架来支持流程，从而实现自动化的数字商务流程。工作流在数字商务中的应用包括处理外部客户的查询或处理内部查询。电子邮件查询可以根据主题进行分析并发送给合适的人。在将信件添加到工作流队列之前，可能需要对其进行扫描。工作流通过确保优先执行任务来管理业务流程：

→ 尽快
→ 由合适的人
→ 按正确的顺序

工作流方法为提高效率和客户服务水平提供了一致、统一的方法。工作流软件提供以下功能：

- 为工作人员分配任务；
- 提醒工作人员注意他们的任务，这是工作流队列的一部分；
- 允许共享任务的工作人员之间进行协作；
- 检索完成任务所需的信息，例如客户的个人详细信息；
- 为管理者概述每个任务的状态和团队的绩效。

哪一种工作流方法适合本公司？对于 B2B 公司，工作流的数字商务应用程序可能包括：

1. 管理工作流。主要涉及对组织内部的任务进行管理，如采购订单管理、预订假期和培训的管理。

2. 生产工作流。面向客户或面向供应商的工作流。基于内联网或外联网的客户支持数据库和与供应商系统集成的库存管理系统。

流程图

一个简单的流程图是描述工作流活动序列的良好起点。流程图很简单，但很有效，因为非技术人员很容易理解它，而且它也解决了工作瓶颈和效率低下等问题。

无论是在前台还是后台，在解决数字商务问题时，通常使用流程图。图中的每个符号表示整个流程中的一个特定操作。流程图分析中的符号解释如图 9-2 所示。专栏 9-1 和图 9-3 显示了布置流程图的一种方法。另一个关于在实践中应用流程图的示例见活动 9-2。

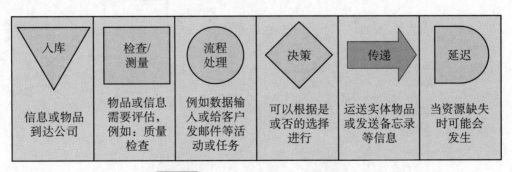

入库	检查/测量	流程处理	决策	传递	延迟
信息或物品到达公司	物品或信息需要评估，例如：质量检查	例如数据输入或给客户发邮件等活动或任务	可以根据是否的选择进行	运送实体物品或发送备忘录等信息	当资源缺失时可能会发生

图 9-2　流程图分析中的符号解释

专栏 9-1　　　　　　　　　**运用流程图设计工作流系统**

在本例中，抵押（贷款）申请通过邮寄方式接收，有必要为已经收到的申请确定新的申请和支持文件（图 9-3 中菱形决策框表示的决策点）。新的申请作为新的案例输入工作流系统，并扫描原始表单以供参考（这些流程在图 9-3 中用圆圈表示）。辅助材料，如身份证（驾照）和雇主的信件会被扫描，然后工作人员会将所有扫描图像分配或关联到特定案例中。分配新文档（分配任务）始终是最重要的任务，因此这些文档需要由软件自动放置在工作流队列的最前面。一旦分配，操作员需要对文档执行操作（操作任务），根据文档的类型和需要的执行时间，工作流系统将为任务分配优先级，并将其放入工作流队列中。然后，工作人员必须按工作流队列执行任务，这些任务根据日期进行优先级排序。执行任务的行动通常包括打电话给客户或写信要求客户提供额外信息。完成后，操作员会将项目标记为已完成，并在必要时创建一个新的工作流任务，例如，如果在 10 天内未收到信函，则进行跟进。

图 9-3 对于总结系统设计也很有用，因为它可以识别系统的不同模块以及支持这些模块所需的硬件和软件。本案例中涉及的模块包括：

- 文档扫描（扫描仪和扫描软件）；
- 将文档关联到客户案例（链接到客户数据库）；
- 确定文档优先级（专门的工作流模块）；
- 审查文档（链接到客户数据库）；
- 联系客户（连接到电话系统和信函打印机）。

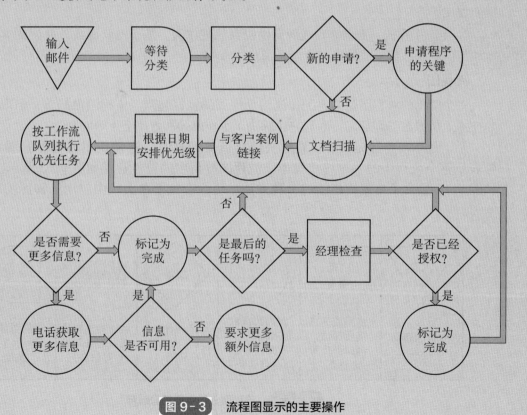

图 9-3　流程图显示的主要操作

活动 9-2 改变 B2B 公司开具发票的程序

目的

描述如何使用流程图简化业务流程。

背景

表 9-2 是根据对 B2B 公司系统分析项目执行任务期间的观察编制的。主要问题是经理开出 10 000 张发票时会出现延迟。如果在 10 天内付款，公司可以获得 10% 的折扣。这是目前无法实现的，经理希望利用 IT 使之成为可能。作为重新计划的一部分，公司可能还需要进行流程重组，因为经理认为发票付款所需的员工可以减少。

活动

作为一名业务分析师，你必须提供一种更有效的工作方式。你可以通过填写空白表来重新构造工作流，同时记录关于职位改变的假定以及支持工作流的新软件的细节。假定每个职员都可以登录联网的电脑，经理会一天两次查记录。表 9-3 显示了流程简化后的工作流。

表 9-2　初始情境下的发票处理流程

任务描述	符号表示	距离（米）	平均时间（小时）
1. 接收发票，印盖日期	○⇨□D ▽	—	—
2. 给第一名处理应付款项的员工	○→□D ▽	50	5
3. 到第一名处理应付款项的员工的桌上	○→□■▽	—	1
4. 填写并附上采购订单	●⇨□■▽	—	0.1
5. 给成本会计	○→□D ▽	20	5
6. 到成本会计桌上	○→□■▽	—	5
7. 给出作业编码	●⇨□■▽	—	0.1
8. 返还至第一名处理应付款项的员工	○→□D ▽	20	5
9. 到第一名处理应付款项的员工的桌上	○→□■▽	—	48
10. 复印	●⇨□D ▽	—	0.1
11. 给总经理	○→□D ▽	200	5
12. 到总经理的桌上	○→□■▽	—	1
13. 总经理审查和批准	●⇨□D ▽	—	0.1
14. 给第二名处理应付款项的员工	○→□D ▽	200	5
15. 到第二名处理应付款项的员工的桌上	○→□■▽	—	1
16. 添加供应商编号和付款期限	●⇨□D ▽	—	0.1
17. 将应付账款分类账写入会计系统	●⇨□D ▽	—	0.5
18. 支付发票，开具支票	●⇨□D ▽	—	0.1
19. 给档案管理员	○→□D ▽	20	5
20. 到档案管理员的桌上	○⇨□■▽	—	1
21. 发票归档	●⇨□D ▽	—	0.1

表 9-3　流程简化情境下的发票处理流程

任务描述	符号表示	距离（米）	平均时间（小时）
1. 接收发票、盖章和扫描	●⇨□D ▼	—	0.1
2. 给第一名处理应付款项的员工发送电子邮件	○→□D ▽	—	0.1

续表

任务描述	符号表示	距离（米）	平均时间（小时）
3. 到第一名处理应付款项的员工的工作列表中	○⇨□■▽	—	5
4. 填写采购订单，给出作业编号	●⇨□D▽	—	0.5
5. 给总经理发送电子邮件	○→□D▽	—	0.1
6. 到总经理的工作列表中	○⇨□■▽	—	12
7. 总经理审查和批准	●⇨□D▽	—	0.1
8. 给第二名处理应付款项的员工发送电子邮件	○→□D▽	—	0.1
9. 到第二名处理应付款项的员工的工作列表中	○⇨□■▽	—	5
10. 添加供应商编号和付款期限	●⇨□D▽	—	0.1
11. 录入会计系统	●⇨□D▽	—	0.1
12. 支付发票并将任务标记为已完成	●⇨□D▽	—	0.1

工作时间分析

工作时间分析是一种分析工具，当我们进行详细分析（如活动 9-2）时，可将完成整个流程中每个任务所需的平均时间相加，然后除以整个流程所需的总时间，计算出流程的总体效率。总的处理时间通常要长得多，因为会包括非处理时间。在活动 9-2 中，非处理时间包括传递时间和等待处理的时间。效率的计算如下所示：

$$效率 = \frac{\sum(T(各个任务所需的平均时间))}{T(整个流程所需的总时间)}$$

如果对活动 9-2 中的初始情境应用工作时间分析，可以看到，延迟和传递对整个过程没有任何贡献，效率仅为 2%！我们可以通过实施一些增加客户附加值的作业而不是简单的管理活动来优化这一数值。

网络图

虽然数据流程图和流程表可以很好地表示活动和任务发生的顺序，但它们通常不能给流程顺序下一个十分严谨且正式的定义，流程顺序是数字商务、工作流程和 ERP 系统必备的。为此，我们可以使用网络图，即整体化的作业网络（GAN）。这就需要在代表任务的区间加一个节点，以精确定义任务完成后存在的备选方案。在网络图中最常见的情况是，一项活动必须紧跟另一项活动。例如，对客户进行身份检查后必须进行信用检查。在存在备选方案的情况下，节点上的决策逻辑的定义如下：如果从两个或多个备选方案中选择一条路径，则该节点被定义为或节点；当遵循多条路径时，就是一个和节点。联结节点合并以前的活动，拆分节点决定下一步发生哪些活动。如果存在替代方案，则将业务规则定义为前置条件或后置条件。对可选择的依赖关系的汇总见表 9-4。

表9-4　网络图上某个节点的工作流依赖关系

节点类型	描述	总结
和-拆分	工作流分成两个或者多个并列活动，执行所有活动	

续表

节点类型	描述	总结
或-拆分	工作流分成多个分支，只跟进其中一个分支	
和-联结	多个执行活动合并为一条控制线路	
或-联结	一个独立的替代活动合并到一个单独的执行线程	
迭代	重复一个或多个工作流活动，直到满足某个条件	
必须遵守	没有替代路径	

事件驱动流程链（EPC）模型

描述业务事件和流程的使用最广泛的方法之一是事件驱动流程链（EPC），这种方法因应用于企业再造而广为人知。可用于企业再造的 SAP R/3 ERP 全球销售额达数十亿美元。该产品建立了 800 多个标准业务 EPC，它们旨在清楚地说明业务规则。EPC 模型的不同元素如表 9-5 所示，包括表 9-4 中的不同类型元素的依赖关系。图 9-4 是一个 EPC 元模型，说明了不同元素如何相互关联。此图显示了如何通过业务对象的交易触发业务功能，这些交易也会导致业务事件。在此模型中，控制流链接业务活动、业务事件和逻辑运算，实体或信息对象是诸如销售订单或发票之类的项目。

表 9-5 事件驱动流程链（EPC）模型的元素

EPC 符号	EPC 元素描述
业务事件	当流程的状态发生变化时，就会促成一个事件——它的发生是对一个活动完成的反应
业务活动	是一项活动或任务，通常由负责该活动的组织单位中的人完成。除此之外，它也可以通过工作流系统自动完成
xor and or 逻辑运算	流程中的控制流逻辑是由以下的联结/拆分来表示的：xor——一个已完成流程的后续活动；and——一个引起多个后续活动的和-拆分；or——一个引起多个分支的或-拆分
（箭头）	形成用于连接其他元素的流程网络的控制流
信息对象	完成一个活动所需的数据，并作为后续活动的输入（WfMC 定义中的工作流相关数据），也被称为实体
组织单位	负责活动执行的单位

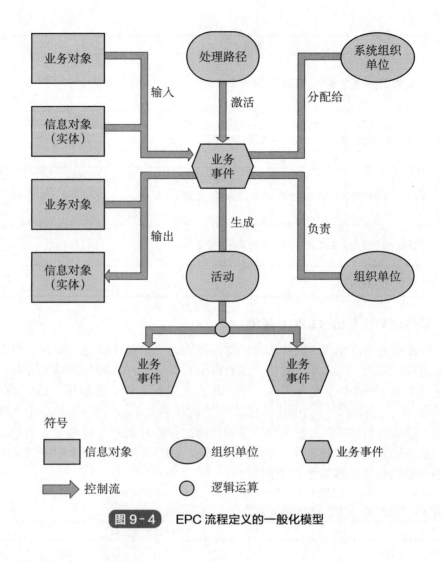

图 9-4 EPC 流程定义的一般化模型

9.3.5 验证一个新的流程模型

无论使用哪种方法对流程进行定义，我们都需要检查流程定义是否真实。在开发流程能力和相应业务规则的列表时，戴维·泰勒（David Taylor）在其《并行工程》（*Concurrent Engineering*）（Taylor，1995）一书中描述的阶段可能很有用。他认为在建立新的流程时，要使用"务虚"（talk-through）、"务实"（walk-through）和"实现"（run-through）三个阶段对流程进行检测。设计团队将把提出的业务流程描述为不同业务对象交互的模型。一旦调整了模型，务虚阶段将涉及场景中的更多细节，设计团队将对服务进行演练。最后的实现阶段是质量检查，没有现场调试发生——只描述对象之间的交互。

9.4 数据建模

数字商务和电子商务系统的数据建模都使用了成熟的技术，如用于关系数据库分析和设计的规范化技术。9.3 节流程建模介绍了一些新技术。本节给出了一些基本定义，以提醒大家注意关键术语。值得一提的是，数据挖掘和面向对象方法的出现意味着非关系数据库设计的使用越来越多。我们探索电子商务数据建模的方法是使用一些例子来确定卖方电子商务系统数据建模的典型元素。我们将使用 ER（实体关系）建模来回顾这些数据库的典型结构。在简单 ER 建模中，有三个主要阶段。

1. 识别实体。实体（entities）定义了广泛的信息分组，如关于不同人员、事物或产品的信息。例如，客户、员工、销售订单、采购订单。当设计实现时，每个设计将形成一个数据库表（database table）。

2. 识别实体的属性。属性（attributes）描述实体的任何单个实例的特征。例如，客户实体具有名称、电话号码和电子邮件地址等属性。实现设计时，每个属性将形成一个字段（field），实体的一个实例（如特定客户）的字段集合将形成一个记录（record）。

随着社交媒体服务使用的增加，公司需要链接不同来源的客户数据。来自社交网络的 API 开发使得社交登录（social sign-in）成为可能（见专栏 9 - 2）。

专栏 9 - 2   **社交登录的增加**

Smart Insights（2013）解释说，社交登录最初主要出现在出版商网站上，但在其他类型的网站上使用得更广泛（如 ao. com 和 Sear's Shoppyourway. com）。你肯定在 Mashable、Stackoverflow 或 TechCrunch 等科技发布网站上看到过这种情况，这些网站通过脸书、推特、领英或 OpenID 登录/认证就可以发表评论。

这种方法的好处是可以减少登录的障碍，从而降低许可营销的有效性（见第 8 章）。它的缺点是，如果使用简单的社交登录，则不能收集有关客户的数据进行分析。Smart Insights（2013）的研究报告称，尽管 87％的人已经知道社交登录，但只有 25％的人经常使用。根据吉里亚（Girya，2015）的研究，2015 年第三季度的社交登录份额为：

- 脸书，64％
- 谷歌，22％
- 推特，6％
- 雅虎，4％
- 领英，2％
- 其他，2％

他表示，社交登录的增加表明，所有需要提供登录服务的企业都应该考虑社交登录。

---

3. 识别实体之间的关系。实体之间的关系（relationships）需要确定哪些字段用于链接表。例如，对于客户下的每个订单，我们需要知道哪个客户下了订单以及他们订购了什么产品。如图 9 - 5 所示，字段客户 ID 和产品 ID 可用于将三个表的订单信息关联起来。用于关联表的字段称为"关键字段"。主键（primary key）用于唯一标识实体的每个实例，而外键（secondary key）用于链接到另一个表中的主键。在图 9 - 5 中，客户表的主键是客户 ID，但订单表中的客户 ID 字段在这里是链接回客户表的外键。该关系是一对多关系的一个示例，因为每个客户可能在关系的生命周期内下许多订单。

标准化是一个附加阶段，用于优化数据库以最大限度地减少信息冗余或重复，此处并未

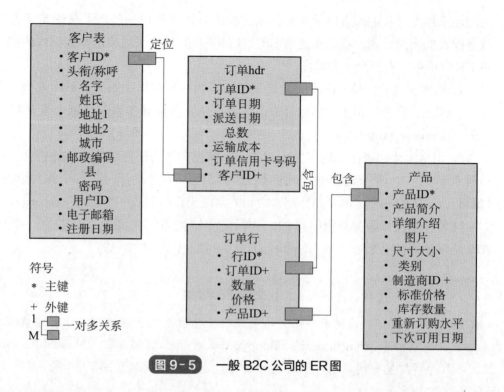

图 9-5　一般 B2C 公司的 ER 图

涉及。如果你以前有数据库分析和设计经验，请完成活动 9-3，为典型的 B2C 公司绘制 ER 图；如果你没有这方面的经验，请参考答案了解数据库的结构。

活动 9-3　**B2C 公司的 ER 建模**

目的

了解交易性电子商务数据库的通用结构。

活动

为 B2C 公司或 B2C 消费者交易网站创建标准化 ER 图。

答案见图 9-5。

评论

- 客户：可以有一个单独的送货地址。
- 订单：每个订单上可能需要许多项目，因此每个订单标题可以有许多行项目。
- 产品：包括目录信息，如说明和图片。
- 产品：通知客户库存数量以及何时可用。
- 将有一个单独的制造商表，此处未显示。

大数据与数据仓库

数字商务系统管理大量交易，并为每一笔交易记录数据，在 2012—2013 年，管理数据的公司将之称为"大数据"，代替了数据仓库，这一术语可以追溯到 20 世纪 90 年代。我们在专栏 9.3 中介绍了这一概念，展示了在当今的数字商务中它如何从收集的大量数据中获得有价值的机会。

专栏 9-3　　　　　　　　　　　　　　**大数据的业务应用分析**

什么是大数据

大数据已发展成为一个描述业务问题的概念，对其需要进行管理，以充分利用当今企业收集的越来越多的数据所带来的机遇。管理大数据还面临数据安全和客户隐私保护的挑战。IBM（2013）在定义大数据的范围和应用方面一直处于领先地位，并为此开发了服务，它定义了大数据的 4V 特征。如下所示的 4V 特征表明，管理大数据面临的挑战不仅与数量有关。

1. 数量巨大（volume）。2013 年，IBM 估计我们每天创造 2.5 万亿字节的数据。这一数据意味着当今世界 90% 的数据都是在过去两年内创造的！相比之下，地球上所有的海洋含有 352 万亿加仑的水，如果 1 字节是一桶水，那么只需要大约 20 周收集的信息就可以填满海洋。

2. 种类多样（variety）。数据格式多种多样，包括结构化和非结构化数据，如文本、传感器数据、音频、视频、点击流、日志文件等。

3. 速度快（velocity）。速度快是指实时利用数据。例如，捕获在线欺诈需要快速审查数据以发现问题。对于时间敏感的流程（如捕获欺诈），必须在其流入企业时使用大数据，以实现其价值最大化。

4. 准确性（veracity）。公司用于决策的信息来源、准确性和相关性方面是可靠的。由于大数据涉及不同来源的数据，通常以模型的形式呈现，因此存在一种风险，即它可能不被相信，难以用于支持决策。

伊顿等（Eaton et al.，2012）认为，随着时间的推移，通过更多形式的工具获取数据，可以将大数据集成到系统中使得大数据的应用成为可能。多种工具可以进行简单的数据收集，其中触发数据收集的事件是客户通过其计算机、移动站点或社交媒体（例如，通过 Web 分析或社交分析）与企业进行的一系列交互。从电子商务和在线营销的角度来看，了解事件的顺序对于了解媒体投资或多渠道体验非常重要。机器与机器的互联通常也涉及数据收集，例如，集中整理汽车上的传感器或供应链系统中物品的 GPS 记录。伊顿等人（2012）注意到，与传统数据仓库相比，Hadoop 等大数据系统更容易处理无需清理的非结构化数据，而传统数据仓库是高度结构化的，并强制执行数据完整性。

那么，大数据应用的范围是什么？甲骨文的高级副总裁安迪·门德尔松（Andy Mendelsohn）这样解释：

> 如今，我们有用于商业智能的信息系统，人们称之为数据集市和数据仓库，它们装有来自交易处理系统（如电子商务套件和其他应用程序供应商）的所有交易信息。这些信息是非常有价值的，公司交易数据如同皇冠上的宝石。海量数据中绝大多数对业务完全没有价值，但是也有精华，这些信息十分珍贵。公司希望获取这些信息，并将其集成到数据仓库里现有的交易性数据中，然后真正利用这些数据做出更好的业务决策，为公司赚更多的钱。

大数据的示例应用

IBM 给出了这些数字商务中的实时数据被处理成不同类型数据的例子。

- 把 Tweets 每天创造的 12 万亿字节数据转化为改进的产品敏感分析。
- 把每年 3 500 亿的仪表读数转化为更好的消费预测。
- 对于时间敏感的流程（如捕获欺诈），在数据流入企业时使用大数据，以实现其价值最大化。

● 每天实时分析 5 亿份的详细电话记录，以更快地预测客户流失。

门德尔松在 2013 年的 Smart Insights 中给出了三个大数据应用的例子。这些大数据是存储在数据仓库中的关于客户购买交易的现有数据，以及其他类型的数据。

1. 汽车保险业的例子

门德尔松说，他的公司已经有了一个 Exadata 数据仓库，捕获了关于客户及其事故、保单信息等的所有已有保险信息。

公司想做的是用从汽车上获得的新数据来增强数据。现在大部分汽车装有传感器，可以捕捉到客户的每一个动作以及外面发生的一切，这就是所谓的汽车远程信息处理数据。公司想利用这些信息研究客户的实际驾驶行为，并更好地了解他们的保险费率是多少、他们的驾驶习惯如何，甚至帮助客户成为更好的驾驶员。这是一个非常经典的例子。公司对用 BDA（大数据设备）来扩充 Exadata 数据仓库很感兴趣。

2. 旅游保险业的例子

该公司是一家比较和提供不同类型旅游服务的在线企业。它已经获得了关于客户的所有交易数据。

公司想做的是用网站上正在发生的事情来增强信息。公司希望捕获网络日志，获得社交媒体数据，以便更好地了解客户在做什么，预计可能会进行哪些旅行，并将这些信息与现有客户之前的交易信息结合起来，利用这些信息为客户提供更好的促销优惠，并发展业务。

3. 游戏行业的例子

该公司从事游戏机和网络游戏的销售业务，并拥有一个大型的可进行信息分析的 Exadata 数据仓库，公司希望通过业务决策分析来扩充 Exadata 数据仓库，以更好地了解客户在游戏中的表现。游戏中真正有趣的事情之一是人们一起玩游戏。公司想了解客户之间的关系，想了解那些一起玩游戏的人的社交网络，因为很可能网络中的一个人想做什么，其他人也会想做同样的事情。因此，公司可以利用这些信息在游戏空间中更好地推销。据该公司称，仅集成数据并不能产生价值，需要分析建模来解释输出。公司称，"需要先进的分析模型来实现数据驱动的优化（例如，员工计划或运输网络）或预测（例如，航班延误，或者根据客户的购买历史或网站行为预测客户想要什么或想做什么）"。公司还需要制订一个计划，以确定模型将在何处创造额外的商业价值，谁将需要使用它们，以及如何避免不一致和不必要的扩散，因为模型在整个公司范围内不断扩大。公司还指出了决策支持工具的重要性：

建模的输出可能非常丰富，但只有在管理者和一线员工（在许多情况下）理解并使用它的情况下，它才有价值。过于复杂的输出可能会让人不知所措甚至产生不信任。公司需要的是直观的工具，可以将数据集成到日常流程中，并将建模输出转化为有形的业务行动，例如，为员工提供清晰的界面，为呼叫中心代理提供细致的交叉销售建议，或为营销经理提供实时折扣决策。

一个关键的设计问题是如何有效地应用有关这些事务的信息来提高这些系统的效率和增加业务贡献。在第 10 章，我们描述了如何使用网络分析系统来分析和提高卖方电子商务系统的有效性。

虽然可以使用独立的分析系统，但越来越多的大型公司发现，为了应用现有的分析以提高洞察力，它们必须将网页信息分析与内部销售和订购系统集成，以形成数据仓库。

9.5 设计数字技术项目

创建数字商务系统的设计元素包括指定系统应如何构造，以及如何实现终端用户功能和其他项目的"后端"集成。

本章将探讨设计的两个方面——架构设计及安全和界面设计，这两个方面对于客户如何感知数字商务系统非常重要。本节我们考虑数字商务系统的架构设计。

数字商务系统的架构设计

数字商务系统设计的出发点是确保整个公司在硬件和软件技术、应用程序和业务流程方面存在一个通用的体系结构。

数字商务系统遵循与 20 世纪 90 年代创建的许多业务信息系统相同的客户端-服务器模型体系结构。对于数字商务而言，"客户"传统上是员工、供应商或客户的台式电脑，这些电脑为数字商务应用程序提供了前端访问点。如今，人们越来越多地使用智能手机和平板电脑等移动设备，如第 3 章和第 4 章所述。这些客户端设备通过企业内部和外部网络或互联网连接到后端服务器计算机。在第 3 章和第 6 章中，我们讨论了选择软件即服务（SaaS）数字商务所涉及的管理问题，其中的系统是客户端-服务器系统，客户端是计算机或移动设备上的浏览器，服务器位于组织和应用程序进程之外，应用程序通常与其他公司在"多租户"模式下共享。

客户端-服务器系统中的一个关键设计决策是如何在客户端和服务器之间分配向用户交付工作应用程序所涉及的不同任务。数字商务系统中，这些任务有：

- 数据存储。主要在服务器上完成。理想情况下，客户端存储仅限于 Cookie，Cookie 随后与存储在数据库服务器上的用户数据关联。SaaS 系统通常使用位于不同位置的多个服务器组成的云来更高效地提供服务，如第 3 章所述。
- 查询处理。主要在服务器上完成，也可以在客户端执行一些验证。
- 显示。传统上，这主要是客户端的功能，但随着移动使用的重要性日益增加，响应式和自适应移动方法被使用，如本章后文所述。
- 应用程序逻辑。传统上，在早期的电脑应用程序中，这是一种客户端功能，但对于数字商务系统，设计的目标是最大化应用程序逻辑处理，包括服务器上的业务规则。

典型的数字商务体系结构使用三级客户端-服务器（three-tier client-server）模型，其中客户端主要用于显示应用程序逻辑，业务规则在服务器（第二级）上分区，数据库在服务器（第三级）上分区。因为大部分处理都是在服务器而不是客户端，而且可执行程序的规模较小，所以这种架构有时被称为精简客户端（thin client）。第 3 章中描述的应用程序服务器（ASP）通常基于三级客户端-服务器模型，如图 9-6 所示。

尽管数字商务系统的三级客户端-服务器模型建议采用相对简单的架构设计，但现实更为复杂，需要不同的服务器将应用程序逻辑和数据库存储结合起来以满足不同的需求。这些服务器可以是物理上独立的服务器，也可以是组合的。图 9-7 显示了一个典型的数字商务架构。每个服务器的用途如下：

- 网页服务器。管理来自客户端的 http 请求，并充当其他服务器的被动代理，返回网页或提供网页服务。

图 9-6 数字商务环境下三级客户端-服务器模型

- 商户服务器。这是应用程序逻辑的主要位置，通过向其他服务器组件发出请求来集成整个应用程序。
- 个性化服务器。提供定制的内容，可能是支付服务器的一部分。
- 支付服务器。管理支付和安全交易系统。
- 目录（内容）服务器。用于显示详细产品信息和技术规格的文档管理服务器。
- CRM 服务器。存储所有客户的信息。
- ERP 服务器。从客户处获取库存和定价信息，处理销售订单，存储历史记录，安排销售物流等。

显然，不同组件之间的集成方法并不简单——创建完全集成的数字商务并不简单！如第 8 章所述，简化设计的最佳方法是减少组件供应商的数量，以简化数据和集成应用程序。

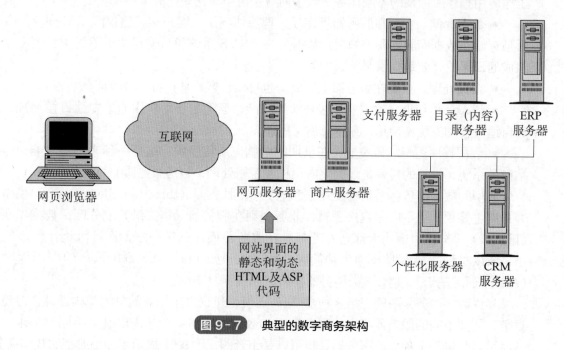

图 9-7 典型的数字商务架构

辩论 9-1 数字商务和 ERP 基础架构

为数字商务设计合适的架构与为 ERP 设计架构实际上是一样的。

9.6　聚焦：以用户为中心的网站设计与客户体验管理

由于数字商务系统通常是面向客户或员工的，因此人机交互在网页应用程序设计中很重要。关于网站设计，奈杰尔·贝文（Nigel Bevan, 1999a）说：

> 网站只有满足预期用户的需求，才能满足提供网站的组织的需求。网站开发应以用户为中心，根据用户需求来不断改进设计。

诺伊斯和巴伯（Noyes and Baber, 1999）解释说，以用户为中心的设计（user-centered design，现在通常缩写为 UX）涉及的不仅仅是用户界面设计。它可以被认为是以人为中心，但设计的重心应放在影响可用性的因素（如用户界面、计算机、工作场所和环境）上。在这部分，我们主要了解用户界面。

随着数字平台的发展，在线品牌影响力越来越大，从通过台式电脑访问的公司网站到通过平板电脑和手机访问的移动网站和应用程序，再到脸书、Instagram、领英和推特等主要社交网络，对系统的 UX 的改进已经延伸到考虑使用者的位置和手机系统等环境因素。这就是所谓的客户体验管理（customer experience management，CXM）。从 UX 到 CXM 的发展受到以下几方面的影响：

- 智能手机和移动设备的使用。
- 双屏幕或多屏幕的使用，智能手机或平板电脑可与包括电视在内的其他设备一起使用。
- 多渠道购物行为，其中移动设备可在商店内使用，作为购买决策的一部分，线下支付受到了线上体验的驱动，反之亦然。
- 网站体验与其他在线平台紧密结合，包括公司社交网络页面和电子邮件通信。
- 将线下客服和线上客服相结合，通过直播、回呼等服务融入网站。

图 9-8 显示了 CXM 的组成要素。

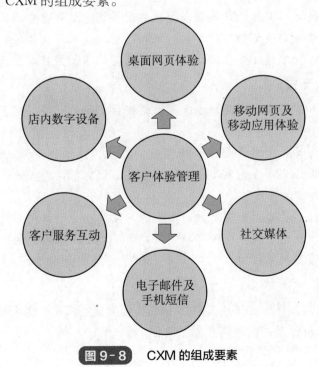

图 9-8　CXM 的组成要素

CXM 对于多渠道或全渠道交易网站（如旅游、零售和金融服务网站）尤为重要。Forrester（2011）从可用于提供客户体验的不同系统的角度描述了 CXM，其中包括网页内容管理、个性化、营销自动化、商业平台、客户服务交互管理、现场搜索、营销以及将分析与测试和优化相结合。这一描述提出了有效的客户体验所面对的挑战，即基于构成整体体验的不同系统或服务的集成来创建有效的客户体验。他还表明，在创建新站点期间，CXM 不是一次性活动，而是一个持续的改进过程，可使用分析和结构化测试作为转化率优化（conversion rate optimization，CRO）计划的一部分。现在公司越来越多地使用 CRO 来提高在线展示对公司的商业贡献。因此，数字商务设计不应被视为创建新网站或服务时的一次性投资，而应被视为持续投资。专栏 9-4 中的信息进一步强调了这一点。

专栏 9-4　　　　　　　　　　　　　　　**英国客户体验分数的下降**

毕马威（KPMG）的研究（2017 年的关联体验计划）发现，只有少数英国公司成功地将客户体验作为其业务的价值来源。事实上，英国平均客户体验分数总体上有所下降，美国和英国之间的差距也在扩大。与 2016 年相比，2017 年的英国消费者体验不佳的概率高出三倍。

提升客户体验可以带来收益

客户体验的核心是客户旅程。研究表明，改善客户旅程的品牌可以增加 10%～15% 的收入，还可以将服务成本降低 15%～20%。客户旅程地图使这些成本节约成为可能，因为在典型的客户旅程中，通常存在显著的低效率，这通常涉及由组织的许多不同部分（网站、销售、呼叫中心、运营和物流）管理的多个接触点。例如，呼叫中心可能会对客户投诉作出回应，但无法确定其根本原因，因此其他客户将继续投诉同一问题。在许多情况下，流程是重复的，设计不当会减慢整个流程。

毕马威的研究表明，客户体验的质量与公司的财务绩效之间存在着明显的相关性。消费者越来越多地转移到那些能够创造良好体验的公司。例如，前十大品牌的收入和利润增长是排名垫底的十个品牌的四倍。此外，排名前 100 位的品牌平均利润同比增长是排名垫底的 100 个品牌的两倍。

卓越体验的六大支柱

经过 8 年的研究和对多个市场超过 185 万次的评估，我们已经确定了优秀客户体验的六个基本组成部分。

在宣传和忠诚度方面，个性化是一个决定性的支柱。技术进步意味着人们的期望值被重新设定——例如，优步重新设定了人们对出租车使用方式的期望值，爱彼迎则重新设定了人们对住宿的期望值。

跨国组织必须关注两件事：期望是如何形成的，以及一个组织将如何满足这些期望。例如，亚马逊努力确保在三天内送达货物，它设定期望值，然后使用一系列交付方法来超越期望值，即便最坏的情况也是达到它设定的期望值。

期望的黄金法则

1. 准确设定期望值。仔细安排期望管理方法，包括设定并满足客户物流方面的期望。
2. 商定时间。明确计划，明确客户需要做什么。

3. 比预期更快的响应速度。对查询、问题或投诉的快速响应是客户所期望的，这是一个保健因素，而不是激励因素。

4. 使用通俗语言，不要使用行话。含糊的承诺会令客户沮丧，应从一开始就制定基本规则。

5. 履行或超越承诺。不履行公开的承诺比根本不做出承诺更糟糕。

6. 仔细指导整个过程。在整个过程中仔细指导客户意味着可以准确地设定期望值，然后根据期望值完成交付。

连接思维

以客户为中心的业务的核心在于公司的相互关联性，即前端、中间和后端流程是一致的和相互关联的。因此，很多合作伙伴和中介机构从客户开始，通过价值链逆向工作。毕马威的研究表明，公司通过在八种能力上进行投资而建立联系。

最后，必须强调客户体验转型需要时间，转型计划通常至少需要3～5年完成。

以用户为中心的设计要先理解用户群体的性质和变化。根据贝文（1999a）的理论，设计人员需要考虑的问题包括：

- 谁是重要的用户？
- 他们访问网站的目的是什么？
- 他们多久访问一次网站？
- 他们有怎样的经历和经验？
- 他们来自哪个国家？他们能读懂英语吗？
- 他们寻找哪种类型的信息？
- 他们想以何种方式使用信息？屏幕阅读、打印还是下载？
- 他们使用什么类型的浏览器？网站链接的速度如何？
- 他们使用多大的显示屏？屏幕分辨率是多少？

专栏9-5给出了一个公司如何在其网站上不断犯错，以及如何说服公司投资于可用性计划的现代观点。

在我们研究以用户为中心的网站设计的最佳实践之前应该明白，可用性和适用性只是决定客户体验的一部分（见图9-9）。在第5章中的竞争对手分析部分，我们解释了品牌承诺对客户体验同样是重要的。在线品牌承诺与提供在线客户体验密切相关。在本章中，我们将探讨公司可以采取各种实际行动，创造和维持令人满意的在线体验。艾利森·兰卡斯特（Alison Lancaster）指出了打造以用户为中心的在线形象所需的努力。艾利森·兰卡斯特当时是 John Lewis 的负责人，现任 Charles Tyrrwhitt（www.ctshirts.co.uk）的营销总监，他说：

> 一个好的网站总是从用户开始。了解用户是谁，他们如何使用该渠道购物，并了解该类别的市场如何运作。这包括了解你的竞争对手是谁，以及它们如何在线运营。你需要不断地研究、反馈并进行可用性测试，以持续监控和改进用户体验。在线用户希望订购方便，他们想要一个下载速度快、结构良好、易于浏览的网站。

专栏 9-5　　　　　企业在以用户为中心（UX）的设计方面失败的 14 个原因

随着我们对数字化服务的需求越来越大，设计的重要性也越来越强。尽管有种种说法，由于缺乏理解和资金支持，各组织似乎正在削弱其 UX 设计团队。以下 14 个原因是 UX 设计最常见的挑战。

1. 没有设计负责人

设计应该是技术和商业的平等伙伴，要做到这一点，需要在最高层有相关机构。如果没有一位设计负责人向首席执行官汇报，除非一家公司的企业文化本身就是用户导向的，否则以 UX 方式进行组织设计是十分困难的。

即使是那些没有将产品推向市场的公司，建立有效的服务也需要设计思维或提出"我们的用户需要和渴望什么？"的问题。通用电气的首席体验官格雷格·彼得罗夫（Greg Petroff）在图 9-9 中总结了设计、技术和商业的三角关系。

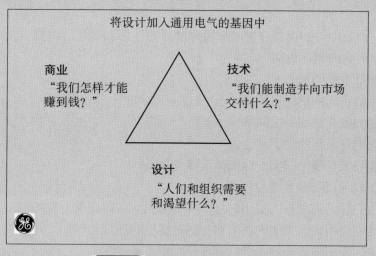

图 9-9　通用电气的设计基因

2. 不了解整个业务中的 UX，也不了解自己需要扮演什么角色

关于 UX 和设计的争论类似于数字化转型的讨论。许多公司仍然缺乏对良好 UX 的理解。

有多少首席执行官和首席财务官了解什么是服务设计，以及适当的用户研究需要什么资源？有多少首席执行官和首席财务官了解瀑布式项目管理的缺点，了解多渠道客户旅程的复杂性以及消费者对于透明和控制的渴望？

3. 在项目构思过程中，没有 UX 或设计专业人员的参与

这是许多 UX 专家和设计师所熟悉的限制因素。简报在创建好之后会发送给 UX 专家，有可能创建简报的人甚至不是数字团队的成员，因此不符合要求。UX 专家的工作就是在现有条件下尽力提升用户体验。

在项目简报阶段，无论是营销活动还是新产品的创建，都要考虑 UX 和设计，这将有助于解决对用户需求考虑不周的问题。

4. UX 和设计团队以敏捷方法工作,而其他业务团队则采用瀑布式方法

另一个问题是设计团队与组织其他成员之间工作方式有差异。当 UX 和设计团队试图采用敏捷方法来进行原型设计、测试和迭代时,这会使他们与使用大量详细摘要和瀑布式方法的团队产生矛盾。因此,设计团队被迫在原则上妥协。

5. 过于注重交付,这意味着 UX 团队没有适当的时间来完成他们的工作

也许是瀑布式设计的结果,或者仅仅是对 UX 功能的误解,公司往往专注于交付,这不利于 UX 设计。

6. 孤立的数字化团队,他们独立于营销部门存在,通常处于市场营销的下游

数字化转型的一个共同挑战是数字化团队与营销分开,这是 UX 和设计团队中常见的问题。孤岛式团队的后果是流程脱节,数字服务被视为事后思考或后续行动,而不是整个设计的一个组成部分。

7. 设计被视为一种服务

在数字环境中,UX 和设计的范围通常是数字团队中雇用的 2~5 名专家。实际上,这些专家将 UX 和设计视为一项服务。

当设计被视为一项服务时,它就会是临时的,并且套用现成的方案,这与以用户为中心的设计理念背道而驰。

设计委员会清楚地描述了组织内部的三种设计水平。最不成熟的是"设计即服务";其次是服务设计团队,他们与市场营销不相上下,从产品或服务设计之初就做出了贡献;而终极目标是战略设计,其中设计塑造了业务战略。

8. 旧的设计指南是专为印刷品设计的,缺少或根本没有一致性

设计指南最初是为印刷品设计的,没有适当更新,没有适当改编。

许多拥有顶级设计师的组织会有自己的设计指南,这并非巧合。Aviva 和 Co-op 就是很好的例子。如果你看一下 Co-op 的设计手册,你会发现一个拥有设计原则、内容指南、资产、原型工具包、模式库、可访问性标准、支持的设备、示例和手册的存档版本的设计指南。

9. 已经被用户发现问题或故障,但尚未进行修复或解决

这是一个值得一提的结果而不仅仅是一个原因。糟糕的用户体验和客户旅程是相当常见的,这是对公司用户体验理解的控诉。出现的问题可能会持续一段时间,因为瀑布式流程阻止团队迭代。

10. 机构向不了解客户情况低头

机构需要勇敢面对客户,拒绝接受无法满足的用户需求。

11. 利益相关者只信任统计数据或第一手经验

营销人员和 UX 专业人士经常抱怨难以说服利益相关者相信他们的论点。这表明,客户对设计缺乏信任,这是缺乏相关教育导致的,但也因为关注数字而不是一手资料的管理者可能习惯于查看分析和报告,他们还需要亲眼看到客户研究,了解设计决策对客户旅程的影响。

12. 员工缺乏多样性

在员工年龄、族裔、背景和性别不同的团队中,设计与多元化团队的合作效果最好。如果组织未能招募到多元化的员工，那么对用户需求的洞察就会减少。

13. UX 团队没有在整个业务范围内协同工作

UX 专业人员可能在业务的不同部分单独工作，但没有中心目的。这意味着他们不是特别一致或高效。这样的组织下一步或许应该进行整合。

14. 经理想要闪亮的新事物

我们都有过这样的经历：一位经理决定要聊天机器人、Alexa 技能或网站上的动画，而这些要么不是用户想要的，要么是不需要的，或者不是业务重点。这是对 UX 过程缺乏了解的另一个表现。

即使在看似更具创新性的行业，挑战也在不断到来。FinTech 为银行业设定了新标准，pure-play 为多渠道零售商设定了新标准，而纯在线服务已经极大地改变了旅游业和房地产业。以用户为中心的设计一直是这些变化的催化剂，因为消费者要求透明、可控、方便、安全，甚至有趣。在未来十年中，数字不再是一个重要的词，但设计仍将是一个公司引以为豪的差异化元素。

资料来源：Econsultancy (2017a).

可以看到，创建有效的在线客户体验是一个挑战，因为有许多实际问题需要考虑，我们在图 9 - 10 中给出了这些影响因素。这是基于切尔纳托尼（Chernatony，2001）的研究，他建议，传递品牌承诺的在线体验需要传递理性价值、情感价值和承诺体验（基于理性价值和情感价值）。影响在线客户体验的因素可以以金字塔形式呈现，如图 9 - 10 所示。该图还强调了在线服务质量的重要性，正如特罗基亚和詹达（Trocchia and Janda，2003）所指出的。克里斯托杜利斯等（Christodoulides et al.，2006）的研究测试了一系列指标对在线零售和服务公司在线品牌价值的重要性，对品牌资产的五个维度进行了分析：

1. 情感联系。

- 我觉得自己属于××客户类型。
- 我觉得××实际上关心我。
- 我觉得××似乎真的了解我。

2. 在线体验。

- ××网站提供了易于使用的搜索路径。
- 在浏览××网站时，我有获得感。
- 我能够毫无延迟地获得我想要的信息。

3. 响应性服务。

- ××愿意并随时准备好响应客户的需求。
- ××网站为访问者提供了对话的机会。

4. 信任。

- 我相信××会保护我的个人信息安全。
- 我在与××进行交易时感到安全。

5. 满足感。

- 我从××网站上买到了我想买的东西。
- 产品可以在××承诺的时间内交付。

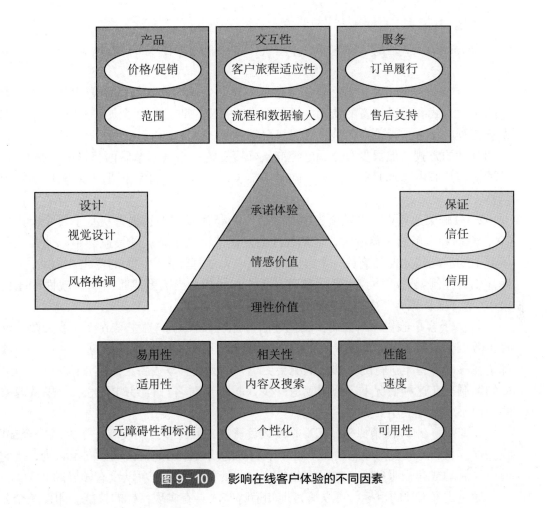

图 9-10 影响在线客户体验的不同因素

9.6.1 客户体验管理框架

客户体验（CX）专业机构 Customer Input（www.customerinput.com）设计了一个全面的管理框架，该框架建立在多年的研究、咨询和客户体验优化的经验之上。

实施 CX 战略的第一步是开展研究和审计活动，旨在获得客户体验的整体观点。这包括：

- 客户体验生命周期审计：了解当前渠道和接触点的广度，并确定新的互动渠道机会。
- 客户研究：了解客户价值的构成，并调整每个渠道提供的价值。它还涉及客户细分。
- 组织协调：了解当前的流程和政策，协调不同部门以实现客户洞察。

客户以及公司的产品、服务和政策会随着时间的推移而变化，因此应定期进行练习，以重新评估客户体验并重新调整框架。

客户体验设计

框架调整阶段的调查结果将转化为有效的解决方案，以改善客户体验，这是科学和创造力融合的地方。公司及其客户的现有知识有助于将体验设计无缝整合到整个研究和设计过程中。了解每个渠道和公司流程的客户需求和价值，可以设计解决方案来改善关键/负面体验，并通过创新创造新的客户价值。

实施

Econsultancy 指南《实施客户体验（CX）战略》（2017b）提供了以下 10 个实施 CX 的技巧：

1. 定义卓越的 CX 是什么样的。价格不再是影响客户选择的重要驱动因素。客户不断变化的生活方式和移动设备的使用主导了他们对 CX 的期望。为了满足这些需求，品牌应该关注无缝交互，使客户无论在何处，都可以随时进行交易。尽管知道移动设备定义了客户希望与公司互动的方式，但很少有公司已经准备好接受这一点（本章后面将详细介绍）。因此公司应该了解客户心中卓越 CX 的样子，同时实施 CX 设计，并注意根据未来客户偏好的变化进行调整。

2. 分解渠道焦点。以渠道为中心的公司的高管似乎仍然更喜欢基于每个渠道衡量和设计 CX，然后在了解客户旅程时，他们往往会发现情况太复杂。以渠道为中心使公司忽略了一个渠道中的活动是如何影响另一个渠道的，所以无法解释客户行为的变化。相反，应关注 CX 目标并相应控制渠道活动。这可以提高灵活性，尤其是当需要满足具有挑战性的条件时（这在第 10 章"增长黑客"中有更详细的介绍）。

3. 关于客户旅程。当公司试图构建客户旅程视图时，关注渠道会导致失败，逐个渠道地收集数据会导致不兼容的结果。如果战略依赖于第一手可识别的数据，并且大多数客户交互都是在移动设备上进行的，那么情况会更糟，因为在移动设备上，客户陷入了一个没有 Cookie 的黑洞。在这种情况下，公司应退一步，着眼于对客户行为的概述。一些微观数据是有用的，但不要沉溺其中。

4. 职责。市场营销似乎是 CX 的默认负责人，但许多公司没有一个人或一个部门来推动。我们很容易将 CX 视为概念，而不是一个明确的战略。因此，公司倾向于认为，当它们着手开展广告活动或客户服务中心的具体业务时，在某种程度上是可以没有领导的。

通过定义 CX 的目标，可以清楚地知道哪些人具有实现目标的技能。即使整个公司尚未完全接受 CX 的理念，创建一个由明确的领导者掌舵的工作小组，也会有助于 CX 在商业现实中站稳脚跟。

5. 品牌建设是实现差异化的基础。至少十年来，数据这个话题一直主导着客户对话。因此，建立品牌的重要性被淡化。今天，公司可以根据其能力考虑客户体验的实际元素，从而实现差异化。

最终，竞争环境将趋于公平。品牌将成为客户考虑的基础，增加诸如感觉和情感等价值将成为差异化的关键。获胜的品牌将把品牌价值与客户体验联系起来。

6. 创建自己的框架。商业环境不断变化。除了努力通过创新保持最新状态外，还有一些遗留系统和行为需要处理。公司应建立一个框架，列出公司在 CX 中取得成功所需采取的行为和目标，展示出优势和劣势。该框架可显示出公司需要回到哪里去调整它们的行为。

不存在通用的框架，但是根据良好 CX 交付的主要组成部分展开 SWOT 分析（见第 5 章）可以创建一个计划。这个计划将有助于确定当前的目标是否可以真正推动公司实现 CX，或者最终业务是否仍未离开其舒适区。

7. 技术是一种工具，而不是解决方案。技术是诱人的。大多数公司认为技术未能建立足够的基础来帮助其兑现承诺。对大多数公司来说，这是非常昂贵的"膏药"：最初能解决问题，但不可避免走向失败，并可能造成更多的困难。

在新技术空降之前，应该鼓励公司自我革新——你面临的挑战有多少可以通过运营实践中的细微变化、更好的员工培训和新视角来解决？如果新系统真的是解决方案，那么要确保业务的其余部分——员工、数据和集成系统——能够恰当地整合起来为其服务。如果这很困难，公司应探索可用的管理服务或外包，直到内部能力得到提升。

8. 为创新腾出空间，但要明智选择。市场开拓者敏锐地意识到，他们的公司需要具有创新精神。使用新的支付方法、聊天机器人和人工智能时，需要建立基础以保持 CX 的一致性。在探索创新被采纳时，应确保其提供的体验与品牌是一致的，并且可以持续。

9. 领导是关键。确保投资甚至公司与 CX 保持一致，责任在于首席执行官（CEO）。一些公司很幸运，已经将灵活的客户焦点融入公司文化。对其他公司来说，这是一个适应和进化的过程。

CX 可能是一场有大量证据支持的运动，领导团队必须检查并证明对于压力的反应是合理的。要获得对实现 CX 的支持，即使它是迭代的过程，也应设定目标，明确实现目标的途径，并进行衡量和沟通。

10. 现在开始。无所作为的代价很高。客户需要更好的体验，没有哪个行业可以幸免。即使在臭名昭著的价格敏感型的公用事业部门，人们也认识到实施 CX 对于忠诚度至关重要。我们在专栏 9 - 5 中还看到，CX/UX 需要很长时间才能改善，但当公司这样做时，会产生积极影响。

丽思·卡尔顿（Ritz Carlton）前首席营销官（CMO）、咨询师布鲁斯·希姆尔斯坦（Bruce Himelstein）说（Econsultancy，2017b）：

> 向高层领导承诺，你将倾听客户的意见，并为 CX 做点什么。没有什么是一夜之间发生的，但客户知道你在努力，他们会给你一张通行证。

可用性

可用性（usability）是以用户为中心的设计中的一个关键概念，应用于一系列产品的分析和设计，以确定产品的易用性。英国标准协会（The British Standards Institute）ISO 标准（1999）指出，以人为中心的互动系统设计流程的可用性是指：

> 在特定的使用环境中，产品能够被特定用户有效、高效和满意地使用，以达到特定目标。

你可以看到这个概念是如何应用到网站设计中的。网站访问者通常有明确的目标，比如找到特定的信息或完成特定的操作。在雅各布·尼尔森（Jakob Neilsen）的经典著作《设计网页的可用性》（*Designing Web Usability*）（Neilsen，2000a）中，他这样描述网站的可用性：

> 网站设计的一种工程方法，是确保网站的界面易学、易记忆、无错误、高效，并让用户满意。它包括测试和评估，以确保用户在尽可能短的时间内更好地使用导航和链接来访问信息。

在实践中，可用性涉及两个关键的项目活动——专家评审和可用性测试。专家评审（expert reviews）通常在重新设计项目时进行，作为识别先前设计中的问题和可用性测试（usability testing）的一种方法：

1. 确定网站的典型用户和任务；

2. 要求用户执行特定任务，如查找产品或完成订单；

3. 观察他们做什么以及如何完成。

要使网站成功，需要完成用户任务或操作时：

● 有效率——网站可用性专家衡量任务完成情况，例如，网站访问者中只有 3/10 的人能够有效地找到电话号码或其他信息；

● 有效果——网站可用性专家也会衡量在网站上完成一项任务所需的时间，或点击次数。

雅各布·尼尔森在他的文章《可用性 101》（*Usability* 101）（www. nngroup. com/articles/usability-101-introduction-to-usability）中对可用性的必要性进行了解释。他说：

> 在网络上，可用性是网站存在的必要条件。如果一个网站很难使用，人们就会离开。如果主页上没有明确说明公司提供了什么以及用户可以在网站上做什么，人们就会离开。如果用户在网站上迷路了，他们也会离开。如果网站信息难以阅读或无法回答用户的关键问题，他们还是会离开。让用户花费大量时间阅读网站手册或研究设计界面是不可能的。还有很多其他可用的网站，因此当用户遇到困难时，他们就会选择离开。

出于这些原因，尼尔森建议设计项目预算的 10％ 左右应该花在可用性上，但实际花费通常要少得多。

评估设计

根据贝文（Bevan，1999b）的说法，设计可用性测试应考虑三个方面：

1. 效率——用户能否正确、完整地完成任务？

2. 生产力（效果）——任务能否在可接受的时间内完成？

3. 满意度——用户对交互是否满意？

用户参与对于评估设计的有效性至关重要，焦点小组传统上被用作网站原型设计方法的一部分，并用于优化转化率（CRO）（在第 10 章中介绍）。

Econsultancy（2009）描述了保险公司 Hiscocx（www. hiscox. co. uk）如何使用三种不同的用户交互原型进行网站的重新设计：

● 分销模型中访问者选择自己属于哪种客户类型，然后进行产品挑选。

● 零售模型中客户选择他们想要的产品，然后选择购买方式。

● 用基于需求的模型帮助客户挑选产品。

眼动跟踪（eyetracking）是评估设计有效性的一种有效技术。许多可用性代理机构作为焦点小组的一部分提供了眼动跟踪（参见 eye tracking 的例子，www. youtube. com/user/Simple Usability。）或通过 www. whatusersdo. com 服务进行远程测试。

传统上，可用性测试是在分析和设计期间完成的，但许多公司现在通过工具不断获得反馈。Smart Insights（2010）确定了五种类型的工具：

1. 网站反馈工具。有时被描述为客户的声音，这为客户提供了一个永久性的工具，可以通过每个页面上的提示进行反馈。

2. 众包产品意见软件。对新功能或服务交付的反馈。

3. 简单页面或概念反馈工具。用于收集其他网站使用者的反馈。

4. 站点出口调查工具。这些工具根据满意度对意图（访问现场的原因）进行评分。一些公司用它来重新设计网站，还有一些公司用它来永久跟踪网站的有效性。

5. 一般在线调查工具。许多公司使用通用的低成本或免费调查工具调查用户的意见。

9.6.2 用例分析

应用于流程分析和建模的用例方法（use-case method）作为面向对象技术开发的一个分支，是在 20 世纪 90 年代早期开发的，是统一建模语言（UML）方法的一部分。用例方法试图把 Booch、OMT 和 Objectory 表示法统一。例如，雅各布森等（1994）提供了一个易于理解的介绍，并描述了对象建模如何应用于工作流分析。

人物画像和场景分析

网站设计师和营销人员使用类似的模式，但使用不同的术语。营销人员为典型的网站访问者创建网页、设计角色，这是一种强大的技术，可以影响在线活动的规划、网站的可用性，并且以用户为中心。Forrester（2005）研究了人物画像的使用，发现人种学研究人员平均在每个项目中对典型人物进行 21 次访谈，平均创建 4～8 个人物画像，成本在 47 000～500 000 美元之间！福特在 Ford.com 上使用了 3 个买家画像，Staples.com 有 7 个面向购物者的画像，微软有 7 个面向 Windows XP 用户的画像。

人物画像本质上是对一类人的缩略描述。它们在客户细分和广告研究中已经使用了很长时间，近年来人物画像也被证明对改进网站设计是有效的。客户场景是为不同的画像开发的。《客户革命》（*The Customer Revolutiol*）（Seybold and Marshak，2001）一书中是这样解释客户场景的：

> 客户场景是一组特定客户想要或需要执行的任务，以实现其期望的结果。

可以为每个角色开发场景。每个场景都被分成一系列步骤或任务，这些步骤或任务可以看作访问者提出的一系列问题。通过识别这些问题，网站设计师可以识别不同类型的客户在购买过程中不同阶段的信息需求。

场景的使用是一种简单但功能非常强大的网页设计技术，在网站设计中非常少见。在对竞争对手网站进行基准测试时，还可以使用场景进行情况分析。以下是开发画像时可以使用的指导原则和想法。起点或终点是给每个画像起一个名字。

具体步骤如下：

1. 将个人属性融入人物画像中。

- 人口统计特征：年龄、性别、受教育程度、职业。
- 心理学特征：目标、任务、动机；
- 网络特征：网络体验（月）、使用位置（家庭或办公地点）、使用平台、使用频率、喜爱的网站。

2. 记住，人物画像只是特征和环境的模型。

- 设计目标；
- 刻板印象；
- 三个或四个画像用来改善网站的整体可用性已经足够，更多的画像可用于服务具体行为；
- 选择一个主要人物画像，如果满意，意味着其他人也可能会满意。

3. 为每个人物画像开发不同的场景，如下所述。

- 信息查询场景（引导网站注册）；

- 购买场景——新客户（引导销售）；
- 购买场景——现有客户（引导销售）。

一旦一些代表关键网站访问者类型或客户类型的画像被开发出来，就意味着一个主要人物画像（primary persona）已经确认了。沃特克（Wodtke, 2002）说：

"你的主要人物画像应是一个普通的用户类型，这不仅对产品的商业成功很重要，从设计的角度来看也很需要——换句话说，主要人物画像是一个初级用户或技术上存在挑战的用户。"

他还提到要开发补充人物画像，如超级用户或完全新手。补充人物画像是那些不属于主要类别且表现出异常行为的角色。这种互补的人物画像有助于"开箱思考"，并提供可能吸引所有用户的选择或内容。有关人物画像的更多信息请访问：www. usability. gov/how-to-and - tools/methods/personas. html。

有关人物画像开发和应用的另一个示例，请参阅迷你案例 9 - 1。

迷你案例 9 - 1

Miele Professional 如何利用人物画像进行潜在客户开发

竞选目标

Miele Professional 是一家领先的高品质家电制造商，主要生产专业洗衣、洗碗和消毒设备。Miele Professional 使用全国认可的经销商网络销售家电。该公司正在寻找一种新的方式来有效地联系和培育客户和潜在客户群，这种方式将与传统的广告和公关活动同时进行。公司的主要目标是：

- 增加潜在客户的价值；
- 增加客户与 Miele Professional 品牌的接触。

战略

通过综合数据挖掘和研究，分析 Miele Professional 的潜在受众。可用的数据库按行业和决策者进行划分，并通过电话联系一个样本组，就样本组成员的痛点、解决方案、反对意见和目标询问预先编写大约十个问题。

样本组成员也会收到一封电子邮件，其中包含一个在线版本的调查链接，因此公司可以收集更多信息。

除此之外，研究人员还被委派通过相关论坛、社交媒体平台和现有内容开展类似行业/决策者研究的任务。公司收集到所有这些信息后，就可以进行分析，以确定影响前景的关键趋势和模式。数据段中出现的任何趋势都用于为决策者制定人物画像文档。

研究的结果是明确定义了目标受众的人物画像文档。这些人物画像文档中的人是中小型养老院和酒店的老板和经理。他们中的大多数人时间不多，要处理预算紧张的问题，并试图保持较高的入住率。

一个分段的消息传递层次结构产生了，并围绕每个决策者的热点问题设计了领导力方面的主题/话题。这些文档在整个活动和每一项决策中都发挥着核心作用——从内容规划到创意构思。

沟通渠道

为此活动选择的内容包括：

- 白皮书；
- 电子书；
- 信息图。

该活动将内容的可访问性作为优先事项。因此，文档以可打印的格式创建，以便在决策者方便时打印和阅读。还可以制作一系列短片，以便每位决策者都可以使用他们喜欢的媒体来消化内容。

为了通知潜在客户相关内容，电子邮件被发送到数据库，然后将联系人发送到新创建的定制登录页。后续电子邮件以纯文本格式由相关经销商发送。活动前的研究意味着受众可以细分，使营销人员能够向每个决策者发送目标明确的直接邮件。最后，电话销售人员将跟踪潜在客户，引导他们进入下一个相关内容，并通过销售渠道指导他们。

结果

Miele Professional 多渠道活动的结果说明了一切。内容的使用不仅有助于为整个活动制定一个超过目标的 ROI，而且有助于为联系人数据库引入一种新的营销形式。在获得相关内容后，决策者现在明白了内容的价值以及与行业专家合作的好处。这种对更深入信息的新需求使得 Miele Professional 19% 的销售收入来自内容。

该活动的其他结果包括：

- 566 次内容下载占数据库的 4.3%；
- 276 条纯粹由内容驱动的入站销售线索；
- 通过入站和出站跟进（电子邮件和电话营销）产生了 1 206 个潜在客户；
- 与 2013 年相比，一般网络潜在客户增加了 23%（总共 785 个潜在客户）；
- 目前，19% 的销售收入来自内容，而 2013 年之前，这一比例为 100%；
- 入站内容产生时，每个潜在客户的价值增加了 202%；
- 321% 的 ROI；
- 整个活动总共产生了 2 260 个潜在客户。

用例分析的步骤

施奈德和温特斯（Schneider and Winters, 1998）为用例方法确定了以下步骤。

1. 识别主体。参与者/主体（actors）是那些参与使用或与系统交互的人或对象。它们不是系统的一部分。最典型的主体是系统的用户。在客户服务应用程序中，主体可能是客户和公司的客户服务人员。当执行流程分析以定义用例时，我们会问一些问题，例如："谁是这一进程的参与者？""这些参与者提供什么服务？""参与者的任务是什么？""对整个流程而言，他们做了哪些改变？"参与者通常指那些典型的系统用户，比如客户和雇主，他们可能通过报告功能来添加或接收信息。请注意，当遇到一个具有双重身份比如经理和管理员身份的员工时，设计者应用两个主体来表示这一员工。

施奈德和温特斯（1998）指出，其他参与者包括改变过程状态的软件和硬件控制设备以及系统接口的外部系统。这些参与者被自动地链接到与当前系统有交互作用的其他系统上，如图 9 - 11 所示。

2. 识别用例。用例（use-cases）是系统用户在网上想要进行的不同操作，是人机对话部分的作业和任务。它们描述了系统将提供的功能，并且总结了每个参与者对系统的需求。常见用例包括：
- 启动、关闭或修改系统；
- 在系统添加或修改信息，例如，系统用户发出电子商务订单或记录电子邮件投诉；
- 系统支持下的报告或决策。

图 9 - 11 显示了 B2C 公司的一些用例。

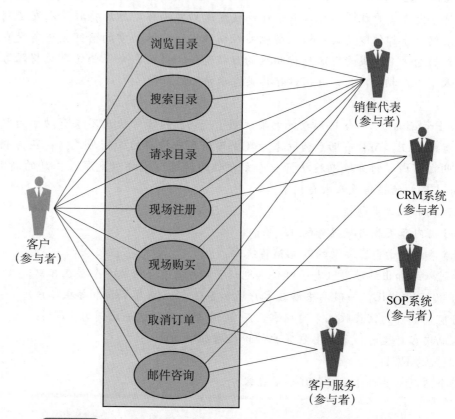

浏览目录

搜索目录

请求目录

现场注册

现场购买

取消订单

邮件咨询

客户
（参与者）

销售代表
（参与者）

CRM系统
（参与者）

SOP系统
（参与者）

客户服务
（参与者）

图 9 - 11   B2C 公司卖方电子商务网站的参与者和用例之间的关系

贝文（1999b）还指出了定义关键使用场景的重要性。这一阶段通常被称为知识获取，包括采访用户并要求他们通过当前或首选的工作方式进行交谈。一旦建立了场景，就可以使用诺伊斯和巴伯（Noyes Baber，1999）描述的卡片分类技术。他们描述了在采访用户后，如何将典型的任务或行为写在卡片上。这些卡片上的数据可用来确定用户在菜单系统中的操作顺序。他们解释说，这样设计的菜单系统与软件工程师所设想的完全不同。卡片分类技术也可用于检查在会谈过程（talk-through），即执行卡片的排练（walk-through）过程中没有遗漏任何阶段。

3. 将参与者与用例联系起来。图 9 - 11 还显示了参与者与用例的关系，可用于确定责任和检查遗漏的活动。例如，"检查订单状态"是一个缺失的用例，公司必须讨论是否可以接受客户服务代表为投诉特定产品的客户下订单。

4. 开发用例场景。详细的场景（scenario）是被开发出来详细描述每个用例的事件和活动的不同路径的。主要场景描述了正常运行的典型情况。用例包括活动的细节或功能、当存在替代方案或决策时发生的情况、如果存在错误会发生什么，还指定了进入用例的前提条件和退出用例的后置条件。

图9-12显示了整个电子商务购买周期的主要场景。图9-13列举了一个更具体的特定案例的主要场景，该特定案例是从客户参与者视角出发的"注册"用例。

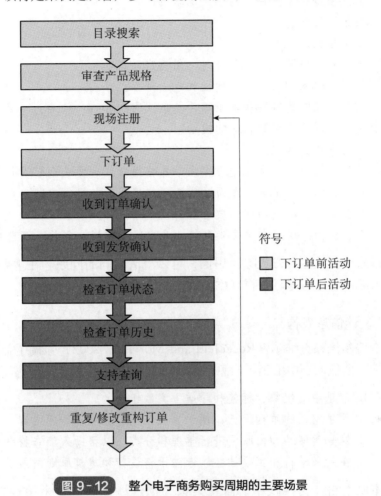

符号

▢ 下订单前活动

◼ 下订单后活动

图9-12 整个电子商务购买周期的主要场景

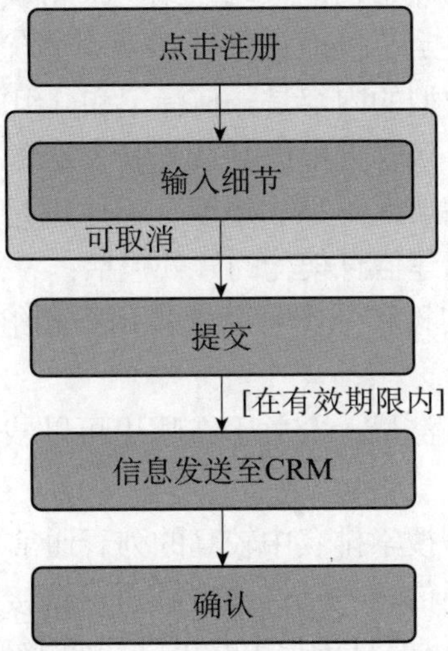

图9-13 "注册"用例的主要场景

"注册"用例的具体描述如下：

前提条件：用户在网站上是活跃的。

情景：注册。

基本路径：

①当客户按下"注册"键时，用例启动。

②客户输入姓名、邮政地址和电子邮件。

③只有在邮政编码和电子邮件地址（@symbol）检测为有效后，用户方可进入网站，如有错误，用户会得到相应的提示。

④用户选择提交。

⑤系统检查所有字段是否存在，并将用户信息发送至 CRM 系统。

⑥将显示一个重定向页面，感谢用户注册，并提供返回主页的选项，用例结束。

后置条件：用户细节已被省略。

其他路径：用户在第 2 步到第 4 步之间，在提交之前，可选择取消选项，用例结束。

可以看出，以这种方式陈述用例，可以澄清不同的问题。在主要场景完成后，可以开发第二个方案或备选方案，并将其添加到主要场景中。

9.6.3　设计信息架构

罗森费尔德和莫维尔（Rosenfeld and Morville，2002）强调了信息架构对有效网站设计的重要性。他们的书中给出了信息架构的可选定义。

1. 信息中的组织、标签和导航方案的组合。
2. 信息空间的结构设计，便于完成任务和直观地访问内容。
3. 对分类网站和内联网进行整理和分类，以帮助人们查找和管理信息。
4. 在新兴学科和实践社区，专注于将设计和建筑原则引入数字景观。

从本质上讲，在实践中，信息架构的创建涉及制订一个按逻辑对信息进行分组的计划——它涉及创建一个站点结构，该站点结构通常表示为站点地图。完善的信息架构对于可用性非常重要，因为它决定了导航选项。搜索引擎优化（见第 8 章）也很重要，因为它决定了用户可以搜索的不同类型的内容是如何标记和分组的。

设计好信息架构对于包含大量产品或支持文档的大型网站来说至关重要。虽然信息架构对于小型网站和品牌网站来说不那么重要，但原则是一样的，而且要有助于网站更容易地被搜索引擎发现和使用。创建信息架构的好处包括：

● 一个明确的信息架构和分类可以支持用户和组织的目标，也就是说，它是可用性的一个重要方面。

● 它有助于增加网站流量——关于在哪里可以找到内容，网站的设计应该与用户的想法一致。

● 搜索引擎优化——搜索排名中较高的列表通常可以通过结构化的方式对信息进行标记。

● 适用于整合离线通信——广告或直邮可以链接到产品或活动登录页，以帮助实现直接响应。如第 8 章所述，合理的 URL 策略可以帮助实现这一点。

● 作为分析设计的一部分，可以对相关内容进行分组，以衡量网站的有效性。下面也将对此进行解释。

卡片分类

网站通常是从设计师而不是用户的角度设计的，导致标签、主题分组和分类对用户来说不直观。卡片分类或网页分类应该基于网页对象（例如文档），以便于完成信息任务或用户设定信息目标。

罗伯逊（Robertson，2003）在使用卡片分类辅助网页分类系统建模的过程中，确定了以下问题：

- 用户是否希望查看按主题、任务、业务、客户或信息类型分组的信息？
- 主菜单上最重要的项目是什么？
- 菜单应该有多少项？应该有多少内容？
- 整个组织内用户的需求有哪些相似之处或不同之处？

根据卡片分类的目的和文件类型，向选定的用户或代表组提供索引卡，索引卡上包括以下内容：

- 文档类型；
- 组织的关键词和概念；
- 文档标题；
- 文档说明；
- 导航标签。

用户群体可能要做以下事项：

- 按卡片的相关性将卡片分组；
- 选择能够准确反映给定主题或领域的卡片；
- 按级别从高到低将卡片分类。

完成以上任务后，分析师收回卡片，并将结果填到电子表格中，找出最普遍的术语、描述和关系。如果使用两个或两个以上的不同代表组，可比较结果并分析差异原因。

蓝图

根据罗森费尔德和莫维尔（2002）的理论，蓝图（blueprints）可以：

> 表明页面和其他组成内容之间的关系，并可用于描述组织、导航和标签系统。

蓝图通常被认为是网站地图或网站结构图，它们有很多共同点，只是它们被用作一种清楚地显示信息分组和页面之间链接的设计设备，而不是网站上辅助导航的页面。

玩具制造商网站的结构图示例见图 9 - 14。它显示了内容的分组和任务完成过程的指示。

三维线框模型

与蓝图相关的一种技术是三维线框模型（wireframes），网页设计师使用线框来表示网页的最终设计布局。从图 9 - 15 可以看出，线框由一个页面的轮廓和内容线组成，这些线隔开了内容区域和导航区域。

沃特克（Wodtke，2002）将三维线框模型描述为：

> 一个页面的基本轮廓，用来表示页面的元素、它们之间的关系和它们的相对重要性。

在创建信息架构的蓝图（网站地图）阶段，应为所有类型的类似页面组创建三维线框模

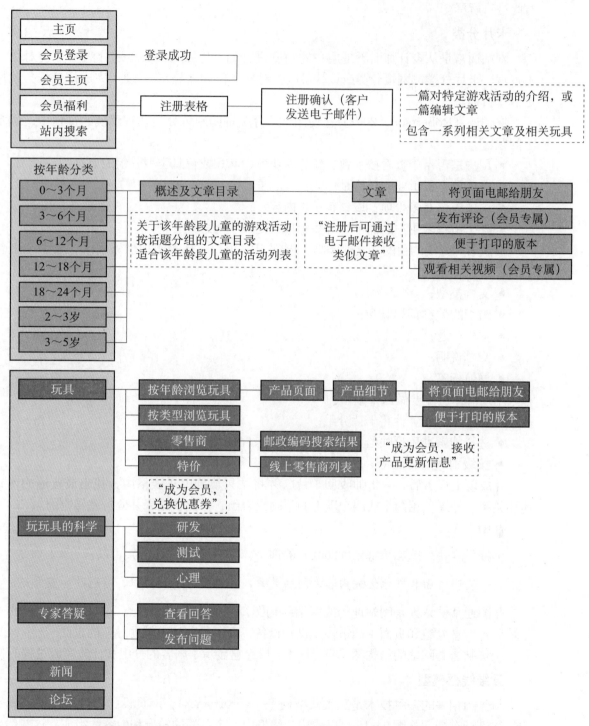

图 9-14　显示内容的分组和任务完成过程的指示的网站结构图（蓝图）

型。由于线框的存在，导航的焦点变成应把导航放在页面的什么位置。

　　评估三维线框模型的过程有时被称为"故事脚本"（storyboarding），尽管这个术语通常用于评估创造性的想法，而不是正式的设计方案。早期的设计在一张大纸上，或者使用绘图

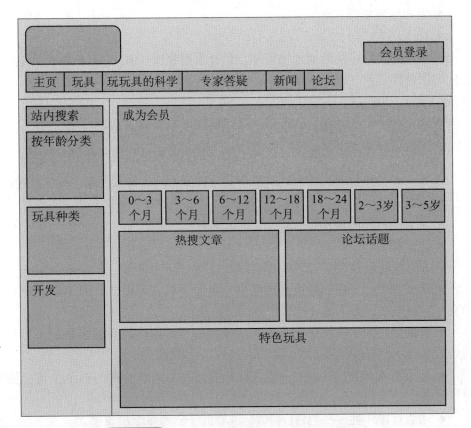

图 9-15 儿童玩具网站的三维线框模型示例

程序制作。

在线框阶段，重点不是使用颜色或图形，颜色或图形将由品牌或营销团队和平面设计师一起开发，并在线框阶段的最后整合到网站中。

根据查菲和伍德（Chaffey and Wood，2005）的理论，设置线框的目的是：

● 整合网页的相关内容（如导航、搜索框）；

● 对主要内容进行排序和分组；

● 开发一种设计，让用户专注于核心信息和内容；

● 正确使用空白区域来构造页面；

● 开发一个其他网页设计师可以轻松使用的网页结构。

三维线框模型的共同特征如下：

● 导航栏可以在网页的上下或左右的位置；

● 有页眉区域和页脚区域；

● "嵌入组件"或"门户组件"——这些是内容的区域，例如放在屏幕方框中的文章或文章列表，嵌入组件中的内容通常会从内容管理系统中动态转载。

主页上的嵌入组件可用于：

● 总结在线价值主张；

● 展示促销活动；

● 推荐相关产品；

- 发布专题新闻；
- 插入广告。

三维线框模型可被转换为物理站点设计页面模板（page templates），这些模板现在使用标准化的层叠样式表（cascading style sheets，CSS）创建，从而在站点的不同部分实现标准的外观和感觉。

W3C（www. w3. org）标准将三维线框模型 CSS 定义为：

　　　　向网页文档添加样式（例如字体、颜色、间距）的一种简单机制。

CSS 允许在整个网站或网站的某个部分控制不同的样式元素。通常受控的样式元素包括：
- 排版；
- 背景颜色和图像；
- 边距和页面空白。

CSS 的好处是：
- 节省带宽——在初始页面加载后，页面下载速度更快，因为样式定义只需要作为单独的文件下载一次，而不是针对每个页面。
- 开发更高效——使用统一的网站样式在 CSS 中作为页面模板的一部分，使设计站点更高效。
- 减少更新和维护时间——表现标记存储在与内容分离的一个位置，使网站能够更快地更新站点。
- 增强互操作性——遵守 W3C 标准有助于支持多个浏览器。
- 增强可访问性——用户可以更容易地使用浏览器和其他可访问性支持工具配置网站的外观或声音。网站更有可能在平板电脑和智能手机等一系列访问平台上呈现，并在打印机上显示良好的格式。

9.6.4　用户导向

一个设计良好的网站是以用户为导向（customer orientation）或以用户为中心的。这涉及一项艰巨的任务，即努力提供内容和服务，以吸引广泛的受众。对于 B2B 公司，三种主要的受众类型是：客户、其他公司和组织、员工。这些受众的详细分类如图 9 - 16 所示。请访问戴尔网站（www. dell. com）了解详情，查看戴尔如何在其主页上将客户划分为以下几类：
- 小型办公室和家庭用户；
- 小型企业；
- 中型企业；
- 大型企业；
- 集团；
- 政府机构。

思考这种分类方法的效果如何。被归类为小型办公室或家庭用户时，你会有什么反应？你认为这是一种有效的方法吗？微软使用了一种相似的方法为信息系统管理者提供专门的内容，以帮助他们做出投资决策。一个更直接、以产品为中心的结构对网站来说合适吗？

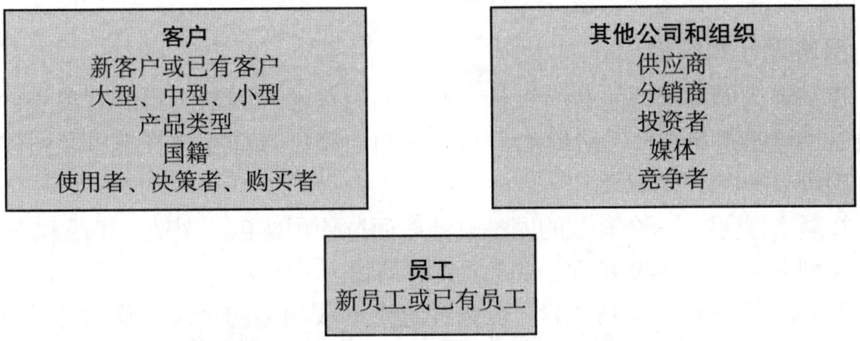

图 9-16 典型 B2B 网站上不同类型的受众

市场营销导向或消费导向的网站设计（marketing-led or commercial-led site design）是由市场营销目标和用户需求决定的，而不是仅围绕服务或产品构建信息架构或网站结构。基于这种商业方法的站点设计的一些关键业务需求如下：

- 客户获取——在线价值主张必须明确。必须设计针对客户获取和许可营销的适当激励措施，如第 8 章所述。
- 客户转化——网站必须吸引初次访问者，必须突出关于获取和保留客户的行动呼吁，并清晰地说明好处。
- 报价或购买必须尽可能简单，以避免这一过程中出现客户流失。
- 客户保留——必须提供适当的奖励和客户服务信息，以鼓励重复访问和重复业务。
- 品牌推广——必须清楚地解释品牌的产品，并且必须能够与品牌互动。

以市场营销为导向的网站设计也称为说服式营销（persuasion marketing）。

咨询公司 Future Now 的顾问布莱恩·艾森伯格（Bryan Eisenberg）是说服式营销以及其他设计原则（如可用性和可访问性）的倡导者。他说：

在故事脚本阶段，我们对访问者将看到的每个页面提出三个关键问题：

1. 需要采取什么行动？
2. 谁需要采取行动？
3. 我们如何说服人们采取我们想要的行动？

福格（Fagg, 2009）已经开发了一个为说服性设计提供信息的模型。FBM 声称，执行目标行为的人必须：（1）有足够的动机；（2）有能力执行该行为；（3）被触发执行该行为。这三个因素必须同时满足，否则这种行为就不会发生。

9.6.5 站点设计的组成

一旦确定了用户的需求，我们可以将注意力转向人机界面的设计。尼尔森（2000a）根据三个主要领域在其关于网页可用性的书中进行了结构分析，如下所示：

- 网站设计和结构；
- 网页设计；
- 内容设计。

如今，移动设计越来越重要，这意味着为移动设备进行设计是一个重要方面，因此我们增加了一个关于移动平台设计的单独章节。

网站设计和结构

设计师为网站创建的结构体系根据他们的喜好和网站的目的有很大的不同，但我们可以对设计和结构进行一些一般性的考察。下面回顾设计师在设计风格、组织和网站导航方面考虑的因素。

1. 网站类型。一个有效的网站设计应通过使用颜色、图像、排版和布局与用户进行交流。网站类型应符合产品的市场定位或产品的品牌。

2. 网站个性化。风格元素可以结合起来形成网站的个性。我们可以用描述人的方式来描述网站的个性，比如"刻板"或"有趣"。这种个性必须与目标受众的需求一致。企业受众通常需要详细的信息并且偏好于信息密集型的网站，例如恩科网站（www.cisco.com），他们相信信息密集度决定着网站的效率。消费者网站通常是图形密集型网站。设计师需要考虑用户体验上的限制，比如屏幕分辨率和颜色、使用的浏览器和下载速度。罗森和普林顿（Rosen and Purinton，2004）评估了影响消费者的设计因素的相对重要性（基于一组学生的问卷调查）。他们认为，决定电子商务网站有效性的基本因素如下：

- 连贯性——设计简单，易于阅读，使用多种类别的元素，没有信息过载，字体大小适当，展示不拥挤。
- 丰富性——有不同类别的文本。
- 易读性——子页面使用"迷你首页"，每一页使用相同的菜单、网站地图。

你可以看到这些被调查者认为设计的简单性很重要。另一个研究网站设计因素的例子支持了设计的重要性。福格等（Fogg et al.，2003）要求学生根据网站设计评估不同供应商的可信度。他们认为这些因素最重要：

- 设计外观，46.1%
- 信息设计/结构，28.5%
- 信息焦点，25.1%
- 公司动机，15.5%
- 信息的有用性，14.8%
- 信息的准确性，14.3%
- 知名度和声誉，14.1%
- 广告，13.8%
- 信息偏差，11.6%
- 文笔，9.0%
- 网站赞助商的身份，8.8%
- 网站的功能，8.6%
- 客户服务，6.4%
- 过去设计网站的经验，4.6%
- 信息清晰度，3.7%
- 测试表现，3.6%
- 可读性，3.6%
- 隶属关系，3.4%

应当记住，根据所使用的方法，这种概括可能会产生误导。报告显示的被调查者对网站设计的态度可能与实际观察到的态度大不相同。

辩论 9-2 **网站设计将走向何方?**

网站设计太复杂、太重要，不能交给市场营销人员和 IT 人员来完成。每个大型电子商务团队都应该有专业的可用性评估专家和心理学家。

3. 网页设计。罗森费尔德和莫维尔（2002）在关于网络信息架构的书中，提出了几种不同的信息组织模式（information organization schemes）。这些信息组织模式可以应用于电子商务网站的不同方面，即从整个网站到网站的不同部分。

罗森费尔德和莫维尔（2002）确定了以下信息组织模式：

- 精确。信息可以被自然索引。以图书为例，可以按作者或书名的字母顺序或按时间顺序检索。对于旅游图书，电子商务网站上的地理位置信息可能按字母顺序显示，但这不方便用户浏览。

- 模糊。信息需要分类。以图书为例，管理员会将书籍划分为各种类别。在电子商务网站上，因为产品和服务可以以不同的方式进行分类。内容也可以按主题、任务或受众进行分类。

- 混合。这里指一种混合的信息组织模式，既精确又模糊。罗森费尔德和莫维尔（2002）指出，使用不同的方法在网站上很常见，但可能会导致用户费解。因为不清楚用户遵循的是什么心理模型，所以最好减少信息组织方案的数量。

4. 网站导航模式。设计出易于使用的网站的关键在于设计好网站导航模式（site navigation scheme）。霍夫曼和诺瓦克（Hoffman and Novak，1997）着重强调了在管理网站可用性时"心流"（flow）的重要性。"心流"从本质上描述了用户如何轻而易举地通过浏览各网站找到他们需要的信息，也包括其他的交互操作，如填写屏幕表单。雷蒂（Rettie，2001）总结了网络环境中"心流"的含义，并给出了如何利用这一概念来优化访问者体验的指南。"心流"的概念最初由西克森特米哈伊（Csikszentmihalyi，1990）提出，最近雷蒂的研究测试了网站的心流体验：

- 我的心没有游荡，我没有想别的事情。我完全参与到我正在做的事情中，我的身体感觉很好。我好像什么也没听到。世界似乎与我隔绝了。

- 我的注意力像呼吸一样集中。在我真正开始工作之后，我真的忘记了我周围的环境。一旦开始，我就真正把整个世界拒之门外了。一旦我停下来，我就又回到了这个世界。

- 我对自己正在做的事情非常投入，我认为自己与正在做的事情是紧密联系在一起的。

雷蒂（2001）指出以下因素限制了心流：下载时间长、插件下载延迟、注册表格长、刺激有限、网站枯燥、反应慢、网站不直观、导航链接失败、无关的广告。相反，以下因素可以改善心流：较短的下载时间、替代版本（如文本和图形）、自动完成表单、互动机会、快速响应、可预测的控制导航、互联网体验细分。大多数导航系统是基于分层网站结构的。在创建结构时，设计者必须在以下两种方法之间进行折中，如图 9-17。窄而深的导航（narrow and deep navigation）的好处是每个页面上的选择更少，用户更容易做出选择，但是需要更多的点击才能到达特定的信息（见图 9-17(a)）。广而浅的导航（broad and shallow navigation）用更少的点击就能获取相同的信息，但屏幕的设计可能会变得混乱（见图 9-17(b)）。这两种方法分别适用于非技术受众和技术受众。经验法则是，网站设计者应该确保用户只需点击三次即可访问网站上的任何信息。这意味着在大多数大型网站上采用广而浅的组织模式对于搜索引擎优化是有益的。

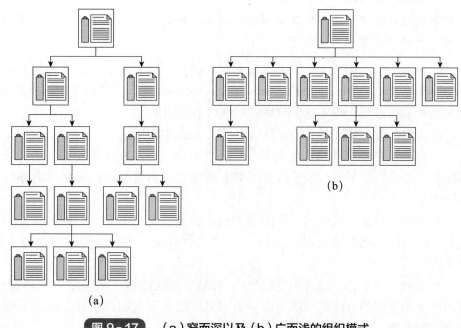

图 9 - 17 （a）窄而深以及（b）广而浅的组织模式

林奇和霍顿（Lynch and Horton, 1999）推荐广而浅的方法，并指出组织不应该只有一个登录主页，而应按照受众的不同类型，设计不同的主页。图 9 - 17(b) 第二排中的每一页面都可以看成一个主页，如果访问者对某个页面感兴趣，就可以在这个页面上做标签。尼尔森（2000a）指出，许多用户不会进入主页，但可能会从另一个网站或广告转到某个特定页面。他将此过程称为深度链接（deep link），网站设计者应确保导航和上下文适合到达这些页面的用户。

设计者不但要在网站链接深度上做出妥协，还有必要在菜单的空间大小上做出妥协。尼尔森（2000b）指出，一些网站的导航栏占用了太多的空间，以至于放置内容的空间有限。他建议导航栏的设计者应该考虑以下信息：

● 我在哪里？用户需要知道他们在网站上的位置，这可以通过突出显示当前位置和清晰的页面标题来表示。不同页面上菜单位置的一致性也有助于用户认知。用户还需要知道他们在网页上的具体位置，这可以通过网络标识来表示，按照惯例，该标识应位于站点的顶部或左上角。

● 我去过哪里？这很难在网站上显示。但对于以任务为导向的活动，如购买产品，可以通过显示屏展示用户现在的操作阶段，如购买成交阶段。

● 我想去哪里？这主要由导航系统对未来操作给出选择项。

要回答这些问题，需要清晰简洁的标识。广泛使用的标识，如主页、搜索、查找、浏览、常见问题解答、帮助和关于我们，已经被大家理解和认同。但对于其他特定的标识，使用罗森费尔德和莫维尔（2002）所说的"范围注释"是有用的，这是一个额外的解释。他们还反对使用没有相应文本的标志性标签或图片，因为它们容易被误解，并且需要更长的处理时间。由于导航系统有时可能无法让用户快速找到他们想要的信息，因此站点设计者必须提供替代方案，包括搜索、高级搜索、浏览和网站地图功能。

网页设计

网页设计包括为每个页面创建适当的布局。特定页面布局的主要元素包括标题、导航和内容。标准内容（如版权声明）可以作为页脚添加到每个页面。网页设计中的问题包括：

- 页面元素。页面用于内容和所有其他内容（如页眉、页脚和导航元素）的比例、这些要素的位置都需要考虑。通常，主菜单应该位于顶部或左侧。在浏览器窗口顶部使用菜单系统可以为下面的内容留出更多空间。
- 框架的使用。这通常是不鼓励的。
- 尺寸大小。良好的页面布局设计应允许用户更改文本大小或使用不同的显示器分辨率。
- 一致性。除非需要更多的空间，例如用于论坛或产品演示，否则网站所有区域的页面布局都应该类似。
- 打印。页面布局应允许打印或提供替代打印格式。

内容设计

网络文案写作是一门不断发展的艺术，优秀文案的许多规则适用于任何媒体。我们在网站上看到的常见错误有：

- 对公司、产品和服务的介绍太少；
- 使用有关产品、服务或部门的内部行话，使用无法辨认的首字母缩写词。

网络文案撰写者还需要考虑用户阅读屏幕上的内容。处理客户使用的显示器所造成的限制的方法包括：

- 使网页内容与宣传册相比更简洁；
- 将文本分块或拆分为最多 5～6 行，使用户可以更方便地浏览网页上的信息；
- 标题文本使用大字体；
- 不要在一页上包含太多内容，除非是报告，让用户阅读起来更容易；
- 使用超链接可以减少页面内容，帮助实现内容的流动。

霍法克（Hofacker，2001）描述了使用网站时用户处理信息的五个阶段，这些可以应用于页面设计和内容设计，以提高可用性。表 9-6 中总结的五个阶段中的每一个都是一个关卡，如果网站设计或内容太难处理，客户就无法进入下一阶段。

根据这些阶段，我们可以将内容映射到不同的访问级别，从而生成一个跨受众需求的站点。这也与安全有关，因为不同的信息可能有不同的权限。

表 9-6　信息网络阶段的总结

阶段	描述	应用
1. 曝光	内容必须展示足够长的时间才能被接收处理	横幅广告的内容在屏幕上的时间可能不够长，用户无法进行处理和认知
2. 注意	用户的注意力会被标题和内容吸引，而不是网页上的图形和移动项目（Nielsen，2000a）	标题和准确的标签对于获得用户的注意至关重要。有证据表明，用户不会注意到横幅广告

续表

阶段	描述	应用
3. 理解	用户对内容的解读	使用通用标准和隐喻并保持简单的设计将更容易被用户理解
4. 认可	提供的信息（副本）能否被客户接受？	副本应引用可信的来源，并在必要时进行更新
5. 留存	对于传统的广告，它描述的是信息被记住的程度	不寻常的风格或高度的交互更容易被用户记住

资料来源：Hofacker（2001）.

9.6.6　移动设计

在第 3 章中，我们解释了移动网站的日益普及。eBay 的前设计师已经很好地总结了移动网站设计中的众多挑战（Wroblewski, 2011），他在 BagCheck 担任首席设计师时说：

> 随着全球范围内移动设备的使用持续增加，我们看到了更多的方法来应对跨多个设备创造卓越网络体验的挑战。但对于任何给定的项目，哪种方法是正确的呢？

> 网站性能和开发速度至关重要。我们做出的许多决定都是为了尽快实现这两个目标。我们始终关注什么是必要的。这意味着将东西发送给实际上不需要它们的设备（和人）会让我们感到局促不安。我们喜欢优化。有了双模板系统，在源代码顺序、媒体、URL 结构和应用程序设计方面就能有更多的优化。

现在，我们回顾图尔纳（Thurner, 2016）提出的开发手机网站的四种选择：

- 响应性设计（相同的内容和领域，针对不同设备下载的通用样式）；
- 自适应设计（相同的内容和领域，针对服务器上的规则设置不同的样式）；
- HTML5 应用程序（独立于不同的应用程序平台）；
- 独立的网络抓取（相同的内容）。

1. 移动站点设计选项 A：响应性设计。如今，使用多种设备的消费者希望找到针对他们选择使用的屏幕进行动态优化的内容。这带来了挑战，因为不同屏幕分辨率和操作系统差异很大。RWD 于 2010 年左右被首次推出，它是一种用于创建跨智能手机、平板电脑和台式电脑的移动优化网站的流行方法。它支持站点和内容的单一版本。RWD 已成为组织优化其移动网站和电脑网站的默认选项。许多网页前端开发人员支持 RWD，因为它不再需要单独的站点。然而，这并不意味着它是所有公司的最佳选择。大型组织可能会发现自适应网页设计（AWD）更符合他们的要求。

从技术上讲，RWD 使用了一个层叠样式表和 CSS3 中提供的称为媒体查询（media queries）的样式特性，该特性指定了页面的布局方式，可以将其视为一个灵活的网格，随着浏览器窗口减小，该网格的列数会减少，行数会增加。内容块会根据屏幕分辨率移动和重新缩放，如图 9-18 所示。

虽然谷歌对 RWD 的高调支持将促进品牌对 RWD 的应用，但 RWD 并非没有局限性。批评人士称，它迫使设计师妥协，以提供跨所有设备的设计，而不是设计最大限度地发挥不同操作系统的功能的网站。任何网站都不应该在牺牲台式电脑、平板电脑和移动设备的用户体验的情况下尽可能地响应。

2. 移动站点设计选项 B：自适应设计。AWD 可以通过定义规则来克服 RWD 的局限性，这些规则可以最大限度地减少对样式的需求，并优化特定设备的设计。响应式设计（responsive de-

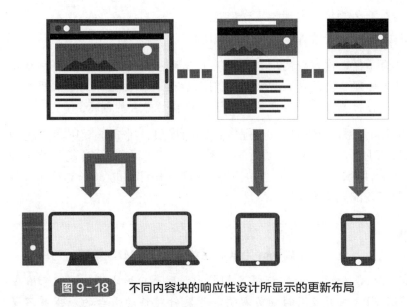

图 9-18 不同内容块的响应性设计所显示的更新布局

sign）和自适应设计（adaptive design）有时会被不知情的人互换使用，但它们存在显著差异。

从技术上讲，自适应设计可以通过两种方式完成：

• 基于服务器的——服务器上的代码决定交付哪种设计。这样做的好处是无需下载代码，更改功能也更直接。

• 基于客户端的——运行在浏览器中的 Javascript 代码决定了所使用的设计。这在技术上可能更容易完成，但需要下载更多的代码，导致加载时间更长。AWD 使用一系列基于"断点"的静态布局。例如，一个页面可以有三种不同的设计：手机为 320 像素，平板电脑为 760 像素，桌面浏览器为 960 像素。与响应性设计（当你调整浏览器窗口时，设计会持续响应）不同，自适应文件一旦加载就不会响应。相反，它们检测设备大小，并调用相关大小的布局来查看。

使用 AWD 方法，客户端或服务器可以选择呈现页面的布局。与响应性设计不同，自适应设计还可以根据检测到的功能进行增加或删除。因此，我们可以针对手机用户的特定意图打造差异化体验。如果客户外出购物时用智能手机访问网站，他们的目的是寻找商店位置、产品范围、价格比较和报价；当他们在家用个人电脑、笔记本电脑和平板电脑浏览时，他们更有可能寻求更详细的产品信息、评级和评论。我们相信，网站的主要目标必须是提供针对每个客户浏览的背景和意图进行优化的内容。

3. 移动站点设计选项 C：HTML5。对于创造移动网络形象的品牌来说，主要的游戏规则改变者是 HTML5，这是一种预装在每一部智能手机上的浏览器技术。在零售业、旅游业、金融业、服务业、出版业等领域率先采用移动通信的领先公司已经转向 HTML5 网络应用，以便一次性构建并瞄准所有移动平台。这比为 iOS、安卓或 Windows 构建不同的本机应用程序有更高的成本效益，且劳动强度更低。

HTML5 浏览器为品牌和用户提供了明显的好处，包括更好地提供传统无线应用程序无法支持的富媒体、协议（WAP）技术——访问和使用以前浏览会话中提交的数据的能力，以及无需考虑信号强度的可访问性。

HTML5 的支持者包括 IAB 卓越移动营销中心。在一封致出版商和广告商的公开信中，该独立机构呼吁业内人士接受标记语言作为其数字广告的主要创作技术，以实现更好的移动广告，并在不久的将来实现跨平台广告。

IAB 的公开信内容如下（IAB，2015）：

为了保证你付费的广告能够真正出现在所有屏幕上，并呈现出出色的效果，你应该向广告代理公司强调，你的广告创意应该以移动兼容的格式开发。HTML5 是一种开放的、符合行业标准的、通用的用于构建移动平台的创意。

HTML5 模糊了网站和应用程序之间的界限，挑战了应用商店的地位和现金流。正如迷你案例 9 - 2 所示，HTML5 网页的应用允许开发者和发行商避开苹果收取的应用程序下载费用中 30% 的佣金，以及在应用程序中销售产品和订阅的 30% 的佣金。这两种成本都可以通过基于 HTML5 的站点来消除。

迷你案例 9 - 2

FT. com 为 iOS 系统采用 HTML5 策略

《金融时报》网站（FT.com）证明了 HTML5 网页应用比操作系统专用应用有明显的优势。

FT. com HTML5 网页应用的成功表明，开发针对移动平台的应用并不是唯一的选择。在未来，每个手机的原生操作系统对应用商店的依赖可能会过时。FT. com 在 HTML5 应用公布后公布的数字出版数据显示了手机的重要性：

- 2014 年，《金融时报》的总发行量同比增长了 10%，纸质版和网络版的总发行量接近 72 万份。
- FT. com 的订阅人数增长了 21%，达到近 504 000 人。
- 目前，数字用户占《金融时报》付费用户总数的 70%。
- 移动业务是《金融时报》增长最快的渠道，几乎占总流量的一半。

《金融时报》在解释非操作系统应用程序的好处方面做得很好：

- 他们与用户建立了直接的关系。
- 网页应用程序处理支付的相关成本远远低于应用商店运营商的收入分成。
- 搜索、分享和收藏在网络上更便捷。
- 网页应用程序不需要经过应用商店的审批，因此可以更灵活地立即发布和执行 A/B 测试。
- 不依赖应用商店消除了监管变化会对业务产生负面影响的可能性。
- 一个网页应用程序支持多个操作系统，可以大大降低开发和测试的成本。

金融时报集团首席执行官表示：

在强劲的商业表现背后，我们以读者为中心的创新改进了我们的产品，比如新 FT 周末 App、First FT 和作者提醒。重要的是，不仅我们的读者在增加——人们花在《金融时报》上的时间越来越长，消费的内容也越来越多，总体参与度同比增长了两位数。

---

4. 移动站点设计选项 D：独立的网络抓取（屏幕抓取）。尽管这不是一个推荐的选项，但值得注意的是，许多知名品牌此前选择了一种临时方法，即将现有的网页内容放到基本的移动网站模板中，而无需后端集成。屏幕抓取方法的优点在于它提供了一条快速进入市场的途径。

与提供更好的长期解决方案的完全集成方法相比，屏幕抓取存在许多缺点。由于后端内容管理系统（CMS）的更改需要在移动站点上手动更新，因此屏幕抓取需要额外的时间和成本来管理站点。一般来说，屏幕抓取网站有很大程度的标准化，但缺乏桌面网站所需的差异化。

考虑个性化选项

以个性化为特色的手机网站仍然相对少见。让一群陌生人在房间里传递他们的手机，你会感觉到一种强烈的焦虑感。我们不和任何人共用手机。我们不希望别人看到我们发送和接收的短信、我们拍摄的照片、我们的社交媒体页面、我们浏览过的网站和下载过的应用程序。

这意味着企业可以开发高度个性化和定制化的网站。使用应用程序编程接口（API）公开单个客户记录的后端集成，可以构建与每个用户的配置文件相匹配的定制站点。看看亚马逊，就知道品牌如何利用购买历史数据来开发具有高度针对性的网站来销售产品。当然，亚马逊现在也为它的手机网站提供了服务。一个个性化的移动优化网站的好处是可以为移动用户开发特定的功能。这与基本的响应性设计方法不同。为了让你的网站与用户高度相关，你可以采用行为定位，并提供时间和地点等敏感信息。

9.6.7 网站可访问性设计

可访问性（accessibility）是网站的另一个核心要求，可访问性允许网站的所有用户与之互动，而不管他们是否残障，也不限制他们访问网站时使用的网络浏览器或平台。可访问性可以帮助的主要受众是视觉障碍者。然而，移动设备或无线接入设备使用的增加使得可访问性变得更重要。

下面的引文显示了可访问性对于使用屏幕阅读器读取网站的导航选项和内容的视觉障碍者的重要性。

> 对我来说，上网就是一切。这是我的高保真音响，这是我的收入来源，这是我的超市，这是我的电话，这是我的出路。
> ——林恩·霍尔兹沃斯（Lynn Holdsworth），屏幕阅读器用户、网络开发人员和程序员，RNIB，www.rnib.org.uk

许多国家现在都有专门的可访问立法。在英国，相关的法案是 1995 年的《反残障歧视法案》（Disability and Discrimination Act，DDA）。最近修订的《反残障歧视法案》规定，公司在招聘和雇佣员工、提供服务或提供教育方面歧视残障人士是非法的。提供可访问网站 2002 年成为《反残障歧视法案》的要求。2002 年的法案提供了这样一个例子：

> 航空公司在其网站上向公众提供航班预订服务。这是一项关于服务的条款，受法案约束。

可访问性在道德上是必要的，也有商业上的要求。支持可访问性的主要论点有：

1. 视障人士数量。在许多国家，有数以百万计的视力受损者，从色盲到部分失明再到失明。

2. 使用不太流行的浏览器或屏幕分辨率不同的用户数量。微软的 IE 浏览器现在是主流浏览器，但其他浏览器（例如 Mozilla Firefox、Safari 和 Opera）在视觉受损者和早期用户中也有忠实的追随者。如果一个网站在这些浏览器中不能很好地显示，就可能会失去一些用户。完成活动 9-4 检查访问率的变化。

3. 更多来自搜索引擎自然列表的访客。许多用于提高网站可用性的技术也有助于优化搜索引擎。用更清晰的导航和文本替代图片、使用网站地图都可以帮助提高网站在搜索引擎中的排名。

4. 法律要求。在许多国家，使网站可访问是一项法律要求。

活动 9-4 可访问设备的范围

可访问性要求的好处之一是它有助于网站所有者和网页机构考虑访问网站的平台的变化。

问题 1

使用 One stat.com 或其他数据提供商提供的数据，将表 9-7 中的数据更新为最新值。

问题 2

解释变化。你认为应该支持哪些浏览器和屏幕分辨率？

表 9-7 编写本文时普遍使用的浏览器范围和屏幕分辨率的总结

	网络浏览器受欢迎程度			屏幕分辨率受欢迎程度	
1	Chrome	48.9%	1	1 366×768	22.5%
2	Firefox	14.9%	2	1 920×1 080	11.1%
3	Safari	12.1%	3	1 280×800	9.8%
4	Internet Explorer	10.9%	4	1 440×900	9.1%
5	Android 浏览器	1.0%	5	1 280×1 024	5.3%

资料来源：Visitors to SmartInsights.com，September 2008，used by students and professionals worldwide. Note that the formerly standard resolution of 800 by 600 is now less than 3%.

创建无障碍网站的指南由不同国家的政府和非政府组织（如慈善机构）制定。互联网标准组织，如万维网联盟，一直在积极宣传网络无障碍指南，例如网站无障碍倡议（WAI），见 www.w3.org/WAI。

它描述了三种不同的优先级，如下所示：

• 优先级 1（A 级）。网页内容开发人员必须满足此检查点，否则，一个或多个组织将无法访问文档中的信息。满足此检查点是能够使用网页文档的基本要求。

• 优先级 2（AA 级）。网页内容开发人员应该满足此检查点，否则，一个或多个组织将难以访问文档中的信息。满足此检查点将消除访问网页文档的重大障碍。

• 优先级 3（AAA 级）。网页内容开发人员应该满足这个检查点，否则，一个或多个组织将发现访问文档中的信息有些困难。满足此检查点将改进对网页文档的访问。

因此，对于许多公司来说，标准是在可行的情况下满足优先级 1、优先级 2 或优先级 3。以下是来自 WAI 的"快速提示"，列出了一些最重要的优先级 1 的元素。

• 图像和动画。使用 ALT 标签（ALT tag）来描述每个视觉效果的功能。

• 图像映射。使用客户端映射和热点文本。

• 多媒体。为音像提供字幕和转录，为视频提供描述。

• 超文本链接。使用即使离开网页内容也有意义的文本。例如，避免使用"点击这里"这样的文本。

• 页面组织。使用标题、列表和一致的结构。尽可能使用 CSS 进行布局。

• 图表。总结或使用 longdesc 属性。

• 脚本、小程序和插件。如果无法访问或不支持活动功能，请提供替代内容。

• 帧。使用非结构化的元素和有意义的标题。

• 表格。一行接一行地使它易读、清晰。

• 检查你的工作。可以用 www.w3.org/TR/WCAG 上提供的工具、清单和准则。

案例研究 9-1

在 B2B 市场中提供更好的用户体验

本案例关于电子元器件专业 B2B 分销商 RS Components（http：//uk. rs-online. com/web/），其网站每月有数百万访问量，并且使用本章中提到的可访问性、响应性原则进行了以用户为中心的转型，这对其电子商务销售增长产生了直接影响。

RS Components 的背景

RS Components 于 1937 年在伦敦西北部的一个车库诞生。由韦林（J. H. Waring）和塞巴斯蒂安（P. M. Sebestyen）创立。该公司最初成立时名为 Radiospares Limited，于 1954 年开始销售电子元件，1971 年更名为 RS Components，现在仍然是一家在全球市场领先的企业。

如今，RS Components 是欧洲和亚太地区电子产品的第一大高端服务分销商。在 30 个国家拥有运营公司，业务遍及法国、德国、意大利、中国、智利和新西兰。该公司在全球范围内为 2 500 名供应商和 100 多万名工程师（最终用户和采购经理）提供约 50 万种产品，在收到订单的当天可运送 46 000 多个包裹。

RS Components 开展多渠道业务，通过网络、电话、传真、目录和 23 个交易柜台为客户提供服务。

关键里程碑

RS Components 在过去几十年里取得了大量成就：

- 第一家拥有自己的系列标签的电子公司（1937 年）。
- 第一个提供次日免费送货的经销商（1937 年）。
- Corby 配送中心于 1984 年开业。
- 第一家推出 CD Rom 版本的目录发行商（1995 年）。
- Nuneaton 配送中心于 1997 年开业，在英国新增 50 万平方英尺的仓库空间。
- 1998 年推出行业中第一个交易网站。
- 推出免费访问 PCB 原理图的工具 DesignSpark PCB（2010 年）。
- iPad 版客户杂志 *eTech* 于 2011 年发布。
- 为其分支网络推出专业应用程序 MyLocalRS（2012 年）。

问题（放弃客户）

尽管 RS Components 将其模式转向了电子商务，但它知道用户体验是销售的阻碍。数以百万计的用户正在离开 RS Components 的网站，用户最不满意的是网站搜索和产品信息。

UX 战略和目标

为了提高转化率，电子商务团队需要使购买更容易、更快捷、无压力。它决定打造一个可用 60 种语言访问的网站，这是一个巨大的挑战。

两个指导原则决定了 RS Components 的方法：

1. 以用户为中心：实施稳健的、UX 主导的流程和交付，由用户数据驱动，以确保更好的商业决策。

2. 速度：通过更强的协作和敏捷的采纳来提高交付的速度，用商业责任来推动更好更快的决策。

其目标是进行增量改进，推动 RS Components 在 2015 财年 1.1 亿人次的访问，总转化率增加 0.5%。

用户研究

从 2014 年初开始，RS Components 专注于用户反馈和用户分析，研究来自所有地区的定量数据和定性数据，包括：

- 6 000 行客户反馈；
- 在线调查；
- 实时客户实验室测试；
- 内部论坛。

五个主要区域均已标示：

- 搜索；
- 过滤；
- 可用性；
- 内容；
- 采纳敏捷度。

从 2014 年 2 月到 2015 年 8 月，RS Components 进行了一系列改变，由一个团队以有限的预算交付。RS Components 声称，通过引入敏捷方法，其购买速度比以前快了四倍。以用户为中心的设计方法允许 RS Components 根据实际性能和客户数据不断修改。

搜索相关性的改进

- RS Components 组建了一个来自世界各地的工程师团队。
- 最初，该团队致力于搜索相关性的改进，每月处理数百万次现场搜索，从制造商零件编号到更通用的搜索词。

网站标题

- 网站标题经过重新设计，从一开始就使用更便捷的导航。
- 新标题使用了"点击展开"和"悬停展开"的方式，旧标题总是显示在屏幕上，其特点是展开类别菜单的方式较笨拙。

支持图像的预测性搜索

- 团队实现了包括图片在内的预测性搜索。
- 自动完成功能基于积极的客户反应。数据反馈到系统中，在"顶端产品"中显示最佳图像和建议的类别。
- 随着越来越多的用户使用新功能进行交互，预测性搜索得到了很好的发展，用户在使用新功能时会消费更多。

增加受欢迎的搜索种类

- RS Components 在搜索结果页面的顶部显示了 7 个类别，并呼吁用户"去找产品"，或向下滚动查看品牌，或列出所有产品。
- 通过使用数据来了解每种产品搜索中最受欢迎的类别。例如，LED 有 47 个产品类别，RS Components 需要为搜索提供适当的选择。
- 图像还可以更快地识别类别和产品。
- 这种流行的分类搜索（在搜索结果页面顶部移动分类）提高了点击率。

- RS Components 预测搜索。

改进搜索过滤（速度）

- 用户的主要抱怨之一是分页面搜索的速度较慢。
- RS Components 进行了 100 小时的用户研究，使其结果过滤速度加快了 70%，允许用户同时选择多个过滤选项。
- 选择 4 个过滤器的时间从平均 10 秒下降到 3.2 秒。RS Components 发现搜索过滤的转化率提高了 40%。

改进搜索过滤（比较功能）

- 用户现在可以在一个页面上轻松地比较属性、查看数据表和检查库存。
- 产品可以直接从比较页面添加到购物篮中。
- 许多用户在第一个月使用了比较功能，转化率高于网站平均值。

改善用户体验

RS Components 优先考虑的是提高易用性，因为用户对每次购买都必须登录并输入信息表示不满（对于使用 RS Components 的中小公司而言，这是一个问题）。

RS Components 更新了以下内容：

- 快速结账：从加入购物篮到订单确认的过程从两次点击（包括添加送货和付款信息）减少到一次点击。
- 记住我：用户可以保持登录状态，并查看专属折扣。因此，RS Components 每月有数千名用户选择此选项，转化率也随之提高。
- 定价和库存可用性：产品页面已更新，以更清晰地显示定价和库存可用性。
- 明细表（收藏夹）：添加此选项是为了使用户可以保存其喜爱的产品，或使用"保存到明细表"按钮创建一个列表。这有助于简化再次订购的流程。

改进内容和设计

产品页面是布局改进的主要部分。RS Components 重新设计了超过 50 000 个产品页面，着眼于以下方面：

1. 更大更动态的产品图像。

- RS Components 建立了两个高质量、专业的摄影工作室，每周可创建超过 2 000 个优质产品图像。
- 开发包图片由产品包装盒的一般图片改为内容的详细图片。

2. 增加产品的细节。

- RS Components 提供了更方便地访问数据表和产品细节的技术，包括增强的技术内容。

3. 嵌入式视频。

- 产品教程和 3D 模型可用来进一步引导客户。

产品页面改进的结果

使用新产品页面的产品的销量出现了增长。这包括：

- 转化率上升。
- 页面偏离（即跳出率）减少。

- 对产品页面的满意度提高。
- 视频内容帮助提高了转化率。

项目的全面成功

随着网络流量的增加，RS Components 的电子商务销售额达到了 41 个月以来的高点。

该公司 2015 财年的营业收入超出目标 42%，2016 财年前 4 个月的营业收入更是比目标多出一倍。

当用户被问及他们最喜欢 RS Components 网站的什么时，回答与公司的目标一致，包括：快速、易于使用、可快速订购、简单、价格可见、产品细节丰富等。

RS Components 团队相信他们的敏捷方法为电子商务团队、一线代理、内容团队和 IT 带来了更强大的内部协作。

该公司现在正在投资一个新的前端平台，这将进一步加快变革的步伐。

资料来源：https://uk.rs-online.com/web/generalDisplay.html?id＝aboutRS/history；https://econsultancy.com/blog/67239-the-ultimate-ecommerce-cro-uxcase-study-rs-components/.

问题

1. 查看 www.mouser.co.uk。根据客户的工作和产品需求定义客户画像，然后确定这个客户的主要客户旅程。你认为他们在寻找产品时的现场搜索行为是怎样的？他们会经过怎样的过程到达付款页面？

2. 从 RS Components 的案例研究中思考最佳实践来回顾 mouser.co.uk 网站的用户体验。

3. 基于测试和网站评估，确定 mouse.co.uk 用户体验改进的关键领域。

9.7 聚焦：数字商务的安全设计

安全性是数字商务经理主要关注的问题。信息安全涉及关于客户的信息，以及关于财务、物流、营销和员工的公司内部数据。在许多国家的数据保护法中，保护客户信息是一项法律要求。所有公司都有数据安全风险，但大公司往往更容易受到攻击。在数字商务系统中使用的信息必须得到保护。专栏 9-6 总结了公司面临的风险。

专栏9-6 　　　　　　　　　**统一的威胁与解决方案**

BIS（2015）信息安全漏洞调查强调了数字公司安全问题的严重程度。表 9-8 列示了公司中发生的安全事件。

表9-8 公司中发生的安全事件

	小型公司（<50 名员工）	大型公司（>250 名员工）
任意安全事件	74%	90%
员工造成的事件	31%	75%
恶意事件	38%	69%

图 9-19 显示了最常见的安全事件，可以看出内部安全问题日益严重。

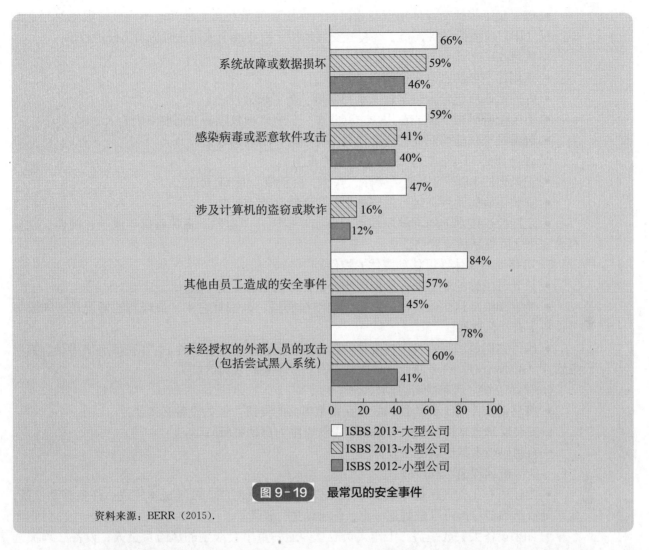

系统故障或数据损坏　66%／59%／46%

感染病毒或恶意软件攻击　59%／41%／40%

涉及计算机的盗窃或欺诈　47%／16%／12%

其他由员工造成的安全事件　84%／57%／45%

未经授权的外部人员的攻击（包括尝试黑入系统）　78%／60%／41%

□ ISBS 2013-大型公司
▨ ISBS 2013-小型公司
▦ ISBS 2012-小型公司

图 9-19　最常见的安全事件

资料来源：BERR（2015）.

英国国家互联网安全中心（The National Cyber Security Center）（2016）建议采取九个步骤，帮助各种规模的公司提高业务安全性。这九个步骤是：

1. 保护你的网络（网络安全）。

● 查看你的设备是否连接到互联网——最常见的是通过由互联网服务提供商（ISP）提供的路由器——并有一个内部的防火墙。如果没有，那么在你的台式电脑或笔记本电脑上安装一个专有的防火墙（例如，来自主流供应商，如赛门铁克、Sophos、卡巴斯基等的防火墙，通常包含在一套软件中）。按照说明保持正确的配置和更新。

● 注意警告信息，并遵循所提供的指导。

● 如果你认为你的网络已经被入侵，请咨询专家。

2. 传授良好的实践（用户教育与认知提升）。

● 使新员工知晓有关安全政策和知识，并在员工合同中进行规定，使他们与有关部门保持一致。

● 定期提醒你的员工进行安全方面的练习，特别是当风险或者政策有变化时。确信他们知道不能随意点击邮箱里未知来源的链接。

- 如果员工将社交媒体用于商业目的，你应确保所有员工都知道不应披露敏感材料、知识产权（IP）或类似材料，员工在将社交媒体用于商业或个人用途时应负责任地行事。

3. 管理 IT 访问（管理用户权限）。

- 使用用户名和密码来控制登录。
- 好的密码应包含大写字母、小写字母、数字和符号。
- 不要把密码写下来或在用户之间共享，应将管理权限制在需要它们的人之中。
- 确保员工只能访问他们需要查看的文件夹，将敏感数据分开。

4. 保持你的 IT 网络在最新状态（安全配置）。

- 记录你的 IT 资产，包括硬件、软件，甚至核心的 IT 员工。
- 安装正确的软件、运行系统补丁、更新软件等。
- 定期检查技术上的漏洞与弱点（例如易损性）。"定期"意味着每年或者在硬件、软件有大变化之后更新风险评估。

5. 可移动的媒体（可移动媒体的控件）。

- 只允许由你的业务发行和控制的设备在你的业务系统中使用。
- 检索和跟踪这些设备——知道它们都在哪里、谁拥有它们，最理想的情况是，知道每个设备上有什么软件。
- 确保它们是加密的（一些可移动媒体设备上已经有加密软件），并在每次使用时扫描恶意软件（malware）。许多商业杀毒软件具有扫描可移动媒体的能力。

6. 移动工作（居家或者移动办公）。

- 将移动软件用于商业目的应该获得董事会的支持。例如设备必须要：

—安装反恶意软件且要天天更新（可以设定为自动更新）；

—有密码或者其他认证手段；

—能够被远程追踪和清除。

- 上述所有工作通常都不需要专业技术，能以很低的成本或零成本完成。许多移动设备，尤其是较新的型号都可以做到这一点，你可以进行设置。
- 如果设备丢失或被盗，工作人员应立即通知董事会级别的风险负责人，设备必须被远程清除。

7. 使用反恶意软件的防火墙（恶意软件保护）。

- 使用专有的反恶意软件或安全软件包（你可以从主流供应商处购买，如赛门铁克、Sophos、卡巴斯基等）。在整个业务中使用这个方法。
- 使用反恶意软件的所有功能，确保自动完成清理。
- 尽可能频繁地更新保护。软件提供商通常提供自动的免费更新——确保至少每天更新。

8. 监控（监测）。

- 监控可以探测潜在的硬件错误和网络链接上不正常的活动或者网络链接设备。笔记本电脑经常会带有硬件监控的软件和一些反恶意软件的安装包，以及设备的监控。
- 如果你的业务有很庞大的网络，你应该用网络管理工具去监测不正常的活动，包括监控流量、知识产权用途等。
- 确保你的员工向中心报告异常活动，并且你手头有足够的计划和专业知识来快速做出反应。

9. 突发事件管理和业务连续性管理（事件管理）。

- 发现事件——攻击应该被防火墙（firewall）或者安全包标识出来。任何会干扰和妨碍业务的事情都是事件。

● 如果遇到恶意软件攻击、数据丢失或损坏、笔记本电脑被盗等事件，决定该怎么做（以及由谁来做），并在获得董事会批准后记录下来。

● 让内部或外部的专家准备好处理你的事件。了解一家专业公司，这样你就可以迅速打电话给它们，这是很重要的。

● 记录所有事件，并确定导致它的原因、修复它需要多少费用，以及将来是否有什么事情可以做得更好。

● 你应该确保自己知道在对业务至关重要的任何事情（如信息、应用程序、系统或网络）发生灾难性故障时应该做什么（并记录要采取的行动），不要等到发生意外才尝试去应对。

鉴于图 9-19 所述的安全事件，许多机构现已设置了正式的信息安全管理系统（information security management system）。系统将强制执行信息安全政策（information security policy）。该政策可能会在内部制定，或者采用安全标准，例如英国标准 BS 7799，该标准现在已经更新并被批准作为国际标准（ISO 17799/BS 7799）。

ISO 17799 全面地覆盖了所有安全管理的风险和方式，它推荐如下流程：

1. 计划——执行业务风险分析。

2. 执行——做好内部控制，管理适当的风险。

3. 检查——管理评审，证明影响的有效性。

4. 处理——必要时将行动变为评审的一部分。

ISO 17799/BS 7799 有助于提供一个框架，公司可通过该框架来管理图 9-19 中显示的安全事件。这些标准要求界定以下安全管理范畴：

第一，安全政策。这描述了组织在不同业务区域和网站的要求和安全范围。它还应该展示高级管理人员在控制和持有的安全性方面的支持。

第二，组织安全。描述一个公司如何管理安全，包括不同的员工在安全方面的职责，以及安全事件发生时采取的行动和审查，以提高安全性。

第三，资产分类和控制。BS 7799 建议创建信息资产登记册（information asset register, IAR），详细列出组织的每一项信息资产，如数据库、人事记录、合同、软件许可、宣传材料等。对于每项资产都明确用途，确定价值，以确保适当的安全性。

第四，人员安全。这确保了职位定义和雇佣合同的清晰性，以降低人为错误导致信息丢失的风险，并确保了员工了解他们在信息安全方面的权利和责任。员工培训对实现这一目标很重要。

第五，物理与环境的安全。这考虑了如何保护信息免受火灾和洪水等的威胁。

第六，通信和运营管理。信息系统的日常操作指南是 BS 7799 中最大的部分。它涵盖了新系统或更新系统、病毒防御软件、电子邮件和网站使用、网络访问以及备份和恢复系统的验收标准。

第七，访问控制。这定义了如何通过访问控制机制（针对不同应用程序和信息类型具有不同安全许可的用户名和密码）保护对信息系统的访问。

第八，系统开发和维护。这指明了在设计和采购新系统时必须考虑安全性。

第九，业务持续性管理。业务持续性管理或者灾难恢复（business continuity management or disaster recovery）也具体指出了组织应该如何继续在重大事件中发挥功能，使用离线备份或者替代信息系统是解决这个问题的关键。

第十，合规性。这明确了组织将如何遵守与信息安全管理相关的法律。实现 IS 7799 是帮助组织确保业务符合要求的一个好方法，需要定期进行审计和审查，以确保组织保持合规性。

考虑安全设计越来越重要，因为每年都有越来越多的网络攻击，其中有几个引人注目的案例（见专栏9-7）。

专栏9-7　　　　　　　　　**在TalkTalk和优步上大量的安全违约**

根据英国政府数字、文化、媒体和体育部门的数据，近一半（46%）的英国公司在过去一年里至少发现了一次网络安全攻击（BBC，2017）。谷歌和迈克菲（McAfee）估计，全世界每天有2 000起网络攻击，每年给全球经济造成约3 000亿欧元的损失，而英国董事协会（IoD）表示，只有严重的网络入侵才会成为头条新闻，但针对英国公司的攻击经常发生。

在过去的几年里，还发生了大量的备受瞩目的网络安全攻击事件。

TalkTalk

2015年10月，拥有400多万英国用户的电话和宽带提供商TalkTalk遭到了网络犯罪分子的攻击。在这次网络攻击中，156 959名用户的个人信息被窃取，包括他们的姓名、地址、出生日期、电话号码和电子邮件地址。此外，15 656名用户的银行账户信息和分类代码被盗。

该公司遭受了"分布式拒绝服务"（DDOS）攻击，黑客用互联网流量淹没了该公司的网站，试图使其数字系统过载，使其离线。安全分析人士认为，与此同时，第二次攻击正在发生，入侵者正在攻击TalkTalk的用户数据库。最大的问题是："为什么数据没有加密？"

攻击发生一年后，英国信息专员办公室（Information Commissioner's Office，ICO）表示，TalkTalk未能遵守网络安全的基本原则，违反了《数据保护法》（详见第4章），罚款40万英镑。与此次攻击造成的约6 000万英镑的损失以及随后几个月超过10万名客户的损失相比，这笔罚款只是九牛一毛。TalkTalk情绪图（见图9-20）显示，数据泄露对公司声誉产生了负面影响，而声誉是一个关键的客户体验因素。

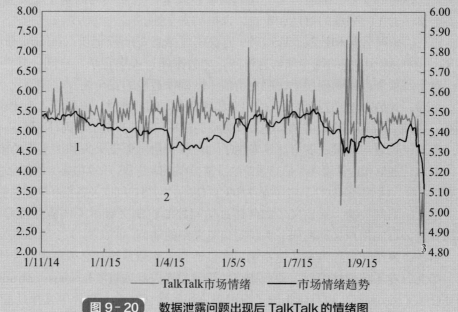

——— TalkTalk市场情绪　　　——— 市场情绪趋势

图9-20　数据泄露问题出现后TalkTalk的情绪图

资料来源：www.alva-group.com/en/the-reputational-risk-of-cyber-attacks-talktalk-case-study.

德勤 2014 年全球声誉风险调查发现，抽样的 300 多名高管认为安全（物理或网络）是声誉风险的三个关键驱动因素之一。虽然这是高管所关心的一个有趣指标，但它在很大程度上反映了一种"由内而外"的声誉观。

优步

优步隐瞒了一次影响全球 5 700 万用户、司机的黑客攻击。这起安全漏洞事件发生在 2016 年，一年后，该公司才披露了这次黑客攻击的细节。2017 年 11 月，该公司证实向黑客支付了 10 万美元（8 万英镑）使其删除数据。

优步证实，用户的姓名、电子邮件地址和手机号码被泄露，在 5 700 万名受影响的用户中，有 60 万名司机的姓名和牌照信息被泄露。虽然司机已经得到了免费的信用监控保护，但该公司还没有为受影响的用户提供任何补偿。

优步首席执行官达拉·霍斯克鲁沙希（Dara Khoscrowshahi）在一份书面声明中说：

> 虽然我们没有看到与该事件有关的欺诈或滥用的证据，但我们正在监控受影响的账户，并已标记它们，以提供额外的保护。这一切都不应该发生，我不会为它找借口。

优步向信息专员证实，优步英国用户中有 270 万人（超过一半）受到了影响。美国国家网络安全中心建议，针对此次黑客袭击，要警惕电子邮件钓鱼或诈骗电话。

英国信息专员办公室的代理人詹姆斯·迪普勒-约翰斯通（James Dipple-Johnstone）说：

> 优步去年 10 月宣布隐瞒数据泄露一事引发了人们对数据保护政策和道德准则的巨大担忧。如果英国公民受到影响，我们应该得到通知，这样我们就可以评估和核实数据被泄露者受到的影响。

资料来源：www.telegraph.co.uk/technology/2016/10/05talktalk-hit-with-record-tine-for-cyber-attack；www.alva-group.com/en/the-reputational-risk-of-cyber-attacks-talktalk-case-study；www.ft.com/content/gbfb4e72-7965-11e5-a95a-27d368e1ddf7；www.telegraph.co.uk/news/2017/11/22/british-spy-chiefs-1aunch-investigation-uber-hacking-scandal.

9.7.1　保证电子商务交易安全

对于提供在线销售的数字企业，从客户或商家的角度来看，还存在额外的安全风险：

（a）交易信息或信用卡信息在传输途中被盗；

（b）从商户服务器窃取客户信用卡信息；

（c）商户或客户身份造假。

在本节中，我们将介绍可采取的措施，以降低电子商务安全漏洞带来的风险。我们首先回顾在线安全理论和可以使用的技术。

安全系统原则

在我们聚焦于安全系统原则之前，需要去回顾一些基础的、在不同交易中出现的术语：

- 购买者：指购买商品的客户。
- 商户：指零售商。
- 证书颁发机构（CA）：指发布信息证明的主体，可以证实购买者和商户的身份。
- 银行：传统的银行。

- 电子货币发行者：发行数字货币的虚拟银行。

交易各方对安全系统的基本要求如下：

- 可验证性——交易各方是否与其声称的一样（上文中的风险（c））？
- 隐私性和机密性——交易数据是否受到保护？消费者如果希望进行匿名购买，是否所有交易的非必要痕迹以及所有中介记录都已从公共网络上删除（上文中的风险（b）及（c））？
- 完整性——检查发送的消息是否完整，即它没有被损坏。
- 不可抵赖性——确保发送方不能拒绝发送消息。
- 可用性——消除对系统连续性和性能的威胁。

凯什等（kesh et al.，2002）更详细地探讨了电子商务的安全性需求。

9.7.2 开发安全系统的方法

数字认证

有两种主要的使用数字证书（digital certificates）的加密方法。

1. 密钥（对称）加密。对称加密（symmetric encryption）涉及双方使用只有他们自己知道的相同（共享）密钥。只有此密钥可用于加密和解密消息。在使用之前，密钥必须从一方传递给另一方，这与必须将安全的密钥副本发送给信息接收方的方式非常相似。传统上，这种方法用于在独立的两方之间实现安全性，例如进行 EDI 的大公司。在这里，密钥以电子方式发送或通过快递发送，以确保它不会被复制。

这种方法并不适用于一般的电子商务，因为购买者将密钥交给商户并不安全，购买者会失去对密钥的控制权而无法将密钥用于其他用途，商户还必须管理许多购买者的密钥。

2. 公钥（不对称）加密。之所以称为不对称加密，是因为信息发送方和接收方使用的密钥是不同的。这两个密钥通过一个数字代码相关联，因此只有这对密钥组合使用才能加密和解密信息。图 9-21 显示了公钥加密在电子商务情景中是如何工作的。购买者可以通过自动查找商户的公开密钥，然后使用此密钥加密包含订单的消息，从而向商户下订单。然后，经过加密的消息通过互联网发送，并在商户接收时使用商户的私钥读取。以这种方式，只有商户（他拥有唯一的私钥副本）可以读取这个命令。在相反的情况下，商户可以通过阅读身份信息来确认购买者的身份，例如使用购买者的公钥从而使用其私钥加密的数字签名。

PGP（pretty good privacy）是一种用于加密电子邮件信息的公钥加密系统。

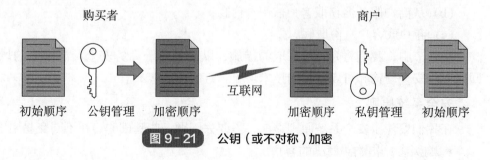

图 9-21 公钥（或不对称）加密

数字签名

数字签名（digital signatures）可以用来创建商业系统，通过使用公钥加密来实现身份验证：商户和购买者可以证明他们是真实的。购买者的数字签名在使用其私钥发送消息之前会被加密，而在收到消息时，购买者的公钥会被用来解密数字签名。这就证明了客户是真实的。由于建立交易较困难，数字签名目前还没有被广泛使用，但随着公钥基础设施（PKI）的稳定和越来越多的人认可证书颁发机构（CA），数字签名的应用将变更加广泛。

公钥基础设施和证书颁发机构

为了使数字签名和公钥加密有效，有必要确保用于解密文档的公钥属于你认为向你发送文档的那个人。这个问题的解决方案是由受信任的第三方（TTP）发出包含所有者身份信息和该人公钥副本的消息。TPP 通常是证书颁发机构，银行和邮政局等各种机构也可能会扮演这一角色。该消息称为证书（certificate）。在现实中，由于非对称加密相当缓慢，它通常只是被加密的消息的一个样本，并用作代表性的数字签名。

证书信息可以包括：

- 购买者身份数据；
- 签发当局身份证明及电子签名；
- 购买者的公钥；
- 证书的有效期；
- 证书等级；
- 证书的数字识别代码。

根据所载资料的类型，建议创建有不同类别的证书。例如：

- 名称、电子邮件地址；
- 驾照、身份证号码、出生日期；
- 信用检查；
- 组织特定的安全许可数据。

虚拟专用网络

虚拟专用网络（virtual private network，VPN）是一个在公共网络上运行的专用广域网，而不是更昂贵的私有网络。VPN 操作技术有时被称为"隧道"，是使用一种安全形式的互联网协议（IPSec）对内容进行加密。VPN 使全球组织能够安全地开展业务，但使用的是公共互联网，而不是更昂贵的私有网络。

9.7.3　当前保障电子商务安全的方法

下面我们将介绍保障电子商务网站安全性的方法。

安全套接层（SSL）

安全套接层（secure sockets layer，SSL）是一种安全协议，被大量地使用在 B2C 电子商务交易中。因为它可以简单地被客户使用，不需要下载额外的软件或者证书。

当客户进入电子商务网站的安全结账区域时，SSL 被用来提示客户"您将通过安全连接查看信息"，并使用一个关键符号表示这种安全性。当加密发生时，客户会看到浏览器中的网址前缀从"http：//"变成了"https：//"，浏览器窗口底部会出现一个挂锁。

它提供的主要设施是安全和保密的。SSL 允许在客户和商家之间建立私有链接。当电子商务交易信息在发送方和接收方之间传递时，以及当交易的细节保存在计算机的两端时，加密技术被用来打乱电子商务交易的细节。SSL 比竞争对手 S-HTTP 方法使用得更广泛。因为有了足够的计算能力、时间和动机，就可以对使用 SSL 加密的信息进行解密，所以人们正在努力寻找更安全的加密方法，如 SET。从商家的角度看，还有一个问题是，如果不采用信用检查等其他方法，就不可能对客户进行身份验证。

认证授权（CA）

对于安全的电子商务，需要管理大量的公钥。这种管理包括密钥生成、分发、撤销和更改等整个生命周期所需的程序和协议，以及加盖时间/日期戳和存档等。成功的 CA 是一个即时的关于信任建立和复杂管理的挑战。这里有两个有关如何应对挑战的相反观点：

- 去中心化：以市场为导向，建立以品牌为基础的"信任孤岛"。如消费者协会。实际需要当地的实体办事处提供可证明价值的证书，例如护照、驾照。银行和邮局有巨大的优势。
- 集中化：在英国，贸易和工业部（DTI）提出了一个最终通向政府的等级树。

最知名的商业 CA 是 SSL（www. symantec. com/en/uk/ssl-certificates-emea/）通常用于商家验证。此外，邮局及电信供应商扮演了核证机关的角色。英国的例子包括英国电信（www. trustwise. com）和邮局（viacode. com）。

9.7.4　让客户放心

一旦安全措施到位，商家网站上的内容就可以用来让客户放心——例如，亚马逊（www. amazon. com）认真对待客户对安全的担忧。它所使用的一些方法可以很好地缓解客户的担忧。这些方法包括：

- 使用客户保证书保障购买；
- 清楚说明所使用的 SSL 安全措施；
- 强调欺诈的罕见性（"有 1 000 万名客户安全购物，没有信用卡欺诈"）；
- 使用其他订购方式，如电话或传真；
- 突出信息以减轻恐惧——担保是主要选项之一。

公司还可以使用独立的第三方为网络隐私和安全制定指导方针。最知名的国际机构是 TrustArc（www. trustarc. com）和用于支付认证的赛门缺克 SSL（www. symantec. com/en/uk/ssl-certificates-emea）。

9.8　本章小结

1. 对数字商务系统的业务和用户需求进行分析对于交付可用的相关系统非常重要。

2. 流程建模可用于评估现有的业务流程，并对修改后的流程提出建议。工作流设计中的任务分析和流程图等技术有助于理解系统必须支持的任务和当前流程中的弱点。

3. 数字商务系统的数据建模主要涉及传统的实体关系方法。

4. 体系结构设计涉及遗留系统和新电子商务系统之间的适当集成，这种设计基于客户端-服务器方法。

5. 客户体验（CX）对于推动销售很重要。它应该是整个业务的核心部分。CX 的六大支柱是：个性化、诚信、期望、决心、时间和努力以及同理心。

6. 用户界面设计可以通过使用结构化方法（如用例）和遵循不断发展的网站结构、页面结构和内容标准来改进。

7. 安全设计对于保持客户的信任非常重要。安全解决方案的目标是保护服务器免受攻击，并防止信息在传输过程中被拦截。

练 习 //////////////////////////////

自我评估

1. 如果组织没有彻底地分析和设计，会有什么样的风险呢？
2. 区分流程分析和数据分析。
3. 什么是工作流程分析和工作管理系统？
4. 什么是遗留数据？将它们整合到电子商务系统中的选择有哪些？
5. CX 的关键方面是什么？
6. 手机网站开发的四个主要选择是什么？
7. 尼尔森认为可用的网站的特征有哪些？
8. 电子商务公司如何保护自己免受网络攻击？

问题讨论

1. 为一个电子商务网站提供分析设计方案，说明流程分析和数据分析应包括哪些，并说明如何将它们整合起来。
2. 写一篇关于工作流系统对数字商务的重要性的文章，用你选择的组织举例说明你的答案。
3. 写一份报告，总结一个可用性好的网站的特点。
4. 如何将客户体验（CX）的概念转化为电子商务网站的设计？
5. 评估在线零售商在设计安全电子商务系统方面的成功之处。

测试题

1. 总结流程分析的目的。
2. "以用户为中心的设计"意味着什么？
3. 以用户在线下单为例，解释任务分析的概念。
4. 以用户在线下单为例，解释用例分析所涉及的阶段。
5. 参考电子采购系统的数据库，描述数据建模的步骤。
6. 概述电子商务网站应该考虑的 CX 的主要元素。
7. 用户和公司对安全电子商务网站的属性的观点有何不同？
8. 解释电子商务网站的分析、设计和实现之间的关系。

▶▶ 第 10 章

数字商务转型和增长黑客

■ Managing digital business transformation and growth hackers

完成本章的学习后，读者应该能够：

● 批判性地分析一个组织的转型历程
● 评估在数字转型实践中要采用的方法
● 制订一个增长营销/敏捷营销计划
● 制订计划，使用分析工具衡量和提高数字商务的有效性

10.1 本章介绍

随着我们进入 21 世纪的第三个十年，组织机构的变化速度比工业革命以来的任何时候都要快。我们管理技术和变革的传统方法已经开始失效。数字化对组织和社会的影响意味着变化的速度非常快，变化的影响是巨大的。组织需要做出极大努力，以不同于过去的方式经营，应对环境的变化。数字化转型和增长黑客是应对这种变化的两种方法。请参阅案例研究 10-1，了解 Spotify 是如何响应这种变化的，然后完成活动 10-1。

案例研究 10-1

整个行业的转型和供应链管理——Spotify 和 Spotify Connect

Spotify 开发于 2006 年，并于 2008 年正式推出，是一项在互联网上播放音乐的免费增值服务。它由广告和订阅模式支持，允许用户在没有连接互联网的情况下使用更多的功能，如高质量的流媒体和歌曲下载。

与 iTunes 等服务不同，Spotify 不会将单首歌曲出售给听众，然后将销售收入转给艺人。相反，Spotify 向艺人支付佣金。虽然这种模式受到了艺人和唱片公司的批评，但 Spotify 仍在继续成长，使得艺人和唱片公司很难忽视它。与此同时，提供类似服务的其他服务提供商也在增加，如 Deezer 和 Tidal。Spotify 在这个竞争激烈的市场上有两个主要竞争对手——苹果音乐和亚马逊音乐。这两家公司之所以能够脱颖而出，是因为它们都有音乐流媒体业务，都有重要的硬件：苹果的 iPhone 和亚马逊的 Alexa。

为了有效竞争，Spotify 运营包括软件开发工具包（SDK）在内的 Spotify Connect，允许软件和应用程序的开发者以及硬件制造商将 Spotify 的代码融入它们的产品中。这种将 Spotify 嵌入软件和硬件中的举措，有效地确定了应用程序或制造设备的用户。

Spotify 称已在 80 多家不同制造商的 300 多台设备中嵌入了连接功能，包括高端音频系统、随身娱乐设备和电视平台，以及 Amazon Firetick 和 Google Chromecast 等设备。

这一举措增加了 Spotify 的访问量，使其远离网站和移动应用程序这两个传统的互动点。随着界面访问量的增加，用户与 Spotify 的互动也增加了。大多数公司都需要付费订阅，这理所当然地增加了公司的收入。高端设备的潜在用户更倾向于购买具有附加功能的特定设备。Spotify 可以被视为一个令人满意的附加功能，因此制造商热衷于接纳它。这种共生关系正在改变音乐的管理方式，从艺人到听众都是如此。Spotify 希望通过这种方式影响人们购买的设备，并鼓励用户多使用设备。

Spotify 改变了人们消费音乐的方式。Spotify 已经成为一个动词，表示人们听音乐的方式（同样地，短语 to Google 也成为动词，表示人们在网上搜索信息的方式）。这种转变是从对音乐文件进行 pos（一种较早的转变）到用流媒体播放——这是音乐文化的一个重大改变。

活动 10-1 数字机会

目的

辨别组织可以利用的数字机会。

活动

● 列出在过去 12 个月中突然出现的科技进展。

● 考虑一下，为了适应发展，组织需要做出什么改变？科技可以对文化、实践或过程造成什么改变？

基于你在文化、实践中观察到的其他技术发展和变化回答以上问题。

10.1.1 数字化转型的定义

数字化转型的定义是有争议的——不同的评论家和理论家有不同的观点，这可能导致一些困惑。这种不一致源于对数字化背景下转型意义的对立观点。人们的理解取决于他们对干预一个组织的重要性的看法。例如，一些从业者可能会把一个组织的网站看作数字化转型。其他人可能会认为这种观点太狭隘了，因为它只关注一个组织内"小"的和离散的干预。这里的关键观点是环境——简单的网站可能反映了组织的巨大变化。数字化转型与其说是建立网站，不如说是组织产生的（有计划的）变革效应。

数字化转型可以描述为当"数字化"应用于任何人类活动时所发生的所有变化（Stolterman and Fors，2004）。兰克斯切尔和克诺贝尔（Lankshear and Knobel，2008）的观点略有不同，他们认为这是社会或社区必须经历的第三阶段（第一阶段是数字能力，第二阶段是数字素养）。数字化转型的定义超越了商业业务，许多定义囊括了艺术（Taylor and Winquist，2002）、科学（Baker，2014）和公共服务（Nam and Sayogo，2011）中的类似转型的概念。

麻省理工学院数字商务中心（Westerman et al.，2011）的研究成果有效地总结了数字化转型更为现代、接受度更高的解释，在一项研究中，他们将这个概念分成两个独立的思考点——数字化转型的标志是数字化驱动项目的应用和实施的强度水平，以及组织管理自身变化以利用数字化优势的方式。最近，人们清楚地意识到，真正的数字化转型是整个组织的转型，而不是对孤立的、个人的数字项目进行改变（Kane et al.，2015）。

我们真正感兴趣的是数字化转型的意义，因为它发生在商务之中（无论是商业还是公共服务），而且数字化转型的定义在数字商务的背景下更有意义。

10. 1. 2　数字商务转型的定义

如果在数字商务的背景下思考数字化转型，那么我们会更加关注由数字驱动的转型的意义和目的。数字商务转型的定义已经改变，并将随着"数字化"的概念的变化而变化。这些更新的定义也是有所不同且充满争议的。

全球数字商务转型中心将数字商务转型定义为公司"采用数字技术和商业模式以提高绩效"的过程（Wade，2015）。"采用"的用法是有争议的，因为许多公司采用技术不一定改变自己——有人可能会辩称（正如在数字化转型的广义定义中所提出的）公司需要适应数字技术而不是采用，然而作为一个组织，公司自己仍然认为"数字商务转型是通过数字技术和商业模式来提高绩效的组织变革"（Wade，2015）。

Forrester（Gill，2015）将数字商务定义为"利用数字技术为客户创造新的价值来源，并提高客户服务的运营灵活性"，并再次强调，这个定义忽略了"适应"（adapt）原则，保留了"采用"（adopt）原则。

10. 1. 3　为什么数字商务转型不只与 IT 有关

人们经常会问为什么数字商务转型不仅仅与信息技术（IT）有关。这个问题源于一个假设，即数字化仅仅是关于技术的，并且与"采用"技术和"适应"技术之间的区别有很大的联系。诚然，一个组织的 IT 资源（就其 IT 基础设施、投资和支持人员而言）不可避免地会与数字商务转型联系在一起，但是我们有必要看看传统的 IT 决策来自哪里，以及它们与数字商务转型有何不同。

应用组合——数字商务转型的前导

沃德和帕德（Ward and Peppard，2002）开发了一个模型来解释信息技术在组织中的作用，并使管理者能够理解技术投资的重要性。技术在这个模型中的角色是由组织本身赋予它的战略意义所决定的。沃德和帕德将这些技术投资分为四种特定的类型，以便理解它们应该扮演的角色，这些角色如图 10 - 1 所示，称为 IT 投资组合网格。值得注意的是，两个人并没有将这些项目称为软件、程序或 IT，而是称为"业务应用程序"——这本身就是理解数字化如何参与商业转型的早期步骤。

沃德和帕德对业务应用程序的看法是，业务应用程序可以是极其庞大和复杂的业务流程，其中包含许多 IT 硬件和软件元素，以及设计好的数据、信息和知识流元素。在这种情况下，业务应用程序是整个业务流程，而不仅仅是软件，并且每个业务应用程序都是由它在组织中扮演的角色所定义的。

1. 高潜力的应用程序。高潜力的应用程序几乎总是"从内部"开发的——即使某些元素可能从外部来源导入，一个应用程序从整体上看也是从内部开发的，将过程中的所有元素编织在一起的方式尤其能体现这一点。流程的配置几乎总是该业务独有的。因此，许多与数字机会相关的技能和能力（到目前为止）可能并不存在于组织内部（或外部世界），这些技能与项目本身同时发展。

高潜力应用程序的一个重要方面是，公司需要知道何时关闭它。如果一个应用程序不能在一定条件和时间内展现出价值或潜力，公司就需要关闭它。虽然人们不会期望一个高潜力的项目百分之百能够盈利或显示出直接的成本效益，但分析的结果应表明这些情况有可能发生。如果没有，唯一的结论是在所有可负担得起的查询、修改和发展途径都被考虑后，关闭整个应用程序。

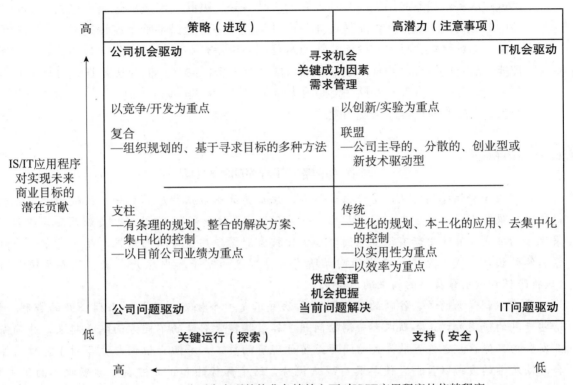

图 10-1　IT 投资组合网格

如果一个高潜力的应用程度确实产生了收入、价值或成本效益，那么公司需要考虑是否应该在应用程序上投资，并使其成为一个战略应用。

高潜力的应用程序是那些目前还没有为组织提供价值的应用程序，但它们很可能在未来提供价值。这些应用程序在本质上可能是实验性的（它们可以被描述为 α 项目或 β 项目）。这些通常是非常新的问题，不仅在公司内部如此，在整个世界也是如此。它们通常是高度创业性质的。在目的和范围方面，它们也很难量化——公司确实不能确定它们的意义。高潜力应用程序的意义是让组织验证应用程序的特定方面以及整个应用程序的需求和价值。公司可以选择一个小的业务领域来开发一个高潜力的应用程序，并在短时间内使用它。

2. 什么使一个应用程序成为战略应用程序？战略应用程序最重要的特征之一是需要不断和永久地改进。战略应用程序需要保持创新，以避免竞争对手复制该程序或其中的一部分。因此，不断创新和改进保持了应用程序的战略优势，也保持了应用程序的战略维度。竞争对手的模仿（更糟的是，提供改进版本）将使应用程序有立即失去其战略性的危险。当与操作应用程序相关的关键人才离开公司，转向竞争对手时，这种危险就会出现。当应用程序的战略优势消失时，应用程序有两种路径可选——成为关键运行部分或成为支持应用程序。

战略应用程序是指组织发现可以提供某种战略优势的应用程序。对于商业组织来说，这种优势可能以节省成本、提供服务或为客户开发价值的形式出现，而竞争对手无法申请或提供这些服务。战略应用程序有其固有的独特之处，因此其组成部分具有保密的成分。应用程序中的任何数字机会都可能是在业务中开发的——这确保了整个流程的成分是独特的，很难复制。与数字机会相关的技能和能力对公司来说是相对独特的，公司必须认真考虑保留这些技能。战略应用程序的其他数字方面可能从外部资源导入，但前提是这些资源在其他地方公开可用，并且从内部开发这些资源没有特定优势。阅读迷你案例 10 - 1，了解谷歌算法是如何作为一个战略应用程序来使用的。

迷你案例 10 - 1

作为战略应用程序的谷歌算法

根据沃德和帕德的定义，是什么让谷歌算法成为战略应用程序的？一个关键元素是谷歌在改进搜索结果方面的持续创新。谷歌推出了一系列的"算法更新"，这些算法更新改变了搜索引擎结果显示的方式。算法更新有很多原因，如优化搜索引擎使用者寻找的结果，阻止竞争对手对其搜索引擎的模仿，减少无道德底线的网站所有者钻制度的空子和内容开发者"玩弄系统"的威胁（这将降低搜索引擎提供的结果的质量）。

具有讽刺意味的是，谷歌的搜索引擎算法并不是一个秘密，而是一系列公开的专利。然而，这些专利的使用方式是谷歌内部争论的问题。谷歌将搜索引擎的不同方面结合起来，并确保不断开发和内部保存。也许谷歌最大的问题是留住现有的员工，并阻止他们与竞争对手合作。谷歌结合算法元素的方式（目前）使其具有战略优势，这个优势的真正关键在于谷歌收集的用户数据，以及在算法中应用这些数据的方法。该数据是独特的，谷歌多年来一直在收集。谷歌的竞争对手无法获得丰富的数字行为资源，必须自己创造这些资源。

3. 成为关键的运营应用程序。几乎所有关键的运营应用程序都是围绕已知的业务和行业需求进行重要测试的结果。考虑到这一点，通常会有特定的供应商来满足特定行业的需求。这些供应商可能是自由职业者，他们在行业通用的关键应用程序的生命周期中从事类似的项目，也可能是大型的服务提供商。亚马逊的 AWS（Amazon Web Service）就是一个例子，大型平台所有者向市场中不同的运营商提供类似的服务。业务需求是已知的，该行业的所有运营商都需要依赖这项服务，否则它们将处于不利地位。实际上，AWS 为运营商提供了公平的竞争环境。与此同时，有大量的人才熟悉特定领域中的技能和能力，这意味着员工往往乐意投入时间来精通这些领域。当员工供不应求，或者当潜在的员工转向其他领域和行业中更有趣或更有利可图的技能和能力时，问题就出现了。

习惯上关键运营应用程序被称为遗留系统，因此，对于组织来说，不断监测市场的业务需求变化，或者有机会去发现可能使现有关键运营应用程序冗余的战略应用程序是很重要的。

关键运营应用程序是指那些对组织所处的行业或环境中的操作至关重要的应用程序。从本质上讲，一个组织应拥有一个关键运营应用程序，以避免在与对手、供应商或客户的交流中处于不利地位。关键的运营应用程序被认为是其所在部门业务运作的关键，因为没有它们，业务就不能在该领域成功运作（见专栏 10 - 1）。

数据中心和关键运营应用程序

几乎每一个拥有数据中心的组织（除了一些明显的例外）都不从事为他人提供数据的业务。数据中心已经成为数据处理机构的重要组成部分，例如银行（核心业务：处理金融交易）、电子商务商店（核心业务：零售）和物流公司（核心业务：配送）。从历史上看，组织需要数据中心是因为没有提供数据中心的供应商——因此组织必须自己建立数据中心。但数据中心运营并非组织的核心业务。

如第 3 章所述，有一些重要的云计算服务提供商可以执行许多数据处理任务。这些云计算服务提供商将数据处理作为自己的核心业务——它们将其作为商品出售，建立了风险管理系统。

云计算体现了组织将数据处理转移到关键运营应用程序上——组织自己管理数据中心没有任何优势。

4. 支持应用程序。支持应用程序是那些为相对普通或合法目的而存在的应用程序。支持应用程序可以为完善的业务需求提供成本最低的长期解决方案。支持应用程序不会带来任何业务优势，而且（在某种程度上）短期的不可用不会使组织处于不利地位——更有可能是一种不便。例如，大多数组织都有既定的工资管理方法。支持应用程序可以很容易地外包给提供商或机构。这一领域的数字机会通常可以显著降低支持应用程序的成本。实际上，为其他公司提供支持应用程序可能是专门公司的数字机会。微软不断开发和发展其 Office 软件套件是其自身的战略优势——竞争对手相对较少（就销量而言没有哪一个能与之匹敌），因此，它可以保证全球大多数办公室工作人员都接受过使用 Office 软件的培训。这为将其作为支持应用程序在全球大多数公司中使用提供了理由（参见迷你案例 10-2）。

如果某个应用程序在公司中被法律强制执行，那么公司将寻找最便宜的、长期的解决方案来满足该法律的要求。在几乎所有情况下，该应用程序将由专门的外部公司提供，并使该应用程序的数字组件的提供成为外部公司的数字商务机会。

一个已完成数字化转型的公司为什么还在使用 Microsoft Office

虽然这篇文章是用 Microsoft Word 编写的，但只要在搜索引擎或社交媒体平台上快速浏览一下，你很快就会发现成百上千条评论说"Microsoft Office（及其组件应用——Word、Excel、PowerPoint 等）有多糟糕"。尽管有如此糟糕的声誉，该产品线却在蓬勃发展，它将继续成为全球范围内优先使用的办公软件包。它有很多竞争者，包括谷歌基于云计算的 G Suite，苹果的 iWork（仅限于苹果设备）和 Libre Office。

正常来讲，Microsoft Office 高昂的成本应该会让其他选择更具吸引力，其月度定价是谷歌 G Suite 的两倍。那么，是什么让微软成为首选的支持应用程序呢？

关键问题是培训的总成本。在以使用 Microsoft Office 应用程序为核心的环境中，熟悉 Microsoft Office 应用程序通常是员工基本的能力要求。培训通常很容易获取，并且有大量的支持人员可以为 Microsoft Office 培训提供服务。与其他产品相比，使用 Microsoft Office 的总成本明显更低。

这种情况能持续吗？向基于云计算的转变使得其直接与谷歌的 G Suite 竞争。我们可能期望人们的观念发生转变——不是他们在办公室需要一个特定的工具，而是他们有特定的工作或一系列任务要完成。微软要想在这样的环境中生存下去，就应该少强调 Microsoft Office 本身，而更多地强调创造解决方案，让有数字知识的用户能够执行他们的任务。随着用户越来越多地通过可穿戴设备访问解决方案，办公软件的传统面貌将发生变化，公司将选择成本最低的长期解决方案来满足它们的需求。

10.2 数字化转型作为一门学科出现

10.2.1 变革和变革管理的历史

数字化转型和数字商务转型实际上是围绕变革管理这一原始理念。变革管理在 20 世纪 60 年代早期发展起来，随着人们对计划内和计划外的改变如何影响组织中工作人员的行为和态度的认识不断加深，变革管理应运而生。历史上的变革浪潮对组织及员工产生了极大影响，尤其是工业革命期间颠覆性技术的出现。在 18 世纪末和 19 世纪，许多人失去了工作，因为工人和工厂主在引进新技术的问题上发生了冲突，新技术从根本上消除了工厂对工人的需求。

20 世纪上半叶世界有了巨大的变化，但在很大程度上被两次世界大战掩盖。直到 20 世纪 60 年代，人们才开始看到变革管理理念的演变。这个领域的早期想法来自"所有的变革都是不好的"的信念，而管理变革的过程允许人们接受变化（Welbourne，2014）。

管理变革模型是通过一些组织的经验发展起来的，这些组织把管理其他组织的变革作为自己的业务。"业务流程再造"等出现在 20 世纪七八十年代。这些变革管理方法经常被认为是自上而下的变革。随后这些模型和变革管理方法的研究和经验受到了严厉的批评（Anderson and Ackerman-Anderson，2001），因为变革的中心是改变业务，而（在许多情况下）没有改变人。

变革管理的当代观点是，变革管理在很大程度上是管理人，人的变化或许比业务的变化更重要。这使得兰克斯切尔和克诺贝尔（Lankshear and Knobel，2008）的数字商务转型思想更加可信，他们认为数字素养和能力必须先于数字化转型。

许多变革学者认为，当前组织变革的两大驱动力是全球化和技术创新。这两个都是外部驱动力，因此这意味着变革不是来自内在动机，如一个组织的员工（Strebel，1996）。组织的许多方面，如文化、结构和业务程序，都导致变革很难发生。对于数字商务转型项目，我们需要看到变革的影响，也就是说，数字创新不仅可以在商业上体现，诸如降低成本或增加盈利，也可以在数字创新能力对组织文化、业务结构和业务流程的改变上体现。事实上，本书作者的立场是，数字商务的转型（与单纯采用技术的业务相反）是新的数字化创新改变文化、结构和流程。这意味着"数字化"在组织中占据了新的重要战略地位。

10.2.2 数字化战略定位与技术的改变

数字化的演变是一个独特的旅程。从一个昂贵的"附加品"到"IT 管理"的出现，再到当代数字公司的兴起，数字化成为整个组织的核心。

许多评论人士认为，1991 年万维网（以及在此之前的其他支持技术）的出现，使组织真正开始重视数字技术。从历史上看，由于技术的成本，技术本身就是进入的障碍。进行大规模的、破坏性的技术变革的仅限于能够消化与重大技术变革相关成本的大公司和政府机构。网络的兴起表明，技术创新在某种程度上可以以很低的相关技术成本实现。网站的设计、建造和托管成本都相对较低，给数百万人发送电子邮件的单位成本非常低。支持技术的普遍性意味着技术本身不再是战略性的，技术本身不再提供优势。有些人可能会争辩说，它不再是关键的，"支持技术"这个词本身就意味着技术确实已经被降级了，因为没有更好的术语可以指代它，只能在沃德和帕德的模型下成为支持应用。

我们知道数字化不仅包括技术，也包括文化（组织文化和互联网带来的线上文化）、网络的实践（业务实践以及广泛的社会实践）和线上创建的流程。数字化战略的本质是适应数字技术、流程、实践和文化，而不仅仅是采用技术。在某种程度上，采用技术可能是这个过程中比较容易的部分。让一个组织及其员工适应技术所支持的文化、实践和流程则是一项更加困难的工作。

作者的观点是，数字商务转型和数字化转型可以看作同一件事，数字化转型的过程是通过适应组织文化、流程和数字实践来适应数字技术的过程。

10.2.3　数字化转型的必要性

推动数字化转型需要一个令人信服的理由。这显然是比简单地获取和应用技术更复杂的活动。它将当代变革管理的所有问题与数字化的复杂问题相结合。目前还不清楚数字化转型是革命性的还是循序渐进的过程，这取决于组织及其环境。在许多情况下，这显然不是一件耗资小的事情，但也不一定会产生巨额的开销。其中有许多隐性成本或无法量化的成本。数字化转型的重点是成果和产出。组织应将数字化转型置于战略思维的核心位置，使组织能够在最高水平上设定目标，并确保所有的业务转型都是为了实现目标。数字化转型必须有目标。

数字化转型的重要性已经推动现有组织中最高层领导职位的增加，如首席数字官或首席数字业务总监。对于是否应该设置这样的职位存在一些争论。一方面，数字化很重要，但对于组织中的许多利益相关者来说，数字化仍然是相对神秘的（作为一门学科）。对于观察者来说，首席数字官意味着高级别的职位。另一方面，如果数字化变得十分普遍，并成为组织所做的一切事情的核心，那么它不应被视为仅属于一名高管的领域，而应被视为所有人的责任。从历史上看，技术、计算和IT都是由财务总监负责的，因为早期的系统是以会计实践和计算为中心的。随着时间的推移，这一角色已演变为IT总监和首席技术官等——用以强调技术的重要性，仅此而已。这些角色并不能代表数字化是什么的整体观点，相反，这些角色专注于在商业中应用技术。作者认为，这些角色都有可能失去对数字技术、文化、实践和过程的全面影响的关注。

数字化转型使组织能够质疑其运营方式，从而明确变革管理的路径，同时发现数字技术提供的机会。数字化转型过程应该是一个外向的过程，探索各种机会，然后在组织中寻找应用机会的方式。这些机会可以是通过业务适应而产生的技术机会、数字时代下新的实践所提供的机会，或者数字时代出现的新流程提供的机会，其影响通常是巨大的（如果组织管理不善，可能会产生严重的后果）。考虑到这一点，我们有必要了解，在一些公共领域，数字化转型正在日益频繁地发生，无论是在现有的组织还是初创组织中。

10.3　理解数字化转型的原因

10.3.1　数字化带来的机遇

根据一些学者的看法（Westerman et al.，2011），有三个重要的主题突出了主要影响和成功的机会，分别是：

- 客户服务和服务设计；
- 业务和组织流程；
- 商业模式。

以上每一个主题都提供了独特的机会和非常具体的环境——使用数字化的特定元素的环境。然而，我们不能认为这个清单是详尽无遗的。应该考虑到，未来很可能有新的数字技术机会、新的数字文化机会、新的数字实践和新的数字过程。这些可能会影响整个商业领域。

10.3.2　数字化转型会在哪里发生

客户体验和服务设计

随着时间的推移，组织和客户之间的交互管理在不断发展，历史上组织和客户间的交互一直由组织以一种相对分散的方式进行管理，这在一定程度上是由组织的发展方式导致的。有一系列不同的学科研究人和技术的协同。数字商务从业者特别感兴趣的是，这些学科研究已经从"人机界面"的研究发展到人机交互、可用性和客户体验的研究。

组织和客户之间更广泛的交互已经超越了简单的技术交互。即使是相对现代的客户体验领域，也几乎只关注网站和移动应用程序的技术驱动界面的设计（尽管这是一个相对宽泛的观点）。这种特殊的业务视图只是客户体验和服务设计的三个关键领域之一。到目前为止，从数字化转型中受益的领域似乎基本与客户洞察有关，为产品和客户界面增加了价值。

客户洞察

客户洞察是一个组织所拥有的关于其客户的信息和知识。这种洞察可以来自外部，如其他组织收集的数据、市场研究的数据，甚至是谷歌等公司提供的分析数据。内部客户洞察来自组织与自己的客户之间的关系，可以来自明确的来源，如积极地收集客户的信息，也可以来自更隐形的内部来源，如销售数据或关于客户行为的分析数据。

客户洞察可以发生在单个客户的层面，也可以发生在部分群体层面，还可以发生在整个客户群体层面。个人客户数据可以来自外部来源，如选举记录或信用评级公司，也可以来自内部来源，如客户记录或购买历史。

多年来组织一直在收集客户的数据、信息和知识，只是最近一段时间"客户洞察"才被用来优化客户体验以及改善组织自身的情况（见 10 - 3 迷你案例）。

我们所说的客户洞察和数字化转型是什么意思

如果沿用之前对数字化转型的定义（"适应数字技术、流程、实践和文化"），我们需要提出这个问题："我们如何适应数字技术、流程、实践和文化，以利用客户洞察？"为了更有效地使用客户洞察，组织需要在一个或所有领域进行改变。组织可能需要适应新技术、适应新流程、适应新实践或改变其文化以利用客户洞察。从历史上看，组织最大的问题不是它们没有客户洞察，而是它们没有利用客户洞察。因此，客户洞察常常未被使用（现在仍然如此）。组织面临的风险是，它们不知道客户想要什么或客户是什么样的，因此它们可能会犯错或错过满足客户需求的真正机会。

迷你案例 10 - 3

Hertz 营销

2016 年，全球汽车租赁公司 Hertz 需要提高销售和营销业绩。它想从用于分析和搜索引擎营销的支出以及花在不同线上平台上的广告费中获得更多回报。

像其他公司一样，Hertz 的客户数据来源和格式各不相同。得知信息来源后，Hertz 可以了解每个客户与公司交流时的经历。这十分重要，因为公司相信如果孤立地看待信息，营销途径可能不会成功转换。公司需要在数字层面将客户洞察转化为客户的个体视图（而不是使一个客户在公司不同系统中有许多视图，并被公司的不同部门掌握）。

Hertz 改变了其收集、拥有和分析客户信息的方式，使得不论客户何时与公司互动，公司都能够创造客户的整体视图。这意味着公司能提高营销效率，并从提升广告和营销信息的质量及增加潜在和重复客户等方面获得更多价值。

Hertz 也能更多地理解营销行为，并非简单地着眼于单一营销行为（如广告点击进入率），而是将所有营销行为结合起来。这使得公司认识到有很多营销方式能将客户带到公司。

价值增值

在这里，术语"价值"被引入。我们很容易认为这是一个围绕成本和价格的问题，但价值的概念与价格本身无关（尽管这可能是问题的一部分）。有时候用"利益"这个词比用"价值"更好。采用"我们如何增加产品的利益"的说法，有时候会更有意义。

价值增值的方法有很多（这些方法通常包括了解个别客户的看法）。客户喜欢因为他们的购买或对组织的忠诚而获得某种奖励（财务或非财务的奖励）。客户喜欢被提醒有关组织的某些事情，例如，他们订购的货物即将到货。客户希望他们的行为，比如忠诚得到认可。客户喜欢在购买时以及购买后得到支持。他们还喜欢在购买时得到帮助和建议，比如关于购买选择的建议。

什么是价值增值和数字化转型

我们需要问自己："我们如何适应数字技术、流程、实践和文化来提供价值？"很明显，客户洞察是至关重要的，因此转化阶段可能是优先考虑的问题。为了增加价值，组织需要考虑如何适应新技术、适应新流程、适应新实践或改变其文化以提供客户价值（见专栏 10 - 2）。组织面临的最大问题是，它们可能没有利用客户洞察来了解客户希望从其产品和服务中获得什么价值，因此，仍可能出现客户的需求得不到满足或服务不到位的问题。

专栏 10 - 2 **完成数字化转型的组织的客户价值**

DPD 给客户发送一条短信，告知他们即将交付的货物。当送货时间临近时，客户会收到信息。客户可以进行交互，改变交付日期或地点。这提高了终端客户的满意度，也减少了丢失的货物的数量。

忠实客户奖励计划几乎存在于所有零售组织中，有些组织甚至将其提升到新的高度。丝芙兰利用客户洞察，根据不同的消费水平来设置不同级别的奖励。更高的消费水平会有更多的奖励，这些奖励通过最近一次消费、消费频率和消费金额与客户交互。这为每一个客户创造了不同的交流和不同的优惠。

许多组织给老客户提供个性化客户支持服务。许多客户可以在 App 或网站上通过专用聊天机制与组织直接交流。很多情况下，客户的问询可能会先被聊天机器人受理，随后升级为人工受理。许多简单的问询被这样处理，可以加快处理速度，提高客户满意度，且使得组织为异常的、专门化的客户交互保留更多人力资源。

Spotify 每周都为听众提供一个新的播放列表——Discover Weekly，这个列表是在收集个人播放历史信息并与其他有相同听歌喜好的使用者相关联后形成的。在此基础上，Spotify 为听众推荐算法分析得出的最适合的新歌。

与客户交互的界面

"界面"这个词有时很难理解，因为它最近常常被用于计算机领域。对许多人来说，它仅仅意味着电脑屏幕。但界面有一个更简单的解释：界面是代表双方交互的地方。

自 20 世纪 80 年代早期以来，计算机技术的发展使得"界面"这个词在某种程度上被"劫持"了，界面越来越多地被用来描述人类与技术的交互。20 世纪 80 年代和 90 年代，这个词被广泛用于讨论人机界面，因此，这一特殊的含义在现代人的认识中占据了一席之地。这并不意味着它是不准确的。20 世纪 90 年代中期，万维网的出现让评论人士认为一家公司的网站是客户和公司交互的界面。这是一个越来越精确的界面概念，但仍然和计算机联系在一起。

当我们从"界面"这个技术概念中走出来时，我们实际上可以在数字化转型的背景下对这个术语进行更有意义的讨论。一个简单的纸质表单就是一个界面。当一个人打电话给一家公司的呼叫中心，或走进一家商业街的商店与收银台的员工交谈时，他们就体验到了与这家公司的互动。界面实际上意味着个人与组织接触的任何情况，这种观点使人们更容易思考数字化转型的机会。近年来，"触点"一词被认为是"界面"一词的替代词，目的是转移人们对现有技术和屏幕概念的关注。甚至在与公司的互动中，人们也会体验到许多不同的接触点。交互这个词本身可以指一个人所经历的接触点上的一个有吸引力的和有计划的安排。

我们所说的与客户的交互和数字化转型是什么意思

我们需要问自己一个问题："我们如何适应数字技术、流程、实践和文化，以改变和改善与客户的交互？"这四个要素为改变（或从头开始创建）组织和客户之间的新界面提供了机会。组织可以采用什么数字技术提供与客户交互的界面？需要改变哪些流程和实践来提供该交互？组织需要适应什么数字文化变革，以提供一个数字化的转型交互？组织面临的最大问题是，它们没有使用客户洞察来了解组织和客户的交互（见专栏 10-3）。

专栏 10-3　　　　　　　　　　　**数字化转型组织中的交互**

早在 2007 年，BBC 就推出了 iPlayer 的第一个版本（在特定的互联网服务提供商和特定的客户之间试用了两年），在接下来的几年里，它在不同的平台上有了更强大的功能和更好的可用性。iPlayer 推出后，人们可以在 Windows 电脑上观看 BBC 的电视节目。

随着时间的推移，iPlayer 有了很大的发展，但这并不是得益于技术的发展，而是得益于数字技术、流程、实践和文化上的改变。

首先，人们的观看习惯正在发生根本变化。从观看直播节目到通过流媒体平台观看录制的内容的转变很明显。其次是流媒体内容消费平台的激增和多样化，从移动设备到游戏机，再到智能电视和卫星、有线电视和无线电视。每一个平台都代表了 BBC 和观众之间的界面。

iPlayer 背后的一些过程和做法仍然是 20 世纪的——不是因为 BBC 或 iPlayer 本身的问题，而是因为版权问题和 BBC 通过电视许可证获得资金的方式。这些事情的变化可能会影响 BBC 未来处理 iPlayer 的方式。可以肯定的是，iPlayer 是 BBC 观众大量使用的界面，其使用量如此之大，以至于 BBC 的全部节目现在只能通过 iPlayer 收看，而之前它是一个广播电视频道。

业务流程

哪些业务流程是数字化的产物？技术的发展意味着组织内部的某些流程可以加快，但当这些流程不再必要时会发生什么？对流程数字化最大的批评之一是，流程数字化其实只是把人工流程中的流程原封未动地转移到了数字平台上。

业务流程的自动化

在数字化转型的背景下，业务流程的自动化不应该简单地将现有流程数字化，而应该彻底改变流程，允许组织利用数字机遇来改变技术，而不是简单地采用。只对现有流程进行自动化几乎不会获得与自动化相关的任何好处。公司需要重新考虑流程，以使得流程本身的步骤可以更改、添加或完全删除（如果不需要的话）。业务流程可以在数字化转型过程中被质疑。

流程自动化的关键驱动因素通常与现有信息密集型流程所花费的时间有关。银行和保险公司（见专栏 10-4）批准银行贷款或保险申请所需的时间从传统的几天减少到几分钟。这个例子经常被引用。在某些情况下的关键措施是，相同的信息可以用于流程的不同部分，从历史上看，一件事可能要作为数据输入几次，而现在，只输入一次这些数据就可以（合法地）共享给整个流程的不同部分。

专栏 10-4　　　　　　**数字化转型和保险行业的变革**

20 世纪 70 年代以来，国内购买汽车保险和住房保险的情况发生了巨大变化。最初，人们会通过保险经纪人购买保单，保险经纪人会直接与多家保险商联系。人们并不会直接与保险公司联系。当需要提出索赔时，人们会与保险经纪人打交道。

20 世纪 80 年代后期，随着呼叫中心的出现，保险公司开始了去中介的进程，并取消了保险经纪人，允许客户直接联系保险公司购买和管理保险。

网站的出现让人们不再需要打电话给呼叫中心。网站还允许保险公司将数据输入工作从保险员工身上转移到客户身上，这为保险公司节省了巨大的成本。

然而，这一过程中的变化也导致在线保险公司激增，这意味着为了获得不同的优惠，客户必须在每个保险公司的网站填写相同的信息，这是一个耗时的行动。新成立的保险公司必须通过昂贵的广告来吸引潜在的新客户。这推动了比较网站的出现。

比较网站允许客户只输入一次信息，让许多保险公司来展示自己的价格和方案。客户可以考虑许多公司，保险公司对客户的竞争也变得极其激烈。目前许多国家保险体系的模式是，保险公司只通过比较网站提供部分产品，然后通过自己的网站提供某些其他产品。随着时间的推移，利用数字机遇对保险公司来说喜忧参半。客户现在不得不考虑几个不同的比较网站。最近，谷歌还在其欧洲搜索引擎中的搜索结果页面提供了保险比较服务，直到欧盟将其视为一种反竞争行为。

虽然产品（保单）变化很小，但获得保单的过程在近几十年里发生了很大变化。

商业模式

哪些商业模式是数字化的产物？技术的发展意味着某些以前不可能的商业模式出现了。数字技术、流程、实践和文化的变化也意味着可以探索和开发新的商业模式。但哪些商业模式正在发生变化？

- 24/7，任何地点：指客户可以在一天中的任何时间，从任何地点访问一个组织。例如，亚马逊的店面是永久开放的，你可以在世界上任何有送货或邮政服务的地方在亚马逊的网站上购买商品。

- 从"我能卖给你什么"到"你需要什么"：关注客户而不是公司的产品是至关重要的。例如，在考虑商业模式应该如何运作时，Strategyzer 的价值主张设计（VPD）模型迫使组织关注客户的"工作""痛苦""收益"，而不是产品特性。

- 远离资产，转向服务的可获取性：拥有有形资产并不重要，关键是可以将拥有这些资产的人与想要使用这些资产的人联系起来。例如，爱彼迎不拥有任何酒店或房产，但运营私人房产的短期租赁预订系统。

你将看到一系列数字商务通过适应数字机会改变市场的例子。Spotify、Apple Music、亚马逊 Prime Music 和谷歌 Play Music 等服务都将使用不同设备的用户连接起来，这些用户想要听众多艺术家的音乐。对于音乐消费而言，购买实体音乐资产（如 CD、磁带、迷你唱片和黑胶唱片）的商业模式变得多余了——尽管实体音乐资产的市场相当可观。流媒体和即时访问的关键特性消除了人们对拥有实体音乐资产的需求。音乐产业中以出售实体音乐资产为基础的商业模式已经严重萎缩。人们开始按需听音乐，而不再青睐包含音乐的媒体。同样的文化转变也反映在视频媒体的消费上，出现了从观看直播媒体和拥有包含视频内容的媒体，到观看流媒体点播的文化转变。这种数字文化转变推动了 Netflix、NowTV 等组织商业模式的建立。

以数字技术为核心的新业务

我们花了相当多的时间强调数字化转型的关键驱动力不仅仅是技术。然而，这并不排除数字技术的到来为新业务的出现创造了机会。

智能手机的发展和成熟、应用程序的开发环境、3G 和 GPS 共同为优步应用程序的创建创造了完美的条件，如果没有这四个技术条件，优步就不可能成功，参见迷你案例 10-4。

迷你案例 10-4

数字技术是商业机会的核心

摩拜（Mobike）是一家共享单车公司，成立于中国，在英国和欧洲设有分部（在本书写作时）。

共享单车并非只是一个理论——原始的想法产生于 2007 年伦敦 "轮胎租赁计划"（由于银行的赞助，现在改名为 Santander Bikes）和巴黎的 VELIB。这个计划需要昂贵的基建投资，包括车锁系统和支付系统。自行车高昂的价格导致其运营仅限于大型城市和中型城市。

Mobike App 是 Mobike 商业机会的核心，包含使用者信息、支付方式和车辆开关锁方式。这消除了对昂贵的车锁系统和支付系统的需要。车辆的锁是联网管理的，不使用 App 或破坏自行车都不能完成租借。

摩拜可以被视作一家自行车公司，但有人认为，这是一家能够使用实体资产的 App 公司。在这个意义上，会员制度是解锁服务和产品的关键。

在现有业务基础上的数字化实践

转型的机会存在于正在运作的组织中（见迷你案例 10 - 5）。在这种情况下，数字化转型不是指围绕数字化机遇创造新业务，而是指围绕数字化机遇对现有业务进行调整。我们之前已经讨论过让业务适应数字化机遇的必要性，而不是简单地采用数字技术。

采用仅仅是将一项技术引入业务中。在许多情况下，组织采用技术是因为它时髦、新颖，或者因为组织担心落后。问题是，这并不一定能做成数字化业务，拥有技术可能不会使组织从中受益甚至可能会让事情变得更糟。采用可能会使得公司缺乏战略思考，而不是确定其目标（我们的客户想要什么、我们（想）销售或推广什么、我们试图实现什么）。采用技术可能意味着错过数字技术、流程、实践和文化所提供的机会或技术无法得到最大回报（财务或其他方面的）。数字化转型的目标是使公司适应数字技术、流程、实践和文化，并使数字技术的回报最大化。

迷你案例 10 - 5

达美乐：一个不断转型的公司

从表面上看，达美乐似乎是一家相对传统的快餐特许经营和连锁企业。客户从它的实体店取走产品，或者由送货人员将产品送到客户手中。

达美乐长期以来一直有一种数字文化，即从沟通和交付渠道的角度关注客户。有一种观点认为，达美乐的目标受众是年轻群体，因为他们更有可能采用新的沟通渠道。达美乐不再采用传统的电话订购方式，它是最早允许客户从网站订购外卖的组织之一。达美乐的 Anyware 平台允许客户使用任何方式从本地商店订购比萨。

手机和平板电脑的应用程序包含了使订购过程更加顺畅和轻松的功能。达美乐鼓励客户使用 "Pizza Profiles" 和 "Easy Orders"——从根本上说，这可以用于保留客户的偏好。

根据不同位置，达美乐应用程序可以快速下单。客户可以在 10 秒内通过 Zero Click 应用程序下单，也可以通过 Amazon Alexa 和 Google Home 下单。公司甚至还与福特的 SYNC AppLink 进行了集成，允许客户在车内订购。

这些面向公众的、消费者驱动的渠道支配着战略——去客户所在的地方，按照客户的意愿行动。这种持续的转型意味着适应新流程、文化和实践（想想比萨是如何从 Slack 上被预订的），只有这样，科技本身才发挥了作用。

资料来源：https://anyware. dominos. com/.

10.4 数字化转型的框架

有许多组织声称拥有数字化转型的制胜秘诀。许多咨询公司采用专有方法，但所有成功的数字化转型项目中都存在着共同的过程主题（Nylén and Holmström，2015）。值得注意的是，数字化转型的框架可以是线性的、分段的，而且似乎设计为运行一次。相反，我们下面讨论的主题是迭代的，其中的活动在过程中来回反馈。这是一个持续不断的过程，有些人把它比作一个永无止境的旅程。

10.4.1 评估流程

成功的数字化转型项目不会直接投入生产并开始创新或实施——我们以前看到过这种行为的后果，当时管理者没有考虑到业务内部的战略和业务问题。与任何适当的战略过程一样，评估流程是用来确定组织的当前状况的，这种战略评估有一些特定的组成部分。

正如我们之前提到的，数字化转型的过程可以启动是因为有机会将数字创新置于组织的核心——记住，创新可以围绕数字技术、流程、实践和文化展开。

在评估流程中组织可能需要考虑以下四个问题：

- 数字化机会是什么。
- 组织对机会的把握。
- 组织的领导拥有什么样的数字化水平。
- 数字化成熟度。

这些问题是串联起来的，它们是一个综合过程的一部分。

数字化机会是什么

数字化机会应该作为定期环境扫描的结果。数字化的独特性质意味着数字技术、流程、实践和文化的演变是非常快速的、难以预测的。数字化扫描活动不仅涉及新技术、设备和渠道的信息收集，还涉及有助于数字化实践的技能和能力的信息。数字化扫描活动还需要收集有关数字文化变化的信息以及数字过程的创新。人们很容易拘泥于这项技术，但数字化扫描活动需要着眼于更远的地方。

组织对机会的把握

组织内部的布道者很容易被新的数字创新冲昏头脑。正如我们之前提到的，从历史上看，这会使得组织运用与其战略观点不一致的技术。组织应确保数字化机会能够转变为组织的机会。

机会分析将着眼于那些思维方式较为传统的问题，例如：

- 是否有机会与现有客户或新客户一起发展业务？
- 我们可以预测或期待哪些类型的收入？
- 这能为客户创造什么价值？

成功保证视角则关注更多的内部问题，例如：

- 新技术、流程、实践和文化有多稳定、持久和可靠？
- 这个机会能扩大吗？
- 这种数字机会的安全性如何？

机会分析和成功保证视角可能已经存在于组织的战略审查过程中，或者它们可能还需要一些修改。对于新开发项目或初创公司，成为一个组织的一部分，就是将公司的战略思维发展为一项强有力的战略活动。

组织的领导拥有什么样的数字化水平

组织需要考察其董事会和高级经理级别的高层人员，以评估公司的数字领导力。组织对于具备数字化转型所需素质的高级管理人员和领导的需求非常大，而合适的人才供应不足。有两个因素导致数字化领导供应不足的问题——现有数字化领导的问题往往是仅关注数字技术领域，而缺乏对于组织的广泛理解，而具备更综合的能力、眼界的领导可能对业务有综合的了解，但缺乏必要的经验、文化或能力去理解数字技术。从历史上看，数字化领导与传统的领导有非常不同的职业道路。数字化领导可以非常专业，而传统领导具备激励员工和影响组织的技能。

一个现有的组织很可能拥有更多传统领导，但缺少数字化领导。科技初创公司的情况则可能与之相反。事实是，组织需要这两种类型的领导。

数字化成熟度

在数字化转型中，公司需要考虑其数字化成熟度。有许多咨询公司提供数字化成熟度的评估（通常称为数字成熟度指数）。调查会涉及公司中不同的利益相关者的态度和他们对能力的理解，以及他们对客户和数字活动的理解。利益相关者经常被问及他们对创新、流程、实践和技术等方面的数字化水平的看法，以及有关管理和领导者的更广泛的想法和组织结构的方式（Kane，2017）。

作为更广泛的战略评估的一部分，数字化成熟度的评估过程应提供组织制定数字化转型战略所需的洞察力。

10.4.2　战略制定流程

我们之前已经提到，数字化转型正在组织内更广泛的战略思维中产生。战略思维模式受到一些人的质疑，他们认为这种思维模式类似于 20 世纪后期的思维模式，来自竞争环境更可预测的时代——也许来自互联网时代之前（Reeves et al.，2015）。有人担心，依赖那些来自没有创新或变化速度较慢的时代的思维模式是非常危险的（Warren，2012）。

在成功的数字化转型战略中，有一些关键主题似乎经常出现。

关注未来目标而不是只为解决当前的问题

许多组织都陷入了进行数字化转型以改正错误的陷阱。解决组织内外的现有问题很重要，但数字化转型战略的重点应该是机会而不是问题（见专栏 10 - 5）。数字化转型战略应该围绕对组织重要的关键主题（组织的愿景），专注于创建可实现的（或近似的）目标。

专栏 10 - 5　　　　　　　　　　英国政府数字优先的主题

2012 年，英国政府提出"数字优先"，来引领政府数字化转型项目。这个主题的设计是为了回答如何与组织互动的问题。这个主题背后的愿景是，数字化不应该只是一种做事的方式，它应该是与一个组织一起做事的最佳方式，也是人们喜欢和寻求的方式。

2012 年以来，数字优先的主题驱动了一系列英国政府部门和机构的目标设计，使其重点关注数字机会（Government，2012）。

资料来源：Cabinet Office（2012）Government Digital Strategy. https://assets. publishing. service. gov. uk/government/uploads/system/uploads/attachment _ data/file/296336/Government _ Digital _ Stratetegy _ - _ November _ 2012. pdf.

传统战略目标和数字化转型战略目标的一个显著区别是速度和时间。传统上，战略思考是关于长期的，并且是多年的目标。数字化转型的目标更有可能设定在更短的时间内——在某些情况下可能是几个月或几周。其原因在于与数字有关的问题发展速度较快。

数字化转型目标与业务目标保持一致是至关重要的。任何不在业务战略所涉及的业务目标范围内的事情都需要仔细考虑——有两件事可以而且应该发生，即更高层次的组织需要改变现有的目标或创建新的目标（允许利用数字化机会的优势），或者数字化转型目标本身需要改变甚至搁置。

数字化转型战略应该推动公司对资源配置和实施细节的理解。

10.4.3　资源规划流程

一旦数字化转型路线图完成，数字化转型项目必须考虑两件事：

- 转型的设计；
- 转型的程序。

转型的设计

这需要一个实施转型项目的总体计划。考虑到与传统业务目标相比，数字化转型项目实现的速度相对较快，因此这些项目及其计划的规模相对较小。

虽然有人们熟知的传统规划方法，但更新颖、更现代的规划方法在某些情况下可能更有用——事实上，规划过程本身可能是数字化转型的重点项目，以便团队可以利用数字创新并把数字化机会放在转型计划的核心。我们将在稍后讨论增长黑客时探讨这个问题。

转型的程序

也许更重要的是组织内将要实施的转型计划。为了利用数字化机会，组织的各个方面需要适应它——这也许是转型真正发生的地方。

组织中利益相关者的数字素养和数字能力需要发生变化。公司不可避免地需要对现有工作人员进行培训，也需要制订计划，招聘具有这种情况下所需新技能的工作人员。

一个更困难但更根本的转型计划可能与组织文化有关。包括创造一种文化，让员工在家工作、减少通勤，或者让团队管理和工作模式允许工作在 24 小时内进行，而不是传统的朝九晚五的工作。转型往往是非常困难的，如果管理不善，可能会产生与预期相反的效果。每一个关于积极管理变革的案例研究都归结于同一种理念——重视沟通，把员工放在第一位。

10.4.4　部署流程

数字化转型项目可以与任何必须实施更改的项目采用相同的方式进行。传统的项目管理方法很有意义，但是在项目更小、更快、更易响应的地方，可能有更合适的管理部署的方法。

数字化提供了以不同方式探索部署的有趣机会，特别是当人们考虑适应数字文化本身时。以技术为中心的团队，特别是软件开发团队，近年来开始以不同的方式工作，通过敏捷开发过程来实施项目。敏捷是实现项目转型的有用方法。

敏捷的 12 条原则（Beck，2001）特别适用于定义数字化转型的特征。特别是，与终端用户和客户、小型自组织团队的协作以及对变化的响应与数字化转型的主题高度契合。Hackathons 最近被用于部署小型转型项目（Grijpink et al.，2015），实际上其包含了更广泛的数字化转型框架原则。这两种方法都强调影响数字化转型目标的速度和时间问题。

10.4.5 数字化转型的流程和评估方案

我们已经强调，数字化转型是一个迭代的过程，在广泛的数字化转型框架中，这些主题不是相互孤立的，实施过程本身可能是整个框架的转型方法。大量的数字化转型项目被认为是失败的。迈克尔·盖尔（Michael Gale）在接受《福布斯》杂志采访时表示，只有 1/8 的数字化转型被认为是完全成功的，而超过一半的数字化转型被认为是完全失败的（Gale，2016）。关于转型项目失败的研究比比皆是，其中有些转型项目失败不可避免地导致公司失败（Couchbase，2017）。

在数字化转型项目的开始阶段进行审查，对项目本身进行评估会容易得多。

对数字化转型阶段进行评估实际上等同于在流程运行时对其进行评估，组织可能需要考虑几种方法。采用敏捷方法的组织（特别是领导者）需要与转型团队和员工定期沟通。这样可以检查进展情况，观察是否在战略阶段达到预期效果，并在必要时作出纠正和补救措施。

整个项目都需要评估。评估将审查在项目初期提出的问题：

- 转型是否增加了现有客户或新客户的业务？
- 它产生了预期的收入吗？我们可以预测怎样的收入？
- 它创造了客户想要的价值吗？
- 该组织能否将机会从一个小想法扩大到一个大得多的提议？

此外，这项评估也会探讨：

- 既然组织已经适应了新技术、流程、实践和文化，那么它有多稳定？
- 既然组织已经适应了新技术、流程、实践和文化，那么这些新技术、流程、实践和文化能持续多久？
- 既然组织已经适应了新技术、流程、实践和文化，那么这些新技术、流程、实践和文化的可靠性如何？
- 与新技术、流程、实践和文化相关的所有风险和问题是否得到了充分识别，应对措施是否适当？

组织还应再次评估其数字成熟度指数，来了解是否发生了被自己的员工认可的适当的转变。对领导层的评估应包括数字意识是否提高、基层领导人是否观点一致、数字领导层中是否有更广泛的组织意识。战略评估应该通过成功实现转型目标来探索更广泛的业务目标的实现——这在转型目标的成果被视为更广泛业务目标的关键成功因素的情况下尤为重要。

营销的数字化转型也正在发生——以"增长黑客"的形式，这将在 10.5 节中介绍。

10.5 什么是增长黑客

增长黑客（growth hacking）（也称为"敏捷营销"和"增长营销"）被用来提高认知度，引导客户生成和转化。它起源于美国西海岸的初创企业，早期用于"软件即服务"（SaaS）订阅业务以及脸书和领英等社交网络。现在，这一概念已在世界范围内得到推广与接受。大型企业也积极改变思维方式，期望以一种更加可迭代、可持续的方法增加销售。

专栏 10 - 6　　　　　　　　　　　　　　　**增长黑客**

安德鲁·陈（Andrew Chen）是一名企业家，他是许多初创企业的顾问和投资者，他的博文 *Growth Hacker Is The New VP Marketing*（Chen，2012）中描述了增长黑客："增长黑客是营销人员和程序员的结合体，关注的是'我如何为我的产品赢得客户'，并通过 A/B 测试、登录页面、病毒式传播、电子邮件交付能力和开放图谱（Open Graph）来回答这个问题。在此之上，他们将直接营销纳入其中，并强调定量测量、通过电子表格建立场景模型和大量数据库查询。"

这句话表明，许多功能，如通过转化率优化（CRO）进行重点测试和学习，其实并不新鲜，事实上，它们已经出现在本书的前几个版本，表明了在实现业务转型的思维模式上的变化。增长黑客的另一个关键特征是通过鼓励用户分享他们的经历来实现病毒式增长。在被微软收购之前，Hotmail 的用户从 0 增长到 1 200 万，这是关于增长黑客的故事。对于 Hotmail 来说，秘诀有于邮件签名上写着："我爱你。你可以在 Hotmail 上获得免费电子邮箱。"如今，社交登录和社交分享是增长黑客寻求的一种方法。领英等用这些技术使公司的用户从 1 300 万增长到 1.75 亿，斯克兰兹（Schranz，2012）解释说，脸书的增长团队开始通过建立一个简单的框架来衡量和改进一些事情，让大家更容易理解重点和重点的重要性：

- 获取——让人们接触到你的产品。
- 激活——提供良好的初始体验。
- 参与——维持人们的参与，传递价值。
- 迅速传播——让人们推荐你的产品。

一些关于增长黑客的原则被现有企业采纳，这些企业试图利用这些原则促进其数字渠道的销售。例如，《卫报》（*The Guardian's*）在招聘增长黑客负责人的广告中描述了这一职位：

《卫报》致力于数字优先战略，为了支持这一点，我们正寻找一位增长黑客负责人来管理一个虚拟的、功能交叉的团队，聚焦于 GNM 的增长黑客计划。

资料来源：The Guardian is committed to a 'digital-first' strategy and in order to support this, we are seeking a Head of Growth Hacking to manage a virtual, cross functional team focused on GNM's growth hacking plan. This role is responsible for finding innovative ways to accelerate adoption, use, and retention to drive up audiences to the Guardian's digital product portfolio.

曾为 Drop-box 和 Eventbrite 等企业工作的营销人员和企业家肖恩·埃利斯（Sean Ellis）在 2010 年发明了"增长黑客"一词。增长黑客起源于硅谷，已经成功地用于打造高增长公司，如 Hotmail（见迷你案例 10 - 6）、PayPal、推特、爱彼迎、Instagram 和优步。埃利斯说：

初创企业的生死取决于它们推动客户增加的能力……（它们）处于极端的资源约束之下，需要想出解除约束的方法，让目标客户知道它们对一个关键问题有一个卓越的解决方案……在这个数字体验可以迅速传播的互联网，世界中，最优秀的增长黑客利用各种独特的机会。

增长黑客在英国越来越受欢迎，最近被《广告时代》（*Advertising Age*）称为"营销的下一个大事件"。甚至像《卫报》这样的知名媒体最近也发布了相关职位的招聘广告，比如"增长黑客主管",这进一步提升了它的形象。

尽管"黑客"一词带有技术内涵,但雷格斯(Regus)和企鹅出版集团(Penguin Books)等更传统的公司也在使用增长黑客的原则。这表明这一概念不仅与科技初创企业有关,而且具有广泛的影响。这种形式颠覆了数字营销,因为技术使营销人员能够更迅速地理解用户行为并作出反应。

为了理解"增长黑客"概念(它更多的是一种思维模式,而不是数字营销技术),理解"黑客"的概念是很重要的。戈比斯(Gobis,2013)在《哈佛商业评论》(*Harvard Business Review*)中谈道:"……事情是可以破解的——我们设计各种系统的方式不是预先设定的或不可改变的。我们可以修修补补,重新设计,再进行微调……(黑客)做事不需要得到许可……他们对技术本身不那么感兴趣,而是对现有的做事方式和传统的思维方式、创造、学习和存在感兴趣。"

有时候市场营销预算会扼杀创意,因为我们太容易采用传统方法了(正如迷你案例 10 - 6 所证明的那样)。相反,增长黑客设定目标,以获得众多的用户/访问者,并想出——利用时间和创造力方法来实现目标,而不需要营销预算。公关和社交媒体是可选的好方法(如第 7 章和第 8 章所述)。

Wonga 的创始人兼首席执行官埃罗尔·达梅林(Errol Damelin)很好地总结了这种方法(Tobin,2012):

> 供应和需求的规则决定了老牌企业目前的营销方式是昂贵的……作为一名企业家,你必须打破传统。面对拥有更多预算的人,你的胜算不大。你需要确定你的理想客户,然后争取他们,无论是通过游击营销、制造争议,还是编造故事。在同一领域效仿其他企业的做法可能是错误的。

增长和创新是增长黑客"武器库"的两个重要部分。

数字化元素就是来自软件设计的敏捷方法(敏捷营销)——营销人员使用"测试、学习和提交"循环。他们不是想出一个宏大的想法,而是使用一系列微观优化和测试来找出哪些可行(哪些不可行)。敏捷营销过程将在本章的后面详细介绍。

迷你案例 10 - 6

Hotmail

有时候简单的想法是最有效的——Hotmail 的发展就是一个很好的例子。1996 年,沙比尔·巴迪亚(Saber Bhatia)和杰克·史密斯(Jack Smith)计划创办一家名为 Javasoft 的公司,他们担心老板会发现,所以他们建立了一个网络邮件系统。

创始人筹集了 30 万美元来推出这款网络邮件产品,但使用情况不尽如人意。他们的传统增长策略是购买广告牌和电台广告。

这家公司的投资者有一个不同的想法——回想他的 MBA 课程,一位教授讲过特百惠(Tupperware)派对的概念。基本上,每次派对上都有一定比例的女性是销售人员——通过介绍更多业务为品牌服务的人,利用社会动态和网络效应的力量来传播产品,网络邮件能做类似的事情吗?

Hotmail 在每封邮件的底部都加了一行文字:"我爱你。你可以在 Hotmail 上获得免费电子邮箱。"并给出回到主页的链接。

一开始平均每天有 3 000 名用户。在 6 个月内,他们便拥有了 100 万名用户,而仅仅又过了 5

> 周便突破了 200 万名用户大关。其中一位创始人给印度的朋友发了一封电子邮件，三周后，他们在印度就有了 3 万名用户。
>
> 当 Hotmail 在发布一年半后被微软收购时，它拥有 850 万名用户（当时只有 7 000 万名互联网用户）。

10.6 定义目标和 KPI

起点是设置关键绩效指标（KPI），这将帮助企业聚焦于它的最终目标。基本上，KPI 是一个能够快速告诉你公司进展是否顺利的数字。对于电子商务公司来说，增长目标可以简化为三个方面——数量、质量和价值。

1. 数量。数量目标是你的网站的目标受众规模，通过独立访问者来衡量。对于一个初创企业，品牌增长是很重要的，应该有一个品牌提及和搜索的 KPI。

2. 质量。质量目标是实现与网站访问者的互动和转化。因此，"添加购物篮"和"结账销售"的转化率非常重要。

3. 价值。价值是用英镑、欧元和美元衡量的整体利润。同时考虑短期和长期价值是很重要的，应该为提高平均订单价值设定目标。以回头客转化率为基础的回头客订单价值的长期目标也应作为 KPI 进行评估。

此外，每次访问收入也是一个有用的目标，因为它结合了质量和价值，并展示了转化率和网站营销的效率。

RACE 计划框架在第 8 章中介绍过，它可以用来创建性能指示板。

阶段 1：接触

客户参与的初始阶段是客户进行研究和探索他们的选择的阶段。企业的主要目标应该是发布高质量的内容，并使用有效的直接营销技术来提高品牌、产品或服务的认知度。不同媒体渠道与此步骤相关的 KPI 包括：

- 模拟营销
—广告
　　—印象
　　—反应率
　　—单位转化成本
—直接邮件
　　—交付率
　　—反应率
　　—单位转化成本
—贸易展览和其他活动
　　—注册
　　—参会者
　　—满意度
—公共/媒体关系
　　—新闻稿

　　　　　—记者询问

　　　　　—访谈

　　　　　—改善/覆盖范围

　　　　　—积极提到

　　　　　—有影响力的人

　　　　　—分享的声音

　　● 数字营销

　—网站和博客

　　　　　—搜索引擎优化效果

　　　　　—点击付费广告效率：印象；单位点击成本；单位转化成本

　　　　　—用户会话

　—在线研讨会

　　　　　—到场率

　　　　　—退出率

　　　　　—参与率

　　　　　—转化率

　—社交媒体

　　　　　—连接

阶段 2：行为

　　这一阶段主要是说服潜在客户开始与品牌进行互动，并作出购买决定。因此，首要目标应该是继续发布内容和使用直接营销技术，也要直接与潜在客户接触——线上和线下。

　　除了与阶段 1 相关的 KPI 外，还应包括以下内容：

　　● 模拟营销

　—呼入电话

　　● 数字营销

　—网站和博客

　　　　　—订阅者

　　　　　—反向链接

　　　　　—在网站的时间

　　　　　—下载

　—社交媒体

　　　　　—参与：喜欢、分享、转发、评论等

　　　　　—情绪

　　　　　—转化

　—潜在客户

　　　　　—质量

　　　　　—转化

阶段 3：转化

　　在这个阶段，潜在客户变成了客户。因此，首要目标应该是产生购买，并整合各种培育、营销自动化和再营销技术，以确保相关性并推动重复销售。

除了与阶段 1 和阶段 2 相关的 KPI 外，还应包括以下内容：

- 数字营销
—网站和博客
　　—回头客
　　—电子商务交易
—潜在客户
　　—成本领先
—订单
　　—销售收入
　　—平均订单价值

阶段 4：参与

在这个阶段，重点应该是创造回头客，并随着时间的推移利用与这些客户的关系。因此，企业的重点应该是扩大客户参与，并衡量客户的终身价值，不仅应从单个客户的价值出发，还应从已经创建的客户倡导者的价值出发。在第 8 章有更详细的介绍。

除了与阶段 1、2 和 3 相关的 KPI 外，还应包括以下内容：

- 数字营销
- 网站和博客
—电子邮件：打开率、点击率、跳出率、退订率
—社交媒体：客户宣传
—订单：来自重复购买的收入
- ROI
—所有营销活动和倡议
—客户生命周期价值

有效的营销仪表板应尽可能多地包含以上元素，这些元素来自 RACE 框架的四个阶段。创建和使用营销仪表板的动力应该是衡量结果——有效性、效率和 ROI，而不仅仅是活动。如果可能的话，要让整个组织都能看到营销仪表板，并将目标与公司营销团队的薪酬计划联系起来。这将有助于推动营销和销售，并得到对组织的成功至关重要的具体结果。

10.7　如何运用单一指标展开数字化创业

初创企业还有一个额外的挑战，即它们有极端的资源限制。这意味着，尽管收集数据很容易，但如果有太多的数据需要分析，就可能花费太长的时间，并可能埋没关键指标。一般来说，初创企业应该专注于单一指标的主要原因有四个：

1. 它回答了最重要的业务问题；
2. 它驱动团队在沙滩上画一条线，并有一个明确的目标；
3. 它驱动整个公司；
4. 它创造了一种实验文化。

广义的商业模式有六种，侧重点各不相同，因此也有不同的关键目标，包括：

1. 交易式：有人买东西；
2. 协作式：有人为你投票、评论或创建内容；
3. SaaS：有人使用你的系统，他们所获得的价值意味着他们不会更改或取消订阅；
4. 媒体：有人点击横幅广告、点击付费广告或联盟链接；
5. 游戏（以及许多免费手机应用）：玩家为额外内容、节省时间、额外生命和游戏内货币等付费；
6. 应用程序（以及许多免费或付费的移动应用程序）：玩家需要为额外的内容、节省时间、额外的生命、游戏内货币等付费。

凯勒（Keller）和帕帕森（Papasan）在 2012 年出版的一本畅销书中提到了"一个关键事项"的概念。他们认为，成功人士总是有明确的优先意识。他们建议问一个关键的问题"我能做的一件事是什么……通过这样做，所有其他的事情都会变得更容易或不必要。"这种方法对 Instagram 很管用（见迷你案例 10-8）。

到目前为止，我们已经看到增长黑客是两件事的结合。增长部分是关于对企业最重要的指标，通常是客户数量或收入、盈利能力或每日、每周客户的参与度，而不是更有品牌意识。它们是对企业成败有重大影响的因素。

黑客部分实际上是获得增长的手段。这意味着采取一种与常规营销不同的方法，要开门见山，快速做事，"逆流而上"，创造性地使用技术和数据。脸书创始人扎克伯格有句名言（Blodget，2009）：

> 快速行动，打破常规。除非你正在这样做，否则你的行动还不够快。

这是指平台上的新工具和功能可能并不完美，但创造的速度是关键。脸书是最早使用增长黑客技术来吸引用户的公司之一。

10.8 构建增长黑客心智

增长黑客是一种方法而不是一套工具。为了说明这一点，有必要考虑一种与营销或业务无关的有效增长技巧。下面讲一个故事。

1996 年，英国自行车队在世界排名第 17 位，仅在亚特兰大奥运会上获得两枚铜牌。到 2012 年，英国自行车队排名世界第一，在伦敦奥运会上赢得了 12 枚奖牌（8 枚金牌）。车队的成功在很大程度上要归功于大卫·布雷斯福德（David Brailsford）的执教。他的方法是分解骑自行车的所有因素，并分别提高 1%。各因素提高 1%，使得英国自行车队在 2012 年奥运会上赢得了自行车项目 70% 的金牌。

没有什么灵丹妙药，一系列微观的、成本效益高的、以人为本的优化，可以有效地优化结果。

因此，要做好增长黑客：

● 心态非常重要。增长黑客专注于以最低预算加速增长。这都是关于客户的（或者另一个 KPI，取决于你的业务）。

● 好奇心和创造力是关键因素。不要执着于花费特定的预算，而要回到最基本的方面，考虑一下人的行为（我们是社会性动物）。

● 内部文化很重要。这个行业需要对尝试持开放态度——有些想法会失败。

● 需要一个良好的团队。营销人员需要在所有领域都有广泛的知识，同时具备用"左脑"和"右脑"思考的能力，也就是既有数据分析能力，又懂得体验式营销。

团队非常重要，因为一个人不太可能拥有增长黑客所需的所有技能。

一个具有正确技能集的增长黑客团队需要四项关键能力（见图10-2）。

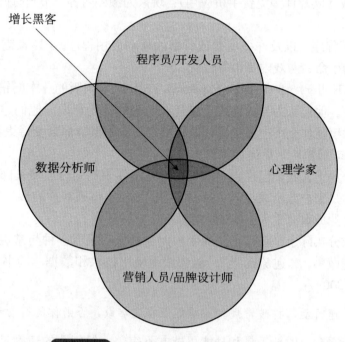

图10-2 增长黑客团队理想的能力组合

需要这些专业人员的原因如下：

● 程序员/开发人员：这些人需要使用编程技术使事情突破边界（参见迷你案例10-7）。

● 心理学家：对人的行为的深入理解将有助于营销活动的开展（见迷你案例10-6），并理解社会动态和网络效应的力量。

● 营销人员/品牌设计师：他们了解企业可用的不同的营销渠道以及品牌对销售的重要性。尽管在创业初期，生存比品牌更重要，但即便是优步和爱彼迎等公司也经历了品牌识别过程。

● 数据分析师：大多数企业都可以访问大量数据，但许多企业并不了解这些数据的真正含义。正确的分析会告诉你什么是有效的、什么是无效的——它使成功可复制。

迷你案例 10-7

爱彼迎

爱彼迎的巨大成功常常被认为是增长黑客的功劳，这证明了营销人员和程序员组合的力量。该公司利用 Craigslist 平台来增加其用户基础。Craigslist 是一个拥有数百万寻找住宿的用户的平台。

用户填写了一张选择爱彼迎的房间的表格后，可以选择发布在 Craigslist 上。

> 这是一个很棒的营销和编码黑客技术，因为 Craigslist 没有一个公共 API（即它并没有为公司交叉发布信息提供一个简单的解决方案）。爱彼迎需要对 Craigslist 表单的工作方式进行逆向工作，然后使它们的产品兼容，以实现流程自动化。
>
> Craigslist 很快就修复了它的漏洞，这样爱彼迎就不能再交叉推广它的列表了。到这个阶段，房间租赁平台的用户基础已经大幅增长。真正优秀的增长技巧往往在很短时间（通常是在其他人开始抄袭、想法饱和并失去吸引力之前）就能见效。
>
> 爱彼迎对 Craigslist 的整合就是一个很好的例子。PayPal 在与 eBay 和 Zynga 合作时也使用了这一方法。

10.9　在数字营销中使用 Scrum 的敏捷开发方法

营销人员的工作方式有时会出现矛盾——主要是直觉与严谨、艺术与科学之间的矛盾。营销技术的爆炸式发展意味着营销人员可以尝试最初的想法，并利用结果通过"测试、学习和承诺"循环来完善营销活动，而不是花费几个月的时间来详细规划营销活动。

Forrester（2013）发现，"传统的年度计划路线即将消亡，因为 69％ 的 B2B 市场营销领导者表示，情况变化太快，无法保持计划与时俱进。"这一观点得到了 IBM 全球通信和数字营销副总裁本·爱德伍兹（Ben Edwards）（Friedlein，2014）的呼应，他说：

> 传统营销涉及复杂、沉重、昂贵的东西，比如广告和直接邮件。这类事情需要较长的前期计划周期和固定的执行。
>
> 当我们转向数字营销时，正如我们转向数字产品和数字产品开发一样，转型和失败的成本急剧下降，然后就会出现一个很好的机会将前期计划周期拆解为更小的部分，在短时间内迅速根据你在短期执行中所学到的东西进行迭代，并衡量结果。
>
> 这就是大致的答案——预先计划的瓦解，基于持续改进的计划和执行的迭代周期。

敏捷营销要快速响应客户和新技术不断变化的需求。与传统的制订营销计划，实施计划，然后在过程结束时评估其是否成功的方法不同，敏捷营销是运行小型营销实验来测试假设，并持续监控它们的表现，以维持、适应或改变营销活动。这个连续的循环是迭代（或重复）的过程，如图 10-3 所示。

最常用的敏捷营销方法之一是 Scrum，它起源于产品开发。传统的产品开发过程就像一场接力赛——一组专家将接力棒传递给下一组专家。为了在竞争激烈的市场中胜出，速度和灵活性是必需的。这就需要整体方法或"橄榄球"方法（即 Scrum）——整个团队从开始到结束都像一个整体一样工作，来回传球。

敏捷企业必须推出一些东西并进行测试，通常是用数字渠道，因为数字渠道规模大、可测量、响应快且成本低，然后根据它们学到的内容做出决定。

其他好处包括：

- 了解客户真正想要的是什么，并不断评估这些需求，以确保你的营销活动具有相关性；
- 持续测试整个营销活动的小元素，以发现什么对客户有最积极的影响；
- 反复测试活动，并在进行过程中吸取经验教训，而不是在最后衡量成果，然后"下次"

改进；

- 持续的活动交付——根据表现动态修改活动元素；
- 营销、运营和财务之间的协作。

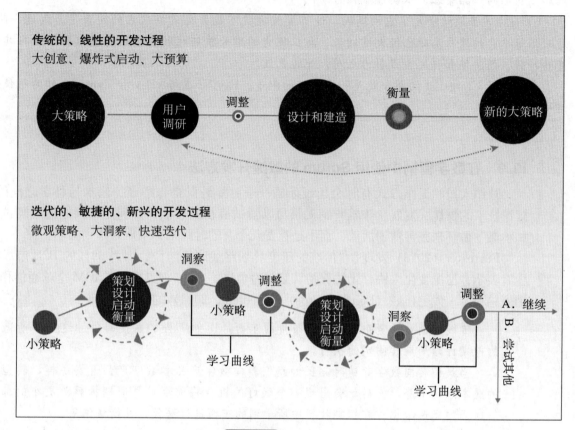

图 10-3　迭代过程

这种敏捷营销方法对初创企业尤其重要，因为它们不可能把大量的时间和金钱投入一个可能行不通的大想法。敏捷营销方法是基于快速且低成本地实现较小的迭代项目——基于测试和数据，而不是基于意见和经验做出决定。

这种快速实验和使用科学方法来证明或反驳假设的营销方法并不仅仅存在于创业领域。即使是规模更大的组织，也应该遵循"实验性取向"，以保持竞争力。苏格兰企业局（Scottish Enterprise Agency）和伦敦运输局（Trans Port for London）都在实施敏捷的营销活动和产品/服务开发方法。

敏捷开发会议

敏捷开发也可以用于运营项目管理团队。虽然它还没有被广泛应用于管理营销团队，但使用过它的组织发现，这种方式能很好地保持迭代活动的运行。

建议活动不超过 90 天的计划周期。Smart Insights 提供了一个有用的 90 天计划模板（见表 10-1）。前面关于目标和 KPI 的部分可以帮助确定企业的目标。

表 10-1	90 天计划模板		
目标 90 天目标	战术 90 天行动	资源和内容资产
计划目标（总体贡献） 90 天目标： 潜在客户 销售收入	计划营销或内容活动，以配合： 第一个月：新年活动 第二个月：预订和收集活动 第三个月：计划复活节活动	第一个月：活动资产 第二个月：活动资产 第三个月：活动资产
达成目标 90 天目标： 特殊访客 同比增长：＋25%	提高知名度和访问量的活动： SEO：通用-内部链接更新 SEO：基于博客的长尾效应 SEO：访客的博客 AdWords：强化活动审查 AdWords：再营销	信息图 AdWords 再营销创意
行动目标 90 天目标： 添加到购物篮的转化 搜索转化 产品页面转化	改善客户体验的活动： 价值主张测试 产品页面强化 改善博客整合	选择客户反馈工具 开发新的产品页面模板
转化目标 90 天目标： AOV 每次访问收入 整体转化 智能手机转化	提高转化率及平均订单价值的活动： 结账起始页测试 遗弃订单电子邮件测试	结账起始页 遗弃订单模板
参与目标 90 天目标： 每封电子邮件收入 重复销售转化 每位客户评论量	改善现有客户参与和宣传的活动： 欢迎序列电子邮件测试 上新电子邮件 脸书自定义受众和推文测试 客户反馈电子邮件	接受邮件创意 反馈邮件创意

资料来源：Smart Insights, "Company XYZ - 90 - day（Q4）Marketing Activity Plan（January-March'17）".

还有一些很好的在线项目管理工具可以帮助团队跟踪活动，如 Basecamp. com。

图 10-4 介绍了敏捷开发会议机制。

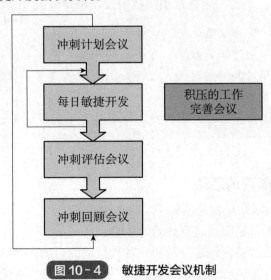

图 10-4　敏捷开发会议机制

在敏捷开发过程中有三个核心角色：

1. 产品负责人（客户声音）；
2. 开发团队（负责以增量方式交付活动）；
3. 敏捷开发掌控者（团队领导，在团队和其他分散注意力的影响者之间起到缓冲作用）。

敏捷开发过程被分为以下事件。

冲刺计划

选择需要完成的工作，与团队一起准备冲刺待办事项列表。在冲刺的前半部分，团队需要考虑就产品待定项达成一致，在冲刺的后半部分，开发团队应建立交付待定项所需的任务（称为冲刺待办事项列表）。

每日敏捷开发

在冲刺期间，团队每天会举行不超过 15 分钟的站立会议。会议每天在同一时间、同一地点举行，团队成员都有备而来，每个人都要回答三个问题：

- 昨天我做了什么来帮助开发团队实现冲刺目标？
- 我今天要做什么来帮助开发团队实现冲刺目标？
- 我是否看到任何阻碍我或开发团队实现冲刺目标的障碍？

在每日敏捷开发中发现的任何障碍都由敏捷开发管理员记录下来，并显示在团队的敏捷开发板上，由指定的人负责解决问题。在每日敏捷开发中不应该进行详细的讨论。

冲刺评估和回顾

在冲刺评估期间，团队应评估已完成的工作和未完成的工作。

在冲刺评估会上，团队要回答两个问题：

- 在冲刺中，什么进展顺利？
- 在下一个冲刺中，有什么可以改进的？

然后，团队成员确认并同意继续实施流程改进措施（见专栏 10 - 7）。

专栏 10 - 7　　　　　　　　**在营销团队中使用敏捷开发**

如果你要在营销部门实施敏捷开发，就要考虑以下问题：

- 对于 8 人或 8 人以上的团队来说，对会议的评估可能需要很长时间；
- 用一个月进行营销冲刺可能时间太长了，因为需求具有不可预测性；
- 学习任务估计要花费时间。

营销项目应在"迷你开发周期"中执行，每个项目不应超过一个月。

10.10　开展敏捷营销活动

一个好的经验法则是使用营销 70：20：10 法则：

- 70% 的市场营销应该是有计划的活动；
- 20% 的市场营销应该是针对用户各种行动的自动化营销（如程序化营销）；
- 10% 的市场营销应该是完全灵活的——在新闻和事件发生时做出反应。

为了实现这些，需要正确的资源——一个能够快速生成可分享内容的创意团队，合适的工具来接收社交媒体提供的相关主题的警报，以及对想法和实验持开放态度的文化（不规避风险的文化）。

由于实时响应能力，社交媒体是敏捷营销的完美媒介。

有五个实现增长黑客的关键支柱：

- 产品/市场的匹配（创建 MVP——最小可行产品）。
- 用户数据分析。
- 转化率优化。
- 病毒式增长。
- 留存率和规模化增长。

产品/市场的匹配（创建 MVP——最小可行产品）

产品/市场的匹配是指一种产品或服务完全满足特定用户群体的需求，从而创造出忠诚和热情的用户基础。

传统上，市场营销人员得到的是一个成品，他们的工作是创造销售。增长黑客采取了一种不同的方法，即以最小可行产品（MVP）的形式尽快进入产品构建阶段。MVP 是一个基本的（或测试版）产品。在最初的产品开发阶段，市场营销人员被召集起来，将 MVP 呈现在潜在客户面前，以获得反馈。这是通过调查、测试和迭代的方式来改进产品。

只有一大批人认为这种产品或服务是"必须拥有的"时，可持续增长才有可能。正式推出产品之前，如果没有客户反馈和产品改进，提升产品档次是很难实现的。"快速失败，廉价失败"的理念以及通过不断实验进行改进的理念可以在迷你案例 10-8 中看到。

PayPal 的联合创始人、科技初创企业投资人彼得·蒂尔（Peter Thiel）认为：

> 如果一种产品需要广告或销售人员来销售，它就不够好。

大多数科技初创企业都采取传统的方式，先开发产品，然后销售和营销产品，将产品介绍给新客户。然而，科技初创企业的投资者在提供资金之前需要"概念验证"，即分析关键的营销指标，如获取成本和月环比增长，以证明其可持续性。

图 10-5 显示了创业过程的每个阶段，以及客户反馈对于找到可行的商业模式的重要性。

对于初创企业来说，完美的目标市场是一个竞争对手很少或没有竞争对手的小目标受众市场，因为试图进入一个已经有竞争对手的大市场将导致利润减少。

我们经常使用一种产品的主要原因是我们对它着迷。你是否经常使用脸书、推特等平台或 iPhone、iPad 等产品？埃亚勒（Eyal，2014）是应用消费者心理学专家，他开发了 Hook 模型，帮助人们开发更好的产品，实现产品/市场匹配，如图 10-6 所示。开发一个产品有四个步骤：触发、行动、奖励和投资。接下来我们将研究其细节。

1. 触发。触发有两种类型——外部触发和内部触发。外部触发嵌入信息中，告诉客户下一步要做什么（例如，点击电子邮件中的链接）。内部触发发生在产品与一种思想、情感或已有的习惯一致时。例如，通过照片捕捉与朋友/家人相处的瞬间，并在脸书上分享。一旦内部触发成为人们日常行为的一部分，习惯就形成了。

听取客户意见

在客户开发过程中，初创企业会寻找一种可行的商业模式。

如果客户反馈显示其业务假设是错误的，要么修正假设，要么"转向"新的假设。一旦一个模式被证明是正确的，创业企业就开始建立一个正式的组织。客户开发的每个阶段都是迭代的——初创企业在找到正确的方法之前可能会失败好几次。

搜索　　　　　　　　　　　　　　　　　　执行

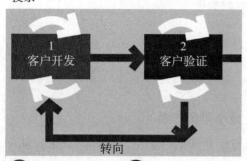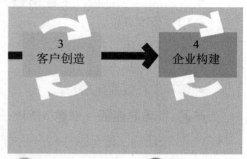

❶	❷	❸	❹
创始人将公司理念转化为商业模式假设，测试客户需求假设，然后创建最小可行产品，在客户身上试验他们提出的解决方案	初创企业继续测试所有其他假设，并试图通过早期订单或产品使用来验证客户的兴趣。如果没有兴趣，初创企业可以通过改变一个或多个假设来"转向"	产品经过客户验证可以出售。利用已被证实的假设，初创企业通过迅速增加营销和销售支出，扩大业务规模，增加需求	业务从启动模式过渡到功能模式，客户开发团队寻找答案并传达给执行其模式的部门

图 10-5　初创企业

资料来源：https://hbr.org/2013/05/why-the-lean-start-up-changes-everything.

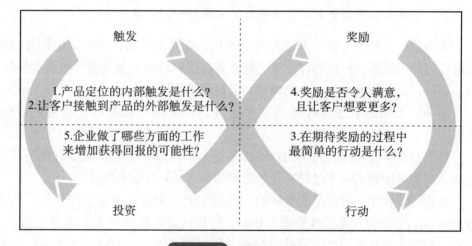

图 10-6　Hook 模型

资料来源：www.slideshare.net/nireyal/hooked-model/135.

2. 行动。触发之后是预期的行动。人的行动有两个推动力——动机和能力。尽管动机在心理学中是一个备受争议的话题，有三个动机驱动我们行动的欲望：寻求快乐，避免痛苦；寻求希望，避免恐惧；寻求社会认同，避免被排斥。值得考虑的是，负面情绪，比如恐惧，可以成为强大的激励因素。能力则与易用性有关，即用户能否轻松采取行动。Pinterest、Instagram 和 Snapchat 等企业简化了在线内容的创建和分享，它们利用现代技术采取了一些措施。福格描述了简单的六个要素：时间、金钱、体力，大脑周期（采取行动所需的精神努力/专注的水平）、社会偏差和非常规行为（它在多大程度上匹配或破坏了现有的惯例）。例如，谷歌减少了寻找信息所需的时间和认知努力。

3. 奖励。奖励步骤是指客户通过解决问题获得奖励，从而加强他们采取行动的动机。奖励计划是吸引客户的有效方法。研究表明，当大脑期待奖励时，多巴胺会激增，激活大脑中与欲望有关的部分。一款产品可以通过三种方式增加客户对各种奖励的欲望：

- 群体的奖励——来自他人的满足；
- 狩猎的奖励——物质、金钱或者信息；
- 自我的奖励——掌控、完成、能力或一致性。

4. 投资。这是 Hook 模型的最后一个步骤：在客户创建激活自动行为的心理联想之前，他们需要首先对产品进行投资。这与一种被称为"承诺升级"的心理现象有关——客户在产品或服务上投入的时间和精力越多，就越重视它。因此，这个步骤应要求客户做一些工作——投资通常是要求客户提供一些时间、数据、努力、社会资本或金钱的组合。像 Giffgaff 这样的企业很好地利用了这一步骤，它们要求客户生成内容作为其知识库。

更多关于客户行为和客户参与动机的信息可以在 Eyal 的网站 www. nirandfar. com 上找到。

一个吸引了数百万人的产品是 Instagram。这个照片和视频分享社交网站拥有一支既精通技术又精通心理学的团队。使用这款应用程序已经成为许多人日常生活的一部分。

Instagram 的产品/市场匹配很有趣，你可以在迷你案例 10 - 8 中读到。

迷你案例 10 - 8

Instagram

Instagram 最初的名字是 Brbn，是一种威士忌的名字。它最初是作为一个基于位置的 iPhone 应用程序推出的，允许用户在特定的地点签到，制订未来的签到计划，与朋友一起出去玩并赚取积分，还能发布与他们见面的照片。

Brbn 不是很成功。它的所有功能都让用户感到困惑。为了做出调整，公司查看了用户分析，发现大多数人使用它来分享照片。

根据分析数据，Brbn 缩小了产品规模，并专注于其照片共享功能，还考察了竞争者——Hipstamatic，它虽然有很好的滤镜，但照片分享很困难，脸书虽然很适合社交，但不适合分享照片。Brbn 决定提供介于两者之间的服务。

经过几个月的试验和原型制作，公司发布了一款名为 Instagram 的照片分享应用程序。

用户数据分析

迷你案例 10 - 8 强调了用户数据分析的重要性。

增长黑客的一个关键方面是找到与增长相关的用户模式和测试/优化活动。然而，初创企业面临的一个关键挑战是，可用数据如此之多，以至于越来越难以找到利用这些数据来创建可行见解的方法。

用户数据分析应该是定量和定性分析的结合，企业应该开发一种系统的方法来提供商业见解。用户测试的五个主要领域是：

- 技术分析，如每个浏览器的转化率；
- 启发式分析，如相关性、分散注意力和在线价值主张；
- 网络分析，如流量报告；
- 定性调查，如退出调查；
- 可用性测试，如用户会话视频。

从这类分析中获得的信息可以用来测试与用户增长相关的假设，并验证假设。这一过程对于在短时间内找到"非规范"解决方案以实现增长至关重要。

另一个重要工具是群组分析（Google Analytics 中可用）。与查看累积总数或总数不同，数据反映的是与产品独立接触的每一组客户（群组）的表现。这种方法有助于企业了解客户流，与传统的总指标相比这种方法有更强的预测能力。

初创企业在启动阶段面临的主要挑战之一是要拥有足够的客户来提供有意义的数据。这就是产品/市场的匹配是如此重要的原因——这样产品就能在最初"推销自己"。

转化率优化

用户数据分析并不是一种孤立的增长黑客方法，它与从产品/市场的匹配到用户留存周期的每个阶段有关。从数据中收集的信息可以用于转化率优化（CRO），以帮助构建一个有效的增长引擎（如图 10 - 7 所示）。

图 10 - 7 转化率优化循环

资料来源：www. slideshare. net/seanellis/cro-preso-for-growth-hackers-conf-nov-2013-ellis-updated-28050686/7-Steps _ to _ Better _ ConversionsTwitter _ SeanElliswwwGrowthHackerscom7.

一般来讲，这种方法是使用结构化测试来提高网站的有效性。增长优化从数据转向洞察力，然后转向资金。整个 CRO 过程都需要用户数据分析，以便对活动进行优先排序。

一般来说，企业应该使用至少 250 个样本来测试 CRO 的变化。它们还需要考虑商业周期。例如，如果你的周末流量与平时相比出入较大，那么在测试结束时删除周末的数据会使你的样本不具有代表性。

1. CRO 的关键因素。这里有三个方面的转化率优化因素：

- 工具——洞察力、创建页面、个性化、活动和自动化。
- 人员——洞察力、管理、创意执行、测试设置、执行、外包。
- 流程——计划和创造新的广告和内容，优化旧的广告和内容。

根据艾森贝格等（Eisenberg et al. ，2011）的研究，有 30 个关键的优化因素需要考虑（见表 10 - 2）。

组成	因素
规划	● WIIFM（What's in it for me?）：这对我有什么好处？ ● 独特的价值主张/活动主张 ● 购买决策 ● 归类
结构	● 可用性 ● 外观和感觉 ● 可搜索性 ● 布局、视觉清晰度和视线跟踪 ● 采购 ● 工具 ● 错误预防 ● 浏览器兼容性
动力	● 产品展示 ● 加载时间 ● AIDAS ● 信任和可信度 ● 导航/客户的链接 ● 产品选择/分类 ● 升级销售/交叉销售 ● 行动/形式呼吁 ● 行动点 ● 安全和隐私
传播	● 有说服力的文案 ● 内容 ● 标题 ● 可读性 ● 颜色和图像的使用 ● 术语/行话 ● "We-We" 测试（以客户为中心的语言） ● 评论等功能

表 10-2　30 个关键优化因素

资料来源：https://www.slideshare.net/Emerce/emerce-performance-bryan-eisenber.

专栏 10-8　启发式分析

根据菲利普斯（Phillips，2016）的研究，针对电子商务企业的启发式分析包括以下内容：

1. 确定不同设备类型的转化率。

一个很有帮助的出发点是确定订单的转化率是否因设备而异。

2. 按关键维度划分关键转化率，如按营销渠道划分，以理解差异。

可以通过手机付费搜索和桌面付费搜索来划分转化率。

3. 识别登录页面的跳出率。

产品页、类别页、品牌页和主页可以作为电子邮件、搜索和展示广告活动的登录页。通过测试创意，确保这些页面尽可能有效地执行，这点很重要。

确定重要页面的跳出率

跳出率是指在该页面上离开网站的人的百分比。如果你注意到某些页面的跳出率很高，例如登录页面、购买页面、发货页面和订单摘要页面，那么可以考虑对它们进行测试。

企业做到以下七个主要方面可以帮助提高网站的转化率和销量：

- A/B 测试和多变量测试。
- 拥有结构化的方法。
- 客户旅程分析（在第 8 章中涉及）。
- 复制优化。
- 在线调查/客户反馈。
- 购物篮放弃分析。
- 分段（在第 7 章和第 8 章中涉及）。

    帕里泽克（Parizek，2013）提出了一个转化率优化成熟度模型（见图 10-8），该模型基于七个关键支柱。

	第一级 从优化开始	第二级 使用临时在线测试进行优化	第三级 常规在线测试并有明确计划地进行优化	第四级 数据驱动的优化作为关键的在线营销资产	第五级 CRO进入公司的DNA
人员	• 网络营销综合人员	• 兼职转化优化专家	• 全职转化优化专家	• 小型转化优化团队	• 大型转化优化团队
知识	• 网络营销基础知识	• 第一级知识 • 转化优化基础知识	• 第二级知识 • 对CRO、UX和分析学有更深的了解 • 内容管理和文案撰写	• 第三级知识 • 针对性知识 • 精通UCD/UX • 包括细分的进一步分析	• 第四级知识 • 管理技能 • 客户分析 • 商业分析 • MBA
活动	• 基础流量及转化报告分析 • 销售报告监控	• 第一级知识 • 深入流量和转化报告分析 • 在线测试 • UX基础和测试	• 第二级知识 • 客户反馈和调查分析 • 基本细分和目标市场 • 竞争对手分析	• 第三级知识 • 深入分析 • 深入细分和目标市场 • 广泛的UX调研 • 个性化	• 第四级知识 • 多渠道分析和优化 • 1:1个性化 • 数据挖掘 • 360度商业分析
测试策略和频率	• 无测试策略 • 季度1~2次测试	• 临时测试 • 每月1~2次测试	• 常规和计划性测试 • 每月2~3次测试	• 迭代测试 • 每月测试3次以上	• 严谨的测试 • 每月测试6次以上
流程	• 无	• 随机的/临时的	• 常规的和标准的	• 优化的	• 超优化的
工具	• 网络分析工具	• 第一级工具 • 在线测试和目标选择工具	• 第二级工具 • 客户调查和反馈 • 热点地图和屏幕录制工具	• 第三级工具 • 客户体验管理工具 • 个性化工具	• 第四级工具 • 个性化、自动化工具 • 多渠道分析和优化工具
担保人	• 无	• 网络部门主管	• 主任级别	• 副总裁级别	• 整个组织

图 10-8 转化率优化成熟度模型

资料来源：http://online-behavior.com/analytics/conversion-optimization-model.

- 人员——一个团队的质量和数量是十分关键的。

- 知识——这与人员是一致的。CRO 从网络营销的基础知识开始，概述了什么是电子商务、如何产生流量、什么是网络分析，以及如何阅读报告和采取行动。下一步是增加在线测试知识、用户体验原则、网络分析知识和文案技能。一个人不可能成为所有这些领域的专家，所以需要一个行动良好的团队。

- 活动——可以开展各种定量和定性活动，以更好地了解客户。活动的质量和频率越高，结果就越好。

- 测试策略和频率——主要的 CRO 活动之一是 A/B 测试和多变量测试（本章接下来将讨论）。企业测试过程的成熟度是极其重要的：测试可以在特定的基础上执行，更成熟的方法是在测试路线图中计划和执行。或者，更好的是，测试以迭代的方式运行。

- 流程——企业的整体 CRO 流程是另一项重要资产。关键部门合作顺利吗？企业内部的沟通如何？是否记录和使用可交付成果，如测试路线图、测试摘要和学习概述？这些都是影响 CRO 结果的重要变量。

- 工具——需要用工具进行分析和测试。有许多不同的工具可以做到这一点，如网络分析、热点地图、调查、反馈、目标和测试工具。一般来说，企业的 CRO 工作越成熟，工具就越复杂。

- 担保人——担保人通常是一位支持 CRO 的高级员工，他信任团队，并尽力获取预算。如果团队不能支持 CRO 的工作并与高级管理人员分享计划和结果，担保人会这样做。

2. A/B 测试和多变量测试。通常情况下，网站所有者和营销人员在评估网站的有效性时会产生分歧，而确定最佳设计或创造性替代方案的唯一方法是通过设计和运行实验来评估最佳使用方案。在 2004 年的 E-metrics 峰会上，当时的亚马逊个性化主管马特·罗恩德（Matt Round）说（亚马逊的指标文化在案例研究 10 - 2 中有进一步描述）：

> 数据胜过直觉。

A/B 测试和多变量测试是两种可以用来评估设计有效性以改善结果的测试技术。

一种是 A/B 测试。最简单的 A/B 或 AB 测试（A/B or AB testing）是指对一个页面或页面元素（如标题、图像或按钮）的两个不同版本进行测试。该网站的一些用户是轮流访问的，用户被随机分至两个版本，因此有时它被称为实时分割测试。目标是根据关键性能指标，包括点击率、转化率和每次访问的收入，提高页面或网站的有效性。

当完成 A/B 测试时，确定一个真实的控制页面（control page）（或用户样本）进行比较是很重要的，这通常是一个现有的登录页面。两个新的选择可以与以前的控制页面进行比较，这称为 ABC 测试，如表 10 - 3 所示。

表 10 - 3　A/B 测试的例子

测试	A（控制页面）	B（测试页面）
测试 1	原始页面	新的标题，现有的按钮，现有的正文副本
测试 2	原始页面	现有的标题，新的按钮，现有的正文副本
测试 3	原始页面	现有的标题，现有的按钮，新的正文副本

A/B 测试的一个例子是 Skype 在其主要导航栏上进行的一个实验，实验表明，把主菜单

选项从"电话"变为"Skype credit"，把"商店"变为"配件"，能使每次访问收入增加18.75%（Skype 在 2007 年 E-metrics 峰会上发布的数据）。当你有数亿的访问者时，这是非常重要的！它也显示了直接导航的重要性。

另一种是多变量测试。多变量测试是一种更复杂的 A/B 测试，它支持同时测试正在测试的页面元素的不同组合，这样就可以选择最有效的设计元素组合来实现预期的目标。

迷你案例 10-9 就是一个多变量测试的例子。

迷你案例 10-9

英国的国家快运集团进行多变量测试并提高转化率

国家快运集团（National Express）是英国领先的旅行解决方案提供商。每年全球约有 10 亿人次乘坐国家快运集团的巴士、火车、轻轨、特快列车和飞机，其中很大一部分的机票预订是通过该集团的网站 www.nationalexpress.com 进行的。

该集团使用多变量测试工具 Oracle Maxymiser 进行了一项实验，以提高机票选择页面的转化率，这是预订的倒数第二步。分析团队发现了一些内容上的细微变化，并建议在页面上采取行动，目的是在不改变页面结构或国家快运品牌标识的情况下，刺激访问者参与，提高访问者的转化率。

集团认为，多变量测试将是确定最佳内容组合的最有效的方法。由 Oracle Maxymiser 和客户共同开发的变量在所有现场访问者中进行了测试，并监测每种组合的转化率。集团尝试了 3 500 个可能的页面组合，在现场测试中，表现不佳的组合被剔除，以最大限度地提高每个阶段的转化率。

最后测试阶段，在达到统计有效性后，结果表明最佳组合页面转化率提高了 14.11%（见图 10-9）。

内容组合	Maxybox A	Maxybox B	Maxybox C	Maxybox D	Maxybox E	控制下的提升
1	变量3	变量2	变量4	变量3	变量1	14.11%
2	变量3	变量3	变量4	默认	默认	14.09%
3	变量6	变量3	变量4	默认	默认	11.15%
4	变量3	变量3	变量2	默认	变量3	10.57%
默认	变量3	变量2	默认	默认	默认	0.00%

基于内容组合的转化率提升：

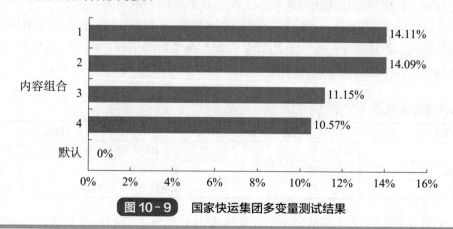

图 10-9 国家快运集团多变量测试结果

为了实现更快的销售增长，企业需要一个月完成 6～7 次 A/B 测试或多变量测试。迷你案例 10-10 展示了这种测试的强大功能。

迷你案例 10-10

奥巴马是如何通过一个实验筹集到 6 000 万美元的

2007 年 12 月的一个简单实验实际上改变了历史进程。

丹·西罗克（DanSiroker）是奥巴马 2008 年竞选的分析主管，他的工作是在竞选活动中利用数据帮助奥巴马做出更好的决策。为了做到这一点，他做了一个实验，测试竞选宣传页面的两页——媒体部分和号召行动按钮。

这个实验测试了四个按钮和六种不同的媒体类型（三张图片和三段视频），衡量成功的标准是注册率（注册人数除以看到变化的人数）。

测试是使用谷歌网站优化器进行的，并且是一个多变量测试（即同时测试所有按钮和媒体类型的组合）。

工作人员认为"山姆的视频"将是最好的媒体形式。然而，所有的视频都比图片表现得更糟糕。

最终，新的页面的注册率为 11.6%，而原来的注册率为 8.26%，相当于增加了 280 万个电子邮箱地址和 6 000 万美元捐款。

关键的经验教训：

● 每个网站访问者都是一个机会——可以通过网站优化和 A/B 测试或多变量测试来利用这个机会。

● 质疑假设——视频是最受欢迎的媒体，但它们并没有发挥作用。

● 尽早进行多次实验——微小的增量变化可以产生累积的边际收益。

资料来源：http://blog.optimizely.com/2010/11/29/how-obama-raised-60-million-by-running-a-simple-experiment/.

---

3. 点击流分析和访客细分。点击流分析是指对访问者行为进行详细分析，分析问题和机会。表 10-4 给出了作者戴夫·查菲在浏览客户网站时提出的问题。

表 10-4 是分析人员解读网络分析数据的总结。GA 是谷歌分析（Google Analytics，www.google.com/analytics）的缩写，它是网络分析使用最广泛的工具之一。

表 10-4　戴夫·查菲浏览网站时提出的问题

分析问题	典型的网络分析报告术语	分析人员用于提高性能表现的诊断
网站在实现参与和产出方面有多成功？	转化目标（GA） 跳出率（GA） 页面/访问（GA）	● 用户参与度和转化率是否与业内其他网站一样？ ● 不同推荐人的最大参与度和转化率是多少？
访客从哪里进入网站？	进入页面 登录页面（GA）	● 首页与其他页面和登录页面相比有多重要？页面人气是否反映产品人气？ ● 检查这些页面上的信息和行动呼吁是否有效 ● 评估流量的来源，特别是搜索引擎中的关键词，然后应用到其他地方
访客（推荐人）的来源是什么？	推荐人 流量源 设置为细分访客	● 是否代表了与公司相关的所有数字媒体渠道？ ● 搜索引擎流量水平与品牌声誉是否一致？ ● 驱动免费流量的主要链接伙伴有哪些（可能会有更多）？

续表

分析问题	典型的网络分析报告术语	分析人员用于提高性能表现的诊断
最受欢迎的内容是什么？	顶级内容（GA）	● 页面人气是否如预期？导航标签是否会导致可获得性问题？ ● 哪些内容最有可能影响访问者？ ● 哪些内容最受回头客的欢迎？
哪些是最受欢迎的搜索方法？	网站搜索（GA）	● 不同形式的导航，如顶部菜单、侧边栏菜单，受欢迎程度如何？ ● 最受欢迎的搜索方法是什么？搜索往往从哪里开始？访客能否成功找到内容并消费？
访客在哪里离开网站？	顶级退出页面（GA）	● 是否如预期的那样（交易完成率）？ ● 是否有错误页面导致访问者离开？
哪些点击流被采用了？	路径分析 顶级路径（GA）	● 如何改进转化漏斗中的损耗？ ● 正向路径分析显示什么是最有效的行动号召？ ● 反向路径分析说明哪些页面影响销售？

4. 路径分析。聚合点击流在网络分析软件中通常被称为正向路径或反向路径。这是一种相当高级的分析形式，但其原理是简单的——从最流行的路径中学习。

从网站层面上看，顶部路径一类的报告似乎并不是特别有用，因为顶部路径通常是：

- 主页→退出。
- 主页→联系我们→退出。
- 新闻页面→退出。

当分析师在单个页面的上下文中查看点击流时，点击流分析变得更加可行——这是正向路径分析或反向路径分析。

5. 站内搜索有效性。站内搜索是点击流分析的另一个关键部分，因为它是寻找内容的关键方式，所以详细的搜索分析将会带来好处。需要考虑的主要搜索指标有：

- 搜索数量；
- 每位访问者或搜索者的平均搜索次数；
- 搜索结果为零的百分比；
- 从搜索结果中退出网站的百分比；
- 点击返回搜索的百分比；
- 搜索结果转化为销售或其他结果的百分比；
- 最流行的搜索条件——个人关键字和关键短语。

6. 访客细分。访客细分是一种基本的营销方法，但在网站分析中，通常很难将访客细分与网页行为联系起来，因为网站分析数据并没有与客户或购买数据整合在一起，尽管这在 Adobe Analytics、Sitecore 和 Mixpanel 等最先进的系统中是可能的。

所有的分析系统都有能力进行一些细分，并且可以创建特定的过滤器或配置文件，以帮助理解网站访问者的行为。比如：

- 首次访客或回访访客。
- 不同来源的访客，包括：
  - Google Organic；
  - Google Paid；

　　—战略搜索关键词、品牌关键词等；

　　—展示广告。

- 非转化者和转化者。
- 按国家或地区划分地理区域（基于 IP 地址）。
- 访问内容的类型，例如，某些细分市场更有可能转化？例如，在 2006 年伦敦广告科技大会上，MyTravel 报告称，它将访问者分成以下几类：

　　—粗略浏览站点（两页或更少）的访问者；

　　—浏览站点（两页或以上）的访问者；

　　—看到搜索结果的访问者；

　　—看到报价的访问者；

　　—看到付款细节的访问者；

　　—看到预订确认细节的访问者。

　　7. 预算。为了估计电子渠道的盈利能力和投资回报，企业需要同时考虑有形和无形的成本和收益。

　　可以使用类似的方法来计算电子商务网站改进后的投资回报率（ROI）。汉森（Hanson, 2000）提出了一种方法，要求识别网站的收益、成本和通过呼叫中心支持网站的成本。这些与利润有关的情况如下：

　　　营业利润＝销售净收入－电子商务网站成本－呼叫中心成本

　　　销售净收入＝（产品价格－单位成本）×销量－产品固定成本

　　　电子商务网站成本＝网站固定成本＋（网站支持联系人的百分比×网站支持联系人的成本×销量）

　　　呼叫中心（CC）成本＝CC 固定成本＋（CC 支持联系人的百分比×CC 支持联系人的成本×销量）

　　贝恩（Bayne, 1997）推荐了不同的成本估算方法：

- 上年的网络营销预算。这是假设网站已经运行了一段时间。
- 占企业销售额的百分比。在网站的第一次迭代中确定这一很困难。
- 占全部营销预算的百分比。这是一种常见的方法。通常情况下，这个百分比一开始会很小（少于 5%，甚至 1%），但随着互联网影响的增加这个百分比会增大。
- 重新分配营销资金。数字营销的资金通常会被用于其他营销活动。
- 你所在行业的其他企业有哪些支出？为了评估和应对竞争威胁，了解这些是绝对必要的，但竞争对手可能会过度投资。
- 创建一个有效的在线形象。在"不惜一切代价"的模式下，企业会花足够的钱来创建一个旨在实现其目标的网站。这可能是一个昂贵的选择，但对于互联网公司，这可能是明智的选择。要做到这一点，就必须有一个高于正常水平的营销预算。
- 一个可衡量结果的分级计划。这意味着一个持续的计划，在这个计划中，每年的投资都与之前计划的结果相联系。
- 方法的组合。由于第一次预算基于许多无形资产，所以最好使用几种方法为主管人员提供与预期结果的成本相关的高、中、低支出选项。

　　作为本节的总结，请完成活动 10 - 2。

活动 10-2 为 B2C 企业创建一个衡量计划

目的

培养选择合适的技术衡量数字企业有效性的能力。

活动

这个活动是这一节关于数字企业衡量的总结。填写表 10-5，评估卖方电子商务网站使用每个指标的频率。

表10-5 报告电子商务网站性能的可选时间表

	促销	行为	满意度	结果	收益率
每小时					
每天					
每周					
每月					
每季度					
重新进行					

在第 1 章中，我们介绍了一个世界上第一家即时用车软件——优步，它已经改变了出租车行业。在第 10 章，我们提供了世界上大型在线零售商亚马逊的案例，展示增长黑客文化的测试、学习、完善是如何成为成功的关键的。

案例研究 10-2

从亚马逊的指标文化中学习

情境

为什么要对亚马逊进行案例研究？当然，每个人都知道亚马逊，这个案例根据亚马逊公布的年度报告（美国证券交易委员会（SEC）备案文件），审视了亚马逊的业务和收入模式的创新。

和 eBay 一样，亚马逊的网站也诞生于 1995 年。公司名字反映了杰夫·贝索斯的远见，他想创造一个像亚马孙河一样有影响力的网站。事实证明，仅仅 8 年后，亚马逊的销售额就突破了 50 亿美元，而沃尔玛花了 20 年才达到这一目标。

远景与战略

亚马逊的使命宣言是以客户为中心，旨在为他们提供一个搜索和发现任何他们想在网上购买的东西的地方。这是一个相当通用的使命宣言。亚马逊关注客户体验，也提到了三个核心购买动机：低价格、方便和广泛的产品选择。

当然，获得客户忠诚和回头客是亚马逊成功的关键。许多网络公司失败了，因为它们获得的是认识，而不是忠诚。亚马逊把两者都做到了。在提交给美国证券交易委员会的 2013 年年度报告中，亚马逊强调了实现这一目标的过程，重申了杰夫·贝索斯在 1997 年写给股东的一封信中的一部分：

我们将继续分析评估我们的项目和投资的有效性，抛弃那些不能提供可接受的回报的项目，并加大对那些效果最好的项目的投资。我们将继续从成功和失败中吸取经验和教训。

这种方法已被应用于一系列商业模式创新，包括：Fire TV、智能手机和平板电脑、美国西海岸的杂货配送、Prime Instant Video、亚马逊时尚以及亚马逊网络服务（AWS）的扩展。

实际上，与许多在线零售商一样，最受欢迎的产品价格最低，而不受欢迎的产品价格更高，亚马逊从中获得的利润率也更高。免费运输的优惠可以鼓励客户增加购物量，因为客户的花费超过一定的金额，才能获得免费运输。

亚马逊通过多种方式传达履行承诺的信息，包括提供最新的库存可用性信息、交货日期估计以及发货通知。

亚马逊对客户的关注已经转化为卓越的服务，2004 年美国客户满意度指数公司给亚马逊打了 88 分，这是当时所有服务行业（在线或离线）客户满意度得分最高的纪录。

罗恩德（Round，2004）指出，亚马逊关注的是客户满意度指标。其每个网站都被密切监控，使用标准的服务可用性监控器（例如，使用 Keynote 或 Mercury Interactive）监控站点的可用性和下载速度。有趣的是，它还监测每分钟网站收入的上下限——罗恩德描述了一个类似于发电厂的警报系统，如果网站的收益低于每分钟 10 000 美元，警报就会响起！

竞争

在 2005 年提交给美国证券交易委员会的文件中，亚马逊将其产品和服务的环境描述为"竞争激烈"。它认为当前潜在的主要竞争对手是：（1）现实世界零售商、目录零售商、出版商、供应商、分销商和制造商，其中许多具有较高的品牌知名度，目前通过互联网、邮件订购或直接销售产品和服务；（2）其他在线电子商务网站；（3）一些间接竞争对手，包括媒体公司、门户网站、比较购物网站和网络搜索引擎，它们直接参与零售，或者与其他零售商合作；（4）提供电子商务服务的公司，电子商务服务包括网站开发、第三方实现和客户服务。

亚马逊认为其细分市场的主要竞争因素包括"选择、价格、可用性、便利、信息、发现、品牌识别、个性化服务、可访问性、客户服务、可靠性、实现速度、易用性和适应不断变化的环境的能力"。

对于向公司和个人卖家提供的服务，其他竞争因素包括服务和工具的质量、为其服务的第三方的销售能力，以及服务的性能速度。

从拍卖到市场

亚马逊拍卖（zShops）于 1999 年 3 月首次推出，在很大程度上是对 eBay 的回应。它们在主页、品类页面和个人产品页面上进行了大力推广。尽管如此，在成立一年后，它在网上拍卖市场的份额仅为 3.2% 并持续下降，与此同时 eBay 的份额为 58%。

如今，价格较低的产品可以通过亚马逊市场（Amazon Marketplace）获得。亚马逊市场的策略最初是与 eBay 竞争，但现在该策略已经进行了调整，亚马逊将其描述为低价策略。

虽然有人认为，亚马逊失去了使其零售商以较低的价格销售产品的机会，但实际上亚马逊获得了更高的销售利润率，因为其向商家的每一笔销售收取手续费，且商家需要承担储存货物和将货物送达客户的成本。与 eBay 一样，亚马逊只是为买卖双方之间的交换提供便利，而不需要派送实体产品。

指标文化是如何开始的

亚马逊发展的一个主题是，在业务的各个方面都使用一种衡量的方法而不仅仅是财务方面。马尔库斯（Marcus，2004）描述了 1997 年 1 月在公司的一次活动中，当时亚马逊的首席执行官杰夫·贝索斯"看到了曙光"，他在对高级员工讲话时说："在亚马逊，我们将有一种衡量指标的文化。"他接着解释了基于网络的业务如何给亚马逊提供"了解人类行为的奇妙窗口"。马尔库斯说："焦点小组这种模糊的概念已经不复存在。像亚马逊这样的公司可以（而且确实做到了）记录访问者的每一个动作、每一次点击和鼠标移动。随着数据的累积，你可以得出关于消费者的各种结论。从这个意义上说，亚马逊不仅是一个商店，而且是一个巨大的数据仓库。我们所需要的只是将它们代入正确的方程式。"

然后，马尔库斯在一个分组讨论中，就亚马逊如何更好地使用指标来提高其性能给出了一个有趣的见解。马尔库斯在贝索斯的团队里，讨论了以客户为中心的指标并进行了总结。

贝索斯首先说："首先，我们要弄清楚哪些指标需要在网上测量。例如，我们想要一个衡量客户兴趣的指标，该怎么计算呢？"

大家沉默了。然后有人说："每个客户在网站上花的时间？"

"不够具体。"贝索斯说。

另一个人建议："每个客户每次登录网站的平均时间，如果这个数字上升，他们就玩得很开心。"

"但是我们如何衡量购买呢？"马尔库斯说，"这是衡量快乐的标准吗？"

一位黑发女士说："我认为我们还需要考虑访问的频率。很多人仍在使用调制解调器上网。他们的四次短暂拜访可能和一个使用宽带的客户的一次拜访一样好，也许更好。"

"说得好。"贝索斯说，"无论如何，享受是开始。最后，我们应该衡量客户的喜爱程度。"

有趣的是，亚马逊在1997年实现了1 600万美元的收入之后，还在就RFM分析的要素（见第8章）进行辩论。当然，这与今天数十亿美元的营业额相比是微不足道的。重要的一点是，这是关注指标的开始，这些指标可以在稍后的案例研究中看到。

在2013年的年度报告中，亚马逊解释了它正在使用的实验方法，以及如何创建自己的内部实验平台——"Weblab"，用来评估网站和产品的改进。2013年，它在全球运营了1 976家网络实验室，2012年为1 092家，2011年为546家。最近的一个例子是一个叫作"询问所有者"的新功能，在产品页面上，客户可以提出任何与产品相关的问题，亚马逊将这些问题发送给产品的所有者，由他们提供答案。

从人到基于软件的推荐

亚马逊开发了内部工具来支持这种指标文化。马尔库斯（2004）描述了"创建者指标"工具向内容创建者展示产品列表和产品副本的情况。这样的内容编辑器会检索所有最近发布的文档，包括文章、访谈、书目。对于每一款产品，都有关于销售、页面浏览数、添加（添加到购物篮中）和拒绝（发出了内容请求，但随后点击了后退按钮）的转化率。此后，内容编辑器的工作被边缘化了，因为亚马逊发现大部分访问者更常使用搜索工具而不是读评论。随着科技的进步，访问者会对个性化推荐作出回应。

在亚马逊进行实验和测试

指标文化还促使亚马逊采用测试驱动的方法来提高业绩。在2004年的E-metrics大会上，时任亚马逊个性化主管的马特·罗恩德（Matt Round）将这种理念描述为"数据胜过直觉"。他解释说，亚马逊关于哪些内容和促销应该放在非常重要的主页或美食页面上存在很多争论。他描述说，每个部门的副总裁都想成为高层，周五关于下周计划的会议变得"太长、太吵，而且缺乏绩效数据"。

如今，"自动化取代了直觉"，实时实验测试可以用来回答这些问题，因为实际的消费者行为是决定策略的最佳方式。

马尔库斯（2004）还指出，亚马逊有一种测试文化，其中 A/B 测试是这种文化的关键部分。使用 A/B 测试的例子包括新的主页设计、改变页面的功能、不同的推荐算法和改变搜索相关性排名。这包括在几天或一周的有限时间内测试一种新的方法并与以前的方法对照。该系统将随机向访客展示一种或多种方法，并根据访客类别测量一系列参数，如销售单位和分类别的收入（和总收入）、会议时间、会议长度等。然而，统计测试是一个挑战，因为数据不是正态分布的。还有其他挑战，因为每天都有多个 A/B 测试运行，A/B 测试可能会重叠，从而产生冲突。还有长期的影响，有些功能在前两周很"酷"，而后面会产生相反的影响，例如改变导航可能会暂时降低性能。亚马逊还发现，随着客户在线体验的优化，他们的在线行为方式也发生了变化。这意味着亚马逊必须不断测试和改进其功能。

技术

由此可见，亚马逊的技术基础设施必须随时支持这种测试文化，而标准化内容管理很难实现这一点。亚马逊通过内部开发技术和大量投资获得了竞争优势，而其他组织如果没有正确关注在线渠道，可能无法获得这一优势。

罗恩德（2004）将这种技术方法描述为"分布式开发和部署"。页面有许多"pods"或"slots"，称为网页服务或特性。这使得公司更改这些 pods 中的内容，甚至更改 pods 在屏幕上的位置变得相对容易。与许多网站不同，亚马逊使用了一种流动的页面设计，这使得它能够最大限度地利用屏幕上的空间。

数据驱动的自动化

罗恩德（2004）说："数据在亚马逊的地位是至高无上的。"他列举了许多数据驱动自动化的例子，包括客户渠道偏好、管理向不同类型的客户显示内容的方式（如新产品和畅销产品）、商品推销和推荐（显示相关产品和促销信息），以及通过付费搜索打广告（自动生成广告和竞价）。

付费的自动搜索广告和竞价系统对亚马逊产生了巨大影响。最初，赞助链接是由工作人员完成的，但由于亚马逊的产品种类繁多，这是不可持续的。自动程序可以生成关键字、编写广告创意、确定最佳登录页面，管理出价和衡量转化率。

亚马逊还有一个自动化的电子邮件测量和优化系统。过去活动日程是用相对较弱的度量方法手工管理的，计划和使用成本很高。新系统能够：

- 自动优化内容，以改善客户体验；
- 避免发送低点击率或高退订率的电子邮件；
- 收件箱管理（避免每周发送多封邮件）；
- 拥有一个不断优化的自动化电子邮件程序库；

但如果促销太成功，库存不足，亚马逊就会面临挑战。

你的推荐

"购买 X 产品的客户……还买了 Y 产品"是亚马逊的标志性功能。罗恩德（2004）描述了亚马逊如何获取并处理大量数据的。在亚马逊，客户的每一次购买、每一页浏览和每一次搜索都会被记录下来。现在有两个新版本："购买 X 产品的客户……还买了 Y 产品"和"搜索 X 产品的客户……还买了 Y 产品"。它们还有一个称为"金盒子"的系统，这是一个交叉销售的工具。在这个系统中有商品打折活动，以鼓励客户购买新的类别的商品！

他还描述了从噪声中筛选的技术所面临的挑战（灵敏度过滤），以及服装和玩具目录的频繁变化，因此相关推荐容易过时。然而，亚马逊主要的挑战是处理由数以百万计的客户、数以百万计的商品和实时推荐产生的海量数据。

合作战略

随着亚马逊的成长，其股价的上涨使其能够与不同行业的一系列公司进行合作或收购其他公司。马尔库斯（2004）描述了亚马逊是如何与以下网站合作的：Drugstore.com（药房）、Living.com、Pets.com（宠物用品）、Wineshopper.com（葡萄酒）、HomeGrocer.com（杂货）、Sothebys.com（拍卖）和 Kozmo.com（城市送货）。在大多数情况下，亚马逊购买这些合作伙伴的股权，以便分享它们的繁荣。亚马逊还想办法增加它们网站的流量。同样，如果亚马逊将出版商的图书放在主要位置进行宣传也要向出版商收费，这一做法最初引起了一片哗然，但当人们意识到这种做法在传统书店和超市很普遍时，抗议有所减少。许多新成立的在线公司在 1999 年和 2000 年都失败了，但亚马逊没有被这些合作伙伴影响。

分析师有时会提到"亚马逊化一个行业"，意思是一家公司在网上行业（如图书零售）占据主导地位，其他公司就很难获得市场份额。除了开发，沟通和交付也是非常强大的主张，亚马逊已经能够通过其合作伙伴，使用技术促进产品推广和分销，以巩固其在不同领域的实力。亚马逊零售平台使其他零售商能够使用亚马逊的用户界面和基础设施，通过其"联合商店"计划在线销售产品。在美国，大型图书零售商 Borders 也使用亚马逊的商家平台来销售其产品。这样的合作关系帮助亚马逊将商业范围延伸到其他供应商的客户群，当然，亚马逊还可以鼓励购买某一类商品（如图书）的客户购买其他领域（如服装或电子产品）的商品。

前文提到的另一种合作形式是亚马逊市场，它允许亚马逊的客户和其他零售商在常规零售的同时出售它们的新书和二手书以及其他商品。类似的合作方式是亚马逊的"商家@"项目，它允许第三方商家（通常比那些通过亚马逊市场销售的商家大）通过亚马逊销售它们的产品。亚马逊收取的费用要么是固定费用，要么是每件商品的销售佣金。这种安排可以帮助客户从一系列供应商处获得更广泛的产品选择，通过单一的结账流程方便地购买产品。

最后，亚马逊还通过其附属公司计划，增进与部分较小公司的关系。亚马逊的创始人贝索斯曾在一个鸡尾酒会上与一个想通过他的网站出售离婚书籍的人聊天。随后，亚马逊在 1996 年 7 月推出了相关项目，至今仍在蓬勃发展。亚马逊不使用附属网络，由于其品牌实力较强，它开发了自己的附属网络计划。亚马逊建立了基于绩效的分级激励机制，以鼓励子公司销售更多的亚马逊产品。

营销传播

在提交给美国证券交易委员会的文件中，亚马逊通常会表示，其传播战略的目标是：

1. 增加网站的客户流量；
2. 树立产品和服务意识；
3. 促进重复购买；
4. 开发增加产品和服务收入的机会；
5. 提高亚马逊的品牌知名度。

亚马逊还认为，最有效的营销沟通是不断改善客户体验。这就创造了口碑推广，有效促进新客户的获取，也可能鼓励客户重复访问。

除此之外，马尔库斯（2004）描述了亚马逊如何通过技术实现个性化，触及难以触及的市场，贝索斯最初称之为"艰难的中间市场"。贝索斯的观点是，接触 10 个人（给他们打电话）或接触购买最受欢迎产品的 1 000 万人很容易，但接触介于两者之间的人很难。搜索引擎和亚马逊网站上的搜索功能，以及它的产品推荐功能，意味着亚马逊可以将其产品与这些人的兴趣联系起来。

在线广告技术包括付费搜索营销、门户网站上的互动广告、电子邮件营销和搜索引擎优化，这些都是尽可能自动化的。正如前面提到的，会员计划对于推动访客进入亚马逊也很重要。亚马逊提供了多种链接到其网站的方法，以帮助提高转化率。例如，子公司可以使用直接的文本链接使客户直接转到产品页面，它们还提供了一系列各具特色的动态横幅。

亚马逊还与一些供应商和其他第三方使用合作广告，更广为人知的是"合同交易"。例如，2005 年，在针对某一特定产品（如无线路由器和笔记本电脑网卡促销）的平面广告中出现了一个特定的亚马逊广告。在产品包裹中，亚马逊可能会添加一张非竞争在线公司的宣传单，如 Figleaves.com（内衣）或 Expedia（旅游）。作为回报，合作品牌与客户的沟通中可能会包含亚马逊的广告单。

亚马逊的合作项目通过亚马逊网站或第三方网站将数百万种产品提供给客户，从而将客户引导到其网站。当客户推荐导致产品销售时，该公司会向参与其关联项目的人支付佣金。

此外，亚马逊在全球范围内提供每日免费送货服务，还在美国推出了首个会员计划——亚马逊 Prime，会员可享受两天免费送货和隔夜折扣送货服务。虽然营销费用不包括免费运输或促销活动的成本，但亚马逊仍认为这些活动是有效的营销工具。

资料来源：Internet Retailer（2004）；Marcus（2004）；Round（2004）；SEC（2005）filings of Annual Reports from 2013.

问题

1. 通过参考案例研究、亚马逊网站和你与亚马逊线下沟通的经验，评估亚马逊如何传播其核心主张和促销优惠。

2. 利用案例研究，描述亚马逊的营销传播方法。

3. 请解释亚马逊利用技术获得竞争优势与其他公司的不同之处。

4. 从你的经验来看，亚马逊的指标文化与其他组织有什么不同？

病毒式增长

由于病毒式增长（也称为口碑营销），一些数字商务已呈指数级增长。这是因为客户基数较小时进行客户数据分析很困难，所以在推出 MVP 后获得更多客户是增长黑客的一个极其重要的部分。

一个关键问题是，消费者对传统广告的抵制越来越强烈。自 2006 年以来，搜索引擎营销的点击率出现了显著下降。为了快速实现高增长，营销人员开始转向病毒式营销等替代策略。

社交媒体的发展极大地改变了网络的运作结构，社交影响力的提高是病毒式营销的一个关键方面。增长黑客特别关注识别社交网络中有影响力的用户，并找到推动增长的关键指标。例如，推特发现，通过说服新用户关注至少 10 个人，该用户重新访问的概率会显著增大。脸书的"活跃用户"指标是 7 天内获取 10 个好友。

通过公关宣传等媒体努力，大量早期采用者更有可能获得增长。公关可以帮助建立品牌，并向目标受众传播信息。

大多数增长黑客使用病毒式增长和非病毒式增长的混合模式来实现强劲和可持续的增长。媒体等渠道将提供快速的用户增长，应用商店等渠道也将随着时间的推移提供源源不断的用户。

公司可以设计数字（和实体）产品来增加点对点促销（参见图 10－6 Hook 模型）。根据阿拉尔和沃克（Aral and Walker，2011）的研究，只要在产品中添加一个"分享"按钮，就可以将影响力提高 400％。此外，当产品具有被动功能，如自动通知、自动定位和嵌入式报价等功能时，它们的总采用率会增加 246％。

产品病毒式营销主要有三种类型：

- 内在病毒式营销，内置在产品中，并作为产品使用的一种功能；
- 人工病毒式营销，通常是强制性的，内置在奖励系统中；
- 口碑病毒式营销，即由满意的客户发起对话（独立于产品或服务）。

1. 内在病毒式营销：Skype。Skype 是一款具有内在病毒式营销能力的产品。当用户第一次下载并且没有任何联系人时，该产品不为用户提供任何好处。然而，一旦用户向他们认识的人发送联系请求，就解锁了产品的价值——免费的本地和国际通话、即时消息、视频通话、屏幕共享等。

该产品只有在用户与他人共享时才有用。Skype 是由它的用户营销的，因为 Skype 的体验是通过推荐给其他人（数量为 3 亿且还在增长）来改善的。你邀请越多的人加入，Skype 对你来说就越有价值。WhatsApp 的产品中也嵌入了与 Skype 相同的病毒式营销机制。

过去，Skype 曾与脸书合作，帮助实现跨平台注册（使用与爱彼迎类似的网络效应原则）。

2. 人工病毒式营销：Giffgaff。Giffgaff 成功地使用游戏化（即使用游戏设计元素来提高用户黏性）来回报帮助他人的社区。这帮助该公司获得了异常高的净推荐值（NPS）。

自 2010 年以来，社区成员在论坛上提出了大约 13 万个问题，得到了超过 100 万个答案。

游戏化被用来为回答问题的用户提供"荣誉"和支付点，这些可以作为现金回报。

这种方式不仅帮助该品牌在网上引起轰动，还意味着该公司不需要竞争对手使用的那种呼叫中心的运营方式。

Giffgaff 通过众包用户来为其知识库创建视频。对于制作视频的人，它提供了不同的"回报点"。

其他可以用来促进增长的人工病毒式营销的例子包括：

- 添加功能，让用户可以在他们正在做的任何事情上进行协作；
- 有一个推荐计划，如果用户让其他人注册了产品，就给他们一个月的免费使用时间，这样双方都能获益；
- 向细分用户发送促销礼物，帮助宣传。

3. 口碑病毒式营销：Zappos。鞋类零售商 Zappos 的宗旨是"传递快乐"。该公司的首席执行官谢家华决定投资于客户体验而不是广告。他认为提供卓越的客户服务有助于增加回头客和提高口碑。

他是对的。公司成立十年后，通过口碑病毒式营销，年销售额超过 10 亿美元。Zappos 的客户是它的拥护者，他们经常使用社交媒体来表达他们对公司惊人的客户服务的喜悦。

4. 对病毒式营销进行评估。增长黑客通过计算病毒系数（也称为 k 因数，见专栏 10－9）

来衡量病毒传播力。当 k 因数大于 1 时，你的公司或活动才是真正的病毒式营销。然而，病毒系数大于 1 是非常罕见的，0.2～0.3 就是一个可持续的水平。

专栏 10 - 9　　　　　　　　　　　　　　**k 因数计算**

找到你的病毒系数

如果你想要发展数字商务，最好的方法就是让你当前的访问者/用户将你的网站推荐给他们的朋友。

病毒系数，也称为 k 因数，是一种观察产品或服务如何传播的方法。提高 k 因数将有助于公司获得新用户或客户，毕竟，大多数初创公司之所以失败，是因为它们没有足够的网络影响力。积极的 k 因数能够帮助公司实现指数级增长，因为它反映的是用户/客户获取情况。

如何计算 k 因数

1. 你当前的用户数量（如 100）；

2. 乘以用户/客户提供的邀请或推荐的平均数量（100 × 10）；

3. 找到采取你想要的行动的推荐者的百分比，例如他们自己注册成为一个新用户（12%）；

4. 如果发出 1 000 次邀请，12% 的人注册了你的网站，你就会有 120 个新用户；

5. 最初你拥有 100 个用户，现在你又获得了额外的 120 个用户，你可以用新用户的数量除以最初用户的数量来计算 k 因数（120/100 = 1.2）。

要实现病毒式增长，k 因数必须大于 1。在本例中，k 因数为 1.2 表示轻微增长，k 因数大于 1 或更大是很难的。

注意事项

1. 只衡量用户获取——如果你的用户在一个网站发送了 10 次邀请，但没有人注册或购买，那么 k 因数为 0。

2. 病毒式营销周期的重要性——定义用户分享产品/服务需要经历多少个步骤。越简单越好，例如，一个 YouTube 视频很容易进行病毒式营销，因为分享它只需要复制和粘贴浏览器的 URL 到推特或脸书。然而，如果用户需要登录，然后手动复制并粘贴朋友的电子邮箱地址到应用程序中，就不太可能有很多人推荐。

实现病毒式增长的最佳方法之一是为分享或招募新用户的用户提供利益或奖励。举个例子，Dropbox 的发展非常迅速，因为它通过推荐好友为当前用户提供了更多的自由空间，每当用户介绍一个朋友，FreeAgent 就为其用户提供订阅折扣。

留存率和规模化增长

雷奇汉和谢弗特（Reichheld and Schefter, 2000）的研究发现，在早期，获取客户的成本使许多客户关系无利可图。然而，在随后的几年里，为忠实客户服务的成本下降了，他们的购买数量上升了——这提供了更快的利润增长。

营销指标（Hull, 2013）显示，向现有客户销售产品的可能性为 60%～70%，而向新客户销售产品的可能性为 5%～20%。这表明客户保留对于可扩展增长非常重要。

增长黑客理解了客户忠诚和客户保留的价值，因此这是其商业战略的一部分。对于高增长的初创公司来说，减少流失和提高客户黏性是重要的活动。

一种衡量基准客户宣传的方法是使用净推荐值（NPS）。这与病毒系数测量有关，因为客户会被问到"你会推荐我们吗"，然后他们被分成诋毁者、被动者和推荐者。

在未来 30～90 天内，诋毁者很可能会出现波动，因此 NPS 是帮助衡量增长的有用工具。在产品/市场匹配阶段，增长黑客也会使用 NPS 来帮助决定是坚持还是改变业务。

调查工具如 Survey Monkey 包括 NPS 模板。

图 10 - 10 显示了针对组织生命周期（从初创到扩大规模）的增长黑客的关键要素。

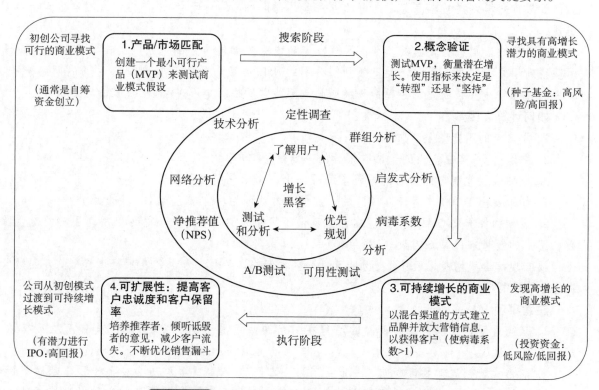

图 10-10　针对组织生命周期的增长黑客的关键要素

10.11　为增长黑客创建正确的环境

增长黑客只有在正确的组织文化下运作才会有效。以下是一些关键的需要考虑的内容：

● 有些实验会失败——高级决策者需要理解并支持敏捷的实验性文化。这并不适用于所有企业。

● 团队需要了解什么是增长黑客，并有能力说服其他人相信它的价值。当实验运行时，可能会给其他人带来问题和/或对业务的其他领域产生影响。

● 大多数参与创立科技公司的人往往有计算机科学或工程背景，而不是通信、创意、设计或营销背景。因此，很多人认为营销就是广告，即他们在电视或广告牌上看到的东西。在早期阶段就理解并欣赏营销的初创公司更有可能获得成功。

● 大多数创始人只使用他们熟悉的渠道，太多的公司仅仅专注于相同的渠道。加速增长的一个关键方面是"逆流而上，发现机遇"，做不同的营销和使用新的渠道。要想脱颖而出并获得关注，唯一的方法就是让产品远离人群和利用新渠道。

表 10-6 总结了增长黑客的十条戒律。

表 10-6　增长黑客的十条戒律	
增长黑客的戒律	实践意义
让自己沉浸在客户体验中	● 与你的客户交谈，理解他们为什么需要你的产品或服务； ● 灵丹妙药很少存在，如果你花太多时间去寻找，你的注意力就会分散。专注于重要的事情——优化客户体验（如 Zappos）和提升产品价值（如 Instagram 和 Skype）
了解你所处的环境	● 有些产品或服务永远不会实现病毒式增长，原因在于它们本身和公司所处的市场 ● 试着预测客户未来的需求——比竞争对手领先一步。永远不要落后，否则你的竞争对手会先你一步。想想 Instagram 是如何提供比脸书更优秀的照片分享应用程序的
制定独特的规则	● 公司的增长指标或 KPI 是什么 ● 要进入下一个阶段，你需要改变的一个指标是什么 ● 以增长为中心，并利用数据确保自己步入正轨 ● 技术过硬，增强市场意识
广泛使用试点和原型	● 快速构建，快速测试。从最小可行产品（MVP）开始，与客户交流 ● 你的产品可以满足真实需求吗？要诚实
为了累积边际收益，要尽早并经常进行测试	● 不要寻找灵丹妙药，而要测试很多小事情 ● 与其拥有一个网页，不如拥有一系列网页，并找出其中哪个转化得最好（回想一下奥巴马的案例研究）
专注于问正确的问题	● 什么将对你的公司产生最大的影响？想出解决方案 ● 不要思考线上或线下的问题。想想我在跟谁说话？我想要达到什么目标？达成目标最好的方法是什么
使用行为定量市场研究来加强选择	● 不断进行 A/B 测试——只有当你开始测试一个想法并发现其真正可行时，你才能了解某些内容 ● 分析必须准确无误。但是分析和洞察是有区别的，应明白其中的区别 ● 你需要分解海量数字……"我们今天有 1 000 万的访问量，其中 X 个人在这个类别中做了这个，而 Y 个人可能在那个类别中做了那个"
用定性研究来提高直觉	● 无论你的业务是什么、无论你在做什么，人们都是在购买品牌和情感。增长黑客不仅仅是一个科学的数字游戏 ● 定性研究非常重要，它可以为你提供更多关于事情发生的原因的分析角度 ● 使用定性数据可以找出：我们的用户对什么感兴趣？他们还在寻找什么？他们的经历是怎样的？用户可能会增加，但如果人们真的被你的内容激怒了，你就无法像一开始那样再次获得他们
清楚地阐明和沟通新的情况	● 运行大量的测试，但应对假设的大致内容有一个计划，它们应该被记录在 Excel 文件里。跟踪结果，你应该重新做测试，千万不要以为你在 1 月份做这些事情，在 6 月份也是一样的——产品有季节性的客户 ● 永远不存在完美的数据，但线上的数据要比线下世界多得多。你可以通过测试工具（如 Optimizely）向不同的人提供信息，并检查电子邮件、社交媒体等，这让你能够立即获得反馈，并相应地调整你的方法
鼓励跨团队的创新和实验文化	● 没有正确的团队，你无法成长。团队需要了解什么是增长黑客。如果团队不了解，就会陷入挣扎，进行更多的争吵和争论，什么也做不了 ● 如果你在做测试，或者做一些会给其他团队带来问题的事情（这是有可能发生的），你需要与其协商并解决问题。你不可孤立存在

10.11.1　搭建数字世界和物理世界的桥梁

迷你案例 10-11 是一个整合线上和线下沟通渠道的很好的例子。

SmartWool 是如何颠覆传统模式的

SmartWool 的主要客户提供了与其沟通的关键见解。数字广告代理公司 Victors and Spoils（V&S）发现，SmartWool 的忠实客户对传统广告不感兴趣，相反，这些喜欢户外活动的人希望以一种更有意义的方式与公司互动。

过去，SmartWool 邀请世界级运动员指导产品设计和营销。这是一种专业知识匮乏的老派方法。V&S 颠覆了这一方法，其通过脸书招募了一群热情的用户来测试 SmartWool 的产品。

活动启动 6 个月后，他们招募了 2 500 名现场测试人员（超过其脸书粉丝的 10%）。这些兴奋的粉丝购买了新产品，并立即开始测试它们，然后对产品的性能提出不同的见解，提出改进建议，并为新产品提供想法。

这些想法包括在夹克袖子上增加拇指孔，这样袖子就可以用作连指手套，以及开发更轻、颜色更多的跑步袜。公司采纳了这些建议，调整了产品。

整个过程在一场以现场测试者和他们的创新为特色的广告宣传活动中达到高潮。该活动在网上和线下均表现良好，提高了品牌信息留存率和电子商务转化率。

SmartWool 已经证明，即使是传统品牌也需要思考新的方式来与它们的支持者重新建立联系。这家公司仍然需要在别人抢先一步之前，开辟自己的增长道路。

尽管增长黑客被视为一种数字营销形式，但传统渠道对增长黑客同样重要。事实上，一些增长黑客已经看到，现实生活中的营销技巧十分有用。最终，使用何种渠道取决于产品及客户。

最好的营销人员不考虑线上和线下的区别，他们考虑以下问题：

- 我在跟谁交谈？
- 我想要达到什么目标？
- 在不同的环境中使用不同的媒体来实现我的目标的最佳方法是什么？

在数字世界中，给客户一些有形的东西有很大的好处。现在网上的噪声很多，线下变得越来越重要。例如，在线外卖服务商 Just-Eat 在初创阶段采取的最好的营销方式是在外卖餐厅的窗户上贴标签。

对于增长黑客而言最佳的传统营销方法

研究表明，对于增长黑客来说，最好的线下营销渠道是：

- 赞助会议——笔记本电脑贴纸、赞助饮料、穿着品牌 T 恤的优秀演讲者；
- 组织活动；
- 促销礼品——T 恤和贴纸；
- 客户关系管理及直销邮件；
- 广告（尤其是电视广告）；
- 合作/业务发展；
- 公共关系（PR）。

PR 在建立信任方面尤其有效。你可以让任何人访问你的网站，但让他们购买你的东西，则需要一定程度的信任。一家初创公司发现，《连线》（Wired）杂志上的一篇商业文章吸引了 6 万名用户注册。

在网站首页添加《连线》杂志的标志也有助于提高公司的转化率。

这是一个很好的例子，说明媒体和公关在帮助目标受众扩大信息面方面的重要性。在实践中，使用公关公司是值得的，因为这个行业是"接触驱动"的。

另一个公司利用公关在低预算下获得增长的例子是连锁餐厅 Leon（见案例研究 10-3）。

案例研究 10-3

Leon 如何利用公关来实现增长

Leon 连锁餐厅在短短 12 个月内将门店数量增加了一倍，早餐销售额也有所增长，这要归功于一项低成本的公关活动。

其"精益和清洁"活动的目标是在 12 个月内将早餐销量翻倍，目的是促进健康的饮食和生活。

Leon 一开始在菜单上添加了健康早餐选项，并签约 Instagram 健身和营养视频博主乔·维克斯（Joe Wicks）。这位在社交媒体上有影响力的人有很多粉丝，但他并不是"主流"，因为他的书当时还没有出版。

这家连锁餐厅和这位视频博主一起制作了两段健身视频，在社交媒体上引起了轰动。

Leon 餐厅还针对伦敦的自行车设计了特殊的传单，贴在停放着的自行车的把手上。传单上提供了一份免费的 Leon 早餐，以鼓励骑自行车这项健康的运动。人们给这些传单拍照，并发布在各种社交媒体上。

公司鼓励员工通过强大的客户服务来推动销售。公司最近举办了一场为期一周的比赛，要求员工增加某些菜肴的销量，以获得赢得两箱 Prosecco 葡萄酒的机会。这引发了 12% 的销售增长。

关键的经验如下：

- 较少的预算迫使你更有创造力。
- 受社交媒体影响的交易对双方都有利——不要害怕问问题。

不要忘记内部营销——想一些有趣的方法来鼓励你的员工朝着特定的目标努力（让他们积极参与）。

请记住，即使是传统的渠道也应该进行测试，看看它们能否推动增长。例如：

- 公关公司最初应该以项目为基础开展工作（而不是收取定金）。
- 广告位应该在最后一分钟购买，这样才便宜，并在投入一定数量的广告之前进行测试。
- 品牌商品应少量购买。
- 直接邮件应该用小样本和不同的创意进行测试。

资料来源：www.marketingweek.com/2016/04/20/how-leon-gotmaximum-value-from-minimum-spend.

10.11.2　增长黑客的模型框架

图 10-11 显示了增长黑客框架，下面作进一步说明。

阶段 1：产品市场适应

增长黑客只有在初创公司的产品符合市场需求后才起作用。那些在产品适应市场之前就试图扩大市场规模的公司是在浪费资金。如果一种产品需要"硬推"才能卖出去，它就不够好。

使用精益创业的概念，即开发最小可行产品，并对其进行测试，以获得客户对产品改进的反馈，这在商业上很有意义。这是一种"经济的思维方式"，有助于尽快产生收益。然而，初创公司的创始人往往对他们的想法非常有信心，有时不愿对产品做出改变。再一次，我们回到了思维模式上。

阶段2：增长黑客

你只需问一个关键问题："我们怎样才能快速、低成本地实现高增长？"不要对你的最终目标分心——专注于增长。

成功的增长黑客来自基于数据的营销——不要仅仅靠直觉就把整个预算放在一个活动上。具有增长思维的营销人员应该基于经过验证的假设进行低成本测试，看看什么最有效。有关测试和分析的概述，参见专栏10-10。

这种实验驱动的营销方法源于敏捷方法，即使用"测试、学习和承诺"循环。

"测试和分析"与转化率优化（CRO）之间的主要区别在于：前者更侧重于战术，而后者更侧重于策略和思维方式。

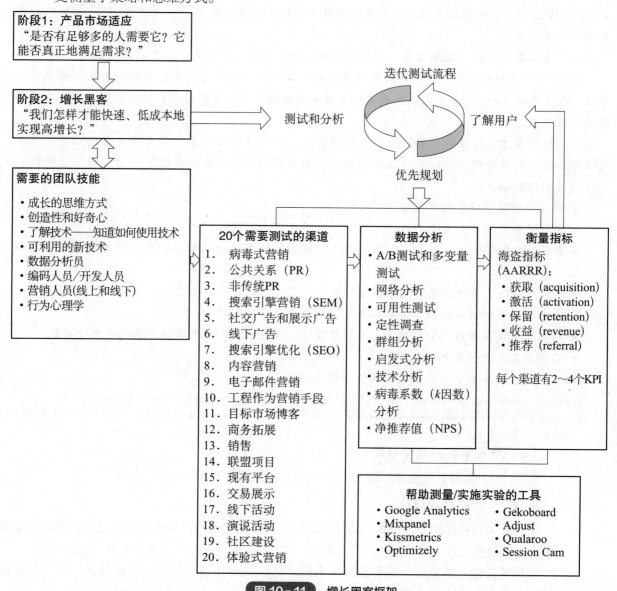

图 10-11 增长黑客框架

专栏 10-10　　　　　　　　　　　　　　**测试和分析**

● 进行"严格的测试"，不要在情感上偏向某个想法或因为一次失败就放弃某个想法。考虑所有的影响因素，试着理解是什么导致了这些因素生效或失败。

● 运行大量的测试并用 Excel 或 pipefy.com 等类似的工具记录下来。通过常规的测试程序——重新进行实验，可以获得宝贵的洞察力，这是因为季节的不同会改变结果。

● 当你做某件事的时候，把这件事想象成测试，这意味着你能意识到自己在一个动态的环境中操作。分析发生的事，并基于结果进行迭代、优化或改变。

● 要知道测试什么、关注什么，因为人们的时间、精力都是有限的，关注那些会造成巨大变化的事，使用数据分析和商业建模找出机会。

转化率优化（CRO）的主要元素如下：

● 分析情绪是很重要的——弄清楚人们为什么要做一些事情，并将人们带入情感历程，从而达到转化的目的。

● CRO 是文案、SEO、PPC、社交媒体、客户体验设计和心理学的组合。它包括分析结果和查看关键绩效指标，小型公司只需 2~4 个。

● CRO 应该专注于渠道，将 CRO 投入付费、自有和盈利媒体渠道中。

10.11.3　测试转化渠道

大多数公司所有者、经理和营销人员倾向于使用他们知道的营销渠道。增长黑客要求人们走出舒适区。

一种方法是假装你对市场营销一无所知，通过试验找到实现高销售额的最佳解决方案。温伯格和马雷斯（Weinberg and Mares，2015）发现了 19 个渠道，我们增加 1 个，使其成为 20 个关键的在线和离线渠道（见表 10-7）。

表 10-7　20 个关键的在线和离线渠道

渠道	描述
病毒式营销	使你的使用者为你营销产品/服务
公共关系（PR）	使你的公司在传统媒体上被正面提及
非传统 PR	提供卓越的口碑营销服务
搜索引擎营销（SEM）	在社交媒体和网站上做广告，接触上百万有前景的客户
社交和展示广告	便用电视广告和平面广告吸引客户
线下广告	利用电视、广播和印刷广告推动新客户的产生
搜索引擎优化（SEO）	在搜索名单上获得好的排名
内容营销	使用自媒体，如博客，来接触客户
电子邮件营销	通过有针对性的电子邮件沟通转化潜在客户
工程作为营销手段	利用工程资源构建获取客户的工具（如爱彼迎）
目标市场博客	锁定有影响力的博客来接触新的受众
商务拓展	利用合作关系来获取客户
销售	向公司和其他客户销售你的产品/服务

续表

渠道	描述
联盟项目	联合附属机构为你销售部分产品
现有平台	将增长与脸书、领英或 App Store Trade 等更大的平台挂钩
交易展示	通过产业交易展示招募客户和合作伙伴
线下活动	创建一个活动，把客户带到你身边
演说活动	将你的专业知识传达给大量的潜在客户群体
社区建设	围绕你的公司或产品建立一个社区
体验式营销	"现场营销"，即通过让潜在客户沉浸在乐趣和难忘的体验中进行营销

图 10 - 12 是硅谷投资者戴夫·麦克卢尔（Dave McClure）创建的一个有用图表，它可以帮助确定测试渠道的优先次序。

营销渠道示例

免责声明：对声量、成本/客户、时间和工作的估计是主观的，实际成本取决于具体业务。

渠道	声量	成本/客户	实施时间	市场营销工作	生产工作
病毒/推荐	取决于CTA；可访问的社交网络的规模 / #客户	低/零	低，对于脸书等社交网络；中/高，对于一般网站	低	低/中
电子邮件	取决于CTA、专属名录的规模以及电子邮件注册人数	低/中	低	低/中	低/中（中=创造模板）
博客/博客主	取决于#细分内的博客、竞争状况	低/中	低（如果只有你在发博客）；中（如果建立大型的CMS/向其他博客主传播）	低/中	低/零（中=CMS，专业设计）
搜索引擎优化（SEO）	取决于你的关键词	低/零	中（取决于你的搜索极客（search geeks））	低/零	中/高
搜索引擎营销（SEM）	取决于你的关键词	视情况而定	低/中（取决于你的营销）	低/中	低/中（登录页面=中）
竞赛	小型，除非奖金丰厚（别这样做，将奖金保持在5千美元以下）	低/中	低/中（取决于竞赛、网站、活动）	中	低/零（中=专业比赛网站）
小组件	取决于CTA；可访问网站的规模，采用程度+博客主	低/中	低/中	中	中/高（取决于复杂程度）
域名	取决于关键词、域名成本	视情况而定	低	低	低（重定向/联合品牌）
公共关系（PR）	取决于你的业务、受众和新闻	中/高	中（发展故事，建立联系）	中/高	低/零
商务拓展/合作伙伴	取决于伙伴、客户群的规模、转化率	中-高	中/高（采集指标，生成报告）	中/高	中/高（报告，联合品牌）
联盟/潜在客户产生	取决于经济	中/高	中/高（需要建立联盟项目，采集指标，生成报告）	中/高	中/高（取决于RQD追踪和报告）
直接营销	取决于地理位置	中/高	中	中/高	低/零
电话营销	取决于目标人群的情况	中-高	中-高	高	低/零，如果没有系统；中/高，如果整合了SFA
电视	潜能很大	高	中-高	高	中/高（产品成本）

图 10 - 12 营销渠道和初创公司指标示例

资料来源：http://500hats.typepad.com/500blogs/2008/09/startup-metri-1.html.

麦克卢尔经常谈到营销漏斗和初创公司海盗指标（AARRR）。这对所有类型的组织都是有用的工具：

- 获取：客户如何找到我们？
- 激活：客户有很棒的初次体验吗？
- 保留：客户会回来吗？
- 收益：我们如何赚钱？
- 推荐（漏斗的底部）：客户是否告诉其他人？我们可以将各种渠道交叉参照，从而构建以增长为重点的营销策略。

图 10-13 显示了客户生命周期是如何链接到海盗指标框架上的。

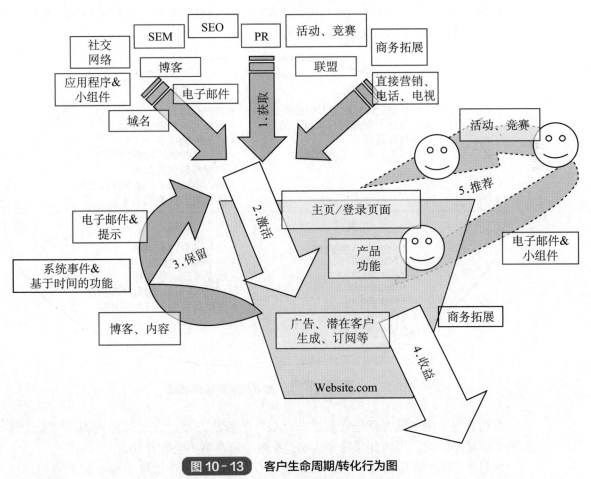

图 10-13 客户生命周期/转化行为图

资料来源：www. slideshare. net/dmc500hats/startup-metrics-for-pirates-long-version.

10.11.4 数据分析

将定量数据和定性数据相结合是增长黑客的一个关键组成部分。

定量数据有助于告诉你网站或手机应用上发生了什么，而定性数据则有助于解释事情发生的原因。尽管人们普遍认为这两种类型的数据分析都很重要，但公司并不总会收集定性数据，而且经常会忽视这方面的工作。

有一系列工具可以帮助公司收集信息进行客户数据分析（这些数据也可用于 CRO 和测试分析）：

- Google Analytics：谷歌的免费网络分析平台。
- Mixpanel：付费的高级移动网络和固定网络分析。
- Kissmetrics：付费分组和细分分析。
- Optimizely：网站和手机应用程序测试平台。
- Gekoboard：仪表板软件。
- Adjust：应用归类和分析。
- Qualaroo：客户洞察的网站调查。
- SessionCam：可以看到真实的客户如何与你的网站互动，以帮助提高网站转化率。

图 10 - 14 总结了增长黑客的运营要素。

图 10 - 14 增长黑客的运营要素

总而言之，增长黑客就是寻找"非常规"的解决方案，在短时间内实现增长。每一个增长黑客都是不同的，因为如果每个人都这么做，方法就不会起作用。

想要使不同的团队参与进来，公司需要有创意，并为创造性思维提供合适的环境。如果有必要，请一名推荐者进入你的组织，帮助产生新的想法。

增长黑客的想法可能包括以下活动：

- 分享人们喜欢阅读的内容；
- 运行常规的登录页面测试；
- 内置的共享功能；
- 跨平台推广（拥有相同客户的非竞争公司）；
- 人工病毒式营销；
- 利用社交媒体的影响力；
- 伙伴关系；
- 公共关系。

值得注意的是，电子邮件仍然是大多数增长黑客使用的一个非常有效的渠道。研究人员在以下方面进行了实验：在主题行中使用图标，电子邮件的篇幅，不同的颜色和布局，以及使用的语气。

10.12　数字化实施成功与否的衡量

正如我们已经发现的，只有在监视活动的性能并对结果采取行动的情况下，公司才能采用敏捷的测试和优化方法。数字公司和电子商务公司如果有一个成功的方法来衡量和优化它们的活动，往往能蓬勃发展和成长。本节提供了关于网站分析测量结果的更多细节。

10.13　网络分析：衡量与改进

我们会详细评估衡量和改进电子商务系统的效率，因为这是优化电子商务的关键环节。我们专注于对卖方电子商务的衡量，因为这种方法是最先进的，但这些原则和实践可以很容易地应用于其他类型的电子商务系统，如内联网和外联网。

在电子商务方面取得成功的公司似乎有一个共同的特点，它们非常重视投入资源来监控其在线营销的成功，并采取措施持续改善其数字渠道的表现。斯蒂芬·伦纳德（Stephen Leonard）将其持续改善过程描述为"测试、学习、改进"（Revolution，2004）。A&L 的电子商务客户获取高级经理格雷姆·劳德利（Graeme Findlay）解释道："我们的在线方式与我们的线下品牌和创意战略相结合，重点是直接展示强有力的、价值导向的信息。我们在网上做的一切，包括创造力，是由广泛和动态的测试过程驱动的。"

惠普的客户知识总监在 2004 年的 E-metrics 大会上发言时，将公司的流程描述为"测量、报告、分析、优化"。亚马逊将其方法称为"指标文化"（见案例研究 10-2）。吉姆·斯特恩（Jim Sterne）每年都会组织一次致力于提高数字性能的活动（www. emetrics. org），在他的《网络指标》（*Web Metrics*）（Sterne，2002）一书中总结了他对所需方法的看法，方法的名称为"TIMITI"，意思是"试试看！测量它！调整它！"，即网上内容应不断检讨和改进。鉴于定义一种合适的测量和改进方法的重要性，"网络分析"（web analytics）一词应运而生，用来描述这一关键的数字营销活动。数字分析协会（www. digitalanalyticsassociation. org）是由该领域的供应商、顾问和研究人员组建的。埃里克·彼得森（Eric Petersen，2004）是一位专门从事网络分析的分析师，他对网络分析的定义如下：

> 网络分析是对各种数据，包括网络流量、网络交易、网络服务器性能、可用性研究、客户提交的信息（如客户意见调查）等和相关来源的评估，以帮助建立对客户在线体验的普遍理解。

可以看到，除了通常被称为"网站统计"的网络流量，网络交易、可用性研究和客户意见调查也包括在内。该定义还可以参考网站访客数量和人口统计数据，以及竞争对手使用面板和互联网服务提供商（ISP）收集的数据并进行比较。我们的定义是：

> 网络分析是以客户为中心的网络营销有效性评估，以提高网络渠道对组织的商业贡献。

绩效管理与改进原则

为改善业务在各个方面的结果，绩效管理至关重要。据报道，惠普的首席信息官早在 20

世纪 60 年代就说过：

> 你无法管理你无法衡量的东西。

旨在监测和改进具体管理活动绩效的流程和系统，被广泛地称为绩效管理系统（performance management system），该系统基于对绩效衡量系统（performance measurement system）的研究。

当一个网站刚创建时，衡量常常被忽视。一旦早期版本发布并运行几个月甚至几年，衡量往往成为一个突出的问题，员工开始问问题，比如，"有多少客户访问我们的网站，我们的网站实现了多少销售额，我们如何改善网站以实现投资回报？"如果在网站创建阶段进行衡量，就可以开发出更准确的方法，也更容易应用被人称为分析设计的技术。在这里，网站的设计是为了让公司能够更好地了解客户类型和它们的决策要点。例如，对于戴尔（www. dell. com），主页上的主要导航是按业务类型划分的。这是分析设计的一个简单示例，它使戴尔能够估计不同客户的比例，同时将客户与相关内容联系起来。分析设计的其他例子包括：

- 将一个很长的页面或表单分成不同的部分，这样就可以看到人们对哪些部分感兴趣；
- 用于为印刷材料推荐输入页面的 URL 策略；
- 根据用户类型或购买决定对内容进行分组，并在网站分析系统中建立相关内容的内容组；
- 衡量客户旅程中不同阶段的跳出率，例如购买阶段的跳出率。

在本节，我们将通过检视电子商务绩效改善系统的三个关键要素，来评估绩效管理的方法。首先是改进的过程，其次是指定相关数字营销指标（digital marketing metrics）的衡量框架，最后是对收集、分析、传播和行动结果的工具和技术的适用性的评估。

创建绩效管理系统

克兰菲尔德大学（Cranfield）管理学院公司绩效中心的安迪·尼利（Andy Neely）对绩效衡量的定义揭示了绩效管理的本质。他将绩效衡量定义为（Neely et al.，2002）：

> 通过获取、整理、分类、分析、解释和传播适当的数据来量化过去行动的效率和效果的过程。

绩效管理将这一定义扩展到分析和行动变更的过程，以推动业务绩效和回报的增加。营销人员可以将许多公司绩效管理方法应用到数字营销中。正如你从定义中看到的，绩效主要是通过效果（efficiency）和效率（effectiveness）来衡量的，因此，同时包含效果和效率指标是很重要的。

如果一个组织由于没有结构化的绩效管理过程而产生问题，就可以发现，公司对结构化绩效管理过程的需求十分明显。这些问题包括：措施与战略目标联系不紧密，甚至没有目标；未收集到关键数据；数据不准确；数据未传播或未分析；没有纠正措施。根据亚当斯等（Adams et al.，2000）的研究，受访者报告了绩效衡量系统改进的许多障碍，也表明缺乏一个有效的过程。这些障碍可分为以下几类：

- 高管短视——绩效衡量不被视为优先事项、不被理解，或目标不正确——降低成本而不是改善绩效；

- 交付和改进绩效衡量系统的责任不明确；
- 资源问题——缺乏时间（可能意味着员工的积极性较低）、必要的技术和综合系统；
- 数据问题——数据过载或质量差，用于基准测试的数据有限。

为了避免这些障碍，需要一个协调的、结构化的绩效衡量流程，如图 10-15 所示。图 10-15 显示了绩效衡量流程中的四个关键阶段。科特勒（Kotler，1997）将这些关键阶段定义为年度计划控制的关键方面。阶段 1 是目标设定，在此阶段定义了衡量系统的目标——通常将战略性网络营销目标作为绩效衡量系统的输入。该绩效衡量系统评估目标是否达到，并纠正营销行动，以减少目标和实际关键绩效指标之间的差异。阶段 2 是绩效评估，包括收集数据以确定作为评估框架一部分的不同绩效指标，如下一节所讨论的。阶段 3 是绩效诊断，是对结果进行分析，以理解与目标有差异的原因（Friedman and Furey，1999），并选择营销解决方案以减少差异。根据维斯纳和福西特（Wisner and Fawcett，1991）的说法，阶段 4（纠正行动）的目的是：识别竞争位置，找出问题所在，协助公司更新战略目标，做出战术决策以实现目标，并在决策实施后提供反馈。

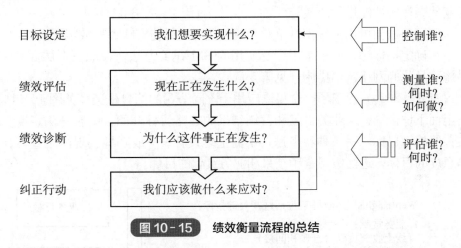

图 10-15 绩效衡量流程的总结

在数字营销环境下，纠正行动是指解决方案的实施、网站内容的更新，以及设计和相关营销。这几个阶段，可能会伴随着目标修改，连续地循环重复。伯恩等（Bourne et al.，2000）和普朗特（Plant，2000）建议，除了审查目标之外，也应该审查指标的适用性。

衡量不能留给某一个人负责，个人可能会忘记收集所需的数据。衡量文化是指每个员工都意识到有必要收集有关公司绩效以及满足客户需求的数据，这是增长黑客的重要组成部分。

定义绩效指标

可通过回答以下问题评估数字营销的有效性：

- 在数字营销战略中确定的公司目标是否实现？
- 数字营销战略和计划中所定义的营销目标是否达到？
- 数字营销计划中确定的营销传播目标是否达到？
- 不同的推广技术对于吸引访问者到网站的效率如何？

效果衡量更关注最小化在线营销成本，同时最大化不同重点领域的回报，比如吸引网站访客、转化访客或实现重复业务。

查菲（2000）建议组织定义一个衡量框架，该框架定义用于评估数字营销绩效的具体指标。他建议适当的衡量框架应符合以下标准：

（1）包括宏观层面的有效性指标，评估战略目标是否实现，并指出数字营销对业务的贡献（收入贡献和投资回报）。

（2）包括微观层面的指标，评估数字营销策略实施的效率。维斯纳和福西特（Wisner and Fawcett，1991）注意到，通常情况下，组织使用一种有层次的衡量方法，检查较低层次的衡量是否支持宏观层次的战略目标。这些措施通常被称为业绩驱动因素，因为实现这些措施的目标将有助于实现战略目标。营销绩效驱动因素有助于优化数字营销，吸引更多的网站访问者，并促进预期的营销成果的转化。

（3）根据亚当斯等（2000）的建议，评估数字营销对关键利益相关者（客户、投资者、员工和合作伙伴）的满意度、忠诚度和贡献的影响。

（4）该框架必须足够灵活，以适应不同形式的在线展示。亚当斯等（2000）注意到"一刀切"的框架是不可取的。

（5）根据弗里德曼和弗利（Friedman and Furey，1999）的建议，可以将不同的数字渠道与其他渠道的性能进行比较。

（6）该框架可用于根据竞争对手或行业外的最佳实践评估数字营销绩效。

在确定指标时，通常采用广泛使用的 SMART 方法，考虑三个层面——商业措施、营销措施和具体的网络营销措施（见第 5 章）。

查菲（2000）提出了一个可以应用于不同公司的衡量框架，如图 10 - 16 所示。目标可以自上而下地设计，从业务贡献和营销结果的战略目标开始，到客户满意度、客户行为和网站宣传的战术目标。另一种观点是自下而上地设计——成功地实现网站宣传、客户行为和客户满意度的目标，进而实现营销结果和业务贡献的目标。

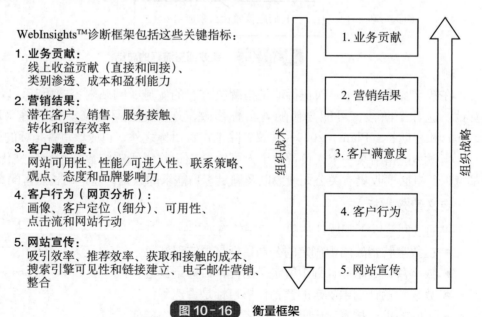

图 10 - 16　衡量框架

● 网站宣传。网站宣传（site promotion）指标评估网站、社交媒体或移动网站访客的数量、质量、价值和成本，以及促使他们访问网站或线下媒体的是什么。网络分析可以用来评估客户在寻找产品信息时使用了哪些中间站点，以及当他们试图查找产品信息时在搜索引擎中输入了哪些关键词。社交媒体的访问者通常无法获得相似的信息。如果产生的流量能达到相应的数量和质量，促销就是成功的。质量将取决于访客是否在目标市场、是否对所提供的服务有倾向性（转化率、跳出率和不同推荐者的获取成本）。

关键措施：推荐组合。对于每一个推荐来源，如离线交流或在线横幅广告，应该可以计算：

—所有推荐者（或访客）的百分比；

—获客成本（CPA）或每次出售成本（CPS）；

—每次访问产生的收入；

—对销售或其他成果做出的贡献。

● 客户行为（网络分析）。一旦客户被吸引到网站上，我们就可以监控他们访问的内容、访问的时间和停留的时间，以及这种与内容的互动是否会带来令人满意的营销结果，如新的线索或销售。如果访客在现场注册，就可以为不同的部分的行为建立配置文件。识别回访者也很重要。

关键指标：

—不同页面的跳出率，即单页访问的比例；

—首页浏览量/所有浏览量，例如，20%＝2 358/11 612；

—页面浏览量/访客会话，例如，6＝11 612/2 048；

—访客会话/访客，例如，2＝2 048/970。

● 客户满意度。虽然很难设定具体的目标，但客户对在线体验的满意度对于实现预期的营销结果至关重要。研究方法如在线问卷、焦点小组和访谈都可以用来评估客户对网站内容和客户服务的意见，以及它们是如何影响品牌的整体感知的。

● 营销结果。传统的营销目标，如销售数量、潜在客户数量、转化率以及获取和保留客户的目标，都应该设定好，然后与其他渠道进行比较。

主要营销结果包括：

—注册网站或订阅电子邮件；

—要求提供进一步的信息，如宣传册或要求客户服务代表回电话；

—对促销活动作出回应；

—受访问网站影响的线下（电话或商店）销售机会；

—现场销售。

评估渠道产出（channel outcomes）的一种广泛使用的方法是查看转化率，例如：

访客购买转化率＝2%（10 000 名访客中 200 人购买）；

访客注册转化率＝5%（10 000 名访客中 500 注册）。

一个相关的概念是流失率（attrition rate），它描述了在访问网站的每个阶段流失的访问者数量。从图 10-17 可以看出，在一个固定的时间段内，只有一部分网站访问者会访问产品信息，一小部分人会向购物篮中添加商品，还有一小部分人会实际购买商品。电子商务网站的一个关键特征是，在客户向购物篮中添加商品和随后进行购买之间有很高的流失率。数字营销人员通过提高可用性和修改信息来说服访问者继续客户旅程，这被称为转化率优化（CRO）。

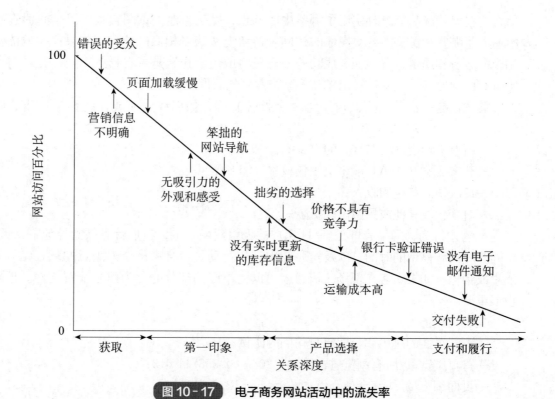

图 10 - 17　电子商务网站活动中的流失率

● 业务贡献。为业务渠道盈利（channel profitability）做出贡献一直是电子商务的终极目标。为了评估这一点，领先的公司设定了一个在线贡献目标，即通过该渠道实现一定比例的销售。1998 年易捷航空（www.easyjet.com）推出其电子商务设施时，设定到 2000 年网站贡献 30％的销售额的目标。为了完成这一任务，它推出了资源和通信计划，并于 1999 年达到目标。对于一个不能在网上销售产品的公司来说，评估业务渠道贡献是比较困难的，但应该评估数字渠道在影响购买方面的作用。贴现现金流技术被用来评估一段时间内的收益。来自数字渠道的业务贡献也应该被评估。

多渠道评估

我们在本章中介绍的框架是单个渠道下的。但是，正如威尔逊（Wilson，2008）所指出的，有必要评估不同的渠道如何相互支持。

他认为多渠道衡量最重要的方面是衡量"渠道交叉效应"。可以考虑以下问题："如果一个付费搜索活动给一家商店、一个销售团队或呼叫中心带来的流量与给一家网站带来的流量一样，那么如何衡量它的影响呢？""如果直接发送邮件活动在产生直接回应的同时也带来了网站流量，那么如何追踪它的影响呢？"

1to1 Media（2008）总结了 Forrester（2013）关于衡量以下结果的建议：

1. 混合客户总数。包括网上搜索和线下购买的人数和比例。

2. 混合客户的分销和消费水平。这些客户的消费占比、平均订单价值和类别。

3. 跨渠道转化。例如，在线客户随后在线下进行购买，反之亦然。

4. 这必须通过对每个品牌的初步研究来确定。像 Hitwise 这样的用户衡量服务将提供关于搜索份额、访问者份额和访问者上下游模式等信息。

图 10-18 展示了一个平衡计分卡风格的例子，用于评估和比较零售商的多渠道绩效。

结果 · 收入 · 多渠道贡献 · 多渠道销售程度 · 单位渠道成本 · 资产最大化程度 · 多渠道基础设施成本	客户和利益相关者 · 整体客户满意度 · 客户背叛倾向 · 客户购买倾向 · 客户对附加价值的感知 · 整合客户体验
核心流程 · 高效的多渠道使用 · 价格（相对于竞争对手/其他渠道） · 综合客户观点的质量	人员和知识 · 员工满意度 · 多元化、扩展品牌的意愿 · 对目标客户的认知

图 10-18 零售商的多渠道绩效计分卡

10.14　衡量社交媒体营销

社交媒体营销有自己的一系列专业措施，这些措施可能看起来令人困惑，最好在网站和公关措施相结合的背景下理解。如图 10-19 所示是一个有用的框架，它有助于在公司管理水平的背景下进行不同的社交媒体营销衡量。

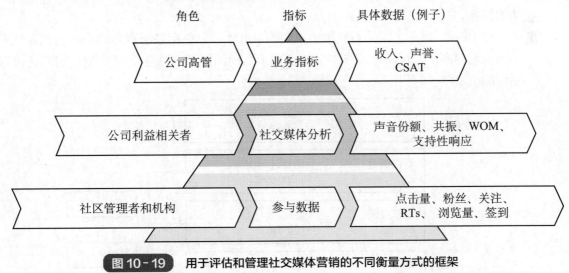

图 10-19 用于评估和管理社交媒体营销的不同衡量方式的框架

可以看到，KPI 有三个层次：

● 衡量来自社交媒体贡献的业务级 KPI。这些 KPI 包括社交媒体直接销售对收入的贡献。软指标包括声誉和客户满意度（CSAT）。

● 触及和影响 KPI。评估触及范围、分享的意见和情绪。这些显示了品牌影响力的比较。

● 管理社交媒体参与的 KPI。这些是最容易收集的指标，但也是最没有价值的，因为它们不能直接显示对业务价值的贡献。虽然很容易收集，但与社交媒体互动的数据通常是由不同社交媒体的所有者和管理社交互动的工具分别提供的。为了将这些数据整合在一起，一种新的社交分析工具应运而生。Twitter Analytics 就是一个，可以显示推特账户参与的不同方面（你可以对自己的推特账户这么做），包括有多少人看到了推文、该用户在其他推特用户的推文中被提及的次数，以及哪些推文最受欢迎或被转发最多。

社交媒体中一个常见的问题是，如何通过在脸书上点赞、在推特上关注或在 Instagram 上使用某个品牌的话题标签，来评估与该品牌联系的客户的价值。由于对社交媒体的追踪并不能显示一个人在网络上做了什么，其具体的价值很难确定。我们可以评估从社交媒体前往网站的访问者的相对购买率并将其与其他渠道对比，使用转化率和单位访问者收入等衡量指标。

收集指标和总结结果的工具和技术

收集指标的技术包括收集网页访问者的数据记录，例如从网站日志文件中收集的数据、收集有关结果（如在线销售和电子邮件查询）的指标，以及用传统营销调查技术如问卷调查和焦点小组收集有关客户在网站上体验的信息。

收集网站访问者活动数据

网络分析系统可以捕获网站访问者活动数据（site-visitor activity data），该数据记录了网站访问者的数量，以及他们访问不同内容时的路径或点击流。有各种各样的术语来描述这些活动数据，数字营销人员需要熟悉这些术语。

传统上，这些数据是通过日志文件分析网站的分析工具收集的。每当用户下载信息时，基于服务器的日志文件就会进行记录，并使用日志文件分析器（log-file analyzer）进行分析。

页面曝光（page impression）或页面浏览量和独立访客（unique visitors）是衡量网站活动的指标。

图 10-20 展示了网站访问量的不同衡量方法，它使用基于真实的、具有代表性的数据的不同衡量标准。你可以看到点击量远远多于页面浏览量和独立访客数量。我们还可以从这些指标的比率中了解到：

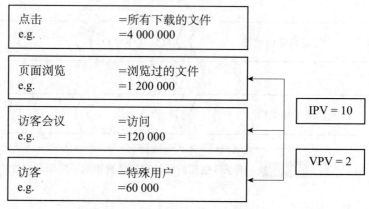

注意：一次访问将在无活跃操作30分钟后结束。
IPV = 时间段内每次访问的页面数
VPV = 时间段内每位访客的访问数

图 10-20　网页访问量的不同衡量方法

● 时间段内每次访问的页面数（IPV）——每个访客访问一个网站的平均页面浏览量（这是一个表明对一个网站的参与的指标，因为访客在一个"黏性网站"停留的时间越长，这个值会越高）。

● 时间段内每位访客的访问数（VPV）——表示网站访问的频率。这些数据如果是在一个月内报告的，在此期间不会有很多回访者，因此，在一个季度或一年的时间里展示这些数据通常更有意义。

任何网络分析程序都可以报告的其他详细的客户行为信息包括：

● 热门网页；

● 进入和退出页面；

● 路径或点击流分析，显示浏览页面的顺序；

● 访客的来源国（实际上取决于 ISP 的位置）；

● 使用的浏览器和操作系统；

● 引用的 URL 和域名（访问者来自哪里）。

拿苹果和橘子作比较？

由于不同的网站使用不同的网络分析工具，因此衡量访问者数量的标准是很重要的。特别是，有不同的技术来衡量独立访问者，可以通过 IP 地址来衡量，如果结合 Cookie 和浏览器类型，就会更准确。国际标准组织如 IFABC（www.ifabc.org）和数字分析协会（Digital Analytics Association）（www.digitalanalyticsas sociation.org）以及英国的 ABC 电子公司（www.abce.org.uk）和 jicweb（www.jicwebs.org）致力于将不同测量方法的含义和数据收集方法标准化。媒体买家对媒体网站的准确审计数字特别感兴趣，而 ABC 电子公司这样的机构在这方面非常重要。

10.14.1　收集站点结果数据

站点结果数据指的是客户执行对营销人员有价值的重要行动的信息。这通常是一个被记录的交易。它不仅包括下载一个网页，而且是主动地下载一个网页。主要营销成果包括：

● 注册网站或订阅电子邮件；

● 要求提供进一步的信息，如宣传册或要求客户服务代表回电话；

● 对促销活动作出回应；

● 受访问网站影响的销售；

● 现场销售。

回顾第 7 章中提到的不同数字通信工具的效率，对产生结果的评估是很重要的。衡量网站的点击量是简单的，应对这些结果进行转化进而评估流量的质量。

线下收集数据的一个重要方面是，营销结果可能会因为客户以混合模式购买而在不同的媒体上记录下来。我们真正感兴趣的是网站是否影响了询价或销售。与客户的所有接触点都需要指示员工去询问客户是如何了解公司的，或者是如何作出购买决定的。尽管这是很有价值的信息，但下订单的客户被问及这样的问题时可能会很恼火。为了避免疏远客户，这些关于网站作用的问题可以稍后再问，也许是在客户填写注册信息或保修卡的时候。

显然，为了收集其中一些数据，我们可能需要集成不同的信息系统。当客户提供详细信息，如电子邮箱地址和姓名时，这些被称为"线索"，这些线索可能需要传递给一个直销团队或记录在客户关系管理系统中（见第8章）。为充分了解客户行为，这些系统的结果需要与站点访客活动数据相集成。

10.14.2 挑选一个网络分析工具

网络分析工具的种类多达数百种，令人眼花缭乱，从通常带有原始报告的共享软件包，到每年可能要花费数十万美元的复杂系统，无所不有。你可以通过访问 Web Analytics De-mystified 网站（https：//analyticsdemystified.com/ community/）来了解网络分析工具，以找到用于监控您的网站或竞争对手的网站的网络分析工具。

鉴于此，对于数字营销人员来说选择最好的工具来满足他们的需求是一个挑战。首先要考虑的问题是需要在绩效管理系统中集成不同类型的数据。图 10-21 显示了需要集成的数据的类型，包括：

1. 操作数据。理想情况下，数据收集和报告是在单一工具中进行的，但为了获得最好的报告，营销人员通常需要求助于四种不同类型的工具或数据源：

- 来自搜索营销或数字广告等活动的数据。留存邮件营销通常也需要单独的工具。
- 关于访问者数量和点击流的网站数据。
- 客户响应和配置文件数据。
- 关于潜在客户和销售的事务性数据，通常从独立的遗留系统中获得。

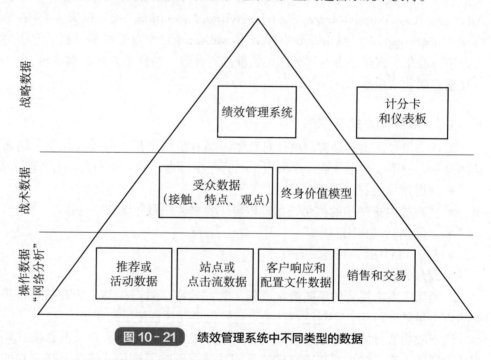

图 10-21 绩效管理系统中不同类型的数据

2. 战术数据。这些数据通常是需要响应的模型，例如：

- Reach 模型分享来自 Hitwise 和 Nielsen NetRatings 等来源的不同人口统计数据。
- 终身价值模型，用来评估不同来源的网站访问者的盈利能力，因此需要与运营数据相结合。

3. 战略数据。为高级管理人员的绩效管理系统提供整体情况，以计分卡或仪表板的形式呈现，显示数字渠道在不同产品的销售、收入和盈利能力方面对组织的贡献，这些数据帮助公司评估互联网营销策略的有效性。

网络分析工具的一个重要要求是，它应该整合不同的数据源。网络分析工具需要考虑的其他要求包括：

- 营销业绩报告（大多是技术工具，不能从营销的角度清楚地报告结果）；
- 技术的准确性；
- 分析工具；
- 与其他营销信息系统整合；
- 使用和配置的简便性；
- 成本，通常由于网站访客数量和系统用户数量不同而有所不同；
- 适合数字营销活动的报告。

许多跟踪工具最初是为了报告网站的表现和访问页面，而不是专门报告数字营销活动的。因此，公司必须具备出色的活动报告能力，例如：

1. 工具是否可以从网站的入口点到结果（如网站注册或销售）进行跟踪？工具还应该完成报告与数据的集成，以反映遗留系统中的实际潜在客户数量或销售情况。

2. 工具可以跟踪和比较一系列数字媒体类型吗？例如互动（横幅）广告、联盟网站、电子邮件营销、自然搜索和付费搜索，如第 8 章所述。

3. 是否可以构建投资回报模型（例如，通过输入每个产品的成本和盈利能力）？

4. 是否可以同时生成详细级别和摘要级别的报告？这可以比较不同活动和业务的不同部分的绩效。

5. 是否有能力跟踪个人层面的电子邮件活动的点击？这对于电子邮件列表成员通过点击促销链接表示对某个产品的后续营销活动感兴趣非常重要。

6. 是否跟踪广告的反馈？Cookies 可以用来评估那些晚一点到达网站的访客，而不是立即到达的访客。

7. 是否跟踪子公司的点击后回复？类似地，来自子公司的访客可能不会在第一次访问时购买产品，而是在以后访问时购买。

8. 电子邮件活动总结是否提供单独的点击量以及总点击量？如果一个电子邮件（如实时通信）包含多个链接，那么总点击量会更高。

9. 实时报告可用吗？是否可以立即访问活动业绩数据？

10. 跨活动、跨产品或内容的报告是否可用？是否可以比较不同的产品或网站的活动和销售水平，而不仅仅是一个汇总？

准确性是网络分析工具的另一个重要方面。也许日志文件分析中最糟糕的问题是少算和重复计算的问题，表 10-8 对这些进行了评估。

表 10-8 日志文件分析不准确的原因

少算的原因	重复计算的原因
在用户的浏览器中缓存（用户之前访问过的文件会缓存到用户的计算机中）	框架（用户浏览带有三个框架的框架页面将被记录为三次页面访问）
在代理服务器中缓存（代理服务器在机构或互联网服务提供商内部使用，存储常用网页的副本，以减少互联网流量的使用）	爬虫和机器人（来自不同搜索引擎的爬虫遍历一个网站被记录为页面访问；这些爬虫可以被排除在外，但很耗时）

续表

少算的原因	重复计算的原因
防火墙（通常为页面的用户分配单个 IP 地址）	可执行文件（除非被排除在外，否则也可以被记录为点击或页面访问）
动态生成的页面，这种页面很难用基于服务器的日志文件进行评估	

还可以使用一种基于浏览器或基于标签的衡量系统，通过运行插入网页的短脚本、程序或标签，记录客户对页面的访问。由于表 10‑8 中解释的原因，它可能比基于服务器的方法更准确。这种方法通常作为托管解决方案运行，将指标记录在远程服务器上。Google Analytics 就是一个例子。

除了定量网络分析方法，传统营销调研（marketing research）可以用来帮助确定网站和相关沟通对客户感知公司及其产品和服务的影响。进行调查研究的选项包括访谈、问卷调查、焦点小组等。每种技术都可以离线或在线进行。不同在线指标收集方法的优缺点如表 10‑9 所示。

表 10‑9　不同在线指标收集方法的比较

方法	优点	缺点
1. 基于服务器的日志文件分析网站活动	• 直接记录客户现场行为，以及他们接收到推荐的位置 • 低成本	• 并非基于市场的结果，如潜在客户、销售 • 大小——即使是摘要也可能超过50页 • 不直接记录渠道满意度 • 少算或重复计算 • 除非仔细解释，否则会产生误导
2. 基于浏览器的网站活动数据	• 比基于服务器的分析更准确 • 统计所有用户，参见面板方法	• 方法的成本相对较高 • 除了准确性以外，与基于服务器的技术有相似的缺点 • 有限的人口统计信息
3. 小组活动和人口统计数据	• 提供竞争对手的比较 • 提供人口统计分析 • 避免少算或重复计算	• 依赖于可能不具有代表性的有限样本的推断
4. 结果数据，例如查询、客户服务邮件	• 记录营销结果	• 与其他数据整合困难
5. 在线问卷调查。客户被随机发放问卷——可以是每 N 个客户发放一种问卷，或是客户参加相关活动后发放问卷，或是通过电子邮件发放问卷。	• 能够记录客户满意度 • 创建和分析相对容易	• 难以招到能准确填写的受访者 • 样本偏差——往往是支持者或不满的客户完成
6. 网上焦点小组，同步录音	• 创建成本相对较低	• 难以协调 • 没有像线下焦点小组一样的视觉提示
7. 神秘客户，被召来评估站点的客户，例如 www.emysteryshopper.com	• 结构化测试给出详细的反馈 • 测试与其他渠道的集成，如电子邮件和电话	• 相对昂贵 • 样品必须具有代表性

正如本节所展示的，有各种各样的分析工具可以衡量人们访问网站时的行为，定性研究可以帮助解释他们为什么会有特定的行为。这些工具和技术是增长黑客"工具包"的重要组成部分，它们可以测试、衡量和调整活动，以达到最佳结果。

10. 14. 3　客户测试用例

重要的是记录在客户测试中发现的问题（通过上面提到的一些方法），生成解决方案并对它们进行优先级排序。

10. 15　本章小结

1. 组织需要适应数字创新，而不是简单地采纳技术。

2. 变化正在以飞快的速度发生，这在很大程度上要归功于技术的发展。

3. 数字化转型是管理组织创新的框架，它们能够利用数字机遇，并将其置于组织的核心。

4. 未能进行数字化转型的组织有可能满盘皆输。

5. 增长黑客只有在产品符合市场需求的情况下才能实现（也就是说，有足够多的人想要这个产品，而且产品满足了真正的需求）。

6. 当增长黑客由市场营销人员、数据分析师、心理学家、编码/开发人员以及使用和理解技术的人组成的多学科团队实施时，它是最有效的。

7. 增长黑客背后的核心原则是快速且廉价地测试一个营销理念，使用数据分析结果，并迭代、优化、实施或更改实验。使用 Google Analytics、Mixpanel 或 Optimizer 等分析软件运行 A/B 测试和检查数据是这个过程的必要组成部分。

8. 尽管增长黑客需要大量的数据分析元素，但这是一个极具创造性的过程，要求人们"逆流而上"，在其他人之前发现新出现的机会。增长黑客要具备"直觉和严谨"以及"艺术和科学"的能力，这让我们很难找到拥有正确技能的人，这就是为什么建立一个增长黑客团队（或者找到一个已经拥有这类团队的机构）是如此重要。

9. 尽管数字营销是增长黑客的关键元素（因为其能分析定量客户数据并从中获得见解），但使用传统营销方法来弥合实体世界和数字世界之间的差距也很重要。

10. 衡量活动是否成功需要各种流程和衡量框架。选择合适的网络分析工具对于评估数字商务活动的有效性至关重要。

练 习 ////////////////////////

自我评估

1. 数字素养和数字能力之间的区别是什么？

2. 适应数字技术和采纳数字技术的区别是什么？

3. 描述数字化转型与数字商务转型的不同之处。

4. 给经理写一份报告，向他介绍为什么应该将增长黑客用于数字营销。

5. 制订计划来衡量电子商务网站的营销效果。

6. 讨论如何平衡使用网站和传统的线下营销方法。

7. 解释什么是 CRO，以及在电子商务网站上要测试什么。

问题讨论

1. 讨论："不进行数字化转型的组织很可能会失败。"

2. 你是一家初创公司的数字化转型顾问，为创始人创建一份数字化转型过程指南，特别是在领导相关的问题上加以说明。

3. 你是一家公司的数字化转型顾问，为董事会创建一个数字化转型过程的指南，并确定他们需要经历的阶段。

4. 描述一个数字公司如何采取增长黑客方法。

5. 请解释什么是"测试、学习和改进"循环，以及这种方法给数字商务带来的好处。

6. 测试的目的是什么？这与电子商务网站有什么关系？

7. 电子商务网站衡量计划的主要元素是什么？

测试题

1. 解释现有组织的数字化转型过程。

2. 讨论为什么组织需要在数字化转型中探索数字流程、实践和文化。

3. 描述一个你熟悉的改变了其客户关系管理方式的组织的特征，无论这种改变是通过改变界面还是改变经营方式进行的。

4. 分析采用增长黑客方法进行数字营销的利与弊。

5. 你正在为一个电子商务网站开发测试计划，简要说明你要测试的五个方面。

6. 解释病毒式营销的三种类型，并分别举出成功使用每种类型的数字商务案例。

7. 解释以下术语，说明它们为何对数字商务至关重要：

(a) 最小可行产品（MVP）；

(b) 转化率优化（CRO）；

(c) 敏捷方法（scrum methodology）；

(d) 定性和定量研究（qualitative and quantitative research）。

8. 为什么转化率和流失率在评估电子商务网站时是重要的？

9. 说出三个可以衡量电子商务网站对公司的整体业绩贡献（线上和线下）的关键指标。

图书在版编目（CIP）数据

电子商务：管理与数字化转型：第 7 版/（英）戴
夫·查菲，（英）塔尼娅·亨普希尔，（英）戴维·埃德蒙
森-伯德编著；傅诗轩等译．－－北京：中国人民大学出
版社，2023.9
（工商管理经典译丛）
ISBN 978-7-300-32087-8

Ⅰ.①电… Ⅱ.①戴… ②塔… ③戴… ④傅… Ⅲ.
①电子商务-教材 Ⅳ.①F713.36

中国国家版本馆 CIP 数据核字（2023）第 151568 号

工商管理经典译丛
电子商务：管理与数字化转型（第 7 版）
戴夫·查菲
［英］塔尼娅·亨普希尔　　　编著
　　　戴维·埃德蒙森-伯德
傅诗轩　程絮森　杨　波　王刊良　译
Dianzi Shangwu：Guanli yu Shuzihua Zhuanxing

出版发行	中国人民大学出版社	
社　　址	北京中关村大街 31 号	**邮政编码**　100080
电　　话	010 - 62511242（总编室）	010 - 62511770（质管部）
	010 - 82501766（邮购部）	010 - 62514148（门市部）
	010 - 62515195（发行公司）	010 - 62515275（盗版举报）
网　　址	http://www.crup.com.cn	
经　　销	新华书店	
印　　刷	涿州市星河印刷有限公司	
开　　本	890 mm×1240 mm　1/16	**版　次**　2023 年 9 月第 1 版
印　　张	31.75 插页 2	**印　次**　2023 年 9 月第 1 次印刷
字　　数	774 000	**定　价**　98.00 元

Pearson

尊敬的老师：

您好！

为了确保您及时有效地申请培生整体教学资源，请您务必完整填写如下表格，加盖学院的公章后以电子扫描件等形式发我们，我们将会在 2～3 个工作日内为您处理。

请填写所需教辅的信息：

采用教材				□ 中文版 □ 英文版 □ 双语版
作　者			出版社	
版　次			ISBN	
课程时间	始于　　年　月　日		学生人数	
	止于　　年　月　日		学生年级	□ 专科　　□ 本科 1/2 年级 □ 研究生　□ 本科 3/4 年级

请填写您的个人信息：

学　校			
院系/专业			
姓　名		职　称	□ 助教 □ 讲师 □ 副教授 □ 教授
通信地址/邮编			
手　机		电　话	
传　真			
official email（必填） (eg：×××@ruc.edu.cn)		email (eg：×××@163.com)	
是否愿意接受我们定期的新书讯息通知：　□ 是　　□ 否			

系/院主任：_____（签字）

（系／院办公室章）

____年___月___日

资源介绍：

——教材、常规教辅资源（PPT、教师手册、题库等）：请访问 www.pearsonhighered.com/educator。（免费）

——MyLabs/Mastering 系列在线平台：适合老师和学生共同使用；访问需要 Access Code。　　　　（付费）

地址：北京市东城区北三环东路 36 号环球贸易中心 D 座 1208 室（100013）

Please send this form to：copub.hed@pearson.com

Website：www.pearson.com

中国人民大学出版社　管理分社

教师教学服务说明

中国人民大学出版社管理分社以出版工商管理和公共管理类精品图书为宗旨。为更好地服务一线教师，我们着力建设了一批数字化、立体化的网络教学资源。教师可以通过以下方式获得免费下载教学资源的权限：

★ 在中国人民大学出版社网站 www.crup.com.cn 进行注册，注册后进入"会员中心"，在左侧点击"我的教师认证"，填写相关信息，提交后等待审核。我们将在一个工作日内为您开通相关资源的下载权限。

★ 如您急需教学资源或需要其他帮助，请加入教师 QQ 群或在工作时间与我们联络。

中国人民大学出版社　管理分社

🔔 **教师 QQ 群：** 648333426（工商管理）　114970332（财会）　648117133（公共管理）
教师群仅限教师加入，入群请备注（学校＋姓名）

☎ **联系电话：** 010-62515735，62515987，62515782，82501048，62514760

✉ **电子邮箱：** glcbfs@crup.com.cn

📍 **通讯地址：** 北京市海淀区中关村大街甲 59 号文化大厦 1501 室（100872）

管理书社

人大社财会

公共管理与政治学悦读坊